ACRO
POLIS
衛城
出版

ACRO
POLIS
衛城
出版

ACRO
POLIS
衛城
出版

ACRO
POLIS
衛城
出版

1493

殖民、貿易、物種，

哥倫布大交換推動的新世界

UNCOVERING THE NEW WORLD COLUMBUS CREATED

查爾斯・曼恩 著　黃煜文 譯

北極圈
莫斯科公國
卡爾瑪
聯盟
格蘭
爾蘭
英格蘭
神聖羅馬
帝國
法國
萄牙
西班牙
鄂圖曼
帝國
夏伊巴
尼王朝
察合台汗國
瓦剌
朝鮮
日本
白羊王朝
帖木兒帝國
西藏
明帝國
格里布
阿克薩
南亞諸國
桑海帝國
提歐
盧安果
剛果
恩東果
馬拉威
莫塔帕
印度洋
西洋
南極圈

溫德姆人
易洛魁聯盟
阿爾岡昆
聯盟
西南
農耕民族
卡多
聯盟
晚期密西
西比聯盟
大西洋
北回歸線
塔伊諾
酋長國
馬雅
塔拉斯坎帝國
三國同盟
加勒比人
太平洋
加勒比人
赤道
欣古
本尼人
塔灣廷蘇尤
（印加帝國）
南回歸線
游牧民族
~1493~

目次

地圖目次

導讀

沒有和自然無關的歷史

吳明益

多數人對達爾文的印象就是那部大氣魄，改變了生物研究歷史的《物種源始》，或是《小獵犬號航海記》，但事實上，達爾文曾在發表《物種源始》之前，花了很長的時間研究「藤壺」（一種長在海邊與海上堅硬物體表面的蔓足目動物）。更有意思的是，在死前一年，達爾文出版了一本研究蚯蚓的書。事實上，達爾文並不是在年老時才對蚯蚓有興趣的，他關注這種生活在土壤與腐植層裡的生物，超過四十年。

以生物學的角度來說，全球蚯蚓可能有四千多種，臺灣的蚯蚓也有三十幾種，達爾文曾計算一畝地的蚯蚓數量，有超過五萬隻的蚯蚓（這數據現在來看當然不準確），這千千萬萬隻的蚯蚓不斷攝食、鑽土、排遺……，達爾文深信，蚯蚓是一種會改變世界的偉大生物。

如果你翻開《一四九三》，你會恍然大悟，常見的陸正蚓與紅正蚓竟然是一四九二年才來到美洲的。而英格蘭的殖民者約翰・羅爾夫（John Rolfe），才是真正讓蚯蚓對美洲地貌產生劇變的人。當時從英格蘭到維吉尼亞運送菸葉的船隻，往往會將準備裝載菸葉的空桶放滿泥土以壓艙，等到裝菸葉時就直接把土倒到新大陸的土地上，這些蠕蟲就如此獲得新土壤，從此牠們把美洲土地翻過無數次，造成了生態景觀的變化，而這生態景觀的變化又和人類的經濟活動有關：殖民者不斷砍伐森林種植菸草，換取利潤，同時也把美洲土壤的養分運到歐洲，換成貨幣。

這種以微物見繁世的迷人敘事，就是「環境史」（environmental history）式的思維。也是查爾斯・曼恩（Charles C. Mann）這位傑出的記者，撰寫《一四九三》這部引人入勝的環境史普及著作的方式。

從生態學者沃斯特（Donald Worster）的《自然的經濟體系──生態思想史》（*Nature's Economy: A History of Ecological Ideas*）開始，研究生態史的學者發現自然環境的先天條件深深影響了人類歷史，而人類對自然環境的改造亦然。這樣的觀點在克羅斯比的《哥倫布大交換》（*The Columbian Exchange*）獲得進一步發展，他發現一四九二年的哥倫布登陸新大陸，在日後促成了一次前所未見的，生物跨洲流動。玉米、馬鈴薯、辣椒、菸草、可可從此成為全球性的產物，而美洲也接受了未曾見過的生物與病菌。克羅斯比並且在《生態帝國主義》（*Ecological Imperialism: The Biological Expansion of Europe, 900-1900*）一書，進一步寫到帝國如何在征服紐、澳時，也改變了它們的自然景觀。當波利尼西亞人居住紐西蘭時，多數地方還是覆蓋著森林的，且是在地理學上被稱為「岡瓦納大陸的泛古陸南半部」的植物相，許多當地生物賴以維生。但當開墾發生，這些生物很快隨之滅絕，連帶生態景觀也「歐洲化」了。

這系列的學術研究在戴蒙（Jared Diamond）那本著名且富爭議的《槍炮、病菌與鋼鐵》（*Guns, Germs, and Steel*）之後成為一般民眾也會閱讀的顯學，我認為這意味著人們終於開始理解，所謂「歷史」不是只是談人類文明的發展過程，這地球上，怎麼可能有任何文化跟生物與環境無關？

於是，環境史學家開始觀察過去人類歷史受到自然環境影響的程度，從自然環境和人文社會變異合構觀察人類歷史的轉變，思考人類文明繁盛與崩潰的模式，並且提供現今社會面對環境變異的對應之道。

曼恩從克羅斯比的著作得到啟發，在他那本知名的《一四九一》裡，寫的是哥倫布大交換以前的美洲環境。《一四九三》則寫之後的世界局勢如何因這次的大交換產生異變。就像所有的環境史家一樣，曼恩運用了歷史、生態學、人類學家的研究材料，編織出一本透過昆蟲、物產與農作物、病菌的複合作用下，歐洲興起，中國漸弱，非洲被徹底瓦解的環境史。由於曼恩的敘事語言生動，這部著作因此不生硬而充滿魅力。值得一提的是，書中提到中國的地方是這類書籍裡相對詳盡的（但問題仍多），曼恩甚至提到一九七九年從巴西引進臺灣，至今仍對這個島嶼的農損造成巨大傷害的福壽螺。

多數時候物種的移入、演化與影響在不知不覺中進行，這幾年臺灣各地流行桐花祭，事實上也可以看作一個環境史的事件。廣東油桐引入臺灣可視為是商人與民間經濟需求的副產品，不料經過一個世紀後它竟而轉變成「美學產品」，並且鼓舞民間跟政治人物栽種。雖然不易測知桐花的散布對原生植物或生物造成的排擠效應，但具強勢繁殖力的生物，改變臺灣的人文歷史也並非不可能的事。我在小規模耕作的過程中，必須不斷地以體力與非洲大蝸牛對抗（牠們甚至成為阿美族人新的「傳統食物」），而遍山遍野的蔓澤蘭，不知道讓政府投資了多少預算來移除？這都是這些生物進來之時，始料未及的事。

讓我們回到達爾文的蚯蚓和藤壺上吧。蚯蚓對人類農耕文化的影響甚深，這點似乎比較容易理解，那麼看似生物鏈結關係較遠的藤壺呢？根據這幾年的科學研究，由於藤壺常附著於船身，形成船隻行駛時的反向「拉力」，全球加起來每年都因藤壺而消耗了極大的汽油量。另一方面，也鮮少有人知道，我們日常使用的便利貼與部分黏著劑，正是從藤壺分泌出的黏著物質發展出來的，有什麼東西比能越過茫茫大海卻不掉落的藤壺來得黏力驚人？

這就是環境史給我們最大的啟示，這世間無一物獨立存在，這類精采又傷感的啟示在《一四九三》這部書裡，處處得見。

（本文作者為國立東華大學華文系教授）

導讀

菜園中的「哥倫布大交換」

林益仁

「我的菜園代表的不是穩定與傳統，而是人類過去不斷漫遊與交換的生物紀錄。」

——查爾斯・曼恩

《一四九三：殖民、貿易、物種，哥倫布大交換推動的新世界》這本書，單看書名就知道作者曼恩的企圖心一定不小。本書分成四大部分，前兩部分以兩條跨洲越海航線的歷史事件做為支撐，分別是大西洋與太平洋的航線；後兩部分則銜接因這兩條海運道路的通達所造成新的世界秩序版圖，簡要來說就是歐洲的興起與非洲的淪落。表面上看來，如此的章節安排並無特出之處。但值得注意的是，在面對歷史名家們早已汗牛充棟的哥倫布航海論述之前，作者竟然就舉重若輕地從他家的菜園開始談起。顯然，他別有企圖！

菜園中的大歷史

的確，有別於費南德茲—阿梅斯托（Felipe Fernandez-Armesto）《一四九二：那一年，我們的世界展開了》（*1492:The Year Our World Began*）一書，從海洋史角度展開的宏大歷史書寫，曼恩將眼光轉向菜園與農園中的番茄、菸草、番薯、甘蔗、玉米、馬鈴薯、橡膠樹、蚯蚓等生物，甚至對瘧疾與馬鈴薯枯萎病等流行病原也有深度的關注，這是有趣的地方。然而，作者的目的正是從探討它們的起源以及傳播的全球路線，轉而證成哥倫布航海的世界性影響。在相當程度上，曼恩拆解了史家苦心發掘的不同歷史線索與敘事軸線，且極具創意地從生物與生態的角度，詮釋了哥倫布航線這個影響力深遠的歷史大事件。事實上，這種生態論調早就出現於他的前輩史家克羅斯比（Alfred Crosby）的著作《生態帝國主義》（*Ecological Imperialism*）之中。但不同的是，曼恩似乎更醉心於個別物種的生物性考察與生態習性，我心裡猜想，這應該與他做為著名的《科學》（*Science*）期刊的通訊記者不無關聯。

「同種新世」（Homogenocene）這個名詞在導言中的提出，更證實了我對於曼恩在生物／生態性解釋上特別偏好的認定。在本書中，他指出原屬個別大陸的不同生物物種，由於哥倫布的航線開通而開始頻繁地遷徙與交流。當然，人類正是這些生物離開本鄉本土的最大經理者，甚至還壓制自己的同類以奴隸的方式四處遷移。因此，原本世界孤立多元的生態體系，在生物的全球化移動過程中逐步走向均質化。歷史社會學者在討論哥倫布航行發現與全球化的關係時，多著重於槍炮、鋼鐵與海權國家的因素，但加州大學地理學者戴蒙（Jared Diamond）卻指出，還有跟著殖民者在世界到處跑的病菌以及與人類休戚與共的馴化作物與家畜。曼恩在這一點分享了共同的見解，但他似乎更凸顯這些交換生物的重要性，且更進一步要問，這些跟著人類在世界各地流竄的生物，究竟在世界的歷史舞臺上扮演何種角色？由於「同種新世」的關係，他發現在自己家的菜園就可以找到不少線索了！

生態與歷史知識的美妙結合

在一般臺灣學生的學習過程中，生態學向來是生命科學的一個分支，傳遞的是生物與環境彼此互動關係的知識。另外，西班牙人哥倫布發現美洲大陸，無疑是世界史教科書中不能不交代的重大事件。兩者都很重要。但無論如何，生態學與世界歷史，一為自然科學，另一則是人文學科，在許多臺灣讀者（包括我在內）腦中，是很難有交集的兩回事。其次，本書作者論及哥倫布發現美洲以及鄭成功反抗清朝且與海盜錯綜複雜的關係，在我狹隘的歷史認識上，似乎也分屬世界史與臺灣史兩個相隔甚遠的時空分類上。

然而在曼恩筆下，生態學／世界史以及哥倫布／鄭成功這兩個對應主題，竟然可以巧妙地交織於他所訴說的大交換故事中。這是閱讀此書，我感到最為驚奇的所在。事實上這樣的講故事方式，曼恩並非首創，但可以肯定的是，他講故事的功力絕對一流。這些故事的學術背景可以連結到環境史、生態人類學、生態政治學等，甚至近年來生態人文學（Ecological Humanities）討論極為熱烈，強調從非人物種的角度出發，重新審視世界的「多元物種」（multispecies）概念也常處理類似的主題。

其實這些新興的學術領域都有一些共同的特色，就是它們的跨領域性、通識性以及社會實踐性。不論原先的知識分類與方法訓練為何，這些領域都聚焦在問：在歷史、文化、政治、經濟、與社會的研究層面上，生態思維究竟可以提供什麼樣的創新視野？不僅如此，這些提問背後更連結著關於人類社會與其依存的世界，是否或是如何能持續發展的強烈危機意識之上。這些提問也說明了，研究者會不同程度地在文字與社會行動上顯露各自關懷社會的傾向，雖然學科訓練不同，但針對某種值得爭辯的生態思維的討論與行動，卻成了彼此學術實踐的共同平臺。

生態化「哥倫布大交換」

做為一個科普作家，曼恩不僅如一般人所識，顯露出他廣博且理路清晰的文采，更在歷史與生態的專業上，處處可見深入的見地。簡單地說，「哥倫布大交換」(Columbian Exchange)這個由他的前輩克羅斯比提出的概念，是貫穿全書的關鍵軸線。「哥倫布大交換」概念指的是，哥倫布一四九二年到達美洲後，在美洲與歐、亞、非洲之間，引發動物、植物、病菌、文化、人群（包括奴隸）、流行疾病甚至觀念的交流。這種交流促成了世界體系的形成，包括歐洲興起、帝國殖民、全球化以及現代化的現象。過去的史家多是從社會、科技、文化或是經濟的角度來探討分析這些現象，但卻忽略了馴養的作物、牲畜甚至病菌也悄悄伴隨著人群的移動，在人群所至的不同生態環境中產生歷史性的關鍵影響。

無論如何，這些人類歷史的重要階段背後，確實需要一種來自生態的眼光與解釋。例如：曼恩在書中精采地指出瘧疾這種世紀疾病的傳播，是如何牽動歐洲列強在美洲建立跨洲性的奴隸制度，進而形塑出殖民者與非洲、美洲原住民的複雜族群認同，以及種植園的特殊殖民地景。過去歷史學者在殖民論述已有許多著墨，但曼恩的故事不同的是，他細緻說明瘧疾的傳染途徑，以及不同種類如惡性瘧疾與間日瘧疾的差別，並關鍵性地點出某些非洲奴隸可以天生免疫於這些瘧疾的侵擾，藉此證成跨洲奴隸制度建立的某些關鍵因素。在此，曼恩不僅展現他歷史與社會分析的能力，更突出他在生態科學與生物醫學知識的深厚素養。

隱微的政治經濟學課題

當然，不僅是生物的播遷造成人類族群與社會制度劇烈地混成與新塑，曼恩更舉出非生物如白銀礦的開採與交換，也是因為航海技術與航行路線的開暢，才打開了西班牙、玻利維亞、菲律賓以及中國之間跨越洲際的複雜貿易長鏈。白銀不僅是商品，也是貨幣，它的出現促進更頻繁的商品交易，也改變商品生產背後的生態環境與社會關係。這段歷史一直是政治經濟學學者關注的焦點，雖然曼恩表明他沒有打算深入此一面向，寧願放更多心力在經由生物引發的論述上。

如果就政治經濟學而論，人類學者沃爾夫（Eric Wolf）一定是我馬上會聯想到的名字，他也是第一位提出政治生態學（Political Ecology）這個名詞的學者。在其著作《歐洲與沒有歷史的人》（*Europe and the People without History*），他批判性地提出歐洲的興起，背後還有許多值得被提起的人民。他試圖為在傳統歷史上失去名字的人民發聲。沃爾夫這本書讓我第一次產生這個說來古怪的念頭：歐洲的興起也應是臺灣歷史的一部分。如今閱讀曼恩這本書，讓我更深信這樣的觀點絕對有其立足之處。如果臺灣的歷史不是僅如一般人所常言之四百年，從海洋的角度來思維，臺灣的住民老早就跟那些沃爾夫所稱沒有名字的人民一樣，活躍地站上哥倫布大交換的舞臺上了！問題是，這些原本有名有姓的人民該如何稱呼呢？他們當中的多數，如今被稱為原住民，但在歷史上卻有許多其他汙衊性的名稱出現，例如夷、戎、蠻、狄、蕃人、山地人、山胞等不一而足。

原住民族為何如此重要？

事實上在本書出版之前，曼恩已經寫成了一本相關且相當受好評的暢銷書，書名為《一四九一：重寫哥倫布前的美洲歷史》（*1491: New Revelations of the Americas Before Columbus*）。他有力地論述在哥倫布到達美洲前，美洲原住民之間早已存在豐富的社會動態關係，並且深刻影響著美洲的地景面貌。他們既非粗野無知，也不是歐洲人浪漫認定的「高貴野蠻人」（Noble Savage）。有趣的是，曼恩也提及，他曾一直逼問克羅斯比，如果可以重寫其名著《生態帝國主義》，會重新處理那些重要問題呢？直到有一天克羅斯比被逼火，竟然直接要他自己去寫，因此才成就了這一系列的書寫。

在這一系列的書寫中，曼恩意圖凸顯的另一個主題是：哥倫布航行的結果是重新塑造了包括美洲、歐洲、亞洲與非洲的世界，而非僅發現了美洲而已。從他的觀點來看，這一個起始於五百多年前的重大事件，造成原先各自分立於不同大陸的民族進入比以前更加動盪的遷徙與變化，對於掌握海權的歐洲民族國家以及世居於不同地方的民族，這些衝擊帶來的影響都是巨大的，特別是我們現今所稱的原住民族（Indigenous Peoples）。

過去，我們對於原住民族的印象通常都是靜態且刻板的博物館類型式理解，但從曼恩的眼光來看則大大不然，例如他還原了有關波卡虹塔絲公主被迪士尼卡通《風中奇緣》（*Pocahontas*）過度刻板與浪漫化的故事背景，並生動描述了維吉尼亞州詹姆斯鎮裡殖民者與在地原住民複雜的互動關係。

原住民族的歷史有什麼值得研究？誰來研究？該怎麼研究？一反歷史學對於哥倫布發現美洲的興趣，曼恩在哥倫布之前被認為空曠的美洲土地（*terra nullius*），往前探索了一個我們未知但卻活潑動態的原民世界。近來，戴蒙的新書《昨日世界：我們可從傳統社會學到什麼？》（*The World until Yesterday: What Can We Learn from Traditional Societies?*）也探討了類似的主題，毫不浪漫地重新審視傳統社會可以提供的知識與啟示。

像曼恩與戴蒙一樣，國際上愈來愈多學術團體注意到原住民知識的重要性。其中，國際民族生物學學會（International Society of Ethnobiology）是值得一提的。這個學會長期關注原住民知識的保存與發揚，甚至支持原住民族應該伸張他們的集體知識權利。今年五月，這個學會更在臺灣新竹的尖石鄉後山部落，促成了臺灣與祕魯的高山原住民部落共同面對氣候變遷的視訊結盟會議，嘗試將客觀抽象的知識討論化成更實際、更主動的關懷行動。參與在會議當中，我可以充分感受到原住民對於周遭環境知識的豐富程度，更可以瞭解曼恩這些作者為何在原住民主題上費盡心思的用意。我認為，對於全球性生態危機的因應這或許是重要觸媒之一。

結語：反省性的生態關懷

生態學是一門對「危機」相當敏感的學科。曼恩沒有自外於這種敏感度，在他處理哥倫布航行的歷史材料中，有一個當前媒體喜歡的生態危機主題，是明顯地出現在字裡行間的，這個主題就是外來種

（alien species）與其可能造成的生態破壞。我們熟悉的臺灣例子，有福壽螺、牛蛙、琵琶鼠、日本菟絲子與互花米草等。從生態的角度來看，「哥倫布大交換」的後果就是造成一個巨大的外來種危機！生態學家雖然敏感於物種關係的變化，但對於人類歷史的細節與作為卻不甚關心，以至於無法看到現代社會基本上已經籠罩在「哥倫布大交換」所帶來的巨大外來種症狀中無法自拔。當然，生態人士對於外來種深惡痛絕的仇視心理，背後有著它們破壞本土生態的深層擔憂。但生態人士也忽略了，我們身邊的寵物、食用的作物與家畜，甚至我們看不到的病菌與微生物，都是因為歷史過程中增加的交通網絡，或快或慢地退去原有的外來種之姿，變成我們生活世界熟悉的一員。就這一點，曼恩並未採取生態人士的極端做法，反而是以一種來自歷史的眼光，採取更為審慎保留的態度。

謹慎的生態學家已經開始學習如何恰當地評估外來種的生態衝擊，而不是對所有的外來種都格殺勿論。事實上，以臺灣做為一個海島的特性，生物的先來後到原本是常態。常被政治人物拿來做為本土象徵的番薯，確定是外來種。而芋頭，出現在臺灣的歷史可能比番薯還久，卻常被當成是一種明顯的外來者的象徵。

本書起頭於菜園，也結束於菜園。最後，作者用一首菲律賓民眾常用來緬懷過去美好時光的民謠 Bahay Kubo 做結尾。歌詞中講到了：

> 豆薯與茄子，四棱豆與花生，
> 四季豆，利馬豆，扁豆，
> 冬甜瓜，絲瓜，冬瓜與冬南瓜，

小紅蘿蔔，芥末，
洋蔥，番茄，大蒜與薑！
到處都是芝麻的種子。

這些被認為傳統菜園的所謂在地食材，每一種都是外來種。這個菜園比喻呼應了我們對於芋頭／番薯不正確的生態歷史認知，凸顯了意識形態禁錮人心的力量。曼恩從「哥倫布大交換」的生態角度切入，他批判性地指出「同種新世」趨勢的危機，但是對於強固的在地主義思維也並未浪漫地加以擁抱。他描述了不同地區原住民族活躍的歷史軌跡，就是不想落入原住民就是在地象徵的刻板印象。他一方面透過生態的眼光，重新解讀歷史的多層意涵；另一方面，從歷史的深度，反省了時下生態論述缺乏人文深度的面向。閱讀此書，我有一種深受啟發的融通之感。

（本文作者為臺北醫學大學人文創新與社會研究中心主任）

導讀

哥倫布大交換與臺灣

駱芬美

在學校的歷史課堂上，習慣性會分為「世界史」、「中國史」、「臺灣史」。其實不管在任何的時空之下，所有發生的事件都不可能是孤立的。因此，應該以全球性的角度來思考與觀察，究竟《一四九三》與臺灣有沒有關係？

臺灣在十六至十七世紀，之所以成為日本、中國、荷蘭、西班牙等國商人穿梭競逐之地，主要是他們都將臺灣做為「絲綢」與「白銀」交易的所在。當時，中國的絲綢是歐洲國家的致富關鍵，而中國在確立了銀本位的貨幣系統後，大量地需求白銀。

日本是中國最早、也最重要的白銀供應者。日本在十六世紀時擴大了白銀的產量，偏偏在一五七六這一年，明朝廷雖決定開放部分海禁，卻排除了對日本的貿易。渴求日本白銀的中國海商，因此開始與日本商人在明朝政令到不了的臺灣碰頭。

荷蘭人因著想加入「絲綢」與「白銀」的貿易，來到了東亞，原想落腳在靠近中國的澳門、澎湖都不可得，才有一六二四年不得不殖民臺灣的行動。

西班牙更是因為「白銀」才對臺灣感興趣。西班牙占領墨西哥、祕魯，擁有了世界最大的白銀產地。殖民菲律賓後，因帶來大量白銀，吸引中國商人前來以絲綢交換，於是大部分白銀最後都流入中國。原先，在馬尼拉的西班牙總督曾建議其國王來收服臺灣，但未採取行動。直到荷蘭人在臺灣取得據點後，為恐馬尼拉與中國之間的白銀貿易被荷蘭人阻斷，遂於一六二六年在臺灣北部的雞籠（基隆）灣建立殖民據點。

就是這樣，「哥倫布大交換」下的「白銀」，將臺灣帶進了世界各地密切連繫的網路中。

荷蘭人來臺灣之後，除了原先規劃在臺灣做絲綢與白銀的轉口貿易之外，再來就是發現臺灣土地肥沃，應該可以開墾。特別是發現臺灣適合種植甘蔗，可做成砂糖外銷，但原住民只種植自家日常所需的量，沒興趣耕種經濟作物。當時有個爭論，就是究竟要輸出荷蘭農民到臺灣，還是引進中國移民？但是阿姆斯特丹與巴達維亞的荷蘭官員都反對自本國輸出移民，而是鼓勵中國移民來臺灣種甘蔗，另外包括稻米、大麥、薑、菸草、藍靛，還有許多作物都能在臺灣栽種。當時種植甘蔗給予免稅優惠（種水稻則收什一之稅），因此頗有進展，從此奠定甘蔗成為臺灣極重要經濟作物的基礎。

荷蘭人為了鼓勵中國移民來臺灣開墾，還提供不少優惠條件，例如無償提供土地和耕牛、免除賦稅、直接融資，甚至還有鎮服原住民、取締槍械等行動，打造穩定的社會經濟環境，讓移民安心。統治後期，荷蘭人更鼓勵中國移民來臺灣經商。特別是像甘蔗等經濟作物，收成之後要靠商人進行交易，於是在今臺南赤崁地區也蓋起市街，安頓漢人商賈。

臺灣從此成為荷蘭統治下的漢人屯墾區，荷蘭東印度公司的收入一部分就是來自漢人移民繳交的稅款、關稅與執照費，以及鹿皮和砂糖等貿易收入。當時荷蘭官員直言：「中國人是福爾摩沙島上唯一能釀蜜的蜂種。」言下之意是只要做好管理，中國移民就會自動替荷蘭人賺錢。

相對於荷蘭人，西班牙人因為在馬尼拉與中國移民的相處衝突極大，還引發過多次的屠殺中國人事件，因而在臺灣時期，絕不引進中國移民。西班牙因不用中國移民，而只用原住民，但原住民的耕種技術不佳，在臺灣的據點無法自給自足，只能仰賴馬尼拉的供給。至於荷蘭人將臺灣營造成中國人的移墾地，最後卻也迎來了中國移民心目中的真正主子——鄭成功。

其實，鄭成功之所以能夠逼使荷蘭人從臺灣退出，先是因荷蘭人一直無法爭取到與中國直接通商，自始至終只能在臺灣仰賴中國商人供貨——從李旦、鄭芝龍，再到鄭成功。因而當鄭芝龍於一六四〇年決定不再將絲織等物運來臺灣，而是直接進行對日貿易時，荷蘭人就差點垮掉。等到一六五五年，鄭成功因為他的商船在馬尼拉被西班牙人攻擊，遂要求臺灣的荷蘭長官頒布「扣留並懲罰前往馬尼拉的船隻」，竟然被拒絕。更讓鄭成功生氣的是，他認為在臺灣的漢人是他的「子民」，但隔年又得知臺灣有漢人商人私自到馬尼拉貿易，於是決定對臺灣發動禁運令。一年後，雖經談判重新開啟，但已經使得荷蘭在臺灣的經濟利益嚴重衰退。接著是一六五九年帶著臺灣地圖潛逃去向鄭成功投降的荷蘭通事何斌，說服並成為鄭成功攻入臺灣的引路人。

但最關鍵的因素，是鄭成功將荷蘭人圍困在熱蘭遮城（今安平古堡）的九個月中，鄭成功大軍所依賴的軍糧，竟是他們從中國帶過來並自行種植的番薯——這是西班牙人由美洲帶到菲律賓馬尼拉，華人從馬尼拉偷偷夾帶回中國的。荷蘭人因受不了被長期圍困，因而有一小兵跑去投降鄭成功，透露進攻熱蘭遮城的最有利位置是烏特勒支堡，鄭成功軍隊順利攻下後，荷蘭人只好投降。如此看來，擊退荷蘭人的「祕密武器」，其實就是西班牙人在美洲所發現的「番薯」。

再回到二十年前的一六四二年，西班牙在臺灣敗給荷蘭人，也是與番薯有關。原先西班牙人來臺灣時，就把番薯帶來，因而北部的原住民已經普遍種有番薯。但是因西班牙人與原住民關係很差，所以在西班牙人因馬尼拉方面供應不足，出現缺糧的危機中，無法得到原住民番薯等糧食的提供，遂在荷蘭人的武力優勢下，被趕出基隆。

「哥倫布大交換」下的「番薯」，決定了十七世紀中葉臺灣各勢力勝負的關鍵。從此番薯進入臺灣，甚至成了臺灣的代名詞。

而在歷史上，讓中國人，包括臺灣人深受其害的鴉片吸食，也是這波浪潮下所導致的。

鴉片雖然不是來自美洲，而是來自中東地區，唐朝中期已經傳入中國。但是原先吞食做為藥用的鴉片開始變得迷人，是因為遇見了菸斗。菸草來自北美，西班牙征服美洲之後，隨著白銀船到了馬尼拉，再隨著中國商人傳入福建，然後就是全中國。

既有了菸斗，再將鴉片混入後，發出了令人陶醉的香味。中國人更將鴉片的行銷觀念、工藝製作和享受情面發揮到極致，一種絕妙的吸食方法——躺在菸榻上，拿著菸槍、就著菸燈吞雲吐霧，賽似活神仙，傳遍神州大地。而後，荷蘭人為吸引福建南部漳、泉地區的居民來到臺灣，允許臺灣人吸食菸草、鴉片。一六八三年，臺灣被納入清朝版圖之後，隨著福建和廣東移民陸續來臺，吸食鴉片的習慣也跟著繁盛起來。

另有人說是十七世紀初，荷蘭的水手們開始將鴉片混著砒霜吸食，認為可預防瘧疾。而在荷蘭人統治下的臺灣，漢人移民因水土不服，容易感染臺灣風土病——瘧疾，就以鴉片防治瘧疾。這時的鴉片主要來自印尼，仍是吞食服用。之後，荷蘭人開始向包括臺灣在內的亞洲銷售鴉片，並帶進菸斗的吸食方式。臺灣人將鴉片混合著菸草吸食，進而影響了中國東南沿海地區，並且大為流行。

以上，我試著以臺灣歷史上的幾個發展的例子，來呼應《一四九三》一書，並以臺灣史的角度來做一簡要的導讀。本書為十五世紀後的世界，勾勒出非常清楚的輪廓，是一本堪稱為經典的好書！

二〇一三年四月二十七日於臺北

（本文作者為「被誤解、被混淆、被扭曲的臺灣史」三部曲作者、銘傳大學通識教育中心副教授）

前言

與其他作品一樣，這本書也是從菜園開始。將近二十年前，我在報紙偶然讀到一篇報導，關於當地有一群大學生栽植出一百種品種各異的番茄。他們歡迎民眾到菜園欣賞他們的傑作。我喜歡番茄，所以決定帶著自己的八歲兒子前去一探究竟。當我們來到學校的溫室時，我感到十分驚訝——我從未看過這麼多不同大小、形狀和顏色的番茄。

有學生端了一個塑膠盤過來，上面放著各種樣本。其中有一顆番茄表面特別凹凸不平，呈現出陳舊的磚塊色，果蒂周圍分布著大片的綠黑色澤，宛如中古基督教僧侶剃度的髮型。我偶爾會因為夢境過於真實而醒來。這顆番茄也讓我有相同的感受——它可把我的嘴搖醒了。學生說，它的名字叫圖拉黑番茄（Black from Tula），是十九世紀烏克蘭培育的「祖傳」番茄。

「我還以為番茄來自墨西哥，」我驚訝地說：「烏克蘭居然有人種番茄？」

學生給了我一份目錄，上面介紹番茄、辣椒與豆類（種籽，不含豆莢）的祖傳種子。回家之後，我迅速瀏覽目錄。這三種作物都源自美洲，但目錄裡有一些種類來自美洲以外的地方：日本番茄、義大利辣椒、剛果豆子。為了得到更多這些奇異但美味的番茄，我訂購了種子，把它們種在塑膠容器裡，然後把幼苗移植到菜園裡，這些都是我過去從未做過的事。

在造訪溫室過後不久，我去了圖書館。我發現我向學生提出的問題根本不正確。首先，番茄的發源地應該不是墨西哥，而是安地斯山脈（Andes Mountains）。祕魯與厄瓜多存在著六種野生番茄，其中只有一種能夠食用，而它們結出的果子不過圖釘般大小。對植物學家而言，真正神祕的地方不在於番茄何以最後出現在烏克蘭或日本，而是今日番茄的始祖如何從南美洲移動到墨西哥。墨西哥當地的植物培育者徹底轉變了番茄果實，使其變得更大、更紅，更重要的是，變得更可食用。為什麼要把這些無用的野生番茄運到數千英里以外？為什麼不在這些野生番茄生長的地方就地加以馴化？墨西哥人如何根據自己的需要改變植物？

這些問題觸及我長期以來關注的主題：美洲原住民。身為《科學》（*Science*）雜誌新聞部記者，有時我會和考古學家、人類學家與地理學家進行討論，想知道他們是否對原住民社會昔日的規模與發展有更深入的理解。植物學家對於印第安人栽培植物的疑問，也可以放在這個脈絡下進行觀察。最後，我從這些對話中學到不少東西，因此我寫了一本書來說明研究者目前對哥倫布之前的美洲史抱持的觀點。我菜園裡的番茄的DNA帶有這段時期的歷史。

這些番茄同樣也帶著哥倫布「之後」的歷史。十六世紀，歐洲人開始攜帶番茄到世界各地。在確認這種奇異的水果無毒之後，從非洲到亞洲，各地農民紛紛種植番茄。番茄所到之處，對文化造成小規模的衝擊，但有時影響也不是那麼小——我們幾乎無法想像義大利南部沒有番茄醬會是什麼樣子。

此外，我原本不知道這類生物移植的影響可能超越餐桌之外，直到我偶然在二手書店看到一本平裝書之後才改變了想法：那是克羅斯比（Alfred W. Crosby）寫的《生態帝國主義》（*Ecological Imperialism*），他當時是德州大學的地理學者與歷史學者。我因為對書名感到納悶才拿起這本書。第一句話馬上吸引我的目光：「歐洲移民與他們的子孫散布在世界各地，這個現象需要解釋。」

我完全瞭解克羅斯比想表達什麼。絕大多數非洲人生活在非洲，絕大多數亞洲人生活在亞洲，絕大多數美洲原住民生活在美洲。相較之下，歐洲人的後代卻遍布於澳洲、美洲與非洲南部的土地上。這是成功的移植，他們成為許多地區的主要族群——一項顯而易見的事實，但我過去從未認真想過。現在我納悶的是：為什麼會如此？從生態的角度來說，這種現象就跟烏克蘭的番茄一樣令人感到困惑。

在克羅斯比（以及他的一些同事）探討這個問題之前，歷史學家傾向於以歐洲在社會或科學上的優越來解釋歐洲往全球擴散的現象。克羅斯比在《生態帝國主義》中提出另一種解釋。他同意，與對手相比，歐洲確實擁有較精良的軍隊與較先進的武器，但從長期來看，歐洲關鍵的優勢主要表現在生物層面而非科技層面。橫跨大西洋的船隻運載的不只是人類，還有植物與動物——有時是有意為之，有時是出乎意料。在哥倫布之後，長久分隔的生態體系突然相遇、混合，克羅斯比稱這段過程為「哥倫布大交換」（Columbian Exchange），這也是他先前作品的名稱。這場交換把玉米帶到非洲，把番薯帶到東亞，把馬與蘋果帶到美洲，把大黃與桉樹帶到歐洲——此外也交換了一些不為人知的有機體，如昆蟲、草、細菌與病毒。哥倫布大交換並非參與者所能控制，而參與者亦未察覺自己參與其中，但大交換卻使歐洲人將大部分美洲、亞洲，以及少部分非洲轉變成生態版的歐洲，使外地人比原住民更能舒適地運用當地環境。克羅斯比認為，這種生態帝國主義提供英國人、法國人、荷蘭人、葡萄牙人與西班牙人持續的優勢，使他們能建立帝國。

克羅斯比的著作是環境史這門新學科的重要作品。在此同時我們也看到另一門學科的興起：大西洋研究，強調大西洋周邊文化互動的重要性。（最近有一些大西洋研究者把跨太平洋的移動增列到研究範圍裡，若是如此，這個研究領域可能需要改名。）總而言之，這些領域的研究者蒐集資料拼湊出嶄新的圖像，顯示我們的文明如何擴張到世界各地並將其連結起來，以及在「全球化」之下產生的生活方式。簡單地說，這些研究者的工作為絕大多數人從小學習的帝王將相史增添新的內涵，使我們瞭解「交換」（無論在生態上還是經濟上）在人類歷史上扮演著重要角色。換個角度來說，這些研究者的成果使我們逐漸瞭解哥倫布的航行標誌的並不是新世界的發現，而是新世界的創造。這個世界如何被創造出來，就是本書所要討論的主題。

最近發展出來的科學工具對研究大有助益。數量龐大但隱匿不為人知的乳膠（天然橡膠的主要成分）貿易對環境造成破壞，藉由衛星我們可以繪製出它所造成的環境變遷。遺傳學家運用ＤＮＡ分析方法追溯馬鈴薯疫病的發展歷程。生態學者運用數學模擬工具模擬瘧疾在歐洲的傳布。相關的例子不勝枚舉。政治變遷也是一種助力，對本書來說尤其如此。如今在中國進行研究遠比一九八〇年代克羅斯比為撰寫《生態帝國主義》在中國進行研究容易得多。現在官員的掣肘已微乎其微；我在北京訪問期間遭遇的障礙主要是糟糕的交通。北京的圖書館員與研究人員都很樂意提供我中國早期的典籍——這些原始典籍都已掃描成數位資料，他們還讓我把檔案複製到小巧的記憶卡裡，讓我隨身帶著。

新研究指出，哥倫布之後的歷史，其實是兩個舊世界在碰撞之後形成單一新世界的過程——你也可以說是三個舊世界，如果你把非洲從歐亞大陸區隔出來的話。新經濟體系在十六世紀歐洲人競相參與繁榮的亞洲貿易圈中誕生，而這個交換體系到了十九世紀終於將全球囊括於單一的生態體系之內——如果從生物學的角度來看，這項轉變幾乎是剎那間的事。這種生態體系的創立使歐洲在這關鍵的數百年間掌握了政治主動權，而這種政治動力也形塑了今日擴延至世界各地的經濟體系輪廓，其緊密交織、無所不在的光輝不僅令人難以直視，也幾乎無法掌握。

自從一九九九年在西雅圖召開的世界貿易組織會議引發暴力抗爭之後，全球化的觀念開始受到世人關注。來自不同意識形態的專家們發表大量文章、書籍、白皮書、部落格與紀錄片來解釋、讚揚或攻擊全球化，其內容之多令人眼花撩亂。這場論戰從一開始就集中在兩個極端上。其中一方是經濟學家與企業家的說法，他們極力主張自由貿易可以讓社會更好——自由交換可以讓交易雙方得利。他們說，貿易愈多，利益愈大！貿易減少只會讓某地民眾無法享受另一地民眾的智慧與勞動成果。另一方則是來自環保人士、文化民族主義者、勞工運動人士與反大企業人士的怒吼，他們指控自由放任的貿易使政治、社會與環境陷於混亂，這不僅不是大家樂見的，而且也具有破壞性。他們認為，貿易愈少愈好，以保護在地社群免於受到跨國公司傾巢而出的貪婪力量所摧毀！

在兩種相反觀點的拉鋸下，全球化成了知識界激烈論戰的主題，雙方各自提出彼此相左的圖表與統計數字。在街上，催淚瓦斯與磚石齊飛，各國政治領袖在鎮暴警察圍起的人牆後頭進行角力以達成國際貿易協議。混亂的標語與反標語，事實與偽事實，有時實在令人難以參透。但隨著我知道的愈多，我逐漸認為雙方的說法都不完全正確。全球化在初始確實帶來龐大的經濟收益，然而所帶來的生態與社會混亂也抵銷了它的種種好處。

我們身處的時代確實與過去不同，我們的祖先沒有網路、飛機、基因改造作物或電腦化的國際證券交易。然而從世界市場誕生的描述中，人們彷彿聽見了今日電視新聞裡爭吵的回音——有些寂靜無聲，有些如雷鳴般震撼。四百年前的事件早已為我們今日經歷的一切樹立了樣板。

※

本書不針對有些史家口中的「世界體系」——這個詞雖然生硬，但還算精確——的經濟與生態根源進行有系統的闡述。有些地區我會完全跳過，有些重要事件我僅稍微提及。我的理由是這個主題太廣大，光靠一本書說明是不夠的；事實上，要做到鉅細靡遺只會讓這本書變得極為笨重且難以閱讀。我不會詳細說明其他學者如何闡述這個體系，但我會介紹一些在思想與概念層次相當重要的作品。在《一四九三》這本書裡，我會把重點放在我認為特別重要、特別證據充分的（看得出我做為記者的偏見），或者特別有趣的地區。想瞭解更多詳情的讀者可以參閱注釋與參考書目裡的資料。

在導論之後，本書分成四個部分。前兩個說明哥倫布大交換的兩個構成部分，也就是大西洋與太平洋這兩個既分隔又連結的交換。關於大西洋交換，我們將從詹姆斯鎮（Jamestown）這個典型例子談起，英國人最早在美洲永久殖民就是從這裡開始。詹姆斯鎮的建立純粹基於經濟考量，但它的命運卻受到生態力量左右，特別是菸草的引進。這種源自於亞馬遜河下游的異國植物——令人興奮，容易成癮，隱約帶點邪惡的氣息——率先掀起全球性的商品風潮。（絲織品與瓷器長久以來一直是歐亞的熱門商品，在傳到美洲之後，也緊接在菸草之後掀起熱潮。）以菸草為基礎，緊接著我將討論某個外來種——在各種物種中，牠的影響最大——塑造了從巴爾的摩到布宜諾斯艾利斯的社會：這些微小生物導致了瘧疾與黃熱病。我會先檢視這些生物對各種事物的影響，例如從維吉尼亞的奴隸制度到蓋亞那地區（Guyanas）的貧困，最後我將以瘧疾與美國成立的關係做為第一部分的結尾。

第二部分我將把焦點轉移到太平洋地區，全球化時代的來臨是以大量白銀從西屬美洲運送到中國為起點，這段過程也創造出幾座城市的歷史：位於今日玻利維亞（Bolivia）的波托西（Potosí），菲律賓的馬尼拉，中國東南的月港。這些盛極一時（如今已鮮少受重視）的城市是經濟交換的重要核心連結，有了這些城市，世界才得以連繫起來。藉由經濟交換，番薯與玉米傳入中國，意外對中國生態系統造成毀滅性的後果。與典型的反饋迴圈一樣，這些生態後果隨後也對經濟與政治造成影響。最後，番薯與玉米還對中國最後一個王朝的興盛衰亡產生決定性的作用。這兩種作物在之後共產黨統治時代雖然影響不大，卻也扮演同樣曖昧的角色。

第三部分要談哥倫布大交換在兩個革命中扮演的角色：開始於十七世紀晚期的農業革命，以及於十九世紀初期與中葉起飛的工業革命。我把焦點集中在兩種外來種：馬鈴薯（從安地斯山脈帶到歐洲）與橡膠樹（從巴西偷偷被移植到南亞與東南亞）。這兩場革命，農業革命與工業革命，使西方得以興起，一躍成為支配全球的力量。如果沒有哥倫布大交換，這兩場革命將有非常不同的發展。

在第四部分，我重拾第一部分的主題。我將討論從人類的角度來看影響最大的一種交換：奴隸貿易。直到一七〇〇年左右為止，橫渡大西洋的人有九成是非洲抓來的俘虜。（其餘主要是美洲原住民，我會對此做出解釋。）人口巨大轉變的結果，使美洲絕大部分地區在這三個世紀以來完全受到非洲人、印第安人與非裔印第安人的支配（以人口學的角度來說）。這些人口的互動是人類遺產的重要部分，歐洲人長久以來一直對此避而不談，直到最近才獲得人們的關注。

印第安人與黑人接觸的同時，其他的接觸也正在發生。許多民族因哥倫布引發的遷移潮而得以相遇，世界因此首次出現今日來說已習以為常、居住著來自世界各地的族裔、通行著各種語言的大都會：墨西哥城。墨西哥城的文化大雜燴遍及各個階層，社會頂端的征服者與他們征服的貴族階層通婚，位於底層的西班牙理髮師則不斷埋怨來自中國的廉價移民搶了他的生意。做為全球商路的十字路口，這座巨大而混雜的大都會代表了本書第一部分描述的兩大網絡的接軌。最後，針對當前情況所做的結語，說明這些交換仍歷久不衰持續進行。

某方面來說，全球性都市是受生態與經濟驅策而生，這種歷史描述對像我這種從小聽慣英雄航海家、卓越發明家以及藉由科技與制度的優越力量創建帝國的故事的人來說，是令他們吃驚的。此外，去理解全球化不斷豐富這個世界已將近有五百年之久，也令人感到不可思議。因此想到全球化同步造成的生態破壞，以及這類破壞引發的痛苦與政治騷動，同樣令人膽戰心驚。不過，這種歷史觀也是恢弘的；它提醒我們每個地區都在人類史上占有一席之地，而所有地區都緊緊參與在全球廣大而難以想像的複雜生命歷程裡。

※

我撰寫這篇前言之時，剛好是溫暖的八月天。昨天家人才剛從菜園裡摘下第一顆番茄——從二十年前我造訪大學之後，我對自己種的這些番茄多少做了一些改良。

開始栽種目錄裡的番茄後不久，我便發現為什麼會有這麼多人喜歡在菜園裡幹活。為了種番茄把全身弄得又髒又臭，對我來說等於重拾孩提時期堆沙堡的樂趣：一方面我創造了一個遠離世界的避風港，另一方面我也在這個世界裡創造出屬於自己的地方。跪在土裡，我塑造出一處小小的地形景觀，那種舒適、療癒人心，超脫時間的永恆感受，就像「家」這個詞給人的感覺一樣。

對生物學家來說，這聽起來一定像是廢話。我根據不同的季節，在我的番茄園裡種植羅勒、茄子、甜椒、羽衣甘藍、萘菜、幾種萵苣與類似萵苣的綠色蔬菜，以及幾株金盞花。我的鄰居說金盞花可以驅蟲，但科學家卻沒這麼肯定。這些植物的發源地全在離我的菜園一千英里以外的地方。玉米與菸草也不是源自鄰近農場；玉米來自墨西哥，菸草來自亞馬遜河流域（無論如何，這個地區過去確實生長著菸草，只不過現在已經滅絕）。同樣的，鄰居的牛、馬與穀倉裡的貓也是外來種。很多人跟我一樣，覺得自己的菜園很普通，而且一直都是如此，從這點就可以看出人類的適應能力（或者說得難聽一點，充分證明人類就算在無知的狀況下也可以把事情做得不錯）。事實上，我的菜園代表的不是穩定與傳統，而是人類過去不斷漫遊與交換的生物紀錄。

從另一個角度來看，我的感覺是對的。將近七十年前，古巴民俗學者費南德茲（Fernando Ortiz Fernández）發明了一個古怪但有用的詞彙「文化匯融」（transculturation），用來描述一群人從另一群人取得事物（如歌曲、食物、理想）的現象。費南德茲指出，新事物幾乎不可避免會出現轉變；人們改造、去除與扭曲新事物使其能符合需要與現況，從而使新事物成為他們的事物。自哥倫布以來，世界一直進行著劇烈的文化匯融。地表的每個地方——除了南極洲的一小塊地區——全遭到改變，這股改變的力量源自於某個地區，而這個地區在一四九二年以前仍因為過於遙遠而無法將它的影響力伸展到世界其他地方。五個世紀的持續連結造成的衝撞與混亂形成了我們家園的現狀；我的菜園裡羅列生長的異國植物只是其中一例。究竟，這些番茄是怎麼傳到烏克蘭的？這本書可以說是我首次提出這個問題之後，長久思索並努力找出答案的結果。

導論　同種新世

1 兩座紀念碑

盤古大陸的裂縫

雖然才下過雨，但空氣依然燠熱窒悶。看不到半個人影；除了昆蟲與海鷗，只隱約聽見加勒比海的濤聲。我四周的紅土植被稀疏，上面布著由石頭排列的矩形：它們是考古學家發現的地基輪廓，建築主體現已不存。水泥鋪設的小徑在建築地基間穿梭，路面在雨後冒著微弱熱氣。其中一棟建築物的牆壁特別宏偉。諸多建築物中，研究人員只為這棟加蓋新屋頂，保護它不受雨淋。有個手寫的告示像哨兵一樣立在建築物的入口處：*Casa Almirante*（海軍上將的房子）。它指的是哥倫布，縱橫大洋的海軍上將，幾個世代以來學校都教導孩子稱他是新世界的發現者。這棟建築物正是哥倫布在美洲最初的住所。

這個社區名叫拉伊莎貝拉（La Isabela），座落在加勒比海的西班牙島（Hispaniola）上，也就是今日多明尼加共和國的北岸。這裡是歐洲人最早在美洲設立的永久基地。（精確地說，早在五個世紀前，維京人就已經在紐芬蘭〔位於今加拿大〕建立村落，但直到拉伊莎貝拉，歐洲人才真正在美洲紮根。）哥倫布在兩條湍急的小溪匯流處建立新的領地：在河的北岸設立要塞中心，在河的南岸建立農耕的衛星社區。至於哥倫布（其實他的西班牙文姓名是Cristóbal Colón）的住所則位於鎮上最好的地點：聚落北部的一處岩石海岬，且位於水邊。房子的位置正好能讓他欣賞夕陽餘暉。

今日，拉伊莎貝拉幾乎已被人遺忘。有時類似的命運似乎也威脅著它的建立者。沒錯，哥倫布從未在歷史教科書中缺席，但他受到的評價似乎不再那麼正面，而且逐漸被認為不那麼重要。今日的評論者認為，哥倫布是殘酷而輕信之人，他發現加勒比地區純粹是運氣好。身為帝國主義媒介，哥倫布從各方面來看都是美洲早期居民的一場災難。但今日另有一種觀點，認為我們應該繼續重視這位海軍上將。因為在整部人類歷史上，哥倫布是唯一開啟生活史新紀元的人物。

西班牙國王斐迪南二世（Ferdinand II）與女王伊莎貝拉一世（Isabel I）是在心不甘情不願的狀況下支持哥倫布進行首航。跨洋航行在當時來說是極其昂貴而危險的事業——或許可以等同於今日的太空梭旅行。儘管再三糾纏，國王直到哥倫布威脅將帶著計畫投向法國，才肯支持他的計畫。根據日後一名朋友的說法，哥倫布當時已策馬至邊境，但女王「急忙從宮裡派人」請他回去。這故事很可能過於誇張。然而，君主的不放心顯然使這名海軍上將盡可能地削減探險隊的規模（但他的野心絲毫未減）：三艘小船（最大的一艘長度還不到六十英尺）與大約九十名船員。一名共事者表示，哥倫布必須自籌四分之一的探險預算，而這筆錢可能是向義大利商人商借的。

一四九三年三月，當哥倫布以凱旋之姿，帶著黃金飾品、五彩繽紛的鸚鵡，以及多達十名的印第安人俘虜返國時，一切都為之改觀。國王與女王開始熱心於航海事業，哥倫布返國才不過六個月，他們便要求進行第二次規模更龐大的探險：十七艘船，船員總計約一千五百人，其中包括十餘名教士，負責將信仰傳布到新的國度。由於哥倫布以為自己找到通往亞洲的航路，因此他確信中國與日本——還有它們的豐富貨物，只要再多一小段航程就能到達。第二次探險的目標是讓西班牙在亞洲的心臟地帶建立永久的堡壘，一處能擴大探險與貿易的根據地。

一名當時的創立者預言，新殖民地「將因人口眾多、建築精美與城牆宏偉而遠近馳名」。然而與此相反，拉伊莎貝拉是一場災難，在創立不到五年後就淪為廢墟。逐漸地，它的建築物消失了，搭蓋建築的石頭被搬走，拿去建設其他更成功的市鎮。一九八〇年代末期，當美國與委內瑞拉組成的考古團隊開挖這處遺址時，拉伊莎貝拉的居民少得可憐，科學家甚至能夠將整個聚落遷移到鄰近山坡。今日，這裡只有幾家路旁的魚餐廳，一棟破敗的旅館，與一間幾乎沒有人參觀的博物館。在小鎮邊上，一棟於一九九四年建立的教堂已然顯露歲月的痕跡，紀念著天主教彌撒首次在

成排的石頭堆標示著拉伊莎貝拉現已消失的建築物輪廓，這裡是哥倫布最早試圖在美洲建立永久根據地的地方。

美洲舉行。從海軍上將已然毀壞的住處看著海浪，我可以想像失望的觀光客會認為殖民地未留下任何值得一看的遺產——除了美麗的沙灘，人們沒理由關心拉伊莎貝拉。但這麼想可就錯了。

在哥倫布建立拉伊莎貝拉那天（一四九四年一月二日）出生的嬰兒，置身的世界是西歐與東亞直接貿易與溝通受伊斯蘭國家（及其在威尼斯與熱那亞的夥伴）攔阻的世界，撒哈拉以南的非洲與歐洲幾無接觸，更甭說南亞與東亞，東西兩個半球對彼此幾乎一無所知。當這些嬰兒抱孫子的時候，來自非洲的奴隸已經在美洲開採要賣給中國的白銀；西班牙商人心急如焚地等待從墨西哥出發的船隻將亞洲絲綢與瓷器運來；荷蘭的水手用印度洋馬爾地夫（Maldive Islands）的子安貝貝殼，換取大西洋岸安哥拉（Angola）的奴隸。加勒比地區的菸草迷惑了馬德里、馬德拉斯（Madras）、麥加與馬尼拉的富人與權貴階級。江戶（今日的東京）一群暴力青年因為吸菸而引發荊組與革袴組的鬥毆事件。幕府因此囚禁了七十名滋事者，並且下令禁菸。

遠距貿易已有千年以上的歷史，絕大部分是經由印度洋進行。中國數百年來一直藉由絲路將絲綢運至地中海地區，這條貿易路線漫長而危險，但只要能活著回來就能獲得鉅利。然而一定規模的世界性貿易過去從不存在，更罕見的是興起得如此迅速，而且就此運行不輟。先前沒有任何貿易網路同時涵蓋兩個半球，也沒有任何貿易網路規模大到足以破壞位於不同半球的社會。哥倫布建立拉伊莎貝拉，開啟了歐洲永久占領美洲的序幕，也因此開創「全球化」的紀元——單一且充滿動盪的商品與勞務交換，至今吞沒了整個人類世界。

報紙經常從純粹經濟的角度來描述全球化，但全球化也是一種生物現象；事實上，從長期的視角來看，全球化「根本」就是一種生物現象。兩億五千萬年前，世界只有一個陸塊，科學家稱之為盤古大陸

（Pangaea）。地質的力量撕裂了這個廣袤陸塊，將它分成歐亞大陸與美洲大陸。經過一段時間後，盤古大陸分成的兩塊大陸各自發展出不同類型的野生動植物。早在哥倫布之前，一些勇於冒險的陸上生物已然跨越海洋到另一塊大陸建立據點。這些生物絕大多數是昆蟲與鳥類，這點不難預料，但令人驚訝的是，其中還包括了一些農作物——葫蘆、椰子、番薯——這點至今仍令學者百思不解。除此之外，整個世界被分成兩個彼此獨立的生態領域。用歷史學家克羅斯比的話來說，哥倫布成就的非凡之處在於重新縫合了盤古大陸的裂縫。一四九二年後，隨著歐洲船隻將數千物種跨洋帶到新家，世界的生態體系也開始碰撞混合。克羅斯比所謂的「哥倫布大交換」正是番茄出現在義大利、柳橙出現在美國、巧克力出現在瑞士與辣椒出現在泰國的原因。對生態學家來說，哥倫布大交換可說是恐龍滅絕後最重要的事件。

顯然，這場生物學劇變必然對人類造成影響。克羅斯比認為，哥倫布大交換是大部分課堂歷史的基礎——它就像看不見的海浪，擺布著王侯將相、農民僧侶，而這些人卻渾然不覺。克羅斯比的主張充滿爭議性；事實上，所有大型學術出版社都拒絕了他的書稿，最後由一家名不見經傳的出版社出版。克羅斯比曾跟我開玩笑說，他的書的經銷方式就是「丟到街上，盼望讀者們能發現它」。然而，他創造這個名詞過後數十年，有愈來愈多研究者開始相信，哥倫布航行所導致的生態突發（ecological paroxysm）——如同他開啟的經濟震動，的確是近代世界的重大事件。

一四九二年的耶誕節，哥倫布的首航突然告終，他的旗艦聖瑪利亞號（*Santa Maria*）在西班牙島北部海岸外擱淺。由於哥倫布剩下的兩艘船尼娜號（*Niña*）與平塔號（*Pinta*）太小，容納不下所有的船員，他不得不留下三十八名船員在島上。哥倫布啟程返回西班牙時，留下的這批人開始建築營地——稀疏的幾座臨時營房，外圍環繞粗糙的柵欄，與一個人口眾多的原住民村落比鄰而居。這座營地（詳細位置今

殖民地西班牙島

日已不可考）被稱為La Navidad（耶誕節），因為剛好在耶誕節這天建立。西班牙島上的原住民後來被稱為塔伊諾人（Taino）。於是，西班牙人與塔伊諾人共同居住的La Navidad聚落就成了哥倫布第二次航行的預定目標。一四九三年十一月二十八日，在離開船員十一個月後，哥倫布以船隊領袖的勝利姿態回到西班牙島，船上的水手紛紛爬上護桅索，迫不及待想瞧瞧這塊新土地。

哥倫布只發現廢墟；西班牙人與塔伊諾人的聚落都已被夷為平地。「我們看到一切都遭到焚毀，基督徒的衣物棄置在雜草中，」船醫寫道。附近的塔伊諾人向哥倫布指出十一名西班牙人的屍體，「上面已長滿植物」。印第安人說，那群水手因為強姦婦女且謀殺男子，激怒了他們的鄰居。就在雙方發生衝突的時候，另一群塔伊諾人突然襲擊他們，把雙方都殺得精光。經過九天徒勞無功地搜尋生還者後，哥倫布決定離開此地，另覓更具發展性的地點建立新基地。在逆風的情況下，艦隊花了一個月的時間，沿著海岸線緩慢往東移動一百英里。一四九四年一月二日，哥倫布抵達一處淺水灣，在這裡建立了拉伊莎貝拉。

幾乎在此同時，這群殖民者的糧食即將告罄，更糟的是，水也不夠了。哥倫布未能好好檢查自己訂購的水桶，結果這些水桶全會漏水，顯示他不適合擔任管理者。哥倫布不理會船員饑餓與口渴的抱怨，反而要求屬下開墾土地種植作物，興建兩層樓的堡壘，並且在新開拓地的北面主要部分圍起高聳的石牆。在牆內，西班牙人大約蓋了兩百棟房子，「屋子很小，就像我們獵鳥用的小屋，屋頂覆蓋著野草，」某人如此抱怨道。[1]

絕大多數剛抵達西班牙島的船員都認為這些勞動是浪費時間。幾乎沒有人真心想在拉伊莎貝拉建立事業，耕地務農更是免談。他們把殖民地當成追求財富（特別是黃金）的暫時基地。但哥倫布本人則充滿矛盾。一方面，他理應管理這個殖民地，將它建設為美洲貨物的集散地。另一方面，他也應該繼續航海事業，找到通往中國的航路。兩個角色彼此衝突，哥倫布終其一生都無法化解這項矛盾。

四月二十四日，哥倫布啟程尋找中國。臨行前，他命令軍事指揮官馬加里特（Pedro Margarit）率領四百人進入崎嶇的內陸地區，尋找印第安人的金礦。馬加里特一行人在山裡只找到微量黃金，而且也沒找到足夠糧食，他們衣衫襤褸饑餓不堪地回到拉伊莎貝拉，卻發現殖民地也幾乎無糧可吃了——那些留守者心懷憤懣，不願耕作。一氣之下，馬加里特劫持了三艘船逃回西班牙，發誓要讓這場探險背負浪費時間與勞力的臭名。剩下的殖民者沒有食物，於是劫掠塔伊諾人的倉庫。勃然大怒的印第安原住民予以反擊，雙方展開一場混戰。這就是哥倫布離開五個月後回到島上所面臨的處境，而這段期間他也生了重病，同時也未找到中國。

有四群塔伊諾人組成鬆散的同盟抵抗西班牙人，另外則有一群塔伊諾人與異邦人合作。塔伊諾人沒有金屬兵器，很難與使用鋼製武器的西班牙人抗衡，但他們有辦法讓西班牙人付出代價。這群印第安原住民使用了早期的化學武器，他們將填滿灰燼和磨碎辣椒粉的葫蘆擲向西班牙人，釋放使人窒息、失明的粉塵。此時臉上綁了大手巾的印第安原住民一擁而上，在催淚氣體的掩護下殺死西班牙人。印第安人的目的是要趕走西班牙人——哥倫布想不到會發生這種事，但為了航海，他已賭上一切。當西班牙人進行反擊時，塔伊諾人開始撤退，但他們採取焦土策略，把自己的房屋與農作完全燒光，以為這麼做「可以讓我們因饑餓而離開這片土地」，哥倫布輕蔑地說。這場戰爭沒有贏家。塔伊諾人的同盟軍無法將西班牙人從島上驅離。而西班牙人則是向糧食的提供者宣戰；即使西班牙人獲得全勝，也會造成完全的災難。西班牙在小規模戰鬥中逐次取得勝利，殺死無數原住民。在此同時，饑餓、疾病與疲累，使拉伊莎貝拉到處布滿了墳墓。

這場災難令哥倫布無地自容，一四九六年三月十日，他返回西班牙，懇求國王與女王能給予他更多的金錢與補給。兩年後，當哥倫布前往西班牙島時——這是他四度橫渡大西洋其中的第三次旅程——拉伊莎貝拉早已一片荒蕪，於是他改在島的南方登陸，也就是他在島上留守的弟弟巴托洛梅（Bartolomé）

1 由於缺水，所以探險隊開始飲用河水。研究者相信哥倫布與他的船員因此感染桿菌性痢疾，這是熱帶美洲特有的疾病，由糞便帶有的細菌引起。一旦感染這種細菌，身體會產生雷德氏症候群（Reiter's syndrome），這種自我免疫疾病會讓染病者覺得身體絕大部分，包括眼睛與腸子都在腫大發炎——哥倫布在同年夏天也出現這種症狀。雷德氏症候群令人痛苦，有時還會致命。科學家懷疑，如果哥倫布出現雷德氏症候群長達數年的時間，因而導致死亡，那麼他將是哥倫布大交換早期的受害者。

建立的新據點聖多明哥（Santo Domingo）。哥倫布從此再也沒回到他最初建立的殖民地，而拉伊莎貝拉也幾乎遭到遺忘。

儘管拉伊莎貝拉有如曇花一現，但它卻標誌著巨大變化的開始：近代加勒比地區的地貌由此而生。遠航到美洲的不只有哥倫布與他的船員，伴隨而來的還有一群生物，如昆蟲、植物、哺乳類動物與微生物。最早從拉伊莎貝拉開始，歐洲探險隊帶來了牛、羊與馬，以及一些農作物，如甘蔗（原產地是新幾內亞）、小麥（原產地是中東）、香蕉（原產地是非洲）與咖啡（原產地也是非洲）。同樣重要的是殖民者完全沒注意到的搭便車客。蚯蚓、蚊子與蟑螂；蜜蜂、蒲公英與非洲野草；各種老鼠——這些生物從哥倫布的船裡傾巢而出，牠們就像觀光客急切地進入這片過去未見的土地。

牛羊用牠們的平齒啃掉美洲的植物，使當地灌木與樹木無法再度生長。非洲野草在牠們的蹄下發芽生長，這些野草或許來自於奴隸船的墊草；它們的葉子四向伸展而且在地面生長得極為濃密，使當地植物毫無生長的空間。（外來野草比加勒比地區的地被植物更禁得住牛羊的啃食，因為它們是從葉子的基部開始生長，而不像其他植物大部分是從頂端開始生長。牛羊啃食時會吃掉後者的生長部位，對前者卻少有影響。）幾年後，加勒比地區的棕櫚樹、桃花心木與木棉樹全被澳洲的金合歡、衣索比亞的灌木與中美洲的洋蘇木取代。在樹木下方急促奔跑的是來自印度的貓鼬，熱切地捕獵多明尼加的蛇類，使其瀕臨滅絕。這種改變至今仍在進行。從西班牙引進到西班牙島的柳橙果園，近年來遭受無尾鳳蝶的蹂躪，這種來自東南亞的柑橘類害蟲或許是二〇〇四年傳入的。今日的西班牙島只剩下少部分原生樹林。

本土與外來物種出現出乎意料的互動導致生物混亂。哈佛大學昆蟲學家威爾森（Edward O. Wilson）

認為，當西班牙人於一五一六年引進非洲芭蕉時，也連帶引進了介殼蟲，這種擁有堅韌蠟質外衣的小生物以吸取植物根莖的汁液維生。在非洲，已知寄生於香蕉的介殼蟲約有十二種。威爾森主張，這些昆蟲在西班牙島沒有天敵。因此，牠們的數量勢必呈爆炸性成長——科學上稱這種現象為「生態釋放」（ecological release）。介殼蟲的蔓延令島上的歐洲蕉農感到沮喪，卻讓當地某種生物樂不可支：牠就是熱帶火蟻（*Solenopsis geminata*）。[2]火蟻喜歡食用介殼蟲含有糖分的排泄物；為確保供應不輟，火蟻會攻擊任何妨礙牠們的東西。介殼蟲大量增加，火蟻也就跟著大量增加。

到目前為止算是有根據的推測，但一五一八年與一五一九年發生的卻是千真萬確的事。曾親歷此事的傳教士拉斯卡薩斯（Bartolomé de Las Casas）提到，西班牙柳橙、石榴樹與肉桂樹種植園「從根往上」死透了。數千英畝的果園「全枯萎乾癟，彷彿有一把火從天而降將它們燒毀」。威爾森認為，真正的禍首其實是吸取汁液的介殼蟲。但西班牙人「看見」的卻是火蟻——「數不清的螞蟻」，拉斯卡薩斯說，牠們的螫針造成的「痛楚遠逾黃蜂叮咬」。螞蟻成群穿過房子，連屋頂也黑壓壓一片，「就像撒了一層炭灰在上面似的」。牠們大量覆蓋在地板上，逼得殖民地居民必須把床腳放在水盆裡才能入睡。「任何方式和人為手段都無法阻擋牠們」。

西班牙人既恐懼又無計可施，於是只好把房子讓給這些蟲子。聖多明哥「人口銳減」，一名目擊者

2 每一種物種都擁有一個科學名稱，而這個科學名稱又分成兩部分：首先是屬名，也就是相關的物種所屬的群體，其次是種名本身。因此，*Solenopsis geminata* 屬於 *Solenopsis* 這個屬，而它是 geminata 這個物種。依照慣例，屬名會在第一次出現後縮寫，然後再加上種名，如 *S. geminata*。

回憶說。在一場神聖儀式中，剩下的殖民地居民用抽籤的方式選出一名聖人，代表居民向上帝求救。這位聖人是聖薩都里諾（St. Saturninus），他是西元三世紀的殉教者。居民舉行遊行與宴飲來紀念他，而效果相當顯著。「從那天起，」拉斯卡薩斯寫道：「人們可以清楚看出這場疫病已開始減弱。」

從人類的角度來看，哥倫布大交換最戲劇性的影響集中在人類身上。從西班牙人的描述可看出西班牙島有著數量龐大的原住民：舉例來說，哥倫布曾漫不經心地表示，塔伊諾人「數量多得數不清，我想他們應該有好幾百萬人吧」。拉斯卡薩斯宣稱塔伊諾人「超過三百萬」。現代研究者尚未確定人口數目；估計的數字從六萬人到將近八百萬人都有。二〇〇三年一份謹慎的研究認為，真實的數字是「數十萬人」。然而，無論原本的人口有多少，歐洲帶來的衝擊都是可怕的。一五一四年，也就是哥倫布首航的二十二年後，西班牙政府計算西班牙島的印第安人人口，準備將他們分配給殖民者充當勞工。普查人員在島上四處查訪，結果只發現兩萬六千名塔伊諾人。三十四年後，根據一名居住當地的西班牙學者表示，活著的塔伊諾人已不到五百人。塔伊諾人的滅絕使聖多明哥陷於貧困。殖民者消滅了自己的勞動力。

西班牙人的殘酷導致部分災難，但主因還是哥倫布大交換。在哥倫布之前，歐亞常見的流行疫病在美洲並不存在。導致天花、流行性感冒、肝炎、痲疹、腦炎與病毒性肺炎的病毒；導致結核病、白喉、霍亂、斑疹傷寒、猩紅熱與細菌性腦膜炎的細菌——由於演化史的離奇安排，這些疾病全未出現在西半球。從歐洲被船隻越洋運送過去之後，這些疾病以令人心驚的貪婪奪去西班牙島原住民的性命。第一個有紀錄的流行病，或許是豬流感，出現在一四九三年。可怕的天花出現在一五一八年；它傳布到墨西哥，然後順著中美洲往下蔓延，進入祕魯、玻利維亞與智利。追隨其後的是其他一連串致命的傳染病。

整個十六與十七世紀，新微生物在美洲不斷散布，從這名受害者跳躍到另一名受害者，殺死西半球四分之三以上的人口。彷彿數千年來這些疾病在歐亞大陸造成的痛苦被濃縮成數十年似的。在人類歷史上，沒有能與此相提並論的人口災難。雖然塔伊諾人從地表上被抹除，不過近來研究顯示他們的DNA以一種外在看不見的方式，殘存在有非洲人或歐洲人特徵的多明尼加人身上。不同大陸的基因糾纏在一起，這是哥倫布大交換的加密遺產。

燈塔行

寧靜的河水緩緩流過聖多明哥，也就是多明尼加共和國的首都。河的西岸殘留著殖民城鎮的石頭遺跡，包括哥倫布的長子狄亞哥（Diego Colón）的宅邸。河的東岸聳立著一座巨大的裝飾混凝土高臺，這塊巨碑高一百零二英尺，長六百八十九英尺。這座建築物是Faro a Colón，也就是哥倫布燈塔。稱為燈塔是因為建築物頂端裝設了一百四十六盞四千瓦燈光。這些燈火完全朝上，當燈火全開直衝天際之時，鄰近的萬家燈火頓時顯得黯淡無光。

這座燈塔如同一座中世紀教堂，從上方看就像個十字架，它有著長的主殿，往兩側伸展出短的翼廊。在中心交會處放著一個水晶保險箱，裡頭是一個華麗的黃金大理石棺，據說哥倫布的遺骨就在裡面。（這個說法有爭議；在西班牙的塞維爾〔Seville〕，另一具華麗的大理石棺據說也放了哥倫布的遺骨。）除了大理石棺之外，還有一系列來自各國的展示品。我不久前造訪此地，發現這裡的展覽絕大部分集中在西半球原住民身上，把他們描繪成被動接受者，對於歐洲文化與科技賞賜感激涕零。

顯然，原住民很難接受這種歷史觀點，也不認同哥倫布的歷史地位。有一群運動人士與學者公開抨擊哥倫布與他的作為。他們稱他殘暴（以今日的標準來說，確實如此）而且有種族歧視（嚴格來說，他不是——當時尚未出現現代的種族概念）；是無能的管理者（確實如此）與無能的航海者（並非如此）；是宗教狂熱分子（從世俗的觀點來看，他確實是）；是貪婪的偏執狂（哥倫布的支持者會說，所有野心家都會遭受相同的指控）。哥倫布的毀謗者指控他完全不瞭解自己發現的事物。

一八五二年，哥倫布得到的是全然不同的評價，道明會一名著名的文人特哈達（Antonio del Monte y Tejada）在四卷本聖多明哥史的第一卷末尾讚揚哥倫布「偉大、慷慨、令人緬懷與永恆」的事業。哥倫布每個行動都「賦予了偉大與崇高」，特哈達寫道。難道「各國子民〔……〕不該永遠感激他嗎？」特哈達提議，最能感念他

一九九二年完工。這座位於聖多明哥的巨大十字型哥倫布紀念館，是由年輕的蘇格蘭建築師格里夫（Joseph Lea Gleave）設計，他試圖以石頭來捕捉自己心目中哥倫布最重要的角色：將基督教傳入美洲的人物。他謙虛地表示，這座建築物可名列「歷代偉大紀念碑之一」。

恩澤的方式，就是豎起一座巨大的哥倫布像，「如同羅德港的巨人雕像」，由「歐洲與美洲所有城市」出資建造，這座巨像將展開慈愛的雙臂環抱著聖多明哥，西半球「最醒目與最值得注意的地方」。

一座巨大的哥倫布紀念碑！對特哈達來說，這個想法的價值確然無疑：哥倫布是上帝的使者，他的美洲航行完全是「天意」。儘管如此，建造紀念碑幾乎花了一個半世紀的時間。耽擱有部分出於經濟因素：西半球大部分國家太貧困，無力在遙遠的島上出資建造巨像。部分則基於對哥倫布與日俱增的不滿。如今我們知道西班牙島上印第安人的命運，批評家質疑，難道我們還要建碑來紀念哥倫布遠航嗎？從他的行為來看，這座紀念碑中心的黃金箱子究竟裝著怎麼樣的一個人？

我們很難得到定論，即使哥倫布的生平已經算是他那個時代記載得最詳盡的——最新版的哥倫布作品集厚達五百三十六頁，而且還是小字印刷。

哥倫布終其一生，沒有人叫他哥倫布。哥倫布在義大利熱那亞受洗的名字是Cristoforo Colombo，但他搬到葡萄牙時改名為Cristovao Colombo，在當地擔任熱那亞商人家族的代理商。一四八五年後，哥倫布由於未能說服葡萄牙國王資助跨洋探險而搬到西班牙，並且自稱為Cristóbal Colón。之後，哥倫布就像一名壞脾氣的藝術家，堅持用難以理解的字體來簽名：

·S·

S·A·S

X M Y

: Xρo FERENS./

（沒有人確定哥倫布想表達的意思，但第三行使人聯想到基督、馬利亞與約瑟——*Xristus Maria Yosephus*——前兩行字母可能代表的是「我是至高救世主的僕人」〔*Servus Sum Altissimi Salvatoris*〕。Xpo FERENS或許是*Xristo-Ferens*，「背負基督的人」。）

據哥倫布的私生子艾爾南（Hernán）形容，哥倫布的「體格比一般人來得健壯」，少年白的他有著「淺色的眼珠」，鷹鉤鼻與容易臉紅的白皙臉頰。他的性格多變，情緒反覆無常。艾爾南記得，雖然哥倫布控制不住自己的脾氣，但「他反對隨意起誓或說出褻瀆的話，我敢跟各位保證，我從未聽見他以誰的名號起誓，除了『聖費爾南多』（San Fernando）」。他的人生受到過度的個人野心操縱，或者應該說，受到深刻的宗教信仰指引。哥倫布的父親是一名紡織工，過著舉債度日的生活，這讓他的兒子引以為恥；哥倫布刻意隱匿自己的出身，他的人生完全專注於建立自己的事業，希望能引起君王的注意，使他獲得加官晉爵的機會。哥倫布的信仰總是熱切，在長年徒勞地乞求葡萄牙與西班牙國王資助西航未果之下，他的信仰變得更加深刻。這個時期，哥倫布住在西班牙南部一個有著政治影響力的方濟會修院裡，此處深受十二世紀神祕主義者菲歐雷的尤阿金姆（Joachim di Fiore）的願景影響。菲歐雷相信，一旦基督教世界奪回數世紀前被從伊斯蘭國家征服的耶路撒冷之後，人類將進入精神至福的年代。哥倫布認為，他從事航行獲得的利益，不僅能增加自己的財富，還能實現菲歐雷新十字軍的願景。他預料，與中國貿易將使西班牙賺進大筆財富，「只需三年的時間，國王就能做好征服聖地的準備」。

這個偉大計畫有個不可或缺的部分，那就是哥倫布對地球的大小與形狀抱持的看法。小時候，我跟在我之前無數的學生一樣，都被教導哥倫布是時代的領導者，當每個人都認為地球又小又平時，只有哥倫布相信地球又大又圓。我的四年級老師拿了一幅蝕刻畫給我們看，上面畫的是哥倫布在一群向他叫囂的中世紀權威面前揮舞著地球儀。一道陽光照耀著地球儀與哥倫布飛揚的頭髮；相反地，他的批評者則蹲坐在陰影中，宛如罪犯一般。唉，我老師的想法實在太落於人後了，因為早在一千五百年前，學者就已經知道地球又大又圓。哥倫布可不贊同這兩點。

哥倫布不完全否定地球是圓的。他認為地球不是完美的圓形，而是「像洋梨的形狀，整體來說是圓的，只有在果蒂的部分稍微凸起，或者如同某人有一顆圓球，上面凸起一塊類似女人乳頭的東西。」在這乳頭的最尖端，存在著「人間天堂，沒有人能夠抵達此處，除非憑藉著神意」。（在往後的航行中，哥倫布以為自己找到了乳頭，也就是現在的委內瑞拉。）

西班牙國王與女王並不在意哥倫布對世界形狀的看法或天堂的位置，他們感興趣的是地球的大小。哥倫布眼中的地球圓周至少比地球實際周長少了五千英里。如果哥倫布的想法為真，則西歐與中國東部的距離——我們今天知道兩地之間隔著大西洋、太平洋與陸地——將比實際短得多。

哥倫布對地球大小的看法引起君主關注。與其他歐洲菁英一樣，君主也對中國富足與文化深厚的描述深感興趣。他們垂涎亞洲的織品、瓷器、香料與寶石，但伊斯蘭商人與政府卻阻擋了商路。如果歐洲人想得到亞洲的奢侈品，那麼他們必須與數世紀以來和基督教世界交戰的國家協商。更糟的是，威尼斯與熱那亞這些商業城邦早已與伊斯蘭國家達成協議，進而壟斷了整個貿易商路。此外，與伊斯蘭國家合作的想法特別不受西葡兩國歡迎，因為這兩國自從八世紀遭穆罕默德大軍征服之後，花了幾百年的時間才終於成功逐出穆斯林。而即使西葡兩國願意與伊斯蘭世界合作，威尼斯與熱那亞絕不會輕易讓出特權。為了剷除這些不受歡迎的中間人，葡萄牙嘗試開闢往南繞過非洲的航路——這是一條漫長、危險與昂貴的航路。哥倫布告訴西班牙國王，還有一條更快、更安全與更便宜的路線：那就是往西橫渡大西洋。

事實上，哥倫布挑戰了希臘博學者埃拉托斯特尼斯（Eratosthenes）的說法。埃拉托斯特尼斯在西元前三世紀藉由一種方法確定了地球圓周，科學史家克里斯（Robert Crease）在二〇〇三年提到，這種方法是「如此簡單而具啟發性，即使在兩千五百年後，每年全球各地的小學生都會重新操作一遍他的方法」。埃拉托斯特尼斯的結論是地球圓周約有兩萬五千英里。歐亞大陸的東西寬度接近一萬英里。簡單計算一下就可以知道中國與西班牙的距離是一萬五千英里。歐洲造船業者與躍躍欲試的探險家都知道，十五世紀的船隻無法航行一萬五千英里的距離，甭說還要加上回程。

哥倫布相信自己已成功駁斥埃拉托斯特尼斯的說法。身為擁有技術與敏銳直覺的海員，哥倫布定期往返於非洲與冰島間的大西洋東部海域。在旅程中，他曾使用一名水手的四分儀來測量經度一度的長度。他不知用什麼方法說服了自己，認為自己的結論證明九世紀巴格達哈里發（caliph）的主張是正確的，那就是經度一度的距離是五十六又三分之二英里（其實應該更接近六十九英里）。哥倫布將這個數值乘以三百六十，也就是圓的度數，算出地球的圓周是兩萬零四百英里。將這個數字搭配上對歐亞大陸東西長度高估的距離，哥倫布因此認為橫渡大西洋的旅程最短可能只有三千英里，如果從新征服的加那利群島（Canary Islands）出發，還可以扣除六百英里。西班牙船隻可以輕鬆橫渡這樣的距離。

國王只能祈禱哥倫布是對的，他將哥倫布的提案交給由天文學、航海與自然哲學專家組成的會議審理。委員會的成員個個嗤之以鼻。某方面來看，沒受過多少教育的哥倫布，在顛簸的船上笨拙地使用四分儀，然後宣稱自己證明埃拉托斯特尼斯的說法是錯的，就好像某人在蠻荒叢林的小木屋裡宣稱自己證明地心引力不像科學家想的那樣會拉扯鐵塊，因此人們可以用縫衣線將鐵砧吊起來。不過，最後國王與女王還是力排眾議——他們告訴哥倫布，就用縫衣線去試試看。

一四九二年登陸美洲之後，哥倫布自然認為他的想法已得到證實。[3]國王很高興，於是賞賜他榮譽與財富。哥倫布死於一五〇六年，死時家財萬貫，旁邊還圍繞著愛他的家人；儘管如此，他其實是鬱鬱寡歡地離開人世。隨著證據顯示他的種種錯誤——無論是個人行為還是地理發現——西班牙宮廷於是剝奪他大部分特權，並且疏遠他。晚年的憤怒與屈辱，使哥倫布遁入宗教彌賽亞主義。他漸漸相信自己是上帝的「使者」，注定要向世界顯示「新的天堂與塵世，也就是上帝在啟示錄中透過聖約翰陳述的事物」。在給國王的最後上書中，哥倫布表示，他是讓中國皇帝改信基督教的理想人選。

這種混雜著浮誇與沮喪的特徵，也出現在哥倫布紀念碑上。特哈達為哥倫布立碑的提議，終於在一九二三年西半球國家的會議中通過。進展很緩慢——往後八年一直未舉行設計競賽，之後又過了六十年才動工。而在這段時間，多明尼加共和國是在暴君特魯西約（Rafael Trujillo）的統治下。特魯西約是典型的自戀型人格違常的例證，他為自己豎立了數十座人像，而且在聖多明哥港口懸掛巨大的霓虹看板，上面寫著「上帝與特魯西約」，而聖多明哥也被他改名為特魯西約市。隨著他的統治愈來愈蠻

3 可以想見哥倫布在出發前應該已經知道大西洋是可以橫渡的。他曾在自己作品的頁緣空白處提到，在愛爾蘭時，他曾看到「中國人」——「一對夫婦以極為特別的方式，乘坐著兩根木頭出現。」有些作家認為這裡的「木頭」指的是獨木舟，因此這對夫婦應該是因紐特人（Inuit）或印第安人。然而大部分史家不同意這種說法，因為幾乎沒有證據顯示哥倫布去過愛爾蘭，遑論在那裡看到兩名印第安人。這對夫婦有可能是芬蘭的薩米人（Sami），這個民族通常帶有亞洲人的特徵。此外，這個令人驚奇的事件——印第安人划獨木舟到歐洲——的唯一根據竟是書上空白處的潦草字跡，這實在不合理。

當一九二三年哥倫布紀念館計畫通過時，每個美洲國家都承諾出資進行這項計畫，但卻遲遲不願付錢——舉例來說，美國國會往後六年從未支付它應付的金額。一九三〇年五月，多明尼加陸軍領袖特魯西約在一場不公正的選舉中當選總統。三星期後，一場颶風席捲聖多明哥，奪走數千人的性命。特魯西約認為紀念館象徵城市的復興，於是在一九三一年舉辦設計競賽。評審由傑出的建築師出任，其中包括薩里能（Eliel Saarinen）與萊特（Frank Wright）。參選作品超過四百五十件，包括這些由（從左上圖開始按順時鐘方向）梅里尼科夫（Konstantin Melnikov）、羅卡（Robaldo Morozzo della Rocca）與維耶提（Gigi Vietti）、布里格曼（Erik Bryggman）以及朗格巴德（Iosif Langbard）設計的作品。

橫，國際上對燈塔的熱情也跟著衰退——支持這項計畫等於是為獨裁者背書。許多國家杯葛一九九二年十月十二日的燈塔揭幕典禮。教宗若望保祿二世（Pope John Paul II）原本答應要在揭幕當天主持祝福彌撒，後來卻食言，不過他在前一天確實來到燈塔附近。在此同時，抗議者放火焚燒警方設置的路障，抨擊哥倫布是「種族的滅絕者」。在紀念碑周圍遭到隔離的貧民窟居民告訴記者，他們認為哥倫布不配受到紀念。

本書提出的論點是，這些人的想法無論多麼值得理解，最後仍是錯的。哥倫布大交換的影響如此深遠，以致於現在一些生物學家甚至認為，哥倫布的航行標誌著新生物紀元的開始：同種新世（Homogenocene）。同種新世指的是生物的同質化：將不同的物質混合成一致性的混合體。在哥倫布大交換下，生態原本相當獨特的地區，卻變得愈來愈類似。從這點來說，世界似乎變得愈來愈單一，而這正是哥倫布希望的。聖多明哥的燈塔不應被視為對開啟這個世界的人的紀念，而是對此人偶然間創造的世界的認可，也就是我們今日置身的同種新世。

運送白銀

在馬尼拉舊城牆南方不遠處有座公園，裡頭一個繁忙角落有塊骯髒的大理石基座，高約十五英尺，上面是兩尊穿著十六世紀服飾真人大小的男性銅像，因髒空氣而變得烏黑。這兩個人並肩而立，臉朝著落日。其中一尊銅像穿著修士服裝，像揮劍似地持著十字架；另一尊銅像身穿軍人胸甲，佩帶著真正的寶劍。相較於哥倫布燈塔，這座紀念碑很小而且很少有遊客來參觀。我發現最近的旅遊指南與地圖都沒有提到這個地方——以歷史的角度來看，這是相當難堪的事，因為這裡是世界上最接近人們正式認識全球化起源的地方。

佩劍的男子是羅培茲・雷加斯皮（Miguel López de Legazpi），近代馬尼拉的創立者。手持十字架的男子是安德列斯・烏爾達內塔（Andrés Ochoa de Urdaneta y Cerain），他是指引雷加斯皮船隊橫渡太平洋的航海家。這兩名西班牙人的貢獻可以用一句話來概括，那就是雷加斯皮與烏爾達內塔攜手做到哥倫布未竟的事業：藉由西航建立與中國的持續貿易。他們的成就還可以用另一種方式來表示，那就是雷加斯皮與烏爾達內塔對經濟的影響，如同哥倫布對生態的影響：無論再怎麼偶然，他們都是大一統的源頭。

雷加斯皮比烏爾達內塔稍微有名一點，他大約是在哥倫布首航的十年後出生。他一生絕大部分的時間都未顯示出像哥倫布那樣的海上探險狂熱。他接受公證人的訓練，繼承父親在巴斯克城市蘇馬拉加（Zumárraga）的地位，蘇馬拉加位於西班牙與法國的邊境附近。二十五歲之後，他前往墨西哥，為殖民政府工作了三十六年。雷加斯皮的人生因為烏爾達內塔的登門拜訪，從此偏離了原本舒適的軌道。烏爾達內塔是雷加斯皮的朋友兼表親，一五二〇年代西班牙嘗試在盛產香料的摩鹿加群島（Maluku Islands）建立前哨站不幸失敗，烏爾達內塔也是少數倖存者之一。（過去稱為Moluccas，位於菲律賓南方。）他因遭遇船難而困在摩鹿加十年，最後被葡萄牙人救起。烏爾達內塔返國後，發誓不再冒險並且加入了奧斯定會。三十年後，西班牙新王繼位，他想重新在亞洲建立基地，於是命令烏爾達內塔重拾航海事業。烏爾達內塔的教士身分，使他在法律上無法擔任探險隊領隊。他選擇缺乏航海背景的雷加斯皮擔任這項職務。雷加斯皮對於成功的可能性做何看法，可從他準備航海時的決定看出端倪，首先他變賣所有家產，然後把自己的子女與孫子女全送回西班牙老家。

由於葡萄牙乘西班牙失敗之機占領了摩鹿加群島，探險隊得到指令，他們獲命在附近找出更多的香料島嶼，並且在當地建立貿易基地。西班牙國王還希望他們繪製海圖，讓當地民眾改信基督教，並且為他的外甥同時也是對手的葡萄牙國王製造麻煩。但最根本的目標還是中國——「這項刺激吸引著西班牙這個基督教世界的先鋒去尋找海路」，史家賈西亞—阿巴索洛（Antonio García-Abásolo）於二〇〇四年說道：「哥倫布、〔墨西哥的征服者〕科爾特斯（Hernán Cortés）與雷加斯皮的目標具有延續性，這一點再怎麼強調也不為過。」他們全在尋找中國。

一五六四年十一月二十一日，雷加斯皮與烏爾達內塔率五艘船出發。抵達菲律

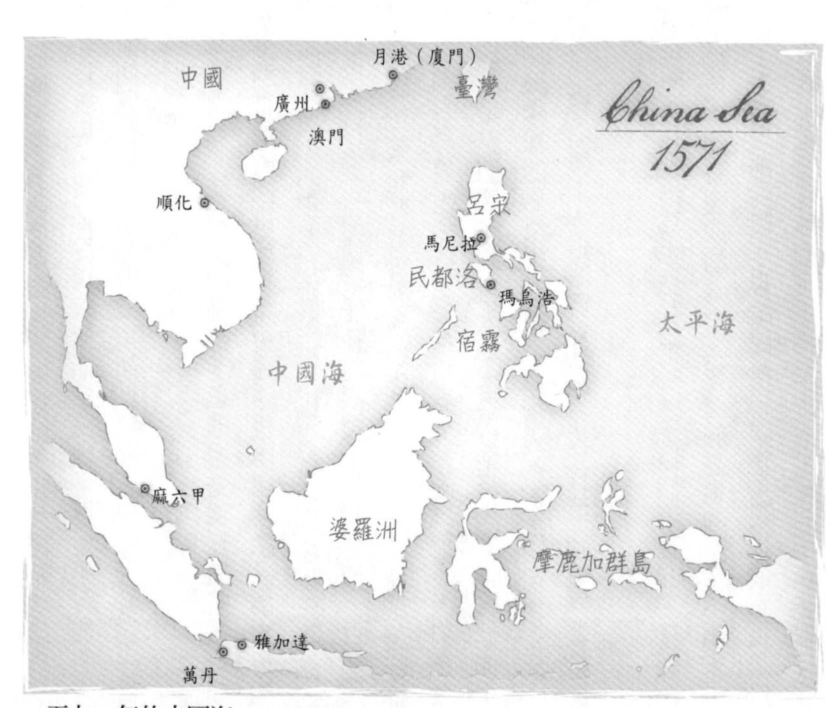

一五七一年的中國海

賓後，雷加斯皮在宿霧島（island of Cebu）建立營地，做為前往摩鹿加的中途站。在此同時，烏爾達內塔也開始規劃返回墨西哥的航程——沒有人成功返航過。單純從探險隊西航路線逆行是不可能的，因為將船隊從墨西哥吹向摩鹿加群島的貿易風在他們返航時會造成阻礙。深具航海天分的烏爾達內塔靈光一現，他決定先往北方航行，等到避過反方向的洋流後再折而向東。

在宿霧，雷加斯皮苦於軍士譁變與疾病，又遭受葡萄牙船隻的騷擾。但他還是慢慢地將西班牙影響力往北向中國延伸。每隔一段時間，駐紮在墨西哥城的西班牙總督會運送援軍與補給品前來。補給品中，比較重要的是從墨西哥與玻利維亞的礦坑開採出來的銀塊和銀幣，用以支付西班牙軍隊軍餉。

轉捩點發生在一五七〇年五月，當時雷加斯皮進行了一項偵察任務：兩艘小船載著約一百名西班牙士兵與水手，連同乘坐普羅阿（proa，一種淺而窄、兩側裝著梁架的船隻，船上裝設一到兩面縱帆）的數十名當地菲律賓馬來人。他們連續往北航行兩天之後，抵達了民都洛島（Mindoro），大約在今日馬尼拉以南一百三十英里處（馬尼拉位於呂宋島，是整個島鏈的最大島）。民都洛島南岸有一些小港灣，一個接著一個，就像蘋果上的齒痕一樣。探險隊裡的馬來人從當地芒揚人（Mangyan people）口中得知，有兩艘中國船正停靠在四十英里外的另一處港灣——這個貿易站就在今日瑪烏浩村（Maujao）的附近。

每年春天，中國船隻會航行到各個菲律賓島嶼，民都洛島也是其中之一。他們用瓷器、絲綢、香水與其他物品交換黃金與蜂蠟。[4] 芒揚人撐著用白色中國絲製成的陽傘，從建於高地的房子下山來見中國人，中國人會敲小鼓知會芒揚人他們已經到了。瑪烏浩的淡水泉離海灘只有幾英尺，成為長久以來雙方的會合點；當地官員告訴我，考古系學生曾在這裡發現時間可上溯至十一世紀的中國瓷器。雷加斯皮命令執行偵察任務的指揮官與他們看到的任何中國人進行接觸，但態度必須有禮，不許冒犯對方。聽說中國船出現，指揮官派一艘西班牙船與大部分的普羅阿前去與中國人會面，「希望與對方建立和平與友誼」。

率隊前去接觸的是薩爾塞多（Juan de Salcedo），他是雷加斯皮的孫子，當時只有二十一歲。薩爾塞多雖然年輕，卻受到士兵們的擁戴與尊敬。他們運氣不佳，強風吹散了船隊；薩爾塞多的船嚴重偏離航線。各船隻分別在不同港口過夜，有內部寬敞、洞口狹窄的港灣做為保護，西班牙水手躲過了暴雨的侵襲。儘管群龍無首，這群西班牙士兵仍急於取得中國的財富，於是天一亮他們就駕著普羅阿往東航行。繞過瑪烏浩南面狹窄而嶙峋的海岬後，他們遇見了芒揚人與中國人。薩爾塞多的一名士兵回憶說：中國人展示武力，他們「打鼓，燃放火箭與火槍（按：一種小型的可攜式火炮），並且擺出一副迎戰的姿態」。西班牙人認為這是中國人在向他們提出挑戰，於是發動攻擊——魯莽的行動，「因為中國船龐大而高聳，而普羅阿淺而低矮，西班牙人就連敵船低處的繫船柱都搆不到。」他們用滑膛槍掃射中國船的甲板，拋出抓鉤鉤住船舷，然後沿著繩索攀上中國船的甲板，殺死許多中國商人。在船上，攻擊者發現少許絲綢、瓷器、金線，「與其他令人好奇的物品」。

當薩爾塞多終於抵達瑪烏浩時，戰爭已結束幾個小時，他「對於這場騷動甚感不悅」。他的手下非但沒有遵守他的命令，達成「和平與友誼」，反而肆無忌憚地殺害中國水手，毀壞他們的船隻。（事件始

4 由於中國出產的蜂蠟無法滿足需求，許多中國人用替代品來製作蠟燭：介殼蟲分泌的劣質蠟。菲律賓人同時養了亞洲蜂與大蜜蜂；後者的巨大蜂巢是蠟的主要來源。

末可能是薩爾塞多的得力助手戈爾提（Martín de Gorti）寫的，其中並未提到芒揚人，西班人也不在乎他們；有人認為他們可能逃過這場屠殺。）薩爾塞多當場道歉，他釋放生還者，並且將搶得的為數不多的物品歸還。探險隊隊員回報說，這群中國人「非常卑微，他們跪了下來，高聲歡呼」。此外還有別的問題。有一艘中國船已經完全毀壞；另一艘還能修理，但中國船的索具與歐洲船不同，探險隊沒有人知道該怎麼修補。薩爾塞多命令手下協助倖存的中國船緩慢航向西班牙基地，雷加斯皮的手下可能知道該怎麼處理。

中國人開著修復的船隻返國，上報歐洲人已經來到菲律賓的消息。令人驚訝的是，儘管歐洲位於西方，這群歐洲人卻來自東方。而且這群蠻族擁有中國人極欲取得的東西：白銀。在此同時，雷加斯皮已控制了馬尼拉，等著中國人下次再來。

一五七二年春，三艘中國船出現在菲律賓，船上載運精挑細選的各式中國製品——中國人想知道雷加斯皮想買什麼，以及願意為何種物品出高價。結果西班牙人全部都想要，雷加斯皮的公證人在報告中表示，這個結果讓中國商人「頗為高興」。西班牙人特別喜愛的是絲綢，這在歐洲是罕見而昂貴的產品，此外還有瓷器，當時歐洲還不具備生產這類物品的科技。做為報酬，中國人只想要西班牙白銀。

次年，更多中國船隻前來，後年更勝以往。中國對白銀的渴望與歐洲對絲綢、瓷器的需求，顯然難以饜足，雙方貿易量成長極為巨大。日後所謂的「加雷翁船貿易」（galleon trade）連結了亞洲、歐洲與美洲，同時也間接連結了非洲。（非洲奴隸是西班牙美洲帝國不可或缺的一部分；後面我將提到這些奴隸在墨西哥銀礦從事開採與提煉的狀況。）過去從未有這麼廣大的地域——每個人口稠密的地區、每個有人定居的大陸，除了澳洲之外——結合在單一的交換網路之下。隨著西班牙抵達菲律賓，一個嶄新、確切無疑的現代紀元於焉展開。

人們對新紀元一開始處於半信半疑的狀態。中國是當時世上最富有、最強大的國家，無論從哪個指標衡量——人均所得，軍事力量，平均壽命，農業產量，烹飪、藝術與科技的精巧程度，中國都足以與世界其他地區平分秋色，甚至猶有過之。就跟今日的富國如日本與美國很少向撒哈拉以南的非洲購買產品一樣，當時的中國一直認為歐洲太貧窮落後，因此無法引起它的商業興趣。歐洲的主要產業是紡織，大部分是羊毛織品，同時期的中國則有「絲織業」。一五七三年，墨西哥總督在向西班牙國王提出的報告裡哀嘆說：「目前就我們所知，無論是這裡還是西班牙，都無法找到中國人沒有的東西可以出口給他們。」現在有了白銀，西班牙終於握有中國想要的東西。事實上，中國亟需白銀——西班牙白銀實際上成為中國貨幣供給的來源。然而，讓整個國家通貨掌握在外人手裡畢竟令人不安。中國朝廷擔心加雷翁船貿易——這是中國歷史上首次出現大規模不受控制的國際交換——將對中國人的生活造成不受控制的大規模改變。

這項憂慮完全得到證實。雖然歷任中國皇帝幾乎一律拒絕歐洲與美洲人入境，但他們無法將其他物種也拒於門外。

雖然是世上最接近全球化源頭的紀念碑，但雷加斯皮與烏爾達內塔這兩位太平洋白銀貿易開創者的銅像，卻座落在馬尼拉市中心公園一角，很少有人注意到它的存在。

其中最關鍵的就是美洲作物，特別是番薯與玉米。[5] 農業史家宋軍令於二〇〇七年提到，這些作物的突然來到，是中華帝制史上「最具革命性的事件之一」。中國的農業以稻米為主，長久以來一直集中在河谷地區，特別是長江與黃河流域。番薯與玉米可以種在乾燥高地。大量農民移居到這些人口稀少的地方，結果造成一波森林砍伐，隨後的侵蝕與洪水奪去許多人的性命。原本已存在許多問題的中國政府，此時更是雪上加霜——而這對歐洲有利。

西班牙也對加雷翁船貿易感到不安。每年運送白銀到馬尼拉，是數世紀以來希望與中國建立貿易關係的巔峰。儘管如此，馬德里幾乎在這整個時期裡一直嘗試要對交換進行限制。國王三令五申，限制前往馬尼拉的船隻數量，削減貨物的出口量，規定中國貨的進口配額，並要求西班牙商人組成壟斷聯盟來擡高價格。

從今日的觀點來看，西班牙人的不滿令人驚訝。照經濟理論預測，絲綢與白銀的交換理應是雙贏的交易。但在這段過程中，獲得有利地位的卻是歐洲。史家弗蘭克（Andre Gunder Frank）辯稱，加雷翁船貿易的建立，使「歐洲人為自己在通往亞洲的列車上買了一個位子，後來甚至包下一整節車廂」。雷加斯皮與中國人的相遇，示意著亞洲進入了同種新世，而西方也在這股氣流的推升下快速崛起。

雷加斯皮與烏爾達內塔的銅像不是為了紀念這些觀念或事件，而是一八九二年，馬尼拉巴斯克（Basque）社群為宣揚巴斯克人在馬尼拉歷史所扮演的角色而建的（雷加斯皮與烏爾達內塔，連同跟他們一同前來的士兵與船員，很多都是巴斯克人）。等到加泰隆尼亞雕刻家蘇比拉茨（Agustí Querol i Subirats）鑄好銅像的時候，美國已經從西班牙手中奪取了菲律賓。新統治者對於豎立紀念碑來紀念死去的西班牙人不感興趣，銅像因此塵封在關稅局裡，直到一九三〇年才終於豎立起來。

繞著紀念碑走著，我原本以為它會更雄偉一點，畢竟以今日來說，最接近全球化源頭的建築物非它莫屬。我也希望它能更完整一點。想如實反映加雷翁船貿易，雷加斯皮與烏爾達內塔身旁必須圍繞著一群中國商人：因為在這場交換中，他們是對等的夥伴。這樣的紀念碑或許永遠不可能建立，特別是在全球網路仍被投以不安眼神的情況下，就連受益者也對此懷抱疑慮。

另一座公園與紀念碑隔了一條馬路，民眾似乎比較喜歡到這兒來逛，這座公園以黎剎（José Rizal）的名字命名，黎剎是一名作家、醫師與反西班牙統治的革命烈士，他是菲律賓的民族英雄。公園中央有個倒影池，池畔圍繞著花圃與雕像。所有雕像都是半身銅像，陳列在水泥圓柱上。這些全是反抗西班牙統治的菲律賓烈士塑像。

在池子面向雷加斯皮紀念碑的一邊，有個蘇雷曼（Rajah Sulayman）半身像，牌子上寫著：「馬尼拉王國穆斯林統治者，他勇敢拒絕雷加斯皮率領的〔……〕西班牙人提供的『友誼』。」（上面原本就有引號）好編輯往往會嘲弄這類虛假的引號，他們認為這只是為了產生聳動的效果，並且要求報導者不要這麼做。但這一句的引號卻用得恰到好處。雷加斯皮與中國人接觸之後，不久就找上了蘇雷曼。西班牙人希望以馬尼拉港口做為與中國貿易的據點。當蘇雷曼說他不想看到西班牙人在附近出現時，雷加斯皮便夷平他的重要村落，殺死蘇雷曼與他的三百名隨從。現代馬尼拉是在一片廢墟中建立起來的。

5 在美國，玉米稱為corn。但我用的是maize這個字，我的理由有二。首先，色彩多樣的印第安maize通常是在曬乾磨碎後食用，但corn這個字在美國會讓人想到甜而黃的玉米粒，兩者顯然是不同的東西。其次，corn在英國指的是一個地區最重要的穀類作物，例如蘇格蘭盛產的燕麥。

矗立在池畔的蘇雷曼與其他人物，是反全球化的第一批殉難者。相較於雷加斯皮與烏爾達內塔被棄置於無人注意的角落，蘇雷曼與其他人的確被賦予了更為尊榮的地位。只不過最後，他們每個人都輸了。

池子角落鐵柱上的大型擴音器放送著由「經典搖滾電臺」播放的音樂快訊。我在附近走著，差點被外觀模仿湯瑪士小火車的列車輾過，這個童書與兒童電視節目裡的角色，已由據說是全球最大的英國私募股權公司安佰深（Apax Partners）收購。在湯瑪士火車微笑且發出嘟嘟聲的火車頭上方，我看見了馬尼拉觀光區林立的飯店與銀行。全球化的誕生地看起來就像其他地方一樣。在同種新世，肯德基、麥當勞與必勝客總是走幾步路就到。

財富的反轉

同種新世？全球經濟體系的突然誕生，從此造就了生活史的新紀元？這個主張似乎太過浮誇了。不如讓我們進行一場思想實驗：我們繞著一六四二年的地球飛行一圈，此時距離哥倫布首航已過了一個半世紀，離中國絲織品首次從馬尼拉運到墨西哥也過了七十年。我們可以把這場飛行想成是在三萬五千英尺的高空，繞著正處於大騷動初期的地球進行巡航。旅遊小冊子承諾這趟巡航將目擊同種新世初期最精采的部分。旅客們將看到什麼呢？

其中一個答案是：世界被西班牙的銀箍緊緊捆在一起。美洲白銀使世界的貴金屬存量增長至原來的兩到三倍。白銀的主要來源——波托西（Potosí），位於今日玻利維亞南部，是史上最龐大最豐富的銀礦。我們要以這處網絡的中心點為巡航起點。波托西位於安地斯山脈一萬三千英尺以上的高度，座落在死火山的山腳下。就地質結構來看，波托西和純銀礦山之間的距離近到已達極限。波托西附近幾乎是完全無樹的高原，散布著冰河巨石，飽受凜冽寒風的吹襲。農業在此很難發展，而且這兒也沒有能用來生火的木柴。儘管如此，到了一六四二年，這座礦產城市已成為美洲最大、最稠密的社區。

波托西是一座喧鬧吵雜的新興市鎮，充滿炫富行為與暴徒犯罪。這座城市也是個極具效率的殺人機制，因為這裡開採、提煉銀礦的條件極為惡劣。印第安工人背著礦石，踏著粗製濫造的階梯，從地表下方數百英尺處一路運送上來，然後將礦石與毒性極高的水銀混合以提煉白銀。斜坡上的精煉工把金屬轉變成接近純銀的銀塊，通常重量是六十五磅，上面蓋上保證品質與標示產地的印章。其他的白銀則鑄成錢幣——西班牙披索逐漸成為實際上的世界通用貨幣，如同今日的美元。駱馬步伐比騾子與馬匹來得穩健而且更能適應高海拔，牠們被集結成隊馱運銀幣與銀塊下山，每個危險的地方都有持槍男子保護。這些白銀在智利濱海的阿里卡（Arica）上船，運送到西班牙殖民政府所在地利馬（Lima）的大港。然後，在第一批護航船隊運送下，這些白銀從利馬運往世界各地。

我們坐飛機跟隨白銀船隊往北走。安地斯山脈的斜坡在船隊東方隆起，此地正陷入生態混亂。人類在利馬北方的谷地居住已有數千年歷史，建立了世界最早的城市群。在這趟飛行之前的一百五十年，天花橫掃此地。之後又來了其他歐洲疾病，然後是歐洲人。數百萬人在恐懼與痛苦中死去，山區村落殘破不堪。如今，數十年過去了，幾百年來開闢灌溉的斜坡依然杳無人煙。灌木與矮樹長滿了廢耕的田園。一六〇〇年，一場猛烈的火山噴發使祕魯中部被厚達三英尺的灰燼與礫石掩埋。四十年後，依然維持著原來掩埋的景象。安地斯山脈的生態系統變成野生世界。往北航行，白銀船隊經過近乎蠻荒的地帶，至少零星來看是如此。

有些船隻在巴拿馬靠岸，其他則開往墨西哥。從飛機往下看，可以發現巴拿馬白銀穿過地峽運往歐洲，而絕大多數墨西哥白銀最終則運往亞洲。關於有多少白銀運往何處的問題，無論在一六四二年的關稅官員之間，還是在今日史家之間，都引起激烈爭論。需錢孔急的西班牙國王希望把白銀留在國內。西班牙殖民者則希望盡可能將白銀運往中國，因為銀幣與銀塊在中國可換取最大的貿易利益。兩方的拉鋸不可避免地造成走私偷渡。官方統計數據顯示，經由太平洋流出的白銀不到四分之一。過去，大多數史家認為，政府監督使白銀走私數量約僅占總量的十分之一，也就是說官方的統計大致正確。然而，新一波研究者認為走私其實相當猖獗，中國吸收的白銀數量最多可能達到總量的一半。這場辯論並不只是象牙塔內賣弄學問的爭論。一方認為歐洲擴張是推動世界事務的主要力量；另一方將世界視為單一經濟體系，而背後主要推手是中國的需求。

運往歐洲的白銀以騾子馱運翻過山嶺，抵達巴拿馬的主要加勒比海港口波爾托貝洛（Portobelo）。在龐大的加雷翁船隊保護下——上面配備大量槍炮，水手與士兵最多可達兩千人，白銀每年夏天橫渡大西洋，挑這時間出發是為了避開颶風季節。船隊緩緩進到瓜達爾基維爾河（Guadalquivir）河口，這是西班牙唯一可通航的大河，然後溯河而上六十英里，抵達塞維爾（Seville）。

在碼頭卸貨，裝滿白銀的寶箱是矛盾的象徵：美洲白銀讓一六四二年的歐洲富裕而強大，遠超過歐洲人所能想像，但歐洲本身也苦於戰亂、通膨、暴動與天氣災變。動亂在語言、文化、宗教與地理皆有所區隔的歐洲不是什麼新鮮事，但這是歐洲動亂首次與地球另一端的人類行動緊密連結在一起。麻煩同時從亞洲、非洲與美洲射向歐洲，沿著西班牙白銀的道路在世界各地來往穿梭。

科爾特斯征服墨西哥與隨後的掠奪，使西班牙菁英陷入瘋狂。財富與權力一夕增長使西班牙國王沖昏了頭，發動一連串代價高昂的戰爭，對法國、鄂圖曼帝國以及神聖羅馬帝國境內的新教徒發動戰事，一場未平一場又起。即使西班牙於一五七一年擊敗鄂圖曼土耳其人，但尼德蘭的不滿（當時為西班牙屬地）很快就引爆為公然的造反與脫離。荷蘭人爭取獨立持續八十年的時間，這股風潮也延燒到遙遠的巴西、斯里蘭卡與菲律賓。之後英格蘭也捲入爭端；賭注愈來愈大，西班牙決定對英格蘭進行規模龐大的海上入侵行動：西班牙無敵艦隊。此次入侵最後以災難收場，弭平尼德蘭叛亂也是一樣。

戰爭會引發戰爭。到了一六四二年，西班牙忙於壓制安達魯西亞（Andalusia）、加泰隆尼亞（Catalonia）與葡萄牙的分離運動，其中葡萄牙已經被西班牙統治了六十年；法國在西班牙的北、東與南部邊境與西班牙交戰；瑞典軍隊與神聖羅馬帝國相爭。（神聖羅馬帝國皇帝斐迪南三世是某位西班牙國王的女婿，也是另一任西班牙國王的岳父，他與西班牙的緊密同盟導致人們總是稱他為西班牙的傀儡。）幾乎未與西班牙出現直接或間接戰爭的唯一歐洲國家是英格蘭，但英格蘭本身卻飽受內戰的震撼——禁欲的清教徒叛亂很快就引發內戰，並且處決了國王。

戰爭的代價是驚人的。在越戰巔峰期，美國送往戰地的大兵約五十萬。根據太平洋大學經濟史家弗林（Dennis Flynn）的估計，如果美國想派出和西班牙攻打荷蘭時相同比例的士兵，美國必須派出「兩百五十萬人」。「即使白銀不斷自玻利維亞運來，西班牙也無力維持在尼德蘭的軍隊，」弗林告訴我：「所以軍隊經常譁變。我曾經計算過，從一五七二年到一六〇七年，總共出現四十五次譁變。而這還只是西班牙對外戰爭的**其中一場**。」

為了支付戰費，西班牙朝廷向外國銀行家借款；國王放心舉債，因為他相信未來由美洲運回的財寶可以償還債務，而銀行家也基於同樣理由安心放款。唉，一切都比國王想的來得昂貴。債務大量累積，達到歲入的十倍乃至於十五倍。儘管如此，朝廷還是用一種期盼的心情來看待國家的經濟政策，幾乎沒有人願意相信美好的時代已經過去。不可避免且不斷發生的結果就是破產，西班牙在一五五七年、一五七六年、一五九六年、一六〇七年與一六二七年出現無法清償債務的問題。每次破產之後，國王就借更多的錢。貸款人還是願意提供——畢竟，他們可以索取高利率的利息（西班牙支付的利息達到四成，每年複利計算）。顯然，高利率更有可能造成再次破產。然而，同樣的過程捲土重來——每個人都相信白銀會不斷湧入塞維爾。於是在一六四二年，因開採出這麼多白銀使銀價貶值，即使銀礦產量縮減也無法挽回跌勢。世界最富裕的國家正急速走向財政末日。歐洲各國彼此連結，牽一髮而動全身；西班牙經濟崩潰，鄰國也無法置身事外。

白銀貿易雖然不是這場混亂的唯一原因——宗教衝突，君主傲慢，階級鬥爭，這些原因都很重要——但的確是核心因素。科爾特斯宣洩的貴金屬洪流巨幅增加西班牙的貨幣供給，導致西班牙財政部門一時間無法吸收這一大筆錢。這就好像一名億萬富翁突然把家產存入一家鄉村銀行——這家銀行一定馬上把錢轉存到其他更大、更有能力處理的機構。美洲白銀就像水從澡盆往外溢流一樣，從西班牙流進義大利、尼德蘭與神聖羅馬帝國的銀行金庫。為了西班牙軍事冒險而支付的軍費因此裝滿歐陸各處的庫房。

經濟學原理預測在這些狀況下會發生什麼事。新增的貨幣追逐原有的商品與勞務，價格將以古典的通膨螺旋上漲。在史家所謂的「價格革命」中，歐洲的生活費用在十六世紀下半葉漲了一倍，有些地方甚至漲到原來的三倍，後續又再上漲一些。由於薪資並未跟上漲幅，窮人因此更加貧困；他們連每日所需的麵包都買不起。饑民暴動在歐陸各地引爆，而且似乎是同一時間在各個地點一起點燃（研究者稱之為十七世紀的「普遍危機」）。

不過一六四二年，跟著白銀的跨大西洋航線而來，美洲農作物倒是給了農民希望。當飛機經過歐洲上方，我們降低高度好讓旅客可以看清楚哥倫布大交換留下的記號：義大利成畦的美洲玉米田，西班牙如地毯般的美洲豆田，與法國田野裡長滿了閃耀欣欣向榮的美洲向日葵。巨大的菸草葉在荷蘭農田裡吸收陽光；菸草在天主教歐洲如此普遍，以至於教宗烏爾班八世（Pope Urban VII）在這年抨擊菸草的使用（在新教英格蘭，菸草卻受到該國最無趣之人，也就是克倫威爾〔Oliver Cromwell〕的支持）。最重要的是馬鈴薯，這項作物開始餵飽日耳曼、尼德蘭，漸漸地也包括愛爾蘭人的肚子。在平常時期，快速增加的農業生產力可以緩和通膨與戰爭導致的不安。但此時並非平常時期：飛機的儀器顯示這個時期的氣候本身也出現變化。

將近一個世紀的時間，歐洲經歷了可怕的寒冬、晚春與冷夏。寒冷的五月與六月天，使法國葡萄酒拖到十一月才收成；人們可以跋涉一百英里越過冰凍的海洋，從丹麥走到瑞典；格陵蘭獵人駕著他們的獨木舟在蘇格蘭海岸停泊。連續三年歉收之後，愛爾蘭的天主教民眾開始暴動，劫掠、殺害他們仇視的英格蘭新教徒，攻擊那些利用歉收機會攫取天主教土地的新教徒。擔心阿爾卑斯山的冰河將蔓延到他們的家園，瑞士村民懇請他們的主教在可怕的冰河前端舉行驅魔儀式——無獨有偶，聖多明哥的西班牙人也尋求上帝的幫助來抵禦火蟻侵襲。主教每年的造訪使冰河後退了八十步。世界秩序似乎全亂了套。

史家把這段寒凍時期稱為小冰期（Little Ice Age）。在北半球大約從一五五〇年開始，持續到一七五〇年左右，這種全球氣溫異常至今尚無明確解釋；它的開始與持續因地區而有所不同。由於當時的人鮮少留下天氣狀況的文字紀錄，因此古氣候學家被迫以具先天缺陷的方式進行研究，例如觀察年輪的厚度與極地冰層中氣泡的化學組成。根據這類間接證據，有些研究者認為小冰期可能源自於太陽黑子數量的減少，也就是所謂的蒙德極小期（Maunder Minimum）。因為太陽黑子關係著太陽能量的產出，較少的太陽黑子意謂著陽光強度減弱——這些研究者認為其減弱幅度足以讓地球冷卻。還有一些科學家認為，溫度下降起因於幾次巨大的火山爆發，導致火山劇烈噴發的二氧化硫進到高層大氣中。在高於雲層的地方，二氧化硫與水蒸汽結合成硫酸微粒——形成天空中發亮的塵埃，這些微粒會將陽光反射回太空。這確實是一六四二年發生的現象；今日我們認為，就在一六四二年的前一年，菲律賓南部的劇烈火山爆發連續三年降低地球溫度。不過，這兩種假說都受到嚴厲批評。許多科學家認為蒙德極小期的衝擊太小，不足以解釋小冰期。另一些人則主張，一連串的火山爆發無法導致溫度穩定下降。

二〇〇三年，維吉尼亞大學古氣候學家魯迪曼（William F. Ruddiman）認為小冰期的出現另有原因——他的想法起乍聽之下有點古怪，但後來愈來愈受重視。

魯迪曼指出，當社群擴大，人類會開闢更多土地務農，砍伐更多樹木做為燃料並搭建房舍。在歐洲與亞洲，森林是用斧頭砍伐。在哥倫布抵達前，美洲的主要工具是火——每次焚燒都是一大片。連續數星期，印第安人燒林產生的煙霧遮蔽了佛羅里達、加利福尼亞與大平原地區。今日，許多研究人員相信，如果沒有定期焚燒，那麼中西部大草原絕大部分將被潮水般的森林所淹沒。同樣的情況也可以用來說明阿根廷的彭巴草原、墨西哥的山丘、佛羅里達的沙丘與安地斯山脈的高原。

美洲森林也受火燄的塑造。一六五四年，英格蘭殖民者強森（Edward Johnson）表示，印第安人「時常放火燒林」，使密西西比河東岸的森林開闊、「林木稀少」，以至於這裡看起來「就像我們英格蘭的公園一樣」每年的燒林季節會移除掉那些矮樹叢、燒死那些害蟲，而且可以開闢出農耕土地。科學家對於熱帶燒墾的研究較少，不過有兩名加州古生態學者在二〇〇八年針對中美與南美三十一處的燒墾歷史進行調查，發現每處的土壤木炭含量，也就是火的指標，在這兩千多年來有明顯的增加。

然後哥倫布大交換登場了。歐亞大陸的細菌、病毒與寄生蟲橫掃美洲，奪走了無數性命，也瓦解了數千年來人類干預的網絡。當印第安人的火把熄滅時，整個西半球的烈火也消退成餘燼。在森林中，不耐火的樹木如橡樹與山胡桃逐漸霸占了耐火物種如火炬松、大王松與溼地松的地盤，這些松樹非常仰賴周期性的焚燒，因為它們的松果只有在碰到火時才會爆裂開來釋放種子。印第安人獵捕的動物此時突然大量增加，過去這些動物的數量因獵捕而受到控制。諸如此類的情況到處發生。

本土縱火者長期以來不斷將二氧化碳灌注到大氣中。在同種新世初期，這股灌注的力道突然軟弱下來。原本空曠的草地長滿森林，它們一股勁地進行光合作用。一六三四年，朝聖者踏上普利茅斯（Plymouth）十四年後，殖民者伍德（William Wood）抱怨曾經空曠的森林現在卻長滿矮樹叢，「既無法使用，也難以穿越。」森林在北美、中美、安地斯山脈與亞馬遜河流域這片廣大地區，重新恢復了生機。

魯迪曼的想法很簡單：歐洲流行病毀滅了印第安社會，不僅減少原住民的燒墾，也導致樹木增長。兩者均有助於減少大氣中的二氧化碳。二〇一〇年，德州大學達爾（Robert A. Dull）領導的研究團隊估計，光是美洲熱帶地區的農地轉變成森林，就影響了氣溫下降幅度的四分之一——研究者指出，這項分析並未包括野火的減少與非農耕地區森林的恢復，也未涵蓋整個溫帶地區。換言之，藉由致命的細菌與病毒，哥倫布大交換（用達爾團隊的話來說）「深刻影響了地球的碳排放量」。與今日的氣候變遷完

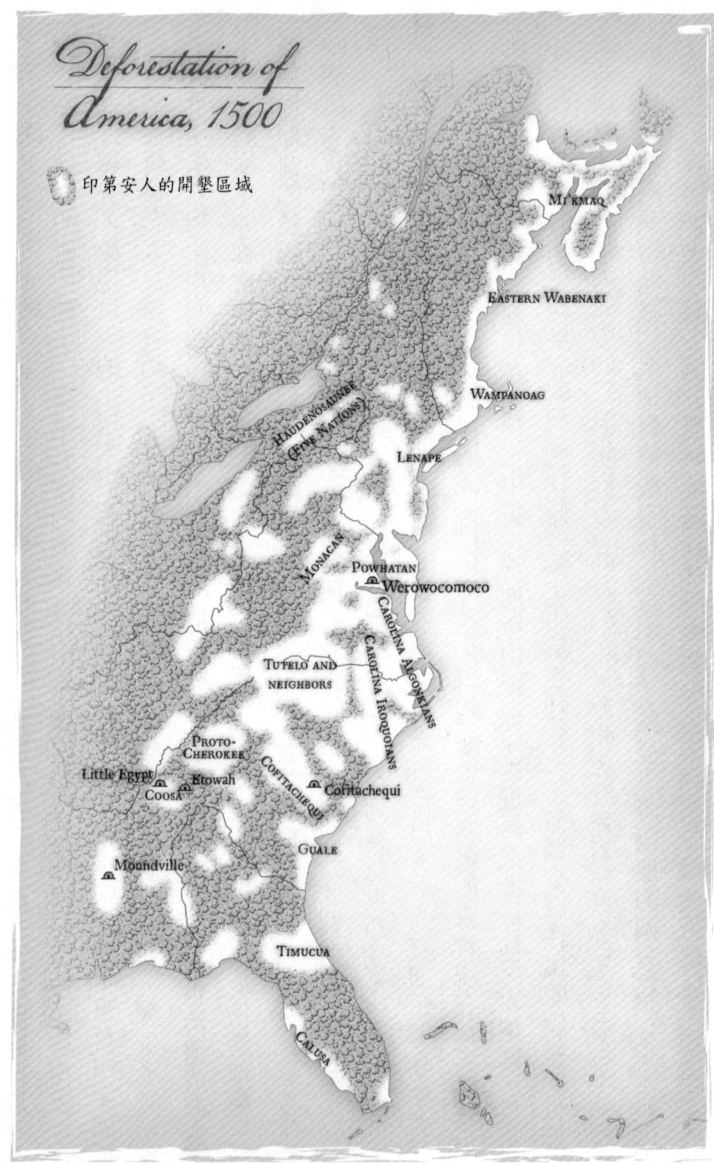

一五〇〇年美洲森林的砍伐

一六五〇年美洲森林的復原

美洲原住民以燒墾方式開闢大片農業地與狩獵地，這張北美洲東部沿海地區地圖可以顯示這一點。歐洲疾病導致西半球人口劇減——因此造成不尋常的生態復原現象，森林再度填充了廢棄的田野與聚落。原住民燒墾農業的結束與森林大規模的復原，使大氣的二氧化碳被大量吸收，愈來愈多的研究者因此相信，這是連續三個世紀氣溫嚴寒（即所謂的小冰期）的主要原因。

全相反，人類的行為並非增加而是減少溫室氣體——這是同種新世令人驚訝的氣象序曲。

飛機再度橫越大西洋回到美洲，小冰期對美洲的影響也很明顯。從空中可以清楚看見，印第安人的土地不僅長滿森林，也覆蓋著白雪。冰層厚實到人們可以在波士頓港口裡行駛馬車；切薩皮克灣（Chesapeake Bay）幾乎完全封凍，這一年在蒙特婁建立殖民地的四十名法國殖民者幾乎全部凍死。引進到緬因、康乃狄克與維吉尼亞的牛馬全遭大雪掩埋。其他的衝擊比較難觀察得到。印第安人過去開墾的土地，現在長滿了耐寒的樹木，如鐵杉、雲杉與山毛櫸。在冷夏的庇護下，春季池塘蒸發乾涸的時間因而拉長。池塘裡孕育的蚊子，存活機會也因此提高。

在這些異常耐寒的蚊子中有一種四斑瘧蚊（*Anopheles quadrimaculatus*），牠是五種幾乎難以區別的親緣蚊種的總稱。與其他瘧蚊一樣，造成瘧疾的寄生蟲也以四斑瘧蚊為宿主——這種昆蟲一般被稱為北美瘧蚊。英格蘭東南部此時正值瘧疾肆虐。儘管沒有詳細的文獻記載，但我們有充分的理由懷疑，一六四二年已有瘧疾附在移民身上從英格蘭來到美洲。只要對著瘧疾患者咬上一口，寄生蟲就會跑到蚊子身上，然後蚊子再將寄生蟲廣為傳播。維吉尼亞與維吉尼亞以南的殖民地，已被充分證明對歐洲人來說是有害健康之地，因此殖民地的主管很難說服勞工從海外來到此地的菸草田工作。

有些地主以購買非洲勞工的方式解決這個問題。部分受到瘧疾的驅使，奴隸市場的運作很快就上了軌道，這項有利可圖的交換與白銀市場緊密交織在一起。跟過去一樣，來自非洲的船連成了生態走廊，許多旅客未經官方允許就踏上旅途，山芋、小米、高粱、西瓜、黑眼豌豆與非洲米等作物跟著奴隸船來到美洲。黃熱病也不請自來。

飛機越過切薩皮克灣一路向西，往墨西哥飛去。機翼下方是一望無際的大平原。在大平原南緣出現了成群結隊的西班牙馬匹，牠們是白銀船回程時帶來美洲的。阿帕契族（Apache）與猶特族（Ute）急忙到南方數百英里處爭奪馬匹，緊追其後的還有阿拉帕霍族（Arapaho）、黑腳族（Blackfoot）與夏安族（Cheyenne）。有鑑於蒙古騎士給歐洲村民的教訓，依附土地的農民在面對騎兵攻擊時只能坐以待斃。因此，印第安各族急於取得馬匹可視為一種軍備競賽。在整個北美西部與西南部，原住民農民拋棄農田、跳上西班牙馬背。長期的定居社會轉變成一群遊蕩者；平原印第安人的「古代游牧傳統」就此誕生，這是快速適應哥倫布大交換的結果。

隨著原住民取得馬匹，不僅原住民與原住民開始出現衝突，原住民也與在西班牙不斷擴充的牧場工人發生爭端。這些工人包括印第安人、非洲奴隸與混血兒。在文化恐慌心態的驅使下，殖民政府創造了一套巴洛克式的種族詞彙——mestizo、mulatto、coyote、*morisco*、*chino*、*lobo*、*zambaigo*、*albarazado*——為各種不同背景的族裔貼上標籤。新西班牙首府墨西哥城是西屬美洲帝國最富庶的地區，在此更能見到所有這些族裔，甚至更多。墨西哥城比西班牙本土的任何城市都更富有，人口也更為眾多，這裡混雜著極為多樣的文化與語言，沒有任何族群居於多數。每個族裔各自聚居——例如某個行政區住的全是來自東部的特拉斯卡拉人（Tlaxcalans）。天災周而復始地發生，工程師必須想辦法不讓這座城市遭自然摧毀。過去四十年來，墨西哥城共發生六次洪災，其中一次甚至持續了五年之久。這座亂象叢生、擁擠而多語言的大城市，有著富裕的市中心與躁動不安的各族裔住在邊緣地帶，努力抵擋生態災難——以今日的觀點來看，一六四二年的墨西哥城似乎不可思議地熟悉。它是世上第一座二十一世紀之城。

飛機往西飛行，來到位於墨西哥太平洋岸的阿卡普爾科（Acapulco），這裡是加雷翁船貿易的東方終點站。群山圍繞，加上沒有淺灘與暗礁，阿卡普爾科成為某個慵懶聚落的重要港口：幾百間小屋像遺失的衣服一樣散布在水邊。阿卡普爾科極少數的定居民眾裡，絕大多數是非洲奴隸、印第安勞工與跳船的亞洲水手（加雷翁船的船員主要是菲律賓人、中國人與其他亞洲人）。當加雷翁船靠岸時，可以看到西班牙人，他們有些是遠從祕魯來的。市場與市集出現；數百萬披索在此交易。當船隻拖上岸，為下次跨洋旅程做準備時，整座城鎮又再次清空。

我們跟著白銀來到目的地中國。小冰期也影響了東亞，只不過這裡的衝擊不是雪與冰，而是猛烈暴雨與寒冷旱災的來回交替。五個世紀以來最嚴重的五年大旱發生在一六三七年到一六四一年。一六四二年，大雨淹沒了農作物。這些衝擊又因為印尼、日本、新幾內亞與菲律賓的一連串火山爆發而更形惡化。數百萬人因此死亡。寒冷、潮溼的天氣與大量人口死亡使中國三分之二以上的農地無法耕作，又加重了饑荒的災情，據說此時人吃人是常有的事。明朝因為內亂與北方戰事無暇救助災民。其實，朝廷也沒有資金。與西班牙國王一樣，明朝皇帝以西班牙白銀支付戰費，而這些白銀全是以課稅的方式向臣民徵收來的。當銀價下跌時，國庫很快為之一空。

明朝一直以保護中國不受外來勢力侵擾為職志，但他們失敗了。美洲農作物如菸草、玉米與番薯廣泛種植於中國各地的山坡上，美洲白銀亦支配了中國經濟。不過明朝皇帝不知道的是，美洲森林也給中國帶來雨水。這一切全對明朝不利。人民的不滿引發農民暴動，亂事很快蔓延到約六個省分。領不到軍餉的士兵心懷不滿，引發軍隊譁變，洪水與饑荒更加深憤怒。不到兩年，北京就被過去曾為軍人的叛亂者攻陷。幾個星期之後，這名軍人又被滿人推翻，滿人建立了新的王朝：清朝。

當哥倫布建立拉伊莎貝拉時，全世界人口最多的城市多半聚集在回歸線圍成的帶狀地帶，除了一個例外，其他城市幾乎都落在緯度三十度以內。名單的榜首是北京，它是人類世界最富有的社會，也是最受矚目的城市。其次是毗闍耶那伽羅（Vijayanagar），它是印度南方的印度教帝國首都。在所有城市中，只有這兩座城市人口達到五十萬。接下來是開羅，人口略低於五十萬。在這三座城市之後，有一群城市的人口大約在二十萬左右：中國的杭州與南京；伊朗的大布里士（Tabriz）與印度的果爾（Gaur）；特諾奇提特蘭（Tenochtitlan），三國同盟（阿茲特克帝國）令人目眩的中心；鄂圖曼帝國的伊斯坦堡（正式名稱是君士坦丁堡）；或許還有加奧（Gao），西非桑海（Songhay）帝國的主要城市；可以想到的還有寇斯科（Qosqo），印加帝國的皇帝在此處籌劃下一次的征服。沒有任何一座歐洲城市名列其中，除了巴黎，當時在路易十二的銳意治理下不斷擴張。哥倫布的世界集中在炎熱的地區，自從智人首次驚奇地直視非洲的天空以來，人類便是如此發展。

如今，在哥倫布首航的一個半世紀之後，城市的順序已有了變化。整個地球彷彿上下顛倒一樣，所有的財富與權力都由南流向北，曾經不可一世的熱帶大城正不斷衰退並淪為廢墟。往後幾個世紀，最大的城市中心將集中在北方的溫帶：英國的倫敦與曼徹斯特；美國的紐約、芝加哥與費城。到了一九○○年，每一座名列前矛的城市都位於歐洲或美國，只有一個例外：東京，它是西化最徹底的東方城市。從地球以外觀看這一切的改變，著實令人吃驚；人類數千年來不變的次序遭到推翻，至少目前看來是如此。

今日，生態與經濟交換的吵鬧喧譁，就像我們更加擁擠而不穩定的星球的背景一樣。在巴西看見日本的伐木工，在薩赫爾（Sahel）看到中國工程師，在尼泊爾或紐約夜店最貴的位子上看到歐洲背包客，這似乎是當代特有的現象。但換個角度來說，這些現象其實早在數百年前就已出現。當時發生的事件提醒我們，每個人都應該面對目前這種混亂的狀態，並檢視我們怎麼走到今天這一步，而這似乎是一件值得做的事。

第一部　大西洋的旅程

2 菸草海岸

「低等組織的生物」

羅爾夫（John Rolfe）說不定應該為這些蠕蟲負責。蚯蚓，說得精確一點是陸正蚓與紅正蚓，這種生物在一四九二年後才來到美洲。羅爾夫是維吉尼亞詹姆斯鎮的殖民者，這裡是英格蘭最早在美洲建立的殖民地。今日許多人知道羅爾夫——如果他們真聽過這人的話，是因為他在無數羅曼蒂克的愛情故事裡娶了「印第安公主」波卡虹塔絲（Pocahontas）。只有極少數歷史迷知道，羅爾夫其實是詹姆斯鎮最終之所以成功的幕後推手。在這當中，蚯蚓的功勞大約占了三分之一或甚至更多：羅爾夫使美洲地貌出現永久性的變化，但這一切卻是在無意間造成的。

跟許多時髦的英格蘭年輕男性一樣，羅爾夫也抽（或「喝」，當時是用這個詞）菸草，這是西班牙人從加勒比地區引進 *Nicotiana tabacum*（菸草）之後產生的習尚。維吉尼亞的印第安人也喝菸草，但卻是不同的品種，叫 *Nicotiana rustica*（圓葉菸草）。圓葉菸草是很糟的菸草，殖民者斯崔奇（William Strachey）

寫道，「品質差，勁道不夠，還有一股辛辣的味道。」一六一〇年，羅爾夫抵達詹姆斯鎮之後，他請一名船長為他從千里達（Trinidad）與委內瑞拉（Venezuela）帶一點菸草種子過來。六年後，羅爾夫偕妻子波卡虹塔絲返回英格蘭，同時也運回他的第一批大量菸草。「怡人、香甜與濃郁」，這是羅爾夫的朋友哈莫（Ralph Hamor）對這種菸草的形容，維吉尼亞菸草從此開始風行。

吸菸充滿異國風情、令人興奮而且容易上癮，它雖遭受保守當局輕視，卻成為貴族間的風尚。一名作家估計，當羅爾夫的菸草抵達時，倫敦已經有七千家以上的菸草「館」——這些地方類似咖啡館，是倫敦與日俱增的癮君子購買與飲用菸草的地方。可惜的是，上等菸草產地全位於敵國西班牙的殖民地內，因此英格蘭很難取得菸草，不僅價格昂貴（最好的菸草是用等重的白銀來計價），而且購買時似乎予人不愛國的聯想。因此，當維吉尼亞菸葉出現時，倫敦的菸草館精神為之一振，英格蘭人終於可以有不同的選擇。他們大聲要求進口更多的菸草。倫敦船隻泊靠在詹姆斯鎮的碼頭，納進一桶桶的菸草捲。典型的菸草桶高四英尺，桶底直徑二點五英尺，每個菸草桶可承重半噸以上。為了維持重量均衡，船員會將船上的壓艙物傾倒一空，這些壓艙物絕大多數是石頭、砂石與泥土——也就是說，他們用英格蘭的土石交換維吉尼亞的菸草。

這些泥土裡很可能有陸正蚓與紅正蚓。另外，殖民者進口到殖民地的植物根球，幾乎可以確定一定有這類蚯蚓。在十九世紀之前，像蚯蚓這種蠕蟲一直被當成是農業害蟲。達爾文首先發現蚯蚓並非害蟲，他最後的著作堪稱一部篇幅三百頁的蚯蚓頌歌。他指出，在我們腳下生活著數量龐大的野獸。事實上，在牧牛草地裡生存的蚯蚓總數量，很可能比在草地上吃草的動物數量還要多上好幾倍。蚯蚓在土壤中一邊移動一邊攝食，在地底挖掘出繁複的地道網，使水與空氣能順利進入土壤。在維吉尼亞這樣的溫帶地區，每十到二十年，蚯蚓就可以把整片土地表層一英尺的土壤全翻過一遍；牠們就像一隻隻迷你生態工程師，重新塑造一整片廣袤土地。達爾文寫道：「我們不禁要懷疑，在世界的歷史上，還有哪些低等組織的生物扮演如此重要的角色。」

這些移民移動到北美的確切路線已不可得。可以確定的是，在歐洲人抵達之前，新英格蘭與上中西部地區沒有蚯蚓——牠們全在最後一個冰河時期滅絕。即使在冰河消融後，南方的蚯蚓也未遷往北方，因為這種生物無法長途遷徙，除非由人類帶著牠們。雷諾茲（John W. Reynolds）是《巨大蚯蚓》（*Megadrilogica*）的編輯，這本雜誌可說是美國最重要的蚯蚓研究期刊。他向我解釋：「出生在你家後院的蚯蚓，終其一生都不會越過你家後院的柵欄。」蚯蚓與歐洲人一道前來，或許來到了維吉尼亞，然後跟著歐洲人散布到各地。與殖民者一樣，這些蚯蚓也征服了這塊新地區。無論是殖民者還是蚯蚓，他們的到來都形成了一道生態的分水嶺。

在沒有蚯蚓的森林地帶，樹葉會堆積在地面。如果放入蚯蚓，牠們會在幾個月內清除這些落葉，並且以一種鑄造物的形式（蠕蟲的排泄物）將養分包入土中。明尼蘇達大學蠕蟲學家辛蒂．哈爾（Cindy Hale）認為蚯蚓「改變了一切」。生長在沒有蚯蚓地區的樹木與灌木，食物來源主要仰賴落葉層。如果蚯蚓把養分塞進土裡，這些植物就無法攝取養分。許多物種因而死亡。森林變得更為寬闊與乾燥，冠下層喪失，包括樹苗。同時，蚯蚓與小型昆蟲競逐食物，導致牠們的數量減少。在落葉層覓食的鳥類、蜥蜴與哺乳類動物數量也跟著衰減。沒有人知道接下來會發生什麼事。哈爾告訴我：「四個世紀前，我們開啟了這場意料之外的巨型生態實驗。我們不知道它會造成怎麼樣的長期結果。」

某方面來說，這不令人驚訝：詹姆斯鎮本身就是意料之外的產物。維吉尼亞殖民地的建立，起因於一群商人想要取得大量的金銀礦，他們以為詹姆斯鎮附近寬闊、低淺、位於河口的切薩皮克灣周圍可能有豐富的礦藏——可惜，他們想錯了。同樣重要的是，商人想找到橫貫北美的路，他們以為這條路只有幾百英里，旅程不超過一個月（但他們又想錯了）。只要殖民者來到太平洋岸邊，他們或許就能夠把維吉尼亞白銀用船運往殖民地之所以成立的終極目的地：中國。用經濟學那種止痛藥似的語言來說，詹姆斯鎮的建立者想把孤立的維吉尼亞整合到世界市場中——使維吉尼亞全球化。

純就商業冒險來看，詹姆斯鎮是一場災難。雖然菸草帶來利潤，但出資者卻因為投機事業損失慘重而不光彩地失敗了。儘管如此，殖民地留下了重大印記：它開啟邁向民主（殖民地建立了英屬美洲第一個代議制機構）與奴役（殖民地首次將捕獲的非洲人引進到英屬美洲）的掙扎，而這些掙扎將成為美國歷史的長期特徵。羅爾夫的蠕蟲——也許有人會這麼叫牠們，顯示出這段過程的另一個面向：對英屬美洲來說，詹姆斯鎮是開啟哥倫布大交換的起點。從生物學的角度來說，它標誌著「之前」與「之後」的轉折。殖民者在充滿沼澤的詹姆斯鎮半島建立營地，卻無意間為北美開啟了同種新世。詹姆斯鎮是灌木叢裡的小火，最後卻讓整顆行星陷入生態的大火。

陌生之地

一六〇七年五月十四日，三艘小船在詹姆斯河下錨，此處剛好位於切薩皮克灣的南緣。電影與教科書經常描述他們到達的地方是一片古代原始林，印第安人像鬼魅一樣潛行在密林中。這種描述隱含著一種觀點，那就是這些殖民者是「定居者」——彷彿這片土地在他們出現之前從未有人定居。事實上，英格蘭船登陸的地點剛好位於某個規模不大但正迅速擴張的印第安帝國中央，這個帝國名叫森納科莫可（Tsenacomoco）。

三十年前，森納科莫可包括六個各自獨立的小村落群。等到外來者跨洋而來的時代，森納科莫可的最高領袖波哈坦（Powhatan）已經將領土擴大成原來的三倍，面積約八千平方英里，從切薩皮克灣延伸到瀑布線（Fall Line），也就是阿帕拉契高原（Appalachian plateau）邊緣的懸崖地帶。擁有的村落有數十個，人口超過一萬四千人。看到這個數字，歐洲人應該會感到驚訝；牛津大學歷史地理學家威廉斯（Michael Williams）表示，一六〇〇年時，美國東部森林的人口密度可能比「西歐人口稠密地區」還高。

這片土地的統治者擁有一長串名字與頭銜，就跟世界各地的國王一樣；波哈坦是殖民者最常用來稱呼他的名字，而這個名字也是他出生村落的名稱。當英格蘭人登陸時，波哈坦或許已年過六旬，他行事謹慎，政治上極為精明，必要時則冷酷無情——根據殖民者斯崔奇（Strachey）的說法，波哈坦「經歷多年冷冽寒冬的摧殘」，但「身材依然高大，體態也不失優雅」。

波哈坦的首都是維洛沃科莫可（Werowocomoco，「王屋」），位於約克河（York River）北岸，在三條溪流匯聚的小灣裡。（約克河位於詹姆斯河北方約數英里處，兩條河略呈平行。）從河岸往外延伸出一個微微隆起的半島，最高處不過二十五英尺，村裡絕大多數房屋均位於此。村落後方還有一座較低矮的山丘，和維洛沃科莫可之間隔著兩道護城河，山腳下座落著幾棟建築物，兼具有神廟、武器庫與寶庫的功能。此外，這些建築物還保存著重要酋長與祭司的遺體，存放處通常以木頭搭建的高臺架高，外圍飾以象徵財富與權力的圖案，一般來說，平民不准接近這個地方。在山丘頂端，矗立著森納科莫可最大的建築物：巨大、無窗的筒形拱頂，大約一百五十英尺長，牆面以栗樹樹皮層層堆疊而成，每個角落都有一座類似滴水嘴獸的塑像。最底端有火把照明處就是王室的廂房。在房裡，領袖高坐在軟墊床椅上接見訪客，身旁簇擁著妻妾與輔佐。他的頭髮已經斑白，長度足以覆蓋肩膀，脖子上掛著好幾串晶瑩剔透的巨大珍珠項鍊。看到這般盛大排場，殖民者約翰．史密斯（John Smith）心生敬畏；印第安人的飲食一般來說比英格蘭人來得好，「就像巨人一樣」，聲音低沉宛如「傳自墓穴」。波哈坦端坐當中，史密斯說：「儀態之威嚴難以言喻。」

對英格蘭人來說，波哈坦是個可理解的人物：一個小地方的國王，其高貴舉止完全符合他們預想的王室模樣。描繪裡令人陌生的部分不是國王，而是國王背後的景象：森納科莫可的原野、森林與河流。這景象幾乎一直以來都是如此。其實有各種生態與社會力量形塑了切薩皮克灣，而這些力量是殖民者所不知情的。大體來說，最重要的生態力量是該地區的各種動、植物物種；社

已知的唯一一張在波哈坦生存當時製作的畫像，這張用來裝飾一六一二年地圖的畫像是約翰．史密斯所繪，波哈坦在長屋內，抽著菸斗，旁邊是他的妻妾與輔佐。

會力量是指隨之發生的印第安人的各種土地管理方式。

受到生態史的擺布，哥倫布抵達前的美洲只有極少的馴養動物；美洲的農地上，沒有牛、馬、綿羊或山羊這些家畜。絕大多數大型動物是「可馴服的」，意思是說這些動物可以接受訓練而不再對人類存有戒心，但只有少數物種可順利被「馴養」，亦即能在圈養的條件下順利育種，使人們可以挑選品種特性進行繁殖。人類在歷史上能馴養的只有二十五種哺乳類動物，約十二種的禽鳥類，然後可能還包括一種蜥蜴。這些動物中僅六種生長於美洲，而且牠們扮演著相對次要的角色：狗是中美與南美原住民的食物，在北美則利用牠的勞動力；豚鼠、大羊駝與羊駝，這些動物生活於安地斯山脈；火雞，飼養於墨西哥與美國西南方；番鴨（Muscovy duck）雖然名字中有個番字，但牠確實是南美洲的原生動物；至於鬣蜥蜴，有人認為牠的養殖地是墨西哥與中美洲。[1]

馴養動物的缺乏造成巨大影響。在一個沒有馬、驢與牛的國家，運輸與勞動的唯一來源就是人體。與英格蘭相比，森納科莫可的傳訊速度較慢（沒有奔馳的快馬）、缺乏犁耕田地（沒有耕牛）與牧地（沒有牧牛），道路較少而且較窄（毋須通行馬車）。戰事沒有騎兵，冬天沒有羊毛保暖，木材拖運不靠牛隻。移動只能仰賴步行放大了距離感；事實上，從波哈坦之命傳達給下級官員所需要的時間來看，森納科莫可的面積大約有英格蘭那麼大（當然，它的人口要少得多）。

絕大多數歐洲人住在小農村裡，絕大多數的波哈坦人——新來者稱他們為「波哈坦印第安人」，則生活在由幾百位居民組成的聚落裡，四周圍繞著廣大的開墾地：除了玉米田還是玉米田。這些村落沿拉帕漢諾克河（Rappahannock）、約克河與詹姆斯河三條河的河岸聚集，這些河流是帝國的主要通衢。當英格蘭人抵達此地時，他們沿詹姆斯河而上，發現岸邊全是農地，上面新種著玉米，在陽光下閃爍著翠綠的色澤，高聳的樹木妝點田間景色，與玉米交錯生長。

歐洲也有繁盛的河岸農地，但與北美的相似之處僅限於此。歐洲人開墾田地會砍伐林木清出空地，用牛馬把殘留的樹幹拖走，然後犁田，此時還得用到牛或馬的力量，這樣的工作一直持續到整片土地變得平整，而且幾乎僅餘土壤為止。農民在這些帶狀區塊種植單一作物：清一色的小麥、大麥或裸麥田，在搖曳下發出相同的沙沙聲。休耕的農地可以充當牧場。在這片開闊區域裡，點綴著補丁般且界線分明的森林地，可供狩獵與撿拾柴薪之用。

由於缺乏拖曳動物與金屬農具，波哈坦人不得不使用不同的耕作方法，因此產生不同的結果。他們環繞樹木基部放火，然後用石斧使勁朝燒焦的位置劈砍，直到樹木倒下為止。低矮的灌木叢則以火加以焚燒，留下一塊塊隆起的焦黑殘幹。農民用動物骨骼製成的長柄鋤頭或蛤殼在殘幹周圍挖掘淺坑，然後在每個坑裡投入少許玉米粒與豆子。年輕的殖民者斯培爾曼（Henry Spellman）提到，當玉米生長時，「豆子也攀著往上爬」，把自己與生長中的玉米纏繞在一起。玉米下方長著南瓜屬與葫蘆屬植物、南瓜與瓜類植物、菜豆與花豆，還有繩索般的藤蔓往四方生長。叢生的厚葉菸草隨處可見。焦黑的殘幹、隆起的土地以及交錯生長的作物，這樣的地貌可以延伸好長一段距離：根據一名史家的「保守」估計，「平均每個居民擁有三十到四十英畝的無樹土地」。史密斯發現，每個人家擁有的土地達到兩百英畝，即三分之一平方英里。

1 近年來，先進科技使研究人員得以在實驗室裡馴養先前無法馴養的動物——銀狐是最有名的例子。不過，就人類歷史來看，總共也不過四十種大型動物受到馴養。（這個數字不包括馴養的昆蟲，例如歐洲蜜蜂與墨西哥胭脂蟲，後者被養殖成紅色染料的來源。）

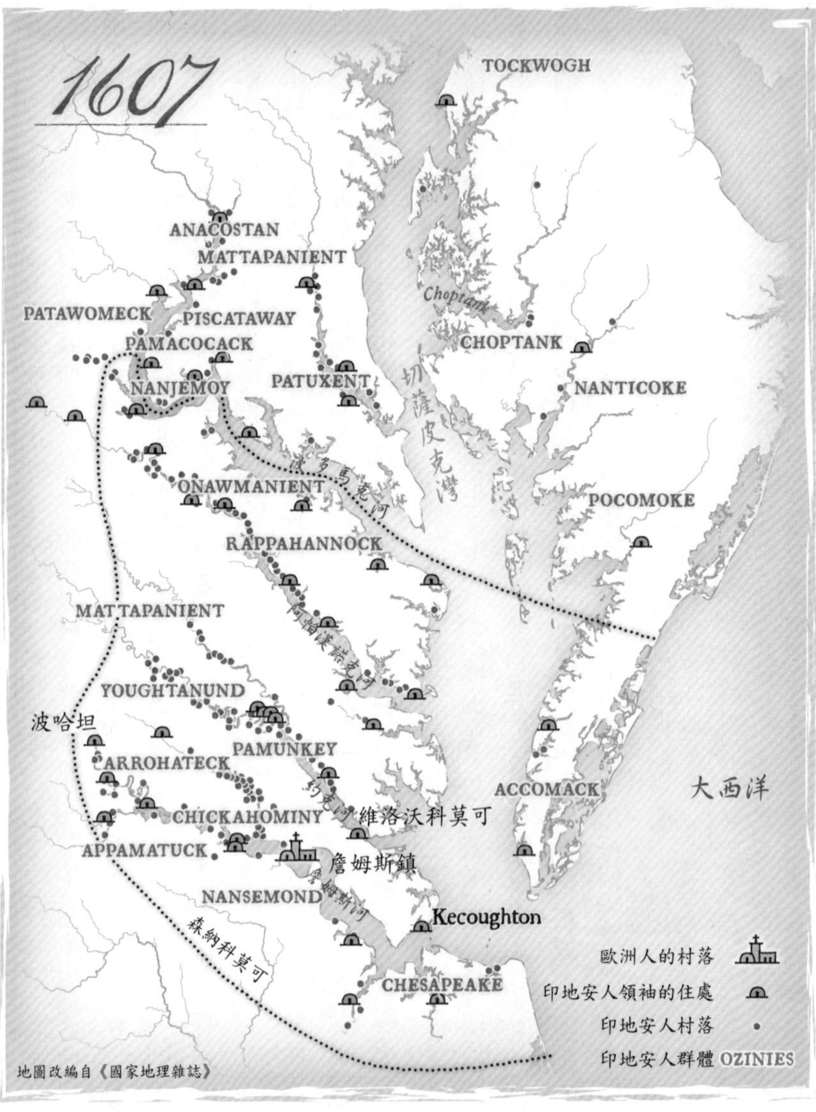

地圖改編自《國家地理雜誌》

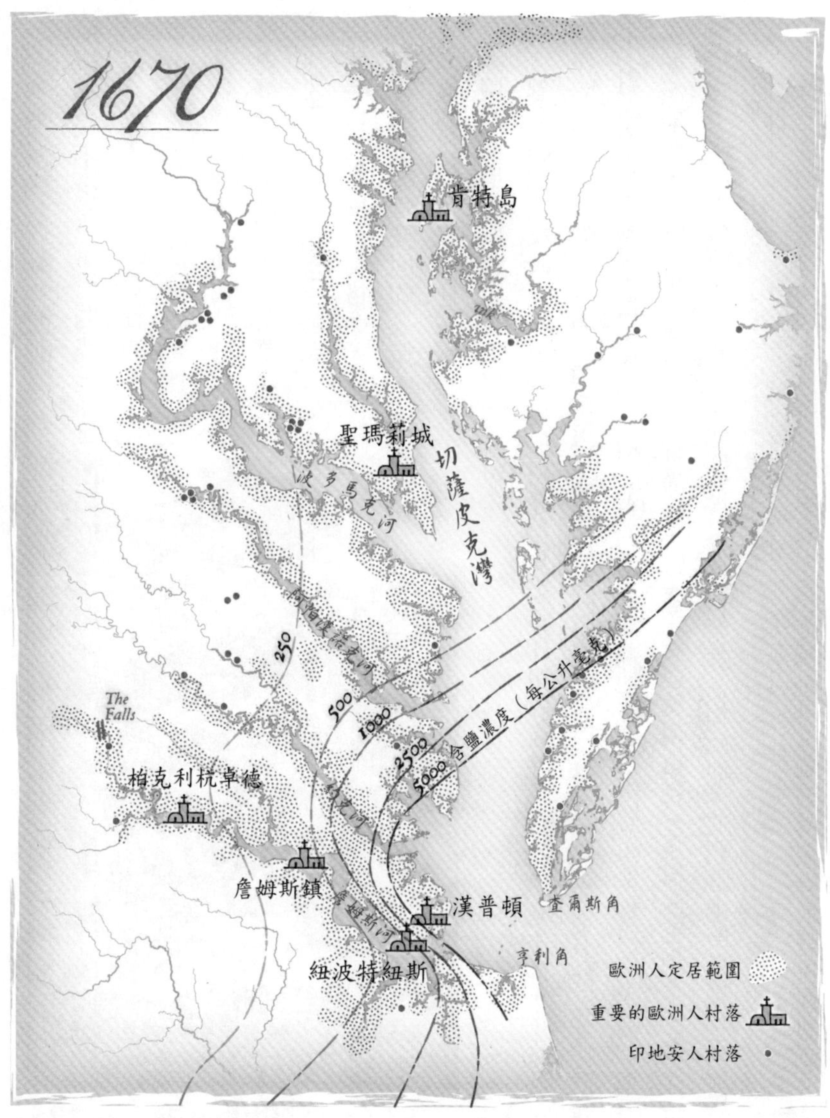

詹姆斯鎮建立在小型原住民帝國森納科莫可境內。森納科莫可絕大多數村落位於河邊，這些河流如同帝國的公路一樣。由於河口地帶的水含有鹽分，因此村落絕大多數位於上流地帶。英格蘭人盡可能在上游建立詹姆斯鎮——但還是無法完全擺脫水質惡劣的困擾。就連地下水喝起來也是鹹的。切薩皮克灣其實是殘存下來的巨大隕石坑。猛烈的衝擊粉碎了數英里的岩石，造成海水滲入土壤。美國政府建議鹽分濃度不應該超過每公升二十毫克（mg/L），但詹姆斯鎮的水已經超標二十倍以上，其他定居點則更高於此數。

除非是為了防衛，否則波哈坦農民不會為自己的農地裝設柵欄。如果農地沒有牛羊，那麼何需裝設柵欄圍住牲口？科羅拉多大學博爾德分校歷史學家維吉妮亞・安德森（Virginia D. Anderson）表示，與波哈坦人相反，英格蘭人認為完善的柵欄是文明的象徵。有圍欄的農地可以圍住牲口，有圍欄的林地可以避免外人侵入。對英格蘭人來說，缺乏明確的財產劃界顯示印第安人並未真的占有土地——也就是說，這些是未耕作的土地。波哈坦人另一項令英格蘭人感到陌生的做法，是他們的農地分散在大片已清除樹木的土地上。對印第安人來說，休耕地是一種公有的食品儲藏地，一處供有用植物自然生長的地方，包括穀物（小大麥、菊草、藜）、可食用植物（野萵苣、野大蕉）與藥用植物（黃樟、毒狗草、蓼）。可是歐洲沒有這些植物，因此英格蘭人不知道這些地被植物是有用的。相反地，他們眼中所見是「未加以利用」的土地，這令他們感到困惑。印第安人怎麼會花這麼多工夫清理土地，卻不利用它？

波哈坦人不會在地上圍起籬笆，然後種起一排排整齊的小麥，相反地，他們會同時種植各種作物，在加拿大安大略克勞福湖保護區（Crawford Lake Conservation Area）裡有一處溫達特（胡隆）田園（Wendat [Huron] garden），裡面重現了波哈坦人栽種作物的原貌。英格蘭人從未見過這些農田與菜圃，因此新來者常常搞不清楚這是原生的田野還是經過栽種過的田地。

就連森納科莫可的溪流也與英格蘭的大異其趣。英格蘭的河流春天時流速湍急，不斷從陡峭河岸沖刷土壤，然後在七、八月間成了涓滴細流。在離河岸較遠的地方，土地較為乾燥；夏日可步行數英里而不踏到任何泥濘之地。相反地，切薩皮克灣滿布沼澤、濕地、長滿草的池塘、隨季節氾濫的草地，以及流速緩慢的溪流。在這裡，不管哪個季節，「每個地方」似乎都濕漉漉的。促成這種潮濕環境的幕後功臣是美洲河狸（*Castor canadensis*），英格蘭沒有類似的生物。這些巨大的嚙齒目動物最重可達六十磅，住在牠們藉由泥漿、石頭、樹葉與弄斷的樹苗堵住溪流而形成的圓頂巢穴裡——一條溪流每英里出現的水堰多達二十座。這些水堰為整個地貌抹上水分，我們可以這麼說，水堰把湍急的小河轉變成一連串廣闊的池子與骯髒的溼地，在這些池子與溼地間連結著無數樹枝狀的淺水道。印第安人認為這是一件好事——划獨木舟穿過一連串池塘，要比在狹窄而湍急的溪流航行容易。相反地，英格蘭的描述則充滿殖民者在溼黏鄉野踉蹌行走的不愉快經驗。[2]

淡水沼澤有助箭葉芋（*Peltandra virginica*, arrow arum）的生長，它是一種半水生植物，分布於美國與加拿大東部。箭葉芋有球狀的地下莖（擴大的莖，用來儲藏養分），每年春天會長出薄薄的葉柄與狀似孩子畫的箭頭的長葉。對森納科莫可人來說，箭葉芋的地下莖是永久性的食物儲藏所，如果春天他們發現前一年秋天採收的玉米已經吃光，那麼這些地下莖就可以解決缺糧之急。婦女走進沼澤直到腳脛深度的地方，她們不避手腳的髒汙，慢慢把箭葉芋的根部弄鬆。這個工作並不輕鬆；我曾於某個暖春日在維吉尼亞州親自挖掘箭葉芋，儘管冰冷的泥巴令我雙足麻木，但我的上半身卻汗流浹背。箭葉芋

2 歐洲人日後獵捕河狸，幾乎使其滅絕——牠的毛皮觸感特佳，因此被大量用來製帽。在這個過程中，歐洲人無意間以另一種生物取代河狸成為主導的自然工程師，那種生物就是蚯蚓。

的根含有致命毒性的草酸鈣。為分解劇毒，婦女會將根部削皮切片，烘烤切片，然後用杵臼磨成粉。我在家裡用烤箱與食物處理機製作箭葉芋粉，然後加水煮成粥。只要吃一口便能瞭解為什麼原住民比較喜歡玉米。

在開墾地與豐饒的沼澤外圍遍布著森林，美麗的栗樹與榆樹幾乎無人砍伐。與田野一樣，森林也受到原住民燒墾的形塑。每年秋天，印第安人焚燒灌木叢，灰燼藉著火勢直上天際；荷蘭商人德弗里斯（David Pieterszoon de Vries）於一六三二年提到，當船隻在燒墾季節來到美洲時，「總是先聞到陸地的味道，然後才看到陸地。」從餘燼中長出的幼嫩新苗引來了鹿、加拿大馬鹿與駝鹿前來。這些動物遭到火的獵捕。人類以燃燒的火把驅趕這些動物，使其陷入埋伏，以安排好的篝火將牠們成群趕往弓箭手埋伏的地方，以延伸達一英里的火牆將這群驚恐的動物團團圍住。約翰·史密斯有天晚上在林中穿梭，就靠著「瀰漫森林的大火」尋找方向。

每年秋天的燒墾使馬里蘭森林保持空曠，耶穌會教士懷特（Andrew White）於一六三四年寫道，「四馬馬車可以通行無阻」。雖然這段陳述顯得有點誇大其詞，但並非全然虛假——印第安人不鋪路，而是用火燒出生態史家派因（Stephen J. Pyne）所說的「旅行走廊」。經常使用的路徑可達六英尺寬，延伸達數百英里，而且路面毫無灌木叢與石子。維吉尼亞殖民者貝爾德（William Byrd）警告說，偶爾路上確實會有完全未焚燒的土地，可能發生危險。在這些地方，「長年累積的枯枝敗葉堆積成山，其所提供的燃料足以引發燒毀一切的大火。」由於印第安人燒墾焚毀了林下灌木叢與樹苗，因此早期英格蘭殖民者看到的森林全是往上延伸的空間，如同肅靜的大教堂，由間隔寬敞、樹幹直徑達六英尺的胡桃樹與橡樹構成——這是一幅美麗的景象，但與燒墾造成的空地一樣是人為產物。派因解釋說：「正如烹飪將棘手的環境改造成糧食，熔爐將岩石重塑成金屬」，原住民的火「將土地轉變成可利用的形式」。

就像被殖民者拋諸腦後的英格蘭鄉野，切薩皮克灣也被它的居民重塑成適合工作的地貌。正如整齊的英格蘭棋盤式田野與林地是英格蘭文化的核心——事實上，這是英格蘭賴以存活的關鍵——維吉尼亞沿岸地區雜亂的生態區塊則是波哈坦文化與生存的本質。然而，對新來者來說，維吉尼亞海岸並非適宜人居之地。他們認為這裡是交雜著沼澤、河狸水塘、未整理田野與危險森林的凌亂土地。如果英格蘭人想以他們慣常的方式在這個新地方生活、發展，他們必須把這片土地轉變成更如他們心意的地方。

風險之池

關於詹姆斯鎮的描述，絕大多數集中在約翰．史密斯身上。這並不令人驚訝，因為史密斯的生平充滿話題。他是個貧窮的男孩，在運氣、勇氣與自我奮發之下獲得成功——他十八歲就出版了至少五本自傳介紹自己的成就。（公允地說，其中有一本是在他不知情的狀況下出版的。）他的重要自傳《真實的旅行：約翰．史密斯船長的冒險與見聞》（*The True Travels, Adventures and Observations of Captain John Smith*, 1630），是關於一個孤兒的離奇故事。這名孤兒十三歲離家，在尼德蘭打仗，住在單棚屋裡自學馬基維利與奧理略，在地中海的船隻上與「來自各國準備前往羅馬的無賴朝聖者」打鬥（他們把他扔出船外），然後成為亞得里亞海的海盜——這些情節全出現在開頭的第一章。到了第四章（章名：「史密斯的完美策略」），他使用火把在兩座山頂間傳送編碼信息——這項技術得自馬基維利，當時他正在今日的匈牙利指揮一場戰爭。往後的章節還提到：

- 史密斯在外西凡尼亞（Transylvania）軍隊服役的狀況，他們與「一些土耳其人、韃靼人交戰，但絕大多數衝突的對象是班迪托人（Bandittoes）、連納加都人（Rennagadoes）等民族」。
- 他在一場打鬥中，在喧鬧的群眾面前殺死三名土耳其貴族。
- 他被逮捕並且被賣到鄂圖曼帝國當奴隸，「他的脖子上被釘了一個大鐵環」。
- 他逮到機會用農具「打碎了主子的腦袋」，然後穿上主子的衣服逃到俄羅斯、法國與摩洛哥。
- 他在摩洛哥參加了另一群海盜的行列，專門搶掠西班牙在西非外海的船隻。
- 他回到英格蘭之後，馬上加入了維吉尼亞探險隊。當時他才二十六歲。

從一六六二年以來，懷疑者便對這種虛張聲勢的說法百般嘲弄，他們指出史密斯的冒險事蹟只有一項資料來源，那就是他自己的作品：「只有他一個人出版這些作品而且大肆宣揚，不免讓人對整件事的可信度大打折扣。」其他作家則讚揚他是典型的美國人：一個白手起家者。南北戰爭期間，史密斯與維吉尼亞州的連結使他成為南軍的象徵。北方自然試圖要貶低他；在寫了一篇文章強調《真實的旅行》有許多內容不連貫之處後，歷史學家亨利．亞當斯（Henry Adams）——他是熱情的聯邦派支持者，洋洋得意說他已經「從背後對這位維吉尼亞貴族施予重擊」。最沉重的打擊出現在一八九〇年，一名母語是匈牙利語的研究人員指控史密斯冒險故事裡的人物與地方都是虛構的。舉例來說，史密斯說他在一個名叫Olumpagh的地方施展了「完美的策略」。但該地區並沒有一個叫Olumpagh的小鎮。得證：史密斯是騙子。到了一九五〇年代，另一位母語也是匈牙利語的研究者蘿拉・波蘭妮・斯特里克（Laura Polyani Striker）提出反駁。她表示，史密斯提到的地方「確實」存在——先前研究者被史密斯糟糕的拼字誤導。舉例來說，Olumpagh在斯洛文尼亞語是指Lendava，當時的匈牙利人稱該地為Al Limbach。斯特里克認為，當時英格蘭根本沒人知道這些地方，因此史密斯一定實際來過此地。

史家並不懷疑史密斯到過詹姆斯鎮。他們都同意這名好鬥而自信的男子與波卡虹塔絲相善，從波哈坦獲得亟需的糧食，使殖民地免於滅絕，但也不斷惹惱殖民地領袖，因為這些人的社會地位全都比他優越。當時的英格蘭階級區分之嚴謹，是今人難以理解的。史密斯從來不是一個願意卑躬屈膝的人，因此在從英格蘭航往詹姆斯鎮的船上，他很快就觸怒船上的仕紳，他們藉不明究理的指控將他關進船上的禁閉室。史家也同意，在登陸維吉尼亞之後，史密斯確實率隊在切薩皮克灣搜索通往中國的路線。但學者對於史密斯所描述一六〇七年十二月探險隊發生的事件卻持保留態度。

矮小、結實、其貌不揚，約翰・史密斯栗色的大鬍子讓原住民初見時感到吃驚。他顯然知道自己的外表不討人喜歡：這名作者在一六二四年自傳裡附的肖像，旁邊還列了一首拙劣的打油詩，似乎是史密斯自己寫的，他表示自己優越的內在使他不英俊的外表顯得瑕不掩瑜。

為了探索奇卡荷米尼河（Chickahominy River）的源頭，史密斯與兩名印第安嚮導以及兩名英格蘭同伴駕著獨木舟出發，在偶然之中，他們遇見由歐皮強卡諾（Opechancanough）率領的狩獵團。歐皮強卡諾是波哈坦的弟弟，他公開反對外來移民，希望森納科莫可不要有任何非法外來者。在勢不可免的小衝突中，印第安人殺死史密斯的同伴，史密斯自己則因跌入沼澤而被捕。歐皮強卡諾把這名探險者帶到兄長的首都維沃洛科莫可。在最著名的故事版本中，也就是《真實的旅行》裡的說法，史密斯必須遭夾道笞打之刑才見到波哈坦：「兩排男子，在他們身後有許多婦女，他們的頭與肩膀全塗成紅色；許多人的頭上裝飾著白色羽毛。」國王以公開宴席款待他。然後，史密斯寫道，波哈坦打算當場在宴會廳殺了他。行刑者「已備妥棍棒要敲碎他的腦袋，但國王最寵愛的女兒波卡虹塔絲」，當時或許只有十一歲，突然衝出來用雙臂環抱史密斯的頭，「將他救出鬼門關」。波哈坦心軟遷就女兒，於是赦免史密斯，讓他返回詹姆斯鎮。女孩「給他許多糧食，拯救許多人的性命，儘管在此之前已有不少人活活餓死」。

史密斯的故事孕育了無數浪漫小說，但絕大多數研究者都不認為他的故事是真的。亨利．亞當斯在他試圖揭穿史密斯假面具的文章中指出，關於脫逃一事的最早描述出現在一六二四年，那是在史密斯另一部充滿自誇說法的自傳裡，而這部自傳的出版日期比《真實的旅行》稍微早一點。然而其實史密斯曾寫過一篇未對外公開的報告，就在一六〇八年劫持事件發生後幾個月，內容並未提及意亂情迷的印第安救命少女。史密斯顯然喜歡加油添醋，動不動就說有對他著迷的女子救他——在《真實的旅行》中，類似的情節發生不下四次。更糟的是，人類學家或歷史學家並未找到任何證據顯示波哈坦在處決戰俘之前會先以宴席款待他們。而孩童（如波卡虹塔絲）也不允許參加正式的晚宴——他們只能待在廚房洗碗。「故事裡沒有任何一個地方與原住民文化相符」，人類學家海倫．蘭特里（Helen Rountree）對我說：「盛大的宴席是為了招待貴客，而非招待準備處決的犯人。」根據她的觀點，這場宴席意謂著印第安人把史密斯看成可貴的資訊來源，可以讓他們探問外國入侵者的底細。「難以想像他們會殺掉珍貴的情報來源，」她說。

歷史學家之所以不喜歡波卡虹塔絲的解救故事，還有另一項更深層的原因。一味吹捧羅曼史與誇耀的情節，會使人忽略英格蘭人在維吉尼亞殖民的目的，以及當他們抵達後對森納科莫可產生的影響。像史密斯這種勇往直前的探險家當然是詹姆斯鎮不可少的一部分，但殖民地的主要目的還是經濟。無論有多大的危險與衝突，殖民地的命運終究決定於非人的生態要素——即哥倫布大交換，但維吉尼亞殖民者當時是無人有能力察覺這一點的——而非武力衝突。

約翰·史密斯因「印第安公主」波卡虹塔絲而死裡逃生，這則故事顯然對後世的藝術家具有無可抗拒的吸引力，儘管史家對其真實性抱持不信任。在這幅一八七〇年的版畫中，波卡虹塔絲彷彿一名歌劇名伶，波哈坦人住的屋子就像西部電影一樣是圓錐形的帳篷，地點也被抽換成山丘與無樹的開闊地，完全不是維吉尼亞海岸地區的景象。

與拉伊莎貝拉一樣，詹姆斯鎮的功能是貿易站，是英格蘭與中國進行貿易的中繼點。不過拉伊莎貝拉主要的贊助者與控制者是西班牙國王，而詹姆斯鎮卻是私人企業的產物：由一群政治彼此連結的資本家合資成立的企業，維吉尼亞公司（Virginia Company）。然而兩者的差異絕非涇渭分明：西班牙商人希望在拉伊莎貝拉致富，而英格蘭政府則老是在意詹姆斯鎮的政治派別。但詹姆斯鎮更接近今日全球化討論裡的資本家企業。

維吉尼亞公司的成立原因，主要是因為英格蘭君主——女王伊莉莎白一世與她的繼任者詹姆斯一世——想獲取貿易與征服的利益，卻沒有資金從事這類事業。國家因為戰爭（伊莉莎白屬於此類）與浪費（詹姆斯屬於此類）而債臺高築，以至於無力派船前往美洲，而國家也無法借到必要的現金。從貸款人的角度來看，君主的債信極度不良，因為君主可以（而且經常如此）主張自己的特權而拒絕還債，這種風險也促使貸款人向國家收取極高的利率。不可否認，君主有權強迫臣民貸款給他，但這種做法顯然極不受歡迎。因此，在明知借款一定會招來民怨，而君主卻將這筆錢投入美洲殖民地進行豪賭，這舉動到底值不值得？

伊莉莎白與詹姆斯的結論都一樣：不值得。

拉伊莎貝拉的例子充分顯示殖民本身具有極高的風險。此外，英格蘭人面臨的危險還多了一項，那就是西班牙已經宣布美洲絕大部分地區是它的殖民地。兩國之間關係已然是水火不容。事實上，在此之前教宗庇護五世（Pope Pius V）已經命令天主教君主（如西班牙的菲利普二世〔Philip II〕）拿起「正義的武器」對抗信仰新教的英格蘭。（「不容任何藉口、申辯或規避」，教宗嚴厲地斥責道。伊莉莎白女王是「邪惡的奴隸」，必須加以推翻。）西班牙於一五八八年派遣艦隊進攻英格蘭，隔年英格蘭也派遣艦隊還以顏色。雙方的攻擊都失敗了，天候惡劣是原因之一，或許這正是小冰期的一項特徵。最後，伊莉莎白是仰賴一項策略而獲得成功：她支持一種在英格蘭稱為「私掠船」，在西班牙稱為「恐怖主義」的戰術。她授權英格蘭船在遭遇西班牙船或西班牙殖民地時可以逕自進行搶掠。一六〇三年，伊莉莎白去世，繼任的詹姆斯一世致力緩解兩國緊張。他知道在北美建立英格蘭殖民地將再度引發衝突，因為西班牙此時已在大西洋岸建立十餘處小型殖民地與傳教團，其中一處離未來即將設立的詹姆斯鎮只有幾英里遠（但這個殖民地終告失敗）。西班牙不可能坐視他國入侵它的領域。此外，複雜局勢又增添另一項變數，那就是法國也主張自己領有北美洲，而且已在當地建立五處殖民地與傳教團。

另一方面，英格蘭君主仍不放棄競逐美洲的夢想。在呈給伊莉莎白的白皮書中，頗具影響力的教士同時也是作家的哈克魯特（Richard Hakluyt）表示，基督教世界的統治者身負神聖使命，要拯救「那些可憐之人」的靈魂——亦即，印第安人。哈克魯特說：「美洲民眾向我們吶喊求助」，「希望我們將福音傳布給他們。」他指出，西班牙已經讓「數百萬名異教徒」改信。而西班牙得到的報酬是什麼呢？上帝「開啟了祂無底的寶庫」，讓英格蘭的仇敵獲得大量白銀，開啟了與中國的貿易。哈克魯特指出，西班牙原是個「貧困不毛的國家」，現在卻富有得讓人不敢相信，它的船員幾乎都金盆洗手不再做偷賊。反觀英格蘭則令人感到悲傷，成了「最惡名昭彰以海盜為常業的國家」。

北美洲是個充滿機會的地方，或者說人們當時普遍存有這種想法。從一五七七年到一五八〇年，英格蘭最知名的私掠船船長與恐怖分子德雷克爵士（Sir Francis Drake）從事繞世界一周的航行，沿途見到西班牙運銀船就予以搶掠。在這次航行中，他曾停泊於美國西岸。德雷克在當地做了什麼，如今已不可考，因為探險隊的紀錄幾乎完全亡佚。但德雷克看見的事物卻使許多有權有勢的倫敦人相信，確實有一條水路切穿北美大陸——也就是說，以航行的方式「橫貫」美國是可能的。若是如此，則美洲可能只有幾百英里寬。在橫貫大陸的短暫旅程後，旅人將可抵達太平洋岸邊，然後航向中國。

伊莉莎白與詹姆斯戒慎恐懼，但也有點被說動。然而國王不願負擔貸款人為債信風險所設定的高利率，因此他們把殖民工作委派給某個個體，使其獨自完成這項任務，這個獨立個體就是合股公司。合股公司是現代企業的祖先，由一群富人投入資源組成營利性企業，然後再從收益分額中取得報酬。透過與其他投資者合作，公司成員可以限制自己對不確定事業的參與度，使自己的投資金額只占總額的一小部分。如果殖民地失敗，則總損失雖然巨大，但每個投資人的損失將減少到可容忍的程度——損失當然令人心痛，但絕非一場災難。

經濟史家諾斯（Douglass C. North）認為合股公司不只是嶄新的賺錢工具，它也是歐洲社會發展能有效動員資源的諸多制度安排之一。（諾斯於一九九三年獲諾貝爾經濟學獎，主要是因為他開展了這些觀念。）這些制度可以確保財產權（這是必要的，如果人們認為自己的收益會被奪走，他們就不會冒險投資）；可以開拓市場（這是必要的，如此才能避免既有利益阻礙創新）；可以鞏固民主治理（這是必要的，如此才能箝制統治者的過度擴權）。獲准的一切貿易與商業都獨立進行，這可以使研究與投資成為例行工作——這種持續性的活動可以讓人在幾乎不受到政府的干預下獲利。「真正重要的是工作、節儉、誠實、耐心、不屈不撓」，哈佛經濟學家藍迪斯（David S. Landes）寫道。在他的名著《新國富論：人類窮與富的命運》（*Wealth and Poverty of Nations*, 1999）中，藍迪斯認為歐洲所發展的組織人力與物力的方式——例如，民間的合股公司，可以培養與獎勵個人的積極進取精神，而這種精神又能進一步激發不斷突破的動力。歐洲以外的地方並未發展出這些特質。諾斯認為，這些創新造成巨大的經濟成長，導致「一個嶄新而獨特的現象」：歐洲社會躍居而成世界強權。

英格蘭的合股公司不是馬上就獲得成功。第一家合股公司創立於一五五三年。五十三年後，當維吉尼亞公司獲得特許時，英格蘭只有十家合股公司。這些公司之中有三家是為了在美洲建立殖民地而設立。（第四家要前往美洲發展的公司也做了類似的風險分攤設計，但並不具有合股公司的形式。）參與這些美洲公司的人全失敗了。仔細想想，一五八〇年代為取得北卡羅萊納海岸外的羅阿諾克島（Roanoke Island）確實花費甚鉅——三次昂貴的橫渡大西洋航行——而且最後這座殖民地還完全遭到廢棄。[3]

儘管過去的紀錄很難看，維吉尼亞公司仍認為值得一試。起初，這家公司是由兩個投資人團體組成，一個團體在普利茅斯，另一個在倫敦。普利茅斯團體把焦點放在今日的新英格蘭地區，並且很快在緬因海岸建立殖民地。但這個殖民地撐不到幾個月就瓦解，普利茅斯團體的投資人也隨即認輸。倫敦團體投資人則把目光投向切薩皮克灣，實際上也掌握了整間公司。維吉尼亞公司的船隻於一六〇六年十二月二十日從倫敦出發。

雖然羅阿諾克被鄰近的印第安部落夷平，但維吉尼亞公司高層對於遙遠的西班牙顯然更為畏懼。他們命令殖民者——以今天的眼光來看，這些人其實是公司的員工——要減少被西班牙船隻發現的機會，至少要將殖民地建立在離海岸「一百英里」的地方。這項命令並未提到這些地方可能已有人定居。的確，

3 羅阿諾克顯然產生一個影響：把菸草引進到英格蘭。德雷克爵士或許早在十年前就已經把菸草帶回英格蘭——他是在環航世界時取得的。但直到羅阿諾克殖民者嘴上叼著冒著火星的黏土煙管回國，菸草才真正獲得廣泛注意。「在很短的時間裡」，一名溫文爾雅的目擊者哀嘆說：「不管在何處，都有許多人〔……〕貪婪抽著難聞的煙霧，彷彿怎麼樣都無法滿足。」

這些高層認為與印第安人的衝突不可避免。但他們認為與印第安人發生衝突，只有在印第安人可能「引導與幫助其他國家進攻他們的殖民地」時才值得擔心。也就是說，他們擔心森納科莫可不是因為怕印第安人攻擊英格蘭人，而是害怕印第安人會幫助「西班牙人」攻擊英格蘭人。基於這個理由，高層要求殖民者「要極為小心，不要冒犯了這些自然之人」——「自然之人」(naturals)是當時用來稱呼原住民的詞彙。

詹姆斯鎮便是這種種考量下的產物。上游的肥沃土地早已被印第安村落占據。因此，新來者——tassantassas（外來者），印第安人對殖民者的稱呼——最後只能選擇最上游無人居住的地方定居。他們的新聚落距離詹姆斯河口約五十英里。這是個靠近河灣的半島，河水在此深入岸邊，船隻甚至可以直接栓在樹上。

對殖民者來說，這個地點其實並不理想，半島上之所以沒有印第安人居住，原因就在於此地不宜人居。英格蘭人就像最後一批等待分配的人，分到人們最不想要的土地。這個地方低窪潮濕，蚊蠅孳生。殖民者可以從詹姆斯河取水，但這些水不一定適合飲用。到了夏末，河水水位足足降低了十五英尺。淡水流量減少，河口鹽水便逐步往上游蔓延，剛好上移到詹姆斯鎮的位置。由於殖民者抵達的時候正值長年乾旱，因此夏天的河水流量特別少，鹽水的濃度也相對提高。鹽水疆界攔阻了沉積物以及從上游來的有機廢料，這表示英格蘭人喝的是詹姆斯河最骯髒的一段河水——「充滿軟泥與汙物，」佩西（Percy）抱怨道。此人日後將成為殖民地的領袖。明顯的解決方式是掘井，但此後兩年居民並沒有做這方面的嘗試，因為幫助不大。切薩皮克灣是三千五百萬年前巨大隕石坑的遺跡。灣口遭受衝擊的岩石導致海水滲透，汙染了地下水。幾乎沒有印第安部落建在鹽水楔形地，很可能就是基於這個理由。

詹姆斯鎮位於淡水與鹽水交界處，不好的水全匯聚於此。地理學家厄爾（Carville V. Earle）表示，這些不好的水導致「傷寒、痢疾，或許還有鹽中毒」。到了一六〇八年一月，也就是登陸八個月後，只剩下三十八名英格蘭人還活著。

弔詭的是，殖民地的絕境恰恰是其救贖；波哈坦顯然不把這群無法填飽肚子的「外來者」視為威脅。確信隨時可以趕走這群英格蘭人，反倒讓他允許英格蘭人住在這塊沒什麼價值的土地上，前提是英格蘭人能提供珍貴的貿易商品：槍枝、斧頭、刀子、鏡子、玻璃珠與銅片，尤其最後一樣印第安人最為珍視，就像歐洲人珍視金塊一樣。在抓住約翰．史密斯這隻「狡猾老狐狸」（佩西這麼叫他）之後，波哈坦從這名俘虜身上充分瞭解到，今天把這些外來者餵飽，明天再和他們進行貿易是值得的交換。一六〇八年一月，他把這名外來者送回詹姆斯鎮，而且送上充足的玉米，足以讓殘存的鎮民存活一陣子。研究森納科莫可的人類學家蘭特里表示，從波哈坦的觀點來看，這是把穩贏的賭注。如果英格蘭人想待得比他預期還久，那麼他會停止供應糧食，屆時這群英格蘭人就會不戰自退。（「信心來自於無知」，密蘇里大學歷史學家佛斯〔J. Frederick Fausz〕指出，這就是英格蘭人與印第安人最初面對彼此的態度。）

史密斯被釋放之後，搖身一變成為詹姆斯鎮的負責人。由於他一手掌控與波哈坦的糧食協商，因此殖民地那些有頭有臉的人物只能吞下心中的不滿。無論如何，要取得糧食還是得靠史密斯。一六〇八年春天，史密斯下令倖存者種植作物（雖然他們寧願尋找黃金）並重建殖民地堡壘（因為他們不慎將其焚毀）。史密斯本人則繼續探索切薩皮克灣，他說服自己相信此地「很有希望」延伸到太平洋。

史密斯不斷與波哈坦商討糧食交換事宜。他想以少量而持續的方式將足夠的刀子、短柄斧與鐵鍋送去森納科莫可，以換取糧食必需品，但這仍不足以滿足印第安人對英格蘭貨物的需求。雪上加霜的是，英格蘭人的需求不斷上升；一六〇八年的春天與秋天又來了兩支船隊，使詹姆斯鎮又多了兩百張嗷嗷待哺的嘴。跟所有精明的生意人一樣，波哈坦針對需求增加做的回應，就是提高玉米價格；他要求換取槍枝與劍，而非一般工具。史密斯拒絕他的要求，他擔心讓印第安人獲得武器後果不堪設想。波哈坦於是轉而向不滿史密斯專制統治的詹姆斯鎮居民購買武器。此外，波哈坦也放任自己的族人在詹姆斯鎮外擄走落單的殖民者，藉此對史密斯施加壓力。

一六〇九年十月，史密斯返回英格蘭接受醫療。精明但手腳笨拙的他，不小心點燃綁在腰間的火藥，因而嚴重燒傷。對殖民者來說，他的返國來得不是時候。就在他離開的兩個月前，另一支船隊又運來三百多名殖民者，當中不乏憎恨史密斯的仕紳。他們說服維吉尼亞公司高層撤換史密斯。但令史密斯高興的是，運送公司書面命令的船隻——上面也載著繼任的殖民地總督——因故延期。另一方面，蔑視史密斯的新來者也對他的權威構成立即威脅，而史密斯認為一旦他的權威動搖，將危及詹姆斯鎮的生存。為了轉移這些人的注意力，史密斯於是派遣這些新來者到幾個森納科莫可部落尋找糧食，然而此項決定顯然是個錯誤。

其中一群人前往南塞蒙德（Nansemond），這個部落住在詹姆斯鎮對岸的小島上，也就是詹姆斯河的南岸。當這群派到南塞蒙德的使者未依時間歸返，佩西寫道，其餘的英格蘭人「放火燒毀（按：印第安人）的房舍、劫掠他們的廟宇，將他們的先王遺體從墓裡拖出來，然後取走他們（按：陪葬）的珍珠、銅與手鐲」。史密斯感到震驚。他自己曾經斥責、欺侮與恐嚇印第安人，但他認為詹姆斯鎮不該屠殺自己的糧食來源。然而，此時的他身負重傷，無法強逼殖民地居民向印第安人謝罪。

這起事件使波哈坦相信，這群外來者的新領袖已棄毀他與史密斯締結的約定。同年冬天，波哈坦直接或間接地發動反擊。在首次的直接攻擊中，原住民戰士砍殺十七名企圖掠奪克寇坦村（Kecoughtan）糧食的殖民地居民；在森林中殺死另一群因饑餓而衰弱不堪的外來者（為了表示「輕蔑與侮辱」，印第安人在這些屍體的「嘴裡塞滿麵包（按：玉米）」）；在史密斯建立的上游哨站殲滅一整船的士兵；以承諾提供糧食為餌，在維洛沃科莫可屠殺一個小隊三十三名殖民者。佩西提到，這個小隊的隊長被殺害的方式極為恐怖、別出心裁而且緩慢：「印第安婦女用淡菜殼將他的肉從骨頭上刮下來，然後當著他的面丟到火裡。」佛斯估計這段「第一次印第安戰爭」的歷史中，原住民在往後五年殺死的人數達殖民地居民的四分之一。

波哈坦的間接攻擊更為致命：他停止供應糧食。他選擇的時點恰到好處。史密斯已經回國，而繼任的總督又尚未抵達。史密斯在殖民地的反對者推選佩西暫代領導人職務，他是諾森伯蘭伯爵（earl of Northumberland）的弟弟。詹姆斯鎮先前遭受攻擊時，史密斯總是無法號令殖民地居民守護田地或修補漁網。但懶散的佩西狀況更糟，他沒有能力組織鎮民——居民普遍對他缺乏敬意，因為他總是穿著絲質襪帶、金紋帽子與繡花腰帶在滿是泥濘的營地閒晃。結果，當波哈坦中斷糧食供應時，英格蘭儲備的糧食也已吃光。佩西日後坦承，他們淪落到必須以「狗、貓、野鼠與老鼠」充饑的地步，甚至連用來將伊莉莎白式襞襟的澱粉漿也煮成粥裹腹。在饑荒下，「每個人的臉孔都變得像死人一樣蒼白」，有些居民甚至起鬨，打算「掘開墳墓吃掉屍體」。一名男子殺死有身孕的妻子，「把她用鹽醃漬做食物」。到了隔年春天，只有大約六十人熬過這段所謂的「饑餓時期」。

某方面來說，這塊殖民地不應該出現這種困境。切薩皮克灣從過去到現在一直是西半球的大漁場。

這個狹長、水淺的河口地帶充滿狗魚、鯉魚、鯡魚、螃蟹、鱸魚、比目魚、海龜與鰻魚，這裡的魚類如此繁多，史密斯甚至說平底鍋在這裡不僅可以用來煎魚，還可以用來抓魚。詹姆斯河裡的大西洋鱘魚大到足以讓原住民男孩用藤蔓套住魚尾，然後給魚拖進水裡游。（我本來不相信，直到詹姆斯鎮一名考古學家告訴我，他曾挖掘到全長可能達十四英尺的鱘魚骨頭。）這裡牡蠣的數量之多，原住民宴飲後丟棄的牡蠣殼，可堆成一座面積近乎三十英畝的小丘。

殖民地居民置身於如此豐富的食物來源，為什麼還會餓死？其中一個原因是英格蘭人不敢離開詹姆斯鎮去捕魚，因為波哈坦的戰士在殖民地圍牆外虎視眈眈等待他們。第二個原因是殖民地居民有相當驚人的比例是仕紳階層，他們從未實際從事勞動。前三次航行為詹姆斯鎮帶來兩百九十五人。根據史家摩根（Edmund S. Morgan）的說法，這當中有整整九十二名是仕紳——其餘許多是「個人隨從，因為仕紳認為沒有個人隨從的生活是不能忍受的，即便在英格蘭也是如此」。這些隨從也認為自己的身分地位不應該從事勞動。然而，即使願意放下身段，他們恐怕也無法存活，因為英格蘭人不熟悉維吉尼亞的環境。例如冬季在河川下游通常會出現鱸魚與鯰魚，但英格蘭人不知道這些資訊，他們不知道什麼時候在什麼地點捕魚最適當。經常釣魚的人都知道，在錯誤的時間與地點垂釣只會白費工夫。殖民者不僅死於營養

運氣不佳的佩西，他是諾森伯蘭侯爵的幼子，這張是十九世紀複製的肖像。原畫是在他生前繪製的，現已亡佚。

不良，也死於無知。

約翰．羅爾夫的運氣不錯，他在隔年春天，也就是饑餓時期過後才抵達維吉尼亞。大約一年之前，他搭乘探險隊旗艦離開英格蘭，艦上都是些敵視史密斯的仕紳。羅爾夫搭的船載著接替史密斯的新任維吉尼亞總督。走到半途，船隊遭受颶風打擊。其他船隻順利通過風暴，在維吉尼亞登岸，隨後的結果前文已提及（攻擊南塞蒙德、激怒波哈坦、成群遭到殺害）。至於羅爾夫的船則被吹往南方，幾乎沉沒。一名乘客回憶說，連續三天船上每一個人，其中許多「就像賈列船（galleys）上的人一樣全身赤裸」，在水深及胸的艙內拉著鏈斗。船搖搖晃晃地被沖到百慕達（Bermuda），最後在四座主要島嶼的極北處沉沒。往後的九個月，生還者一直待在當地沙灘上，以魚類、海龜與他們準備帶到詹姆斯鎮的豬隻維生。他們以島上的雪松與沉船的殘骸慢慢重建了兩艘小船。一六一〇年五月二十三日，羅爾夫一行人終於抵達切薩皮克灣。

來自百慕達的這群人，對於眼前的饑荒與荒廢景象感到吃驚，決定在兩星期之內放棄詹姆斯鎮。羅爾夫與其他新來者，把詹姆斯鎮瘦骨如材的居民帶上他們的兩艘臨時船隻與另外兩艘殖民地船隻，打算前往紐芬蘭。當地的大淺灣（Grand Bank）聚集許多漁船，他們或許可以懇求其中幾艘帶他們回國。當他們等待潮流準備出發時，突然有艘小船到來。這是另一支船隊的前導船隻，而它所引導的船隊搭載了又一名新任總督、兩百五十名殖民者，以及最重要的，可維持一年的糧食。於是前一批殖民者沮喪地回到詹姆斯鎮，繼續思索該如何在此地生存。

這不是件容易的事。雖然他們已不需依賴波哈坦提供糧食，但維吉尼亞公司隨後的報告指出，不到幾個月的時間，「（按：兩百五十名新來者中）至少有一百五十名死亡」，其中包括羅爾夫的年輕妻子。

這種狀況在當時絕非罕見。年復一年，公司花費鉅資將殖民者送到維吉尼亞——總計超過一百艘船。年復一年，絕大多數的殖民者在抵達的數星期或數月內死亡，無論男女、貧富、孩童與罪人。從一六〇七年到一六二四年，英格蘭運送了約七千人到維吉尼亞，十人中有八人抵達後不久就死了。

死亡的行進隊伍不曾中斷，即使到了今日，詹姆斯鎮留下的書信、報告與編年史仍舊令人不忍卒睹。每一頁迴盪著悲苦泣訴的言語。「與我同船的人，幾乎沒有人活下來〔……〕，」許多新來者「要不是全部死去，就是遭受可怕的痛苦〔……〕三年的時間，一共死了快三千人」。羅列死者姓名與死因的報告以舊式訃聞那種樸實不加修飾的筆法表現。殖民地財務官桑迪斯（George Sandys）提到，有一名僕役才剛從倫敦過來，「還沒開始做事就死了」。殖民者普萊斯（Hugh Pryse）在樹林裡被人發現，「他的身體被狼群或其他野獸撕

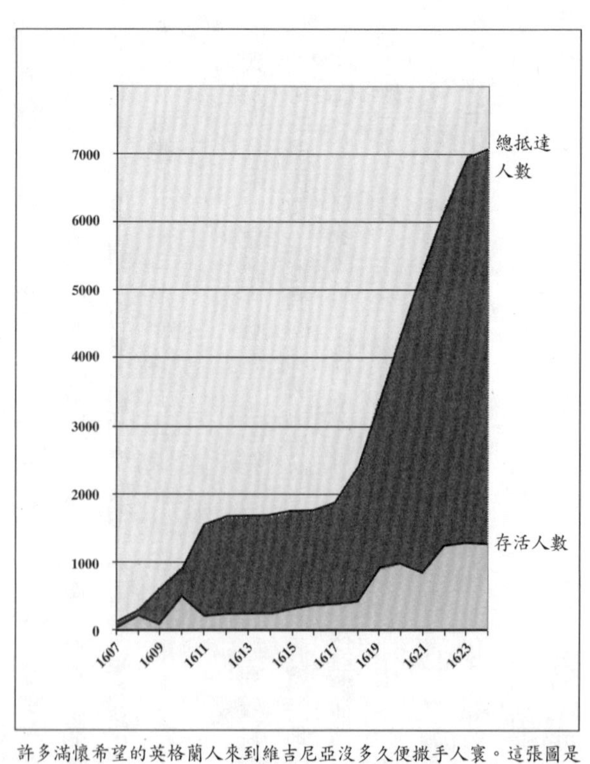

許多滿懷希望的英格蘭人來到維吉尼亞沒多久便撒手人寰。這張圖是作者盡力做出的估計，顯示當時移民人數年復一年增加，以及詹姆斯鎮每年的存活人口。實際數字可能有數百人的偏差，因為現存紀錄並不完整而且存在許多矛盾。但整體圖像是清楚的，而且也令人沮喪。

得稀爛，腸子也被拖出來」。在一場酒醉衝突中，伊普斯（William Epps）狠狠揍了斯塔倫吉（Edward Stallenge），「導致他的頭骨碎裂，第二天他就死了」。外科醫師洛斯里（William Rowsley）「帶一群人到維吉尼亞」，但不到幾個星期，「所有僕人都死了」。希爾（Edward Hill）告訴他在英格蘭的兄弟，他會繼續待在維吉尼亞「把先前的損失賺回來，之後若蒙上帝保佑，便會啟程返國」。（希爾從未成行，他一直未能彌補損失，並且在一年後死於維吉尼亞。）「我在這裡完全提不起精神」，坎納（Phoebus Canner）哀嘆道，「乞求上帝讓我活著離開此地」。

一六一九年十二月四日，伍德里夫（John Woodlief）與三十五名殖民者在詹姆斯鎮上游的新種植園登岸，這個地方名為柏克利杭卓德（Berkeley Hundred）。贊助人事先指示伍德里夫，要他把抵達日視為「感謝上帝的日子」予以慶祝——英屬美洲最早的感恩節。柏克利杭卓德的創建者下令每年的這天都要加以紀念。到了第二年的十二月四日，在前一年此日登岸的三十五名殖民者，已有三十一名長眠於地下。

維吉尼亞公司為什麼不放棄嘗試？「無論這家公司從事什麼活動，」克拉芬（Wesley Frank Craven）在研究維吉尼亞公司的歷史時指出：「它都是一個由冒險家投注龐大資本成立的商業組織，他們的主要興趣是從投資中獲得收益。」然而，維吉尼亞公司的「做法」卻不像尋常的商業組織。公司最初是希望找到貴金屬與通往亞洲的航路，當這個希望未能實現，公司轉而從事釀酒、造船、煉鐵、絲織、煮鹽乃至於吹製玻璃。但所有嘗試都失敗了，而且耗費大量的金錢與人命成本。儘管如此，這家公司依然繼續在維吉尼亞虛擲金錢與人力。公司的幕後金主為什麼不收手？這麼多殖民者踏上死亡之路，為什麼他們還願意繼續派船？

同樣令人困惑的是，波哈坦為什麼容許殖民地存在？詹姆斯鎮僥倖從他的首波攻擊中撿回一命，但往後數年一直處於危急存亡的邊緣。波哈坦為什麼不一口氣夷平詹姆斯鎮？

這兩個問題的部分解答均與哥倫布大交換有關。

「英格蘭蒼蠅」

波卡虹塔絲或許並未在一六〇八年約翰．史密斯被俘時拯救他，但她的確挽救了詹姆斯鎮——因為六年後，她嫁給鰥夫約翰．羅爾夫。證據顯示波卡虹塔絲是個好奇而淘氣的孩子，她跟其他森納科莫可的孩子一樣，直到青春期之前是不穿衣服的。殖民者斯崔奇後來寫道，在史密斯獲釋之後，波卡虹塔絲曾造訪詹姆斯鎮。她跟著殖民地的年輕人一起翻觔斗，「他們雙手著地，腳跟朝上，然後她會跟著一起做，將自己赤裸的身體翻轉過來。」她的本名叫瑪托阿卡（Matoaka）；波卡虹塔絲是個逗人的小名，意思是「小淘氣」。

這些外來者喜歡這名女孩，但還沒有喜歡到不把她當人質的地步。史密斯返國後，波哈坦再次將英格蘭人逼到毀滅邊緣，殖民地的新領袖們決定反擊。他們宣布詹姆斯鎮進入軍事戒嚴——一位殖民地居民只因偷竊幾品脫的燕麥粉，就被綁在樹上活活餓死——同時對所有男性進行軍事編組，打算以軍事行動逼迫森納科莫可就範。在無預警攻擊下，殖民者夷平詹姆斯河上下游的原住民村落。印第安人不斷反擊，逐一收拾了殖民者，迫使他們撤到詹姆斯鎮柵欄之後，使他們在饑餓與疾病交迫下喪命。

這是典型的游擊戰僵局。外來者能贏得每一場戰爭，卻無法獲得決定性的勝利；波哈坦的軍隊總是能退回內陸，然後再次現身發動致命的攻擊，例如躲在密林中突然放箭襲擊。不過波哈坦同樣無法消滅外來者。他可以讓殖民者心生恐懼不敢離鎮去收成農作物，但只要倫敦當局願意持續運補物資與人力，那麼印第安人就不可能獲勝。到了一六一三年三月，雙方都已精疲力盡，就在此時，詹姆斯鎮軍事指揮官達爾（Thomas Dale）命屬下引誘少女波卡虹塔絲上到英格蘭的船，然後載著她離開。

由於這名少女擁有貴族血統，達爾將她軟禁在一名殖民地牧師家裡，讓她擁有較舒適的生活條件。在此同時，達爾向波哈坦提出贖人的條件：想讓女兒回去，他必須返還所有「以不正當方式偷取」的刀劍、槍枝與鐵製工具，以及所有英格蘭戰俘。有三個月的時間，波哈坦不願與任何他視為罪犯的人談判。最後，他送回一些英格蘭戰俘，並且提出一項要求：用五百蒲式耳玉米（編按：是英制的容量及重量單位，於英國及美國通用，主要用於量度乾貨，尤其是農產品的重量。一蒲式耳玉米等於五十六磅。）換回女孩。波哈坦說，槍枝刀劍無法返還，因為這些東西要不是遺失，就是被人偷走。達爾對此嗤之以鼻。往後八個月，雙方未通音信，在這段時間，有些被釋放的英格蘭戰俘又回到印第安人營地，因為和詹姆斯鎮的戒嚴與饑荒相比，森納科莫可的異國文化與語言更吸引他們。

達爾決心終止這場對峙。一六一四年三月，他率領羅爾夫與一百五十名持火槍的殖民地居民前去與波哈坦會面。在劍拔弩張的情勢下，數百名原住民部隊與達爾的人馬隔著約克河對峙。由於雙方均擔心戰爭會造成嚴重傷亡，因此英格蘭與森納科莫可終於開始積極進行談判。羅爾夫是英格蘭談判團的代表之一。森納科莫可的代表是波哈坦的弟弟歐皮強卡諾，他曾在沼澤裡擒獲史密斯。經過兩天的時間，他們達成非正式的協議。令人驚訝的是，波卡虹塔絲「不會」返家竟是協議的大原則。

一名殖民者表示，波卡虹塔絲遭綁架之後，陷入「極度的憂鬱與不悅」。此外，人們認為，她也對這些外來者感到不解，例如他們身上穿著不便的衣物，婦女只能待在家裡或田裡，以及詭異的嚴格飲

東北部印第安人的早期肖像數量極少。這幅一六一六年波卡虹塔絲的版畫（左圖）是她造訪英格蘭時製作的，這是已知唯一一幅波哈坦人肖像畫。我們沒有歐皮強卡諾的肖像，不過我們可以想像他可能類似這名似乎注視著某件東西的頭髮剃光的男子（右圖），此人可能是造訪倫敦的維吉尼亞印第安人，波希米亞藝術家霍拉（Wenceslaus Hollar）於一六四五年繪製了這名美洲原住民的肖像。

食習慣（在家裡，肚子餓時只能吃燉鍋裡的食物）。但經過一段時間之後，她的態度改變了。或許她對於父親一開始拒絕付贖的立場感到憤怒，或許她喜歡自己被英格蘭人當成王室成員來款待——在父親的屋子裡，她不過是眾多妻妾生下的眾多子女的一員。或許她認為，只要待在英格蘭人這裡，她就能終止戰爭，結束周而復始的殘殺。或許她只是在軟禁期間愛上了羅爾夫。無論如何，她同意待在詹姆斯鎮，成為羅爾夫的新娘。

沒有人在意波卡虹塔絲已經結婚。蘭特里認為這是因為她尚未生子，依照原住民習俗，她可以隨時終止這段婚姻。而英格蘭人也樂於忽視這段「野蠻」的婚姻，它不是依照基督教儀式締結的，因此形同不存在。結果，原住民與新來者都將波卡虹塔絲與羅爾夫的婚禮當成事實上的停火協定——一種「及時的與保留顏面的停戰方式，沒有人投降，沒有書面協議或任何正式的贏家」，佛斯對這場鬥爭的歷史如此寫道。

歐皮強卡諾利用雙方停戰之際，從他的兄長手中取得權柄（波哈坦於一六一五年退位，三年後去世）。個性倔強、做事有條不紊的歐皮強卡諾從外來者抵達的那一天起，就堅決採取驅逐的態度，他利用詹姆斯鎮攻擊他在當地的原住民對手，當英格蘭擴張其殖民領域，他的帝國也隨著增長。這位新統治者下定決心要瞭解他的敵人，刻意安排人民滲透到詹姆斯鎮裡。於是印第安人在英格蘭人家裡工作，與英格蘭船交易，擔任英格蘭民兵，並且學習他們的生活方式。歐皮強卡諾的人民獲得大量槍枝，自學如何使用這些武器。

殖民者毫無戒心，未察覺歐皮強卡諾的計畫。儘管如此，他們卻在無意間開啟了具破壞性的反制措施：哥倫布大交換。船隻持續湧至維吉尼亞，伴隨而來的是一系列全新的物種，一場多層次的生態攻擊由是展開，菸草是其中最具影響力的武器。

之前，在戰事方殷之際，羅爾夫仍不忘試種他的菸草。英王詹姆斯一世起初嚴詞責難抽菸「燻眼嗆鼻，對腦子有害」。他原本打算禁菸，隨後又改變心意——這位阮囊羞澀的君主發現他可以抽取菸稅。英格蘭的吸菸者鬆了一口氣，但並不高興，因為西班牙人不斷提高菸草價格。就像快克古柯鹼（crack cocaine）是劣質而便宜版本的粉末古柯鹼，維吉尼亞菸草的品質雖比不上加勒比菸草，但價格也比較親民。維吉尼亞菸草跟快克一樣極其熱銷；在抵達的一年之內，詹姆斯鎮靠著一袋袋菸草還清了在倫敦的債務。與波哈坦停戰使殖民者得以爆炸性地擴大菸草生產。到了一六二〇年，詹姆斯鎮一年可以運送五萬磅菸草；三年後，數字幾乎翻了三倍。不到四十年的時間，切薩皮克灣——也就是後來所謂的菸草海岸——一年可出口兩千五百萬磅菸草。每個農民的獲利是最初投資的十倍。

十倍！而且只需要陽光、水與土壤！只要農民請得起幫手，產量就會直線上升——勞工每年的薪資約兩英鎊，但他們一年當中卻能種出價值一百乃至於兩百英鎊的菸草。經濟秩序的力量可以主宰人心，最明顯的例證在於史密斯過去必須拿著槍，命令大家下田做事，但現在毋須叮囑，每個人都爭先恐後努力地種植菸草。英式農田如謠言般急速在詹姆斯河與約克河上下游蔓延。這麼多的殖民者湧入，公司發現自己沒有能力越洋指揮這些人，於是創設了民選議會來解決爭端——這是北美殖民地最早的代議機構。它的開會期間從一六一九年七月三十日到八月四日。

三個星期之後，有艘荷蘭海盜船在詹姆斯鎮靠岸。船上有「二十幾名黑人」——這是他們從開往墨西哥的葡萄牙奴隸船搶來的。（幾天後，另一艘船又載來三十幾名。）殖民地居民急欲種植菸草以賺取鉅額利潤，因此莫不爭搶更多的工人。非洲人抵達時正值收成季節，殖民者二話不說馬上用海盜返回歐洲所需的糧食來換取這些非洲人。從法律的角度來說，這「二十幾名」非洲人也許不是奴隸，他們是什麼身分並不清楚。儘管如此，他們並非出於自願；他們遭到販賣的事實成了奴役之路上的重要地標。這兩起事件相距只有幾個星期，詹姆斯鎮已然開啟未來美國存續最久的兩個制度：代議制民主與把人當成動產的奴隸制度。

殖民者未曾注意到這些里程碑，他們只顧著出口維吉尼亞菸葉。在菸草熱潮下，有些殖民地領導人不禁抱怨，這些殖民者再度讓詹姆斯鎮變成廢墟：「教堂倒塌，柵欄損毀，橋梁斷裂，淡水井遭汙染；原本為教堂設立的貨倉；市場、街道與其他空地都種了菸草。」酒醉狂歡屢見不鮮；船隻運來一箱又一箱的酒水，為了賺錢，這些船舶索性扮演起臨時的水上酒館。達爾不得不向維吉尼亞的種植者發布命令：除了菸草外，也要種植糧食作物，否則殖民政府將沒收菸草。然而大家充耳不聞。[4]

可惜的是，對維吉尼亞公司來說，這波榮景來得太晚。把殖民者送到大西洋的對岸，結果他們卻客死異鄉，這過程已經耗盡公司的創業資本。公司主管對倫敦有影響力的教士宣傳，試圖讓他們相信，協助詹姆斯鎮找到更多投資者是英格蘭所有基督徒的職責。每到週日，牧師們不斷激勵教區民眾購買維吉尼亞公司的股票。「行動吧」，克雷蕭（William Crashaw）牧師鼓勵那些可能投資的「高尚而知名的冒險家」，其中一些就坐在聖殿教堂（Temple Church）的長椅上，這裡是英格蘭最具影響力的禮拜堂。克雷蕭預言，倘若英格蘭未能把握維吉尼亞的機會，後代子孫會問：「**為什麼笨到好東西已經塞到你的手裡，而你居然不拿？**」粗體字強調語氣為原文所加。）

這項戰術奏效。牧師們成功吸引逾七百名個人與公司投入至少兩萬五千英鎊給維吉尼亞公司。[5]（對比之下，史家相信該公司的原始股東不超過十二個人，他們投入的資金只有幾百英鎊。）新的資金

4 這波菸草狂潮蔓延到法國。資金窘迫的法國朝廷原本對於所屬的美洲殖民地興趣缺缺，甚至覺得它是個惱人的包袱，但此時卻花費鉅資建立紐奧良（New Orleans），這是因為國王對於法國吸菸者在英格蘭菸草上花費的金錢總額感到震驚。透過卓越的經濟學家約翰·洛（John Law）設計的債務股權轉換的方式，法國朝廷的債權人可以將巴黎市無法支付的政府債券轉換成股權，以分享新殖民地的利潤，而這些利潤的來源正是計劃由奴隸來種植的廣大菸草田。法國殖民地完全仿造維吉尼亞的做法，只不過居民喝的不是倫敦的烈酒而是波爾多的紅酒。民眾紛紛搶購股票，將股價推升到典型的投機泡沫的高度。約翰·洛為了避免遭受想參與投資的民眾騷擾，還雇用了武裝警衛保護，而法王為了感謝他，還在阿肯色給他一塊公爵的封地。泡沫在一七二〇年破裂，但第一艘載著想成為菸草大亨的船隻已經出發前往美洲，這群人去了才發現，紐奧良的條件根本無法種出好菸草。面對一連串的損失，法國索性於一七六二年將紐奧良移交給西班牙，做為西班牙在七年戰爭中援助法國的軍費。

5 我們很難將當時的金錢換算成今日的幣值，但這個數額必然相當於今日的數千萬美元。而就連這種不明確的說法都有可能造成誤導，因為當時的投資資本池要比現在小得多；維吉尼亞公司籌措的資本和今日募集五千萬美元相較，會占全部可投資人口更大的資金比例。

足以將數百名急欲種植菸草的殖民者（包括羅爾夫與達爾）送到美洲。然而，就連菸草獲利激增也不足以抵償公司每年損失產生的債務。一六二二年三月二十二日，當歐皮強卡諾發動攻擊時，維吉尼亞公司再度資金告罄。

當天清晨，印第安人溜進歐洲人聚落，敲門要求進入。絕大多數都是當地居民認識的訪客，而且身上未帶武器。他們接受食物或酒水的款待。然後他們拿身邊可以取得的任何工具——菜刀、沉重的燉鍋、殖民者的槍——殺死屋內每一個人。這是一場殘忍、大規模而有計畫的襲擊。由於事出突然，許多殖民者還沒意會過來就被殺死。許多人全家都遭殺害，位於森納科莫可

雖然這幅畫很多地方都搞錯了——注意遠方蓋得整整齊齊的城牆堡壘，詹姆斯鎮或任何波哈坦聚落都不是如此——但日耳曼藝術家梅里安（Matthäus Merian）的版畫仍捕捉到一六二二年波哈坦人攻擊維吉尼亞造成的震撼。

土地上的殖民者房屋都被焚毀。幾名印第安人在最後的緊要關頭向英格蘭朋友通風報信，讓詹姆斯鎮有時間進行防衛。儘管如此，這場攻擊還是造成至少三百二十五人死亡。

後續動亂又奪去多達七百條以上的人命。由於攻擊破壞了春耕，殖民者種出的玉米遠少於以往。在此同時，公司為了重建詹姆斯鎮而運來一千名新殖民者。令人不敢置信的是，他們居然沒帶來任何糧食補給。事實上，這一點倒不是那麼不可思議——船長的薪水是旅客出的，因此船隻經常超載，他們寧可少載點無利可圖的糧食，以便多載點旅客。這些運氣不佳、得了壞血病的旅客上岸之後，被迫「啃樹皮與吃土」。殖民者再度淪落至四處撿拾殘留玉米的地步。這是第二次的「饑餓時期」。到了春天，倖存者身體極為衰弱，殖民地財務官桑迪斯寫道，「**生者幾乎沒有力氣埋葬死者**。」（粗體字強調語氣為原文所加。）整體來說，那年的維吉尼亞每三名歐洲人就有兩名死亡。[6]

無論怎麼看，歐皮強卡諾都掌控全局。他的軍隊人數與配備均優於敵人，他們可以任意掠奪英格蘭人的聚落。詹姆斯鎮負責治理事務的議會坦承，殖民地居民無法成功發動反擊，「因為印第安人的動作敏捷，有森林掩護，我們只要攻擊他們就躲入樹林。」歐皮強卡諾預測，到了一六二三年夏天，「在兩個月亮結束前，他們的土地上將不會有任何英格蘭人。」

正如他所預言，維吉尼亞公司終於無以為繼。受到襲擊的震驚，詹姆斯一世組了調查委員會，委

6 殖民者並非完全處於挨打的局面。一六二三年五月，在攻擊事件後的一年又兩個月，殖民者在與森納科莫可領袖召開和平會議時發動反擊。一名目擊者寫道，在舉杯慶祝時，英格蘭人為印第安人斟上下了毒的薩克葡萄酒（類似雪利酒），當場殺死「兩百多名」印第安人。在中毒而憤怒的印第安群眾追逐下，殖民者逃上了船。船開走的時候，英格蘭人向暴民開火，又殺死「五十多人」，他們還誤以為他們射中了歐皮強卡諾。英格蘭人「帶了幾顆人頭回去」——意思是說，他們割下印第安人的頭皮。

員會最後完成一份嚴詞批評的報告。公司不再獲得議會的支持，管理階層則努力想挽回國王的信任。公司的投資人們在維吉尼亞砸下了二十萬英鎊，這在當時是很大的數目。只要公司繼續存在，投資人就有回本的可能。如果國王取消公司的特許，那麼一切將無可挽救。儘管如此，國王還是在一六二四年五月二十四日取消特許。「任何負責任的君主都有義務停止魯莽地將臣民運往死亡之地，」史家摩根寫道。不可思議的是，國王並未早點做出這項決定。歐皮強卡諾終於擊敗了維吉尼亞公司。

但擊垮公司不表示印第安人贏得勝利。歐皮強卡諾並未發動一場最後的致命攻擊，一舉將外來者逼入海中。事實上，第二次全面攻擊發生在二十二年後，顯然為時已晚。歐皮強卡諾何以按兵不動，確切的理由我們無從知悉，因為絕大多數的歷史紀錄都來自英格蘭方面的陳述，敵對關係也使這些外來者對原住民的生活連些許觀察都沒有。然而一個可能的答案是，在歐皮強卡諾派手下闖入英格蘭人的屋子前，森納科莫可便已不屬於他們了。由於種植菸草，英格蘭人將森納科莫可轉變為令印第安人完全陌生的環境。

印第安人也有種植菸草的傳統，不過僅止於小規模生產。相反的，殖民地居民是用一整片廣大田地來種植。無論原住民或新來者都不知道大規模種植菸草會為環境帶來什麼衝擊。菸草會大量吸收土壤中的氮與鉀。由於植物會整株從土中被拔走，因此收成與出口菸草就像把養分從土壤取出然後送到船上。「菸草具有一種獨特的能力，能把土壤的生命完全吸走，」詹姆斯鎮所在的詹姆斯城郡農業推廣人員琳恩．杜布瓦（Leanne Dubois）表示：「這個地區的土壤相當脆弱，種植菸草只需兩年就能毀了土地。」由於地力很快耗盡，殖民者不得不持續往新土地移動。

前文提過，在森納科莫可，農民傳統上會在自己的土地耕作數年，然後在產量減少時進行休耕。

未種植農作物的土地成為公有的狩獵與放牧地，直到需要再進行耕作時。由於休耕地的草木已清除完畢，因此外來者往往乘便進入種植菸草。與波哈坦人不同的是，英格蘭人在耗盡地力之後，並不讓菸草田休養生息。他們會改種玉米，然後放牧牛馬。換言之，外來者並未讓土地在農田與森林模式之間來回交替，而是持續不間斷地使用土地，讓森納科莫可居民無從使用最好的農地與牧地，並且把印第安人趕到離岸邊愈來愈遠的地方。

在十到二十年內，英格蘭人已攫取絕大多數印第安人開墾的土地。環境史家溫納斯坦（John R. Wennersten）寫道，英格蘭人移入森林，「使用歐洲已好幾百年未使用的燒墾技術」。他們砍伐大量樹木，大方地使用這些傾倒的原木。農民用「蟲」欄——由六到十個彼此交叉的木條構成的Z字形結構——標記他們的地產，溫納斯坦估計每英里的柵欄需要用上六千五百根長而粗大的木材。其餘樹木則轉變成瀝青、柏油、松脂與木板。剩餘的大量木材則以各種木桶形式出口到木材缺伐的英格蘭。「他們對樹木有著難以克服的厭惡，」

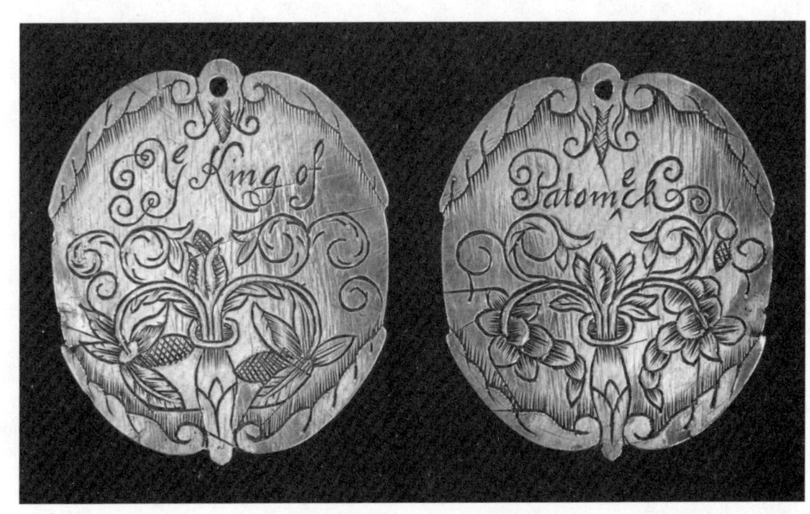

一六六〇年代，維吉尼亞印第安人被完全擊敗之後，如果他們想進入英格蘭聚居地，必須佩帶識別章，圖中的識別章是某位原住民領袖所有。

十八世紀一名訪客冷淡地說：「他們一棵樹都沒留下來。」

每年的焚燒，使北美林地既開闊又封閉。開闊是因為人們可以任意在林地裡來往穿梭，封閉是因為大樹的枝葉就像篷蓋一樣遮蔽地面免受雨水衝擊。砍伐樹木使土壤完全暴露。而殖民者的犁又讓土壤更加脆弱。養分溶解於春雨中然後被沖入海洋。暴露的土壤容易乾燥硬化，喪失吸收春雨的能力；逕流的流量與速度增加，提高了河水的流量。到了十七世紀末，災難性的水災已相當常見。大量土壤沖刷到河中，使河川變得難以航行。

南美菸草不是唯一的外來生物。英格蘭人引進他們熟悉的其他農場動物，如豬、羊、牛與馬。起初，這些進口動物繁殖不盛，主要是因為飢餓的殖民地居民把牠們全吞進肚裡。但在波卡虹塔絲婚後的和平時期，這些牲口快速增長，殖民地居民很快就無法掌控這些牲口。印第安人發現這些自由放養的牛馬隨意在他們田裡漫遊，踐踏他們的農作物。如果殺死這些動物，那麼殖民地居民就會拿槍過來追討賠償。就這樣，牲口的數量在幾十年間激增。

最糟糕的莫過於豬。一六一九年，一名殖民者指出「有豬隻逃到樹林裡，數量難以計算」。豬是一種聰明、強壯而好吃的動物，牠們吃堅果、水果與玉米，而且用鏟子般的鼻子翻掘著沼澤地，試圖找出可吃的根莖作物。箭葉芋是其中之一，這種植物的塊莖是印第安人玉米歉收時的替代食物。誰知道豬特別喜歡箭葉芋。十八世紀瑞典植物學家卡爾姆（Peter Kalm）在這個地區旅行時，發現豬「嗜吃」箭葉芋，「而且吃箭葉芋的豬長得肥又大」。他認為，在「豬隻頻繁出沒」的地方，箭葉芋「大概都被吃光了」。森納科莫可的民眾發現他們必須與野豬爭搶糧食。

不過長期而言，最大的生態衝擊應該是由另一種體型小得多的家畜造成的，那就是歐洲蜜蜂。

一六二二年初，一艘滿載異國物品的船隻在詹姆斯鎮靠岸：葡萄藤、蠶與蜜蜂。葡萄與蠶繁衍得並不多，但蜜蜂在此倒是如魚得水。絕大多數的蜜蜂只傳遞數種植物的花粉，而且對生活區域頗為挑剔。但歐洲蜜蜂這種喜愛雜交的小野獸，幾乎能為任何植物授粉，而且可以生活於任何環境。很快的，牠們的蹤跡遍及整個美洲，印第安人稱牠們是「英格蘭蒼蠅」。

英格蘭人帶來蜜蜂是為了蜂蜜，而不是為了繁殖農作物——授粉這門知識要到十八世紀中才出現——但無論如何，野生蜜蜂還是開始為農田與果樹授粉。如果沒有蜜蜂，歐洲人帶到美洲的許多植物恐怕無法繁殖。喬治亞州或許無法成為桃子州；強尼・艾波席德（Johnny Appleseed）（編按：本名崔普曼〔John Chapmen〕）的樹恐怕永遠不會結蘋果；《頑童流浪記》的哈克（Huckleberry Finn）可能沒有西瓜可偷。蜜蜂對歐洲的成功是如此關鍵，印第安人甚至把蜜蜂看成歐洲入侵者的前導部隊；一七八二年，法裔美國作家德・克雷夫克爾（Jean de Crèvecoeur）寫道，在新土地看到蜜蜂的第一眼，「每個人都感到悲傷與驚駭」。

移除森林的遮蔭，不讓休耕地休養生息，耗盡地力，停止每年的燒墾，放養牲口任其啃食草木與植物根部，引進蚯蚓、蜜蜂與其他無脊椎動物——藉由這些方式，殖民者徹底改變了森納科莫可，導致原住民愈來愈難在這樣的環境下生存。在此同時，歐洲人卻愈來愈容易在自己創造出的熟悉環境中發展。儘管出現饑荒、疾病與財政破產，還是無法阻止移民前仆後繼來到切薩皮克灣。數百名新殖民者揮動閃耀的斧頭，驅趕牛拉的犁，在每個人跡可至的河岸邊種植菸草。當他們耗盡地力時，他們把土地留給牛群，然後尋找下一塊耕地。

就生態層面來說，森納科莫可愈來愈像歐洲——同種新世正在展開的重要標誌。到了一六五〇年，昔日的印第安帝國已為歐洲聚落所占據。

「數不盡的金銀財寶」

從各方面來看，約翰．費拉爾（John Ferrar）都是個樸實、虔誠而努力工作的人，他一輩子照顧著家族生意。他的父親尼古拉斯（Nicholas）是一名放眼世界的倫敦皮革商人，在聖希斯巷（St. Sythe's Lane）有一座莊園宅邸，離英格蘭銀行與皇家交易所不遠。身為維吉尼亞公司的原始股東，他在詹姆斯鎮投資了五十英鎊。這筆投資未能獲得回報，尼古拉斯相信問題出在人脈關係良好但辦事效率不佳的公司管理人員身上。尼古拉斯並未抽身，相反地，他於一六一八年又投資五十英鎊，在詹姆斯鎮購得一塊面積達數千英畝的種植園，派了一名親戚到當地管理地產。幾個月後，他參與一場股東造反的活動。公司重新指派管理人員，其中兩位是尼古拉斯的兩個兒子：小尼古拉斯成為公司的顧問與祕書，約翰則擔任不支薪的財務副主管。

儘管他的地位不高，約翰．費拉爾卻實際掌握公司財務，真正的財務主管是一位舉足輕重的貴族，忙著在議會糾纏國王。維吉尼亞公司此時靠菸草賺了不少錢，但先前累積的債務使費拉爾左支右絀。費拉爾宣稱，更糟的是先前的管理人員侵占了三千英鎊公款。為了拿回這筆錢，他還在法院遭竊取公款之賊的惡意中傷。這場陰謀勞心費時，費拉爾甚至每日在聖希斯巷的莊園自宅召開危機處理會議。

結果，他的辛勤工作未能得到回報。一六二二年歐皮強卡諾的攻擊給了公司的敵人一個大好機會；尼古拉斯與約翰被抹黑成大膽的騙子，旋即被捕入獄。他們設法為自己洗清罪名，但對於國王取消公

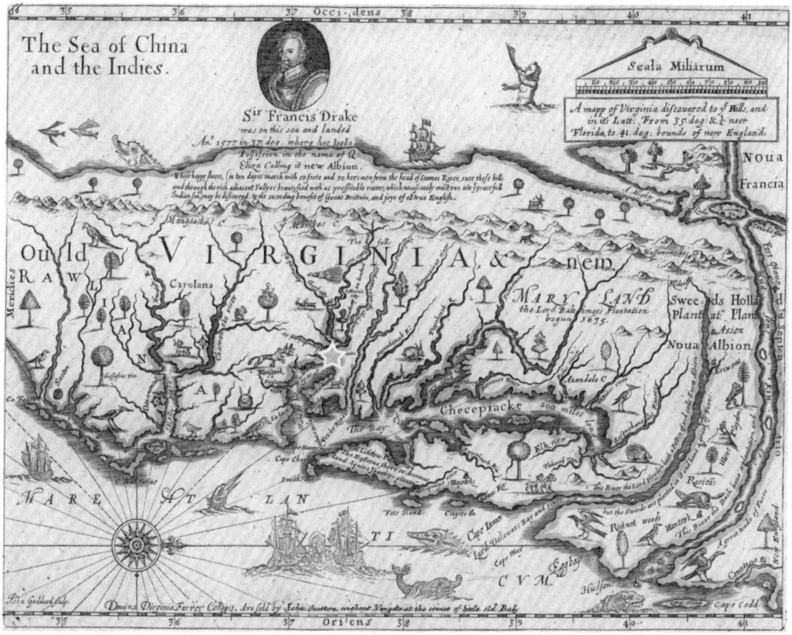

一六六七年的這張地圖在十七世紀歐洲頗為普遍。圖中把北美描繪成狹窄的地峽，維吉尼亞公司的英格蘭金主因此認為，詹姆斯鎮（圖中星號位置）的殖民者可以輕易走到太平洋。然後再從太平洋岸航行到中國。

司的特許一點也不感意外。

約翰．費拉爾始終對這分損失心有不甘。在公司結束的二十五年後，他閱讀布洛克（William Bullock）的《秉公檢視維吉尼亞》（*Virginia Impartially Examined*），這是一本六十六頁的小冊子，內容指責他與其他管理人員要為詹姆斯鎮的麻煩負責。費拉爾在頁緣寫滿憤怒的辯詞。布洛克認為，唯有多元化的發展才能讓殖民地興盛；殖民者不該只種植菸草，還要種植小麥與大麥。對費拉爾來說，這就像對策馬懸崖的人說他應該穿哪種顏色的外套一樣。他認為，維吉尼亞的錯誤是忽視了德雷克爵士在一五七〇年代環航全球時於加利福尼亞靠岸發現的事。德雷克已經證明——證明！——橫越美洲只需數百英里。詹姆斯鎮殖民者未能穿越大陸並開闢通往亞洲的新路線，費拉爾寫道：「直到今日，仍是殖民地所發生最大的錯誤與損害。」他很肯定從詹姆斯鎮到太平洋，只需「八到十天的路程，不，也許不需要四天」。一支往西前進的探險隊會「發現數不盡的金銀財寶，通往西海的航路會向他們證明這一點」。然而，殖民地居民卻蠢到整天只知種著「供人吞雲吐霧的菸草」。

以後見之明來看，故事似乎更為複雜。維吉尼亞公司的目標是把維吉尼亞（以及貧困的英格蘭本土）與富有的新全球市場整合起來。雖然費拉爾從未察覺這一點，但公司卻不折不扣地做著這檔事——它把「供人吞雲吐霧的菸草」散布到歐洲、亞洲與非洲，而菸草也是第一個散布到全球的美洲物種。樂趣、興奮與上癮性讓菸草一下子就風行全球——這是各個大陸的人首次同時受到同一種新奇事物的吸引。菸草是哥倫布大交換的急先鋒。

一六〇七年，當詹姆斯鎮建立之時，菸草已是德里上層階級迷戀之物，而最早的吸菸者（這點令他的謀臣憂心不已）不是別人，正是蒙兀兒皇帝；儘管心存疑慮的大名發布禁令，但長崎仍聚集了大批吸菸者；伊斯坦堡的水手菸癮極重，他們甚至向來往的歐洲船隻強索菸草。同年，一名旅人在獅子山（Sierra Leone）看到，「家家戶戶男子都在抽菸（可能是奴隸販子帶來的），幾乎就像他們的正餐一樣。」尼古丁成癮的現象在滿洲極為猖獗，根據牛津史家卜正民（Timothy Brook）的說法，一六三五年皇太極發現他的士兵「販賣武器來購買菸草」。一氣之下，皇太極頒布禁菸令。在世界的另一端，歐洲人的菸癮也不遑多讓；一六四〇年代，梵蒂岡接獲投書，指出教士居然一邊望彌撒一邊抽雪茄。教宗烏爾班八世跟皇太極一樣大為光火，立即下令教會禁菸。

從布里斯托（Bristol）到波士頓再到北京，人們成為菸草這項國際文化的一部分。在這個世界現象中，維吉尼亞扮演著微小卻重要的角色。然而，從今日的角度來看，菸草本身的重要性終究比不上作為一個磁石，直接或間接地吸引許多其他非人生物跨越大西洋前來。在這些生物中，最重要的是兩個微小但多樣貌的移民：間日瘧原蟲（*Plasmodium vivax*）與惡性瘧原蟲（*Plasmodium falciparum*）。牠們的名字在專家圈外大概無人知曉，但牠們卻在美洲生活裡扮演深具破壞力的角色。

3 有毒的空氣

「榨取之地」

一九八五年，西班牙東北部一名書店老闆宣稱他擁有哥倫布的九份書信與報告，其中七份從未問世，包括哥倫布四次美洲航行的紀事。同年稍晚，負責出版哥倫布作品的編輯瓦瑞拉（Consuelo Varela）與吉爾（Juan Gil）滿心狐疑地檢視這些文件。最後，瓦瑞拉與吉爾做出令同事們大感震驚的結論，他們認為這些手稿確實是哥倫布書信與報告的手寫複本——在影印機發明之前，這類型的複本固定由富有人家收藏。西班牙政府以不對外公開的價格購得這些文件；摹寫的版本於一九八九年出版。九年後，英文版問世。

我對哥倫布很感興趣，因此當我在二手書店看見譯本時，馬上買了下來。這本書是義大利為紀念哥倫布首航美洲五百週年出版的系列叢書之一，書本呈奶油色，厚重、華麗，體積比一般標準書架大得多。然而，令許多讀者與我失望的是，吉爾與瓦瑞拉在導言中表示，「這些過去不為人所知的文件，並未記載著任何」有關哥倫布生平及性格的「重大發現」。不過，翻閱這本最新紀事時，我發現哥倫布第二次航行有一項耐人尋味的紀錄，而莫里森（Samuel Eliot Morison）與費南德茲—阿梅斯托（Felipe Fernández-Armesto）兩人的出色傳記中都未記載。

在譯本中，哥倫布表示，在探險隊抵達拉伊莎貝拉之後，「我的手下全住在岸上，大家發現這裡的雨水相當豐沛。不久，很多人因為間日熱而病倒。」間日熱（*Tertian fever*）是過去的說法，指以四十八小時為週期，反覆出現忽冷忽熱的現象——今天生病，明天好轉，到了後天又生病，如此周而復始地交替。（*tertian*是拉丁文「三日」的意思，它源自於羅馬的計時習慣，也就是從一個週期的起點開始計算，直到下個週期的起點為止。）間日熱是瘧疾最重要的症狀，而瘧疾是人類最難對付的災難。說明白一點，哥倫布的文字意謂著他的手下在拉伊莎貝拉感染了瘧疾。我心想，難怪這些殖民者不想工作，然後在這段話上面做了記號。

二〇〇二年，邁阿密佛羅里達國際大學歷史學家庫克（Noble David Cook）發表了一篇文章，篇名相當驚人，叫〈西班牙島早期的疾病、饑餓與死亡〉，文中詳細說明該島在哥倫布登陸後的災難史。研究人員普遍同意，人類瘧疾在一四九二年以前並不存在於美洲（但有些人相信當時美洲已存在一種猴子瘧疾）。庫克解釋說，如果哥倫布的船員染上瘧疾，那麼他們一定是在西班牙染上這種病然後再帶到美洲來，當時的西班牙跟歐洲大部分地區一樣，是個疫病橫行的地方。這是哥倫布大交換的標準範例，由祖師爺哥倫布自己親筆記錄下來。

想起了那本奶油色的書，我把它從書架上搬下來，翻到相關的頁面。對頁上原初的西班牙文，並非表示瘧疾或間日熱的西班牙詞彙。相反地，哥倫布寫道，他的人感染了某種叫*ciciones*的病，這個字我從來沒見過。為什麼庫克與哥倫布書信的譯者認為這個字指的是瘧疾？

*Ciçiones*在現代西班牙文字典裡很難找到——我在自家附近的圖書館翻查十幾本字典均一無所獲。Google也幫不上忙。哥倫布自己也未做任何說明。他未描述*ciçiones*的症狀，或許他覺得讀者對此已相當熟悉。事實上，他唯一對疾病的描述，就是猜測這種病是由拉伊莎貝拉附近的原住民女性傳布的，「當地有很多女人；她們看起來既放蕩又骯髒，無怪乎我們的船員會惹上麻煩」。就我來看，哥倫布的說法似乎暗示他認為*ciçiones*是一種性病。

然而我從研究十六世紀西班牙文的專家，阿姆赫斯特學院（Amherst College）塞先斯（Scott Sessions）的說法得知，這種推測與其他資料有所牴觸。塞先斯告訴我，最早的西班牙文字典出版於一六一一年。當中的*ciçiones*條目說：「伴隨寒顫而來的發燒，這種寒顫來自*cierzo*（按：密斯托拉風），因為這種風最凜冽、寒冷與徹骨」。第二本權威的西班牙文字典，是一七二六年到一七三九年由西班牙皇家學院（Royal Spanish Academy）編纂的多卷本大部頭字典，當中同樣把*ciçiones*定義為「寒顫引發的發燒，這種寒顫來自於凜冽而徹骨的冷風，就像密斯托拉風，這個字的起源如（按：第一本字典）所言，不過，這個字更有可能指間日熱」，也就是瘧疾。換言之，庫克與譯者是對的：哥倫布說的很可能就是瘧疾。

這個情境並非全無可能。瘧疾可以在人體內休眠數個月，復發時病情就極為猛烈。瘧疾是經由蚊子傳染，當蚊子從感染瘧疾的人身上吸血時，牠們也吸入了只有顯微鏡才能看見的瘧疾寄生蟲，然後傳給下一個遭叮咬的人。哥倫布開始進行第二次航行是在一四九三年九月。如果有船員在登陸拉伊莎貝拉後瘧疾復發，只要被會傳布該疾病的蚊子叮咬一口，疾病就會散布開來——而西班牙島上充斥著這種蚊子。

當然我們可以說這一切仍停留在臆測的層次。我們知道有許多不同的疾病可以導致寒顫與發燒，例如流行性感冒與肺炎。但幾個世紀以來，人們並不知道如何區分這些疾病，他們不知道瘧疾是一種特定的疾病。阿姆赫斯特學院歷史學家塞先斯告訴我，*paludismo*是西班牙文的瘧疾，這個字直到一九一四年才在西班牙皇家學院編纂的字典裡出現。即便如此，當時也幾乎沒有人知道瘧疾是蚊子孳生的寄生蟲所造成的——一九一四年字典把*paludismo*定義成：「因為沼澤散發出來的氣體所引發的一系列致命的現象。」（英文malaria源自於義大利文*mal aria*，指有毒的或有害的空氣。）換句話說，哥倫布使用了一個可能指涉瘧疾的字，但也很可能是描述一般的寒顫與發燒現象。單憑一個字實在不足以做出診斷。

無法找到確定解答，不表示歷史學家就得放棄追尋——因為這個問題實在太重要。儘管從一九五〇年代有一個推動撲滅瘧疾的全球計畫，但瘧疾仍然造成超乎想像的損失：每年約七十五萬人死亡，其中絕大部分是未滿五歲的兒童。每年大約有兩億兩千五百萬人感染瘧疾，即使有現代醫學的治療，仍可能好個月什麼事都做不了。在非洲，瘧疾影響的人口極多，經濟學家甚至認為它拖累了國家發展；根據一項廣泛引用的統計數據顯示，從一九六五年以來，瘧疾高發生率的國家人均成長率，要比低發生率國家低了百分之一點三，足以讓前者的經濟發展遠遠落後於後者。

與今日一樣，瘧疾在過去也扮演著重要角色——不同於其他疾病，它的角色可以說是更重要。歐洲人把天花與流行性感冒帶入美洲，觸發了「流行病」（Epidemic）：印第安人的城鎮與村落突然爆發疫情，然後疾病逐漸消褪。相較之下，瘧疾卻轉變成當地的「風土病」（Endemic），成為地貌裡持續存在與不斷取人性命的事物。從社會的角度來說，瘧疾（以及另一種也是藉由蚊子傳染的黃熱病）把美洲攪得天翻地覆。在這些疾病傳入美洲之前，墨西哥以北人口最稠密的地區是今日的美國東南部，至於中部美洲的潮濕森林與亞馬遜雨林地區也住著數百萬人。等到瘧疾與黃熱病傳入之後，過去健康宜人的地區全變得不適人居。原本的住民全逃到較安全的地方居住；搬到這些無人地帶生活的歐洲人，往往活不過一年。

歐洲人的高死亡率造成長期持續的影響，哈佛與麻省理工學院經濟學教授艾塞默魯（Daron Acemoglu）、強森（Simon Johnson）與羅賓森（James A. Robinson）都如此論稱。即使到今日，當時歐洲殖民者無法順利存活的地方，仍比當時歐洲殖民者能健康生活的地方來得貧窮。研究者認為，箇中原因在於征服外來者在疾病橫行區域建立的制度，與他們在健康區域建立的制度不同。由於無法在瘧疾地區建立人口眾多的穩定殖民地，歐洲人只好建立艾塞默魯、強森與羅賓森所謂的「榨取之地」（extractive states），典型例子是康拉德（Joseph Conrad）《黑暗之心》（*Heart of Darkness*）中可怕的比屬剛果，一小群衣冠楚楚的歐洲人逼迫一大群被枷鎖束縛、衣不蔽體的奴隸，鋪設鐵路好將內陸的象牙運出，他們是「疾病與饑餓的陰影」。

菸草間接但不可避免地把瘧疾帶到維吉尼亞，之後瘧疾便從維吉尼亞分別往北、往南與往西蔓延，直到北美大部分地區全落入它的掌握為止。甘蔗是另一項海外進口產品，它也將瘧疾帶到加勒比地區與拉丁美洲，與瘧疾同行的還有黃熱病。這兩種疾病折損了不少美洲菸草與甘蔗種植園的歐洲工人，殖民者於是開始進口俘獲的非洲人——哥倫布大交換裡的人類活動。總而言之：生態引進形塑了經濟交換，經濟交換又造成了政治後果，且影響持續至今。

說瘧疾與黃熱病要為奴隸貿易負責是誇張了點，同樣地，我們也不能誇大地認為這兩種疾病可以解釋拉丁美洲為什麼仍然窮困，或《飄》（*Gone with the Wind*）的戰前棉花種植園為什麼如此遼闊，或蘇格蘭為什麼加入英格蘭組成聯合王國，或弱小分立的十三殖民地為什麼能在革命戰爭中擊敗強大的大英帝國成功獨立。不過，說這兩種疾病促成這些事件發生，倒也不是完全錯誤的。

適應

瘧疾是由瘧原蟲屬（*Plasmodium*）的兩百多種物種導致的，這些古代的微小寄生蟲使各種爬蟲類、鳥類與哺乳類動物染上疫疾。在這兩百多種物種中，有四種以人類為目標。令人氣餒的是，牠們對自己的工作相當在行。

雖然這些寄生蟲是由單細胞構成，但生命歷程卻極為複雜；牠外表的變化就像莎士比亞喜劇裡的角色一樣活潑迅速。不過，從人類的角度來看，重點在於牠是藉由蚊子叮咬進入我們的肉體之中。一旦進入人體，這些寄生蟲便撬開紅血球並且爬進紅血球裡。（這裡我跳過了幾個中間的步驟。）就像搭乘潛水艇的旅客在循環系統裡漂浮著，寄生蟲在紅血球裡大量繁殖。最後，大量增生的徒子徒孫衝破紅血球進入血流中。絕大多數新寄生蟲會破壞其他的紅血球，但有少數在血液裡漂流，等待蚊子的吸食。當蚊子攝取瘧原蟲之後，瘧原蟲會在蚊子體內再度繁殖，但採取不同的形式。新瘧原蟲會蠕動到蚊子的唾腺。蚊子從這裡將瘧原蟲注射到下一名受害者身上，開始全新的循環。

在人體內，瘧原蟲顯然使用了生化信號來協調彼此的行動：絕大多數受感染的紅血球在同一時間釋出其內的寄生蟲。這些爆發給病患帶來全面性的巨大攻擊——一次感染可產生「一百億」的新寄生蟲。受到這波洪流的衝擊，免疫系統開啟劇烈寒熱交替的現象。免疫系統於是起身反抗攻擊，但幾天後新一波的攻擊又會再度出現；前一波攻擊中有些寄生蟲還躲藏在紅血球裡，繁殖了新一代的瘧原蟲，數量有數十億之多。這個循環會反覆進行，直到免疫系統終於消滅寄生蟲為止。或者看似消滅——瘧原蟲細胞會藏身在人體的其他角落，幾個星期過後再捲土重來。六次的寒熱交替，短暫歇息，然後另一波攻擊：這是瘧疾的典型過程。

如果今日瘧疾造成的痛苦仍難以掌握，那麼在瘧疾的病因不明且無有效治療方式的年代，情況更是幾乎難以想像。我們可以從受害者的描述中大略推敲其梗概，例如十七世紀在英格蘭東南部的商人吉克（Samuel Jeake），他頑強地記錄了數十年來與（我們今日所知的）瘧疾的每一場奮戰過程。隨便舉個例子，這是吉克於一六九二年二月六日記錄的內容，六個月的發作已接近尾聲，他堅毅地寫下自己已是「第七次犯病：間日熱；大約下午三點，病症開始了，跟我在整個一月出現的症狀一樣，但這是最糟的一次」。

二月八日：第二次發作，使我早早醒來，而且這次很糟。

二月十日：大約中午時，第三次發作，大約下午三點我開始打寒顫，非常嚴重地發作而且發高燒……

二月十二日：中午之前，第四次發作，大約下午三點，我開始打寒顫，然後去床上休息：開始發

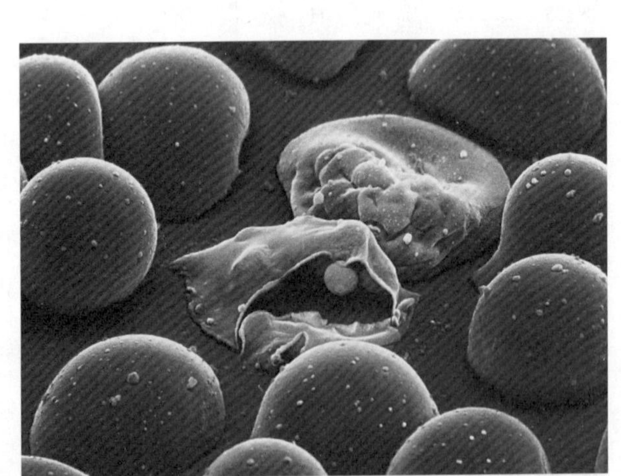

單細胞瘧原蟲衝破瀕死的紅血球，開始攻擊人體，導致瘧疾。

高燒；比以前發作都要嚴重；我的呼吸急促而且胡言亂語……

二月十四日：大約中午，第五次發作……

二月十六日：大約下午兩點，第六次發作，非常輕微，幾乎沒什麼感覺，但夜裡流了很多汗。感謝上帝，這是最後一次發作。

症狀只短暫消失了十五天。

三月三日：大約下午四點。第八次犯病：間日熱，夜裡發高燒流汗……

三月五日：大約下午三點。第二次發作；比上一次還糟。

攻擊在九個星期後停止。但瘧疾並未放過吉克。瘧原蟲是極狡猾的生物，牠可以躲在肝臟裡達五年之久，週期性地出現，使瘧疾全面復發。六個月後，瘧原蟲再度充斥在他的血液中。

吉克經歷的這種間日熱是「間日瘧原蟲」與「惡性瘧原蟲」的傑作，這是兩種最普遍的瘧疾類型。儘管症狀類似，這兩種瘧原蟲對人體的影響卻不同。進入紅血球細胞之後，惡性瘧原蟲不同於間日瘧原蟲，牠們會設法改變紅血球，方便牠們吸附在腎臟、肺臟、腦部與其他器官內的微小毛細血管管壁上。這使免疫系統無法找出隱藏的感染細胞，隨著細胞在毛細血管管壁上不斷堆積，就像老房子牆上塗了好幾層油漆，血液循環也隨之中斷。沒有治療的話，循環停止將導致器官衰竭，每十名惡性瘧受害者就有一名死亡。間日瘧不摧毀器官，因此較不致命。但間日瘧發作時，患者身體虛弱、精神恍惚而且貧血：容易感染其他疾病。染上這兩種瘧疾的患者具傳染性——叮咬他們的蚊子會取得瘧原蟲——而且患者會持續發作數個月。

瘧原蟲這個熱帶野獸對溫度極為敏感。寄生蟲在蚊子體內繁殖與發展的速度，取決於蚊子的體溫，而蚊子的體溫又取決於外界的溫度（昆蟲與哺乳類動物不同，牠們無法控制自己的體溫）。隨著氣溫降低，寄生蟲需要更多的時間成長，但最長不能超過蚊子的壽命。惡性瘧是最致命的瘧疾，但對溫度也最敏感。華氏七十二度（約攝氏二十二度）左右是門檻；在這個溫度下，寄生蟲需要三個星期成長，已經接近宿主蚊子的預期壽命；低於華氏六十六度（攝氏十九度）左右則實際上已無法存活。間日瘧原蟲比較沒那麼敏感，牠的門檻在華氏五十九度（攝氏十五度）左右。

惡性瘧在非洲絕大部分地區肆虐，但只在歐洲最溫暖的地區取得立足點，如希臘、義大利、西班牙南部與葡萄牙，這點不令人意外。相對地，間日瘧卻成為歐洲大部分地區的風土病，包括比較寒冷的地區，如尼德蘭、斯堪地那維亞南部與英格蘭。從美洲的觀點來看，惡性瘧來自非洲，由非洲人傳布，至於間日瘧則源自歐洲，由歐洲人傳布——這項差異帶來了歷史影響。

人類瘧疾只由瘧蚊屬蚊子傳布。在吉克居住的英格蘭，主要的「病媒」（vector，對傳播有機體的稱呼）是一群彼此關係相近的蚊種，通稱為「斑翅瘧蚊」（*Anopheles maculipennis*）。這種蚊子的棲地集中在東部與東南部的海岸濕地：林肯郡、諾福克郡、薩福克郡、埃塞克斯郡、肯特郡與薩塞克斯郡。斑翅瘧蚊（以及牠攜帶的間日瘧原蟲）到了十六世紀晚期才在英格蘭變得普遍，當時英女王伊莉莎白一世開始鼓勵地主對低窪沼澤地進行排水，以增加農地。這些低濕多霧的地方原本因北海潮汐定期氾濫，而氾濫也沖刷掉蚊子的幼蟲。排水設施阻擋了海水，卻也在土地上留下一池池帶有鹹味的水坑——斑翅瘧蚊的完美棲地。農民移居到原本是溼地的土地上，還很潮濕但已可利用。他們的住家與穀倉在天候寒冷時會生柴火保持溫暖，這便為蚊子（以及牠體內的間日瘧原蟲）提供了生存空間，使牠們能度過寒冬，等到來年春天準備繁殖與散布。

英國醫學史家瑪麗・道布森（Mary Dobson）指出，在沼澤地進行排水開啟了間日瘧的人間煉獄。造訪斑翅瘧蚊棲地的人對眼前的悲慘景象，莫不嚇得倒退數步。一個最典型的景象，肯特郡作家哈斯提德（Edward Hasted）於一七九八年悲嘆說：「一名窮人、他的妻子與家中的五、六個孩子，全窩在小屋內的火堆旁，邊發高燒邊顫抖著。」派往埃塞克斯郡濱海地區的助理牧師許多都死了，作家奧布里（John Aubrey）表示，這個地區被稱為「教士的葬身地」。當地人沒有過得比較好；哈斯提德寫道，出生在沼澤地的嬰兒很少「活到二十一歲」。道布森記錄二十四個濕地教區的洗禮與葬禮。一五七〇年代，在伊莉莎白女王進行沼澤排水工程之前，洗禮比葬禮多了兩成，表示人口持續增加。二十年後，排水工程大肆進行，葬禮比洗禮多了快兩倍。人口在英格蘭其他地區快速成長，但這些教區有兩個世紀的時間未能回到先前的成長率。[1]

「沼澤造成死亡率暴增，」道布森對我說：「大約每十年就有一年會有一到兩成的人口死亡。幾英里

---

1 瘧疾這種熱帶疾病在小冰期的英格蘭盛行似乎是一件奇怪的事。但歷史是社會與生物互動的過程。正如伊莉莎白的沼澤排水技術無意間協助間日瘧橫行，維多利亞時代改良的排水方法卻大幅減少了瘧疾，因為他們未留下微鹹的水池，因此在同時間去除了蚊子的棲地並且創造了較佳的牛群牧地，如果斑翅瘧蚊有機會存活的話，那麼牛將會是牠們優先叮咬的對象。即使如此，最晚到了一九二〇年代晚期，研究人員仍定期發現貧窮的濱海農民「陰暗而不通風的豬圈」裡住著「數千隻」蚊子。今日，有些人擔心全球暖化將會助長瘧疾的傳布。但如果人們持續在溼地進行排水，摧毀蚊子的棲地，那麼更炎熱的天氣也不會提高瘧疾發生率。

之外，在地勢較高的地方，卻是英格蘭最安全健康的區域。」看慣生老病死之後，當地居民以一種宿命論的樂天來看待自己的居住環境。（狄更斯的讀者可以回想《遠大前程》〔*Great Expectations*〕中住在沼澤地區的葛吉瑞家〔Gargerys〕的刻苦生活，皮普〔Pip〕成長的地方走幾步路就會到「五塊菱形小石」，標誌著他「五個弟弟」的安息之地。）在瘧疾盛行的埃塞克斯郡旅行，狄福（Daniel Defoe）遇到一個聲稱自己擁有「五、六個到十四、五個妻子」的男子。一名「已婚」男子解釋其中的緣故，他告訴狄福，當地男子從內陸比較衛生健康的地區把老婆娶過來。

當他們從有益健康的新鮮空氣裡把年輕姑娘帶來這裡時，這些姑娘一開始還很健康、清新、明媚而安好；但等到她們離來原來居住地區的空氣，來到充滿霧氣與溼氣的沼澤地區時，她們的氣色當場出現變化，發燒個一兩次，很少活過半年，頂多活個一年；然後，他說，我們再前往高地，另娶一個。

這名沼澤地區的男子邊笑邊說，狄福寫道：「儘管聽起來離奇，卻句句屬實。」

一六二五年，腺鼠疫（bubonic plague，編按：即所謂黑死病）席捲英格蘭。光倫敦一地就有五萬人以上死亡。許多城市富人逃到瘧疾橫行的東部沼澤區，諷刺詩人威瑟（George Wither）描述後來的結果：

在肯特郡與埃塞克斯郡（按：周邊），
住著一班殘酷無情的熱病……

絕大多數拋棄這個地方（按：倫敦）的人，
要不是被熱病屠殺，就是成了它的囚徒……

到最後，威瑟解釋說：「最窮的乞丐在這裡（按：倫敦）找到更多的憐憫，／而且比那裡的富人得到更少的悲痛。」威瑟文中所指令人吃驚：人們本以為逃到間日瘧橫行的鄉村，要比待在腺鼠疫橫行的家裡更好。

現存的資料粗略而不完整，但根據布蘭戴斯大學（Brandeis University）史家費雪（David Hackett Fischer）的說法，第一波英格蘭移民約有六成來自東部與東南部的九個郡——英格蘭的瘧原蟲帶。其中的一個例子是開闢詹姆斯鎮的一百多名殖民者。根據維吉尼亞州古蹟保存協會（Preservation Virginia）——贊助詹姆斯鎮考古的組織——的資料，已知其中五十九名殖民者的出生地；三十七名來自於瘧疾橫行的埃塞克斯郡、杭廷頓郡、肯特郡、林肯郡、薩福克郡、薩塞克斯郡與倫敦市。有人認為，

這幅十九世紀的畫作（原畫已亡佚）複本，顯示長久以來英格蘭東南沼澤地區一直對瘧疾相當恐懼。

這些人絕大多數來自於地勢較高的內陸地區，這裡的瘧疾沒有濱海溼地嚴重。但還是有不少人來自沼澤地區。即使不是來自瘧疾地區，通常在出發前也要經過這些地區，他們的船會在肯特郡的港鎮席爾內斯（Sheerness）停留幾星期到幾個月，而此地鄰近泰晤士河口，正是瘧疾的中心。其他船隻則在另一處同樣流行疫病的布雷克沃爾（Blackwall）等待，這裡位於倫敦東部的泰晤士河畔。

瘧疾發作的人不可能進行辛苦的海上航行。但有人回憶說，間日瘧原蟲會躲藏在看似健康無事的人體內。殖民者上船時什麼症狀都沒有，到了切薩皮克灣菸草產地下船後，卻開始冷得牙齒打顫或高燒得汗流浹背。此時，他們早已不自覺地將寄生蟲傳到每隻叮咬過他們的蚊子身上。

「理論上，一個人就足以安頓整塊大陸的寄生蟲，」哈佛大學公衛系瘧疾研究人員斯皮爾曼（Andrew Spielman）表示。詹姆斯鎮的許多殖民者幾乎百分百具有傳染性。總有人被四斑瘧蚊叮咬，四斑瘧蚊是東岸瘧疾主要的傳染病媒，也是五種關係親近的病媒蚊通稱。「這有點像是射飛鏢，」斯皮爾曼在二〇〇六年過世前告訴我：「把為數充足的病重之人帶到適當環境裡，與夠多的蚊子接觸，那麼正中靶心只是遲早的事——你就成功傳布了瘧疾。」

一六五七年，康乃狄克殖民地總督溫斯洛普（John Winthrop）在他的醫療日誌裡記錄了間日熱的病例。溫斯洛普是皇家學會成員，他是新英格蘭最仔細的科學觀察者。「如果他說他看過間日熱，那麼他很可能就是看過正在流行的間日熱，」系譜學者安德森（Robert C. Anderson）表示，當時他負責幫溫斯洛普謄寫醫療日誌。不僅如此，安德森還指出，瘧疾在一六五〇年代的蹤跡，顯示它的引進是在一六四〇年之前——那年之後，英格蘭的動亂導致移民停止前往新英格蘭達幾十年之久。「幾乎沒有殖民者來美洲，」安德森說。我問斯皮爾曼，如果瘧原蟲是在一六三五年抵達康乃狄克，那麼同樣的道理可不可用來推論維吉尼亞?「新英格蘭比較**冷**」，他說：「很難相信瘧疾在維吉尼亞發展的時間會比康乃狄克晚。」有沒有可能，瘧原蟲入侵切薩皮克灣最早可上溯到一六二〇年代?「鑑於有數百到數千名來自瘧疾地區的人士前來切薩皮克灣，我認為這很有可能，」他說：「只要瘧疾有機會登陸，一下子就會蔓延開來。」

的確，瘧疾很可能在一六二〇年「之前」就進入切薩皮克灣。當地一六〇六年到一六一二年的條件很適合瘧疾發展，當時維吉尼亞海濱地區正遭逢旱災（我在上一章中曾提過旱災）。當溼地變乾，就是四斑瘧蚊最開心的時候。「在旱年，小支流會變成一池池的水坑，」維吉尼亞州衛生部公衛昆蟲學家格因斯（David Gaines）解釋說：「蚊子的幼蟲在這種環境下繁衍得特別迅速。」四斑瘧蚊喜歡在開闊地帶而非有遮蔭的森林繁殖。自從一六一四年波卡虹塔絲的婚姻帶來和平之後，殖民者著手開闢種植菸草的土地——格因斯對我說，這麼做讓環境「有利於四斑瘧蚊生存，因為這麼做創造出蚊子喜歡的開闊小池子」。「殖民者向『瘧疾發出邀請函』，」格因斯說：「根據我的經驗，瘧疾接受邀請從不耽擱。」如果瘧原蟲跟著第一批殖民者來到美洲，便有助於解釋除了鹽中毒外，還有其他原因使他們疲倦且無精打采，那就是他們得了瘧疾。[2]

瘧疾抵達美洲的確切時間，將永遠停留在推測階段。可以確定的是，瘧疾很快就在維吉尼亞站穩腳跟。就像在英格蘭沼澤一樣，它成為維吉尼亞沼澤一個無可逃避的存在——持續不斷地損傷生命。

2 寄生蟲的早早到來，也有助於解釋為什麼歐皮強卡諾在一六二二年差點掃平殖民者後，未進一步將他們全數逐出。在疾病肆虐下，波哈坦人或許已無力發動長期戰爭。遺憾的是，這些耐人尋味的推測沒有實際證據支持。

英格蘭東南部的瘧疾

要追溯瘧疾寄生蟲過去運動的軌跡是一件難事——人類一直要到一八八〇年才知道瘧原蟲的存在，因此在此之前的資料都是間接的。綜合了衛生紀錄、過去濕地範圍的估算以及二十世紀初英國軍方調查的瘧疾資料，我們可以看出英格蘭東南方肯定曾經是瘧疾肆虐的地方。維吉尼亞州古蹟保存協會的歷史保存團體追蹤的五十九名創立詹姆斯鎮的殖民者中，有三十五名來自於軍方標定的「極適宜」或「較適宜」瘧原蟲繁殖的區域裡。此外，所有的殖民者都曾經過倫敦市與瘧疾橫行的泰晤士河三角洲地區。我們幾乎可以確定，有些人將瘧疾帶到了切薩皮克灣。

當倫敦投資人把一船船的殖民者運到維吉尼亞時，維吉尼亞總督伊德利（George Yeardley）在一六二〇年提出警告，他們「應該別奢求新殖民者在適應前能完成多麼大量的工作」——「適應」（seasoning）指新來者與疾病對抗預期需要花費的時間。剛到美洲的移民會有段時間全身無力，這被視為是一種正常現象。詹姆斯鎮的牧師瓊斯（Hugh Jones）於一七二四年寫了一本小冊子，將維吉尼亞的狀況描述給英國人知道。他錯誤地解釋道，殖民地的氣候導致寒顫與發燒，「大家都預期會有這麼一段辛苦的過程（也就是適應），經過一段時間之後，自然就會習慣當地的氣候。」然而，適應也經常邁向死亡。在維吉尼亞創建的頭五十年，有將近三分之一的新來者在抵達的一年之內去世。逐漸地，維吉尼亞人從經驗中得知如何與間日瘧相處，要避免進入沼澤地，黃昏時待在屋內；獲得免疫力的人細心地照顧病人，跟今日的非洲一樣，絕大多數染病者是孩童。一六五〇年時，適應的死亡比例大約是兩三成，到了一六七〇年則降到一成或更少——這是很大的進步，但這水準表示還是有很多人為此受苦。

卡特（Landon Carter）在詹姆斯鎮北方六十英里處，有一座繁榮的維吉尼亞種植園。身為一名疼愛子女的父親，卡特對於一七五七年夏秋，瘧疾反覆襲擊他的家人感到苦惱。病情最嚴重的是他還在強褓中的女兒瑟奇（Sukey），她為典型間日瘧寒熱交替所折磨。與吉克一樣，卡特也在日記裡記錄了孩子痛苦的過程：

> 十二月七日：瑟奇整晚看起來很糟，她的脈搏跳得很快。
>
> 十二月八日：這似乎已經成了她發病的固定週期，也就是每兩個星期一次……她看起來很有精神而且開心說話。發燒的狀況沒有更嚴重。

十二月九日：持續好轉，不過臉色還是很蒼白。

十二月十日：瑟奇一大早就開始發燒，她的胃很不舒服，而且頭痛。到了晚上開始退燒。

十二月十一日：孩子今天沒發燒，但晚上我覺得她的脈搏跳得快了些。

十二月十二日：夜裡一點，瑟奇開始發燒……到了午後二時，孩子病情危急，臉色慘白而且發紫……

十二月十三日：瑟奇昨天的燒慢慢退了，直到凌晨一點，她的神智相當清楚。

當天，心力交瘁的卡特寫道，要在維吉尼亞生活，「必須習慣這種病痛的折磨，但持續一整年照顧生病的孩子，也不會比較輕鬆。直到現在，我的孩子身體一直都未能好轉。」

瑟奇於隔年四月死去，還來不及過三歲生日。

一百八十度的轉變

瘧疾除了對受害者造成立即痛苦外，也造成其他的影響。瘧疾是一股歷史力量，它扭曲了文化，是一股立即的推力，刺激社會針對一些問題提出以今日來看相當殘忍且值得指責的解決方式。想想十七世紀那些想在北美賺錢的實業家。由於切薩皮克灣不產金銀礦，所以想在當地獲利的最好方式，就是生產某種可以出口到本土的商品。在新英格蘭，清教徒以販賣河狸的毛皮為生。在切薩皮克灣，英格蘭人種植菸草，因為它的需求很大。為了滿足需求，殖民者想擴大種植園。要擴大種植園，就必須以手持的簡易工具砍伐大樹，要頂著炎熱的太陽鬆土，要鋤地、灌溉以及為成長的菸草剪頂，要切掉笨重的葉子，將菸葉放在架子上晾乾，然後將菸葉裝桶、上船。上述工作都需要大量人力，殖民者要怎麼取得人力？

在回答這個問題之前，先讓我們做個假設，而且這個假設的理由其實相當充分。我們假定殖民者對於答案的選擇沒有太多道德顧慮，殖民者只在意如何最輕鬆省力與獲利。從這個觀點出發，殖民者有兩個獲取勞動力的可能來源：一個是從英格蘭進口契約僕役，另一個是從英格蘭以外的地方進口奴隸（印第安人或非洲人）。僕人或奴隸：從經濟的角度來看，哪一種才是最佳選擇？

契約僕役是從英格蘭失業人口雇用的契約勞工。因為窮人無力負擔昂貴的跨洋船票，種植園主於是幫他們支付旅費，而僕役則為種植園主工作一段時間來償還債務，一般需要四到七年。年限滿了之後，契約僕役就可以自由在美洲取得土地。奴隸制度比較難定義，因為它有許多種形式。不過，奴隸制度的本質是奴隸主可以強制奴隸勞動，而奴隸沒有離開主人的權利；奴隸必須工作與順從直到死亡或是主人還他們自由為止。契約僕人雖然地位較低，仍是社會的一分子。奴隸通常則不被視為社會成員，一方面是因為他們出生在遙遠的異鄉，另一方面是因為他們喪失了自己的社會地位，例如英格蘭有時會將罪犯轉變成奴隸。

在十七世紀的最後二十五年，英格蘭選擇了奴隸制度而非契約僕役——事實上，英格蘭因此成為世界最大的奴隸主。今日我們已熟知英格蘭擁抱了奴隸制度，無法想像英格蘭還有別的選擇。然而，從許多方面來說，英格蘭選擇奴隸制度有點令人不解——奴隸制度明明內含許多問題，經濟學家向來對它的存在感到困惑。更令人困惑的是美洲所採取的奴役形式：動產奴隸制度（chattel slavery），這種制度遠比先前存在於歐洲或非洲的奴隸制度都來得苛酷。

從最簡單的層次來說，奴隸要比僕役昂貴得多。在一項知名研究中，明尼蘇達大學梅納德（Russell R. Menard）計算了維吉尼亞與馬里蘭的奴隸與僕役，在他們主人死後所提供服務的販賣價格。在一六九〇年代，正值盛年的男性非洲奴隸平均價格是二十五英鎊。同時間，僕役的契約一般來說大約價值十英鎊。（技術上而言，我必須說梅納德發現的價格是等值的二十五英鎊與十英鎊，因為在切薩皮克灣殖民地錢幣非常稀少，甚至是非法的，人們以菸草來支付帳單。）在當時，二十五英鎊是相當龐大的數額：大約是英格蘭一般雇用工人四年的薪資。僕役顯然比奴隸便宜得多。

當然，僕人最終可結束主人的雇用，價格因而較低（為納入這層考慮，梅納德的計算僅包含契約年限還有四年以上的僕役）。不過，亞當斯密（Adam Smith）表示，雖然我們可以預期奴隸為主人工作的時間較長，但這仍無法說明奴隸制度較具經濟效益。他認為，奴隸制度的內在瑕疵在於，奴隸不會是令人滿意的工人。奴隸通常來自遙遠的異國文化，不會說主人的語言，而且也對主人的社會不熟悉，因此必須從頭訓練起（例如，非洲人只知道熱帶的農作形式）。更糟的是，奴隸有各種誘因使他們傾向逃跑、報復性的破壞，乃至於殺害自己的主人，也就是剝奪他們自由的人。相對地，契約僕役說著跟主人相同的語言，接受相同的社會規範，使用相同的耕作方式。他們的契約規定了工作年限，因此沒有理由逃跑（除非他們認為種植園主不會信守承諾）。由於自願者更能把事情做好，因此亞當斯密在《國富論》（*The Wealth of Nations*）裡表示：「自由人做的工作到頭來還是比奴隸做的工作來得便宜。」他又說，在其他條件不變的狀況下，經濟原理顯示種植園主應該選擇廉價、容易訓練且不具威脅性的選項，也就是歐洲僕役。

亞當斯密憎恨奴隸制度，不斷想證明他討厭的事物不只不道德，而且在經濟上是相當愚蠢的做法。在亞當斯密眼中，奴隸制度是人類「喜歡作威作福」的非理性產物。但他也相信人會找出方法，來解決妨礙他們滿足欲望的經濟問題。一如預期，歷史上的奴隸主創造出各種誘因讓奴隸能有效率地工作，例如，一條通往自由的路。奴隸主實際提出條件，如果你辛勤而踏實地工作，最終將重獲自由。此外，奴隸經常獲派具償還性質的任務，例如由俘虜的士兵組成的非洲或羅馬軍團——我們可以說這群奴隸倒戈，但他們的生命在各方面並沒有改變，而且還有機會獲取榮耀。

然而，美洲的奴隸制度是另一回事：在這裡，絕大多數奴隸就像被判了無期徒刑，他們必須在惡劣的環境裡辛苦工作，完全沒有獲得自由的可能。與過去的奴隸制度不同，亞當斯密所想到影響工作效率的一切不利因素，這裡幾乎全出現了；過去發展出的權宜之計皆不被採用。美洲的奴隸制度是如此苛酷，理當帶來無盡的脫逃、破壞與衝突事件——事實上，奴隸主紀錄的確是由一篇篇充滿怨言與恐懼的輓歌所構成。這樣的制度為什麼會崛起？

此外，在所有西歐國家中，英格蘭最不像會採用這出奇殘酷的奴隸制度的國家，因為它的反奴聲浪在歐洲向來最為強烈。如果歐陸有反奴文化，那麼代表肯定是英格蘭。之所以如此，不是因為英格蘭的道德高尚，而是對巴巴利海盜（Barbary pirates）一直以它的船隻為搶掠目標而產生的憤怒回應。從十六世紀到十八世紀，這批海盜已俘虜了成千上萬的英格蘭船員、士兵與商人為奴。這些穆斯林海盜以西北非為基地，往北潛行到英吉利海峽，對沿海村落進行搶掠並奪取停泊的船隻；一六二五年，普利茅斯市長抱怨說，才短短十天，埋伏在港外的海盜已取走二十七艘船。（英格蘭曾支持德雷克以類似手法威嚇西班牙殖民地，招來偽善的罵名。）大多數英格蘭俘虜被送上賈列船（編按：槳帆船），許多人被迫改信伊斯蘭教；其他人則消失在橫越大漠往鄂圖曼埃及，或非洲撒哈拉以南的奴隸旅行隊中。當時，光是阿爾及爾（Algiers）一地就有一千五百名英格蘭奴隸，摩洛哥城鎮薩雷（Salé）則超過一千五百人。有些人被賣到西班牙與葡萄牙。脫逃者出版了駭人聽聞的回憶錄，記錄他們在鞭子下度過的歲月，而這些文字也點燃了民眾心中的怒火；教會牧師在講道壇上抨擊穆斯林的奴隸制度，並在教會募款以贖回這些俘虜。政治領袖、新教牧師與法律專家大力宣揚自由是英格蘭人與生俱來的權利，並譴責以英格蘭人為奴的異教徒與教宗派人士（摩洛哥人與西班牙人）。

奴隸制度在中世紀的英格蘭頗為普遍，歐洲其他地區亦然。在西班牙與葡萄牙，由於與伊斯蘭世界的衝突以及蔗糖種植園勞工的短缺，因此販奴一直是有利可圖的行業。（關於這點，我將在第八章繼續討論。）但英格蘭似乎是個例外——奴隸雖不違法，但數量很少——除了政治理由、亞當斯密提過的經濟理由，此外，對英格蘭這個充斥著失業勞工的國家來說，奴隸制度確實沒什麼吸引力。民眾對國人被販為奴的憤怒，加上沒有值得保護的國內奴隸產業，英格蘭人是歐洲最不可能的奴隸主候選人。

因此，英格蘭殖民地起初是動用契約僕役，而且盡可能地避免引進奴隸。在殖民的第一個世紀，契約僕役占抵達英屬北美之歐洲人總數的三分之一到二分之一。奴隸數量稀少——一六五〇年時，維吉尼亞只有三百名奴隸。相較之下，新阿姆斯特丹為數不多的荷蘭人（他們是殖民紐約的先驅）卻擁有五百名奴隸。隨著愈來愈多英格蘭船來到北美，奴隸才慢慢變得愈來愈常見。

然後，在一六八〇年到一七〇〇年間，奴隸數量突然出現爆炸性成長。在這段期間，維吉尼亞的奴隸人口從三千人增加到一萬六千人左右，此後還繼續以驚人的勢頭增長。在此同時，契約僕役的數目則劇減。這是世界史的重要轉折點，從這時起，英屬美洲將成為一個奴隸社會，而英格蘭將成為奴隸貿易的主導者。

該怎麼解釋這種一百八十度的轉變？經濟學家與歷史學家思索這個問題達數十年的時間。並不是受奴隸貿易的獲利誘惑：奴隸買賣是一股極重要的歷史力量，同時也是道德汙點，但作為經濟產業就不是那麼引人注目。根據歷史學家艾爾提斯（David Eltis）與恩格曼（Stanley Engerman）的說法，奴隸貿易在十八世紀末達到高峰，但奴隸船「只占英國船不到百分之一點五，也不到英國船舶總噸數的百分之三」。加勒比的糖是主要的奴隸作物，占英國國內生產毛額不到百分之二點五，雖然數量龐大，但絕非壓倒性的產業；舉例來說，紡織業的產值就是奴隸農業的六倍以上。（奴隸生產的是原物料，絕不會比工業製品更有價值。）

有些人認為英格蘭的集體觀念之所以改變，是因為美洲殖民地特別適合奴隸制度發展——美洲擁有大量可得的土地。亞當斯密在《國富論》中預言，勞動者看到他們四周有可得的土地時，就會放棄自己的工作，「讓自己成為地主」。然後，他們會雇用其他的工人，這些工人「很快就會離開他們，理由就跟他們當初離開自己的雇主一樣」。不過一個世紀的時間，其他經濟學家就充分發展了亞當斯密的觀念。如果雇主總是因廉價土地的誘惑而失去工人，那麼他們會想限制工人的行動自由。奴隸是不可避免的結果。從這個觀點來看，相當弔詭的是，美洲疆土開闊反而刺激了奴隸制度的發展。

就某種程度而言，這個觀點應該真實無誤；要不是雇主想控制工人的行動，奴隸制度不可能存在。但這個觀點無法解釋為什麼在一些土地過剩的英格蘭殖民地，如新英格蘭與紐約，奴隸制度並不盛行，相反地，在沒多餘土地的加勒比小島如巴貝多（Barbados）與聖啟斯島（St. Kitts），奴隸制度卻如火如荼地展開。結果，許多研究者尋求第二種解釋：十七世紀中葉發生的英格蘭宗教內戰，這場戰爭與小冰期及白銀貿易的不確定性造成的不安有關。這場衝突是災難性的，從一六五〇年到一六八〇年，英格蘭人口減少了近一成。誠如經濟學會預測的，英格蘭工人數量的減少，導致英格蘭薪資上揚，因此將契約僕役運送到大西洋另一端的價格也水漲船高。在此同時，許多契約僕役已結束在麻薩諸塞、維吉尼亞與卡羅萊納的契約年限，準備在當地建立新的種植園並尋找自己的契約僕役，勞動需求增加，在這種狀況下，不難想見勞動價格又進一步推升。

同樣地，這個解釋應該也真實無誤，契約僕役成本的增加必然使別的選項變得更吸引人。但這個觀點未能說明殖民者為什麼選擇某個選項：俘獲的非洲人。種植園主可以在蘇格蘭（或愛爾蘭）找到勞動力，這兩個地方多少也受到英格蘭內戰的影響。此外，小冰期也有推波助瀾的效果，它使海水太冷而捕不到鱈魚，山地積滿厚雪，使民眾面對連續歉收的打擊。最糟糕的時候，也就是一六九三年到一七〇〇年，蘇格蘭每年燕麥都歉收，僅一年例外。絕望的蘇格蘭人大量逃離家鄉，數千人成為俄羅斯、瑞典、挪威與日耳曼各邦的傭兵；還有數千人到北愛爾蘭開店營生，造成的文化衝突一直延續至今。蘇格蘭難民成群結隊在倫敦街頭流浪，他們乞討工作與食物——顯然是前往美洲殖民地的適合人選。英格蘭農民雇用貧困的蘇格蘭人已有數世紀的歷史。然而，當絕望的蘇格蘭人供給正在增加之際，殖民者卻轉而選擇了俘獲的非洲人——這些人不會說英語，不想合作，而且運輸費用更高。若是如此，為什麼還選擇他們？

檢視這個問題的一個方式是，評估當時前往美洲的蘇格蘭人中規模最大的團體的遭遇：蘇格蘭人的巴拿馬殖民地。在充滿野心的商販佩特森（William Paterson）組織下，殖民者計劃運用巴拿馬的戰略地位，打破西班牙對絲綢與白銀貿易的近乎壟斷。「座落在世界兩大洋之間」，佩特森狂熱地表示，這個殖民地可以控制「兩個印度（亦即，產絲的亞洲與產銀的美洲）提供給基督教世界至少三分之二的商品」。他保證，蘇屬巴拿馬可以成為「商業世界的仲裁者」，就像一座金融的永恆驅動機，能無止盡地生產財富，證明「貿易可以增加貿易，金錢可以孳生金錢，並且一直持續到世界終結為止」。

有一千四百名以上的蘇格蘭人被這樣的願景打動，集資成立一家合股公司，據估計聚集了相當於窮困的蘇格蘭全部資本的四分之一到二分之一。一六九八年七月，五艘船載著一千兩百名殖民者與一年的糧食，揚帆出發。他們在巴拿馬海岸登陸，然後開始砍伐森林、開墾土地，最後在新愛丁堡（New Edinburgh）建立了一個港口。而後才過了八個月，衣衫襤褸的倖存者（不到三百人）逃回蘇格蘭，其中也包括佩特森。就在他們返國的前幾天，第二支巴拿馬探險隊出發了：四艘船，一千三百名殖民者。九個月後，他們也逃回來了，返鄉者不到一百。除了損傷人命，投資者的每一分錢也有去無回。

災難通常有許多原因，佩特森的殖民地也不例外。蘇格蘭人想跟當地的印第安人先做貿易，因此在船上裝滿了上好的羊毛襪、格紋毛毯、裝飾用的假髮與皮鞋——一共兩萬五千雙。遺憾的是，在熱帶兜售保暖的襪子與令人發癢的毛毯顯然行不通。另一方面，赤道地區的傾盆大雨不僅泡爛了他們的貨物，也沖壞了他們辛苦種下的作物。當新愛丁堡陷入絕望之時，英格蘭與蘇格蘭的國王威廉卻命令其他殖民地袖手旁觀，因為他擔心會冒犯了西班牙。西班牙知道這群人的計畫，而且每隔一段時間就對他們發動攻擊。

儘管如此，災難的主因還是瘧疾、痢疾與黃熱病，殖民者記錄一個星期有六人因病而死。西班牙第一次攻擊新愛丁堡時，士兵發現了四百座新墳。這座殖民地有充足的補給、天賜的適當水源，而且從未遭受鄰近印第安部族的侵擾，是歐洲與非洲的疾病把他們送進墳墓裡。

回到蘇格蘭，新愛丁堡的災難引發了暴動——席捲蘇格蘭首都絕大部分地區。在這個時期，英格蘭與蘇格蘭雖在同一君主的治理下，彼此卻是不同的國家。英格蘭是較強大的一方，數十年來一直在推動兩國的合併計畫。蘇格蘭人反對這項計畫，他們相信在倫敦支配的經濟體內，蘇格蘭將不受到重視。現在，英格蘭承諾把補償新愛丁堡投資人的損失列為聯合協定的一部分。「就連佩特森這樣的蘇格蘭愛國主義者也為一七〇七年聯合法（Union Act of 1707）背書，」歷史學家麥克尼爾（J. R. McNeill）在《蚊子帝國》（*Mosquito Empires*）——這是一本討論加勒比地區流行病、生態與戰爭的先驅歷史作品——中寫道：「在巴拿馬熱病協助下，大不列顛於焉誕生。」

不僅如此，新愛丁堡顯示蘇格蘭人（以及其他歐洲人）在瘧疾地區的折損率太高，無法成為堪用的強制勞動力。個別的英國人及其家族成員繼續來美洲探路，值得一提的是，生意人愈來愈不願意引進大批的歐洲人。他們寧可尋找別的勞力來源。終於，他們找到了。

「沒有任何熱病，無論是流行性的還是致命的」

卡羅萊納殖民地建立於一六七〇年，當時約有兩百名殖民者從巴貝多移居到此地的河岸邊，這條河流最後注入查爾斯頓港（Charleston Harbor，起初稱為查理鎮〔Charles Town〕，以在位的國王命名）。與維吉尼亞一樣，卡羅萊納是一個商業性質的事業，由八名有權勢的英格蘭貴族成立，他們希望利用既有的維吉尼亞航線，從中分出一部分到南方。這些業主想把殖民地一塊塊土地出租給想成為種植園主的人士，希望不用實際花費勞力或金錢就能換取利潤。巴貝多到處都是蔗糖種植園，太過擁擠。其中一些英格蘭居民為了獲取土地，決定冒險到卡羅萊納一探究竟。業主們知道維吉尼亞的勞動問題，他們因此承諾，凡是能進口契約僕役的人都能獲得額外的土地，連僕役本身也有分。

詹姆斯鎮面對的是由強有力領袖帶頭的印第安帝國，卡羅萊納起初則處於各原住民團體之間的混戰中。大約從西元一千年開始，數百座人口稠密的城鎮——考古學家稱他們是「密西西比」社會——在密西西比河谷與北美東南部興起。這些城鎮由強大的神權君主統治，是墨西哥以北技術最精良的文明社會，他們的君主住在高丘的頂端。到了十五世紀，不知基於什麼原因，這些社會開始四分五裂，歐洲疾病的攻擊加速了他們的瓦解。等到卡羅萊納建立的時候，這些破碎的密西西比社會正彼此合併結為同盟——克里克族（Creek）、喬克托族（Choctaw）、切洛基族（Cherokee）、卡托巴族（Catawba）——準備爭奪北美東南部的主導權。

絕大多數印第安社會都有奴隸制度，但制度因地而異。在阿爾岡欽語（Algonkian-language）社會裡，例如波哈坦族，奴隸身分通常是暫時的。奴隸的來源是戰俘，他們被當成僕役看待，除非他們遭受拷問或殺害，或被自己所屬的部族贖回，或加入波哈坦社會成為完全的成員。偶爾，詹姆斯鎮的殖民者會購買印第安俘虜來為他們耕作，但這些人還不算是主要的勞動來源，不管對波哈坦族還是英格蘭人來說都是如此。切薩皮克灣南方有一條文化疆界，是阿爾岡欽社會和其他新聯盟相臨之處，這些聯盟的部族大多講的是馬斯科吉語（Muskogean languages）。在這些聯盟裡，戰俘也是奴隸的來源，但這裡的奴隸比較普遍而且存在更久——奴隸傳統可回溯到密西西比人，他們的領袖把戰俘視為權力與復仇的象徵。奴隸要下田幹活，從事僕役工作，而且可以當成禮物贈送給外人；女性奴隸向有地位的男性訪客提供性服務（歐洲人經常誤解這個舉動，以為印第安人會讓自己妻子與人同寢）。當外國人在卡羅萊納出現時，這些聯盟很樂意用剩餘的俘虜來換取斧頭、刀子、金屬容器，以及更重要的槍枝。

十七世紀末，新式的燧發槍問世——這是歐洲首次研發出讓原住民認為比他們使用的弓箭來得優越的武器。約翰．史密斯引進到維吉尼亞的火繩槍，利用槓桿讓燃燒的火繩敲上小火皿，隨之產生的爆炸便會將子彈射出槍管。火繩槍沉重且沒有膛線，必須以三角架加以支撐；由於士兵必須隨身攜帶導火線才能發射，火繩槍因此不適合在溼地使用，在雨中更是毫無用處可言。在理想狀況下，火繩槍的射程比弓箭遠，但在戰爭時，不存在理想的狀況。從殖民地的紀錄可以看出，殖民者對於火繩槍的實戰表現很不滿意，他們認為原住民的弓箭更有威力——既沒有翻來覆去的零件，也不怕弄溼，而且可以馬上發射。與火繩槍不同，燧發槍是以燧石撞擊金屬片產生火花的方式來點燃火藥。火花先點燃小分量的火藥，然後再接著點燃槍管中分量較多的火藥。燧發槍比火繩槍來得輕巧、準確，可以快速發射，而且可以在潮濕的天候中使用。

東南聯盟很快就發現新武器的優越性，決心不讓英格蘭人或其他敵對原住民在火力上勝過他們。於是東南地區開始出現激烈的軍事競賽。為蒐集更多燧發槍，原住民攻擊敵人以取得更多的奴隸進行販賣——而這種行為也需要更多的火器才能順利達成。為取得槍枝進行防衛，他們也必須自己發動專為掠奪奴隸的行動，然後將俘虜賣給歐洲人換取槍枝。需求引發更大的需求，造成惡性循環。

儘管維吉尼亞公司感到擔心，詹姆斯鎮從未直接遭受西班牙或法國的威脅。不過，鄰近西屬佛羅里達與法屬路易斯安那的卡羅萊納就有理由提防；的確，卡羅萊納才建立幾個月，西班牙人就試圖將它徹底剷平。卡羅萊納的領袖想出一個絕妙的策略，他們要求鄰近的原住民提供他們奴隸，而且是專門掠奪那些與西班牙與法國結盟的原住民，這不僅可讓敵人陷入混亂，同時也改善了自身勞力缺乏的問題。

從經濟角度來看，當地的奴隸買賣不管對原住民或新來者都是好交易。在查爾斯頓市場上，印第安人有時可用一名奴隸換得價值約一百六十張鹿皮的物品。一七〇八年一名卡羅萊納奴隸買家表示：「一名奴隸可以換一把槍、軍火、馬、短斧與一套衣服，如果要靠狩獵來換這些東西，真不知要辛苦到什麼時候。」他的說法或許誇張了點，「英格蘭商人用好價格向他們購買奴隸，原住民因此趨之若鶩。」

「好價格」是從印第安人的觀點來看，對英格蘭人來說是相當便宜。根據俄亥俄州州立大學歷史學家加利（Alan Gallay）的說法——著有《印第安奴隸貿易》（*The Indian Slave Trade*, 2002），探討奴隸貿易的興衰，是廣受好評的作品——印第安俘虜要五到十英鎊，只有契約僕役的一半。更重要的是，擁有奴隸的年成本很低，因為幾年後奴隸仍毋須釋放——買價可按數十年來攤還。殖民者選擇印第安奴隸而不選擇歐洲僕役，並不令人驚訝。一七〇八年的人口普查，也是卡羅萊納首次進行普查，發現有四千名英格蘭殖民者，近一千五百名奴隸，但僅一百六十名僕役，絕大多數很可能是契約僕役。

卡羅萊納逐漸成為著名奴隸進口地，來自非洲的奴隸船在此靠岸，茫然而病弱的俘虜被驅趕到拍賣場。但在最初的四十年，卡羅萊納殖民地其實主要是奴隸「出口地」——被俘虜的印第安人從這裡被運往加勒比地區、維吉尼亞、紐約與麻薩諸塞。關於印第安人的航運裝載資料相當稀少，因為殖民者希望規避賦稅與法規，因此用小船來運送他們，僅留下少數紀錄。（歐洲的大販奴商可沒有這項選擇。）加利根據零碎證據，估計從一六七〇年到一七二〇年，卡羅萊納商人買了三萬到五萬名的印第安俘虜，絕大多數一定是出口，畢竟卡羅萊納普查資料的奴隸數量比上述數字少很多。同一時期，查爾斯頓的船只送來兩千四百五十名非洲人（不過，有些人是從維吉尼亞走陸路過來的）。[3]

在這裡，我們注意到一項顯著的地理巧合。到了一七〇〇年，英格蘭殖民地散布在大西洋岸地帶，範圍涵蓋從後來成為緬因州的地區到後來成為南卡羅萊納州的地區。北方殖民地與說阿爾岡欽語的印第安人社會共存，這裡的印第安人幾乎不蓄奴，而且對買賣俘虜興趣缺缺；南方殖民地與前密西西比社會共存，這裡的印第安人擁有大量奴隸，而且不乏買賣奴隸的經驗。粗略來說，這兩個社會的分界就位於切薩皮克灣，距離日後美國奴隸州與非奴隸州的分界不遠。南方殖民地鄰近蓄奴的印第安人社會，是否因此造成非洲奴隸的出現？美國南北戰爭的慘烈衝突，是否部分反映了數世紀以來原住民的文化區隔？這種說法純屬推測，但對我來說似乎不是沒有道理。

無論如何，印第安人的奴隸貿易獲利極多，也非常短暫。到一七一五年，這項貿易幾乎已消失無蹤，原因有部分就在於它的成功。隨著卡羅萊納菁英要求掠奪更多奴隸，東南地區也深陷於戰爭之中，造成各方面的動盪不安。受害的印第安人部族獲得槍枝，並發動一連串戰爭攻打卡羅萊納，使殖民地幾乎無法生存。印第安奴隸經常以團體方式工作，因此相當不可靠，甚至有奴隸成群結黨利用對當地地形的知識對付雇主，對其造成人身安危。羅德島（Rhode Island）殖民地抨擊俘獲的印第安勞工犯下了「陰謀、叛亂、強姦、竊盜與其他可憎的罪行」，並禁止進口印第安奴隸。賓夕法尼亞、康乃狄克、麻薩諸塞與新罕布夏也跟著下達禁令。麻薩諸塞法律還特地指責「惡意的、乖戾的與心懷報復的」印第安奴隸。

然而，這還不是最糟糕的。與維吉尼亞一樣，瘧疾也來到卡羅萊納。起初英格蘭人讚美卡羅萊納殖民地氣候怡人。一名訪客寫道，卡羅萊納「沒有任何熱病，無論是流行性的還是致命的」；殖民者的孩子「體格健壯，臉色紅潤」。殖民者決定利用溫暖的氣候種稻，當時這種作物在英格蘭相當罕見。不久就傳來「寒熱交替」的消息報告——稻田是蚊子惡名昭彰的避風港。惡性瘧步入場景，幾年後，黃熱病也隨著前來。墓園很快就滿了。在一些教區，殖民者的孩子有超過四分之三活不到二十歲。與維吉尼亞一樣，幾乎有半數的死亡發生在秋季。（一名日耳曼訪客簡要地寫道：「春天是天堂，夏天是地獄，秋天是醫院。」）

遺憾的是，印第安人跟英格蘭契約僕役同樣容易感染瘧疾——甚至更容易感染其他病症。整個東南地區，原住民的死亡數量極為驚人。在疾病與奴隸劫掠的雙重打擊下，奇卡索族（Chickasaw）在一六八五到一七五一年間，人口幾乎損失了一半。同一時期，夸波族（Quapaw，阿肯色）從數千人減少至不到兩百。其他部族則完全滅絕——最後數十名恰克裘馬族（Chakchiuma）被吸收到裘克托族之中。一名作家寫道，克里克族因為「接納所有遭受不幸的部族」而變得強大。一七〇七年，卡羅萊納前總督表示，「把不尋常的疾病」降到衛斯托族（Westo Indians）身上是上帝的意旨，「減少了他們的數量；英格蘭人因此只需對少部分印第安人的血債負責，不同於西班牙人。」

殖民者自然會尋求其他方式來解決他們的勞力需求——比起歐洲僕役或印第安奴隸更不容易染病死亡的勞力。

3 這些數字並不包括其他殖民地被補的印第安人。舉例來說，在一六七五年到一六七六年邪惡的印第安戰爭期間，麻薩諸塞人把數百名原住民俘虜送往西班牙、葡萄牙、西班牙島、百慕達與維吉尼亞。而紐奧良的法國人則抓到數千人。卡羅萊納是最大的奴隸主，不過北美每個英格蘭殖民地其實都從事著相同的買賣，差別只在於有沒有跟當地印第安人合作。

杜絕蚊子的莊園

與其他細胞一樣，紅血球細胞表面覆蓋了一層由蛋白質構成的薄膜。蛋白質是一種長型如鏈條般的分子，它是我們身體的主要構成物。在這些蛋白質中，有一種稱為達菲抗原（Duffy antigen）。（這名稱來自一位病人，我們從他的紅血球首次發現了這種蛋白質；「抗原」是一種由免疫系統加以辨識的物質。）達菲抗原的主要功能是擔任數種小化學化合物的「受體」，這些化合物指揮著細胞的行動。化合物插入受體中——科學家說，可以把它想成是太空船與太空站對接——並且把受體當成進入細胞的門戶。

達菲抗原對紅血球細胞來說不是特別重要。儘管如此，研究人員還是寫了數百份相關的研究報告。理由是間日瘧原蟲也使用達菲抗原做受體。它就像持有前門複製鑰匙的竊賊，把自己插進達菲抗原中，使血球誤以為它是預期中的化合物而給予進入許可。

一九七〇年代初期，國家衛生研究院（National Institutes of Health）寄生蟲疾病實驗室（Laboratory of Parasitic Disease）的米勒（Louis H. Miller）與他的同事發現了達菲抗原。為了確定證明，米勒與他的同事要求十七名自願者把手臂放入裝滿蚊子的箱子裡。這些蚊子的體內全是間日瘧原蟲。每個人都被叮咬數十次——足夠感染好幾次瘧疾。其中十二人感染了瘧疾（研究者隨即為他們做治療），其餘五人血液中毫無寄生蟲的蹤跡。他們的紅血球缺乏達菲抗原——用術語說就是「達菲陰性」，寄生蟲不得其門而入。

這些自願者有高加索白人與非裔美國人。每個高加索白人都感染了瘧疾。未感染瘧疾的全是達菲陰性的非裔美國人。這不是巧合。西非與中非有百分之九十七的人屬達菲陰性，因此對間日瘧免疫。

達菲陰性是「遺傳」免疫的一個例子，僅擁有特定基因構成的人才能具有。另一個更著名的例子是鐮刀型紅血球疾病，小小的基因變化使紅血球變形，紅血球不僅無法讓寄生蟲使用，連自身功能也出了問題。鐮刀型紅血球的預防效果不如達菲陰性——它對惡性瘧（兩種主要瘧疾類型中較致命的一種）能提供部分免疫，但這種紅血球的功能失調，也導致擁有這種紅血球的人壽命不長。

這兩種遺傳免疫類型不同於「後天」免疫，後者讓每個從瘧疾荼毒存活下來的人獲得免疫能力，就像出過水痘與痲疹的孩子一樣。然而，不同於從水痘獲得的免疫，從瘧疾獲得的免疫是不完全的，熬過間日瘧或惡性瘧的人獲得的免疫僅針對特定種類的間日瘧與惡性瘧，倘若換個種類還是能讓他們病倒。要獲得全面性免疫的唯一方式，就是反覆地感染不同種類的瘧疾。

遺傳的瘧疾免疫在世界許多地方均可得見，但西非與中非民族的免疫力是最強的——他們幾乎對間日瘧完全免疫，而且（粗略地說）對惡性瘧的免疫也達到一半。此外，西非與中非人幼年就高度暴露在各種瘧疾之中，早已獲得各種免疫能力，當他們成年之後，加上原本遺傳的免疫力，於是成為地球上最不懼怕瘧疾的人種。當人們發現跨洋來到美洲的奴隸幾乎全來自西非與中非時，便恍然大悟生物學對歷史發展的影響。在間日瘧肆虐的維吉尼亞與卡羅萊納，這些人比英格蘭殖民者更有機會存活與繁衍後代。就生物學的角度來看，這些黑人更適合生存，換言之，在這些地方，他們的基因比較優越——一種五味雜陳的說法！

上個世紀的種族理論者宣稱社會優越來自基因優越，非洲人的遭遇充分說明這種邪說歪理的陷阱。西非人非但未從自己的生物優勢獲益，反而在貪婪與冷酷的捉弄下淪為社會底層。他們的免疫力成為他們遭受奴役的原因。

何以如此？回想一下我先前提過的，間日瘧潛藏在英格蘭人體內被運送到大西洋的對岸；從許多間日熱的描述來看，一六五〇年代間日瘧顯然已出現在美洲，很有可能更早。再回想一六七〇年代維吉尼亞殖民者已經發現如何增加存活率的祕訣；適應的死亡率降到一成以下。可是，死亡率於下一個十年再度攀升——根據史家洛特曼夫婦（Darrett and Anita Rutman）的說法，這是惡性瘧傳至美洲的徵兆。惡性瘧比間日瘧對溫度更敏感，它在英格蘭從未盛行過，因此幾乎可以確定這種疾病是潛伏在第一批非洲奴隸體內，隨之過海而來的。

惡性瘧創造了特定的模式。切薩皮克灣的非洲人在冬天與春天比歐洲人更容易死亡——洛特曼夫婦認為這是營養不良與居住環境惡劣，加上不熟悉冰雪的結果。但非洲人與歐洲人的死亡率曲線會在八月到十一月間出現交叉，這段時期正是瘧疾（夏初是蚊子最多的時節，最易感染瘧疾）的高峰期。在這幾個月，主人比奴隸更容易死亡——多到歐洲人總體死亡率超過非洲人。卡羅萊納的情況也一樣。當地的非洲人死亡率也很高，他們遭受結核病、流行性感冒、痢疾與人類暴力的重擊。許多非洲人死於瘧疾，他們的同胞帶來的瘧原蟲是他們從未遇過的種類。但他們的死亡速度不像歐洲人那麼快。

由於殖民地沒有保留精確紀錄，因此無法對死亡率做出明確的比較。但我們可以從另一個歐洲嘗試征服、也帶有瘧疾的大陸得到一些理解：這個大陸就是非洲。（光是比較大西洋兩岸瘧疾發生率的想法，就證明我們生活在同種新世。）研究奴隸制度的知名史家科丁（Philip Curtin）在探索英國紀錄時，發現了英國士兵在奈及利亞（Nigeria）與納米比亞（Namibia）的遭遇。這裡的數字令人吃驚：十九世紀國會對西非英國士兵的報告指出，疾病每年殺死百分之四十八到六十七的士兵。相對地，相同地點非洲人部隊的死亡率大約百分之三，兩者的差異完全不在同一個等級上。科丁發現，非洲疾病殺死了這麼多歐洲人，以至於奴隸船上白人船員的折損比例遠比黑奴高得多——儘管甲板下方的奴隸通常都被鎖起來，吃睡排泄都在同一個地方，生活條件令人咋舌。為避免損失，歐洲奴隸主轉而雇用非洲人擔任船員。

歐洲人與非洲人在美洲殖民地的死亡率差異較小，因為在非洲病死的歐洲人，病因不光只是瘧疾與黃熱病。但與國會報告同時的一份英國調查報告卻指出，小安地列斯群島（Lesser Antilles，加勒比地區的南方島弧）的非洲人存活率是歐洲人的三倍以上。這項比較也許低估了差異：有些島嶼幾乎沒有瘧疾。合理的說法是，在美洲的惡性瘧與黃熱病地區，英格蘭人第一年的死亡率是非洲人的三到十倍。

對歐洲人來說，經濟邏輯很難加以忽視。如果他們想種菸草、稻米或甘蔗，那麼使用非洲奴隸要比歐洲契約僕役或印第安奴隸好得多。「假定維持每個人的成本都一樣，」科丁表示：「受歡迎的奴隸最高可比歐洲人值錢三倍。」

奴隸制度與惡性瘧共榮。實際來說，惡性瘧無法長久在紐澤西州（New Jersey）的大西洋城（Atlantic City）立足；當地每年只有幾個星期最低日均溫在華氏六十六度以上，也就是瘧原蟲的門檻。但稍微往南一百二十英里到了華盛頓特區，略為升高的溫度就足以讓瘧疾在每年秋天構成威脅。（華府被稱為最北方的南方城市，不是沒有道理！）在大西洋城與華府之間是賓州與馬里蘭州的州界，一七六八年梅森（Charles Mason）與狄克森（Jeremiah Dixon）曾在此地做過著名測量。梅森—狄克森線粗略將東岸分成兩個區域，一個是惡性瘧長久存在的區域，另一個不是。它也標示出非洲奴隸制度是主流制度的區域，與不是主流制度的區域（而且也約略劃出蓄奴的原住民社會與不蓄奴的原住民社會的界線）。這條線劃出了北方與南方，也是美國文化中一直存在的文化疆界。我們不禁要問，這些界線彼此是否存在某種關聯性。

數十年來，一群具影響力的史家一直認為美國南方文化是在大莊園的搖籃裡孕生的。電影《亂世佳人》（*Gone with the Wind*，編按：即由小說《飄》所改編之電影）的塔拉莊園（Tara）就是這種廣闊莊園的縮影——至少對外人來說是如此。他們說，種植園是一種原型、標準與樣板，它是南方自我形象的核心。這觀點後來受到史家們的批評。眾多廣大的殖民莊園只存在於切薩皮克灣南部與查爾斯頓周圍的低地鄉野。引人注目的是，這兩處也是英屬殖民地瘧疾最嚴重的兩個地區。一九二〇年代大規模的排水計畫，消除了維吉尼亞州的瘧疾，但南卡羅萊納州的濱海地區在往後二十年仍是美國瘧疾最嚴重的地區。從這個角度來看，電影裡的塔拉莊園似乎是瘧疾之鄉的理想住所：居於山丘頂端，四周圍繞著廣闊、平緩、修剪過的草坪，挑高的窗戶迎風開敞著。每個元素彷彿都是設計來防止四斑瘧疾孳生似的，這些蚊子喜歡在低溼、凹凸不平、帶有陰影的地表與靜止的空氣中繁殖。瘧疾與這種杜絕蚊子的莊園的聯結難道只是偶然？完全否認其關聯性似乎不太明智。

塔拉莊園（在這張《亂世佳人》的宣傳照裡，郝思嘉身後就是塔拉莊園）其實是專為拍片而搭起來的外景。儘管如此，它仍忠實呈現了南方種植園的典型外觀。高高座落在近乎無樹的山丘上，挑高的窗戶讓微風吹入，這裡是避免蚊子與疾病侵擾的理想住所。

洛特曼夫婦問道：「當人們面對較高的死亡率與較短的預期壽命時，會對人生抱持什麼態度？」有些人認為，據說南北戰爭前南方文化特有的粗枝大葉與炫耀誇示，是植根於他們長久身處於疾病的威

美洲瘧蚊

瘧蚊屬的蚊子超過四百多種。其中或許有四分之一可以傳布瘧疾，但只有三十種是常見的病媒蚊。在這三十種當中，超過十二種存在於美洲，其中最重要的是四斑瘧蚊、白足瘧蚊與達氏瘧蚊。牠們的棲地分布與平均溫度足以解釋何以瘧疾主導了美洲某些地區（而非其他地區）的歷史。

脅之下。還有些人則描述南方人特別能夠冷靜地看待死亡。或許如此，但我們很難證明南方人真的特別魯莽、自負或冷靜。事實上，我們可以想像完全相反的狀況：當死神不斷對著南方人的脖子吹冷氣時，也可能會讓他們更膽小、謙卑與易怒。

另一種觀點比較容易找到經驗證明：疾病持續帶來的風險意謂著勞動力的不可靠。勞動力不穩定對小農不利，只要少幾個人手就會對他們造成極大的影響。在此同時，洛特曼夫婦指出，「大量勞動力可以對抗災難」。規模愈大的種植園，成本雖愈高，但受損害影響的比例較低。經過一段時間之後，大農取得優勢；至於小農則在生存線上掙扎。隨著貧富日漸懸殊，富有的卡羅萊納種植園主有能力在疾病肆虐的季節，遷往沒有熱病的山區或海邊度過悠閒時光。貧農與奴隸則必須待在瘧原蟲生存的地區。藉由這種方式，疾病創造出貧富之別。洛特曼夫婦表示，瘧疾地區很容易就出現「經濟兩極化」的現象。瘧原蟲不僅驅使農民走向奴隸制度，也有利於大種植園的發展，而後者進一步提高了對奴隸的需求。

瘧疾並未「導致」奴隸制度。瘧疾只是強化了奴隸制度出現的經濟理由，去除了亞當斯密提到的障礙。菸草種植者並非因為看見蘇格蘭人與印第安人死於間日熱，而計劃引進抵抗力較強的非洲人來工作。事實上，幾乎沒有證據證明最初的奴隸主清楚知道非洲人對瘧疾免疫，因為當時他們還不知道瘧疾這種病，而且他們的觀察只及於自己的種植園，不可能通盤比較各地的情況。無論知不知情，使用奴隸的種植者往往比使用契約僕役的種植者有經濟上的優勢。如果兩名卡羅萊納稻農各自擁有十名工人，一個一年之後剩下九名工人，另一個只剩下五名工人，那麼前一個稻農當然比較有機會成功。成功的種植者會進口更多奴隸，新來者會向鄰近最成功的種植者學習。奴隸貿易於是起飛，奴隸船在瘧原蟲的強風吹襲下揚帆前進。

就算沒有寄生蟲，奴隸制度也會存在於美洲。一六四一年，不太受瘧疾困擾的麻薩諸塞成為第一個公開合法化奴隸制度的英屬殖民地。根據道布森與費雪的分析，在十八世紀中期，英屬北美最健康衛生的地區應該是麻薩諸塞西部的康乃狄克河谷地。瘧疾幾乎不存在，傳染疾病就當時的標準來說也少之又少。但奴隸卻是當地日常生活不可或缺的事物，當時幾乎每個牧師——牧師通常是每個城鎮最重要的人，都有一到兩個奴隸。康乃狄克河谷地稍具規模的村落之一狄爾菲爾德（Deerfield），其主要大街上的居民有百分之八是非洲奴隸。

在半球瘧疾帶的另一面，達氏瘧疾（當時南美主要的惡性瘧病媒蚊）棲地的南界是拉普拉塔河（Rio de la Plata，白銀之河），它是西屬美洲與葡屬美洲的界河。河的南方是阿根廷。由於幾乎沒有蚊子傳播瘧原蟲，所以阿根廷鮮少出現瘧疾。然而，就像麻薩諸塞一樣，阿根廷也有非洲奴隸；從一五三六年西班牙在拉普拉他河旁建立第一個殖民地開始，到一八五三年阿根廷廢除奴隸制度為止，總共有二十二到三十三萬非洲人在主要港口暨首都的布宜諾斯艾利斯上岸。

在蚊子邊界的另一邊，是更大的巴西港口里約熱內盧與聖保羅，至少有兩百二十萬名奴隸抵達此地。儘管規模不同，但巴西南部與阿根廷在人口結構上頗為類似：一七六〇年代與一七七〇年代，西班牙與葡萄牙首次對殖民地做系統性的人口普查，兩地人口皆有半數是非洲裔。但奴隸制度對兩個殖民地的影響卻全然不同：奴隸從來不是殖民阿根廷最重要產業的關鍵，但殖民巴西沒有奴隸就無法運作。阿根廷是有奴隸的社會，巴西的文化與經濟則是透過奴隸「塑造」而成。

總而言之，整個美洲都有奴隸。但被哥倫布大交換傳播惡性瘧的地方，擁有的奴隸更多。惡性瘧橫行的維吉尼亞與巴西在許多方面變成了奴隸社會，但沒有惡性瘧的麻薩諸塞與阿根廷則不是如此。

黃傑克

一六四〇年代，從巴西逃出的少數荷蘭難民在加勒比地區最東部的小島巴貝多上岸。與加勒比其他地區不同，巴貝多從來沒有大量的印第安人口。英格蘭殖民者來到此地，希望投資生產熱門的菸草。荷蘭難民抵達時，島上約有居民六千，其中兩千名是契約僕役，兩百名是奴隸。菸草在巴貝多似乎生長得不太理想。荷蘭人教導巴貝多殖民者種植甘蔗，這是他們在巴西的失敗冒險中學到的。歐洲人過去和現在都嗜吃甜食，糖很受歡迎，但也很難取得。事實證明，巴貝多是適合種植甘蔗的地方，於是生產迅速擴張。

蔗糖生產是一件需要耗費大量人力的繁重工作。甘蔗是一種高大、堅韌的亞洲禾本科植物，隱約讓人想起它的遠親竹子。種植園在收成前會先焚燒甘蔗，避免像刀刃般鋒利的葉子割傷工人。在熱帶烈日下，工人們揮著大砍刀深入焦灰的甘蔗園，不久大家從頭到腳都濺滿混合塵土、灰燼與甘蔗汁的黏膩物。砍下來的甘蔗被送到工廠榨汁，然後在煙霧與蒸汽籠罩下，用巨大的銅鍋把甘蔗汁煮沸；工人們用長柄杓把煮好的熱糖漿舀進陶壺裡，冷卻後，就會結晶成純糖。殘留的糖漿則進行發酵與蒸餾以生產蘭姆酒，這過程還是需要一頂像陰間使用的大鍋，然後在下面生起一團熊熊的烈火。

老問題，勞力從哪裡來？與維吉尼亞一樣，奴隸的成本一般來說是契約僕役的兩倍，而這已經是比較便宜的。但經營不善的荷蘭西印度公司為了取得現金，願意以便宜價格把非洲人賣到巴貝多。因此在當地，奴隸與契約僕役的價格大致相同。可以預料，巴貝多的製糖大亨兩者都進口了數千人：掃空了英格蘭街頭的人力，與安哥拉和剛果戰爭中運氣不佳落網的戰俘。身上沾滿汗水與黏膩的甘蔗灰，歐洲人與非洲人拿著大砍刀並肩工作。後來，哥倫布大交換相對提高了契約僕役的成本。

奴隸船裡藏著從非洲搭便車的傢伙：埃及斑蚊（*Aedes aegypti*）。而埃及斑蚊的腸子也有人搭便車：一種導致黃熱病的病毒，也來自非洲。這種病毒絕大多數時間都待在蚊子體內，人體只是牠用來從這隻蚊子移動到下一隻蚊子的管道。一般來說，它不會在人體內待超過兩星期。在這段期間，牠會鑽入大量的細胞中，接管細胞的功能，並且利用劫持來的遺傳物質繁殖出數十億個自己。這些病毒流入血液中，讓叮咬人體的埃及斑蚊帶走自己。不知何故，這種入侵細胞的過程對孩童的影響不大。成人則會出現大量的內出血，血液在胃裡累積並凝固。患者會吐黑色血塊——黃熱病的典型症狀。另一種症狀是黃疸，因此這種病又有「黃傑克」的別稱。（黃傑克是隔離船上懸掛的旗幟。）這種病毒殺死約半數的受害者——麥克尼爾在《蚊子帝國》中提到六個有詳細紀錄的例子，死亡率在百分之四十三到五十九之間。倖存者可以終身免疫。在非洲，黃熱病是一種兒童疾病，造成的傷害不大。在加勒比地區，黃熱病是一種可怕的瘟疫，它跳過非洲人，專門找上歐洲人、印第安人以及在島上出生的奴隸。

黃熱病的第一波攻擊始於一六四七年，而且持續了五年。恐懼最遠蔓延到麻薩諸塞，麻薩諸塞才首次針對來港船隻進行隔離檢疫。巴貝多每平方英里擁有的非洲人與歐洲人都多於其他加勒比島嶼，意思是說巴貝多擁有更多潛在的黃熱病媒介與黃熱病患者。因此當黃熱病首次出現在巴貝多時並不令人意外。當疫情開始時，一個名叫里根（Richard Ligon）的男子在巴貝多上岸。「我們看到二十二艘好船停泊著，」他日後寫道：

> 小船不斷往返，揚帆划槳，運送商品：如此忙碌迅速，如此繁多，就像我在倫敦橋下看到的一樣。

然而，儘管表面上交易熱絡，最近一個月，島上的居民與船舶均悲慘地獲瘟疫造訪（或者說遭疾病殺死），在我們抵達之後，生者幾乎無力埋葬死者。

根據當時的估計，往後五年，光是巴貝多一地就有六千人死亡。幾乎所有的受害者都是歐洲人——這對島上的殖民者來說是個慘痛的教訓。麥克尼爾估計，從中美洲濱海地區到佛羅里達這塊瘟疫掃過的地區，「當地人口可能死了兩成到五成」。

黃熱病並未摧毀蔗糖產業——這門生意太有利可圖。不可思議的是，巴貝多這個面積才一百六十六平方英里的島嶼，居然愈賺愈多，乃至超越了其他英屬美洲地區。在此同時，蔗糖產業已擴展到鄰近的島嶼尼維斯（Nevis）、聖啟斯、安地卡（Antigua）、蒙塞拉特（Montserrat）、馬丁尼克（Martinique）、格瑞那達（Grenada）與其他地方。（古巴在數十年前就已經開始種植甘蔗，但產量很少；西班牙人過於重視白銀，而忽略這方面的經營。）英格蘭人、法國人、荷蘭人、西班牙人與葡萄牙人，各路人馬努力開墾這些島嶼，他們在平地上種甘蔗，砍下山坡的樹當燃料。森林採伐與土地侵蝕成了難以避免的結果；降下的雨水不再被植被吸收，而是將山坡的土壤沖刷下來，在濱海地帶形成沼澤。在不遠的將來，將會有人命令工人一筐一筐地將這些土運回山上——「這是貨真價實的薛西弗斯（Sisyphus）勞動，」麥克尼爾在《蚊子帝國》中寫道。他還引用一名加勒比博物學者在震驚之餘發表的感想：「西印度種植者毀滅了島上許多自然生長的樹木，這與其說是短視不如說是愚蠢。」這名博物學者在一七九一年發表這樣的看法，並認為許多島嶼「幾乎已不適合耕作」。

即使是最糟糕的錯誤生態管理，也能對某些物種產生助益。在加勒比地區的贏家中，白足瘧蚊是該區最重要的瘧疾病媒蚊。白足瘧蚊棲息在比較大的加勒比島嶼，以及猶加敦（Yucatán）與中美洲的濱海地區，牠其實不是理想的瘧原蟲宿主，因為牠不容易感染惡性瘧，取得間日瘧的速度也很緩慢（許多蚊子的腸內含有細菌，因此阻礙了寄生蟲寄生）。白足瘧疾喜歡在陽光下長有水藻的濱海沼澤地帶繁殖。土壤侵蝕與森林砍伐對牠的繁衍有利。田野實驗顯示，白足瘧蚊一旦處於有利的環境就會大量繁殖。從這種蚊子喜歡生長的環境來看，歐洲人到加勒比地區顯然開啟了牠的黃金時代。隨著蚊子數量驚人地成長，間日瘧就有更多機會克服宿主不良的問題。（事實上，間日瘧很可能是在跟隨哥倫布旅行時進入了白足瘧蚊體內；除了哥倫布第二次航行紀錄的 *ciciones*，哥倫布的兒子艾爾南日後也提到第四次航行出現「間歇熱」。）從加勒比地區，間日瘧傳入了墨西哥。惡性瘧的傳入較晚，之所以延遲，部分是因為白足瘧蚊對惡性瘧原蟲具有較完整的抵抗力。

蔗糖種植園使巴貝多整個裸露，從這張照片的背景可以看出，前面是一八九〇年代工人居住的小屋。

另一名受惠者是埃及斑蚊，也就是黃熱病的病媒。埃及斑蚊喜歡在接近人類的少許清水中繁殖；船上的水桶是牠出了名的喜愛之地。製糖工場有很多類似的容器，例如用來結晶蔗糖的粗製陶罐。種植園有數十萬個容器，它們不是一年到頭都在使用，而且往往是有破洞的。今日，我們知道埃及斑蚊喜歡在廢輪胎內緣積水處繁殖，糖罐就有如十七與十八世紀的廢輪胎。麥克尼爾指出，這些罐子沾著剩餘的糖漿，可做細菌的食糧，而細菌則成為埃及斑蚊幼蟲的食物。蔗糖種植園如同生產黃熱病的工廠。

前來美洲的歐洲人不知道這些詳情。但他們完全曉得加勒比地區，「對沒有免疫力的人來說是一個致命的環境」，誠如史家韋布（James L. A. Webb）在最近一部瘧疾史中所述。

瘧疾從加勒比地區滲透到南美洲，然後順著亞馬遜河而上。亞馬遜河擁有豐富的宿主：二〇〇八年對亞馬遜河重要支流馬德拉河（Madeira River）做的調查發現，這裡至少有九種瘧蚊屬的蚊子，而且牠們全都帶有寄生蟲。第一批造訪亞馬遜河流域的歐洲人描述這條河是生命力旺盛、有益健康的地方，瘧疾與後來的黃熱病卻使許多河流淪為死亡陷阱。一七八二年，瘧原蟲開始對進入亞馬遜河盆地上游的各個探險隊搞破壞。兩個世紀以來，此地的瘧疾一直是個偶發的零星事物：廣大的亞馬遜河流域因天花與奴隸制度而人口大減，居民少到不足以維持瘧原蟲的生存。位於遠西的亞馬遜河支流，例如馬德拉河，瘧原蟲則較為普遍，因為這裡較少受到荷蘭與葡萄牙的奴隸劫掠，因此瘧原蟲有較多的對象可以傳染。一八三二年，瘧疾差點在馬德拉地區殺死法國博物學者多爾比尼（Alcide d' Orbigny）。十年後，另一名博物學者，美國的業餘研究者愛德華斯（William Henry Edwards）僅在流域上「目擊一件瘧疾病例」，儘管他已在河口紮營好幾天了。

南美洲東北的突出處情況更糟，這個地區被地理學家蘇珊娜・赫奇特（Susanna Hecht）稱為加勒比亞馬遜地區。往南受限於巴西的亞馬遜河，往西則受到委內瑞拉奧里諾科河（Orinoco River）的阻擋，這個地區是一片水路縱橫地帶，阿拉瓦克人（Arawak）與加里布人（Carib）控制了這片區域，並開鑿出溝渠、水壩、運河、狹道與土堤蔓延的交通網路。廣大的森林被用來種植樹木作物，特別是熱帶棕櫚類，它提供了果實、油、澱粉、酒、燃料與建材。在棕櫚樹下則零散種植木薯（manoic，樹薯〔cassave〕）。這片由田園、果園與水路組成的地貌，數世紀以來一直充當內陸與各島嶼的橋梁。這種複雜的安排往往是由強大而有組織的政府加以監督指導。歐洲人理所當然認為印第安人有這樣的政府——這可以解釋歐洲人為什麼不斷嘗試取得這片富饒的農業地帶，卻一再遭擊退。直到十八世紀，外國人才在歐洲疾病傳入的幫助下取得據點：天花、結核病與流行性感冒為往後的瘧疾鋪路。印第安人撤退到內陸，歐洲人占領濱海地區，並在此建立蔗糖種植園。經過幾次國際爭端之後，這裡形成法屬圭亞那（French Guiana）、蘇利南（Suriname，前荷屬圭亞那）與蓋亞那（Guyana，前英屬圭亞那）。

一七六三年，法國藉由一紙條約取得的法屬圭亞那是典型例證。起初的殖民是一場災難，慘到法國幾乎忘了它的存在。直到三十年後，軍隊支持的政變推翻了法國大革命建立的議會，新獨裁者才派了三百二十八名不太情願的官員、教士與記者搭小船來到這個殖民地。他們一上岸就得到惡性瘧的歡迎。兩年內，有超過一半的人死亡，他們不是死於瘧疾，就是因瘧疾而身體虛弱染上其他疾病致死。法國政府不受嚇阻，繼續派送罪犯與國內不受歡迎之人前來。法國犯人過去在地中海特殊的監獄船上充當奴隸。蒸汽引擎發明之後，船隻不再需要有人划槳，犯人於是被送到法屬圭亞那，暴力犯罪者最後被關在位於海岸七英里外、惡名昭彰的魔鬼島監獄，其餘則加入上銬的農業勞工行列。疾病奪去許多性命，法屬圭亞那因而被稱為「乾斷頭臺」（dry guillotine）——殺人的刀刃毋須沾上血跡。大約有八萬名法國人被送到此地，返鄉的人極少。

由於無法在疾病流行區落腳，歐洲人從未在當地建立社區。理想的方式是境外所有權。歐洲人繼續待在安全的國內，只在當地留下少數管理人員指揮奴工。由於奴隸的數量遠比管理者多，因此恐嚇與暴行便成了維持糖廠運行的必要手段。在惡性瘧與黃熱病的流行地區，蔗糖專制主義成為統治的主流：一小撮歐洲人踩在一大群被移植到此地的非洲人頭上，他們的個性讓他們或憤怒、或洩氣，或刻苦耐勞。

境外所有權本身沒有什麼問題。如果法國釀酒公司買了加州的酒廠，或美國釀酒公司買了波爾多或勃艮第的酒廠，這項交易也許刺痛了地方的自豪感，但不太可能對兩國有巨大影響。然而，如果外國釀酒公司買下每一間酒廠——或更過分地，如果位於數千英里以外的人支配了每個產業，那麼情況就完全不同了。一個極具代表性的例子：有一家設在利物浦的公司，布克兄弟（Booker Brothers），控制了英屬圭亞那四分之三的經濟達一個世紀之久。所有利潤全給了海洋的另一端。企業、管理與技術的專門知識亦沒一項留下。當地人只提供勞動。事實上，如果他們試圖做勞動以外的事，就會遭到懲罰。

經濟學家艾塞默魯、強森與羅賓森認為，人在遠方且與當地毫無連結的所有人，不會有興趣在地方上建立維持複雜社會所需的各項制度：學校、公路、下水道、醫院、議會、法律規章、農業推廣機構與其他政府體系。一個地方若擁有各項功能俱全的機構，當地人將可藉由發展新的技術與新的商業方法，在經濟上與外國人競爭。在榨取之地，當地人毫無機會可言。前往維吉尼亞與澳洲的英格蘭殖民者絕大多數是僕役或罪犯，屬於社會金字塔的最底層。不過儘管他們位居底層，其公民地位仍使他們有能力在領袖試圖壓迫他們的時候，運用祖國的制度來進行反擊。（舉例來說，澳洲的罪犯幾乎一踏上澳洲土地，就開始贏得法律訴訟，對抗那些可能虐待他們的人。）榨取之地的奴隸沒有能力運用這些制

法國藝術家里烏（Édouard Riou，他最知名的就是他為儒勒・凡爾納〔Jule Verne〕畫的插畫）於一八六二年到六三年前往法屬圭亞那。在造訪監獄島後，使他設想出這麼一幅為犯罪者進行海葬的圖像，死者或許就是瘧疾或黃熱病的受害者。

度。事實上，菁英主動切斷他們的奧援。他們特別在意教育；布克兄弟的董事長約西亞・布克（Josiah Booker）附和許多人在英屬圭亞那的心態，反對教導他的公司雇員閱讀，因為這會鼓勵他們追求「超越他們身分地位的事」。錯誤的人的手抓著錯誤的觀念，會對菁英的政治權力造成威脅。

艾塞默魯、強森與羅賓森寫道，歷史顯示，如果沒有「大量來自不屬於過去統治菁英的資金以及新企業家的出現」，工業化就不可能發生。在榨取之地，這幾乎不可能。數十年來，改革者試圖對體制的影響進行反制。傳教士提供教育給圭亞那的孩子；英國反奴學會不斷疾呼反對虐待、發起調查並提供援助。「約克」・坎貝爾（“Jock” Campbell）是布克兄弟公司的繼承者，也是富有遠見的領導人，花費數十年致力改善製糖工人的生活條件。但改革者始終無法改變基本的榨取體系。當英屬圭亞那於一九六六年正式獨立為蓋亞那，百分之八十的出口盈餘仍掌握在三家外國公司手裡，其中一家就是坎貝爾的公司。這個新國家只有一所大學，與一間三年前剛成立的夜校。

戰爭與蚊子

在瘧疾地區，主要的受害者是孩童。原則上，成人已染上疾病而且在倖存後獲得免疫。成人最感到害怕的是最近才抵達的人——在美洲，這項教訓已經一次又一次地經過學習，或許最慘烈的教訓就是美國南北戰爭。戰爭絕大多數都是在北軍入侵南方後在南方境內進行的。一旦跨越了梅森—狄克森線，北方人就打破了流行病的藩籬，而其影響極為巨大。

一八六一年七月，在戰爭開打後三個月，聯邦波多馬克軍團從華府進攻邦聯首都維吉尼亞州的里奇蒙。北軍遭擊退，北方稱這場戰役為奔牛溪之役（Battle of Bull Run），而南方稱為馬納薩斯之役（Battle of Manassas）。逃回華府之後，將領們遲遲不採取行動。林肯總統對於他們的膽怯多所抱怨，然而他們自有一套理由。在奔牛溪之役過後的一年間，波多馬克軍團超過三分之一的士兵罹患軍隊統計資料稱為弛張熱、每日間歇熱、間日間歇熱、四日間歇熱或充血間歇熱——這些詞今日都稱為瘧疾。在北卡羅萊納州，北軍的狀況更糟。一八六二年初，一支人數達一萬五千人的遠征軍登上羅阿諾克島，他們據守海岸線上的要塞對南軍施行海上封鎖。黃昏時，整個天空因四斑瘧蚊而閃爍微光。從一八六三年夏天到一八六四年夏天，官方公布的間歇熱感染率達百分之兩百三十三——平均每名士兵感染兩次以上。

戰爭開始時，北軍的數量多於南軍，補給也較充足。不過，就像奔牛溪之役一樣，北軍屢戰屢敗。將領無能、對手英勇與補給線漫長都是原因。但瘧疾也有影響——這是進入瘧原蟲地區的代價。在戰爭期間，每年的發病率從未低於四成。其中一年，瘧原蟲感染了三十六萬一千九百六十八名士兵。瘧原蟲很少直接奪人性命，但它讓患者身體極度衰弱以致很容易感染痢疾、痲疹，或者當時軍醫所謂的「慢性風溼」（或許是鏈球菌感染）。至少有六十萬名士兵死於南北戰爭，這是美國史上死傷最慘重的軍事衝突。絕大多數性命並非在戰場丟失，疾病殺死的北軍士兵，比南軍子彈或炮彈殺死的還要多兩倍。

瘧疾影響了戰爭的過程。生病的士兵必須以擔架運送，而且運送的成本很高。長期需要照顧這麼多患者，資源持續耗盡。南軍將領無法控制瘧疾，甚至也不知道瘧疾，但瘧疾卻成了他們額外的武器。瘧原蟲可能延遲了北軍的勝利達數個月乃至於數年之久。

長期而言，瘧疾的出現也許值得慶幸。起初，北方宣稱它的目標是保全國家，而非解放奴隸；在幾乎無人反對的狀況下，國會向叛州保證，「這場戰爭不是為了推翻或妨害它們的權利或既有制度」，「既有制度」指的就是奴隸制度。但隨著戰事延長，華府方面也逐漸傾向採用激進措施。解放宣言（Emancipation Proclamation）是否有部分可歸功於瘧疾呢？這不是不可能。

瘧疾為美國誕生立下的功勞更是不容忽視。一七七八年五月，亨利．柯林頓（Henry Clinton）擔任革命戰爭時期的英軍總司令。由於受到倫敦美洲流亡人士不精確的報告影響，這位英軍統帥相信卡羅萊納與喬治亞有許多保王派人士不敢公然表示對母國的支持。柯林頓決定推動「南方戰略」。他要派遣一支軍隊往南進攻，固守當地一段時間，說服絕大多數忍氣吞聲的保王派人士挺身而出支持國王。此外，他承諾凡協助他的奴隸都能獲得自由。然而，柯林頓不知道自己率軍入侵之處是瘧疾地區。

英軍此時尚未經過「適應」；一七七八年服役的士兵，有三分之二來自沒有瘧疾的蘇格蘭。當然，到一七八〇年為止，許多英軍士兵已在殖民地服役了一兩年，不過他們絕大多數時間都待在紐約與新英格蘭，也就是瘧原蟲線的北方。相對地，南方殖民地居民都已經「適應」，幾乎所有人都對間日瘧免疫，還有許多人從惡性瘧中倖存。

一七八〇年，英軍成功圍困查爾斯頓。一個月後，柯林頓離開當地，他指示部隊要將美洲軍趕進內陸地區。柯林頓將進行突襲之責交給康瓦利斯少將（Charels Cornwallis）。六月，康瓦利斯往內陸挺進，此時正是四斑瘧蚊活動的顛峰期。到了秋天，康瓦利斯抱怨疾病「幾乎毀了」他的軍隊。病倒的人太多太多，英軍幾乎失去戰力。殖民地的保王派部隊是唯一能前進的隊伍。當保王派在王山之役（Battle of Kings Mountain）慘敗時，康瓦利斯正因高燒而躺臥不起。「局勢一面倒，康瓦利斯的軍隊一下子就崩解

雖然今日幾乎已經淡忘，但在一九三〇年代安全的疫苗研發成功之前，從美國南方到阿根廷，黃熱病可說是恐怖的代名詞。這幅插圖描繪了一篇雜誌文章，內容講述一八七三年在佛羅里達州爆發的疫情。

了。」麥克尼爾對我說。

被疾病擊敗之後，康瓦利斯放棄卡羅萊納，轉進切薩皮克灣，打算在此與另一支英軍會師。他於一七八一年六月抵達當地。柯林頓命他在海岸線尋找據點，以便需要時，軍隊可從海路運往紐約。康瓦利斯抗議說：切薩皮克灣是出了名的瘴癘之地。但抗議無效，如果他想繼續帶兵作戰，就必須守在海邊。軍隊來到約克鎮（Yorktwon），離詹姆斯鎮約十五英里的距離，康瓦利斯苦澀地描述這裡是「一處不健康的沼澤地，面積達數英畝」。他的營地就位於兩塊沼澤之間，附近還有稻田。

令柯林頓感到震驚的是，一支法國艦隊出現在切薩皮克灣外，封鎖了康瓦利斯。在此同時，華盛頓從紐約率軍南下。革命軍缺少現金與補給，因此他的軍隊曾兩度譁變。儘管如此，機會還是浮現了。英軍正處於無法動彈的局面；康瓦利斯日後估算，他率領的七千七百名士兵，只有三千八百名能打仗。麥克尼爾讚揚革命領袖的勇敢善戰。但他還是挖苦地對我說，「革命蚊子」扮演了同樣關鍵的角色。「在四斑瘧蚊面前，所有的開國元勳頓時顯得渺小。」隨著康瓦利斯的士兵愈來愈多死於哥倫布大交換之手，一七八一年十月十七日，英軍終於投降，美國也於焉誕生。

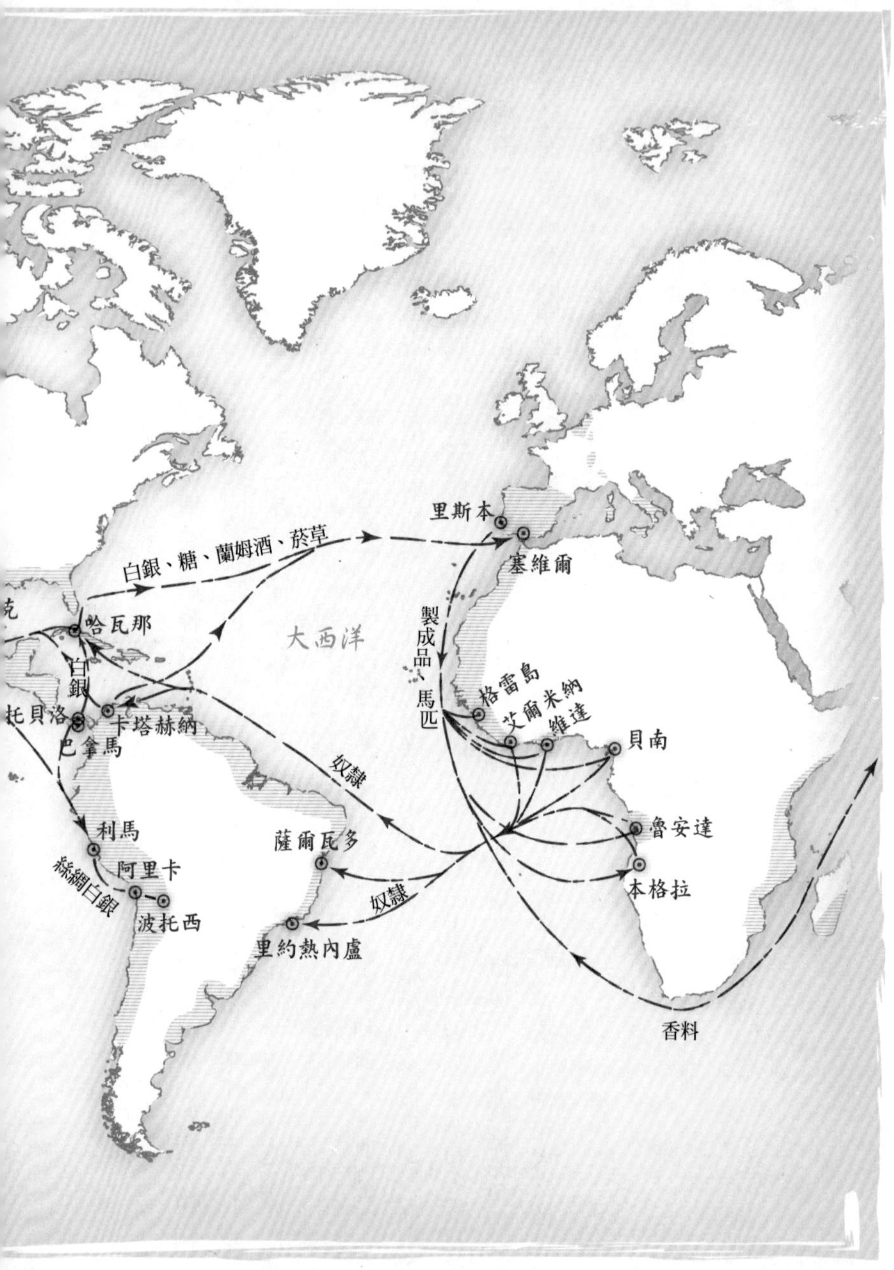
里斯本
塞維爾
白銀、糖、蘭姆酒、菸草
大西洋
哈瓦那
白銀
托貝洛
巴拿馬
卡塔赫納
製成品、馬匹
格雷島
艾爾米納
維達
貝南
奴隸
魯安達
本格拉
利馬
絲綢白銀
阿里卡
波托西
薩爾瓦多
奴隸
里約熱內盧
香料

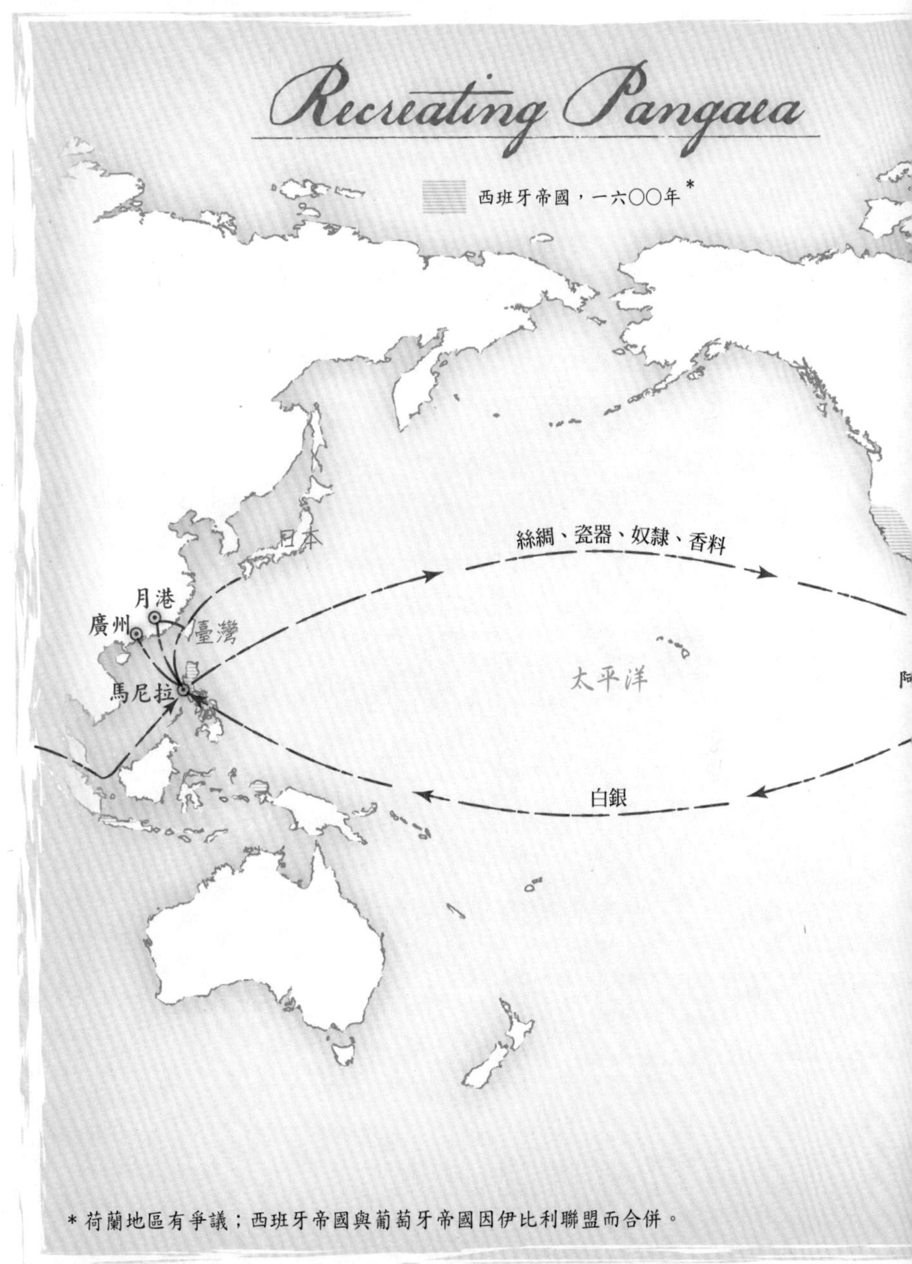

再造盤古大陸（一六〇〇年）

第二部　太平洋的旅程

4 跨洋而來的金錢（絲銀貿易，第一部分）

「再往前一步」

龐大是它最明顯的特徵，凡是看見它的人無不感到驚嘆。其龐大的身影——令人生畏、難以置信、不知如何是好——從一百英里之外就可清楚看見。據說，各國國王在王宮裡遙望海上時，突然看見海平面浮現了一座從前未見的山嶺：數以百計的船隊，有著寬廣船身、縱帆，舷檣上有大批士兵。上桅帆上飄動著戰旗般的奇異旗幟。這支艦隊的規模曠古未有，日後也罕見其匹敵。從遠處看來，它肯定像個一望無際的地理景觀。船艦航行帶來的不僅是驚嘆，還有投降與臣服。這是十五世紀初明朝永樂皇帝建立的龐大海上探險隊。這些船艦留下的印記，一些史家不禁想像，它們也許就是水手辛巴達故事的靈感來源。

這些船艦在巨大的乾船塢裡建造，外殼覆以珍貴的金屬，使用了各種技術發明——雙層船殼，防水船艙，防鏽釘子，機械式的抽水幫浦——歐洲往後一個世紀也發明不出這種東西，中國船簡直是當時的奇蹟。司令官鄭和的旗艦超過三百英尺長，一百五十英尺寬，是人類有史以來最大的木造船。史書記載這艘船有九根桅杆。鄭和的探險隊最大的時候多達三百一十七艘船，即使現在來看也相當驚人。西班牙無敵艦隊是歐洲歷史上最大的艦隊，但也不過一百三十七艘船；其中最大的船只有鄭和旗艦的一半大小。

鄭和這人不太像是一般為中國歷史增光的人物。他的身材高大，體格健壯，而且是偏遠地區的穆斯林。一三八一年，鄭和在元朝抵禦明朝的最後幾場戰役中被俘，當時他還是孩子。明朝對敵方孩童的處置通常是閹割。去勢後的鄭和被迫到明朝宮廷裡工作，他精明幹練，很快就獲得注意。不久，鄭和抓住機會，在一場政變中協助皇帝的叔父從姪兒手中奪取政權。這名篡位者就是後來的永樂皇帝。[1]鄭和也成了他的心腹。當這名野心勃勃的君主計劃進行一連串的海上探險時，他任命了這位自己最寵信的太監來統率這支艦隊。

這場航行始於一四〇五年，結束於一四三三年，這段期間，鄭和屢次航行於印度洋上，最遠抵達了非洲南部。永樂皇帝希望這支艦隊能宣揚國威，而事實上他們也做得有聲有色。一路上鄭和艦隊鎮壓了蘇門答臘不服王化的一小撮海外華人；調停爪哇內戰；入侵斯里蘭卡並將其酋帥押回中國；掃蕩蘇門答臘的盜匪。即使不用武力，鄭和龐大的艦隊也足以帶來政治成果，每到一地，往往讓異國君主大感驚懼，旋即臣服。然而這場航行非但未持續下去，反而成為朝中大臣勾心鬥角的目標——官員中有支持航行的，也有為打倒前者而反對航行的，理由是費用巨大。永樂的兒子，同時也是皇位繼承者，他站在反對父親政策的官員這邊。自從他登基那天起，便終止了這場龐大的海上探險。最後，鄭和遠

1 傳統上，皇帝總是不以個人名諱稱呼，而是以他們的年號。例如，篡位的叔父名叫朱棣，年號永樂，因此稱為永樂皇帝。

航的紀錄幾乎都被封鎖。直到十九世紀，中國的船隻再也沒跨出國門一步。

許多研究者把終止遠航歸咎於中國社會致命的孤立性格。「為什麼中國不再往前一步，繞過非洲南端進入大西洋？」哈佛歷史學家藍迪斯在他的《新國富論》中問道。他的解答是：「中國人缺乏遠見、目標，更重要的是，他們缺乏好奇心。」在儒家意識形態的限制下，自傲而自滿的中國人是「被動的改良者與拙劣的學習者」。墨爾本大學歷史學家瓊斯（Eric Jones）在《歐洲奇蹟》（*The European Miracle*）中，對於西方在政治上邁向支配地位有一段著名的陳述，他同樣把中國拒絕從事異國探險歸咎於「空虛的文化優越感」與「自我中心」。鄭和之後，帝國「撤出海洋，轉變成內向的性格」。麥克基爾大學政治學家霍爾（John A. Hall）在《權力與自由：西方興起的因與果》（*Powers and Liberties: The Causes and Consequences of the Rise of the West*），認為中國「兩千多年來一直停滯不前，反觀歐洲則如同跨欄比賽的冠軍選手不斷

為了慶祝二〇一〇年北京奧運，中國重製與展示原尺寸的鄭和旗艦。儘管離原船落成已有六個世紀的時間，這艘船的龐大仍令人感到吃驚。

向前」。在進取精神的驅使下，葡萄牙、尼德蘭、西班牙與英國將僵化的中國帶進混亂的外在世界。

其他學者不同意中國被動不前的看法。他們也不認為鄭和遠航的終止代表中國文化缺乏好奇心與驅力。這些學者指出，無論鄭和航行多遠，他從未遇見比中國還富裕的國家。從科技的角度來說，中國遠比歐亞大陸任何國家來得先進，這些國家無助於中國文明的發展，頂多做為原物料產地而已，然而只是為了獲取原物料，實在沒必要耗費鉅資組織龐大艦隊進行遠航。喬治梅森大學政治學家戈德斯東（Jack Goldstone）表示，讓鄭和越過非洲前往歐洲，對北京而言是輕而易舉的事。但明朝終止遠航，「理由與美國終止登月行動是一樣的——耗費鉅資從事這一連串旅程，所為何來，你找不到支持的理由。」

不過，從更廣義的角度來看，仍有許多未解的問題。就更長程、更重要的趨勢而言，鄭和遠航實屬異數。明朝（一三六八至一六四四年）絕大部分的時間，北京當局都是三令五申要求禁止民間海上貿易。永樂皇帝與其他幾名統治者採開放態度，但他們是少數例外；原則上，明朝對國際探險與貿易是採嚴令禁止的立場。這些禁令極為嚴格，一五二五年時，朝廷甚至下令沿海官府摧毀所有民間海船。

以今日的角度來看，在施行海禁後又重新開放，兩種立場的轉換同樣令人困惑。在下令摧毀海船的五十年後，另一名皇帝改弦易轍。在朝廷官員勉為其難的祝福下，新一代的中國船航向大海。不久，明朝便被捲入世界的交換網路中。一瞬間，中國的經濟開始深受歐洲（在此之前被視為極度窮困不值一哂之地）與美洲（明朝皇帝根本不知道有這地方）的影響。

朝廷長期以來一直憂慮無限制的貿易將導致混亂。事實上，貿易確實造成災難性的副作用，只不過與帝國官員預想的問題不同。我先前已討論哥倫布大交換如何形塑大西洋兩岸的經濟與政治制度。接下來我將目光轉向太平洋，這裡首先建立起經濟交換，而後哥倫布大交換便如火如荼地展開。因此，本章的重點是經濟與政治。下一章則將描述經濟與政治造成的生態結果，這場環境災難將為中國帶來悲慘的經濟與政治後果——部分導致了中國日後面對西方衝擊時的崩解局面。

「寇轉而為商，商轉而為寇」

中國為什麼讓自己捲入這場洪流？有兩項因素促成這項決定，一個是政治因素，另一個是經濟因素。政治因素是明朝想加強國家權力。但北京禁止民間貿易，主要不是厭惡貿易，而是認為控制貿易對王朝有利。可惜的是，這項嘗試帶來反效果——貿易禁令非但未能加強政府的控制力，反而削弱了政府。當北京終於想通時，它便放棄原先的政策。真正促使皇帝改弦更張的是經濟因素：中國有著嚴重的金錢困難。帝國對貨幣完全失去掌控，商人甚至必須以小銀塊從事貨物買賣。為了獲得必需的白銀，中國只能取消貿易禁令，向世界開放。不久，加雷翁船貿易的龐大船隊就帶著絲綢與白銀橫渡太平洋——全球性的經濟與生態網路始於哥倫布在加勒比海島嶼的努力，以及雷加斯皮在菲律賓群島的逗留，至此終於將最後一環也接上。

明朝禁止貿易經常被形容為中國文化缺陷的表徵（藍迪斯：「儒家之國厭惡商人的成功」）。然而事實絕非如此單純。禁令並未終止「所有」的對外接觸，中國朝廷允許一項例外：「朝貢」。入貢的外邦人必須住在政府規定的旅店裡，然後向皇帝進貢。皇帝基於禮節會回賜外邦人中國的物品。皇帝也會允許他們出售他不需要的任何物品，通常這類物品的數量還不少。

沿海商人知道朝廷一方面禁止貿易一方面允許朝貢的意義：這是政府控制國際貿易的方法。而且也是一項繁忙而有利可圖的事務——一四〇三年到一四〇四年間是海禁的高峰期，但明朝朝廷至少接見了來自三十八個國家的「朝貢使節」，顯然希望從貿易中獲利。但朝廷不需要的是商人；換言之，朝廷要的是外國商品，但不要外國人。除了極少數例外，所有與外在世界的接觸都應該受到北京的監督。[2]

朝廷官員自有一套官僚特有的邏輯，他們認為海上貿易是非法的，國家自然不需要海上武力來監督貿易。中國將海軍縮減到只剩幾艘船，要巡邏漫長的海岸線根本不夠。於是毫無意外地，創造出瘋狂走私的結果（如果做生意是非法的，那麼只有非法者才能做生意）。

倭寇充斥著整個東南沿海。就字義來說，倭寇指的是「日本海盜」，但實際上這些倭寇絕大多數不是日本人，也不是海盜。雖然這些人有時以日本為根據地，但絕大多數「倭寇」都是在中國商人帶路下從事走私偷渡的生意，特別是在明朝皇帝頒布詔令抹殺他們的生計之後。船上搭載著來自各行各業為避禍而上船的民眾：無法覓得一官半職的讀書人、破產的生意人、躲避徵兵的男丁、被開革的官吏、饑餓的農民、犯了戒律的僧侶、逃犯，當然還有以走私偷渡為業之人。這些人當中也有零星的航海老手，他們之所以投入海盜事業是受到發財美夢的迷惑。當官方試圖緝捕海盜時，往往會引發各種暴力事件，有些時候城市甚至因而淪陷。廈門大學歷史學家林仁川告訴我：「寇轉而為商，商轉而為寇。」如果可以的話，他們當然想和平做生意；如果不行，他們就來硬的。

中國無力解決海盜問題，而這與高層的無能有關。晚明的歷史宛如一場民主美德的宣傳活動。某個

---

2 在明朝之前，蒙古人建立的元朝也做了完全相同的事，他們分別於一三〇一年、一三一一年與一三二〇年下令禁止民間海外貿易。但法令頒布不久就廢止。專賣的利潤固然吸引人，但元朝發現向民間貿易徵稅要比政府自己經營獲利更大，麻煩也「較少」。

皇帝二十年不上朝，另一個皇帝是酒鬼，還有一個皇帝是不履行自己的職務，跑到御花園住下，潛心煉製長生不老藥與壯陽藥，好讓自己與數百名年輕女子行房。最後說的這位皇帝就是嘉靖皇帝，他的統治期間是從一五二一年到一五六七年。嘉靖皇帝使整個帝國落入一小群大學士之手，這些人只在乎個人的飛黃騰達，對於東南沿岸的海盜問題漠不關心。

海盜影響最大的地區是福建。福建位於中國東南部，隔臺灣海峽與臺灣相望，是個資源匱乏的省分。該省絕大部分土地是由低矮崎嶇的山地構成，上面覆蓋著經風化的紅土，平坦的可耕地主要分布於河谷以及沿海的帶狀地帶。「山的頂峰都是岩石，寸草不生，農民努力耕作，沒有喘息的一天，」一名十三世紀的福建文人哀嘆道：「低窪地區多屬鹽鹵沼澤，無法耕作。」

明代的福建

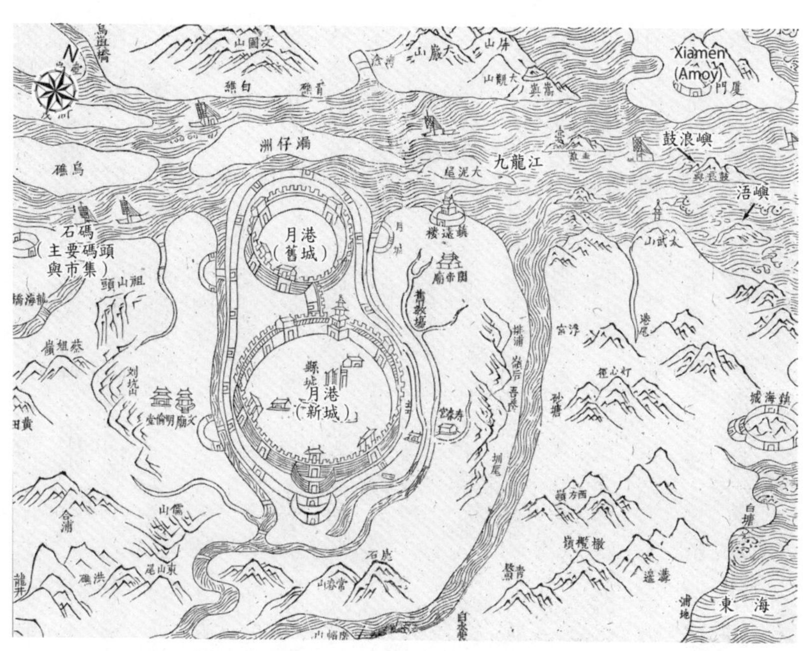

這幅十七世紀中國地圖描繪的城郭城市月港曾是世界上最重要的港口。今日，它的角色已被位於小島上的現代港市廈門取代，過去在月港興盛的時期，廈門還只是個小村落。

饑荒的陰影揮之不去；儘管有大規模的梯田與土地開墾計畫，福建的糧食仍無法自給自足。該省有一半的白米仰賴進口——這不是件容易的事，因為多山的地形使福建隔絕在全國其他地區之外。在福建極少數的自然資產中，有一項是曲折岩岸邊分布著許多天然良港。基於以上原因，福建人必須靠海為生。長久以來，此地一直是中國海上貿易的中心——這意謂著在帆船時代，這裡是中國國際貿易的重鎮。因此當朝廷頒布海禁時，福建人發現自己處於極不利的地位——他們在陸上無事可做。

衝突在月港這座港市發展的尤為激烈。月港位於九龍江口，港內充滿小島、沙洲，和其他不利運輸的障礙。此地濃霧惡名昭彰，導致航行上的困難——我造訪這座港口時，有時連幾百碼外的船都看不到。主要碼頭要上溯九龍江數英里，其所在水域很淺，必須利用漲潮時將船拖曳上來。選擇這樣的位置是基於防範海盜的考量：盜賊不敢襲擊這個碼頭，因為上漲的潮汐固然能助你入港，卻也強到使你無法出港。此外，許多月港船東自己就是海盜——這座港口可保護他們不受同業的侵犯。

滿是唐朝廟宇的舊城，藉由一條隆起的通道與明朝的新城相通，後者位於內陸，城郭更大。兩座城內蓋滿擁擠的房舍——「盜賊之淵藪」，一五六〇年代一名官員輕蔑地說，此地「民習操舟通番，倡亂貽患地方者已非一日矣」。確實，月港成了海盜的天堂，北京還將此地的百姓以十家為一組，要他們彼此監督，每五天報告一次；如果有一家做了違法的事，十家都要受罰。

帝制中國的日常史主要記錄在每年由各縣編纂送至北京的縣志上。月港所在縣府受倭寇為害甚大，縣志編纂者於是額外編列一個附錄：〈寇亂〉。

寇亂始於一五四七年，當時荷蘭商人／海盜／走私者在浯嶼建立根據地，這是位於月港南方一處最近才關閉的海軍基地。「荷蘭」這名詞不太精確；這群商人掛的是荷蘭旗，但卻是由一群西班牙、葡萄牙與荷蘭騙子組成的大雜燴，裡面還夾帶著半奴隸身分的馬來人。中國人與日本人

位於月港外經常瀰漫薄霧的浯嶼，過去這裡是海盜的據點，現在則是漁業與水栽農業的中心。

組成的倭寇欣然派船跟他們貿易，月港正當的生意人也如此；一座多語言的繁忙市集就在浯嶼狹小但堪用的港口出現。總督閩浙都御史朱紈對於諸國之人聚集於此感到不滿，於是派遣士兵將他們趕走。

浯嶼上有兩座布滿陡峭岩石、灌木覆蓋的小山丘，山丘之間夾著一塊「馬鞍狀」地帶。荷蘭人藏身在其中一座山丘頂端臨時搭建的堡壘裡，中國人因此不得不從山下仰攻。在短暫衝突中，商人／海盜集團擊退了中國軍隊。朱紈於是改變戰術，他把與浯嶼貿易的九十名當地商人抓起來。此時荷蘭人做出一項舉動，就連對這些人毫不同情的縣志編纂者也認為值得稱道，他們派遣使者懇求饒了這些商人的性命。荷蘭人放棄浯嶼，並且不再公開從事交易；但往後他們開始在這個地區四處漫遊，搶掠福建商人與走私者，包括他們先前合作的對象。

朱紈並不滿意。他行事嚴謹、道德色彩濃厚，曾因上書揭弊而觸怒長官。朱紈極為頑固，他的下屬送小禮物給他遠道前來拜訪的親人，他竟因此裁罰自己高額的罰金。一五四八年年底，朱紈查緝浙江一處重要的走私地點，驅趕多達一千兩百艘的非法船隻。在惡名昭彰的李光頭率領下，近百名倭寇逃往福建南端的新據點躲藏。三個月後，朱紈追捕到他們，殺死了近一百五十人，抓到數十名葡萄牙、日本與中國走私者。

李光頭的黨羽有許多來自於月港具影響力的商人家族。[3] 朱紈對於地方菁英與外國走私者彼此勾結

3「家族」不是個精確的詞彙。這些商人是「公司」，有就是幾個親戚關係的家族結合成像氏族一樣的團體，成員可以多達數百人。我不想使用公司這個詞，因為它可能與company混淆。公司雖然原本在中國是指具有家族根源的商業組織，但對今日的讀者來說可能會造成混淆。

感到憤怒，於是下令將抓到的這些人處決——兩年內的第二次大規模處決。這次處決使朱紈的敵人站到同一陣線上。月港的富商向朱紈的長官投訴，當時的嘉靖皇帝醉心煉丹，政事全交給底下的大臣處理。朱紈先是遭到降級，而後遭到解職，最後甚至必須接受政治調查。面對這樣的指控，朱紈於一五五〇年一月服毒自盡。「縱天子不欲死我，」朱紈說：「閩浙人必殺我。」

朱紈的死激勵了海盜集團，他們開始搶掠城鎮，大肆破壞，「直到腐肉的臭味逼得他們不得不離開為止」。月港北方有一座城市，有超過兩萬人在一場海盜入侵中喪生。明代史家羅曰褧回憶說，中國東南地區的居民深感恐懼，他們「食不暇炊，臥不安枕，農夫釋耒，紅女寢機」。當倭寇來襲時，羅曰褧寫道：

> 父子老弱，繫虜相隨於路。其死傷者，首身分離，曝骨草澤，頭顱僵仆。相望於境，沿海郡縣，幾為丘墟。

一五五六年，史家諸葛元聲提到，倭寇「焚燒房舍，擄取女子，盜竊財物」。「官員與平民全遭屠戮，屍體數十百萬，填塞山谷。官軍聞風喪膽。」他又寫道，只要一聽到倭寇出現，「民眾驚慌失措，四處逃亡。」周星馳武俠喜劇片裡有一幕：

> 來自松江（按：位於上海附近）的信差騎著快馬進城，他對著身後的隨從喊道：「到了！到了！」當地人卻誤會他的話，以為是（按：倭寇）來了。於是男男女女急得像熱鍋上的螞蟻一樣，沒有任

何事能阻止他們。母親與子女失散，每個人家都掉了無數的珠寶財產。當時城裡有六百多名士兵駐紮在城樓上；他們全都丟下武器盔甲逃難去了。到了第二天，城裡才又恢復平靜。

在月港，倭寇一直到了一五五七年才對政府展開反擊，根據縣志的記載，當時有一名心懷不滿的農民祕密為兩批海盜開城。他們擊退所有的抵抗，「焚千餘人，擄千餘家而去。」

這場攻擊事件雖然悲慘，但還不是重頭戲。儘管倭寇襲擊月港，月港還是有二十四名商人籌資建造船隊與海盜合作，企圖和他們一起建立共同的冒險事業網絡。商人擁有國內市場，走私者有外國貨物。這些商人又稱二十四將，他們像黑社會一樣將月港分成二十四個區域做為各自的地盤，並且興建營寨，彼此相結。三百名政府軍前去征勦，卻被二十四將擊退。他們的勝利使福建其他地區的走私者也追隨他們的領導，組成了二十八宿與三十六猛。這個地區於是成為令人搞不清狀況且融合不同效忠對象與反逆的暴力地帶，來自不同鄉里、地區與國家的商人集團與海盜集團爭相控制著走私貿易。

對巡海道副使邵梗來說——死去朱紈的下屬——當福建商人找來三千名日本與葡萄牙走私者再度占領荷蘭人先前位於浯嶼的據點時，已然超過政府的底限。邵梗沒有太多選擇。政府的海軍在經費縮減下，武器與人員都不如倭寇——事實上，海軍為了執行任務，有時還要雇用走私者，因為他們有更好的技術與經驗。更糟的是，他無法信任底下的軍官，因為這些人都來自與走私相關的商人家族。邵梗採用傳統策略，以賄賂的方式和洪迪珍結盟，此人曾經是浯嶼上三千名倭寇的首領。一五六一年，洪迪珍糾合部眾攻擊走私集團最大的據點月港。「倭敗死無數」，縣志記載道——這段保留顏面的陳述，意謂與在地民眾結盟的海盜集團讓洪迪珍付出慘重代價。

邵梗屈服了。縣志記載道：「十年之內，破衛者一，破所者二，破府者一，破縣者六，破城堡者不下二十餘處〔……〕人號鬼哭，星月無光，草野呻吟。」世上最富有、科技最進步的國家，居然連自己的邊境都無法好好看管。一五六七年，新任的明朝皇帝終於認輸，廢止了民間海外貿易的禁令。

政府改弦易轍不只因為沒有能力阻止走私，或開始認識到福建居民對貿易的依賴，此時北京當局也瞭解國家亟需商人手中最重要的貨物：白銀。

金錢耗盡

在基督誕生前數百年，中國已經開始發行青銅鑄造的圓形錢幣。每個錢幣的價值等同於本身的青銅重量，錢中央有個方孔。這種貨幣系統有缺點。由於青銅不是特別珍貴，因此一枚錢幣的價值並不高。為了創造更高的價值，人們會用細繩把錢串起來，一百錢或一千錢一貫。

成貫的銅錢笨重，體積又大，而且價值仍舊不高。要中國古代大商賈使用銅錢進行交易，就像要今日從事併購的銀行家使用一大袋二十五美分硬幣去收購公司一樣。加州大學洛杉磯分校專攻中國貨幣史的萬志英（Richard von Glahn）指出，更糟的是，到了最後，中國沒有足夠的銅滿足民眾對錢幣的需求。缺銅的宋朝不得不規定一種名叫「省陌」的標準，把七百七十錢當成一千錢來使用。

一一六一年，宋朝發行最早的近代紙幣：會子。地方政府與大商人試行紙幣已有兩個世紀，但會子卻是首次由國家發行流通全國的紙鈔。會子以銅錢為價格單位；面額最低的紙幣值兩百錢，最高值三千錢。（最早的歐洲紙幣出現於一六六一年，也就是五世紀後。）

理論上來說，民眾可以用手中的會子兌換實際的銅錢。中國政府與商人隨即發現發行會子降低了對銅錢的需求，使他們得以將銅錢出口到日本，日本也使用中國銅錢做為通貨。政府發行的紙幣越多，可以出口的銅錢就越多。發行後的數十年內，會子實際上已與銅錢脫勾；無論紙幣的面額標示多少，都無法兌換銅錢，會子已然成為經濟學家口中所謂的「法定貨幣」(fiat money)。

法定貨幣本身不具價值，它之所以帶有價值，只是因為政府宣稱它有價值。美元是一個例子，歐元也是如此。美元與歐元就像紙張一樣，本身幾乎沒有價值。然而因為這些紙幣是由政府機關發行，所以民眾可以將這些花花綠綠的方形紙張交給雜貨店的伙計，然後抱著幾袋食物離去。相對地，西班牙帝國流通的白銀披索是「實物貨幣」(commodity money)：白銀披索有價值，因為它是用有價值的原料製成的。中國的銅錢也是如此，只不過青銅不是特別有價值。

從政府的觀點來說，實物貨幣是有問題的，因為政府並未完全控制金錢的供給——國家通貨很容易受到偶然衝擊的影響。舉例來說，在哥倫布遠航的時代，從緬甸到貝南全以子安貝做為通貨。[4]後來歐洲人從印度洋盛產子安貝的馬爾地夫群島運來大量貝殼，使用貝殼通貨的各國政府均無法因應此一變局，運作數世紀之久的財政體系瞬時瓦解。

這種外在壓力無法影響法定貨幣。藉由法定貨幣，政府幾乎可以完全控制貨幣供給；政府可決定貨幣數量，然後指示印鈔廠印行紙幣。理論上，政治人物可藉由增加或減少貨幣供給以創造較佳的經

4 在習慣使用金屬錢幣的人眼中，以貝殼做為金錢的觀念也許有點原始。但貝殼有一個好處：當時的錢幣經常貶值或遭到偽造，但貝殼不容易更改或偽造。

濟環境。

法定貨幣由政府決定其發行數量，這是最大的優點，但也是最大的缺點。在開始使用紙幣後，宋朝皇帝有了驚人的發現：他們只消在紙張上印油墨花樣，就能購買東西。數十年來，這項策略一直管用。隨著紙幣的使用擴及到帝國全境，國家必須增加紙幣供給，而皇帝的花費也被紙幣發行量的增加所吸收。十三世紀初，宋朝皇帝決定與北方的敵人進行武力對抗——首先是金，然後是蒙古。為了支付軍需與軍餉，皇帝把印鈔機的印製速度調到「最高速」，結果造成通貨膨脹。宋朝在引發貨幣災難前就被蒙古人滅國。建立元朝的蒙古人發行自己的紙幣——數量相當龐大。創造惡性通貨膨脹的榮銜應頒給蒙古人。到了一三五〇年代，元朝的紙幣實際上已無價值。再過十年，元朝被明朝消滅。

明朝第一任統治者洪武皇帝即位後，馬上下令以他的年號鑄造新錢幣（編按：即「洪武通寶」），並且停止印製毫無價值的紙幣！然而，洪武皇帝發現，帝國的銅礦幾乎已開採一空。自然地，銅價開始上漲；最後，鑄造銅錢的成本竟然超過銅錢本身價值，情況像是要花兩文錢才能造出一文錢。因此不難想像，發行的銅錢不多。明朝的銅錢變得非常稀有，連商人也對使用銅錢感到遲疑——商人接觸銅錢的經驗不多，所以無法判斷手上銅錢是真是假。

不久，明朝也像先前的朝代一樣，發現印鈔的好處。於是通貨膨脹再度惡化，大約十年的時間，紙幣貶值了近四分之三。洪武皇帝的回應方式是不再鑄造任何銅錢，想藉此逼迫民眾使用紙幣——目標是如此，可惜沒用。關閉鑄幣廠使銅錢更為稀少，而新銅錢的稀少進一步破壞銅錢做為通貨的價值。此舉也使民眾信賴與理解的舊銅錢價值大為提升，民間開始掀起偽造銅錢的風潮。偽造的假銅錢絕大多數都很容易辨別，但商人希望客人上門，因此就算民眾拿假錢付款他們也願意接受，只是會再額外加價。

就在商人不斷將他們能得到的所有舊銅錢與假銅錢攢在手裡之時，紙幣的價值也就持續下跌。一三九四年，政府禁止使用官方鑄造的銅錢——這是一項「嘲弄經濟現實」的政策，加州大學歷史學家萬志英在《財富的泉源》（*Fountain of Fortune*〔1996〕，這是一部卓越的中國貨幣史，本章許多分析受惠於此書）中寫道。誠如人們所預期，這項政策失敗了。明朝歷任皇帝不斷嘗試在一三九七年、一四〇三年、一四〇四年、一四一九年與一四二五年禁止使用銅錢。每次禁令失敗，皇帝就會再度解禁讓銅錢流通——直到下次發布禁令為止。在此同時，明朝持續依照通膨率發行紙幣。這些做法聽起來不可理喻，但它確實發生了。在充滿敵意與派系鬥爭的明朝朝廷裡，政府政策經常是內閣明爭暗鬥的副產品，與實際的效果毫無關聯。結果，等到倭寇侵擾東南沿海時，中華帝國的通貨已無功能可言。

我可能說的太簡略了。通貨「還能」發揮功能——但卻是斷續且不可預測的。每個皇帝都鑄造了上面印有自己年號的銅錢。當皇帝駕崩時，繼任者很快就會宣布前一任皇帝的銅錢不能再使用，只有新皇帝鑄造的新錢才是有效的通貨。《明史》提到，商人們突然發現「自己的資本在一夜之間化為烏有，只能沉默地哀嘆血本無歸，而後選擇自殺一途」。

商人與顧客需要支付工具，因此他們會使用更古老的舊錢，直到新皇帝的新錢送到為止；鑑於銅的缺乏與政府的無效率，新錢通常需要數年乃至於數十年才能到手。然後他們會使用新錢直到政府突然下令禁用為止。臺灣史家全漢昇指出，結果這情況成了一再出現的燙手山芋遊戲，每個人都堅持使用手上的銅錢，直到它徹底失去價值的前一刻——此時，他們會試圖將手上銅錢全部脫手給某個運氣不好的受騙者。

「而乃旦更暮改，迄無定議，」十六世紀首輔高拱不滿地表示：「小民見得如此，恐今日得錢而明日不用，將必至於餓死。是以愈變更愈紛亂，愈禁約愈驚惶，鋪面不敢開，買賣不得行，而嗷嗷為甚。」「旦所得錢，暮不能為用，」一六〇六年中國河南的一本縣志解釋說。店主不可能一下子完全不收這些錢。

一夫倡言，千人附和。雖有厲禁，視若辮髦。無何，有客來買前錢，以一當三，捆載而去。此所謂壟斷之尤也，而奸人之雄也。富商大賈，坐牟厚利，細民重困，無有已時。

這些怨言是否過於誇大？一五二一年，嘉靖皇帝登基。年輕有為的他，完全看不出數十年後將沉迷於女色，他把所有的精力全投注於重建國家對金錢供給的控制上。他決定發行高品質的新銅錢，讓民眾自然而然放棄使用舊錢與假錢。發行的結果見諸一世紀後史地學家顧炎武的大作《天下郡國利病書》。顧炎武觀察月港南方十英里的漳浦縣，他提到，嘉靖即位之初，該縣商人使用的竟是宋朝的錢——精確地說是元豐通寶，也就是一〇八五年，四百多年前的鑄錢。往後十年，嘉靖皇帝建立鑄幣廠並且盡可能地趕鑄銅錢。這項努力並未讓漳浦縣出現一丁點變化。顧炎武寫道，年復一年，當地商人使用的銅錢只是不斷在宋朝各個皇帝鑄的錢之間轉換。每一次轉換，手上持有失寵銅錢的人無不感到孤立無助。漳浦縣民直到一五七七年才使用合法的通貨，數十年來這是第一次，民眾使用現任君主鑄造的貨幣，萬曆錢。此時距嘉靖皇帝去世已十年。但顧炎武說這只是暫時的，因為「方一年，而萬曆錢又置不用」。

白銀長久以來一直被認為是保值物，不過很少用在一般小額交易，因為它太稀少而且價格太高。但銅錢與紙幣的不確定性使得商人決定孤注一擲，開始使用小巧的銀錠，這種銀錠通常呈淺碗狀，直徑約一到四英寸。當商人見面時，他們會使用銀錠進行交易，用珠寶秤秤重，以特殊的剪刀剪下需要的白銀量：為了估量白銀的純度，他們找來看銀師，看銀師收取估價費，但往往欺瞞買賣雙方。儘管處理起來麻煩，但白銀系統還是比使用銅錢來得穩當，後者隨時可能失去價值。一五七〇年，一名作家抱怨說，到了倭寇危機的末期，在所有市場交易裡，銅錢占不到十分之一。中國政府並未發行銀錠；彷彿抱持著自由派觀點似的，金錢的供應實際上完全交由民間來進行。任何人手裡有銀錠，都可以找看銀師為他們的銀兩認證——速成的錢！每個人都用碎銀兩付帳。

明朝皇帝雖不情願，但還是逐漸接受了白銀系統。中國的基本稅制——農民上繳部分收成——八百年來一直沒有改變。但隨著時間變遷，這種稅制已出現許多漏洞與額外負擔，創造了貪汙腐敗的機會。北京頒布一連串詔令，再三要求編訂納稅名冊，並且命令民眾上繳稅負除了實物也要有白銀，

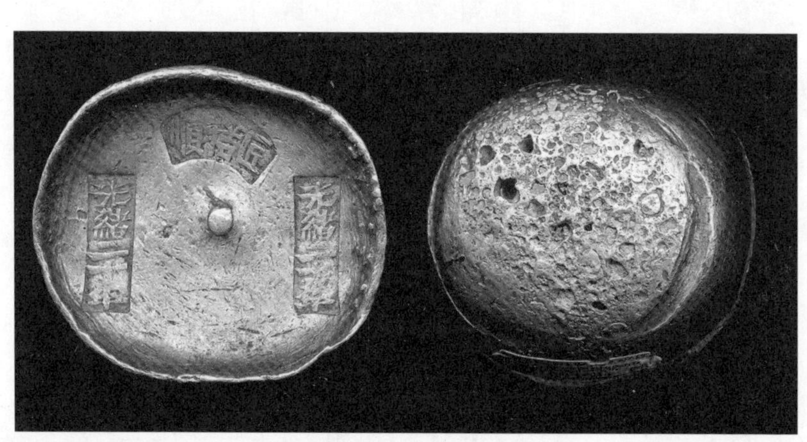

這些小銀錠通行於明清時代，用來取代銅錢。上面的印記包括了銀匠自己的鋪號（難以辨識，但勉強可以看出印著順祥匠）與年代（光緒二十年，一八九五年）。

而且白銀比重逐年增加。到了一五七〇年代，當萬曆朝開始之時，北京的歲入已有九成以上是閃閃發亮的銀塊。

中國是世界最大的經濟體。它的「白銀化」意謂著數千萬富有的中國人突然需要大量白銀支付稅收或經營生意，中國對白銀出現了龐大需求。傷腦筋的是，中國的銀礦與銅礦一樣產量不豐。商人無法得到充足的白銀來支付任何事物，包括他們的稅捐。鄰近的銀產地只有一處，那就是日本。在官方層次上，中國與日本並不友好——事實上，這兩個國家很快就要在朝鮮開戰。為了獲得維持商業活動必需的白銀，商人轉而找上倭寇。商人把絲綢與瓷器賣給擁有白銀的殘暴之輩，然後回過頭來用這些白銀支付稅捐，而政府又把稅收轉為軍費花在對抗這些殘暴的倭寇上。明朝政府居然攻打它的金錢供給者。

北京無法克服這種矛盾，只好允許福建商人進行海上貿易。開放海禁之後，有數千名福建人——通常是大家庭裡長子以外的兒子——在亞洲各地建立日後進行貿易或勒索的灘頭堡。一五七一年，即使在馬尼拉荒涼的馬來村落，也能有一百五十名中國人居住，雷加斯皮就是在這個時候出現。此外，還有數百名中國人居住在菲律賓群島其他地區。在菲律賓意外發現攜帶白銀的外國人，對中國人而言簡直是天上掉下來的禮物。載運西班牙白銀的加雷翁船，說是滿載金錢的船隻也不為過。

「世界的財寶」

白銀如何運送到加雷翁船上？根據一些故事的說法，一切都要從名叫瓜爾帕或瓦爾帕（Diego Gualpa or Hualpa）的男子說起。他走在玻利維亞南端標高一萬三千英尺的安地斯山脈高原上，可能正在尋找一頭走失的大羊駝。（令人驚訝的是，這個高度在安地斯山脈比比皆是，該區絕大多數人口都住在高海拔的平原上，高度都在一萬三千英尺左右。）這裡沒有樹木，沒有動物，沒有農作物，沒有人居住——只有寸草不生如圓頂般的山丘，上面留有風雪刨挖的痕跡，四周圍繞著更高聳、包覆著凹凸冰層的山脈。他在一望無際的山脊絆了一跤，所幸抓住灌木才免於跌落山谷。灌木從淺層的土壤長出，根部的孔穴裡似乎反射著金屬亮光。這位不確定叫瓜爾帕還是瓦爾帕的男子，腳下的銀礦脈，長三百英尺，寬十三英尺，深三百英尺——這是人類歷史上發現的最大銀礦脈。

一般礦脈的白銀含量不高，但這處礦脈的含量卻高達百分之五十。純度高到西班牙人不知如何提煉——他們老把白銀煮到揮發不見。安地斯印第安人擁有世界數一數二的冶金術。當地居民以乾草與大羊駝糞為燃料，以低溫的方式冶煉，就能做到外國人無法做到的事。很快地，數千座原住民製作的鎔礦爐開始將煙霧排放到安地斯冷冽的空氣中。到了一五六〇年代初，也就是首次發現礦脈的二十年後，帝國市鎮波托西（Imperial Villa of Potosí）——這座新興城市的正式名稱——已經擁有五萬名居民。要不是西班牙千方百計將人口疏散出去，波托西的居民肯定還會更多。儘管如此，波托西的人口到了一六一一年還是成長到十六萬人，與倫敦或阿姆斯特丹平分秋色。波托西成為世界上最高最富有的城市。

目無法紀、邪惡、奢侈，波托西成為日後無數新興市鎮的樣板。妓女身穿中國絲綢，走在噴滿香水的房間裡，腳下踩的是波斯地毯。礦工把錢給了乞丐，也把錢花在寶劍與服飾，以及精心舉辦的慶典上。市場競標時，兩名男子為了一條魚把價格喊到五千銀披索，這可是絕大多數歐洲人工作數年才能獲得的資財。另一名男子在決鬥時穿著「珍珠色的錦緞上衣，上面以鑽石、綠寶石與一串串的珍珠做為飾釘」。在一場慶典中，波托西的街道居然鋪著一條條的銀棒。「我是富有的波托西」，城市的盾形

從這幅一七六八年的圖可以看出，波托西座落在銀山下方的平原。寒冷、擁擠、充滿暴力，波托西是世界最高的城市，或許也是最富有的城市。

紋章上寫著：「世界的財寶，群山之王，諸王豔羨的目標。」

波托西的生活或許令人羨慕，但並不舒適。在強風與高海拔的共伴下，波托西相當寒冷且幾乎寸草不生。當地的空氣稀薄，我第一次造訪時拿著手提箱上樓，結果差點在樓梯上昏倒。丟臉的是，旅店老闆的妹妹才十歲，她趕緊跑過來幫我把行李拿進房裡。在開採白銀的時代，每一杯麵粉，每一塊布與每一根木材都必須由大羊駝運進城市。現在玻利維亞有車子與卡車，但波托西許多房子仍沒有暖氣，就跟幾世紀前一樣。早上的時候，我的毛毯因為結霜而發出細碎的爆裂聲。看到我的嘴唇發紫，旅店老闆的母親好心泡了一杯古柯茶給我。

重要性幾乎能與波托西山等量齊觀的是第二座安地斯山峰萬卡韋利卡（Huancavelica），它位於波托西的西北方八百英里處，此地因含有汞礦床而閃爍著微光。一五五〇年代，墨西哥的歐洲人發現即使不加熱，也能用汞提煉白銀的方法。（其實應該說是再發現——

中國在幾世紀前就已使用這項技術。）礦工把銀礦石磨成粉，鋪撒在平坦的石頭空地上，用釘耙將粉末與鹽水、硫酸銅及汞混合，最後形成堅硬的塊狀物。人、騾與馬在塊狀物上來回踏步，藉由壓力使其產生複雜反應，並且緩慢地促使汞與礦石中的銀結合，形成帶有黏性的汞合金。工人用水澆灌塊狀物，把汞合金以外的東西沖洗掉，然後將汞合金刮進布袋裡。一段時間之後，原本鬆散結合的汞與銀開始分離；汞是液體，於是從布袋中滲出，留下一整袋純銀。在看了整個提煉過程之後，總督弗朗西斯科·托雷多（Francisco de Toledo）奪取萬卡韋利卡礦區進獻給國王，他安排他所謂的「世界上最重要的聯姻，把萬卡韋利卡山與波托西山結合在一起」。

總督知道，只要汞能源源不絕地開採，銀礦區就不需要仰賴印第安人的技術，這意謂著西班牙人可以把原住民當成純粹的勞動來源。安地斯山地民族有集體工作的傳統，印加帝國運用這項傳統興建了廣大的道路系統。總督托雷多仿效印加的做法，他強迫原住民每星期派遣一定人數的男子到銀礦區與汞礦區，做為一種上繳的貢金——起初，波托西與萬卡韋利卡兩個礦區每星期各有約四千人工作。礦場主每年也進口數百名非洲奴隸，不過與原住民相比是小巫見大巫。據說，兩個礦區總共殺死了三百萬到八百萬人，這是過於誇大的說法。不過這裡的條件確實非常惡劣，尤其是萬卡韋利卡。

汞礦場的入口是一道巨大的拱門，山壁上鑿切出壁柱與王室紋章。進到裡面，地道很快變得十分狹窄，四向延伸宛如水母的觸手。燭火繫在額頭上，印第安人在空氣不流通的窄道裡拖拉礦石。地底的熱度使汞蒸發——一種作用緩慢的毒氣——因此工人就在致命的蒸汽裡蹣跚工作一整天。即使在溫度較低的礦區，工人用鶴嘴鋤不斷地開鑿，也會產生含有汞、硫磺、砷與矽的熱氣。其所造成的影響不難想像。工人每兩個月輪班一次，一年通常有幾次在地道裡工作的機會；在地道裡工作之後，許多人出現汞中毒的初期症狀，身體開始震顫。工頭與監工也死了——他們在礦場裡待得太久。有些原住民決心不讓自己的孩子進到汞礦區，甚至狠下心來弄殘孩子的身體，使他們不用到礦場服役。

萬卡韋利卡的礦石在陶製的鍋爐裡冶煉；汞不斷煮沸，然後濃縮在鍋爐內壁上。如果還沒冷卻就打開鍋爐——急於進行下一道提煉程序的礦場主經常堅持這麼做——結果就是撲面而來的汞蒸汽。無數檢查官員要求國王關閉萬卡韋利卡礦場，但國家利益永遠被優先考慮，畢竟白銀的需求太大了。隨著礦井往山裡開鑿的深度不斷增加，檢查官員也要求國家必須開鑿通氣井。第一口通氣井居然在八十年後才開挖。一六〇四年，負責挖墳的官員表示，礦工的屍體腐化分解後，往往留下一灘汞。[5]

波托西的情況較不致命，但並不會比較人道。在近乎漆黑的狀況下，徵召來的印第安人背著一百磅礦石沿著繩梯上上下下。就像繩子上的螞蟻一樣，繩梯的這一邊，一串人龍不斷往上爬，另一邊則不斷往下降。起初，印第安人在地底下每工作一個星期，就能回到地上休息兩個星期。往後，連休息時間也取消了。當礦工開採到的是品質較差的礦石時，他們必須更努力工作才能開採到他們的白銀配額。無法開採到配額，就會遭到鞭子、棍棒與石塊伺候。反奴分子對於這種狀況感到驚恐，他們抨擊波托西已成了「地獄般的洞穴」。「二十名健康的印第安人在星期一進了礦坑，等到星期六出來，有一半已成了殘廢」，一名憤怒的教士在寫給西班牙王室書記的信上說道：基督教的領袖怎麼容許這種事發生？

5 汞中毒不是礦工死亡的唯一原因。同樣致命的還有肺炎、結核病、矽肺病（吸入矽土造成肺的損壞）與窒息（在通風不良的地道裡吸入二氧化碳）。一六四〇年，一名王室檢查員看見三名印第安人跌入充滿二氧化碳連蠟燭都無法點燃的坑裡（二氧化碳比空氣重，因此聚集在低窪地區）。雖然坑洞不深，但工人卻無法爬上來。他們的遺體並未尋回；下到坑洞裡實在太危險了。

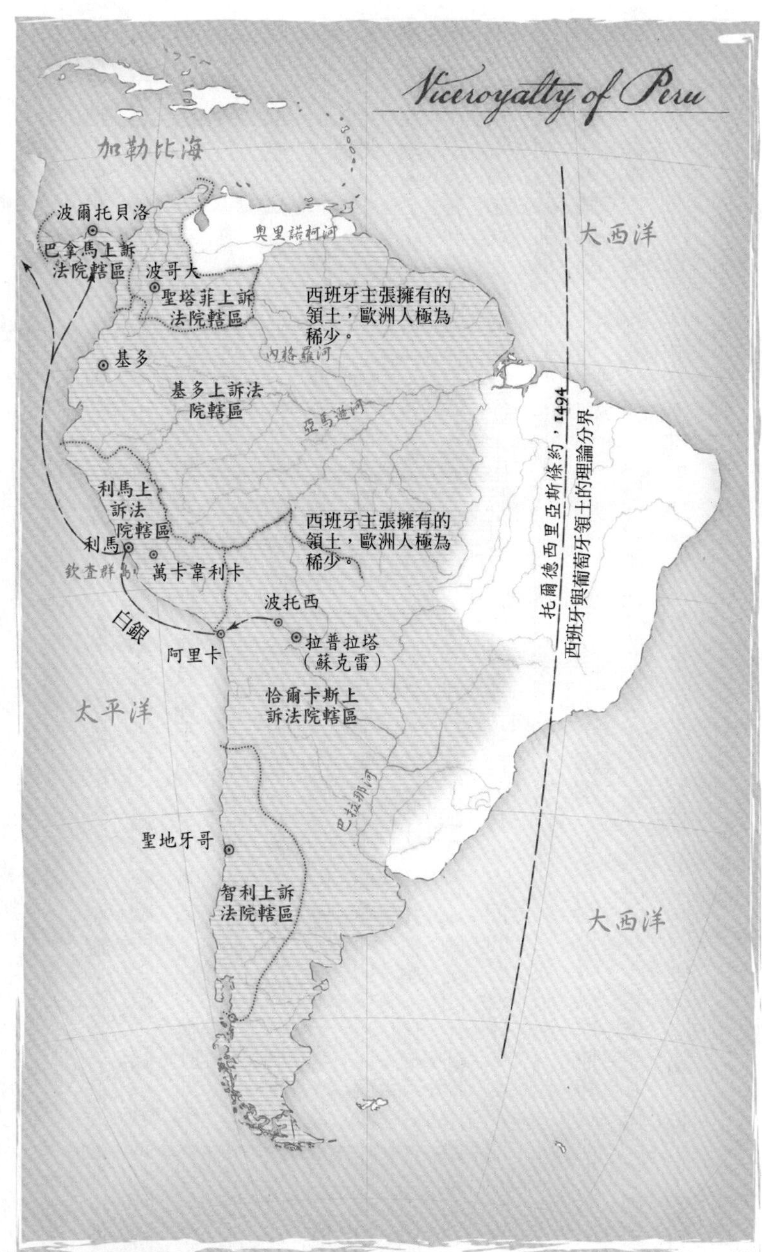
Viceroyalty of Peru
加勒比海
波爾托貝洛
巴拿馬上訴法院轄區
波哥大
聖塔菲上訴法院轄區
奧里諾科河
大西洋
西班牙主張擁有的領土，歐洲人極為稀少。
內格羅河
基多
基多上訴法院轄區
亞馬遜河
托爾德西里亞斯條約，1494
西班牙與葡萄牙領土的理論分界
利馬上訴法院轄區
利馬
西班牙主張擁有的領土，歐洲人極為稀少。
欽查群島
萬卡韋利卡
波托西
白銀
阿里卡
拉普拉塔（蘇克雷）
太平洋
恰爾卡斯上訴法院轄區
巴拉那河
聖地牙哥
智利上訴法院轄區
大西洋

祕魯總督轄區

在地底挖礦完全不遵守規定，有部分原因是在地表上法律也蕩然無存。所有能設想到的暴力都能在波托西看到。建築工人發現牆裡或岩石底下居然塞著被害者的屍體。同業公會選舉結束後，裁縫師群起暴動，迫使一名派系領袖到奧斯定修道院（Augustinian monastery）避難。當政府派人來抓拿他時，修士居然朝著政府官員揮劍。市議會成員開會時穿著鎖子甲，佩戴寶劍與手槍，政治爭議有時就在議場內以決鬥的方式解決。人們不難想見，這樣的氣氛極不適合家庭生活。儘管波托西的人口眾多，但五十多年來，歐洲人居然沒有人生下任何孩子。因此，當一五九八年的耶誕夜第一個嬰兒在此降生時，每個人都感到意外，眾人認為這是嬰兒的守護聖人托倫提諾（Nicola da Tolentino）施予的神蹟。

波托西跟海盜肆虐的月港一樣充滿了衝突，但兩地看待戰爭的態度卻很不一樣，至少記錄歷史的史家是如此。中國記錄倭寇的主要文獻——地方志與官方報告——簡練而切事，反觀波托西最重要的史家阿爾桑斯（Bartolomé Arzáns de Orsúa y Vela, 1676-1736）花了三十年撰寫一部厚達一千三百頁的城市歷史，但內容卻是《唐吉訶德》（*Don Quixote*）所嘲弄的文體，也就是無聊沉悶不斷地用浪漫的話語讚美城市光榮的頌歌。阿爾桑斯從未出版自己的作品，部分是因為他害怕面對公眾——當地的家族可能不會喜歡阿爾桑斯描寫他們祖先的惡行，即便是以讚揚的角度來描述。

儘管阿爾桑斯為自己描述的事件灑上一層美好的金色薄霧，我們還是可以從他的敘述裡看出波托西的暴力從電影似的一對一決鬥，演變成組織性的族群衝突。一五五二年，也就是瓦爾帕發現白銀的七年之後，好勇鬥狠的探險者蒙特侯（Pedro de Montejo）來到波托西。根據阿爾桑斯的描述，蒙特侯立了一個告示，向所有人提出挑戰，「用槍矛對決」。這類打鬥「在波托西是值得讚揚的事，」阿爾桑斯解釋說。在一座人口完全由歐洲年輕男性構成的城市裡，「殺死與傷害彼此成了此地唯一的娛樂」。

城裡的人都認為，蒙特侯的勁敵只有一個：那就是跟他一樣好鬥的巴斯科・古迪內（Vasco Gudínez）。此人到處惹事生非，惡名早已傳遍波托西。復活節當天一大早，兩人各帶了助手，騎馬來到決鬥的地點，後面跟著一群沒事想看熱鬧的民眾。彼此叫陣之後，阿爾桑斯寫道，兩人「相互衝鋒，衝撞力之強，宛如兩塊岩石撞擊在一起似的」。古迪內身受重傷，

他倒退幾步，奮力擲出長槍，蒙特侯來不及閃躲，只能用小圓盾抵擋，但猛烈的力道一舉擊破盾牌，傷到蒙特侯的手臂，甚至還刺穿他身上穿的鎖子甲與鋼片，槍尖刺入了身體〔……〕蒙特侯受到致命傷害，此時他已無小圓盾可以阻擋，只能用

巡迴藝術家與編輯布里（Theodorus de Bry）從未看過波托西礦場，但他一五九〇年代的版畫卻捕捉到其中殘酷的神韻。

寶劍瘋狂地朝對方突刺；古迪內不斷地以盾牌攔擋，勇猛的蒙特侯高舉手臂朝古迪內的頭打去，當場讓古迪內頭昏眼花。蒙特侯見機不可失，上前砍倒對手的馬匹，頓時鮮血四濺。見古迪內倒地，蒙特侯準備上前割下他的頭，但才邁了一步就倒下身亡，他的胸部已被刺穿。古迪內一躍而起，他踉蹌地走到屍體旁，用劍抵著蒙特侯的咽喉，他以為對手還沒死。

阿爾桑斯顯然為這場決鬥加上不少裝飾——他說這兩個人的助手也跟著加入戰局，雙方激戰三個小時，直到死亡為止，而受傷的古迪內也耽擱了治療的時間。阿爾桑斯甚至搞錯了一些基本事實（舉例來說，沒有紀錄顯示波托西有一個名叫蒙特侯的人）。但基礎的場景似乎沒有爭議：這座城市確實充滿殘暴的惡棍。為了恢復對當地的控制，利馬省政府派遣軍隊前來。在經過一場激戰之後，阿爾桑斯寫道，古迪內的隨從，一名特別邪惡的無賴，被拖出來肢解成四等份；古迪內自己則進了監牢。

巴斯科的意思是「巴斯克」，這種名字並非出於偶然——波托西絕大多數居民來自於西班牙濱大西洋的鄉村地區巴斯克。巴斯克在文化、語言與地理上與西班牙其他地區隔絕，此地多山，農業不發達，因此可說是西班牙的福建——海上貿易與移民的中心。一六〇二年，波托西的礦場與市議會有三分之二是巴斯克人。巴斯克領袖賄賂王室官員，讓他們能少繳點稅；如果非巴斯克礦工在競爭上構成威脅，那麼巴斯克幫派就會用暴力擺平這件事。如果皇家官員想把欠稅的巴斯克礦場主的租賃權賣出，那麼巴斯克幫派就會在波托西的市中心廣場做掉可能的買家。來自西班牙其他地區的移民者感到忿忿不平，他們許多人住在城外簡陋的礦區營地裡。在一場祕密會議中，反巴斯克礦工為了標示自己的身分，決定戴上駱馬毛織的帽子（駱馬是大羊駝的近親），並且自稱是駱馬幫（Vicuñas）。巴斯克人不需要以服裝來辨別彼此；他們可以說自己的家鄉話 Euskara（巴斯克語），這種話與西班牙語毫無關聯。

一六一八年八月，一名新任執法者來到波托西，使鬥爭更加激烈。在這座法令鬆弛的城市裡，他是最令人恐懼的人物，他是一名稅務檢查員。「精確而有條理，聰明而審慎，最喜歡的莫過於履行自己的職務」，玻利維亞史家克瑞斯波（Alberto Crespo）在提到這名檢查員時寫道：「他名叫帕斯特拉納（Alonso Martínez Pastrana），而且不是巴斯克人。」這名不苟言笑的統計員很快發現，波托西人逃漏稅的狀況非常嚴重。國王理應獲得銀礦產量的五分之一，以及從汞的銷售與鑄幣中獲得部分收入。帕斯特拉納估計，托波西人總共少給國王四百五十萬披索，比礦場官方年產量還多。因為巴斯克人擁有最大的礦場而且支配了市政府，因此他們應該對這起詐欺事件負最大的責任。這位檢查員表示，市議會的二十四名議員中，有十八名欠稅，十一名犯罪者是巴斯克人。在與腐敗的財政官員周旋三年之後，帕斯特拉納終於肅清了市議會的逃漏稅問題。

一六二二年六月，巴斯克幫派領袖被發現陳屍街頭，他的雙手與舌頭都被割斷剁碎。駱馬幫自然成為被指責的對象。巴斯克暴徒在廣場上來回巡視，他們威脅要對該為謀殺負責的「摩爾人、不忠的猶太人與被戴綠帽的男人」動私刑。有人提到，如果他們在街上遇見陌生人，他們會用巴斯克語挑釁；對方只要用西班牙語回答就死路一條。在一連串謀殺之後，一群丟擲石塊的駱馬幫暴民往貝拉薩提吉（Domingo de Verasátegui）的家聚集，他是某個強大巴斯克家族的領袖，連他在內的四個兄弟都很富有，其中兩名更任職於市議會。好在一名皇家宮廷領袖的突然出現救了他的性命，這個人親自護送他到安全的市立監獄裡。幾個月後，貝拉薩提吉因自然原因死亡，這在波托西是很少見的。

隔年五月，國王任命新任波托西總督（總督是地方層級中權威最高的官員）。蒙里克（Felipe

Manrique）是個暴躁易怒的人——幾年前，他在暴怒下殺死自己的妻子。在他前來波托西的路上，這名鰥夫遇見貝拉薩提吉的遺孀，並且為她神魂顛倒，這引發了駱馬幫的猜疑。他們夷平總督的房舍，過程中還對蒙里克射了四槍。兩個月後，一場大規模的暴亂爆發，事件的起因是一名巴斯克人對兩名駱馬幫分子脫帽致意時，「一副盛氣凌人的樣子」。蒙里克派出軍隊維持秩序，卻無法阻止數千名駱馬幫人士劫掠巴斯克名流的家宅。

七十年前，福建的朱紈得到慘痛的教訓，那就是毫不退讓地履行職務不一定能讓自己的仕途順遂。朱紈最後被迫自殺，毫不妥協的稅吏帕斯特拉納比較幸運：他保住一命，但保不住自己的官位。他的長官屈服於壓力，在一六二三年八月解除他的職務，幾星期後，駱馬幫放火燒毀蒙里克總督的住宅。帕斯特拉納最後苦澀地在利馬退休，該市有一條街以他的名字命名。

相對地，貪汙腐敗的總督蒙里克於一六二四年二月十九日卸任。第二天，他娶貝拉薩里吉的遺孀為妻，而且搬到女主人堂皇的莊園——「這有助於釐清眾人的懷疑」，玻利維亞史家克瑞斯波表示，「原來總督與巴斯克人暗通款曲確有其事」。蒙里克搬到庫斯科（Cuzco，前印加帝國首都Qosqo的西班牙文名稱），他已經是個富人，此後他將更為富有。隨著這兩個人的離開，社會的激情也消褪了。駱馬幫消逝於鄉間，繼續逍遙法外，搶劫來往旅人達數年之久。

不可思議的是，巴斯克與駱馬幫的戰爭幾乎對白銀的流動毫無影響。即使當巴斯克人與駱馬幫在街頭戰鬥時，他們仍然一起開採與提煉白銀，然後將其送出波托西。最後一項工作是一件艱辛的任務。有人描述一五四九年時（即發現礦脈的四年後）七千七百七十一根銀棒如何一次運離波托西。每一根銀棒純度大約百分之九十九，重量約八十英磅。所有的銀棒都由鑄造廠印上序號，而且標誌著所有人的印記、鑄造廠的印記與稅務人員的印記。到了試銀員自己要蓋上純度證明的時候，銀棒上早已零亂蓋滿各種圖案，彷彿命理家精神錯亂下的鬼畫符。每隻大羊駝只馱運三到四根銀棒。（騾子體形較大，但需要較多飲水，腳步也不如大羊駝穩健。）運送一趟需要兩千頭以上的馱獸。這些馱獸由一千名以上的印第安衛兵看管，而這些衛兵又受到許多西班牙衛兵的監視。

根據太平洋大學白銀貿易的權威史家弗林與吉拉爾德斯（Arturo Giráldez）的說法，儘管存在著重重障礙，美洲流出的這條白銀之河，從十六世紀到十八世紀一共出產了約逾十五萬噸的白銀，幾個世紀以來，西班牙白銀沖刷了整個地球（它占世界八成以上的白銀量），所到之處，政府與財政機構莫不倉皇失措。「一開始，這堆白銀一下子湧進歐洲，」弗林在一次漫長的談話中對我說：「我們不確定數量有多少，但歐洲白銀的數量很可能增加到原來的兩倍。」

西班牙的銀披索成為共通貨幣，就像今日的歐元一樣把歐洲各國連結起來。（它有個著名的名稱，叫「八塊錢」，因為它的價值相當於八雷亞爾〔reales〕——雷亞爾是當時基本的西班牙錢幣。）披索成為葡萄牙、荷蘭與大英帝國的主要貨幣，此外也在法國與日耳曼各邦流通。「由於白銀是貨幣的來源，」弗林說：「因此整個歐洲的貨幣供給出現失去控制的跳躍性增長——實際上是爆炸性

波托西與墨西哥的白銀，絕大多數都轉變成「圓塊狀」的錢幣，這是用粗製的印模壓鑄而成。這枚四雷亞爾錢幣於一五七〇年代在波托西出廠，此時這些錢幣尚未打上日期。上面的L是鑄幣廠試銀員名字的第一個字母。

的增長。」弗林所受的訓練是當一名經濟學家。「貨幣供給如果出現突然而未經計劃的衝擊，一般來說都不是好事，」他說。它將造成通貨膨脹與財政不穩定。

在六十年瘋狂的生產之後，弗林與吉拉爾德斯寫道，世界已經累積了如此龐大的白銀，結果造成白銀開始貶值。一六四〇年的一百萬披索，大概只有一五四〇年一百萬披索價值的三分之一，造成的衝擊是多樣與全球性的。隨著銀價下跌，開採白銀的獲利也跟著下跌——開採白銀是西班牙帝國財政的支柱。西班牙並未根據通貨的波動來調整稅率（以現代的話講，西班牙沒有考慮到通貨膨脹的問題）。國王跟過去一樣，還是針對白銀徵收相同的稅率，但白銀的價值暴跌，政府於是陷入危機。西班牙的經濟崩潰，之後其餘十幾個仰賴西班牙白銀的國家也跟著經濟衰退，就像燃放鞭炮一樣，它們一個接一個地炸了開來。有錢人覺得自己變窮，窮人覺得自己活不下去。民眾已沒有東西可損失，於是在街上撿拾石塊尋找目標。在經濟崩潰之後，伴隨而來的就是暴亂與革命。

美洲白銀不是造成騷亂的唯一原因，但白銀確實連結著尼德蘭與葡萄牙的反西班牙暴動，法國充滿破壞性的投石黨（Fronde）內戰，乃至於三十年戰爭。弗林與吉拉爾德斯表示，他們的貢獻之一是指出歐洲的騷動雖然破壞甚大，但充其量不過是一場「餘興節目，因為絕大多數的白銀都流向亞洲」。而且不是平均地流向亞洲各地，因為不成比例的白銀最後全進到中國某個省分的某個港口：福建省的月港。

「一整船的木鼻子」

月港曾經是世界最重要的港口之一，如今它卻成了一處單調無味的工業郊區。能讓今人一窺過去風華的只剩一座三層樓高的六角塔，它曾是古城牆的一部分。我不久前曾造訪此地，塔門已經上鎖；我必須等住在附近的居民拿鑰匙來開。進到塔內，到處都是無家可歸的人占住的痕跡：骯髒的毯子、吃完的泡麵碗、色情雜誌。我從塔頂所能看到的只是印刷廠與冒煙的垃圾堆，還有長方形的菠菜與菸草田。編年史家過去曾描述這裡的碼頭泊滿了中國船，「船隻密密麻麻地排列著，彷彿魚鱗一樣」，此時碼頭內完全空無一物，只有地理形勢不變：碼頭之外就是臺灣海峽、臺灣島與南中國海。

到了一五八〇年代中期，加雷翁船貿易已開始近十年的時間，月港每年三月雨季之初都有二十多艘大型中國船開往菲律賓。（在白銀浪潮開始之前，每年只有一兩艘小船開往菲律賓，即使是在海外貿易合法期間也是如此。）每艘船上最多擠滿了五百名商人，他們攜帶了各種你想像得到的商品；絲綢與瓷器，這是一定有的，此外還包括了棉花、鐵、糖、麵粉、栗子、柳橙、活的家禽、果醬、象牙、寶石、火藥、漆器、桌椅、牛馬，以及一切中國人認為歐洲人可能想要的東西。「有些人只帶了一些小物品，」李金明說道。李金明是廈門大學的歷史學家，他曾寫了一部關於月港的歷史作品。「不管他們帶了什麼東西過去，總能賣到好價錢。」資本微薄的商人，如果想進貨販售，往往要向人借錢，而且利息很高。「他們必須把妻兒留給放貸者當擔保，」李金明說：「如果商人死了，那麼他的家人就倒大楣了。」放貸者會把借款人家中一切值錢的東西拿來抵債。如果這還不夠，他說：「那麼他的妻兒就會淪為僕役，放貸者也許會把她們轉賣給他人——就跟奴隸一樣。」

一般來說，每艘船都被有錢的商人給包租了，他們再將船上的貨艙轉租給其他人，租金通常占了商人銷售毛額的兩成左右。甲板下是密密麻麻密封不透水的船艙，沒有窗戶，大小不過如同一個櫥櫃，商人會將他們的貨物存放於此。李金明說，瓷器會包得相當密實，然後放在箱子裡，碗碟之間的空隙則以白米加以填充。「他們在箱子的四邊注水，然後把箱子放在潮濕的地方。這樣就能讓陶瓷黏結成堅硬不易破碎的物體。」在船上不用擔心竊賊——因為賊就算偷了東西也逃不出這艘船。儘管如此，商人們還是自備糧食，睡在他們的貨物上，在前往馬尼拉的十天航程中，他們一直待在陰暗吵雜的船艙裡。「如果可以的話，他們只會去一趟，」李金明說。小商人會避免做第二次航行——「旅途實在太危險了。」港口內散布的小島與淺水處，使船舶只能在狹窄的航道上行駛，至於海船必須以小船緩慢地拖行入港。倭寇則經常潛伏在濃霧中。為了引誘倭寇從藏身處現身，商人會派出斥候，讓他們駕駛快速而容易操作的船隻。如果發現倭寇，他們會馬上示警。由於這些斥候無法跟他們航行到菲律賓，所以最後一個階段的旅程特別危險。荷蘭海盜經常在接近馬尼拉的地方伏擊中國船，搶奪他們所有的貨物。

商人通常在甲米地（Cavite）上岸，甲米地距離馬尼拉五英里，位於一個形狀細長的半島上，瀕臨廣大海灣的南側。[6]碼頭邊已有一大群居中牽線的中國人等著他們。商人們小心翼翼地從小隔間裡搬出貨物，在陽光下，他們瞇著雙眼，仔細看著岸上的仲介，看看其中是否有自己家族的人。這些仲介知道最近來的加雷翁船運來多少白銀，他們因此知道怎麼跟西班牙人講價；他們也有管道可以賄賂殖民地的檢查員。仲介通常會從賣價中抽取兩到三成的佣金。海關官員會等到月港商人找好仲介之後，再上船檢查，並且徵稅——「每一件物品都要抽取百分之三給國王陛下」，這是某位馬尼拉總督的說法。然後商人們討價還價的時間開始。每個人最多有兩個月的時間交易，因為加雷翁船為了避開颱風季節，到了六月中就會開船離開此地。

西班牙買家通常會在帕里安（Parián）與仲介見面。帕里安是中國人的聚居地，此地如同第二個月港，住在這裡的福建人都是為了與菲律賓人進行白銀貿易而來到馬尼拉。帕里安位於馬尼拉城牆外的沼澤地，西班牙官員於一五八三年建立這個地區，為的是控制數量不斷增加的中國人。在西班牙人眼中，中國人全是彼此串謀偷走當地民眾工作的非法移民。起初，這裡只有四棟像庫房一樣的大型建築物，這是月港商人建來儲存貨物的倉庫。為了讓馬尼拉的中國居民離開馬尼拉，搬到城外的倉庫去住，西班牙人宣布，日落之後，如果看到非西班牙人在帕里安以外的地方活動，格殺勿論。某種意義來說，這種隔離政策是以牙還牙：歐洲人不能踏上中國土地，所以中國人就不能進入馬尼拉的那一小塊屬於歐洲的區域。

中國人既然無法進入歐洲人的城鎮，於是便建立自己的城鎮。在倉庫周圍出現如迷宮般像拱廊一樣的購物區域，裡面開滿競爭激烈的店鋪、茶館與飯館。穿插其間的狹窄街道隨時擠滿了人，每個人身著寬大長袖的袍服，腳踩繡花絲鞋，頭戴高圓帽。醫生與藥材商叫賣一罐罐的藥膏、藥茶與藥草。人們忙著買賣交易，製作物品，或者為了一小杯福建茶而吵架，運貨工人扛著整整齊齊的包裹四處奔走，而他們吃的東西也足以讓歐洲人大吃一驚（月港人最喜歡吃的東西：雞仔蛋。把蛋在放鹽堆裡，然後放到陽光下曝曬，這樣蛋裡頭快孵出來的小雞就烤熟了）。這是西方勢力範圍內首次出現的中國城。

對西班牙來說，帕里安既是個古怪事物，又令人羞愧。從西班牙將穆斯林與猶太人驅逐出境開始，整個帝國就懷抱著一個文明開化的使命：讓全世界的人改信基督教。馬尼拉擠滿了傳教士，他們充滿熱忱，想將羅馬天主教傳布到亞洲。他們強迫菲律賓原住民與馬來原住民接受十字架，但這不是計畫

6 半島的尖端是桑里角（Sangley Point），sangley 是福建話「生意」的意思，對華裔菲律賓人來說，sangley 帶有貶抑的味道。典型的用法可以從一六二八年馬尼拉教會官員的一封陳情書看出，上面提到「有一大群被遺棄的異教 sangley」，他們構成「很大的危險」。

的首要目標。真正的目標，至少在一開始是如此，是征服中國，讓中國人改信基督教。這些教士與士兵認為科爾特斯（墨西哥的征服者）與皮薩羅（Pizarro，祕魯的征服者）只需要一小群虔信者就能為基督拿下整個帝國，他們因此一開始也想像只需要幾千名西班牙人就能在中國建立同樣顯赫的功勳。在馬尼拉，明朝的國土如此接近——極其富庶，無論精神面還是物質面都是如此——幾乎到了唾手可得的地步。明智的顧問終究說服了大家，因為馬尼拉總督與西班牙朝廷都認為中國廣大得無法征服。事實上，殖民地的西班牙人反而開始擔心中國可能會征服「他們」。由於擔心反遭殲滅，西班牙人對中國人做出意想不到的讓步：讓他們信奉自己的宗教，崇拜基督以外的偶像。西班牙甚至允許中國人擁有自己的小總督。

帕里安的工匠與店鋪主人什麼都能賣給西班牙人，不管是屋瓦還是聖嬰的大理石像——「比西班牙製作的好看多了，有時還非常便宜，我都不好意思說了，」菲律賓主教薩拉札（Doimingo de Salazar）寫道。殖民地居民經常跑到帕里安，這裡的店鋪提供了最新歐洲風格的物品。歐洲商人對於競爭之激烈感到不滿。國王下令這些店鋪必須搬到更遠的地方，但是西班牙人就是往他們那兒跑，因為他們的東西便宜。

「西班牙追求的貿易失敗了，」薩拉札哀嘆說：「因為大家都從帕里安購買衣物與鞋子。」為了警告大家，薩拉札說了西班牙裝訂商與中國學徒的故事。在仔細學習師傅的手藝之後，學徒在帕里安開了自己的店，他的師傅反而做不成生意。「他的技藝非常好，根本不需要西班牙工匠。」當然，並不是每個中國人都會做生意。曾有一名店主賣了一只木鼻子給在決鬥中失去鼻子的西班牙人，他想把生意做大，於是進口了「一整船的木鼻子」。這項生意當然以失敗收場。

馬尼拉的數百名西班牙居民，對於中國人聚居的帕里安感到恐懼，於是在馬尼拉外圍築牆，中國人區隔在城外。要進入馬尼拉城，帕里安的居民必須經過這條壕溝，並且穿過一道防守森嚴的城門。

到了一五九一年，也就是雷加斯皮進入馬尼拉的二十年後，帕里安已有數千名居民，令官方城市相形見絀，此時的馬尼拉只有數百名歐洲殖民者居住。對中國人來說，這樣的安排真是再方便不過。他們在中國境外建立中國城市，西班牙當局在名義上統治他們，可以讓他們免受明朝政府的監督。對西班牙人來說，帕里安令人擔心、屬於外人所有，是個不受歡迎的必要之物。重點是它的人口眾多，特別是與馬尼拉比較時。儘管不斷地規勸，西班牙人就是不肯移居馬尼拉。馬尼拉太遠、太熱，更重要的是，它的疾病橫行，特別是我們知道的瘧疾。歐洲居民為了尋找涼爽的地方，於是在馬尼拉周圍的丘陵地建築房舍。不幸的是，這些丘陵地正是一些蚊子的棲息地，島上的瘧蚊就生長於此。

馬尼拉吸引歐洲人的唯一理由，就是它代表不尋常的機會：跟其他地方相比，中國願意出兩倍的價錢購買白銀。而且中國商人願意以非常低廉的價格將絲綢與瓷器出售給你。「每件東西的價格都非常便宜，幾乎可以說不用錢，」一批中國人抵達馬尼拉時，一名西班牙人這麼表示。然而，這些交易很少如新來者所想的，能出現一些奢侈品的買賣。令他們沮喪的是，中國人總是能讓西班牙人自己起爭執，而且每次都能講價成功。處於商品交換的樞紐，馬尼拉的殖民者變得相當富有，但不如他們原先想的那麼富有。「在移居馬尼拉的一百五十個家庭中，只有兩家『非常』富有，」西班牙海軍上將卡里喬（Hieronimo de Bañuelos y Carrillo）在一六三八年抱怨說。

為了找回優勢，馬尼拉政府向中國商人課徵稅捐、收取貨物費與登記費；他們實際上被迫支付軍餉才能換取士兵保護他們的財產。中國人被激怒了，他們發動了一場安·蘭德（Ayn Rand）式的生產者罷工，拒絕供應糧食，好讓馬尼拉挨餓，西班牙人只好屈服。西班牙國王感到挫折，他命令殖民地組織卡特爾（cartel）（編按：或譯作獨占聯盟、壟斷集團）：卡特爾可以以單一價格購買所有輸入的中國商品，並且「公平地將這些商品分配給民眾」。理論上，這麼做可以消滅所有的中國零售商，中國零售商一完蛋，帕里安就會衰微，西班牙人就少了一根眼中釘。

有一點基本經濟學知識的人都曉得，卡特爾並不是非常管用，因為個別的卡特爾成員會從事欺騙與私相授受。這種狀況確實發生在殖民地的西班牙人身上。有些西班牙人偷偷與中國商人交易，他們願意付更高的價錢以優先挑選品質較佳的絲綢與瓷器。當加雷翁船離開馬尼拉返回墨西哥時，他們會在港口外幾英里處與西班牙人的小漁船會合，這些小船上全裝滿了走私的絲綢與白銀。

馬德里對於加雷翁船貿易量的龐大感到恐慌——太多白銀外流，太多絲綢與瓷器流進國內。確切的數字不可能計算，但美洲開採的白銀大約有三分之一到二分之一流入中國，要不是直接經由加雷翁船貿易，就是間接地透過歐洲人購買經由中亞貿易商的陸路運輸或荷蘭人與葡萄牙人繞經非洲運來的中國商品。西班牙國王非常生氣，因為他原想利用這些白銀支撐西班牙連年的對外戰爭，用以購買軍需品與支付士兵薪餉。（法國史家肖努〔Pierre Chaunu〕評論說：「馬尼拉加雷翁船最害怕的敵人，無疑是西班牙政府自己。」）為了減少加雷翁船的貿易量，官員把每年允許橫渡太平洋的船隻削減到兩艘。相應地，加雷翁船變得更巨大，像吹氣球似地擴充到兩千噸。船隻由徵召來的馬來人建造，使用的木材是熱帶硬木，完成之後猶如海上堡壘。開往馬尼拉的船隻運載了五十噸以上的白銀——根據弗林與吉拉爾德斯的估計，這個數量等於荷蘭東印度公司、英格蘭東印度公司與葡屬印度每年出口的總和。

許多或者應該說絕大多數的白銀都是非法的。憂心忡忡的墨西哥官員於一六〇二年回報國內，他提到當年加雷翁船出口了將近八百噸白銀——是宣告數字的八倍。馬德里方面憤怒詛咒也無濟於事；走私實在太有利可圖。三十六年後，卡里喬海軍上將抱怨說：「中國國王可以用這些運到國內的銀棒建造一座宮殿〔……〕這些銀棒可都是未經登記的。」一六五四年，聖方濟沙勿略號（San Francisco Javier）在馬尼拉灣附近沉沒。船貨清單上寫著上面有四十一萬八千三百二十三披索。幾百年後，潛水伕卻發現船上有一百一十八萬又八百六十五披索。就算有人（荒謬地）說，潛水伕每一枚錢幣都找到了，那麼這些錢幣也幾乎有三分之二是走私的。

為了從另一個方面限制貿易，政府公布了進口限額。如果中國船帶了太多絲綢或瓷器到馬尼拉，海關官員會要他們帶回去。為了規避限額，中國商人被安排在快要接近菲律賓時，讓他們的仲介到海上跟他們會合。船上的商品大部分早在一年前就已經讓西班牙人看了樣本下了訂單。與西班牙人載著非法絲綢和瓷器在海上跟返回墨西哥的加雷翁船會合一樣，中國人也在靠岸之前就將非法的絲綢與瓷器從船上卸下來。只有在進行了這些交易之後，船隻才會正式進入港口，讓西班牙的引水人指引到停泊的地方。

西班牙有自己的絲織工與裁縫師，它的殖民地墨西哥也不例外。但中國紡織生產規模過於龐大，歐洲人根本無法競爭。事實上，需銀孔急的明朝政府甚至還「強迫」農民種植桑樹，以養殖桑蠶。根據《明史》記載，擁有五畝到十畝地（一畝大約是六分之一英畝）的地主必須「栽桑、麻、木棉各半畝」。擁有十畝以上土地者「倍之」。不種桑樹的農民必須「出絹一疋」。在法令的驅策下，中國東部的農民在丘陵地種滿了桑樹。一五九〇年代，福建作家謝肇淛提到有些地區「尺寸之堤，必樹以桑」。又說，富農「桑麻萬頃」（大約十三萬英畝），廣闊的農地全種植同一種作物。在努力耕作下，月港上游的農民一年竟收成桑蠶五次。

往北方走，長江下游的村落開滿了小型絲織工場，吸引了中國其他地區的工人，並且生產出產量驚人的商品。月港商人將這些絲貨賣到馬尼拉，可以獲得三到四成的利潤。西班牙商人轉手用兩倍、三倍乃至於四倍的價錢出售，卻還是能在美洲順利賣出這些商品，而且成本只有西班牙產品的三分之一。令人難以置信的是，他們在西班牙販售從中國運來的絲貨（跨越了兩大洋！），而這些絲貨居然還比西班牙本地的絲貨還便宜。大量生絲流入墨西哥，二級產業因而勃興，數千名紡織工與裁縫師利用中國產的絲製作衣服，並且出口到美洲各地以及大西洋對岸。

月港商人起初出口的絲是布匹。臺灣史家全漢昇指出，當這群商人愈來愈瞭解他們顧客的喜好時，他們蒐集了西班牙人服飾與室內裝飾品的樣本，然後開始在中國仿製歐洲最新流行的服裝與飾品。於是加雷翁船也開始裝運長襪、裙子與床單，樞機主教的法衣與女子為賣弄風情而穿的緊身胸衣；地毯、掛毯與和服；面紗、頭飾與鑲邊飾帶；絲質薄紗、塔夫綢、縐綢與花緞。與這些物品一同裝運上船的還有女性用的梳子與扇子；香料與焚香；加工與未加工的寶石，鑲入戒指與做為垂飾的寶石；最後還有馬來奴隸。

歐洲人警覺到他們的紡織工場遭受威脅——並且針對中國的競爭偷偷摸摸地打了一場管制戰爭。他們不斷要求國王限制絲貨的進口內容，只能進口布匹，不能進口衣物。他們堅持國王禁止馬尼拉與任何地方的航線，只能與阿卡普爾科對開，這樣中國的進口貨就能受到監控。他們還要求國王設立進口限額，限制絲綢只能用特定大小的箱子裝運，而箱子的數量也有規定。中國商人在馬尼拉西班牙人的協助下，規避了所有的貿易障礙。他們製作了特殊的箱子，底板與側板全是假的，可以隱藏製好的衣物。他們派了仲介到阿卡普爾科，讓墨西哥這邊也進行走私貿易。福建學者李金明指出，他們設計了特殊的壓榨機，將大量的絲貨塞進箱子裡，「結果一個箱子居然要六名男子才擡得動」。

奇山

商業與政治的規則持續衝突。一五九三年，馬尼拉總督達斯馬里尼亞斯（Gómez Pérez Dasmariñas）決定實現馬德里長久以來的夢想，征服摩鹿加群島，這是當初雷加斯皮想攫取但未得手的香料中心。馬尼拉的歐洲水手數量不足以完成這項任務，達斯馬里尼亞斯於是從前來的中國船上劫持了兩百五十名福建商人，讓他們充當賈列船的奴隸。馬尼拉的中國商人群起抗議，總督於是承諾釋放這些水手——但他卻從帕里安抓走了他需要的人。「第二天，帕里安家家戶戶窗門緊閉，商人也停止營業，」史家阿根索拉（Bartolomé Leonardo de Argensola）幾年後提到：「少了中國人的補給，西班牙人便斷糧了。」

在飽受達斯馬里尼亞斯的威脅之後，中國人屈服了，他們同意讓他徵調四百名以上的男子，但他必須保證善待這些人。遠征軍於一五九三年十月出發。逆風加上海流使航行格外辛苦。總督擔心這樣的速度無法如期到達，於是他下令把徵調來的中國人用鐵鏈綁在板凳上，讓船員用鞭子抽打他們努力划船。為了讓這些中國人更賣力，總督還將他們精心編成辮子的頭髮割下來。「這對中國人來說是極大的侮辱，跟死沒什麼兩樣，因為他們最看重自己的頭髮，」阿根索拉寫道：「他們細心照料而且愉快地打理頭髮，他們對頭髮的重視不下於歐洲的仕女。」在一場計畫周詳的譁變中，西班牙旗艦上遭受奴役的中國人趁達斯馬里尼亞斯及部屬酣睡之時殺死他們，然後將船開回福建。

對西班牙人來說，達斯馬里尼亞斯的死傳達了明確的訊號，那就是中國人既不可信又危險。馬尼拉政府於一五九六年驅逐了一萬兩千名中國人。但不到幾年的工夫，中國人的人數又跟以前一樣，馬尼拉政府只好計劃再做驅逐。反中國移民的激進人士，例如薩拉札主教的繼任者貝納維德斯（Miguel de Benavides），他希望把菲律賓群島上每一個中國人都驅逐出去。他告訴國王，不可以有任何例外。西班牙商人會利用各種漏洞雇用非法移民，他預測，如果法律允許一百名中國人來菲律賓，「島上就會留下一萬名中國人」。

此時，有三名中國高級官員在毫不知情下來到情勢惡化的菲律賓。一六〇三年五月，他們未告知馬尼拉當局，就突然駕著中國戰艦前來。他們坐著轎子，一路上有侍衛護送，前面有樂師鼓手引導；在隊伍最前頭的兩人大聲喊著：「眾人迴避。」一名目擊者說道，帕里安的居民如果有人忘了拜俯，這些侍衛就會鞭打他們。這三名到訪者分別是福建的軍事首長，月港的縣長以及來自北京的高階太監。皇帝派他們將書信送交馬尼拉總督阿庫尼亞（Pedro Bravo de Acuña）。很難想像阿庫尼亞聽到信的內容時做何感想。當時中國流傳一種說法，提到菲律賓的甲米地有座奇山，盛產金銀，任人自由開採，因此皇帝才派了這三名官員來確認這座山是否真的存在。

從中國史書記載的令人心驚膽顫的內容來判斷，這批官員的到訪與朝廷內部的黨爭也有關聯——這類型的鬥爭在明朝已不是第一次。但對西班牙人來說，看到這些中國官員在殖民地到處尋找金銀，總覺得他們是一群為了入侵而預先探路的斥候——明朝特色的特洛伊木馬。當然這些人絕不像表面上看來那樣笨拙，他們內心一定不懷好意。正當總督阿庫尼亞想著是否要殺了這些官員時，官員們卻為了自己的叨擾致歉，然後迅速離去。

阿庫尼亞擔心官員的離去是一種攻擊訊號，他於是下令部隊把太靠近馬尼拉城牆的中國民宅拆除，將帕里安每一名中國居民登記造冊——而且購買或沒收中國人的武器。

接下來的事情很難梳理清楚，因為西班牙人與中國人的描述有很大的出入。根據西班牙人的講法，憤怒的中國人群集在城牆外抗議。阿庫尼亞派了七十名士兵，由他的姪子率領前去驅散這些群眾。但這群中國暴民卻無故攻擊士兵，最後只有四名士兵保住性命，暴民們一哄而散，紛紛逃往馬尼拉以外的山區藏匿。政府恢復帕里安的秩序之後，派了使者與暴民講和，但中國人卻殺害使者，繼續作亂。官方報告解釋政府必須保護民眾的安全，因此派出更多部隊，山區的中國人頑強抵抗，但他們缺乏武器，因此蒙受了慘重的傷亡。

這場殺戮之後，又過了十一年，明朝地理學家張燮寫了一本《東西洋考》，總結了中國的對外關係。書中有一段站在帕里安居民的角度寫下的敘述——這段描述提到了一些西班牙官員未提到的細節。張燮也提到西班牙人進入帕里安，「凡華人寸鐵輒厚售之」，因為他們懷疑中國人會用這些鐵器製作火炮。但從這裡開始，張燮的講法便與西班牙人不同。既沒有憤怒的暴民在城牆外抗爭，也沒有無故殺害士兵的事。相反地，馬尼拉政府既然已經讓中國人解除武裝，於是便宣布進行住居檢查，在這段期間，他們把帕里安居民分成三百個小組，每個小組被帶到獨立的庭院——西班牙人就在這些庭院裡進行屠殺。張燮寫道，但事機敗露，數千名中國人逃到馬尼拉郊外的山區藏匿。在經過幾次勝負未決的衝突之後，西班牙人派出和平使者。「華人慮其誘我，撲殺彼使，」張燮坦承：「夷怒，設伏城旁。」中國人吃光了糧食，決定到馬尼拉尋找糧食——結果走進了西班牙人的圈套。三百名西班牙人在隨後的戰爭中死去，中國人則有兩萬五千人死亡，其中絕大多數是福建人。根據張燮的說法，活下來的中國人只剩三百名。緊接著出現了第二波死亡浪潮，福建許多剛死了丈夫的寡婦，許多人想到沒錢還債要被賣為奴，於是選擇自殺。

難以置信的是，大屠殺似乎沒有造成任何影響。就在馬尼拉屠殺中國人的數個月後，城市官員又歡迎新移民前來，西班牙商人也希望中國船回來——他們想購買便宜的中國絲綢。

波托西的礦場依然運作，只是已大不如前。為了挖掘僅存的一點白銀，礦工們必須在沒有燈光的地道裡辛苦開鑿。他們的工作情況跟幾世紀前沒什麼差異，不同的是他們現在開採的是鋅與錫，而非白銀。

「原先認為必須殺光中國人才能生存下去的西班牙人，此時竟毫不猶豫地要讓帕里安重新繁榮起來，」研究西中關係的巴塞隆納史學家羅德里格斯（Manel Ollé Rodríguez）於二〇〇七年評論說。

在北京，萬曆皇帝認為這三名探勘寶山的官員要為帕里安屠殺事件負責，於是下令將他們斬首。皇帝雖然指責西班牙人「擅殺商民」，但他也認為死去的福建人「是卑劣之人，他們忘卻國家、故鄉、父母、親族給他們的恩典，在海外多年，從未返回中國」。簡單地說，皇帝的意思是這些人不值得國家出兵為他們復仇，更何況政府還需要跟西班牙人交換白銀。

不到兩年的時間，加雷翁船貿易與帕里安又恢復正常。「華人復稍稍往，」《明史》說：「而蠻人利中國互市，亦不拒，久之復成聚。」

由於情勢又回到屠殺前的狀態，馬尼拉的西班牙人還是跟過去一樣稀少、依賴與恐懼。最後，他們再度加強對中國人的限制。暴亂不斷在帕里安發生，緊隨其後的則是驅逐與屠殺。這個循環周而復始地在一六三九年、一六六二年、一六八六年、一七〇九年、一七五五年、一七六三年與一八二〇年發生，每次都造成慘重的傷亡。

從現代的眼光來看，這個場景實在令人難以相信：中國人為什麼不斷地回來？偶爾冒險一次是一回事，如一些福建小商人只去馬尼拉一次；在當地建立據點則是另一回事，尤其是每隔幾年就可能遭到劫掠，造成龐大生命財產的損失。在這些事件中，帕里安的中國人通常會殺死菲律賓三分之一以上的歐洲人，例如一六〇三年。但馬尼拉的商人還是一樣邀請他們回來，甚至用走私的手法讓這些未來可能成為他們的劊子手的人通過海關。為什麼他們反覆不斷地在他們很有可能被殺的地點居住？

在《權力與充裕》（*Power and Plenty*, 2007）這部描述過去千年的貿易史作品中，芬德雷（Ronald

Findlay）與歐魯克（Kevin O' Rouke）尋求一個能解釋這種情況的解答。芬德雷與歐魯克寫道，當經濟學教科書描述貿易時，它們會提到有兩個國家「被賦予了一定數量但種類不同的生產要素——土地、勞動、資本等等」。這兩個國家擁有可以把這些要素轉變成商品的科技，「它們對於這些商品各有一套偏好」。兩個國家內部的私人個體「彼此交易或不交易，視情況而定，但對消費者與生產者來說，都同樣遭受貿易的影響」。

典型來說，一個國家（如美國）能廉價地生產商品A（如穀物），而另一個國家（如日本）能更好地生產商品B（如消費電子產品）。此時用商品A交換商品B（也就是說，用穀物交換電視機），則兩個國家的民眾生活會過得更好——典型的雙贏。這是「比較利益」理論，經濟學的一個基石。大量證據支持這個理論的真實性，這是為什麼幾乎所有的經濟學家都堅定相信它，而且堅定支持自由貿易，自由貿易使各方獲利的可能性達到最大。

在教科書裡，政府主要是一種外在要素，它加諸關稅、限額、稅捐等限制，影響了私人貿易的結果，通常會減低淨經濟效益。但國家這麼做是因為貿易有兩種角色：一種角色是經濟學教科書強調的，私人市場使雙方在經濟上獲益，另一種角色很少出現在這些教科書上，那就是貿易是國家的統治工具，目標是政治權力，而通常雙方都不是贏家。在第二個角色裡，貿易的淨經濟效益不比各方獲得的政治效益重要，而激怒經濟學家的政府干預卻是一種能讓國家表現突出的有用乃至於關鍵的工具。[7]

世界貿易擴張最大的時候，往往是兩種角色協同一致，而商業角色——如芬德雷與歐魯克說的——可以「用馬克沁機槍的槍管、短彎刀的刀刃或游牧民族的殘暴」來強制推行的時候。今日，暴力較不常見，也許是因為強大的武器變得如此廉價使得各方都能擁有，而國家也傾向於將就地運用一些工具，如產業補貼、匯率操縱與進出口管制。但今日仍跟過去一樣，國家把貿易擴張視為一種投射與增強國力的方法——看看日本與中國最近的歷史。

同時，這兩個角色經常發生衝突，而這種衝突（如在馬尼拉）總讓人們有相當多斷斷續續卻深刻的思索。對西班牙來說，馬尼拉既是貿易哨站，也是西班牙國力在太平洋的投射。西班牙商人想進口最多的絲綢來獲得最大的利潤；相反地，西班牙的政治統治者希望攫取亞洲的土地，讓亞洲人信奉基督教，挫折荷蘭人與葡萄牙人的野心——而且盡可能把白銀運往西班牙，因為國家需要白銀來支撐在歐洲的戰事。把馬尼拉當成純粹的貿易集散地的話，那麼馬尼拉的西班牙人應該愈少愈好——把西班牙人運到此地非常昂貴，而且他們不斷地死於疾病——並且讓中國人從事所有的商業工作。然而要讓馬尼拉成為最穩固的帝國前哨，西班牙人必須確保所有重要的民政職能都由忠誠的西班牙人來擔當，並且盡可能減少中國人的數量與影響。這兩個角色是互斥的，不可能兼得。

與西班牙一樣，明朝也努力想調和不同的貿易角色。一方面，絲綢貿易換取的白銀成為帝國財富與力量的來源。美洲白銀協助支付大量的軍事計畫，包括大部分的中國長城，明朝對此做了修繕與延伸。白銀促成中國內部的商業勃興，導致經濟景氣。但另一方面，使商業成長的貨幣也造成通貨膨脹，對窮人造成最嚴重的衝擊。而白銀對王朝也構成政治威脅，因為政府既無法控制白銀的交換，也無法

---

7 在實務上，情況往往因企業企圖操縱政府以有利於自身利益或者國家內部各個群體運用權力營私而變得更為複雜，結果通常傷害了國家政策。儘管如此，將貿易區別成有意願交易的人進行的私人交換，以及強化國家的工具，這種區別還是有用的。事實上，今日自由貿易者與反全球化分子之間之所以發生衝突，原因之一在於前者認為第一個角色是最重要的，後者則認為是次要的。

控制它的源頭。令人擔心的是，皇帝無法限制白銀持續不斷地流入福建，即使政府想阻止，但猖獗的走私仍持續進行。在朝廷眼中，福建商人是一群不夠忠誠的臣民，他們在帕里安建立了重要的中國城市，完全不受帝國號令。他們變得如此富有而強大，連朝廷也拿他們沒辦法。難怪北京對月港總是深懷戒心！

然而，幾乎沒有證據顯示中國曾預期到會發生最壞的結果。與歐洲一樣，大量白銀流入中國，使銀價終於下跌。到了一六四〇年左右，中國的銀價已經與世界其他地區無異。就在此時，明朝政府又犯了它幾十年前犯的錯誤。

當朝廷命令民眾用白銀繳稅時，它是用白銀的「重量」設定稅額，而非白銀的「價值」。與西班牙一樣，明朝的稅捐並未配合通貨膨脹進行調整。因此當銀價下跌時，政府收到相同數額的稅收，但價值卻減少。明朝的歲入因此出現短收。沒有紙幣，政府無法印製更多貨幣——赤字支出是不可能的。突然間，政府無法支付國防經費，而此時又是不適合縮減軍費的時期：中國當時受到好戰北方民族（今日稱為滿族）的攻擊。根據霍巴特與威廉·史密斯學院歷史學家艾特威爾（William Atwell）的說法，中國政府對白銀貿易的依賴恰恰把它推到了刀口上。滿族（他們建立了清朝）接掌中國的過程花費了數十年，而且從中國歷史最糟糕的標準來看，整個過程仍是非常血腥的。沒有人知道到底死了幾百萬人。

艾特威爾的論點引來激烈的論戰，但對於中國在當中造成的影響卻很少有人反對，一般大一的經濟學教科書也很少討論這個問題。弗林與吉拉爾德斯指出，中國其實花了相當高比例的生產基礎來獲取商業與政府需要的白銀。中國有數百年的時間不斷地生產絲綢、瓷器與茶來換取一項商品，這項商品就是白銀，而它的用途就是取代被政府搞得毫無價值的紙幣。這就如同為了用一美元去買一份報紙，你必須先製造與販賣某件東西來換取一美元一樣。事實上，實際的情況更糟：白銀的總量必須持續加以填補備足，此舉需要額外的成本，因為金屬會在經手的過程不斷耗損。（紙幣也會耗損，但成本微乎其微。）

鑑於這種情形，取得白銀完全是合理的——它能使貨幣維持穩定。但它的成本也很高。「中國人不是從自己的土地開採出白銀（中國沒有豐富的銀礦），因此他們必須生產出口商品來購買別的地方出產的白銀」，弗林在給我的電子郵件上寫道：「就連學者也認為像白銀與黃金這種實物貨幣具有神祕特質，但我們必須瞭解，白銀其實就是一種實體商品，它需要投入龐大的成本才能生產出來。中國的國內生產毛額——當時世界最大的經濟體——有相當大的分量被用來購買這些絕大多數從西屬美洲與日本生產的白色金屬。有些人因此陡然而富，但想想，這些資源不用來購買白銀還可以用來做什麼。」

此外，還有一項相關且同樣重要的結果：哥倫布大交換。

5 相思草、番薯與玉米（絲銀貿易，第二部分）

隱藏的旅客

除了白銀以外，貿易也帶了不少東西橫渡太平洋。在這群跨洋隊伍中，菸草應該排在前頭。葡萄牙船不知用什麼方法，把菸草運過海洋與邊界，一直送到中國南部的廣西，考古學家在當地挖掘到菸斗，年代可以追溯到一五四九年。[1] 大約二十年後，菸草抵達東南方，搭乘白銀船到了馬尼拉。不久，它又滲透到東北部，或許是朝鮮半島。

菸草在月港就跟在倫敦與馬德里一樣，是讓人陶醉的東西。「以火燒一頭，以一頭向口，」十七世紀福建詩人姚旅解釋說：「烟氣從管中入喉，能令人醉。」姚旅撰文時，菸草才剛傳入福建不久，他對於菸草在全省傳布之速感到驚訝。「今反多於呂宋，載入其國售之。」

當時就跟現在一樣，吸菸可以舒緩軍旅生活的煩悶與惰性。明朝士兵隨身攜帶菸草，菸草因此跟著他們傳播到帝國各個地方。在西南省分雲南，醫學家張景岳說：「師旅深入瘴地，無不染病。獨一營安然無恙，問其所以，則眾皆服烟。」（蚊子不喜歡煙，所以吸菸也許可以提供某種保護的作用，避免瘧蚊叮咬。）張景岳又說：「由是傳遍，而今則西南一方，無分老幼，朝夕不能間矣。」作家王逋在一六三〇年代還是個孩子，他從未聽過菸草。長大之後，王逋回憶說：「雖三尺童子莫不食烟，風俗頓改。」「烟草處處有之，」一部堪稱中國最早的吸菸指南寫道。該書稱菸草是「金絲薰」與「相思草」——後者似乎說明了菸草有引人上鉤的傾向——清朝的大批吸菸者也許是地球上最陶醉其中的尼古丁奴隸。四處宣揚自己有菸癮，這是當時富人的流行做法。人們誇耀說，自己要是沒了菸斗，就沒辦法吃喝、交談與思考。婦女攜帶特殊的絲質菸袋，上面有鑲著珠寶的精巧扣環；為了不讓菸草的粗獷氣息損傷女性的陰柔特質，她們會使用特別長的菸管，有些菸管太大還需要僕人在一旁伺候著。中國一些富有的美學家還發展出新的詩文體裁：烟草詩。

含香吐聖火；
碧縷生微烟。
知郎心腸熱，
口是金博山。

1 讀者會發現，我幾乎從未提到荷蘭人與葡萄牙人的亞洲貿易，他們的重點放在香料。我的討論完全聚焦在西班牙與加雷翁船貿易上。這麼做的理由，有部分是為了簡化繁複的敘事，但主要還是因為西班牙帝國是第一個貨真價實的全球帝國，它比其他國家更貼近本書討論的主題。此外，荷蘭與葡萄牙這兩個國家和西班牙帝國之間，也存在千絲萬縷的關係：前者在一六四八年以前尚未完全獨立於西班牙；後者雖然長期獨立，卻因為王朝的不幸而在一五八〇年到一六四〇年間接納西班牙國王做為領袖。

晚起的貴族婦女把頭枕得高高的，為的是讓侍女趁著她們將醒未醒之際梳頭打扮——這樣她們一睜眼就能吸菸。「這種場景實在難以想像，」研究中國菸草的加拿大史家卜正民說道。

卜正民從陳琮的《烟草譜》（該書從一八〇五年開始收錄許多與菸草有關的詩文）裡發現這個睡菸槍的故事。另一部更難解的手冊是陸燿的《烟譜》，成書於一七七四年。陸燿曾任地方督撫，他曾針對貴族圈的尼古丁攝取量定下規範。與現代的禮儀書籍一樣，《烟譜》也提供一連串吸菸的注意事項：

> 睡起宜喫；飯後宜喫；對客宜喫；作文宜喫；觀書欲倦宜喫；待好友不至宜喫。
>
> 聽琴忌喫；飼鶴忌喫；對幽蘭忌喫；看梅花忌喫；祭祀忌喫；朝會忌喫；與美人昵枕忌喫。

從今日的角度來看，中國大臣對菸草的耽溺似乎有點荒謬，然而這種情況在西方也不乏其例。就在陸燿規定吸菸禮儀的時候，富有的英國人也賦予公開場合吸食鼻菸（磨成細粉的菸草）儀式意義。打開銀製或象牙製的鼻菸盒——「一種十八世紀的戀物癖」，人類學家勞費爾（Berthold Laufer）說道——打扮時髦的年輕男子用一根手指長的小骨杓舀起微量的新磨鼻菸。旁邊的人全安靜下來，這幾個身穿刺繡背心的男子同時把一小杓的菸草粉末塞進鼻孔裡，然後迅速拿出他們的蕾絲手帕蒙住鼻子，為可能的噴嚏預做準備。對這些癮君子來說，為了精通鼻菸的奧祕，這些麻煩的手續算不了什麼：鼻菸的尼古丁進入血液的速度要比一般香菸快得多。我想天底下應該找不到比倫敦著名的美男子布蘭梅爾（Beau Brummell）更重視這種儀式的人了，據說他一年到頭每天都佩戴不同的鼻菸盒。布蘭梅爾教導跟隨他的時髦男性一些細微的技巧，例如怎樣只用一隻手打開鼻菸盒，拾取一小撮鼻菸，然後塞進自己的鼻孔裡。塞進去的同時還要瀟灑地把頭偏一下，這樣鼻孔才不會滴出難看的棕色液體。

沉迷於鼻菸，除了打斷宴會裡的談話、洗衣費用增加以及可能罹患鼻咽癌外，對英國幾乎沒有什麼影響。中國的菸草癮頭則發生在完全不同的脈絡裡，因此產生完全不同的影響。菸草意外造成生態入侵，因此形塑了（結果有好有壞）現代的中國。

當時，中國的人口約占世界的四分之一，可耕地約占世界的十二分之一，這兩個數字都是粗估，但我們可以確定中國長久以來一直是人口眾多的國家，而且一直有耕地不足餵養人口的問題。事實上，中國必須從水源充足可以種植稻米、小麥的土地獲取全國半數或以上的糧食才行。遺憾的是，這類地區並不多見。中國有許多沙漠，少數幾座大湖，降雨不固定，而且只有兩條大河——長江與黃河。這兩條河源自西部高山，漫長曲折地注入太平洋，兩條河的入海處相隔不到一百五十英里。長江從山中溪流一路延伸到下游栽種稻米的平原地帶。黃河則是經過華北平原，這裡從古至今一直是中國小麥的生產中心。這兩個地區是中國的糧倉，中國沒有其他地方比得上它們，然而這兩個地區都很容易發生災難性的洪災。

宋元明清——每個朝代都瞭解農業產地的脆弱，也知道必須治理長江與黃河才能維持農產的穩定。治水在中國是如此重要，就連歐洲學者馬克思與韋伯都知道這是中國最重要的制度。韋伯認為，創建與經營巨大而複雜的灌溉體系，需要組織大量的勞工，因此不可避免形成強而有力的國家官僚體系，同時也壓抑了個人。在一九五七年出版的一本具影響力的作品中，史家魏復古（Karl Wittfogel）以馬克思為基礎，把中國以及有類似治水需求的地方稱為「水利社會」。魏復古對這些社會的觀點，可以用他作品的書名予以總結，那就是《東方專制主義》（*Oriental Despotism*）。魏復古認為，歐洲避免了專制主義，因為農民不需要灌溉工程。歐洲農民可以不需要國家的幫助獨力工作，因此產生中國從未出現的個人主義、企業家精神與科技進步的傳統。近年來，這種說法已經不受支持。今日，絕大多數漢學家相信，水利亞洲與其他地方包括無水利的歐洲一樣多元、個人主義與市場取向。但這種形象仍然具影響力，至少在西方是如此，中國太常被視為無個性的工人群眾，像螞蟻一樣聽從國家的指令移動。

雖然對過去思想家的論點有所質疑，但大家都不否認中國適合種植米麥的土地相對貧乏。從這個角度來看，哥倫布大交換是個恩賜，而中國很快就接受了。「舊世界沒有任何大型人類族群比中國人更快接受美洲糧食作物，」克羅斯比在《哥倫布大交換》中寫道。番薯、玉米、花生、菸草、辣椒、鳳梨、腰果、木薯（樹薯）——這些作物湧入福建（透過加雷翁貿易）、廣東（位於福建西南方的省分，透過澳

中國的番薯通常是生吃，番薯皮削掉的模樣像極了蛋捲冰淇淋。

門的葡萄牙船）與朝鮮（經由日本，日本則是從荷蘭人手中取得）。它們成為中國人生活的一部分——誰能想像少了辣椒的川菜是什麼味道？「跟隨科爾特斯攻下特諾奇提特蘭的人還在世的時候，」克羅斯比說：「花生已經在上海附近的沙地上結實纍纍，玉米已讓華南農田變得一片青蔥，而番薯正逐漸成為福建貧民的主食。」今日的中國是世界最大的番薯生產國，占全球產量的四分之三以上；中國也是世界第二大玉米生產國。

月港商人陳振龍是中國開始嘗試新作物的縮影，他於一五九〇年代初在馬尼拉偶然看見番薯。番薯的原產地可能在中美洲，哥倫布首航時曾看到這種作物；西班牙人把番薯帶到菲律賓，當地的馬來人有種植塊莖作物芋頭的經驗，因此很快就接受了番薯。陳振龍喜歡番薯的味道，於是攜帶這種作物一起返鄉。陳振龍的五世孫陳世元在〈青豫等省栽種番薯始末寔錄〉（這篇文章成於一七六八年，篇幅如同書籍，內容主要是誇耀作者的祖先引進番薯的功績）提到：「諂夷人以利，得其藤數尺。」陳振龍把番薯藤絞入繩索之中，然後丟在籃子裡。西班牙的海關官員沒有發現。（與其說西班牙人禁止番薯出口，不如說他們不許中國人碰觸「任何」能獲得商業利益的事物。）陳振龍用這種方式把番薯走私到中國，「并得刈植藏種法，歸私治畦於紗帽池舍傍隙地。依法栽植，滋息薯衍，其傳遂廣。」

一五八〇年代與一五九〇年代正值小冰期的高峰，二十年寒冷大雨使福建谷地洪水氾濫，沖毀稻田，淹沒作物。大雨之後，隨之而來的是饑荒。窮人家庭只能吃樹皮、青草、昆蟲乃至於野鵝排泄物裡的種子。陳振龍與他的朋友起初似乎把「番薯」——外國塊莖的意思——當成一種新奇好玩的東西；他們把番薯切成一小片，包得整整齊齊地放在盒子裡當禮物送人。（從植物學的角度來說，番薯是誤稱；番薯其實是變態根，而非塊莖。）隨著饑荒日趨嚴重，陳振龍的兒子陳經綸剛好在巡撫身邊做事，他進言番薯的好處。巡撫於是要他先在自家附近園子試種，結果相當成功，巡撫於是讓各地農民分種，並且教導農民如何栽植與儲藏番薯。於是「秋收大獲，遠近食裕，荒不為害」，五世孫陳世元歡欣鼓舞地寫道。月港鄰近地區有八成的人靠番薯維生。[2]

官府對外國作物的推廣在福建已不是第一次。在西元一〇〇〇年之前，福建商人已經從東南亞引進新品種的稻米：早熟的占城稻。由於新品種的稻米成熟速度快，因此可以種植於生長季較短的地區。經過密集育種之後，農民創造出各種能快速生長的稻米，使同一塊田一年可以兩獲——一次稻米，另一次是小麥或小米。相同面積的土地一年可以收成兩次，中國農田因此比世界上其他地區的農田更具生產力。當時統治中國的宋朝積極推廣新品種的稻米，他們發放免費種子，出版有插圖的小指南，派出解說員教導民眾耕種技巧，甚至提供低利貸款協助小農改種。這種進取性的調適與新科技的推廣是中國日後繁榮強大的關鍵。

此外，福建的運氣不錯，剛好在最需要的時候引進番薯。番薯在福建全省傳布適逢明朝傾覆之時，王朝的更迭造成數十年的嚴重混亂。滿人入關後於一六四四年攻占北京，建立清朝。明朝最後一任皇帝上吊自殺，其餘的小王各據一方負隅頑抗。起初，福建是其中一個殘餘政權的根據地。在經過一段混亂時期之後，明朝的軍隊分裂成好幾股勢力，有些還淪為倭寇。在此同時，真正的倭寇也從這場混亂中得利。為了避免南明／倭寇獲得補給，清軍強迫從廣東到山東——也就是整個中國東部的「突出部」，海岸線達兩千五百英里——的沿海居民全部遷往內陸居住。

從一六五二年起，軍隊開始進入濱海村落焚燒屋舍，拆毀牆垣，破壞祖先祭壇；家族只有幾天的時間搬遷，除了衣物，通常他們什麼都無法帶走。所有民船都遭到焚毀或鑿沉。未依規定遷離者，一律處死。「我們成了流離失所之人，」一部福建家族歷史在回顧時寫道。而另一部家族史也提到，民眾「只是朝著內陸走，直到走不動為止」。「在輾轉遷徙下僥倖未死之人，大量散布在遠近不等的區域。」持續三十年的時間，從海岸線到內陸地區，最遠達五十英里的距離，完全沒有人居住。這是堅壁清野政策，但不同的地方在於清軍摧毀的是敵人的地盤，而非自己的。

對福建來說，沿海地區人口的疏散遠比明代海禁來得苛酷。在一六三〇年代，也就是在政局大亂與禁止貿易之前，每年至少有二十艘大型中國船開往馬尼拉，每艘船載運了數百名商人。在遷界令公布後，數量減少到每年二到三艘，而且都是違法的。與明朝海禁一樣，清朝將沿海居民遷往內陸，結果只是將白銀貿易拱手讓給倭寇。

結果，白銀貿易全落入某個海盜手裡，這個人就是鄭成功。西方人多稱鄭成功為Koxinga（國姓爺的訛音）。他生於日本，母親是日本人，父親是信仰基督教的福建人。鄭成功的父親是當時有名的海盜，因此他一輩子都生活在明朝法律約束之外。當清兵入關時，鄭成功發覺倭寇其實比積弱腐敗的明朝政府還來得可靠。他在南明政權底下擔任海軍將領，曾從海上對即將消滅南明的清軍勢力發動大規模攻擊。之後，他重操舊業，並且聚集了一支艦隊。福建一名道明會傳教士親眼目睹，他估計，鄭成功的船隻大約一萬五千艘到兩萬艘左右，「武裝部隊約十萬人，加上必要的水手，以及八千匹戰馬。」以廈

2 陳振龍不是唯一走私番薯的人。根據十九世紀《電白縣志》記載，一五八一年，中國醫師林懷蘭治癒了交趾（今越南）公主。在款待他的宴席上，林懷蘭吃到番薯這種東西。交趾禁止番薯輸往中國，違者「死罪」，但林懷蘭打定主意要把番薯帶回中國。「過關為關將所詰。林以實對，且求私縱焉。關將曰：『今日之事，我食君祿，縱死不忠；然感先生之德，背之不義。』遂赴水死，林乃歸，種遍於粵。」

門為據點，這座城市與月港只有一江之隔，鄭成功控制了整個東南沿海——他是名副其實的海賊王。

馬尼拉的商人沒有別的選擇，他們於一六五七年懇求鄭成功收購他們的白銀。當鄭成功的船出現在馬尼拉港口時，加雷翁船貿易再度重啟。或許是因為分神於對清戰爭的緣故，鄭成功很晚才察覺到兩件事：第一，除了他以外，菲律賓的西班牙人沒有別的來源可以取得絲綢與瓷器；第二，他是擁有強大武力的海盜頭子。直到一六六二年，他才派了個道明會傳教士穿著華麗的袍服，裝扮成帝國使臣的樣子，到馬尼拉要求貿易條件變更。跟以前一樣，西班牙人願意給他所有的白銀。以此為條件，鄭成功答應饒他們一命。在驚慌之下，西班牙政府決定將所有在菲律賓的中國人驅逐出境。中國人拒絕離

清代中國

境，並且在帕里安堆起街壘。還是跟過去一樣，西班牙軍隊強力圍捕中國人，進行屠殺，並且把剩餘的人塞進船裡，讓他們離開馬尼拉。這個預防措施事實上證明毫無必要；因為就在兩個月後，鄭成功出乎意料地死亡，死因或許是瘧疾。之後，鄭成功的兒子忙於繼承權的爭奪，也就無暇理會馬尼拉的貿易。

清朝實施遷界令，此舉對清朝本身也造成災難性的結果。財政官員慕天顏抱怨說，停止白銀貿易等於凍結了金錢供給。由於白銀總會耗損、遺失與埋藏，因此中國金錢的數量實際上不斷在減少。慕天顏向皇帝進言：「銀日用而日虧，別無補益之路。」當金錢供給減少，每單位的金錢價值變得更高；物價將以通貨緊縮的螺旋逐步下跌。慕天顏表示，停止進口白銀，「如是求財之裕，求用之舒，何異塞水之源而望其流之溢也？」清朝政府雖然不甘願，但還是在一六八一年解除禁令。

不過，在此同時，沿海居民早已大量湧入福建、廣東與浙江山區居住。不巧的是，這些地區早已有人定居。這裡絕大多數居民屬於一個不太一樣的族群：客家人。客家人以他們的土樓聞名於世——土樓是一種類似堡壘的建築群，雖然不全是如此，但絕大多數是以圓形呈現，以土夯築的外牆可以居住數十戶人家，家家戶戶面向中間的庭院。（今日，這些令人吃驚的建築物已成為觀光景點。）早在遷界令頒布前數十年，福建學者謝肇淛已經發現，山區客家人聚居在每一塊可用的土地上：

> 無尺寸隙地〔……〕真昔人所云「水無涓滴不為用，山到崔嵬盡力耕」者，可謂無遺地矣。

在難以維生之下，貧窮的客家人與其他山區住民只好往北往西遷徙，這段過程維持了一個世紀。

他們在鄰近省分租用不適人居的高地，由於這裡地形過於陡峭乾燥，因此無法種植稻米。他們砍伐與焚燒樹木，然後在裸露的土地上種植現金作物，主要是蓼藍。經過數年的刀耕火種之後，山區稀薄的土壤肥力就會耗盡，客家人就會繼續遷移。（「食盡一山，則他徙，」地理學家顧炎武曾如此抱怨。）當沿海難民湧入山區，高地的遷徙頻率也加快了。

沒有土地而且貧窮，客家難民被嘲弄地稱為棚民。嚴格來說，棚民不是流民；他們租用位於高地的土地，這些土地的所有人是居住在較肥沃的河谷地區的農民，他們因為不使用而出租這些土地。棚民沒有長久的居所，每隔一段時間就會遷徙，從東南方的福建丘陵地帶，到西北方黃河沿岸的黃土懸崖，延伸出一條長達一千五百英里以山區為主的彎曲地帶。

中國的兩大主食——稻米與小麥——都無法在棚民居住的貧瘠土地上生長。土壤層太薄，無法栽種小麥；坡度太陡，要灌溉稻米必須開拓出梯田，除了花費太大，出租者也不可能對土地投入如此龐大的資本投資。

因此，不可避免地，他們轉而求助於美洲作物：玉米、番薯與菸草。玉米可以在極貧瘠的土地上生長，而且成長很快，它的生長期遠比大麥、小麥與小米來得短。玉米由葡萄牙人經澳門傳入，在中國又稱「玉麥」、「包穀」。番薯可以在連玉米也無法生長的地方成長，哪怕是土壤酸性極高且缺乏有機物與養分的土地，番薯甚至不需要太多日光。一六二八年一名農業改良者指出：「即使在低溼狹窄的小徑，就算只有幾英尺寬，只要你擡頭可以看見天空，那麼這個地方就可以種番薯。」

在南方，許多農民的飲食是以番薯為中心而做出各種變化：烤番薯與煮番薯；把番薯磨成粉擀成麵條；番薯加上醃汁搗碎，或用蜂蜜油炸，或者混合蕪菁一起剁碎加入豆漿做成燉菜；番薯甚至可以

數千座客家宗族世居的土樓至今仍散布在福建山區。土樓的外牆以土混合稻桿夯築而成，基於防禦目的，比較低的樓層沒有窗戶。

發酵製成酒。在中國西部，主要作物除了玉米之外還有另一項由美洲引進的作物：馬鈴薯，其原產地是安地斯山脈。當四處漫遊的法國傳教士譚衛道（Armand David）住在陝西偏遠崎嶇的一間茅屋裡時，他的飲食內容（除了幾樣配菜）其實與印加帝國人民沒有太大差異。「我們的小屋附近種的唯一一種作物就是馬鈴薯，」他在一八七二年時提到：「玉米粉，加上馬鈴薯，這就是山民的日常飲食；通常是用煮的，並且混合馬鈴薯一起吃。」

沒人知道山區住了多少棚民。或許他們以為把問題隱藏起來就不用解決問題，因此清朝官員在做戶口普查時並未把這些人計算在內。然而所有的跡象顯示這些人的數量並不少。在福建西邊的鄰省江西，一七七三年時一名嚴謹而挑剔的省財政官員認為許多棚民在江西已居住數十年，理應視為江西省的居民，因此應核實統計人數上報北京。他派出工作人員實地查訪，統計每個客家戶長與棚數。在地形崎嶇的贛縣，他們統計出一般住民是五萬八千三百四十人，絕大多數住在縣城贛州——但鄰近山區的棚民居然高達二十七萬四千兩百八十人。當他們逐縣調查之後，發現同樣的情況一再發生，有時棚民是數千人，有時則多達數十萬人。總計在江西，政府過去未曾統計的棚民人口超過一百萬，他們平日就在江西省境內以刀耕火種為生。想必清朝政府已瞭解棚民問題的嚴重性，因為這還只是中等省分的人數。

除了棚民外，另一波類似但規模更大的移民潮則是湧向乾燥、多山、人口稀少的西部地區。明朝為了社會穩定，禁止民眾遷離家鄉。清朝反其道而行，積極鼓勵民眾往西遷徙。如同十九世紀美國獎勵民眾遷往西部，二十世紀巴西提供誘因讓民眾到亞馬遜河流域開墾，新成立的清朝相信移民實邊是國家命運的核心。（「實邊」是從清朝的觀點來看，事實上所謂的邊疆地區早已居住著數十個非中國人的民族，如藏族、瑤族、維吾爾族、苗族。透過將本土的民眾移往邊區，清朝可以將這些自成一體的文化同化成一個民族。）[3]在輕傜薄賦與土地便宜的誘惑下，許多人從東部湧入西部山區。絕大多數新來者跟棚民一樣，貧窮、政治弱勢且受到城市居民輕視。他們看著風化且崎嶇的地貌，完全不適合種稻——於是他們也選擇種植美洲作物。

四川是中國第五大省，它毗鄰西藏，而且幾乎全是山地。四川西南大學歷史學家藍勇表示，一七九五年時，四川尚屬地廣人稀之地：面積超過加州，人口只有九百萬。但其中只有兩千三百平方英里是可耕地，大約只有洛杉磯郡的一半大。藍勇提到，往後二十年，美洲作物開始傳入山區與高地，使農地面積擴大到將近三千七百平方英里。隨著四川農業產量提高，四川人口也跟著增加到兩千五百萬。四川東北方的陝西省，同樣也是地廣人稀，發展的過程也跟四川類似。移民湧入陝西與四川之間的陡峭山地，他們砍伐樹木，在空地種植番薯、玉米，日後也接著栽種馬鈴薯。隨著可栽種的作物增加，農產量提高，人口自然隨之攀升。在某些地區，大約一個世紀的時間，居民數量居然增長了一百倍。

過去將近兩千年的時間裡，中國人口的成長相當緩慢，但在清朝建立後的數十年間卻有了巨大變化。從新王朝建立時美洲作物傳入，到十八世紀末為止，中國人口出現驚人的成長。歷史學家對於實際增長的數量仍有爭議，但許多人相信人口約略增加了一倍，達到三億人。正因人口的激增，才使中國變成擁擠的代名詞。

中國不是唯一被哥倫布大交換轉變的亞洲國家。從大溪地（Tahiti）到巴布亞紐幾內亞（Papua New Guinea），從紐西蘭到夏威夷，在這條延伸的寬廣帶裡，番薯成了主食。令人驚訝的是，這個地帶的

3「中國人」這個詞一般來說指的是漢族。滿人把漢人從核心地區遷移到其他民族居住的邊區。

絕大多數地區早在哥倫布之前就已經知道有番薯這種作物——考古學家在夏威夷、復活節島（Easter Island）、庫克群島（Cook Islands）與紐西蘭發現的植物燃燒殘骸，其年代可以上溯到西元一〇〇〇年左右。（有些研究者認為，番薯跨越太平洋充分證明古代玻里尼西亞人〔Polynesians〕與美洲原住民已經有過接觸；另一些學者則認為，種子藏在小巧可漂浮的圓形莢膜裡，很可能因此而飄洋過海。）雖然番薯的流傳很早，但影響不大。直到西班牙人抵達馬尼拉後，番薯才取代了當地作物如山芋、西谷椰子與香蕉。與中國人一樣，這些島民利用番薯的高產量與易於在貧瘠土壤種植的特性，將其攜往原本人煙稀少的高地種植。新幾內亞（New Guniea）的巨大轉變，甚至讓一些考古學者稱之為「番薯革命」（Ipomoean revolution）。儘管如此，番薯對中國的影響更為巨大，不只是因為中國幅員遼闊，也因為中國擁有中央集權的政府，可以透過政策推動番薯的種植。

位於內蒙古戈壁沙漠邊緣的玉米田

光是玉米、馬鈴薯與番薯的引進就可以完全解釋中國人口的急速成長嗎？不行。美洲作物傳入中國時，清朝已然在中國進行一連串的變革。清朝在各方面均具有企圖心，它致力於對抗疾病與饑餓（中國的兩大殺手），推動世界最早的天花接種計畫；建立全國的糧倉網，買進剩餘糧食，並且在糧食缺乏時以國家控制的低價售出；實施當時最周密的災難救濟計畫（有些做法很簡單，就是讓災區不用上繳糧食）。在此同時，清朝也力抗中國傳統的人口控制方法：殺女嬰。許多中國男性一輩子單身，因為殺女嬰使得女性人數偏低。現在有更多男性可以娶妻生子，而他們的孩子死於天花與饑荒的機會也大為減少。此外，農村家庭也比較不會在國家壓迫下淪為貧民：一七一三年，康熙皇帝宣布滋生人丁永不加賦，國家也投入大量資本改善運輸網路，使農民可以販賣自己的莊稼，提高收入。令人高興的是，這個時期的作物特別容易生長，因為小冰期已接近末期。有些政策早在明朝就已擬定，但清朝的執行更有效率。這些措施都有助於增加孩子的數量，以及提高他們順利長大成人的比例。

另一方面，四川史家藍勇指出，人口增加最多的地方主要是種植美洲作物的地區。在政策鼓勵下移往西部的家庭需要東西吃，而他們每天吃的都是玉米、馬鈴薯與番薯。中國之所以成為世界人口最多的國家，有部分要歸功於哥倫布大交換。

馬爾薩斯的插曲

一七四六年，洪亮吉於長江口附近出生，由於父親早逝，因此家道中落。洪亮吉天資聰敏，性格多變，身材高大而臉色紅潤。朋友回憶說：「他率性而為，喜愛飲酒高歌。」他在學校裡常因飲酒而遭到責罰，儘管如此，他寫的文章依然廣受好評。洪亮吉的脾氣暴躁，缺乏耐性，容易被人激怒，有時他性子一急，會抓起對方的手腕，一副咄咄逼人的樣子，不把道理講清楚絕不罷休。「他的眼睛會瞇成一條縫，你可以看到他氣得臉紅脖子粗的樣子，」另一個朋友回想他討論政治時的樣子。「他極不擅於交際。」洪亮吉的朋友之所以能忍受他，主要是因為他是個優秀的詩人，評論也寫得好，而且他還是一名研究水道、行政疆界與清代各種地理知識的著名學者。不過，他最偉大的思想成就在當時完全受到忽略。就在一七九三年，洪亮吉想出了一個前人從未提到的觀念。

洪亮吉四次應試不中，到了四十四歲那年終於中舉，而後被分派到西南內陸省分貴州擔任學政。貴州到處都是侵蝕嚴重的石灰岩地形，有潮濕曲折的險峻峽谷、陡峭的山地以及深不可測的洞穴。此地也是清朝移民實邊的目標，許多移民從中國核心地區遷徙至此，他們擠壓了原住民（苗族）的生存空間。新來者往山區移動，種植玉米，開始組織家庭生兒育女。洪亮吉感到疑惑，人口會一直這樣成長下去嗎？

「然言其戶口，則視三十年以前增五倍焉，」洪亮吉寫道，他的說法似嫌誇大，但毋須深究：「視六十年以前增十倍焉，視百年、百數十年以前不啻增二十倍焉。」他設想一名男子「有屋十間，有田一頃」。如果這名男子娶妻，生下三個兒子，兒子長大成人後各自娶妻，則全家將成為八人——四名男子以及他們娶的妻子——他們要仰賴一頃田為生。

八人即不能無擁作之助，是不下十人矣。以十人而居屋十間，食田一頃。吾知其居僅僅足，食亦僅僅足也。子又生孫，孫又娶婦。其間衰老者或有代謝，然已不下二十餘人。以二十餘人而居屋

> 十間，食田一頃，即量腹而食，度足而居，吾以知其必不敷矣。

洪亮吉瞭解清朝已經從事墾荒來供養中國人口。但農地面積

> 不過增一倍而止矣，或增三倍五倍而止矣，而戶口則增至十倍二十倍。是田與屋之數常處其不足，而戶與口之數長處其有餘也……
>
> 曰：天地有法乎？曰：水旱疫疾，即天地調劑之法也。

五年後，在英格蘭，另一名男子也想出類似的觀念，他是馬爾薩斯牧師（Rev. Thomas Robert Malthus）。馬爾薩斯害羞、和善、略帶兔唇，但他卻是英國第一位經濟學教授，甚至可能是世界第一位，也就是說，他是第一位專業經濟學家。他因為與自己的父親（一個深具英國風格的有錢怪胎）意見相左而開始致力思索人口成長問題。馬爾薩斯試圖論證人類是否能將世界改造成天堂。他的答案是不可能，並且長篇大論地加以論述——五萬五千字，於一七九八年刊載於未署名的單面紙張上，而後又陸續出現補充版本。在這些補充版本裡都有署名，顯示他愈來愈有自信。

「人口的力量，」馬爾薩斯表示：「遠大於土地生產糧食的力量，而人類生存需要糧食。」在今日的教科書上，這個觀念通常以圖來表示。圖上的一條線代表總糧食供給，隨著人類開墾更多的土地與更有效率地利用土地，這條線由左往右緩慢提升。另一條線開始時位置較低，但很快就呈現曲線往上與

第一條線相交，然後急速攀升，這條線代表人口呈指數增長。最後，這兩條線的差距不可能縮減，而《啟示錄》的四騎士將前來造訪（編按：四騎士為瘟疫、戰爭、饑荒與死亡）。馬爾薩斯認為，增加糧食供給的努力只會導致人口的增長，而人口增長的幅度將不只是抵消糧食增長的幅度——今日稱這種狀況為「馬爾薩斯的陷阱」。馬爾薩斯說，忘了烏托邦吧！人類注定要活在饑餓的邊緣，現在如此，未來也是如此。也忘了慈善活動吧：幫助窮人只會導致更多嬰孩，而更多嬰孩只會讓人類往後的路更難走。無論酒宴擺得再怎麼大，總會有更多饑餓的人想入座。馬爾薩斯的陷阱不可避免。

反應充滿了爆炸性。「從《人口論》出版至今，」偉大的經濟史家熊彼得（Joseph Schumpeter）表示：「馬爾薩斯相當好運——因為這的確是好運——能獲得各種不合理而矛盾的評價。」凱因斯（John Maynard Keynes）認為馬爾薩斯是「系統性經濟思維的開端」。另一方面，雪萊（Percy Bysshe Shelley）則嘲弄他是「太監與暴君」。彌爾（John Stuart Mill）認為馬爾薩斯是偉大的思想家。對馬克思來說，他是一名「剽竊者」與「無恥的統治階級諂媚者」。「他是人類的恩人，」熊彼得寫道：「他是惡魔。他是深遠的思想家。他是笨蛋。」

相對地，洪亮吉則完全遭到忽視。與馬爾薩斯不同，洪亮吉從未有系統地發展自己的思想，部分是因為他把精力全放在批評貪官汙吏上，他認為這些人正在搶掠國家的財富。清朝政府對於在饑荒逼迫下暴動的四川陝西農民，採取殘酷而無能的解決措施，洪亮吉在驚恐之餘，於一七九九年辭官。他離職時寫了一封看似漫談，實則極為露骨的信給儲君，而儲君又將這封信交給了嘉慶皇帝。皇帝在盛怒之下判決洪亮吉終身流放，讓他不敢再任意發言。

洪亮吉未能受到賞識相當不公平；他似乎比馬爾薩斯更能精確掌握到馬爾薩斯陷阱的實質。（我用「似乎」這個模稜兩可的詞是因為他從未詳述其中的細節。）馬爾薩斯的理論做了簡單預測：更多的食物導致更多的嘴巴，因而導致更大的悲劇。然而事實上，世界各地的農民不只是跟上腳步而已。從一九六一年到二〇〇七年，粗略地說，人口數量增長為兩倍，但全球小麥、稻米與玉米的產量卻增長為三倍。事實上，隨著人口暴增，長期營養不良的比例反而「下降」——與馬爾薩斯的預測相反。當然，饑餓依然存在，但孩子營養不良的可能性卻穩定而令人振奮地下降了。相對地，洪亮吉指出一個相關但更為複雜的前景。他預見增加糧食收成的持續需求將導致生態災難，從而造成社會失靈——人類將因此面臨重大磨難。

確切來說，這段過程才是今日研究者談到馬爾薩斯陷阱時指涉的內容。事實上，要總結今日的環境爭議，我們可以把所有內容簡化如下：是否人類可以繼續累積財富與知識，如同工業革命以來那樣，還是說這類累積造成的環境衝擊——土壤失去肥力、喪失生物多樣性、過量使用地下水、氣候變遷——將突然讓馬爾薩斯陷阱收攏，使地球退回到前工業時代的悲慘。在這種脈絡下，中國提供的例子屬於後者，至少部分如此。在美洲作物橫掃山區的數十年後，這個世界上最富裕的社會卻陷入與自身環境的搏鬥之中——一場肯定會輸的鬥爭。

「山露出它們的石頭」

一六八〇年代，清政府重啟白銀貿易，到了一七八〇年代，蘇州（稻米交易中心，在今日上海附近）米價上漲到原來的四倍以上。所得增幅未能跟上物價波動的速度，這是造成社會不安的根源。於是彷佛約好了似的，中國各地突然一窩蜂地爆發叛亂；光是洪亮吉憂慮的天災地變，據說就奪走了數百萬條人命。物價飛漲的原因之一，就是白銀從福建流入中國。經濟史家全漢昇指出，白銀造成中國糧價上漲，與白銀流入西班牙推升歐洲物價，原理是一樣的。人口成長增加了需求，進一步對物價造成壓力。國家購買糧食儲存，有時也有相同的效果。然而，物價上漲的重大原因，其實是許多農民停止種植稻米。

清朝皇帝向來把改善運輸網路列為施政的優先項目，希望這麼做能增加農民販賣作物的利潤。政府的想法是促進主要糧食作物的流通，新道路可以協助商人將豐收地區的米麥運送到需要供給的地區。然而小地主卻發現，如果將原本種植米麥的農地改種甘蔗、花生、桑樹，以及更重要的，改種菸草的話，那麼利潤將大為提升。

起初清廷反對轉作，堅持農民必須務「本業」——亦即，種植稻米與小麥。「至於烟葉一種，於人日用毫無裨益，」雍正皇帝於一七二七年諭：「而種植必擇肥饒善地，尤為妨農之甚者也。」但隨著朝廷愈來愈不問民情與腐敗——這似乎是中國王朝的通病——政府也就不再過問農民種植的作物是什麼。

農民抓住機會。菸草需要的肥料是稻米的四到六倍以上，需要的勞力則是兩倍，但它的利潤較高。中國的癮君子人數日漸眾多，他們願意花比糧食更多的錢來購買菸草。（有些人是雙重上癮：他們會在菸草中夾雜一點鴉片。）廣東農業史家陶衛寧說，菸草幾乎出現在中國的每個角落，而且數量相當龐大。陶衛寧表示，「將近一半」的農地拿來種植菸草。結果，米價上漲為兩倍，最常見的蔬菜水果也是如此。農民最後以他們從菸草得到的利潤，從中國其他地區進口更昂貴的糧食。當農民耗盡了稻田的肥力，他們就轉移到別的田畝。當所有稻田都使用殆盡，他們就到山裡去種。

今日，同樣的現象仍在發生。當我跟兩個朋友參觀福建土樓時，我們也在山村的周圍隨便繞行。

幾代之前，村民的祖先從山坡開闢出面積不大的半圓形梯田，用糞肥來澆灌這薄薄的紅土層，然後再引流山中溪水注入田裡。在村子的邊緣立了一個牌子，上面寫著「中國菸草」。這是一家國家專賣企業，與永定農民簽訂契約，以當地的稻田來種植菸草，公司還特別鋪設新的道路來加快作物的運送。我們站在梯田頂端往下看著一層層向外開展的弧狀青蔥田野，上面種的全是菸草。

在永定，村民們以玉米取代損失的稻米，把各處植物鏟除以開闢出可種植的任何隙地：路旁的溝渠，後院的小塊土地，房屋下方的水溝壁。有人則是把玉米種子直接塞進最近從山坡崩落的土石。整個十八世紀，同樣的事發生於中國各地。棚民與流民將玉米與番薯塞進每個角落與縫隙裡，藉由這種方式，從一七〇〇年到一八五〇年，中國的農耕面積竟然擴展到原來的三倍。為了開闢必需的農地，他們砍伐了樹齡達數世紀的森林。少了樹木的遮蔽，山坡無法繼續涵養雨水。土壤養分沿著山丘被沖刷下去。最後，這些地力耗竭的土地就連玉米與番薯也種不活。於是農民砍伐更多的森林，展開新一波的惡性循環。[4]水土破壞最嚴重的地區，位於華中東部偏遠陡峭的山地，這裡是棚民居住的區域。該區常見的豪大雨不斷地沖刷掉土壤中的礦物質與有機成分。已風化的土壤無法涵養水分——「如果十天不下雨」，一六〇七年當地一名作家說道：「土壤會乾枯龜裂。」土地是可耕的，這是就玉米與番薯可以在這裡生長來說。但收成要超過一獲幾乎是不可能的事，除非在土壤添入大量的石灰或灰燼以降低酸性，加上糞肥以增加有機物質，覆蓋肥料以增加氮與磷。這些改良工程必須每年進行，因為雨水會溶

4 農業不是砍伐森林的唯一原因。中國消費大量的木材做為燃料以及建材。為了取得木材，工人們前往偏遠地帶，將一整片森林砍個精光。湖北省華中師範大學歷史學學家楊昶嘆道，在運送過程中，大量的木材遺失、毀壞與遭到竊取，實際上被使用的不到百分之二。

菸草引進已過了四個世紀，它在中國仍有利可圖，因此村民們紛紛將稻田轉為種植菸草。二〇〇九年，這些福建農民正在曬菸葉。

掉養分。

有人回憶說，棚民向谷底的地主租用田地，租期短暫而固定，因此他們沒有施肥的誘因，即使他們願意，也沒有足夠的資力。由於玉米與番薯對他們來說是全新的作物，因此他們免不了犯了新手的錯誤。不同於小麥與小米，農民種植玉米時隔了較寬的行距，以避開堅硬的土壤，許多農民不知道這麼做將使更多土壤曝露在雨水中。另一方面，有些農民不知道沿著山坡縱向種植玉米（而非橫向），將使雨水更容易沿著渠道往下沖刷，加劇侵蝕。

即使有人在高地的土壤施肥並且將雨水的衝擊降到最低，高地的森林砍伐仍可造成低地的災害。紐澤西州里德大學歷史學家歐斯波恩（Anne R. Osborne）表示——她的棚民研究是本章棚民論述的依據——「狹窄的河谷平原與盆地，意謂著人類聚落必須集中在河邊。」如果高地擁有植被，就會減緩釋出的雨水，洪水會比較稀少。把陡坡上的樹木砍掉，改種短期的玉米與番薯，只會降低山區的蓄水量。雨水沿著山丘大量沖刷下來，造成洪水。「從高地傾瀉而下的洪水直接灌注到鄰近平坦的盆地與平原上，」歐斯波恩寫道：「洪水挾帶的泥沙突然間放慢速度，淤積在河道與農田上，摧毀了肥沃的農地，也堵塞了大小渠道，使未來的排水構成問題。」

即使稻農的生計仰賴氾濫，但洪水對稻農造成的問題也不小。稻田需要持續引水注田，如果水流太慢，水田裡的水會蒸發殆盡；如果水流太快，水田裡的水會溢出田外，不僅流失養分，就連稻米也付諸東流。農民使用上流的堤壩來控制水流，藉由閘門來調整灌溉用水的高度。洪水來襲會一口氣沖壞上游的堤壩與下游的稻田，將整個體系盡皆破壞。弔詭的是，洪水淹沒稻作之後，又讓稻田乾涸，因為堤壩被破壞後已無法控制水量。棚民砍伐森林不僅使他們的居住地區淪為荒地，也讓下游的農業設施毀於一旦。由於這些地區就位於長江下游地帶，因此棚民等於大面積地毀滅了中國農業的精華地區。

有些地方人士充分瞭解問題所在。當城市文人梅曾亮於一八二三年懷抱著鄉愁之情探訪他童年居住的山區小鎮時，他詢問過去的鄰居有關棚民的事。即便是今日的生態學者也無法說得比下面這段話更清楚明白。

> 及余來宣城，問諸鄉人。皆言未開之山，土堅石固；草樹茂密，腐葉積數年，可二三寸。每天雨從樹至葉，從葉至土石，歷石罅滴瀝成泉。其下水也緩，又水下而土不隨其下。水緩，故低田受之不為災；而半月不雨，高田猶受其浸溉。今以斤斧童其山，而以鋤犁疏其土，一雨未畢，沙石隨下，奔流注壑澗中，皆填汙不可貯水，畢至窪田中乃止。

高地造成的侵蝕淹沒了長江下游谷地的良田，進一步提升了米價。米價飆高，農民便在高地種植更多玉米，此舉又造成更多河谷稻田被淹沒。

隨著棚民遷入山區，洪水的發生率也愈來愈頻繁。在宋朝（西元九六〇年到一二七九年），整個帝國發生大洪水的頻率大約是每兩年三次。有些農民，其中絕大多數是客家人，他們在明朝（一三六八年到一六四四年）非法進入到山區，並且開始砍伐森林。於是，大洪水發生頻率增加到每年兩次。清朝（一六四四年到一九一一年）主動宣導民眾移居到山區森林地帶，於是移民潮變成了砍伐森林潮，洪水頻率增加到原來的三倍以上，也就是說，每年會發生六次大洪水。更糟的是，洪水氾濫的地區集中在中國的農業中心。歷史學家李向軍鑽研個人日記、方志、各省檔案與帝國賑災紀錄，發現清朝一共發生了一萬六千三百八十四次洪災。絕大多數都是小水災，但其中有一萬三千五百三十七次發生在長江與黃河下游的良田地帶，而且洪災似乎有愈演愈烈的趨勢。從一八四一年到一九一一年，清朝每年都要面臨十三次以上大洪水的威脅——有個史家對我說，這相當於每個月發生一次卡崔娜颱風。他說：「在帝國人口最稠密的地區持續地發生災難，而這個地區是整個帝國最重要的糧食產區。這顯然不是件好事。」

一九七〇年代，中國中央氣象臺的研究團隊鑽研大量的各地方紀錄，尋找過去數世紀有關降雨與氣溫的描述。一如預料，研究人員幾乎找不到任何科學的測量數據，絕大多數都是些文字上的形容。舉例來說，當他們看到這樣的敘述，「連續十天夏日的傾盆大雨，造成河川氾濫」，「春夏洪水淹死無數人畜」，「夏秋洪患肆虐，作物種籽蕩然無存」，「數日毫雨，致使陸能行舟」，以及「狂風暴雨淹沒田野房舍」，研究人員就斷定，這個地區曾經歷過洪水，於是在地圖上的對應位置標個1。有嚴重乾旱描述的地區則標5，然後視情況分別標出2、3或4。雖然以這種方式標定的地圖失之主觀，但整體的事件趨勢是明確的。快速翻動中央氣象臺的地圖本，就像是在看一場環境崩壞的動畫電影。

地圖的詳細讓我相當震撼，我決定觀看位於長江下游的四個產米中心：南京、安慶與武漢，以及長江北支漢水的上游地帶。從一五〇〇年到一五五〇年，這些地區有十六個1：十六次大洪水。從一六〇〇年到一六五〇年，有十八個1——大約是相同的數字。從一七〇〇年到一七五〇年，剛好是更為溼冷的小冰期的顛峰時期，有二十七個1。然後小冰期結束，天氣變乾，雨雪減少。但中國的農業核心地區的1，數量仍持續增加。從一八〇〇年到一八五〇年，光是這四個地方就發生了三十二次大洪水。有些洪水沿著河流氾濫了數百英里，1侵犯了一個又一個的城市，每個數字都象徵著數千條人命。

浙江省官員面對日益擴大的洪患，只能坐困愁城。官員於一八〇二年宣布，政府準備將棚民遷徙到「他們的原居地」，同時禁止在山區種植玉米。但喊得震天價響的政令，實際上卻未採取任何行動。官員又在一八二四年重申，明令禁止種植玉米——照這種情況，浙江應該要成為無玉米的省分。然而情況絲毫未改。清帝國設有「巡按御史」，用以糾舉官員的無能與貪腐。浙江的巡按御史不斷要求北京派軍隊剷平這些玉米田，卻得不到回應。這種現象使人對於人類是否有管理自己的能力感到絕望，而且土地開墾的步調實際上在十九世紀上半葉還持續升溫。

浙江左都御史汪元方不明白政府為何放任情況繼續惡化。他知道，過去地主並沒有瞭解到，把未使用的高地農田租給他人耕種會造成災難性的結果。「今則水之受淤如此，田之積沙如此，山之露石又如此，官民皆知大害矣，而不能禁者何？」

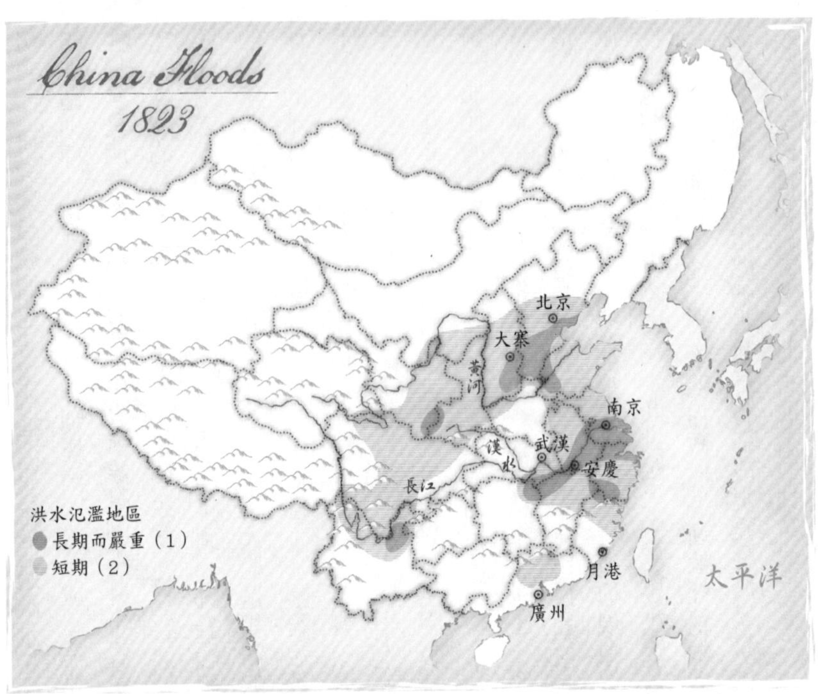

一八二三年中國的洪水

這裡面有部分原因出在大量非法移民的固有問題上。要遷移數量這麼龐大的人口並不容易——特別是要他們離開經年累月經營的家宅田土——而且這麼做勢必造成很大的損失。政府為了獲得民眾支持，因此不願做這種引起民怨的事（除非在這個族群失去的支持，可以從別的族群彌補回來）。從邏輯上來說，要為這些已經離開原居地數十年的民眾找到新的定居地，確實有困難。歐斯波恩表示，以棚民為例，主要障礙不在於治理上的過度謹慎或無章法，而在於土壤侵蝕反映出典型的集體行動問題。法律疏漏使租金收入——不同於農地收入——得以免稅，擁有高地農田的地主因此可以輕易獲得免稅收入。隨後造成的森林砍伐也許會破壞這些地主位於谷地的農田，但這個風險是由整個區域共同來分攤，而地主的利益卻只有他自己獨享。地主得到所有的好處，損害卻只是一部分，因此當地的商業利益總是極力反對政府遷徙這些棚民。

在環境主義者的惡夢裡，短視追逐小額獲利將導致長期而大規模的災難，持續的洪災造成長年饑荒與社會不安，災害的補救使得國家元氣大傷。美洲白銀把明朝逼到了邊緣，美洲作物則是對搖搖欲墜的清朝社稷踹了一腳。

當然，其他因素也扮演了推促的角色。客家神祕主義者領導的叛亂分裂了清朝，為東南山地的客家棚民短暫建立了一個國家（編按：太平天國）。連續幾任君主的孱弱，使得政府上下尸居餘氣，貪汙腐敗。清朝與英國兩次交戰失敗，喪失了沿海的控制能力。中國非但無法藉由戰爭來停止鴉片輸入，反而因戰敗而使鴉片傳布更廣。成功有其原因，災難的產生也有其根源。侵略中國的歐洲軍隊不知道，早在他們東來之前，哥倫布大交換已為他們鋪平了道路。

一無可取的大寨

有兩個世代的時間，中國最出名的地方是大寨。這座位於中國山西省的山區小鎮，氣候乾燥，人口只有數百，此地在一九六三年也曾遭受洪水肆虐。站在瓦礫堆中，頭上纏著他的招牌擦汗巾，這名共產黨地方支部書記拒絕國家援助。相反地，他承諾大寨將靠自己的資源站起來，而且還要創立一個更新、更有生產力的村落。遭受洪患，而且該區的土壤素來貧瘠，但大寨還是創造了驚人的農業產量。

毛澤東對於這項成績感到高興，他要求各地方的官員都要去這個村落學習，並且要仿效大寨的做法。這些官員看到拿著鏟子的農民努力地把整座山從山頂到山腳全闢建成梯田；休息時這些農民就閱讀《毛語錄》，整個村子瀰漫著一股宗教崇拜的氣氛。有個團體走了兩個星期到大寨就為了一覽農民手上的老繭。中國需要在每一塊土地上種穀物，這是官員們學習到的真理。毛澤東時代的中國有幾句口號，充分顯示出他們的信念：

移山填溝造平原！

毀林開荒！

農業學大寨！

在地方當局的推波助瀾下，村民滿懷興奮，紛紛爬上山嶺，刨掉山坡上的灌木叢，把斜坡開闢成平坦的地面，並且在上面種植作物。儘管又熱又餓，民眾仍晝夜不停地努力工作。梯田把原來無法耕作的陡坡改造成新闢的農地。我曾經造訪的其中一個村子，農民可耕作的土地面積增加了兩成，而且普遍的狀況都是如此。

大寨位於黃土高原，這是地質上相當奇特的地區。亙古以來，大風橫掃過位於西方的沙漠，把細微的沙礫吹到了華北地區。數千年的風成沙石覆蓋住整片區域，堆積出厚重的沙土——地質學家稱之為「黃土」——有些黃土層的厚度可以達到幾百英尺。黃土高原的面積大約等同於法國、比利時與荷蘭國土的總和。

黃土不像一般土壤可以像潮濕的雪一樣固結成塊。數世紀以來，黃土高原的居民在黃土裡挖掘洞穴，以此為家。這些洞穴住家稱為「窰洞」，住起來其實相當舒適——我住的那戶人家有一座從黃土切削成的炕。旁邊的火爐排氣直通炕的內部，冬日足以溫暖整張黃土床。晚間，我像個科學研究人員一樣仔細地觀看窰洞牆壁，從這間房間就足以瞭解黃土的特性。原則上，土壤有三層：最頂層是薄薄的一層腐殖質，些許木頭，與其他有機物質；然後是一層深色的頂層土壤，通常厚度不超過一英尺，含有一些表土淋溶下來的腐殖質（部分是已分解的有機物質）；往下是底土，顏色較淺但富含鐵、黏土與礦物質。黃土則迥然不同；我的臥室牆壁是直接從長年堆積的黃土層切削出來的，從上到下都是細如膏狀的沙土，完全一致，毫無層理。

每個玩過泥巴的孩子都知道，泥土很容易沖洗乾淨。咸陽市楊陵區水土保持研究所土壤科學家鄭粉莉指出，細微的沙粒「就像單一的粒子」，它們不會牢靠地結合起來。她告訴我，如果用流動的水隨意沖刷黃土，這些細沙「很容易就被帶走」。從陡坡上沖刷下去，這些黃土可以被水攜帶到遙遠的地方。黃河繞了個大彎，正好穿越了黃土高原。它把大量的泥沙——遠超過世界上任何一條河川——運到華北平原，也就是中國的農業核心地帶。

由於平原地勢平坦，河水的流速減緩。而隨著水流變慢，水中的泥沙就沉積在河床與河岸邊。這些泥沙有補充當地土壤的功能，這是為什麼華北的農業特別繁盛的緣故，然而，泥沙也會造成河床淤積。結果使得黃河每年擡升一到三英寸。長期下來，黃河的高度居然比兩旁陸地高了四十英尺。收成小麥田的農民如果想看黃河，他們必須**擡頭看**。不斷升高的結果，黃河有溢過堤岸的可能，一旦如此，整個華北平原將蒙受可怕的洪水損失。

黃河水患持續了數千年——「黃河百年一改道，十年九旱，三年兩決口」，這是中國人形容黃河的諺語。而且在十八與十九世紀，侵蝕導致決口與黃河改道的情況更為致命。為了治理洪水，清朝設立了河道總督，負責管理長五百英里的河堤，洩洪道、水閘和堤壩構成的網路，以及十六條用來分流的河川——這項水利設施足以媲美長城，但對國計民生而言卻遠比長城來得重要。這個系統不僅控制著龐大而複雜的灌溉網路，也讓黃河連接上大運河。大運河全長一千一百零三英里，連通北京與杭州，是世界最長的人工水道。清朝皇帝每年約有百分之十的預算花在治理黃河上。

儘管如此，這個系統還是無法解決水患。如中國氣象局地圖所顯示的，過多的淤泥使黃河在一七八〇年到一八五〇年間十二次溢過堤防——大約每六年一次，每次洪患都十分巨大。一八八七年的大洪水是有史以來傷亡最大的一次，估計死亡人數達到百萬。

洪水的成因——黃土高原上濫墾濫伐——大家都瞭解。但北京卻毫無作為，即使開荒是清朝的政策，但黃河氾濫卻嚴重打擊王朝的正當性。朝廷並不是無法採取行動，地主短視地出租土地給棚戶也非不可防止，但沒有人知道這些決定性的作為是否真能解決這個國家的生態問題，因為他們甚至未做嘗試。洪患就這樣持續到王朝滅亡，我們甚至可以說，是洪水加速了清朝滅亡的速度。

而當毛澤東下令在黃土高原上開墾更多荒地時，我不得不相信這個國家的確缺乏解決生態問題的能力。高原上絕大多數地區的樹木都被砍掉，還好最陡峭的斜坡因為無法種植作物，還留下了一點低矮的灌木叢能防止土壤流失。一九六〇年代與一九七〇年代，黃土高原成為仿效大寨的主要區域，開始大規模地闢建梯田。梯田的牆壁只是用土塊堆成，一直持續崩落；我造訪的黃土高原村落，在雨後，有半數的居民跑到崩塌的梯田上用鏟子修補梯田的牆壁。即使梯田沒有崩塌，雨水也會沖刷掉土裡的養分與有機物。嘴頭村位於黃河邊的陡坡上。走在陡峭的小路上，沿途經過一個又一個的窰洞，我幾乎可以看到崩落到黃河裡的梯田。

由於土壤侵蝕帶走了養分，因此新栽種的土地收成滑落得很快。為了維持產量，農民不斷在新土地上開墾梯田，之後這些梯田又在沖刷下肥力耗盡——典型的「惡性循環」，長期研究中國環境的曼尼托巴大學地理學家史密爾（Vaclav Smil）如此表示（他針對中國環境寫的第一部作品是一九八四年出版的《惡地》〔*The Bad Earth*〕）。二〇〇六年中國研究人員在報告中指出，大寨時代因侵蝕而崩落到黃河的田土高達三分之一。

結果是悲慘的，這在每個地方都很明顯。惡化的土壤使得收成劇減，大量農民因此遷徙他鄉。嘴頭村損失了半數人口。「這肯定是人類勞動史上最大的浪費，」史密爾對我說：「數千萬人被迫日夜工作，絕大多數的計畫連小孩都看得出來不合理。砍掉樹木，然後在陡坡上種農作物——這怎麼會是個好主意？」

在最邊緣的地區，農民種植玉米。在嘴頭村北方，也就是戈壁沙漠的邊緣地帶，我走在玉米田旁，這些玉米底下幾乎是純粹的沙。直到一九六〇年代為止，這個地區仍長滿了多刺的灌木叢。然後毛澤東下令大膽地進行種植，這等於是逼迫人民在沙灘上種地。令我訝異的是，當地農民居然有這份耐心慢慢地從沙子裡種活玉米——無論在屋頂還是貧瘠的院子，都可看到乾癟的玉米穗軸。男人騎著迷你的中國摩托車，拉著堆積如山的玉米貨車，其高度足有兩層樓高。在微風吹拂下，空氣中已充滿迫人的沙礫。黃土高原遠本是攫取沙漠沙塵的地方，此時卻成了生產者。

中國已經推動一連串防止濫墾濫伐的計畫。一九八一年，北京下令凡超過十一歲四肢健全的公民，「每年必須植樹三到五棵」。三年前，北京又實施了全球規模最大的生態計畫，也就是「三北」計畫：一條長兩千八百英里的防護林帶，像巨大的簾幕一樣橫越中國的北方、東北方與西北方，包括黃土高原

的邊緣地帶。根據進度，這道防護林會在二〇五〇年完成，屆時這道綠色萬里長城理論上應該可以減緩沙漠化與沙塵暴的影響。

儘管這項計畫規模宏大，但對農業學大寨導致的土壤惡化問題，這些努力似乎未能直接提出解決之道。然而，土壤破壞本身也是一項政治問題：主政者必須不揭露毛澤東的錯誤，同時又能解決問題。（當我問地方官員，偉大的舵手是否犯了錯誤時，他們禮貌性地改變了話題。）直到最近十年，北京才有了新的想法與規畫。

今日，嘴頭村農民昔日開墾的黃土梯田許多都已回復到原來的自然景象。在當地人所謂的「三三三」系統中，農民以他們土地的三分之一——通常是最陡峭的，最容易遭受侵蝕的斜坡——改種青草與樹木，三分之一種植可收成的果園，最後三分之一主要是位於河谷底部的土地，這裡因為早先谷地上方的侵蝕而匯集大量養分，因此可以從事集約農業。農民將有限的肥料集中在這三分之一的土地上，所得到的收成足以

從一九六〇年代開始，黃土高原上的農民開始砍掉所有的森林，從山丘挖掘出一塊塊的梯田（上頁）。由於黃土容易遭受侵蝕，只要一下雨，梯田就會崩塌（上圖）；維護梯田成了永不間斷的苦差事。最後，最陡峭的山坡梯田終於完全崩落了（左圖），農民發現他們原本用來維持生計的山丘現在陡得連站都無法站穩。

彌補犧牲的那三分之二土地產量——無論如何，理論上是如此。為了協助農民轉型，政府每年會補貼農民定量的穀物與小額的現金，如此為期八年。到了二〇一〇年，這項計畫涵蓋了超過五萬六千平方英里的河谷村落，其面積大約等同於愛荷華州。

乍看之下，似乎獨裁體制完美地適合完成這項任務。政府完全不用考慮財產權或政治抗爭的問題，就可以一聲令下要求黃土高原的居民停止種植小米與杏仁。政府可以命令整個村子的人到山裡種植樹苗，數百萬棵樹苗就這樣栽種在像魚鱗般排列的小坑洞裡。而當農民與田野改頭換面之後，計畫者就可以自豪地炫耀他們的成就。

實際在現場觀看，情況似乎沒那麼理想。省級、縣級與村級官員如果能完成他們分配到的種樹量，則他們可以獲得嘉獎，至於樹種是否適合當地環境，則不在考慮之列（科學家提的建議，例如那些樹一開始不適合種在草原地，這些官員也充耳不聞）。農民無法從種樹當中獲得任何好處——他們種的樹無法長出果實，無法加以砍伐利用，而這些樹木雖可防止土壤侵蝕，但種植的地點卻遠離農民自己的家——農民因此沒有誘因好好地照顧自己種的樹。這種狀況，結果不難預料，在陝西省的偏僻道路上，處處可見枯死的樹木，每一棵都枯槁在魚鱗般排列的小坑洞裡。走在這條路上，夾道枯樹連綿達數英里。「我們每年都種樹，」農民說：「但沒有一棵活下來。」

我看到一排排枯樹散布在山坡上，就像景物的輪廓記號一樣，延伸好幾英里。收成季節已經結束，農民即將重啟另一輪的植樹工作。一棵接著一棵，中國政府試圖抵銷全球白銀貿易偶然造成的後果。

第三部　世界的歐洲

6 農工業聯合體

馬鈴薯戰爭

馬鈴薯開花時，會綻放出五瓣花朵，宛如圓潤的紫星，搖曳於田野上。據說瑪麗·安東妮特（Marie Antoinette）非常喜歡馬鈴薯花，甚至用來裝飾自己的頭髮。安東妮特的丈夫路易十六則是把花別在自己的鈕孔裡，這種舉動掀起了一陣短暫的潮流，法國貴族紛紛跑到馬鈴薯田裡採摘花朵來裝飾自己的衣裳。馬鈴薯是茄科植物，這表示它跟番茄、茄子、菸草、甜椒與顛茄是遠親關係。塊莖不是根，而是特化的地下莖，可以儲存養分；塊莖上的芽眼源自於長在莖上的葉子，它可以生出馬鈴薯的新芽。馬鈴薯的果實看起來就像綠色的櫻桃番茄，但卻富含茄鹼，這種毒素是馬鈴薯的防衛機制之一，可以防止害蟲食用種子。現代農夫通常不會使用馬鈴薯的種子，而是將塊莖切成塊種入土裡。然而令人在語言名稱上造成混淆的是，用來栽種的塊莖，竟然是稱為「種薯」（seed potatoes）。

今日，馬鈴薯已是世界第五大作物，收獲量超過馬鈴薯的有甘蔗、小麥、玉米與稻米。馬鈴薯的原產地是安地斯山脈——馬鈴薯不僅限於一般我們在超級市場看見的 *Solanum tuberosum*，還有其他各種品種，但有些品種只有厄瓜多、祕魯與玻利維亞的居民才會食用。此外，從阿根廷到美國西南部這片廣大區域還分布著數十種馬鈴薯。儘管名稱與外表都很類似，但這些馬鈴薯品種沒有任何一種與番薯有關係，因為馬鈴薯與番薯分屬不同科的植物。這兩種作物長久以來一直造成混淆；potato 這個字錯誤地源自於 batata，而 batata 是塔伊諾人為番薯取的名字（番薯的學名是 *Ipomoea batatas*）。這兩種作物的混淆使早期的英格蘭植物學家傑拉德（John Gerard）疲於分辨，他在一五九七年埋怨說，「隨便為這兩種作物取名的人，要不是缺乏判斷能力，就是缺乏知識。」傑拉德在他的「植物通史」中企圖做出徹底的澄清，他用 Virginia potato（維吉尼亞薯）來指稱一般的馬鈴薯，但其實馬鈴薯並非來自維吉尼亞。而他又稱番薯為 common potatoes（普通薯）。[1]

馬鈴薯約有四分之三是水分，四分之一是澱粉，當中富含維他命，若能大量攝取則能防止壞血病。一九二五年，兩名波蘭研究人員連續一百六十七天幾乎完全只攝取馬鈴薯（打碎的馬鈴薯泥加奶油、加鹽蒸熟、切片淋上油做成沙拉）。到最後，他們的報告指出，他們的體重沒有增加，沒有出現健康問題，而且不可思議的是，他們「並未要求改變」菜單。從歷史來看，這兩位科學家的飲食並不極端；一八三九年，英國做的兩項研究顯示愛爾蘭勞動者平均每日的馬鈴薯攝取量是十二點五磅。愛爾蘭以馬鈴薯為主食的特徵日後導致了災難，但馬鈴薯早已成為北歐國家的重要糧食，因此一七七八年

1 傑拉德的區分造成了第二次混淆。除了他之外，還有第三次混淆：一般總是把番薯稱為 yams，但 yams 其實源自於亞洲與非洲，與番薯完全不同科。

到一七七九年普魯士與奧地利曾爆發一場「馬鈴薯戰爭」，交戰雙方拚命的不是作戰，而是挖走更多的馬鈴薯不讓對方取得。等到波希米亞地區的馬鈴薯全被吃光，戰爭也跟著結束。

與穀物相比，馬鈴薯本身更具生產力。如果小麥或稻米的穗長得太大，作物會垂下來或甚至倒下死亡。現代育種者培育出短而堅硬的莖，可以承受較重的穗實。然而即使如此，小麥或稻子也不可能支撐像愛達荷馬鈴薯一樣重的穗實。塊莖在土裡生長，不受植物其他部分的限制——不用擔心植物倒下的問題。二〇〇八年，黎巴嫩有一名農夫挖掘出一塊重達二十五磅的馬鈴薯，照片中的男子拿著一塊比他的頭還大的馬鈴薯。

許多學者認為馬鈴薯引進歐洲是歷史上的一個關鍵時刻，這是因為馬鈴薯廣泛成為主食剛好與北歐饑荒的結束發生在同一時期。（另一種美洲作物玉米，在南歐也扮演類似的角色，但影響力沒有馬鈴薯這麼大。）不只如此，著名的歷史學家麥克尼爾（William H. McNeill）表示，馬鈴薯造就了帝國：「馬鈴薯餵飽了急速成長的人口，使歐洲各國得以在一七五〇年到一九五〇年間支配世界的絕大部分地區。」饑荒的結束有助於創造政治的穩定，進而讓歐洲各國有餘裕使用美洲白銀。馬鈴薯加速了西方的興起。

此外，長期來看重要的是，歐洲與北美種植馬鈴薯為現代農業樹立了樣板——有時又稱為農工業聯合體（agro-industrial complex）。農業學家讚揚農工業聯合體帶來的大量收成，環境主義者則抨擊它帶來大量汙染。農工業聯合體有三大支柱：改良的農作物、高密度的肥料與工廠生產的殺蟲劑。這三大支柱不僅與哥倫布大交換緊密結合，也與馬鈴薯連繫起來。

哥倫布大交換不僅將生產力特高的馬鈴薯帶到歐洲與北美，連帶也傳入了生產力特高的安地斯馬鈴薯種植技術，包括世界最早的集約肥料：祕魯的海鳥糞。安地斯居民挖掘海鳥在沿海島嶼留下的龐大糞便堆積物已有數百年的歷史。數以百計的肥料船滿載海鳥糞橫越大西洋回到歐洲，許多研究者相信，在這過程中也運回了類似真菌的有機體，日後導致了馬鈴薯的枯萎病，因而在愛爾蘭造成史無前例的饑荒。

之後不久，馬鈴薯又遭受另一種進口物種的攻擊，那就是科羅拉多馬鈴薯甲蟲。恐慌的農民轉而求助於第一個非有機的殺蟲劑：一種到處都買得到的砷，被拿來大量噴灑在農田上。為了生產出更有效的砷化合物，許多公司開始努力研發，因而造就了現代殺蟲劑產業——構成現代農企業（agribusiness）的第三項要素。等到一九五〇年代與一九六〇年代，改良作物、高密度肥料與人造殺蟲劑有系統地結合起來之後，也造就出綠色革命。農業生產力的爆炸轉變了從伊利諾州到印尼的農田，且引爆糧食供給的政治爭論，而這場爭論只是愈演愈烈。

基因海

一八五三年，在德國西南部小城歐芬堡（Offenburg），亞爾薩斯雕刻家弗里德里希（Andreas Friedrich）於市中心的大理石基座上立起一尊德雷克爵士（Sir Francis Drake）的雕像。弗里德里希以傳統遙望遠方的姿態，來表現德雷克凝視地平線的神態。他的左手放在劍柄上，右手握著一顆馬鈴薯。「法蘭西斯．德雷克爵士」，基座上面寫著：

主後一五八六年，

將馬鈴薯帶到歐洲的傳播者。
在土地上努力耕種的數百萬農民，
不會忘記他的恩德。

這座雕像於一九三八年十一月九日被納粹拉倒，這場小規模的暴力騷亂事件又稱為水晶之夜（Kristallnacht）。摧毀這座雕像是一樁破壞藝術的罪行，而非破壞歷史：我們幾乎可以確定德雷克並未將馬鈴薯引進到歐洲。就算他「曾經」引進馬鈴薯，這座雕像也有誤導之嫌。歐洲人能夠栽種馬鈴薯，絕大多數都該歸功於馴化馬鈴薯的安地斯居民。

從地理來看，安地斯山脈不太可能是種植主要糧食的地方。這座地球第二大的山脈，連綿的山峰構成南美洲太平洋岸的冰凍屏障，全長達五千五百英里，許多地方高度也超過了兩萬兩千英尺。活火山散布在山脈沿線上，就像鑲在腰帶上的熔化寶石。上個世紀，光是厄瓜多就有七次火山噴發，位於智利東部邊境的聖荷西火山（San José）從一八二二年以來噴發了七次。這些火山連結著地質斷層，兩相推擠之下引發了地震、洪水與山崩。即使在地震較少的時期，氣候的變化也相當活躍。高地的氣溫可以在幾個小時之內從華氏七十五度（編按：攝氏二十四度）陡降到冰點以下——因為空氣太稀薄，無法產生保溫的效果。突如其來的雹暴往往能擊碎車窗，引發一連串交通事故。著名的聖嬰現象（這個名字是安地斯居民所創）為沿岸帶來洪水，為高地平原帶來旱災。聖嬰現象可以維持數年之久。

安地斯山脈的主要部分由三個約略平行的山脈鏈組成，這三個山脈以高原相區隔，而這些高原統稱為阿爾蒂普拉諾高原（altiplano）。阿爾蒂普拉諾（平均高度約一萬兩千英尺）是安地斯山脈最主要的可耕地區，這就好像歐洲仰賴阿爾卑斯山脈的農地存活一樣。安地斯山脈的東面有來自亞馬遜流域濕熱的水氣在此成雲致雨，西邊面海的一面由於受到山峰「雨影」（rain shadow）效應的影響，使這裡成為地球上最乾燥的區域。介於兩者之間的阿爾蒂普拉諾乾溼分明，絕大多數的雨水出現在十一月到三月之間，而這裡也自然形成平坦的大草原地帶。

然而，這個看似毫無前景的地區，卻發展出令人矚目的偉大文化傳統——佛蒙特大學地理學家蓋德（Daniel Gade）認為，這個文化在一四九二年時已達到世界上所有山地文化的「巔峰水準」。正當埃及王國建立金字塔時，安地斯社會也正興建他們自己的紀念性神廟與儀式廣場。從厄瓜多到智利北部，各個小國不斷爭奪著統治權。納斯卡（Nasca）以其石頭線條與動物圖案聞名於世；查文（Chavín）的雄偉神廟位於查文德萬塔爾（Chavín de Huántar）；瓦里（Wari）盛產優秀的地貌工程師；莫切（Moche）享譽四海的陶器描繪了生活的各種面向，包括戰爭、工作、睡覺與性；蒂瓦納庫（Tiwanaku）是該區城市

歐芬堡的法蘭西斯·德雷克爵士引進馬鈴薯紀念碑，後來被納粹摧毀。

化程度最高的文明（以的的喀喀湖〔Lake Titicaca〕為中心，這是地球上海拔最高的可航行湖泊）；奇莫爾（Chimor）是莫切的後繼者，首都昌昌（Chan Chan）不斷往外擴展，城市人口極為可觀。今日最著名的是印加（Inka），它透過征戰兼併了泰半的安地斯地區，建造綿密的道路網與富麗堂皇的黃金城，最後敗給了西班牙的疾病與士兵。

中東與埃及的文明史，與小麥和大麥的發展密不可分；同樣地，墨西哥與中美的原住民社會則建立在玉米上。在亞洲，中國形諸於文字的歷史則受到米的影響。安地斯地區與上述地區不太一樣，當地的文化不是由穀物滋養，而是來自於塊莖與塊根植物，其中馬鈴薯是最重要的。

考古學家於智利南部發現一萬三千年前人類食用馬鈴薯的證據——不是現代的馬鈴薯，而是仍生長在沿岸地區的野生種。不過，遺傳學家還無法確定安地斯文化馴化馬鈴薯的確切過程，因為早期的安地斯原住民主要是由種子來種出塊莖，而且顯然在同一片菜園裡種了不同品種的馬鈴薯，因此產生出無數天然的混合種，其中一些種類可能產生出現代種的馬鈴薯。一份經常受到引用的分析試圖釐清這段過程；在經過大量研究之後，該分析報告的作者表示，今日的馬鈴薯來源有四種，其中兩種「未知」。至於何時出現，也不得而知：考古學家只確定一件事，安地斯居民在西元前二〇〇〇年時已經可以吃到馴化的馬鈴薯。

馬鈴薯顯然不是個容易馴化的植物。野生塊莖含有茄鹼與番茄鹼，這些有毒的化合物可以讓植物免於遭受危險有機體如真菌、細菌與人類的侵擾。烹煮通常可以破壞植物的化學防衛機制——舉例來說，許多豆類植物在經過浸泡加熱之後就可以食用——但茄鹼與番茄鹼卻不受這些鍋爐影響。安地斯居民顯然是藉由吃土（精確地說是黏土）來中和毒素。在阿爾蒂普拉諾高原，原駝（guanaco）與小羊駝

（vicuña，大羊駝〔llama〕的野生親戚）在食用有毒的植物之前會先舔食黏土。葉子裡的毒素會附著——更技術性的說法是「吸收」——在細微的黏土粒子上。毒素與土結合，這些有害的物質就能通過動物的消化系統而不會影響動物的健康。印第安人仿照這段過程，把野生馬鈴薯浸泡在黏土與水混合的「滷汁」裡。最後，他們培育出毒性較低的品種，不過有些古老而毒性較強的塊莖依然存在，這類品種往往較能抵擋寒凍，因此還有留存的價值。現在山地市集裡仍有人販賣成袋的黏土，放在餐桌上佐馬鈴薯吃。

安地斯地區的印第安人與歐洲和北美的人們一樣，以烹煮、烘烤或搗成泥的方式來食用馬鈴薯，但他們也有別的食用方式是高地以外的居民難以得知的。馬鈴薯經過烹煮、去皮、切塊與乾燥之後做成馬鈴薯乾（papas secas）；置於靜止不動的水裡任其發酵數月，製成具有黏性與帶有臭味的托可許（toqosh）；搗成泥狀，浸泡在甕裡，過篩之後製成馬鈴薯澱粉（almidón de papa）。最常見的做法是丘紐（chuño），在寒冷的夜裡把馬鈴薯散置於屋外令其結凍。當馬鈴薯膨脹時，馬鈴薯細胞內部的冰會使細胞壁斷裂。馬鈴薯被早上的日光融化，到了第二天晚上又再度結凍。反覆結凍融化的循環使馬鈴薯變得柔軟多汁。農民把水榨出以製作丘紐：堅硬、類似保麗龍的瘤狀物，大約比原來的塊莖小了三分之二，重量也變輕了。長期接受陽光曝曬，使得馬鈴薯變成灰黑色；做成一道帶辣味的安地斯燉菜，看起來類似gnocchi（義大利中部用馬鈴薯粉做的糰子）。丘紐不冷凍也能保持數年之久，這表示它可以儲存起來以備荒年之用。這種糧食使印加軍隊得以不斷四向征服。

當時就跟現在一樣，在安地斯山區耕作是一場對抗地理的鬥爭。由於地形陡峭險峻，因此侵蝕是一項持續的威脅。當地幾乎有半數的人口在坡度超過二十度的土地上耕作。每當用犁翻土時，翻出來的土塊往往會滾落山下。最好的田土——也就是土壤最厚的田土——都位在自古以來容易崩塌的位置，因此比一般正常的情況更容易引發侵蝕。熱帶的天氣類型使這個問題進一步惡化：乾季的雨水太少，雨季的雨水又太多。乾季時，風把細微的土壤吹走。濕季時，傾盆大雨沖刷整片山丘，帶走養分，使整座河谷氾濫成災，淹沒農作物。

為了管理用水與控制侵蝕，安地斯居民開闢了一百萬英畝以上的梯田。一五七二年，西班牙航海家甘博阿（Pedro Sarmiento de Gamboa）驚異地表示，田地就像階梯一樣嵌進山裡，「長約兩百步，寬約二十到三十步，鄰山壁處築以石牆，凹處則覆以泥土，這些泥土全從遠處運來。我們稱這些農地為*andenes*（平臺）」。這個詞也許是安地斯山脈名稱的由來。（十五世紀的印第安人使用的方法比二十世紀毛澤東的方式來得適當，因此得到的成果也較佳。）

在的的喀喀湖周圍，土地較為平坦與潮濕，原住民社會在此填土造起了近五百平方英里的田地：在矩形的範圍內，堆起了一塊塊土丘，每塊土丘寬數碼，長數十乃至於數百碼。每個平臺之間以溝渠相隔，深兩英尺，可供儲水之用。在夜裡，溝渠裡的水仍保持微溫。此時，上下起伏的地形與地表溫度的差異，形成輕微的空氣亂流，在混合了溝渠的暖空氣與平臺上的冷空氣之後，至少可以讓作物的溫度提高華氏四度（編按：攝氏二·二度），對於夏日晚間可以低至冰點的地方來說，這樣的溫度升幅對作物相當有利。

許多地方無法堆起這樣土丘，印第安人於是堆起較小的*wacho*或*wachu*（田壟），以翻起的土堆成彼此平行的田壟，寬度或許是二英尺，當中隔以同樣大小的淺溝。由於美洲沒有大型的馴養動物——大羊駝體型太小，拉不動犁，也無法載人——農民只能用鋤頭或足犁耕田。足犁是一根長木棍，上面附著一根短柄與尖銳的石頭或青銅或銅製的尖頭，尖頭上還有一塊踏腳板。在農田上劃出一條線，村子裡的男性面朝後，舉起足犁，將其刺進土裡，然後踏在踏腳板上，讓犁挖深一點。然後退後一步，同樣的動作再做一次，藉這種方式他們弄出了田壟與犁溝。每個男子的妻子或姊妹，拿著鋤頭或木鎚面對著他，把翻起的土塊敲成碎片。種在田壟頂端小洞裡的是馬鈴薯的種子或一整塊小塊莖（每個塊莖至少要有一個芽眼，新馬鈴薯會從芽眼長出來）。神聖的歌曲與讚歌可以調整勞動的步調，讓一整排的農人可以井然有序地沿著田野移動。翻土時，農人會一邊喝著玉米啤酒，一邊嚼著古柯葉。當一塊田地的土翻好，村民們便移往下一塊田，直到每個人的田土都翻好——這種集體勞動的傳統是安地斯社會的特徵。

四到五個月後，農民群聚到田裡，挖出塊莖並且整平田壟，準備種植下一種作物——通常是藜麥，這是安地斯原生的穀物。馬鈴薯除了果實有毒之外，其他部分均可食用。馬鈴薯葉可以拿來餵食大羊駝與羊駝，莖成為烹煮用的燃料。有部分燃料會當場使用。在收成後，全家人馬上將堅硬的土塊堆成十八英寸高的圓頂爐子，把馬鈴薯的莖、稻草、灌木與木頭碎片（西班牙人來美洲之後，居民改用牛糞）放進爐內，用火烘烤土爐，直到變白為止。然後人們把灰燼移開，將剛收成的馬鈴薯放進爐內烘烤。安地斯的村民至今仍這麼做——黃昏時，爐火發出亮光，點綴著山丘。熱食冒出的蒸汽盤旋而上，消失在純淨冷冽的空氣中。居民將馬鈴薯蘸著粗鹽與可食用的黏土一起吃。在晚風中，烤馬鈴薯的香味足可傳到數英里外。

在歐洲人抵達美洲前，美洲原住民烤的馬鈴薯並不是現代的馬鈴薯。安地斯居民在不同的高度種植不同種類的馬鈴薯。村裡絕大多數人種的是少數基本類型，但每個人也會種點不同的馬鈴薯好換個口味，這些馬鈴薯都種在狹小不規則的田壟上，野生馬鈴薯則種在邊緣地帶，結果造成混亂而多樣的

原住民貴族瓦曼・波瑪（Felipe Guaman Poma de Ayala）完成於一六一五年的作品。安地斯印第安人使用足犁翻土。婦女跟在後頭種入馬鈴薯的種子。

品種出現。位於某個高度某個村落種的馬鈴薯，與幾英里外位於某個高度另一個村落種的馬鈴薯相比，看起來完全不同。

當農民種植塊莖而非種子時，冒出的新芽是原來植物的複製；在已開發國家，整片田野全覆蓋了馬鈴薯，這些馬鈴薯的基因幾乎完全相同。與此相對，祕魯美洲研究團隊發現，在祕魯中部的一處山谷中，農村家庭平均種植的馬鈴薯傳統種類有十點六種——每個地方品種都有自己的名字。賓州州立大學的吉莫勒（Karl Zimmerer）拜訪一些村落的農田，發現有多達二十種地方品種的馬鈴薯。祕魯的國際馬鈴薯中心採取與保存的馬鈴薯樣本超過三千七百種。吉莫勒發現，光是安地斯的一處農地，馬鈴薯的種類就「超過全美馬鈴薯種類的十分之九」。（不是所有種植的馬鈴薯都屬於傳統種類。農民為了市場而生產現代的愛達荷品種馬鈴薯，不過他們卻形容這種馬鈴薯淡而無味——這些是給城市裡那些粗人吃的。）

因此，安地斯的馬鈴薯並非單一可辨識的品種，而是許多種基因相近的品種混合在一起構成的。要從中理出頭緒恐怕會讓分類學者（根據生物的演化關係來進行分類的研究者）頭痛個幾十年。針對安地斯馬鈴薯進行的深入研究把當地馬鈴薯做了分類，但這些分類彼此不同且相互矛盾，有人認為有二十一種，有人認為是九種，還有人說是七種、三種與一種，但每一種都可以細分出多重的亞種、群體、種類與形式。四種或許是今日最普遍的說法，不過當中仍存在爭議。至於現代的馬鈴薯，近來最廣泛接受的研究認為可以分成八大種，每一種都有獨立的名稱。

馬鈴薯的野生種也同樣複雜。馬鈴薯的遺傳學者霍克斯（J. G. Hawkes）在他一九九〇年的鉅著《馬鈴薯》中提到，野生馬鈴薯的種類光是有名稱的就多達兩百二十九種。但這還不是已確定的數字。在分析了美洲近五千種植物之後，荷蘭研究人員於二〇〇八年將霍克斯的兩百二十九種馬鈴薯篩選到只剩十種模糊定義的「物種群」。這些物種群就像低矮的濕地島嶼一樣，在廣大難以分辨的混種馬鈴薯沼澤裡載浮載沉。這片沼澤從中美洲沿著安地斯山脈直到南美的最南端，「無法找出結構，也無法加以細分」，更別說以生物學課本的典型物種形式來加以介紹。荷蘭研究人員坦承，把野生馬鈴薯描述成無跡可循的基因沼澤，他們的同事可能「很難就此接受」。

最早踏上安地斯山脈的西班牙人當然不可能察覺這一點，皮薩羅（Francisco Pizarro）一行人於一五三二年登陸厄瓜多並且攻擊印加帝國。征服者注意到印第安人吃著這些圓圓的東西，儘管心中存有疑慮，還是跟著吃了。新糧食的消息很快傳了開來。不到三十年的時間，即使遠在加那利群島，西班牙農夫全開始種植馬鈴薯，產量之大甚至足以出口到法國與尼德蘭（當時還是西班牙帝國的一部分）。最早對馬鈴薯進行科學描述出現在一五九六年，瑞士自然學家鮑欣（Gaspard Bauhin）為馬鈴薯取名為*Solanum tuberosum esculentum*，後來成為現代的*Solanum tuberosum*（編按：前面屬名為茄屬，後面種名指塊莖的）。

民間傳說德雷克在一場海上劫掠中偷走了西班牙帝國的馬鈴薯。他後來把馬鈴薯給了雷利（Walter

Ralegh），也就是運氣不佳的羅阿諾克殖民地創立者。[2]（德雷克救了倖存者。）雷利要求園丁在他的愛爾蘭莊園裡種植馬鈴薯。據說他的廚子在晚餐時端上的是馬鈴薯有毒的果實，雷利於是下令將菜園裡的馬鈴薯全部拔掉丟棄。饑餓的愛爾蘭人從垃圾堆裡撿起這些馬鈴薯——顯然，德國的德雷克銅像就是從這裡來的。表面上，這個故事是無稽之談；即使德雷克在加勒比地區劫掠時真的拿到幾顆馬鈴薯，在經過幾個月的海上航行之後，這些馬鈴薯恐怕已經死亡。

馬鈴薯是歐洲人第一次從種植塊莖（而非種子）獲得的食物，但一開始人們對於這種食物心存懷疑；有些人認為它是一種春藥，有些人認為它是熱病、痲瘋與淋巴結結核的病因。極端保守的俄國正教會僧侶抨擊馬鈴薯是邪惡的化身，並且以聖經從未提及馬鈴薯做為明證。支持馬鈴薯的英國煉金術士薩爾門（William Salmon）反對這些說法，他於一七一〇年表示，馬鈴薯可以「滋養全身，有利病

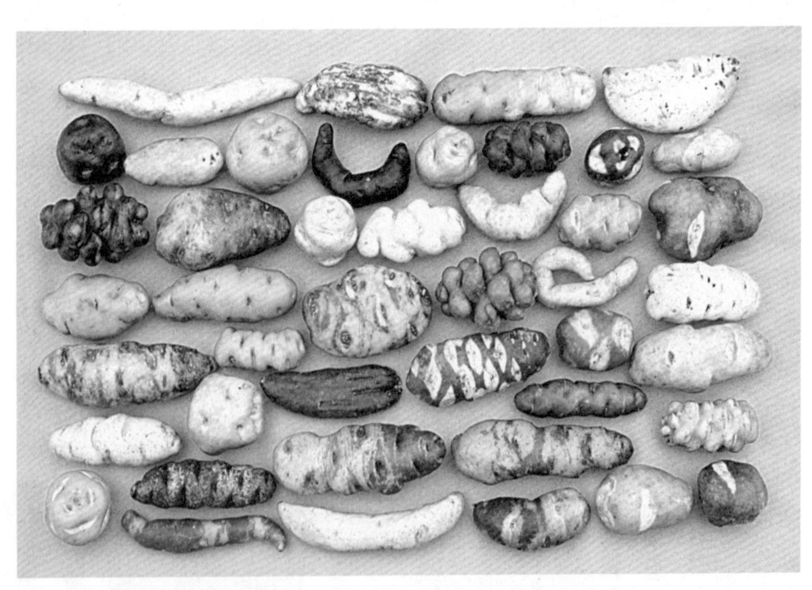

安地斯原住民培育了數百種馬鈴薯，其中絕大多數不存在於南美洲以外地區。

後恢復（按：治療結核病），增強性欲」。哲學批評家狄德羅（Denis Diderot）劃時代的作品《百科全書》（*Encyclopedia*, 1751-65）——歐洲第一部通盤介紹啟蒙時代思想的作品——採取了中庸立場。「無論你怎麼烹煮，馬鈴薯吃起來就是沒味道而且像漿糊一樣，」他寫道：「它不能算是好吃的東西，但對於不求美味只求生存的人來說，它算得上是營養豐富、有益健康的食品。」狄德羅認為馬鈴薯會造成「脹氣」（產生氣體）。儘管如此，他仍認為這種食物值得推廣。他反問：「對於希望身體強健的農民與做粗活的人來說，放屁又算得了什麼呢？」

支持馬鈴薯的聲音零零落落，無怪乎馬鈴薯在西班牙殖民地以外的地區擴展得相當緩慢。當普魯士於一七四四年遭遇饑荒時，支持馬鈴薯的腓特烈大帝得下令農民食用馬鈴薯。在英格蘭，農民抨擊馬鈴薯是為羅馬天主教探路的斥候。「拒絕馬鈴薯，拒絕天主教會！」這是一七六五年的競選標語。最晚到了一八六二年，英國烹飪書籍與家政讀本作家伊莎貝拉・畢頓（Isabella Beeton）還警告讀者，不要喝「煮過馬鈴薯的水」。法國接受馬鈴薯的時間特別晚。營養學家、種痘鼓吹者與馬鈴薯推廣者帕蒙提耶（Antoine-Augustin Parmentier）加入了這場論戰，他是馬鈴薯版的強尼・艾波席德（編按：十九世紀在美國種植與推廣蘋果樹的人）。

帕蒙提耶接受過藥師的訓練，七年戰爭期間他入伍當兵，曾五次遭普魯士人俘虜。淪為戰俘的他有三年的時間幾乎只能吃到馬鈴薯，但令他驚訝的是，靠著這樣東西他依然能維持良好的健康狀態。

---

2 雷利與同時代的人在拼寫他的名字時出現各種拼法，包括Rawley、Ralagh與Raleigh。雖然最後一個在今日最為常見，但他自己使用的是Ralegh。

帕蒙提耶努力想瞭解何以如此，因而使他成為營養化學家的先驅，他是最早研究食物的營養成分與這些營養如何維持身體運作的學者。一七六九年與一七七〇年發生異常的大雨與大雪，導致法國東部地區農作物歉收，當地的學院舉辦一場比賽，希望民眾提供「荒年時用來取代一般糧食的作物」。七名參賽者當中有五位提到馬鈴薯。帕蒙提耶的文章充滿熱情且說明翔實，因而贏得比賽。從此以後，他成為馬鈴薯的推動者。

帕蒙提耶剛好遇上了恰當的時機。饑荒發生後過了四年，新上任的國王路易十六第一件事就是放鬆穀物的價格管制。麵包價格暴漲，點燃了所謂的麵粉戰爭：超過了三百起動亂在八十二座城鎮發生。在動亂期間，帕蒙提耶不辭勞苦地宣傳以馬鈴薯做為解決糧價高漲的方法。他宣稱，如果法國人開始吃馬鈴薯，這場麵包戰爭就會停止。他也不斷地宣揚馬鈴薯的各種好處：他說服國王佩戴馬鈴薯花；招待上流社會的賓客享用馬鈴薯全餐；[3]他在巴黎市邊緣種了四十英畝的馬鈴薯，並且明知饑餓的無套褲漢（sansculottes）會過來偷馬鈴薯。帕蒙提耶的努力獲得成功。狄德羅《百科全書》的增訂版指出：「馬鈴薯餵飽了德國、瑞士、英國、愛爾蘭與其他許多國家一半以上的人口。」

為了推廣馬鈴薯，帕蒙提耶卻無意間改變了馬鈴薯。歐洲的馬鈴薯完全來自於好奇的西班牙人從大西洋對岸帶回來的少數塊莖。從基因的角度來看，歐洲馬鈴薯不過是從祕魯與玻利維亞的基因海裡舀了一匙出來的。帕蒙提耶鼓勵他的同胞大規模地栽種這些數量有限的樣本。由於新的馬鈴薯是由塊莖長出來的，因此帕蒙提耶無意間在廣大土地上種植了基因完全相同的作物——不折不扣的單一作物。他所想像的馬鈴薯田因此與馬鈴薯的安地斯祖先大不相同，一個像是混雜的秋葵湯，裡面加了什麼料完全搞不清楚；一個則是同一種東西井然有序地排列著。

這項轉變的影響非常明顯，此後如果有哪一部歐洲史在索引中未添上馬鈴薯，幾乎就不能算是一部完整的著作。饑餓在小冰河時期的歐洲是司空見慣之事，寒冷的天氣殺死了農作物，就連西班牙白銀也難以維持價格。城市居民在大部分時間裡還能獲得合理的糧食供給，他們的糧倉有武裝衛兵看守，但鄉村居民卻是蹣跚地走在死亡邊緣上。一旦歉收，糧食暴動隨之而起。根據法國大史學家布勞岱爾（Fernand Braudel）的研究，從一四〇〇年到一七〇〇年，歐洲各地總共發生了數千次糧食暴動事件。每一次的暴動，暴動者通常在婦女的帶頭下洗劫麵包店、穀倉與麵粉磨坊，他們要不是公然偷竊食物，就是強迫商人接受「公正的」價格。盜賊攔路搶劫運往城市的糧車。必須使用暴力才能恢復秩序。

布勞岱爾引用十八世紀法國饑荒的紀錄：從一五〇〇年到一七七八年，發生了四十次全國性的災難，平均每十年超過一次。然而布勞岱爾認為，這個驚人的數字實際上低估了荒年的程度，「因為它沒有計入成千上萬的『地方性』饑荒」。法國並非特例；英格蘭從一五二三年到一六二三年發生了十七次全國性與廣域性饑荒。佛羅倫斯幾乎不能說是一個貧窮的城市，但「從一三七一年到一七九一年，其中有一百一十一年的時間市民處於饑餓狀態，只有十六年的『豐年』」，也就是說，平均每遭遇七次歉收才會碰上一次豐收。歐陸無法可靠地餵飽自己，它深陷於馬爾薩斯陷阱之中。

與番薯和玉米在中國的影響一樣，馬鈴薯（還有玉米，但影響力不如馬鈴薯）幫助歐洲擺脫了馬爾薩斯。當農業經濟學家楊格（Arthur Young）於一七六〇年代遊歷東英格蘭時，他看見的農耕世界即將

3 據說美國駐法大使傑佛遜（Thomas Jefferson）也在受邀之列，他很喜歡其中一道菜，甚至要求白宮也煮這道菜。傑佛遜因此將法國的炸薯條引進到美國。

要邁入新的時代。楊格是一名仔細的調查者，他訪談農夫，記錄他們的方法與收獲量。根據他的數字，東英格蘭平均每英畝每年的小麥、大麥與燕麥產量在一千三百磅到一千五百磅之間。與此相對，每英畝的馬鈴薯產量超過兩萬五千磅——大約是前者的十八倍。[4]楊格相信，種植馬鈴薯對英國窮人特別有利。「不難想見，假如農民手上有這種作物，而且有能力大量栽種的話，他們一定會卯足全力去耕作。」楊格明白表示，馬鈴薯「再怎麼提倡也不為過」。

馬鈴薯無法取代穀物，但可以補充穀物。每年，農民會留下一塊休耕地，最多占所有土地的一半，除了恢復地力外，也進行鏟除雜草的工作（在夏天時犁田翻土）。現在，小農可以在休耕地上種馬鈴薯，並且鋤地以鏟除雜草。由於馬鈴薯的生產力很高，從熱量的角度來看，其實際效果等同於讓歐洲的糧食供給增加一倍。比利時史家范登布洛克（Chris Vandenbroeke）因此認為：「這是西歐歷史上第一次，糧食問題找到了決定性的解決方式。」（德國史家拉德考〔Joachim Radkau〕說得更直接：十八世紀關鍵的環境創新是「馬鈴薯與體外射精」。）馬鈴薯（還有玉米）在歐洲大部分地區，就如同在安地斯山脈一樣，成為居民愈來愈依賴，乃至於每餐都吃的主食。大約有四成的愛爾蘭人固體食物只吃馬鈴薯；這個數字在荷蘭、比利時、普魯士，或許還有波蘭，是一成到三成之間。周而復始的饑荒在馬鈴薯國家幾乎絕跡，一條長兩千英里的帶狀地區從西邊的愛爾蘭一直延伸到東邊的俄國烏拉山脈。終於，在馬鈴薯抵達之後，歐陸可以端出像樣的晚宴。

雖然馬鈴薯提升了整體的農產量，但更大的好處在於馬鈴薯使農業生產更為可靠。在馬鈴薯傳入之前，夏季通常是饑餓的季節，儲存的穀物逐漸見底，而秋季的收成又尚未來臨。馬鈴薯最短可以在三個月成熟，可以在四月種植，到了七、八月的淡季掘出食用。而且，由於馬鈴薯採收的時間較早，因此比較不容易受到反常降雨的影響——這種天氣會毀了小麥的收成。在戰火波及的地區，馬鈴薯可以留在土中數個月之久，搜括糧食的士兵很難偷走它們。（當時的軍隊自己不帶糧食，而是靠搶奪地方上的農民為食。）楊格訪談的農民主要把馬鈴薯當成飼養家畜的飼料。在荒年時，他們被迫在餵飽牲畜或自己之間做選擇。現在，他們不需要做選擇了。

經濟學家亞當斯密在楊格之後數年開始寫作，他同樣受到馬鈴薯的吸引。他驚訝地發現，愛爾蘭人幾乎只吃馬鈴薯，身體卻還是相當健康：「倫敦的轎夫、挑夫與運煤夫，以及那些必須靠賣淫為生的不幸女子——他們或許是英國國內最強壯的男子與最美麗的女人——據說絕大多數來自愛爾蘭的最底層，他們全都靠馬鈴薯填飽肚子。」今日我們知道原因：在飲食種類單一的情況下，馬鈴薯比其他食物更能讓我們維持生命。除了維生素A與D之外，幾乎所有核心營養素馬鈴薯全都擁有，而維生素A與D則可以從牛奶攝取；亞當斯密時代的愛爾蘭窮人飲食主要就是馬鈴薯與牛奶。愛爾蘭全是窮困民眾；英格蘭於十七世紀征服愛爾蘭時，奪取了大多數良田供自己的民眾使用。許多愛爾蘭人淪為佃戶，只分得一小塊濕地種植自己所需的糧食。由於這些土地惡劣到幾乎只有馬鈴薯可種，因此愛爾蘭的佃農成了歐洲最貧困的民眾。然而，愛爾蘭佃農獲得的營養卻也是最充足的，因為他們有馬鈴薯可吃。亞當斯密由此推論出一項結論：如果馬鈴薯「像某些產米國的稻米一樣，成為民眾普遍而喜愛的蔬菜食

4 這項比較高估了事實。與穀物相比，馬鈴薯含有的水分較多，而水分並無營養價值。馬鈴薯的水分占了約百分之七十八；相對地，小麥的水分只占了百分之十二。因此，楊格得到的每英畝兩萬五千六百二十磅的馬鈴薯，實際上除去水分後每英畝產出五千六百三十六磅。同樣地，小麥每英畝一千四百四十磅的產量，除去水分不計則每英畝產出一千兩百六十七磅。基於這一點，比較公允的說法是，馬鈴薯的生產力大約是小麥的四倍以上。

物，那麼同樣面積的耕地將可以維持更多數量的人口」。亞當斯密因此認為，「人口不可避免將會增加」。

亞當斯密是對的。就在番薯與玉米促成中國人口成長的同時，馬鈴薯也幫助歐洲提高了人口數量——馬鈴薯增加，人口也跟著增多。（世界人口的快速增加是邁入同種新世的前兆，也是其結果。）馬鈴薯引進後的一個世紀，歐洲人口大約增加為原來的兩倍。愛爾蘭人馬鈴薯吃得最多，人口增加也最多；十七世紀初，愛爾蘭人大約有一百五十萬人，兩個世紀後增加到八百五十萬人（有些人認為已經達到九百萬乃至於一千萬人）。人口增加不是因為吃馬鈴薯的人能生更多孩子，而是因為他們生下來的孩子存活率較高。馬鈴薯的影響有部分相當直接：在饑荒時，它可以讓人不致餓死。不過，馬鈴薯的間接影響其實更為深遠：營養較好的人比較不容易死於傳染病，而傳染病是當時人類主要的死因。以挪威為例，長期以來的寒冷氣候使挪威特別容易出現饑荒，一七四二年、一七六二年、一七七三年、一七八五年與一八〇九年都曾出現全國性的大饑荒。之後馬鈴薯傳入，平均死亡率雖然沒有明顯降低，但此後未再出現劇烈的攀升。當死亡率變得和緩，挪威人口數也開始激增。

這樣的例子在歐陸隨處可見。受到小冰期生長季縮短的影響，瑞士的小山村因馬鈴薯而得救，不僅如此，還變得更繁盛。當薩克森（Saxony）於一八一五年割讓大半農業地區給普魯士時，難民充斥於城鎮之中。為了餵飽這些人，農民於是放棄小麥與黑麥而改種馬鈴薯。馬鈴薯可以滿足薩克森不斷增加的人口，但光是如此營養仍不充分——薩克森沒有足夠的牛奶。西班牙中部的農民也砍掉橄欖樹與杏樹改種馬鈴薯，村落的農產量大增，村子的人口也隨之增加。等等諸如此類。

正如美洲作物不是造成中國人口成長的唯一因素，光憑美洲作物也不足以解釋歐洲人口何以增長。馬鈴薯抵達歐洲時，正值糧食生產出現劇變的時刻，有些史家把這些變化形容為「農業革命」。運輸網路的改善使糧食更容易從豐收的地方運送到歉收的地方，沼澤地與高山牧草地也能加以開拓。村子的公有地被個人農戶所擁有，許多小農因而失去土地，但也鼓勵機械化農業的成長（新地主如果願意投資自己的農場，則可以保有農場的收益）。改革者如楊格，推廣更好的耕作方法，特別是利用牲畜的糞便製作肥料。農民學會在休耕地上種植苜蓿，可以讓土壤恢復肥力。苜蓿最早是由西班牙的摩爾人馴化，它可以幫助歐洲人免於因過度利用土地而將牧場破壞殆盡。歐洲的進展不只局限在農業。美洲白銀使歐洲人建造船隻以擴大貿易，提升生活水準。有些改良表現在歐陸的政治方面，就連原本為惡劣的衛生水準也大為改善。與中國一樣，小冰期對歐洲的影響開始衰退。

二〇一〇年，哈佛與耶魯大學兩名經濟學家試圖解釋這些因素，他們比較在歐洲幾個類似地區（唯一的差異是對馬鈴薯的適應性不同）所發生的事件；其中只要發生系統性的變化，總是與新作物有關。根據這兩名研究人員「最保守的估計」，馬鈴薯至少讓歐洲人口增加了八分之一。坦白說，這個數字並不如想像的多，而且歐陸人口增加背後也存在各種因素。但這項統計卻足以說明，馬鈴薯在現代史上的地位可以與蒸汽機的發明平起平坐。

海鳥糞的時代

據說這些島嶼散發的臭味讓人敬而遠之。這些隆起於海上的乾燥花崗岩，位於祕魯海岸外十三英里，大約位於南美西岸的利馬南方五百英里處。島上幾乎寸草不生。這些小島稱為欽查群島（Chincha Islands），這裡沒有印第安人居住——即使有，居住時間也不長。這些島嶼之間唯一的區別就是棲息的海鳥種類，特別是祕魯鰹鳥、祕魯鸕鷀與祕魯鵜鶘。這些海鳥是被強力的沿岸流吸引而來，它可以把海洋深處的冷冽海水帶到海洋表面。浮游植物飽餐這些上升海水帶來的豐富養分。浮游動物吃浮游植物，然後自己則成為祕魯鯷魚（一般熟知的鯷魚遠親）的主食。祕魯鯷魚總是聚成一大群集體行動，牠們是其他魚類獵捕的對象。這些獵食者與被獵食者都是祕魯鰹鳥、鸕鷀與鵜鶘的獵物。這三種鳥類已在欽查群島生活了數千年。經年累月，牠們覆蓋在島上的糞便已厚達一百五十英尺。

海鳥糞可以製成品質優良的肥料，而肥料可以提供氮給植物。植物需要氮來製成葉綠素，葉綠素可以吸收太陽的能量行光合作用。氮也是製造DNA與DNA合成蛋白質的基本物質。雖然空氣中有四分之三是氮氣，但從植物的觀點來看，氮仍十分稀少——氮氣是由兩個氮原子緊密構成，植物無法將其分離而加以利用。於是植物只能從土壤尋找氮，而且找到了能加以分離而吸收的形式：氨（NH_3）、亞硝酸鹽（含有NO_2的化合物）與硝酸鹽（含有NO_3的化合物）。土壤含有的這些成分，其數量不足以滿足農民的需求，主要是因為土壤中的細菌會持續消化硝酸鹽與亞硝酸鹽，而將其轉變成植物無法利用的氮氣。持續耕作的土地，氮耗盡的可能性更高。

鳥類的尿與哺乳動物的尿不同，鳥類的尿是半固體的物質。由於這種差異，鳥類的尿液可以堆積出岩礁，而哺乳類動物的尿液不能（除非是在大群蝙蝠聚居的洞穴裡）。甚至在鳥類中，要產生像欽查群島那麼厚的鳥糞層——可以堆到十二層樓那麼高——也是異數。要做到這點，首先必須要有體型較大的鳥，而且數量要夠多，同時牠們必須在棲息的地方排便，舉個相反的例子，海鷗總是會在遠離哺育幼鳥的地方排便。此外，這個地區必須夠乾燥，鳥糞才不會遭到沖刷。祕魯海岸的降雨量平均每年少於一英寸。欽查群島是祕魯一百四十七座鳥糞島中最重要的群島，這裡棲息著數十萬隻祕魯鸕鷀，牠們是最多產的鳥糞製造者。根據赫欽森（G. Evelyn Hutchinson）的經典作品《脊椎動物排泄的生物地球化學》（*The Biogeochemistry of Vertebrate Excretion*）的說法，一隻鸕鷀每年排泄的糞便大約是三十五磅。計算後顯示，光是欽查的鸕鷀每年就能產生數千噸的糞便。

數世紀之前，安地斯印第安人發現地力耗盡的土壤可以藉由海鳥糞來恢復肥力。大羊駝的運貨隊伍沿著海岸運送一籃籃的欽查海鳥糞，或許還運到山裡。印加官方把海鳥糞發放到各個村落，對於干擾鳥類築巢之人會施以懲罰，或將其應分得的海鳥糞分給其他村落。西班牙人被眩目的波托西白銀迷了眼，完全沒注意到被征服民族的糞肥。第一位仔細注意海鳥糞的歐洲人是日耳曼的博學者洪堡（Friedrich Wilhelm Heinrich Alexander von Humboldt），他於一七九九年到一八〇四年期間遊歷了美洲各地。身為植物學、地理學、天文學、地質學與人類學的先驅，洪堡對於一路上看到的一切有著難以饜足的好奇，包括他在祕魯海岸看到的飛掠而過的原住民海鳥糞船隊。「四分之一英里外就能聞到那股味道，」他寫道：「那些船員已經習慣了阿摩尼亞的氣味，完全不以為意。當船隻靠近時，我們禁不住地打噴嚏。」洪堡把數千件樣本帶回歐洲，其中包括了一點祕魯海鳥糞，他請兩名法國化學家幫他化驗。他們的分析發現，欽查海鳥糞含有百分之十一到十七的氮，如果使用不恰當可能會燒掉植物的根部。法國科學家開始研究以海鳥糞製作肥料的可能性。

但很少有人採納他們的建議。要提供海鳥糞給歐洲農民，必須跨洋運送大量的糞便，很多船運公司興趣缺缺。不過數十年後，情況有了改變。歐洲的農業改革者開始擔心，為了養活增加的人口而更進行更集約的農業，將耗盡地力。隨著收成逐年減少，他們開始尋求恢復地力的方法：肥料。

當時，一般最熟知的土壤添加物是骨粉，這是從屠宰場研磨骨頭後得到的。大量的骨頭運到英國、法國與日耳曼的研磨工廠。在擔心地力耗盡之下，骨粉的需求不斷攀高。骨頭交易商提供給工廠的骨頭，裡面開始摻了一些不可告人的來源，包括滑鐵盧（Waterloo）與奧斯特里茨（Austerlitz）戰場上留下的人骨。「從大規模實際研究可以明顯看出，陣亡的士兵是最有價值的貿易商品」，一八二二年倫敦《觀察家報》（*Observer*）表示。該報也指出，沒有理由相信這些掘墓人的目標只限於戰場。「也許很多人不知道，約克郡豐收的農人，他們每天能享用麵包其實都該感謝他們早夭子女的骨骸。」

從這點來看，海鳥糞似乎就成了合理的貿易商品。一八三〇年代中期，歐洲港口出現幾包海鳥糞。李比希（Justus von Liebig）此時針對肥料提出了他的看法。身為先驅的有機化學家，李比希最早解釋植物對養分的依賴，特別是氮。在他的作品《有機化學在農業與生理學上的應用》（*Organic Chemistry in Its Application to Agriculture and Physiology*, 1840），他批評骨粉沒有什麼用處，因為裡頭的氮微乎其微。海鳥糞就不同了：「只要在沙子與黏土裡加一點海鳥糞，就可以種出大量的玉米。」李比希深獲眾人尊敬；科學帶來了馬鈴薯與玉米這類嶄新且具生產力的作物，以及農業與工業的新思維，而他就是科學的化身。《有機化學》很快就翻譯成多種語言，光是英文就有四種版本。有經驗的農民，其中有許多是大地主，他們一讀到李比希對海鳥糞的推薦，就馬上扔下書本跑去買海鳥糞。收成增加了一倍，甚至到達三倍。一袋袋讓土地肥沃的東西！跑到店裡就能買得到未來的豐收！

海鳥糞的狂熱風靡一時。一八四一年，英國進口了一千八百八十噸祕魯海鳥糞，幾乎全來自於欽查群島；一八四三年，四千零五十六噸；一八四五年，二十一萬九千七百六十四噸。四十年間，祕魯出口了約一千四百萬噸海鳥糞，換得了近一億五千萬英鎊，約當今日的一百三十億美元。這是今日集約投入農業的起源——依據科學研究擬定計畫，將某個地方的大量作物養分移轉到另一個遙遠的地方。

為了從這波海鳥糞搶購熱潮中取得最大利益，祕魯政府將欽查群島國有化。不久，祕魯政府發現沒有人想在島上工作。除了鳥類，島上唯一的居民就是蝙蝠、蠍子、蜘蛛、壁蝨與咬人的蚊蠅。沒有任何植物能在島上貧瘠的斜坡上生長。更糟的是，島上沒有水；所有的飲用水都得仰賴船運。由於島上每個地方都覆蓋了鳥糞，因此開採的工人工作吃睡都在鳥糞上面。因為這裡幾乎不下雨，所以鳥糞中可溶解的物質都未遭受沖刷——這些物質形成氨的結晶，當工人拿鏟子開採時，會打破這些結晶，散發出侵蝕性的霧氣。這些粉狀具刺激性的海鳥糞被工人鏟上臺車之後，沿著軌道推到海邊懸崖的頂端。在懸崖上，工人把好幾噸的鳥糞倒入帆布管中，一路通到懸崖下的船艙裡。鳥糞重重砸在艙裡，發出爆炸般的巨響，揚起的塵灰使整艘船籠罩在有毒的煙霧中。工人戴上麻製的面罩，空隙的地方以瀝青封牢，但一名到訪者指出，

這根本防不住海鳥糞〔……〕工人不能待在艙底超過二十分鐘，之後要由另一批人接手，他們回到甲板上時整個人是赤裸的，滿身都是汗水，他們古銅色的肌膚黏著厚厚一層鳥糞。

政府應該支付高薪讓工人願意忍受這種可怕的工作環境，但這麼做會影響獲利。於是政府找上罪犯、逃兵與黑奴來從事這項工作。這種安排並不理想：罪犯與逃兵彼此殘殺，而奴隸的價值不斐，奴隸主往往不願割愛。一八四九年，祕魯政府放棄國營，並且將特許權賣給祕魯最大的棉花種植者與重要奴隸主埃里亞斯（Domingo Elías）。具有政治手腕與急躁野心的埃里亞斯是利馬的行政長官；在國內不安時期，他曾一度以祕魯的統治者自居。為了獲得專賣權，埃里亞斯必須以自己的奴隸來開採鳥糞，

照片顯示的是一八六五年，數千名中國奴工在祕魯的欽查群島開採海鳥糞，這些鳥糞可以做為肥料出口到歐洲。數千年來，海鳥一直棲息在這些島嶼上，島上覆蓋的鳥糞厚達一百五十英尺。

但他又不願將這些奴隸從棉花田抽調到島上。埃里亞斯於是說服政府補貼商人讓他們進口移民。在這些得到補貼的進口商當中，數一數二知名的就是埃里亞斯自己。等到法律通過時，他的仲介商人已經到了福建，在一群不識字的村民面前揮舞著勞動契約。

在標準的訂約程序中，契約承諾將支付中國前來工作的旅費，典型的工作年限是八年，地點是新發現的加州金礦（真正的目的地海鳥糞群島卻隻字未提）。這種花招看似合理：美國公司的仲介商同一時間也在福建，他們尋找契約僕役來鋪設鐵路時也撒了類似的謊。簽下假祕魯契約的人被送到廈門（位於小島上，與月港只有一水之隔）陰暗的人類倉庫裡，之後再送到澳門。拒絕簽約的人則被強行綁走，然後送到相同的倉庫裡。就在這陰暗的囚室裡，奴隸商人在這些中國人的耳後烙上C這個字母，表示加州的意思，但其實目的地根本不是這裡。這些人已不再被稱為工人，他們的新名字叫「豬仔」。「沒有人能夠走出屋外，」上海歷史學家吳若增寫道：「反抗者會遭到鞭笞，至於想逃跑的則是死路一條。」

祕魯不是十九世紀中葉中國人被運往海外的唯一目的地。大約有二十五萬名「豬仔」，幾乎全是男性，最後抵達了巴西、加勒比地區與美國，他們或多或少出於自願，也或多或少知道自己將到何處。但祕魯代表著最漫長的旅程，最糟糕的狀況，最致命的目的地，最終至少有十萬名華工被帶到祕魯。跨越太平洋的過程，足可比擬跨大西洋的奴隸貿易，大概每八名豬仔就有一名殞命。與跨大西洋的奴隸船一樣，暴動時有所聞。可以確定的是，在前往祕魯的船隻中曾發生十一次譁變，至少有五次獲得血腥成功。

絕大多數中國人最後是在沿海的蔗糖與棉花種植園工作，有些則負責鋪設鐵路，這是祕魯政府以海鳥糞賺來的錢支付興建的。無論在什麼時候，欽查群島總有一兩千人在上面工作。藉由古典的分而治之的策略，埃里亞斯為了避免暴亂，特別讓非洲奴隸擔任監工的角色來監督中國奴隸，並且對兩者課以嚴格的期限。奴隸對奴隸，不可避免的結果就是連番的殘酷行為。海鳥糞的開採者一日有二十小時的時間要不斷揮動手中的鶴嘴鋤，一星期工作七天，如此才能完成他們每天的配額（五噸海鳥糞）；他們的薪資有三分之二用來支付房間（茅草屋）與伙食（一杯玉米與一些香蕉）。未能達成每日配額就要飽以五英尺的皮鞭，一點小小的違逆就要受到拷打。要逃出島嶼是不可能的，自殺因此相當常見。一名監工對《紐約時報》作者表示

每年有超過六十個人自殺〔……〕主要是投崖自盡。他們被當成狗一樣草草埋葬，雖然他們生前活得跟狗也沒什麼兩樣。我第一次靠岸時，看到一名溺死的工人躺在鳥糞上，至於是不是意外就不得而知了。整個早上，他的屍體一直被烈日曝曬著；到了中午，他們在這個人上蓋了幾英寸的土，然後還是讓屍體繼續擺在那裡，感覺就跟一般的鳥糞堆一樣。離屍體幾碼的地方，工人們繼續挖掘著。

由於太多中國人死亡，因此監工只好從鳥糞層中標出一英畝地當成墓地。

記者揭露海鳥糞的奴役實態，使此地成為國際醜聞，也讓利馬政府有理由攆走埃里亞斯，另找他人訂定契約，順便再撈一次油水。埃里亞斯抨擊官方的貪汙腐敗，並且二度企圖發動政變來獲得這項有利可圖的特許。但兩次都失敗了。一八五七年，他想採取合法的途徑，競選總統但未成功。

海鳥糞持續地運往歐洲與北美。祕魯除了與埃里亞斯簽署壟斷的開採特許契約，也將運載海鳥糞

到海外的壟斷權利賣給利物浦的一家公司。在供不應求的狀況下，祕魯與英國承銷商得以擡高價碼。他們的客戶對此感到憤怒，認為這無異於勒索。一八五四年，英國《農民雜誌》（*Farmer's Magazine*）指責海鳥糞的「強力壟斷」，並且提出讀者的需要。「我們還沒得到自己需要的量，我們需要更多，但我們也希望價格再低一點。」如果祕魯堅持要從這項珍貴產品中獲得鉅額利益，那麼唯一公平的解決方式就是入侵。攻占海鳥糞群島！

從今日的角度來看，這樣的憤怒——以法律訴訟要脅、戰爭的傳言、針對海鳥糞問題發表的社論——實在難以理解。環境史家米勒（Shawn William Miller）指出，農業在當時是「每個國家的核心經濟活動。一個國家的農業生產力，取決於該國土壤的天然品質，而這不可避免決定了一國經濟的成功與否」。不到數年，歐洲與美國的農業變得相當仰賴高集約肥料，而且這種依存從此難以改變。英國是最早使用海鳥糞的國家，顯然也是最大的使用者，它不僅最依賴海鳥糞，也最痛恨海鳥糞。就像今日的買油國對石油輸出國組織又妒又羨，祕魯的英國客戶也大聲譴責海鳥糞卡特爾。當他們看到祕魯的海鳥糞大亨全身巴黎時尚打扮走在利馬大街，旁邊還挽了一個珠光寶氣的妓女時，心中更是充滿了怒氣。

英國人對於祕魯在利物浦的英國仲介商幾乎未表達任何意見，後者利用他們在祕魯專賣事業的股份獲得的利潤在英格蘭興建了數一數二的大型建物。但美國人卻不願意沉默。他們對英國把自己的消費者排在優先位置，而將美國人排在海鳥糞分配的後段位置忿忿不平。在民眾的憤怒下，美國國會於一八五六年通過海鳥糞群島法，授權美國民眾奪取他們看見的任何海鳥糞島嶼。最大的收穫來自於那瓦薩島（Navassa），這是位於海地西方五十英里的小島，美國於一八五七年占為己有。南北戰爭之後，島上的勞動力主要由解放的奴隸構成。但情況大不如前；解放的奴隸暴動了兩次，殺害獄卒，而採糞事業也因此陷入醜聞的陰霾之中。在海鳥糞群島法的支持下，商人從一八五六年到一九〇三年一共宣稱了九十四座島嶼、岩礁、珊瑚塊與環礁的所有權，國務院官方承認六十六座為美國財產。絕大多數的海鳥糞極為稀少，因此很快就遭棄。今日只有九座仍在美國控制之下。

海鳥糞成為現代農業的樣板。從李比希之後，農民就把土地當成堆放化學養料的媒介。這些養料可能是從遠地運來，或是在遙遠的工廠合成。農耕成了一種把這些外在養分移轉到農地作物身上的行為：投入大量的氮肥，產出大量的玉米與馬鈴薯。由於這種系統的收成相當巨大，因此作物不再只是地方生計的憑藉，而是滿足國際市場的產品。為了讓產出最大化，開始出現更大規模的單一作物農田——工業化的單一農作。

今日，學者經常形容二次大戰後的「綠色革命」——結合了高產出作物、農業化學肥料與集約灌溉——為人類成功擺脫（至少短期是如此）小規模農業與地方資源限制的時刻。但阿姆赫斯特學院史家梅利諾（Edward D. Melillo）認為，海鳥糞船抵達歐洲與美國標誌著更早之前同樣深刻的綠色革命。一連串的科技創新改變了這個行星上的生命，而海鳥糞的利用是最早的一項。

早在馬鈴薯與玉米之前，在集約肥料之前，歐洲的生活水準大約與今日的喀麥隆和孟加拉相當，低於玻利維亞或辛巴威。平均而言，歐洲農民每日吃的要比非洲或亞馬遜漁獵採集社會來得少。工業的單一農作伴隨著改良的作物與高密度肥料，使得數十億人——首先是歐洲，然後是世界其他地區——得以擺脫馬爾薩斯陷阱。[5] 令人不敢相信的是，即使全球人口從一七〇〇年的少於十億增加到今日的七十億，全球的生活水準還是能增長到原來的兩倍或三倍。

之後，海鳥糞幾乎完全被智利沙漠大量開採的硝酸鹽取代。硝酸鹽又被人工肥料取代，後者在二十世紀初由兩名德國諾貝爾化學獎得主哈伯（Fritz Haber）與博施（Carl Bosch）研發出商業化的製程，開始在工廠大量生產。無論這些肥料的成分是什麼，它都對農業極為重要，而且透過農業影響了當代生活。曼尼托巴大學地理學家史密爾在二〇〇一年一項令人驚訝的研究中，發現工廠製造的氮肥帶來的衝擊，他估計地球上每五個人就有兩個人如果沒有肥料就無法生存。

無論從哪個標準來看，都可看出肥料的貢獻。然而與所有人類的成就一樣，集約農業的興起也有負面影響。透過哥倫布大交換，推動現代農業的海鳥糞貿易也開啟了它最可怕的隱藏危險之一：外來種害蟲的跨洲運輸。這方面的證據難以尋獲，但一般相信海鳥糞船運載了搭便車的微生物：馬鈴薯晚疫病菌。這種細菌導致了馬鈴薯疫病，於一八四〇年代蔓延於全歐的馬鈴薯田，殺死了兩百萬人，其中有一半是愛爾蘭人，他們在這場大饑荒中活活餓死。

完全屬於現代的饑荒

馬鈴薯晚疫病菌（*Phytophthora infestans*）這個名稱的意思是「令人煩惱的植物摧毀者」，這個名稱取得名符其實。馬鈴薯晚疫病菌屬於卵菌類，是七百多種水生黴菌當中的一種。從生物學家的觀點來看，卵菌可以視為藻類的遠親。從園藝家的觀點來看，馬鈴薯晚疫病菌的外觀與生長方式如同真菌。它會

5 這或許低估了衝擊。史學家彭慕蘭（Kenneth Pomeranz）認為「歐洲有些最集約的農田（包括英格蘭）在十九世紀初面林嚴重的肥力耗竭的問題」。如果沒有海鳥糞，彭慕蘭相信，結果不是維持原有的生產水準，而是整個歐陸的歉收災難。

長出六到十二個微小的孢囊，在風力吹送下向外傳播，通常不超過二十英尺，但也有遠達一英里外的罕見例子。當孢囊被吹送到易受感染的植物上時，它就開始孵化，釋放出所謂的游動孢子（zoospore）：游動的兩尾細胞會在葉子或莖的濕潤部位緩緩地游走，尋找可呼吸的氣孔。如果天氣溫暖且溼度足夠，孢子就會開始發芽，抽出長長的細絲穿過氣孔進入葉子。細絲會延伸進入到葉子的細胞裡，攫取葉子內部的機制；植物最後會把養分供給給入侵者，而非植物本身。最初的明顯症狀——葉子上出現紫黑或紫棕色的斑點——會在五天內出現。此時通常已無可挽救。細絲已經穿透了植物的大部分，卵菌也已經長出新的孢囊。

水分是馬鈴薯晚疫病的朋友——孢子無法在乾燥的葉子上發芽。雨水把孢子從葉子沖到土裡，使它們能攻擊位於地表下方六英寸的植物根部與塊莖。塊莖的芽眼尤其脆弱，晚疫病菌會從芽眼侵入塊莖，使馬鈴薯的組織變成乾枯、粉狀與紅褐色的腐爛物。晚疫病就像黑色的爪子一樣刨向塊莖的中心。由於染病與健康的部位難以分清，因此一旦發現病徵，往往只能放棄整株馬鈴薯。處理時需眼明手快，否則一塊已經被感染的塊莖可以產生數百萬的孢子。

晚疫病菌以茄科植物為攻擊對象，例如馬鈴薯、番茄、茄子、甜椒、毛茄與小顛茄都是它的目標。當歐洲研究人員首次發現馬鈴薯田遭受全面性的摧殘而大感震驚時，他們很自然地假定病菌來源是在祕魯，也就是馬鈴薯的發源地。然而在七十年前，許多研究者卻改變了看法。生物學家認為物種「最多樣的地方」——也就是物種形式最多的地方——就是物種的發源地。墨西哥擁有世界其他地區沒有的玉米種類，顯示玉米的發源地就在這裡。非洲人的基因比高加索人或亞洲人來得多樣，所以非洲是孕育人類的搖籃，等等諸如此類的說法。在墨西哥中部，晚疫病似乎要比其他地區都要來得多樣。尤其這裡的晚疫病呈現出兩種類型——你可以把它們分成雄性與雌性，不過卵菌並沒有性徵——可以結合彼此的ＤＮＡ，創造出類似卵的個體，稱為卵孢子（oospore）。換言之，晚疫病菌可以進行無性生殖，也可以進行「有性」生殖，使用引號是為了提醒讀者這些生物其實並不是真的分成雄性與雌性。[6]只有在墨西哥，卵菌才會行有性生殖，因為世界其他地區的卵菌只有單性形式。科學家認為這種與其他類型的多樣性顯示晚疫病菌源自於墨西哥——不過我們尚未找到證據證明在十八世紀前墨西哥已盛產馬鈴薯。洪堡於一八〇三年抵達墨西哥時，身上還帶著海鳥糞的樣本，他所做的觀察後來成為馬鈴薯在墨西哥出現的最早紀錄。洪堡認為墨西哥的馬鈴薯是西班牙人從安地斯山區帶來的。如果是這樣的話，那麼晚疫病早在遇到馬鈴薯之前就已經存在，而且長達數千年之久。最後要注意到：因為晚疫病出現在美國的時間早於歐洲，有些研究者認為晚疫病是先傳到美國，然後再跳上船，前往大西洋的對岸。

二〇〇七年，從一連串實驗得出的結果中，北卡羅萊納大學植物遺傳學者里絲泰諾（Jean Ristaino）率領的研究團隊推翻了上述看法。里絲泰諾的團隊使用ＤＮＡ分析工具檢視一百八十六件感染晚疫病的馬鈴薯標本，其中最年輕的標本是一九六七年；有三件來自歐洲的標本，年分介於一八四五年到一八四七年之間，也就是愛爾蘭大饑荒的年代。里絲泰諾的構想，細節上相當複雜，但原則十分簡單。由於馬鈴薯晚疫病通常是無性生殖，因此原始的卵菌及其繁衍的子孫通常具有完全相同的基因天賦，

6 對於我們這種龐大笨重的哺乳類動物來說，能同時進行有性與無性生殖似乎是一件很奇怪的事，但在微生物世界，這可是一種聰明的生存策略（舉例來說，造成瘧疾的惡性瘧原蟲可以用這兩種方式繁殖）。生存條件好的時候，可以採取無性生殖，因為它產生的後代在基因上完全可以適應父母身處的環境。生存環境變化的時候，有性生殖特別重要，因為透過性的基因重組可以創造出多樣性，這有助於子孫在變遷的環境中生存。

除了在罕見情況下，突變才會使得DNA出現不同的組合。遺傳學家表示，DNA組合類似的有機體，屬於同一種「單倍群」（haplogroup）。如果兩個個體屬於同一種單倍群，那麼從他們的分子可以看出他們擁有近期的共同祖先。同樣地，屬於不同的單倍群，就表示兩者沒有近期的共同祖先。里絲泰諾的團隊發現安地斯山脈的馬鈴薯晚疫病擁有的單倍群數量比墨西哥晚疫病多——安地斯山脈的晚疫病較為多樣。此外，從保存了一百五十幾年的晚疫病標本中採集到的DNA，與安地斯山脈晚疫病的DNA幾乎完全一樣。「美國與愛爾蘭的病菌族群，與祕魯的病菌族群基因並無不同」，里絲泰諾團隊表示，安地斯山脈的晚疫病「首先在美國發威，然後傳到愛爾蘭，引發了饑荒」。

晚疫病從祕魯傳到歐洲，最有可能的途徑是經由海鳥糞船運往比利時，或許是安特衛普（Antwerp），該區最重要的港口。當時與西法蘭德斯（West Flanders）毗鄰的省分，農民的馬鈴薯出現了問題。在今日會被稱為演化力量的展現下，歐洲的植物病原體——病毒與真菌——逐漸適應了新作物。一八四三年七月，西法蘭德斯省議會投票決定從南北美洲進口不同種類的馬鈴薯，希望能取得比較不容易染病的新品種。進口的這些馬鈴薯產地以及運輸手段並未留下紀錄。不過，從南美洲進口的馬鈴薯顯然應該是來自於安地斯山脈。

我們幾乎可以確定馬鈴薯是搭上海鳥糞船前往歐洲的。從一五三二年到一八四〇年，從祕魯到歐洲幾乎沒有直達船，因為西班牙為了保護波托西的白銀，對於交通進行了嚴密控制。當波托西的銀礦逐漸耗盡時，白銀船的班次也隨之減少。一八二〇年代，玻利維亞與祕魯獲得獨立，當地的西班牙船運完全停止。此後歐洲船可以自由開往利馬，但幾乎沒有任何船隻前往，新國家沒有可供出口的物資，政治的混亂也使外人在當地無利可圖。獨立後二十年間，祕魯政府輪替的頻率一年超過一次，其間還打了五年的對外戰爭。直到一八四〇年，祕魯到英國才開啟了直航航線，這個航線主要用來運送海鳥糞。隨後掀起了海鳥糞的狂潮，每年有數十艘船從歐洲航往欽查群島。一八五三年，一名旅人在當地看見一百二十艘船聚集在運載海鳥糞的碼頭旁，之後又有旅人說看到了一百六十艘。很有可能這當中有一艘船在不知不覺中將染病的馬鈴薯運往比利時——然後傳染了整個歐陸。

一八四四年，新馬鈴薯開始在西法蘭德斯進行試種。同年夏天，鄰近的法國植物學家發現有些馬鈴薯上帶有奇怪、瘀黑的斑點。隔年冬天異常寒冷，按理晚疫病的孢子與埋在土裡的卵應該已在低溫中死亡。但實驗者可能儲存了一些已感染的馬鈴薯，而且在不知情的狀況下於隔年春天種入土中。一八四五年七月，距法國邊境約六英里的西法蘭德斯科特雷克（Kortrijk）成了引爆歐洲馬鈴薯晚疫病疫情的起點。到了八月，攜帶卵菌的孢子在風力吹送下，像跳格子一樣散布在巴黎周邊的農田。幾個星期之後，疫情傳布到荷蘭、德國、丹麥與英格蘭。各國政府陷入恐慌，下令進口更多的馬鈴薯。

愛爾蘭首次通報出現晚疫病是在一八四五年九月十三日。到了十月中，英國首相私底下形容這場疫情是全國性的災難。往後一個月，作物損失了四分之一到三分之一。都柏林學院大學經濟學家與晚疫病史家歐葛拉達（Cormac Ó Gráda）估計，一八四五年愛爾蘭農民種植的馬鈴薯田面積約有兩百一十萬英畝。兩個月內，晚疫病傳布到愛爾蘭各地，造成五十萬到七十五萬英畝的農地損失。到了第二年，疫情更為嚴重，第三年災情又遠逾第二年。

回顧當時的情況，每十名愛爾蘭人就有將近四人只以馬鈴薯做為唯一的固體食物，其餘的愛爾蘭人對馬鈴薯也仰賴極深。這場疫情使愛爾蘭的糧食供給減少了一半，而愛爾蘭又沒有錢向國外購買糧食。結果因此相當淒慘；愛爾蘭淪為人間地獄。衣衫襤褸的窮人倒臥在路邊，因陋就簡地睡在水溝裡。

民眾餓得以狗、老鼠與樹皮為食，經常有人吃人的傳聞，或許真有其事。全家人死於自宅之內，被流浪動物啃食一空。倖存者也飽受疾病荼毒：痢疾、天花、斑疹傷寒、痲疹，其他疾病在死亡紀錄裡全歸類為「熱病」。成群的乞食者——「無家可歸、半裸而饑餓的生物」，一名觀察者這麼描述他們——將富有人家團團圍住，要求施捨。在西部城鎮，由於死者實在太多，只好挖個大坑草草埋葬。

隨著資源日漸減少，生活成為所有人對抗所有人的鬥爭。饑民偷偷潛入農地裡掘取土裡的蕪菁，於是農民在田裡挖陷阱防止偷竊。地主將大批佃農趕走，拆除他們的房子，然後連自己也宣告破產。鄰居彼此爭搶食物與安身之地。犯罪率爆炸性地上升，兩年內謀殺率增加為兩倍。有些饑民偷走擺在桌上的食物，有些人則在牢

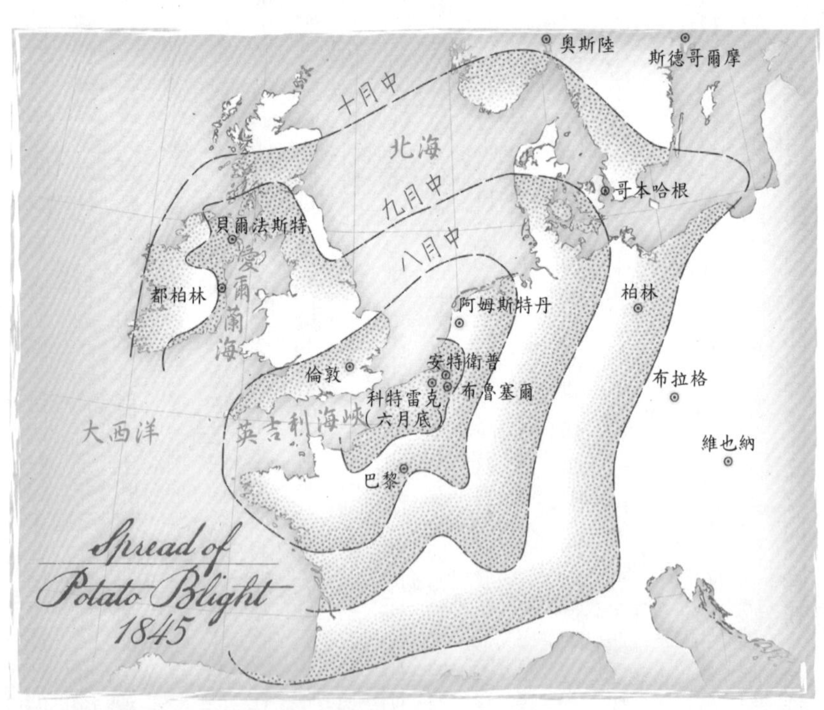

馬鈴薯晚疫病於一八四五年的傳布情形

裡填飽肚子。曾有剛出獄的兩個人，隔天又被送進牢裡，罪名是試圖「闖入監獄」。唯一減少的暴力犯罪是強姦，因為潛在的犯罪者已無力犯案。

數十萬絕望的民眾搭上所謂的「棺材船」逃離家園。一名乘客回憶當時的慘狀：「大家蜷縮在擁擠、陰暗、令人窒息的船艙裡，地上滿是穢物，空氣中充滿刺鼻的異味，除了身體極其不適，精神也受到重創。」移民船一路上不斷往海裡投入死屍，彷彿在為航線做記號似的。絕大多數移民前往美國與加拿大。魁北克聖羅倫斯河上的格羅斯島（Grosse Île）隔離區收容了大批病人與饑民。巨大的墳墓裡埋葬了數千具屍體。他們在遠離愛爾蘭的大洋上死去，宛如從未離開故土一樣，成了晚疫病的受害者。

英國發動史上規模最大的援助計畫，但只是杯水車薪——愛爾蘭民族主義者指控援助計畫之所以效果不彰，主要是因為倫敦把這場危機視為將愛爾蘭「原始的」生計農業轉變成出口導向農業的大好良機。英國不只是提供糧食，它還將農民從農田拔起，並且將這些農民送進工廠，讓他們接受施粥所的賑濟；在此同時，農田被整併成更大更利於出口的單元。其他批評者指出，在饑荒期間，愛爾蘭居然還繼續出口糧食：一八四六年與一八四七年，就在饑荒最嚴重的這兩年，愛爾蘭出口了四十三萬噸的穀物。「神的確降下了馬鈴薯晚疫病，」民族主義領袖米契爾（John Mitchell）譴責說：「但造成饑荒的卻是英國人。」

英國麻木不仁的例子不勝枚舉。有些政治人物對於人口減少表示歡迎，一名內閣大臣的代表指出，人口減少「讓我們更能變得文明」。有些人則說，設立施粥所實際上反而有害；一名銀行官員認為，如果「大量人口餓死，倖存者的物質關係將可重建」。

英國的辯護者反駁說，雖然反愛爾蘭的政治人物說了不堪入耳的話，但這些話無關宏旨。從現實

一八四七年初，《倫敦新聞畫報》（*Illustrated London News*）要求藝術家馬漢尼（James Mahoney）到饑荒嚴重的愛爾蘭鄉間一探究竟。他的文章與插畫描繪了廢墟與饑餓乞食者的景象——這才喚起英國民眾對這場危機的關注。

面來衡量，想餵飽饑民，必須將這些人集中起來才行；要將大量的食物發放給散布各地的家庭並不是件容易的事，即使在今日也是如此。此外，出口糧食者主要是愛爾蘭農民，他們賣出高價的肉類與穀物，然後為自己的家人購入廉價的食物。無論結果有多悲慘，未能解救這史無前例的災難，在道德上無可厚非，這是這個論點的重點。

無論英國該負什麼樣的責任，饑荒對愛爾蘭的打擊無庸置疑：它使愛爾蘭的人口少了一半。一百多萬人死亡，就人口損失比例來說，這算是歷史上最致命的一場饑荒。類似的狀況發生在美國將殺死近四千萬人。唯有一九一八年到一九二二年發生在蘇聯的饑荒，才比愛爾蘭更糟。晚疫病發生後的十年內，又有兩百萬人逃離愛爾蘭。之後數十年間，更多人離開故鄉，使愛爾蘭的人口不增反減。這個國家因此始終無法恢復元氣。最晚到了一九六〇年代，愛爾蘭的人口仍只有一八四〇年的一半。直到今日，愛爾蘭仍帶有一股憂鬱的特徵，它是歐洲（或許就全世界來說也是如此）唯一一個在相同疆域內人口仍比一百五十年前少的國家。

懶床

大饑荒在愛爾蘭留下了深刻的傷痕，因此一百多年來幾乎沒有史家願意回顧這段歷史。不過，從一九七〇年代開始，大饑荒開始成為眾人研究的主題，至今已有數百本書籍與論文問世。不過在這些成果中，幾乎沒有人注意到大饑荒的原因，也就是馬鈴薯晚疫病——這點相當令人惋惜，因為卵菌才是造成近代商品農業第一場災難的元兇。

晚疫病以驚人的速度傳入愛爾蘭，而且迅雷不及掩耳地攻占全境。島國愛爾蘭距離西法蘭德斯有八百英里，兩地間隔著北海與愛爾蘭海。晚疫病的孢子很脆弱，只要曝曬於陽光紫外線下一小時，發芽的可能性就會減少百分之九十五。在空中，即使是毛毛雨也能破壞孢子。一份受到廣泛引用的生態模式顯示，孢子藉由風力傳布的距離最遠是二十到三十英里。有三名科學家在華盛頓州進行實驗，結論顯示在完美情況下——強風、低溫、無直接日光照射或下雨——晚疫病孢子傳布的最遠距離是七十英里，不過只有百分之五的存活機會。除了在北愛爾蘭，愛爾蘭海的寬度均超過七十英里。如果研究人員是對的，那麼晚疫病孢子想抵達愛爾蘭只能從英格蘭東南方到西北方，然後飛越北方海峽（North Channel）到貝爾法斯特——一段驚人的旅程。（技術上來說，這些不是孢子，而是「孢子囊」，不過我在這裡權且忽略其中的區別。）

一八四五年九月十三日之後的三十天，有二十四天是雨天，有時候還是傾盆大雨，然而正是這段期間，愛爾蘭首次通報出現晚疫病疫情。然而儘管下雨，馬鈴薯晚疫病還是橫掃了愛爾蘭，而且嚴重程度遠超過其他地方。愛爾蘭大概有某種條件特別有利於晚疫病發展——但究竟是什麼條件？答案之一可能是愛爾蘭種植的馬鈴薯數量特別多，因此成為晚疫病肆虐的溫床。另一個答案可能是作物的劃一性。根據晚疫病史家歐葛拉達的說法，愛爾蘭大約有一半的農地採用一種單一而顯著的生產模式：他們只種植一種叫Lumper的馬鈴薯品種。許多愛爾蘭人住在成群的農舍裡，這種小村落稱為*clachan*，農村外圍緊密環繞著全村共同耕作的農地。愛爾蘭西部*clachan*的農地種的全是單一種類的馬鈴薯，因此成為地球上最單一的生態體系。

愛爾蘭農民幾個世紀以來種植作物時一直使用一種叫「懶床」（lazy-bed）的耕作法：把草皮割起來，

然後上下顛倒堆成長而寬闊的田壟，田壟與田壟之間以深溝區隔。（懶床這個名字可能來自於馬鈴薯的別名：「懶根」〔lazy root〕。）一般來說，田壟大約四英尺寬，比旁邊的溝渠高一英尺。這些田壟看起來很像*wacho*，也就是安地斯山區農村的農地土丘。與*wacho*一樣，愛爾蘭的懶床耕作法也是在沼澤地上施行；田壟在早晨可以較快速地升溫，在晚間則比周圍的平地更能保持溫度，這種特性在寒冷地區如安地斯山脈與愛爾蘭是一項優勢。這些田壟是用好幾層草皮堆成，這也表示田壟的土壤集中了田地的精華；農民可以密集地栽種作物，而這也有窒息雜草的功能。此外，田壟沒有犁過，因此土裡還有殘存的草根能抓住土壤防止流失；而這些根也確保作物在收割之後，青草可以快速長出以恢復土壤中的養分。

十八世紀的農業改革者不知道懶床或*wacho*耕作法有這些優點，誤以為這種做法毫無效率且無生產力，是現代化的阻礙。活動分子如韋特（Andrew Wight）與特爾（Jethro Tull）希望農民能以深耕的方式釋放出土壤的養分；盡可能利用每一寸土地；在土地上施肥（先是糞肥，而後是海鳥糞）；完全拔除雜草以保護作物；以有效率的收成方式來最大化收獲量。這兩名科技信徒認為最新由工廠生產的耙子、鑽孔機與收割機是天賜的工具，可以實現上述的目標。由於這些機器需要平整的土地才能使用——它們無法在田壟爬上爬下——因此懶床必須去除。最重要的是，改革者表示，田壟之間的犁溝造成了空間的浪費。

*wacho*在北歐呈帶狀分布，從法國一直延伸到波蘭，包括英國、愛爾蘭、斯堪地那維亞諸國與波羅的海三小國。當新的耕作方法在一七五〇年後成為主流時，*wacho*也就跟著消失。到了一八三四年，愛爾蘭的*wacho*幾乎已完全絕跡，熱心的改革者墨菲（Edmund Murphy）進行巡迴全國的「專業之旅」，從東岸的都柏林到西岸的戈爾維（Galway），他「尤其注意馬鈴薯這項作物」。看到原本散布各地的懶床如

許多安地斯農民長久以來一直在被稱為*wacho*的平行田壟（下圖，在玻利維亞的的的喀喀湖附近）上種植馬鈴薯，這種做法可以讓溼土風乾，進而防止真菌類疾病的出現。十九世紀初之前，愛爾蘭普遍施行懶床耕作法（上圖，一九二〇年代的北愛爾蘭）。最近的研究顯示，放棄懶床法反而助長了馬鈴薯晚疫病在鄉間蔓延，進而讓愛爾蘭大饑荒更形惡化。

許多安地斯農民長久以來一直在被稱為*wacho*的平行田壟（下圖，在玻利維亞的的的喀喀湖附近）上種植馬鈴薯，這種做法可以讓溼土風乾，進而防止真菌類疾病的出現。十九世紀初之前，愛爾蘭普遍施行懶床耕作法（上圖，一九二〇年代的北愛爾蘭）。最近的研究顯示，放棄懶床法反而助長了馬鈴薯晚疫病在鄉間蔓延，進而讓愛爾蘭大饑荒更形惡化。

今已寥寥無幾，他說，懶床「已完全被取代了〔……〕愛爾蘭現在明確推展的耕作法，充分顯示出農業的快速進展」。

為了檢視現代農業方法的成果，當時的德州大學奧斯汀分校教授麥爾斯（Michael D. Myers）在北愛爾蘭進行實驗，他開闢了六塊地：三塊使用懶床法，三塊使用取代懶床法的平地機械耕作。他發現田壟與犁溝交錯的農地可以創造出複雜的地理，在田壟頂部與犁溝底部造成令人驚訝的溫度與濕度差。植物疾病專家用「晚疫病單位」來形容有利於晚疫病傳布的溫度與濕度條件——晚疫病單位數愈高，晚疫病孢子在馬鈴薯葉子上發芽的可能性就愈高。麥爾斯的懶床擁有的晚疫病單位數只有平坦農地的一半。晚疫病孢子在相對較暖較乾的田壟上比較不容易發芽。由於水分往下流入溝中，使塊莖周圍的土壤保持乾燥，水分的流動也會帶走孢子。此外，懶床的有毒雜草較少，需要的肥料也少。[7]抨擊懶床耕作法的墨菲進行了專業巡迴之旅，因為已經有疾病開始侵襲愛爾蘭的馬鈴薯。這是一八三四年，也就是晚疫病流行前十年；他關切的疾病有病毒、細菌、線蟲等等——一般已經適用新作物的病蟲害。隨

7 改革者對晚疫病流行的貢獻，不僅表現在反對懶床耕作法上。晚疫病在歐洲爆炸性地蔓延，不禁讓人懷疑人類行為是否在無意中助長了疫情。生態模式顯示，晚疫病「透過人類行為傳布的速度要比被動在空氣中傳布更快」。一八四〇年代初，至少有一項新產物突然出現在歐洲各地的農田裡：海鳥糞。從利馬運往利物浦的途中，人們不難想像感染了晚疫病的馬鈴薯從破損的桶子掉了出來，把孢子散布在海鳥糞上。晚疫病的孢子可以在土壤裡存活四十天。如果土壤是在旅程的末尾被感染，那麼晚疫病就有足夠的時間傳布開來。愛爾蘭曾經是試用海鳥糞的地點之一。到了一八四三年，三十二個國家已至少有十一個試用過海鳥糞。農民第二年依然興致勃勃地交易與借用海鳥糞的樣本。因此，與其說晚疫病是與海鳥糞一起傳入歐洲，不如說晚疫病是藏在海鳥糞裡傳入歐洲。（另一種害蟲是馬鈴薯包囊線蟲，牠入侵日本的方式也是一樣。）晚疫病爆發之後，愛爾蘭有些極具進步心態的農民支持使用某種方式讓馬鈴薯田的產量恢復正常：更多的海鳥糞。在大饑荒期間，肥料船源源不斷地前來。

著害蟲不斷演化，牠們導致農作物減產；從一八一四年到一八四五年，發生了十四次。（這些歉收全比不上大饑荒。）德州大學研究者麥爾斯逐漸認定，歉收有部分原因與放棄懶床法有關，此舉在無意中導致植物病害擴大。（值得一提的是，安地斯山脈從未發生過如此嚴重的馬鈴薯疫情。）晚疫病顯然只是最新也最糟的病原體，利用了新科學農業而大舉肆虐。這些單一種類的馬鈴薯，種植在為了科技而塑造的地形上，而不是考慮生物規律。

大饑荒是第一個真正與當代有關的農業災難。沒有現代科學與科技帶來的改良，晚疫病也不會造成如此慘重的破壞。晚疫病帶來的警訊，使法國、比利時、英國與荷蘭政府紛紛請求生物學家協助，但晚疫病影響的強度與廣度是這些生物學生平所未見。往後四十年，研究人員將晚疫病歸咎於各種原因，例如臭氧、空氣汙染、靜電、火山活動、蒸汽火車頭噴出的煙霧、濕度太高或溫度太高、新近引進的硫磺火柴產生的氣體、從外太空來的發射物、各種昆蟲（蚜蟲、瓢蟲、變色盲椿）與馬鈴薯本身的問題。阿姆赫斯特學院著名的自然史家希區考克（Edward Hitchcock）認為問題出在「空氣中的某種觸媒，非常細微，遠非我們的感官所能感知」。有些人認為原因是真菌，但他們的說法不被採信。沒有人能想出有效的反制措施，人們向科學求助，但科學無法提出解釋。

「向甲蟲宣戰」

一八六一年八月，甲蟲侵入堪薩斯州東北部一處十英畝的農場，這塊農場屬於馬鈴薯農湯瑪斯．莫菲所有。他的名字恰如其分：莫菲（Murphy）是相當普遍的愛爾蘭姓氏，而且也是俚語，指馬鈴薯。

莫菲的馬鈴薯——莫菲的莫菲——被甲蟲吃得精光，他幾乎看不到馬鈴薯的葉子，只看到黑黑亮亮的甲蟲外殼。莫菲日後寫道，他把這些蟲子從馬鈴薯上抓下來放進籃子裡，「在很短的時間內他就收集了兩蒲式耳的甲蟲」——相當驚人的數量，因為每隻甲蟲體長只有三分之一英寸。如果是在別的情況下發現這些蟲子，或許莫菲還會覺得這些蟲子很漂亮，橙黃色的身體，前翼的虎斑還帶著薄薄的黑色條紋。但這群甲蟲卻吃掉了他的馬鈴薯。

莫菲過去從未看過甲蟲成群地啃食馬鈴薯。同被甲蟲騷擾的鄰居，以及在同年夏天也遭甲蟲入侵的愛荷華州與內布拉斯加州農民也沒見過這檔事。甲蟲穩定地朝北與朝東前進，以每年五十到一百英里的速度移動擴張，每到一處，馬鈴薯田必定糟殃。甲蟲於一八六四年抵達伊利諾州與威斯康辛州，一八七〇年抵達密西根州。七年後，牠攻擊緬因州到北卡羅萊納州的馬鈴薯田。這些小蟲子大量聚集在馬鈴薯田，根據當時一則廣泛流傳的報導，牠們甚至讓附近的火車無法開動。這些甲蟲一層又一層地停在鐵軌上，結果火車經過時，「鐵軌上好像抹了一層油似的，火車頭的輪子只能原地空轉，無法再繼續前進。」強風將這些甲蟲吹入海洋，大量的蟲屍像橙黃色的地毯一樣被沖上岸邊，從紐澤西州到新罕布夏州的海岸因此臭不可聞。農民不知道這些甲蟲從何處來，也不知道該如何阻止牠們啃食地上的馬鈴薯。

大饑荒仍是一段鮮明的記憶，歐洲人聽到馬鈴薯染病的報導時仍會感到心頭一寒。公司生產數千個小蟲模型來協助農民辨識莫菲的甲蟲。德國實施了世界最早的農業隔離措施，於一八七〇年拒絕進口美國馬鈴薯；法國、俄國、西班牙與荷蘭也跟進。最應該擔心的英國卻未禁止美國馬鈴薯進口，因為它不想引發貿易大戰。甲蟲跟著船班前來，只要出現在歐洲田野，就立即遭到除去。第一次世界大戰，各國政府無心監控甲蟲的動向。抓住這個機會，甲蟲在法國建立了橋頭堡，然後往西轉進。今日，甲蟲在歐洲占有了一塊從雅典到斯德哥爾摩的帶狀地帶。在美洲，它的領土從墨西哥中南部延伸到加拿大中北部。許多生物學家擔心甲蟲會傳到東亞與南亞，整個繞行世界一周。

昆蟲學家把莫菲的甲蟲稱為*Leptinotarsa decemlineata*（編按：意思為金花蟲屬，有十條花紋），園藝家則稱之為科羅拉多馬鈴薯甲蟲。這種甲蟲不是來自於科羅拉多州，一開始牠對馬鈴薯也不是特別有興趣。這種甲蟲源自於墨西哥中南部，以刺萼茄做為主要食物，刺萼茄看起來像雜草，高可及膝，是馬鈴薯的近親，葉子有點類似橡樹葉。從人類的觀點來看，這種植物多刺，種子莢有倒鉤，容易沾在毛髮與衣服上，必須得戴上手套才能將這些東西清乾淨。生物學家相信，刺萼茄原本只生長在墨西哥，直到西班牙人——哥倫布大交換的媒介——帶著馬與牛來到美洲。印第安人很快就發現這些外來哺乳類動物的用處，於是想辦法偷竊這些牲畜，然後送到北方給自己的家族騎乘或食用。刺萼茄顯然也跟去了，它們沾黏在馬的鬃毛、牛尾巴與原住民的鞍囊上。甲蟲也不落人後，跳上了獸欄與畜圈。抵達德州之後，刺萼茄也可能黏到野牛身上，跟著後者在春天時從南方遷徙到北方。到了一八一九年，甲蟲已經抵達中西部，自然學家發現甲蟲以密蘇里河畔的刺萼茄為食，而甲蟲也在這個地區首度遇見了馬鈴薯作物。

以下的過程完全出於偶然。在墨西哥，專吃刺萼茄的甲蟲對於馬鈴薯不感興趣，即使把牠放在馬鈴薯葉子上，牠還是會另尋食物。但在十九世紀中葉，某隻中西部甲蟲在出生時出現了些微變異——有些研究間接地認為，或許這隻甲蟲的第二對染色體的斑點有了些微變化，DNA的斷片末端彼此連結在一起。這種基因突變不足以讓甲蟲的外表出現重大的差異，也不足以影響牠的繁殖能力，但卻足以讓牠的食物來源從刺萼茄擴大到近親馬鈴薯身上。

「一對甲蟲如果一年內不受任何干擾，能繁衍出六千萬以上的甲蟲」，一八七五年《紐約時報》做了這樣的估算。實際的數字應該比較接近一千六百萬，不過這個論點是有效的——一隻甲蟲出現的一次基因突變，就足以產生世界性的問題。這隻甲蟲於是成為馬鈴薯最可怕的害蟲。「科羅拉多甲蟲最糟糕的特徵，」《紐約時報》表示：「是牠的持久性，牠會在一個地方持續待在幾季，才會離開〔……〕在這種情況下，唯一的辦法就是向甲蟲宣戰。」

要用什麼武器打仗呢？農民嘗試了各種他們想到的方法：用特製的鉗子將牠們鉗住然後壓碎；試著找出甲蟲比較不感興趣的馬鈴薯品種；培育甲蟲的天敵（瓢蟲、花螢、斑蝥）；每季改變馬鈴薯的種植地，以避免甲蟲在土裡過冬（昆蟲冬眠）；在農地周圍種刺萼茄，「以集中這些甲蟲，以便於消滅牠們」——我引用的是美國昆蟲委員會的創立者與長期主席萊利（Charles Valentine Riley）的說法。一名愛荷華州男子兜售他的以馬拖拉的甲蟲去除器，可以將甲蟲耙進後頭拖的箱子裡。馬鈴薯種植者把植物浸在石灰水裡，或噴灑硫磺，灑灰，噴灑菸草汁。他們把煤焦油加水混合，然後噴灑在甲蟲上。據說有些農民還噴灑葡萄酒，有些人則嘗試煤油。但統統無效。

從新石器時代農民開始種植作物開始，昆蟲就一直困擾著農民。但我們可以這麼說，大規模的工業農業改變了誘因。數千年來，馬鈴薯甲蟲一直滿足於以墨西哥山丘上的刺萼茄為食物。相較之下，愛荷華州的馬鈴薯田——數百排單一類型的單一作物——則如同早餐海。適應以馬鈴薯做為食物之後，甲蟲有了比以往為多的資源來進行繁殖；甲蟲的數量自然呈爆炸性的成長。其他害蟲也一樣——馬鈴薯晚疫病就是個例子——牠們也利用了相同的機會。每個廣大的新農場，對於能以這些作物為食的物種來說，簡直是府庫充盈的糧倉。

倫敦報紙副刊一八七七號《人間趣聞》（*Funny Folks*）的封面插圖顯示，英國農民擔心科羅拉多馬鈴薯甲蟲的到來。

農場愈來愈類似，這是同種新世的特徵。因為種植者只種少數的單一作物，害蟲需要克服的天然障礙因此變得更少。如果某個物種可以適應某個地方的馬鈴薯，牠就不需要適應其他地方的馬鈴薯。牠只需要從這個食物池跳到下一個完全相同的食物池——這種覓食方式比以往要容易得多，這全多虧了現代的發明，如鐵路、汽船與冷凍設備。工業農業不只給了昆蟲一連串豐裕而相同的目標，速度更快、班次更密集的運輸網路也讓遙遠的物種更容易享用這些農產品。一八九八年，萊利的繼任者霍華德（L. O. Howard）估計，七十種最糟糕的害蟲至少有三十七種藉由境外輸入的方式來到美國（還有六種他不確定來源）。

因此，十九世紀末是昆蟲瘟疫的時代。象鼻蟲從墨西哥入境，在南方殺死了大量棉花，南卡羅萊納州州長甚至宣布定某一天為民眾祈禱日，大家禁食一天來對抗蟲子。來自澳洲的吹棉介殼蟲，重創了加州的柑橘產業。來自歐洲的榆葉甲蟲吃光了美國城市的榆樹；荷蘭的榆樹病（其實源自於亞洲）傳入美國，殺死了密西西比河以東所有的榆樹。美國也還以顏色，出口到歐洲的瘤蚜，殺死了法國與義大利絕大多數的葡萄園。

昆蟲學委員會主席萊利為葡萄酒產業找到了解決方式：把歐洲的葡萄樹接枝到美國葡萄樹的根上，如此就能抵禦瘤蚜。數十年後，法國與義大利的葡萄樹幾乎都有美國葡萄樹的根。至於馬鈴薯，解決的方式更為間接：巴黎綠（Paris Green）。

巴黎綠可以殺蟲的特性是一名農夫發現的。他粉刷遮陽板後，突然一陣惱怒，把剩下的油漆全潑在爬滿甲蟲的馬鈴薯上。這種翠綠色的顏料稱為巴黎綠，主要成分是砷與銅。巴黎綠出現於十八世末，常用於油漆、建材與壁紙上。農民會用大量麵粉加以稀釋，然而將其覆蓋在馬鈴薯上，或加水之後進行噴灑。

巴黎綠是簡單、可靠的解決方式：購買這種顏料，依照製造商的指示混合麵粉或水，將其放入噴霧器或撒粉器裡進行使用，然後就會看到馬鈴薯甲蟲死亡。對馬鈴薯農民來說，巴黎綠是天賜之物。對於剛萌芽的化學產業來說，這是某種可以進行修補、擴充與改良的產品。如果砷能殺死馬鈴薯甲蟲，為什麼不能用來對付其他害蟲？為什麼不能把巴黎綠噴在棉花蟲、蘋果尺蠖、蘋果內蠹蛾、榆葉甲蟲、細捲葉蛾與藍莓的殺手北方竹節蟲？砷可以把這些蟲都殺死，棉農也可以利用這份天賜禮物擺脫象鼻蟲的糾纏。急切的科學家與工程師於是發明了噴霧器、撒粉器、唧筒、壓力閥與可調節的銅製噴嘴。不僅粉末轉變成液態；銅砷混合也可以變成鉛砷混合與鈣砷混合。

如果巴黎綠有用，為什麼不接著銷售其他的含砷顏料，如倫敦紫？為什麼不使用其他化學物品來解決其他的農業問題？一八八〇年代中葉，一名法國研究者發現了「波爾多液」——硫酸銅，用來不讓兒童吃到水果（編按：以前偷葡萄的小孩，手指會被塗波爾多液）——它能殺死葡萄樹上的黴菌。一發現新的化學武器，研究人員就將其使用在其他害蟲上，希望它能跟巴黎綠一樣有用。不久他們發現硫酸銅——喔，真是幸運的一天！——正是他們尋找許久的用來解決馬鈴薯晚疫病的良方。將巴黎綠噴灑在馬鈴薯上，然後再噴上硫酸銅，就可以除去甲蟲與晚疫病。

從一開始，農民就知道巴黎綠與硫酸銅具有毒性。早在它們的除蟲效果被發現之前，許多人已經因為家中壁紙塗了巴黎綠而身體不適。在糧食上噴灑這些毒物，令農民感到憂心。他們擔心這些殺蟲劑與殺真菌劑會在土壤裡累積，他們擔心自己與其他工人曝露在危險的化學物質中。他們警覺到科技的代價。這一切的憂慮都成真了，但這些憂慮至少有一部分可以藉由適應而逐漸化解。長期來說，農民卻不知道最值得擔心的議題是：這些化學物品總有一天會失效。

從基因來說，科羅拉多馬鈴薯甲蟲極為多樣，這意謂牠們的ＤＮＡ資源非常廣泛。當這群甲蟲遭遇新威脅時，例如殺蟲劑，有些個別的甲蟲比較不受這些威脅影響。這對農民來說是件壞消息，表示有些甲蟲適應得特別快。早在一九一二年，有些甲蟲已經對巴黎綠產生免疫力。但農民並未注意到這一點，因為殺蟲劑產業不斷地推出新的砷化合物，可以持續殺死馬鈴薯甲蟲。到了一九四〇年代，長島的種植者發現他們必須不斷加強最新的砷酸鈣才能照顧好他們的農田。幸運的是，瑞士農民在第二次世界大戰期間測試了全新的對付馬鈴薯甲蟲的殺蟲劑：ＤＤＴ，一種化學殺蟲劑，擁有前所未有的殺蟲力。農民買了ＤＤＴ，發現蟲子在自己田裡絕跡，感到開心無比。歡欣的情緒持續了七年。甲蟲又適應了。馬鈴薯種植者要求新的化學製品，產業界提供了地特靈（dieldrin），它持續了三年。到了一九八〇年代中期，美國東部每一種新殺蟲劑都只能使用一季。

批評者稱這種狀況為上了「毒物跑步機」（toxic treadmill），馬鈴薯農民現在每季要對農作物使用十二次以上而且種類不斷更換的致命物質。許多作家對此提出責難，或許最簡明扼要的莫過於波倫

（Michael Pollan）的《欲望植物園》（*The Botany of Desire*）。波倫指出，大規模的馬鈴薯農民現在等於是把自己的土地浸在燻蒸劑、殺真菌劑、除草劑與殺蟲劑裡，藉此他們創造出所謂「乾淨農地」的委婉說法——去除所有生命，只留下馬鈴薯。（此外，作物也被噴灑了人工肥料，在生長季時通常一個星期要噴灑一次。）如果幾天不下雨，粉末與溶劑就會累積在土壤表面，看起來就像歷經一場化學戰似的。在我居住的地區，也就是東北部，農民告訴我他們不讓自己的孩子接近農田。就算你不是有機的狂熱分子，你也會質疑這種把糧食生產變成下毒行為的系統難道一點問題也沒有？

更糟的是，許多研究者相信，化學攻擊會減少生產力。強大的殺蟲劑殺死的不只是害蟲，也包括昆蟲的敵人。當害蟲產生免疫力時，害蟲會發現自己的發展前景更勝以往——過去限制牠們的條件如今已不復存在。弔詭的是，藉由這種方式，殺蟲劑最終反而「增加了」害蟲的數量——除非農民以更毒的化學武器控制牠們。「第二害蟲」，指原先被其他害蟲控制數量的害蟲，因為控制牠們的害蟲被殺光了，所以這些害蟲因此獲益。同樣的，產業提供了解決方式：更多的殺蟲劑。二〇〇八年，《美國馬鈴薯研究月刊》（*American Journal of Potato Research*）的研究人員表示：「不久的未來，市場上會陸續出現新的化學製品。」但是

> 我們沒有理由相信這些化學製品可以打破看似無窮無盡的殺蟲劑—免疫力—新殺蟲劑的循環，而這已經成為科羅拉多馬鈴薯甲蟲管理上的特徵〔……〕儘管科學與科技不斷進步，科羅拉多馬鈴薯甲蟲依然是馬鈴薯生產的主要威脅。

晚疫病也同樣捲土重來。一九八一年，瑞士研究人員沮喪地發現了第二型的晚疫病卵菌，之前只出現在墨西哥，現在已經傳到了歐洲。因為晚疫病菌現在已經能進行「有性」生殖，因此在基因上更為多樣——也就是說，它有更多的基因資源可以適應化學控制。同樣的狀況也出現在美國。在這兩個例子中，新的品種更致命，也更能抵抗滅達樂（metalaxyl）——這是目前用來對抗晚疫病的主要農藥。至今尚無好的替代品出現。二〇〇九年，當我寫作本書時，馬鈴薯晚疫病席捲了美國東岸絕大多數的番茄與馬鈴薯。在罕見的潮濕夏天驅動下，晚疫病使我住處周圍的菜園成了軟泥。它毀了我菜園裡為數不多、尚未被雨淹沒的番茄。有鄰居指責這是哥倫布大交換攻擊的結果，這話可說精確，也可說不精確。更明確地說，他指責的是大賣場裡賣的番茄幼苗帶來了晚疫病，而「那些番茄是從中國來的，」他說。

7 黑金

看不到鳥類也沒有蟲子

它看起來像座森林，但生態學家或許不這麼想。它在龍茵勒村外的低矮丘陵蔓延了數英里。龍茵勒村位於中國南端，距離寮國邊境不到四十英里，以中國農村的標準來看，這座村子算是相當繁榮，房舍窗戶都裝了窗簾，牆壁也粉刷過，道路兩旁住宅屋頂上裝設了太陽能熱水器與碟形天線。在村落的邊緣，我搭乘的計程車在穀倉與畜欄間呼嘯而過，最後，我走到了樹林中。

這些樹木或許有五十英尺高，在我眼裡，它們長得優雅極了，斑駁的灰綠枝幹，樹葉的一面是淺綠，另一面則是光滑的深綠。所有樹木都屬於相同的物種，而且年紀完全一樣——我得知的數字是四十五歲，其中或許有增減一歲的差異。就在四十五年前，中國政府開始種植這些樹木。令人印象深刻的是，凡是不屬於這個物種的植物，只要高度超過我的腳踝，就會被連根拔除。這麼做的效果就像公園一樣，唯一的不同是這些樹成排地栽植，每棵樹相隔約八英尺，枝葉在人們頭上綿延成連續不斷的罩篷。樹

位於中國雲南省西雙版納傣族自治州的橡膠樹種植園，圖為用來引流乳膠的刻痕以及採集的杯子。

幹上，一道淺淺的切痕由上呈螺旋狀纏繞而下，寬度如同刀刃。在蜿蜒的切痕下緣，黏著具有彈力與可塑性的條狀物，大約有三英寸寬。而在螺旋的尾端，放著一個小陶碗或能放置小陶碗的架子。

這些樹是巴拉橡膠樹（*Hevea brasiliensis*〔Pará rubber tress〕）。龍茵勒的村民切開樹皮，然後留下一道斜斜的割痕引流。樹木的組織會滲出乳白色的黏稠汁液——*latex*（乳膠），拉丁文「液體」之意——緩慢沿著割痕流入碗中。根據樹木與季節的不同，乳膠的含水量最多可達到九成。剩餘物有些是由天然橡膠的細粒構成。初次聽到「天然橡膠」一詞，會讓人以為是某種在新時代精品店裡販售的高價品，其實它是重要的工業產品，是高科技製造業者亟需的原料。巴拉橡膠樹的天然橡膠使龍茵勒及其鄰近村落得以脫貧。

經過十到十五分鐘的車程之後，我下了計程車，然後四處閒晃。我走到闢建成梯田的山坡，每一層都種了一排橡膠樹。越過山頂，坡勢突然陡降，然後再度隆起，高低起伏的山巒，就像扔到地板的床單皺褶一樣，景觀的顏色隨著距離而逐漸消褪在午後的薄霧中。我能看見的有生之物，只有橡膠樹而已。

司機陪我一起走。他說他在年輕時曾來過這裡，之後再也沒來了。過去山裡到處都是動物與鳥類，但現在什麼都沒有，只剩下橡膠樹，甚至也聽不到蟲鳴聲。這應該是我見過最安靜的森林。有時候一陣微風吹過，樹葉像小旗子般舞動著，露出上方光滑的葉面。「這裡什麼都沒有，」司機說，我可以感受到他的不悅：「只是不斷地砍，然後不斷地種，真該死！」

一百多年前，巴西的橡膠樹傳到了亞洲。現在，這些橡膠樹的後代已遍及菲律賓、印尼、馬來西亞、泰國與中國雲南省。越過國境，橡膠樹繼續傳到寮國與越南。在一四九二年之前，橡膠樹原本只存在於亞馬遜盆地，現在卻支配了東南亞的生態體系。由於橡膠樹種植的範圍實在太廣大，因此早有植物學家提出警告，如果出現像馬鈴薯晚疫病那種侵襲單一作物的病害，將造成一場生態浩劫，從而導致全球經濟崩跌。

在龍茵勒，我挨家挨戶詢問農民有關橡膠的事。他們感謝有人提供這個種植橡膠樹的機會。橡膠將熱騰騰的菜餚端上桌，繳交孩子的學費，鋪設與維護了公路。正如馬鈴薯協助歐洲人擺脫馬爾薩斯陷阱（雖然可能只是暫時的），橡膠則是促成了工業革命，使經濟從人力與獸力生產為基礎轉變為以機械大量生產為基礎。龍茵勒村民是最晚的受益者。我望著綿延數英里充滿綠意但毫無鳥類的樹林，似乎又聽到農民感謝的聲音。但在此同時，其他聲音也在耳邊響起，無數男男女女，無論是好是壞，他們的生活已與橡膠樹緊密交織在一起：不幸的奴隸、懷抱願景的工程師、汲汲營營的商人、全神貫注的科學家、帝國心態的政治人物。這片由外來樹種構成的景觀，是許多地方的無數雙手創造出來的，而這段過程可不只四十五年。

「油脂化學」

一五二六年五月，威尼斯駐西班牙大使納瓦傑羅（Andrea Navagero）在塞維爾宮廷觀賞了一齣娛樂節目。七年前，科爾特斯在沒有獲得西班牙國王授權下入侵墨西哥，消滅了三國同盟（即阿茲特克帝國），西班牙國王與女王因此必須決定如何處置新增的這數百萬臣民。有人認為應該將他們充為奴隸，因為這些人屬於低等人種；另一些人則認為應讓他們改信基督教，成為西班牙人民。為了證明三國同盟的民眾具備智能、技術與高尚的品格，西班牙教會的反奴派教士特別帶了一批美洲原住民前來塞維爾。印第安人分成幾個隊伍，然後表演中美洲的運動競技烏拉瑪里茨特里（ullamaliztli），威尼斯大使觀賞的這就是這場表演。

納瓦傑羅極富好奇心，他翻譯詩文與科學經典，撰寫威尼斯史，並且進行生物實驗——他在一五二二年創立了私人植物園，這是歐陸第一座植物園。納瓦傑羅對烏拉瑪里茨特里頗感興趣，他覺得這種表演類似羅馬帝國時代的團體雜耍，不過後者在歐洲已經失傳。從事烏拉瑪里茨特里時，要把人員分成兩隊，雙方要設法把球投進對方的環圈裡——有點像早期的足球，不同的是烏拉瑪里茨特里的球不能落地，球員只能以臀部、胸部與大腿擊球。他們腰間繫著軟墊，穿上類似連指手套的護腕，選手「以匪夷所思的靈巧動作來回擊球」，納瓦傑羅說道：「有時候他們為了救球而撲倒在地，速度快得

一五二〇年代，歐洲人對於巡迴西班牙表演的原住民球員感到十分好奇，日耳曼藝術家魏帝茨（Christoph Weiditz）就是其中之一——他們使用橡膠球，這對歐洲人來說是全新的玩意兒。

驚人。」

納瓦傑羅感到印象深刻的不只是球賽，還有球本身。歐洲的球一般是用皮革製成，裡面填充了羊毛與羽毛，但印第安人的球不太一樣。納瓦傑羅說，「這種球的反彈力道很強」，我過去從未看過這種東西。他猜測，印第安人的球是用「木髓製成，因此重量很輕」。同樣感到困惑的還有納瓦傑羅的朋友唐吉拉（Pietro Martire d' Anghiera），他也在同一時期看到這項表演。印第安人的球「即使只是輕輕一扔，掉到地上就會彈得老高」，唐吉拉寫道。「我不懂這些球這麼重為什麼這麼有彈性。」

王室編年史家歐維多（Gonzalo Fernández de Oviedo y Valdés）也注意到這件東西。《西印度通史與自然史》（*General and Natural History of the Indies*, 1535）是第一部以官方的角度描述西班牙入侵美洲的歷史作品，歐維多在當中試圖描述「反彈」這個當時西班牙文尚未收錄的詞彙：「這些球比我們的空心球跳得高，即使在不施力的狀況下從手中掉落，它跳起來的高度也比原先掉下去的高度來得高，之後這些球還會繼續跳動，這一點跟我們的空心球是一樣的，只是它們跳動的次數更多。」歐維多寫道，印第安人將「樹根、藥草、樹汁以及其他東西混合起來，製成了這種能輕快跳動的怪東西（……）這些混合物乾了之後，就會形成類似海綿的東西，不是因為上面跟海綿一樣有孔洞或者有空隙，而是因為它的重量變輕，彷彿變得又鬆軟又沉重」。等等，你一定想說，一件東西怎麼可能「變輕」之後又「沉甸甸的」？

納瓦傑羅、唐吉拉與歐維多有理由感到困惑：他們看到的其實是全新的物質形式。印第安人的球是用橡膠製成。用化學的詞彙來說，橡膠是一種彈性體，之所以這麼稱呼是因為許多彈性體可以延伸與反彈。在印第安人的球傳入歐洲之前，歐洲人完全沒見過這種東西。

對工程師來說，彈性體非常有用。他們用橡膠或類似橡膠的東西填補住宅或工作場合的角落與裂縫：絕緣膠布、絕緣體、雨衣、黏著劑、鞋子、引擎傳動帶與O形環、醫療手套與軟管、氣球與救生用具、輪胎（腳踏車、汽車、卡車與飛機）以及其他數千種製品。但這不是立即如此，對橡膠詳細進行研究一直要到一七四〇年代才開始。一八〇五年首次進行的簡單實驗室實驗，人們仍無法看出橡膠的用途——不過科學家高夫（John Gough）發現一項事實，這對日後橡膠的理解起了關鍵作用，他發現橡膠延伸時溫度會上升。[1]直到一八二〇年代，橡膠才開始大量推廣，膠鞋就是在此時出現。

嚴格來說，一八二〇年代橡膠開始大量推廣是專指歐美而言，南美印第安人使用橡膠已有數百年的歷史。他們在橡膠樹樹幹上砍出V字形的切口以取得樹汁，乳膠順著切口滴入杯中，通常是固定在樹皮上的中空葫蘆。與製作太妃糖的過程類似，印第安人以棕櫚樹果仁做為燃料，在煙霧瀰漫中將乳膠緩慢煮沸延展以提煉出橡膠，然後將橡膠製成各種管狀物、盤子與其他用具。加州大學洛杉磯分校地理學家蘇珊娜・赫奇特曾在亞馬遜雨林進行廣泛研究，她相信原住民已懂得在布料裡添入橡膠，以此製成防水的帽子與披風。十八世紀晚期，亞馬遜雨林的歐洲殖民者懂得製作含有橡膠成分的衣物，他們把足狀的模型泡到沸騰的乳膠鍋裡製作靴子。有些靴子傳入了美國。波士頓、費城與華盛頓特區這些建築在沼澤上的城市，它們的街道總是覆蓋了一層厚厚的爛泥，而且還沒有人行道。膠鞋因此大為流行。

「橡膠熱」的中心是麻州波士頓北方的小鎮塞勒姆（Salem）。一八二五年，一名年輕的塞勒姆企業家從巴西進口了五百雙膠鞋。十年後，進口的數量已經超過四十萬雙，相當於每四十名美國人就有一雙膠鞋。亞馬遜河口小村落的村民，依照波士頓商人的指示，製造了數千雙膠鞋。添入橡膠的服裝不僅現代、高科技，而且令人興奮——這是完美的城市用品。民眾紛紛湧進店裡搶購。

橡膠產品的失敗是必然的，不透水的膠鞋與膠衣顯然噱頭更重於實質。橡膠產品用起來就是不太對勁。天氣寒冷的時候，膠鞋變得脆而易裂；天氣炎熱的時候，膠鞋會融化。冬天結束的時候，把膠鞋收進櫥櫃裡，等到秋天時拿出來一看，鞋子已經變成黑色的膠泥。這些膠泥臭不可聞，最後只好將這些鞋子埋在自家的花園裡。曾擔任參議員與國務卿的韋布斯特（Daniel Webster）很喜歡講述人家送他膠大衣與膠帽的故事。他在某個寒夜穿上大衣與帽子，當他抵達目的地時，發現大衣已經僵硬，只好把大衣立在前門外的大街旁，並且把帽子擱在大衣上。一名評論者日後寫道：「我們當中一些優雅的紳士應該還記得自己念大學的時候，在寒冷的夜裡，堅硬的膠鞋往往成了鬥毆時的最佳武器。」民眾紛紛

1 高夫一出生就眼盲，他是以觸摸的方式證明這一點：他把橡膠製的條狀物拉長，並且用「唇緣」這個對溫度最敏感的部位去測試溫度。他也發現橡膠加溫時會縮小——與其他物質不同，其他物質溫度升高時體積會變大。

要求退貨，許多人不願再使用橡膠製品。

就在橡膠遭民眾拒用之前，一八三三年，一個名叫固特異（Charles Goodyear）的破產商人開始對橡膠產生興趣並且沉迷其中。固特異的商人嗅覺促使他開始尋求資金來源以從事橡膠事業，而在此同時，市場上的資金正大舉退出這個領域。固特異才剛宣布自己要生產不受溫度影響的橡膠後不久，就因為債務問題入獄。在獄中，他還是鍥而不捨，以滾動大頭針的方式將橡膠搗碎。他不因自己毫無化學知識而氣餒，相反地，他似乎有著源源不斷的決心。有四年的時間，固特異一直遊蕩在美國東北部，飽受貧窮之苦，妻兒也跟著他過著饑寒交迫的生活，而他也不斷躲避債主，不斷典當財物來維持生活。他持續隨機混合有毒的化學物質，希望能讓橡膠更為穩定。固特異家住過史泰登島（Staten Island）的一處廢棄橡膠工廠，住過麻州一處廢棄橡膠工廠，也住過康乃狄克州一處名叫所多瑪丘（Sodom Hill，從名字就可以知道這是什麼樣的地方〔編按：所多瑪為《舊約聖經》中所載之城市，意為「罪惡之地。」〕）的簡陋木屋。他們還住過麻州一處二手的廢棄橡膠工廠裡。有時房子沒有暖氣或糧食，固特異的兩個孩子因此死亡。

固特異從另一名橡膠迷的夢境中得到提示，於是開始混合橡膠與硫磺。一開始沒什麼進展，直到偶然間一塊用硫磺處理過的橡膠掉到火爐之中。令他驚訝的是，橡膠並未融化，它的表面焦黑，但內部的物質卻轉變成某種新形式的橡膠，即使在高溫下也能維持形狀與彈性。固特異試圖重製這件意外產物，卻因為沒有錢購買實驗設備而遲遲無法動手，他只能挨家挨戶向鄰居商借火爐。有時添加硫磺有用，有時卻沒用。固特異持續努力，但也感到挫折、疲憊與茫然。之後他再度因債務入獄，他在獄中寫信給朋友，希望對方助他一臂之力「讓他能迅速建立一座印第安橡膠工廠」。最後，他終於籌足了錢，還清了債務。但才過一個月，他又進了監獄。

在過程中，固特異結識了一名年輕英國人。他給這名英國人幾個成功的樣本，要他回英國尋找金主投資。經過一段迂迴的過程之後，兩塊長一點五英寸的薄橡膠條狀物於一八四二年秋天來到漢考克（Thomas Hancock）的實驗室，這位曼徹斯特工程師過去曾嘗試處理過橡膠。漢考克不知道這兩塊橡膠是從哪來的，但他很快就發現這兩塊橡膠在大熱天裡不會融化，天氣寒冷也不會變硬。問題是他是否能重製這種橡膠。我們不知道漢考克從固特異的樣本學到多少。日後他宣稱自己「並未分析這兩塊別人製成的樣本」——果真如此的話，那他還真是缺乏好奇心。無論如何，漢考克比固特異更具組織力與知識，而且擁有更好的設備。最後，他也發現到將橡膠浸在融化的硫磺裡可以讓橡膠在寒冷時保持延展性，在炎熱時保持硬度。日後，漢考克把這段過程稱為「硫化」（vulcanization，以羅馬火神命名）。一八四四年五月二十一日，英國政府授予漢考克專利權。

三個星期後，美國政府也授與固特異硫化專利權。稍微觀察專利的內容，不難看出固特異對於硫化過程並不是非常瞭解。麻州大學席爾維歐．康特聚合物國家研究中心的克夫林（E. Bryan Coughlin）表示，固特異認為當中的關鍵元素是鉛白，一種金屬顏料，然而它就算有助於橡膠穩定，也是「次要的」。克夫林說：「我不知道固特異的根據是什麼，因為標準的處理並非如此——也許鉛白只是做為一種催化劑。」克夫林告訴我，與固特異相比，漢考克的專利「相當清楚直接」。漢考克把軟化的橡膠加到硫磺裡，加熱到華氏兩百四十度到兩百五十度，剛好略高於熔點。橡膠曝曬在高溫下愈久，愈可能失去彈性。「我教學生的也大致如此」，克夫林說。

固特異不瞭解硫化的方法，但他知道這個方法充滿商機。為了向大眾顯示這項過去未有的技術，固

想搞清楚誰才是硫化過程（使橡膠可以用於工業用途）的真正發明者並不容易。固特異（左圖）首先提出基本觀念，但他只是知其然不知其所以然；漢考克（右圖）搶在固特異之前取得專利權，他對於原理掌握得較為透徹，但他很可能是從固特異的樣本取的靈感。

特異借了三萬美元在一八五一年倫敦水晶宮首屆萬國博覽會中租了一整間房間來展示橡膠。四年後，他又借了五萬美元在第二屆巴黎萬國博覽會中租用更奢華的會場。巴黎人完全失去都市人的傲慢，一個個像鄉巴佬似地瞠目結舌看著固特異以橡膠製成的梳妝臺、膠框鏡，擺在上面的橡膠梳子與裝著橡膠把手的刷子。在橡膠地板正中間有一張橡膠書桌，上面鑲著橡膠墨水池與橡膠鋼筆。在兩面橡膠牆的角落放著橡膠傘架，上面插著橡膠傘，每面牆各掛著以橡膠帆布繪製的作品。這裡也有吸引武器迷的地方，刀鞘與劍鞘均以橡膠製成，就步槍的槍托也是橡膠製。除了難聞的橡膠氣味，固特異的展覽大體來說相當成功。「拿破崙三世頒給他榮譽軍團勳章（Legion of Honor）」，外交官暨史家寇提斯（Austin Coates）寫道：「而巴黎法院卻因為他欠債而把他送進監牢。」他在獄中收下了勳章。最後，為了籌得返鄉的旅費，固特異不得不賣掉妻子的財產。四年後，固特異去世，死時仍一身債務。

此後，美國人推崇固特異，視其為夢想家的代表，童書也推崇他是苦幹實幹樂觀進取的模範。一家大輪胎公司也以他的姓做為公司名稱（編按：即固特異輪胎與橡膠公司）。在此同時，寇提斯也提到：「漢考克在英國得到的對待是：在世時獲得應有的尊敬，死時也得到一定的關注，而到了百年紀念日，也適時發行了紀念郵票。」

固特異與漢考克都不瞭解「為什麼」硫磺能讓橡膠穩定，他們也不懂為什麼橡膠這種物質可以反彈與延展。十九世紀的科學家面對反彈的橡膠球，他們的反應跟十六世紀的西班牙人一樣，覺得這當中充滿神祕。延展一個薄鐵環，它或許會稍微延長一點，但最終會斷成兩截。相對之下，橡皮筋可以延伸到原來長度的三倍，又能回復到原來的形狀。何以如此？硫磺為什麼能讓橡膠在夏天不至於融化？「沒人知道為什麼，」克夫林對我說：「這是個巨大謎團。更糟的是，很多化學家不想研究這個問題。」

十九世紀下半葉是化學突飛猛進的時期，研究人員逐步解開物質世界背後的基礎秩序。他們把化學元素編成週期表，發現原子構成分子的規則，也瞭解分子會以固定結構形成晶體，而這些晶體也能精確加以辨識。

這些秩序井然的思想架構卻無法用來解釋橡膠。化學家無法將橡膠與晶體連繫在一起。更糟的是，在對橡膠進行許多標準的化學測試之後，也無法得出合理的答案。分析的結果顯示，橡膠分子是由碳原子與氫原子組成的。這裡還沒有什麼問題。真正的問題是橡膠的碳原子與氫原子堆積成巨大的分子，裡面的原子多達數萬個。對化學家來說，這種現象實在難以想像——分子是化合物的基礎構成物，而基礎構成物不應該這麼巨大。

化學家表示，顯然，橡膠應該歸類為「膠體」（colloid）：一個以上的化合物被磨碎成極細微的粒子，並且散布到其他化合物之中。膠水是膠體，花生醬、培根脂肪與泥巴都是膠體。膠體不是單一物質，而是各種物質的大雜燴，當中沒有基本的成分。想要從膠體中找出基本成分，如同在垃圾堆裡尋找分子的基礎構成物一樣不可能。一名德國研究人員嘲弄說：橡膠化學就像Schmierenchemie，亦即「油脂化學」，不過克夫林告訴我，比較好的翻譯應該是「試管底部殘留油汙的化學」。

儘管如此，有些化學家卻無視同儕對橡膠的輕視，其中最有名的是施陶丁格（Hermann Staudinger），當時他在瑞士蘇黎世聯邦理工學院任教。施陶丁格是一名有名的研究者，他已經找出咖啡與胡椒基本香味的化學分子式。（即溶咖啡的出現，說是施陶丁格的研究造成的也不為過。）在一次世界大戰期間，施陶丁格轉而研究橡膠這個完全不同的領域，因為他的直覺告訴他，這種「高分子化合物」確實具有基礎構成物，而這些基礎構成物就是規模大得驚人的分子。對於特立獨行科學家的成功故事耳熟能詳的讀者，應該不會對施陶丁格遭遇強大的反對感到驚訝，他不斷為自己的假說蒐集證據，而反對他的聲音卻愈來愈不理性與充滿謾罵。一九二五年，當他離開蘇黎世前往弗萊堡大學任教時，他在告別演說中遭到同事的抨擊。這種對立有部分也跟施陶丁格自己的好鬥有關。他曾經在大學圖書館所收藏的對手作品的封面貼上他的攻擊文字：「這本書不是科學作品，而是宣傳作品。」然而最後，施陶丁格的故事終於有了好的結尾：斯德哥爾摩，他贏得了一九五三年諾貝爾化學獎。

施陶丁格讓我們理解到，橡膠與其他彈性體擁有的分子如同長鏈。[2]「長」這個形容詞相當精確：如果一個橡膠分子像鉛筆一樣粗，那麼它的長度將會如足球場一樣。「鏈」這個詞也很精確：所有的橡膠分子都是由數萬個完全相同的重複連結所構成，每個連結的構成物都是五個碳原子與八個氫原子。一般固體物質的分子——例如電線中的銅——通常排列得井然有序。與此相反，橡膠分子則是雜亂無章，許多的鏈任意拼接，形成無法辨識的形狀。克夫林向我解釋：「經典的類比是一碗義大利麵。然而這項類比要成立，這些麵條必須長達一百碼。」把一條橡皮筋拉長，意謂著將纏在一起的分子拉成直線，使它們排列成擺在盒子裡一條條彼此平行的直麵條。分子從彼此纏繞的一團麵，到拉成一直線的長麵條，這就是橡皮筋可以延展的原因。相對地，電線裡的銅分子「已經」拉成一直線，因此要繼續拉長它顯然難多了——這裡的差異就是將原本鬆散的線拉直，以及將已經拉直的線拉得更緊繃之間的差異。（把分子鏈拉直需要能量，這是為什麼橡膠延展時溫度會升高。）一旦壓力消失，橡膠分子就會隨機移動，到最後自然而然地再度纏結在一起；橡膠也就收縮回原來的大小。

當一塊純粹的橡膠經過加溫，橡膠的鏈會振動並且圍繞著彼此不斷活動，甚至因此變得更為混亂；橡膠會無法維持一切可能的形狀，然後變成一堆膠泥。硫化可以防止這種情形發生。把橡膠浸在硫磺裡會導致化學反應，橡膠分子會藉由硫原子構成的化學「橋」連結起來。這種化學鍵在橡皮筋——硫化後的橡膠環——內部無所不在，使橡皮筋成為巨大而交錯連結的單一分子。分子一旦連繫在一起，就能抗拒變化：更難拉成直線，更難纏結，更能抗拒極端溫度。橡膠突然變成了穩定物質。

硫化的影響相當深遠，可膨脹的橡膠輪胎——自行車與汽車得以使用的關鍵——是最著名的例子。但橡膠也讓電氣化成為可能：想像一下現代建築物無法讓電線絕緣。或想像洗碗機、洗衣機與烘乾機少了傳動帶將引擎的運動傳導到設備上。同樣重要但較易受人忽略的是，每個內燃機都有許多管線與閥門來輸送——通常是藉由壓力——水、油、汽油與廢氣。如果這些部分未能完美製成，那麼引擎發

---

2 一般來說，長分子物質稱為「聚合物」。許多類型的聚合物其實我們都很熟悉：例如絲與羊毛這類纖維，麵包中的麩質，它是蛋白質的一種，或者是蛋白中的白蛋白。彈性體有著令人困惑的行為模式，它也是聚合物的一種特殊類型。

動將會使液體或氣體從連結處外洩，造成危險。具有彈性的墊片、墊圈與O形環可以天衣無縫地填補罅漏之處。少了這些東西，家中的暖氣爐很可能漏出天然氣、熱油或煤廢氣——形成潛在的死亡陷阱。

「工業革命需要三項基本原料，」加州大學洛杉磯分校地理學家赫奇特告訴我：「它們是鋼鐵、化石燃料與橡膠。」歐洲與北美的工業化國家，鋼鐵與化石燃料不虞匱乏。對他們來說，確保橡膠的供給成了當務之急。

「用香檳酒泡澡的人」

我的客廳掛著一幅肖像，畫中人物可能是我祖母的叔叔，或者是她的曾叔公。這兩個人都叫內維爾．克雷格（Neville Burgoyne Craig）。我的祖父在一家慈善二手商店找到這幅畫，他認為主角是老克雷格（一七八七至一八六三），也就是匹茲堡第一家日報的創辦編輯。但這幅畫的十九世紀晚期風格顯示主角應該是小克雷格（一八四七至一九二六），他在三十一歲生日之後過了一個星期就搭船前往亞馬遜。小克雷格打算靠橡膠賺進財富。

克雷格的計畫並不是直接生產橡膠，而是協助鋪設鐵路來運送橡膠。當時跟現在一樣，天然橡膠的主要來源是巴拉橡膠樹分泌的乳膠。這種樹原產於亞馬遜盆地，盛產於巴西與玻利維亞的邊界地帶。最靠近這個地區的港口位於太平洋岸，必須越過安地斯山脈。把橡膠送到這些港口意謂著要攜帶它越過高聳結冰的山區。運抵港口之後，要將乳膠運送到英國，就必須讓貨船繞過海相惡劣的南美洲最南端，這段漫長而危險的旅程幾乎有一萬兩千英里。事實上，這條路線如此困難，因此在一八七一年，皇家地理學會（Royal Geographical Society）祕書計算出從亞馬遜西部沿馬德拉河而下進入亞馬遜，然後到大西洋，再用船把橡膠運往英國，速度可以快四倍。問題是馬德拉河下游兩百二十九英里的河段到處都是瀑布與急流。這個河段的西邊是玻利維亞境內三千英里的可航行河段，盛產橡膠與其他珍貴物品；東邊是寬廣的亞馬遜盆地，然後是大西洋。在這條無法通行的河段的下游終點有個巴西小村落聖安東尼歐（Santo Antônio）。我的祖先前往聖安東尼歐鋪設鐵路，以繞過這些急流。

克雷格生於匹茲堡，並擁有耶魯大學工程學學位。他的在校成績優異，曾兩度贏得大學數學獎，畢業前就已受雇於美國海岸與大地測量局（U.S. Coast and Geodetic Survey）。五年後，為了尋求令人興奮的經驗，他加入P.&T. Collins，這是一家位於費城的鐵路建設公司，已經獲得玻利維亞政府的契約，準備鋪設馬德拉鐵路。柯林斯家（Collins）兩名兄弟似乎認為自己在鐵路建設上的豐富經驗可以克服他們首次進行的亞馬遜工作。一八七八年一月，他們派了兩艘船，上面載滿急切的工程師與費城的勞工。克雷格搭上第一艘船。

內維爾・克雷格

他日後在回憶錄描述，冬天的強風使這趟航往亞馬遜雨林之旅格外辛苦。風暴導致第二艘船（唉，這艘船確實比較禁不起風浪）在維吉尼亞州詹姆斯鎮南方一百英里處遇難，超過八十人溺死。公司要找人替代變得十分困難，因為費城人聽到這場船難，頓時對這趟冒險之旅喪失熱情。最後，柯林斯兄弟從「東部大城市的貧民窟」找來了新幫手，克雷格在書裡說道，這些人的「身體、外表與動作充分證明了達爾文理論的正確性」。他們絕大多數是南義大利的移民，許多人是因為抱持無政府主義的信仰而被趕出家園。從我祖先的輕蔑話語不難看出，當時人們對義大利人普遍存有偏見。這些剛抵達的美國人急欲工作，柯林斯兄弟利用他們急於工作的心理，以低於第一船勞工的薪資與他們簽約——每天一點五美元，而非兩美元。顯然這對兄弟從來沒想過這些無政府主義者會發現這種安排，也不認為這些人會覺得這樣不合理。

在此同時，克雷格搭乘汽船沿著亞馬遜河與馬德拉河而上，到了預定的鐵路終點站聖安東尼歐，然後開始進行測量路線的工作。等到替補的義大利人抵達後，他才得知第二艘船上的人的遭遇。而義大利人也發現他們的薪資比其他人來得少。往後幾天，他們進行罷工。包括克雷格在內的工程師用製造鐵軌用的鋼材打造了一個籠子，他們用槍逼迫罷工者進到裡面。讀著回憶錄，我徒勞地等待克雷格領悟監禁這些工人對興建計畫可能有負面的影響。最後，罷工者返回工作崗位，一臉不悅地在森林裡砍伐。幾個星期後，「七十五名或多於此數的工人」逃往玻利維亞。沒有人成功——或許，克雷格做出駭人的猜測，他們「成了食物，祭了食人的帕倫廷亭人（Parentintins）的五臟廟」。（帕倫廷亭人是居住在附近的原住民，他們殘暴的名聲使殖民者望之卻步。）

某方面來說，工人的逃亡也是件好事，探險隊的糧食已快要耗盡。與詹姆斯鎮的殖民地居民一樣，我祖先這群人在充滿食物的地方挨餓。十年前，德國工程師克勒（Franz Keller）與一群摩久斯印第安人（Mojos Indians）一起探勘馬德拉急流，因後者一直獵捕烏龜食用，讓克勒對菜色單調多所抱怨。克勒比較愛吃象魚（pirarucu），這種魚體積龐大，亞馬遜人總是用烤肉的方式做成魚排。此外他還喜歡吃亞馬遜海牛（Amazonian manatee），一種長著圓鼻的水生哺乳類動物，牠的肉「如果經過適當處理，會讓人覺得像豬肉」。

與詹姆斯鎮殖民者一樣，鐵路探險隊在充滿食物的地方挨餓。農業基因學家很早就認為在這條鐵路沿線地帶——巴西與玻利維亞邊界——有花生、巴西蠶豆（*Canavalia plagiosperma*）與兩種辣椒（*Capsicum baccatum* 與 *C. pubescens*）。但近年的證據顯示，這個地區也有已馴養的菸草、巧克力、桃椰子（*Bactris gasipaes*，主要的亞馬遜樹木作物），以及最重要的，世界各地均有的主食木薯（*Manihot esculenta*，又稱為樹薯）。我的祖先差點在世界農業核心地帶餓死。

在挨餓了五個月後，克雷格才從當地住民口中得知不能在主要水道釣魚（美國人通常會這麼做），而應該在小支流釣魚。釣魚時不使用釣鉤與魚線，亞馬遜河的魚對這些東西沒有反應，印第安人會用一種屬名叫 *Strychnos*（番木虌鹼，這個名稱就有毒藥的意思）的樹製成藥粉，灑在水面上麻痺魚類。魚在一時無法呼吸之下會浮到水面上，此時用勺子就可以將魚舀到籃子裡。克雷格的同事放下釣竿，改學製作毒藥。他們不再種植豌豆與胡蘿蔔，而改吃棕櫚樹的果實與木薯。

最後造成這次行動失敗的是瘧疾。瘧疾或許是在十七世紀經由非洲奴隸而傳到沿海地區，之後緩慢地將亞馬遜盆地轉變成人口稀少的熱病河谷，幾乎沒有任何外國人願意進入。（我在第三章已說過這方面的故事。）硫化使人們重回故地，歐洲與美國產業渴望得到大量橡膠。絕大多數的橡膠起初來自於亞馬遜河河口，鄰近港市貝倫（Belém do Pará）。每棵橡膠樹一天可以產生約一盎斯的橡膠，一年只能分泌一百到一百四十天，每隔幾年就要休息。隨著需求增加，貝倫的橡膠採集者過度利用他們的橡膠樹，造成樹木大量死亡。之後，一八七七年到一八七九年，整個東北部海岸遭受可怕的旱災襲擊，多達五十萬人死亡。人們放棄不毛的田地與枯竭的樹木，將其連同霍亂、天花、結核病、瘧疾、黃熱病、腳氣病一起焚燒殆盡，然後挨餓的民眾開始成千上萬地搭乘汽船前往亞馬遜河上游尋找能種植橡膠樹的地方。有點小錢或有些政治影響力的人從當地官員手中取得土地權利與特許；僅能仰賴野心或決心之人只好努力尋找尚未被採集的橡膠樹做為自己的生計來源。最後他們設立了兩萬五千處橡膠樹園。巴西史家桑托斯（Roberto Santos）估計，絕大多數橡膠樹園都很小，總共雇用超過十五萬名勞工。大量的移民成了瘧疾的新目標。德國工程師克勒一八六七年來到馬德拉河時，還沒看到幾個瘧疾病例。十年後，內維爾．克雷格來了，也很少看到傳染病。

死亡人數相當驚人。克雷格於一八七八年二月十九日登陸聖安東尼歐。三月二十三日，第二艘船抵達，工人的數量膨脹到約七百人。到了五月底，瘧疾已經讓將近半數的人奄奄一息。七月底，三分之二的工作人員已經病得無法工作；三個星期之後，比例增加到四分之三。大約有三十五人死亡，而這只是開始。到了一八七九年一月，只有約一百二十名美國人（其中超過一半已經生病）能活著離開。下個月，我的祖先寫道，這個事業已經「完全崩潰」。雪上加霜的是，鐵路的英國銀行家，或許已經做好進行法律訴訟的準備，拒絕支付倖存者積欠的薪資。克雷格與二百多人既病又弱，赤腳又衣衫襤褸，他們零散地順著亞馬遜河而下來到貝倫，並且在此乞討返鄉的旅費。然而即使這些人像遊魂一樣在碼頭上晃蕩著，歐洲與美國的金融家早已盤算好下一次的鐵路建設計畫——橡膠的商機無限，他們不可能放過。

儘管處在一個景氣週期瘋狂大好大壞的時代，橡膠的景氣還是一枝獨秀。巴西的橡膠出口商在一八五六年到一八九六年間種的橡膠樹超過十倍以上，到一九一二年再度增為四倍。通常這樣巨大的增量可以降低價格，然而相反的，價格反而上漲。在各種傳聞吸引下，投機客紛紛投入市場——「就連寡婦與牧師也把身家押了進去」，《紐約時報》表示——把價格推得更高。有多高？我們很難提供有意義的數字，因為投機客讓市場忽上忽下。舉個極端的例子，在一九一〇年，紐約橡膠的價格在每磅一點三四美元到三點零六美元之間波動。不僅如此，當時的通貨膨脹、金融恐慌與政治不穩定也導致巴西、英國與美國的幣值劇烈地波動。然而，橡膠仍持續走強。它「一飛衝天的價格讓橡膠製造商的臉毫無血色」，《泰晤士報》在一九一〇年三月二十日說道。已經過刷洗與準備可以進行製造的「一盎司的橡膠」，其價值相當於同等重量的純銀。

報紙似乎太聳人聽聞，但卻非全無真實之處。最近一名經濟學家估計，倫敦橡膠的平均價格在一八七〇年到一九一〇年上漲到原來的三倍。光看這個數字，還不足以讓你感到吃驚。比較橡膠的價格與一九〇〇年德州大罷工之後的油價。世界石油產業增加了一倍——但價格卻猛跌，往後二十年原油再也沒能達到一九〇〇年的巔峰。橡膠生產提升了一個等級，但價格卻同時增加到三倍，這種現象令天然資源經濟學家感到困惑。「這實在令人吃驚」，麻州溫徹斯特戰略能源與經濟研究所所林奇（Michael C. Lynch）表示。「無怪乎眾人為之瘋狂」。

貿易的金融中心是貝倫。它於一六一六年建於世界最大的河川入口，擁有戰略地位——卻未能從中受惠。亞馬遜河帶來的泥沙淤積，使貝倫的港口水淺難行。更糟的是，河口大量的流出造成的水流與風勢使貝倫孤立於巴西其他城市——令人不敢相信的是，從貝倫航向三千七百英里外的里斯本，要比航向兩千五百英里外的里約熱內盧來得快。結果，這座城市的人口從未超過兩萬五千人。橡膠景氣終於使貝倫成為亞馬遜夢想家長久以來期望的樣子：欣欣向榮的經濟首都。

貝倫的橡膠新貴深信他們正在打造美洲的巴黎，他們沿著大卵石街道開了一家家露天咖啡館、歐式供人散步的公園，以及美術館，搭配著（熱帶特有的）極高而窄的窗戶可以促進空氣流通。社會生活的中心是新古典主義的和平劇院（Teatro de Paz），橡膠大亨坐在包廂裡抽著雪茄喝著卡夏薩（cachaça），一種蒸餾的甘蔗酒，這是巴西受歡迎的烈酒。高聳的芒果樹遮蔭著通往港口的大道，成群的工人正在港口切開從上游運來的橡膠塊，並且找出像石頭或木塊的攙雜物。經過查驗之後，橡膠運到了岸邊如沉睡巨獸般的巨大倉庫裡。橡膠無所不在，一九一一年一名造訪者寫道：「在人行道上，在街上，在卡車上，在大倉庫裡，在空氣中——到處可以聞到它的味道。」事實上，這座城市的橡膠區味道如此濃烈，有些人甚至可以從味道的濃淡來辨別自己位於哪個區域。

貝倫是橡膠貿易的銀行與保險公司，但橡膠採集中心則是馬瑙斯（Manaus）。馬瑙斯座落於離貝倫約一千英里的內陸，兩條大河在此匯流成亞馬遜河主流，它是地球上最偏遠的城市之一，但也是最富有的城市之一。繁忙、奢華而且壯觀，馬瑙斯在亞馬遜河北岸的四個山丘之間發展起來。其中一座山丘的頂端蓋著耶穌會的教堂，樣式樸素，看起來像是在指責另一座山丘上的醜惡之物——亞馬遜劇院（Teatro Amazonas），它是卡拉拉大理石、梵蒂岡枝形吊燈、史特拉斯堡瓷磚、巴黎鏡子與格拉斯哥鐵器可笑結合下的幻想曲。完工於一八九七年，而且打算做為歌劇院之用，但它卻犯了財務上可笑的錯誤：觀眾席只有六百五十八個座位，根本不夠支付把音樂家找來的價格，更甭說是建築費用。寬廣的石砌人行道，旁邊飾以波浪狀的黑白圖案，從戲院一路通往山下，沿途經過混雜的妓院、橡膠倉庫與新貴的宅邸，最後直到碼頭：沿著河岸搭建起兩座巨大的平臺，底下有數百根木柱支撐著。州長里貝羅（Eduardo Ribeiro）不遺餘力地建設這座城市，他規劃現代棋盤狀的街道，從葡萄牙（亞馬遜地區缺乏石頭）運來大卵石鋪設街道，設立當時全世界最先進的有軌公車網路（長度十五英里），並且建立了三座醫院（一座供歐洲人使用，一座精神病院，以及一座供全體市民使用）。身為都市生活的主持者，凡是城市提供的娛樂里貝羅都會參加，包括妓院，史家漢明（John Hemming）委婉地說，他最後是在「性嬉戲」中死去。

馬瑙斯的妓院主要都是橡膠採集者與工人光顧，他們在偏遠支流辛苦工作數個月後，一身疲乏地來到馬瑙斯。妓院的老闆與領班自己也有情婦，他們過著頹廢又時尚的生活。「賓客們跪在浴缸旁，等著里雅斯德來的裸女莎拉．魯布絲克（Sarah Lubousk）泡的香檳酒溢出來」，漢明在他大部頭的地區史《諸河之樹》（*Tree of Rivers*）裡寫道。「這位用香檳泡澡的人」，漢明這麼稱呼她，是休茨（Waldemar Scholtz）的情婦。休茨才剛移民來此，他是這座城市的重要橡膠運送商，也是奧國的榮譽領事。幾個街區之外，住著阿莉亞．拉摩斯（Aria Ramos）。過著雙重生活的她，一方面是嘉年華表演者，另一方面則是應召女郎；當她在一場狩獵意外喪生時，有錢的恩客在墓園裡為她豎立了真人大小的銅像。人潮絡繹不絕的花街，酒品一應俱全的咖啡館，經常有人打架生事的酒吧——馬瑙斯是世紀之交典型的新興都市，人們除了要小心街上層出不窮的槍擊事件，也經常看見有人炫富般地拿起大鈔引火點菸。

這種戰略物資擁有如此龐大的商機——這些財富完全是「從樹上長出來的」——自然吸引了各方的注意，無論是國內還是國外，經濟還是政治。以國內來說，橡膠貿易控制在十三個連鎖出口商之手，後來這些出口商全被休茨公司（Scholtz & Co.）掌握，這家公司的老闆包養了那名澡盆女子。與休茨公司一樣，這些出口公司通常是歐洲人開的——這些臉色蒼白的男人，留著上蠟的八字鬍並且在其他部分的鬍子上髮油，他們的長相在沒有鬍子的印第安人當中顯得獨樹一格。這些中間人把從內陸運來的橡膠卸貨裝存，然後送往亞馬遜河河口，當地有其他的歐洲商人將橡膠運往歐洲與北美。橡膠本身的取得則由另一批法人團體把持，這些法人控制了內陸最重要的資源：人力。

由於乳膠曝露空氣之後就會凝固，所以採集者必須不斷地切割樹皮，在採集季，必須連續四到五個月每天照顧橡膠樹，而且必須在乳膠乾掉變得難以處理之前先行加工成粗製橡膠才行。無論是採集還是加工都需要非常多的照顧與留意，加上這些工作都必須在偏遠、瘧疾橫行的地方進行——橡膠樹無法移往便利、舒適的地方栽種，而且液態的乳膠太重不適合運送。疾病與歐洲人的入侵使原住民的人口大量減少，但歐洲人無法取代原住民。隨著橡膠需求的急速增加，表示需要更多的工人。解決缺工的方案是有，只是許多相當不人道。

起初，橡膠熱對當地貧困民眾來說宛如天上掉下來的禮物——這是樹木創造的就業機會。在需要工人之下，橡膠樹園雇用了當地的印第安人，從下游運來貧窮的農民，或者從玻利維亞誘騙勞工前來。經濟理論認為在缺工的狀況下，橡膠樹園會提高薪資與改善工作條件以吸引勞工前來。他們確實這麼做了，但答應給的高薪卻以交通費、伙食費與住宿費的名義被剋扣一空。許多理應獲得高薪的工人最後居然債臺高築。此外，瘧疾、黃熱病或腳氣病也侵襲這些工人。為了不讓這些工人尋找更好的工作，或不讓他們逃跑，雇主會把宿舍設在偏遠的地方，周圍有武裝衛兵看守。克雷格的上司，也就是鐵路公司的首席工程師，他去拜訪一名獨占馬德拉中游生產的特許商。此人的住處是一棟三層樓別墅，擁有寬廣的陽臺，工程師提到，特許商「就像中世紀貴族一樣，四周圍繞著玻利維亞臣僕及其家人〔……〕這些人掌握了工人的生殺大權」。

一八九〇年代，橡膠熱持續往上游推進，直到安地斯山脈的山腳下——這個地區當時仍被視為無用

一八九〇年左右的橡膠世界

之地，因此大部分仍由原住民居住利用，這裡的原住民與歐洲人接觸甚少。由於巴拉橡膠樹無法忍受山坡的低溫，因此企業家改種巴拿馬橡膠樹（*Castilla elastica*），所出產的橡膠名叫 *caucho*，價值較低。雖然中美洲的印第安人採集橡膠——一五七四年，一名西班牙人親眼見過後寫道，乳膠從樹上的 *sajaduras*（這個詞原指滷肉時在肉上淺淺劃上的刻痕）流出——但在亞馬遜地區的印第安人卻不這麼做。*caucheiros*（即 *caucho* 的採集者）相信，這些刻痕會使疾病與昆蟲侵入到樹木內部，導致巴拿馬橡膠樹快速死亡。*caucho* 採集者不想白費工夫地保護這些樹，而是直接把樹砍掉，在倒下的樹下方挖坑，然後剝掉樹皮，讓乳膠流入坑中。有時候採集者可以從一棵樹取得幾百磅的乳膠，因此足以彌補 *caucho* 價格較低的缺點。

由於*caucho*採集者在收成時會砍掉樹木，因此他們總是希望能較他人早一步抵達新的地區。他們的目標是花最短的時間採集橡膠；能花愈少時間在砍樹上，就能減少別人取得不可替代的樹木的機會。採集者花幾個星期甚至幾個月的時間在陡坡、泥淖、長滿樹木的山丘逐棵地砍伐取膠，然後從取膠的地方運走沉重的乳膠。他們取膠的地區外人幾乎都不願進入。*caucho*採集者因此將腦袋動到當地人身上，也就是印第安人。工作場合持續有虐待的情事發生，但似乎總是找得到人來工作。

在這些採集者當中有一位名叫費茲卡羅（Carlos Fitzcarrald），他的父親是移居祕魯的移民，他把自己的名字從難發音的費茲傑羅（Fitzgerald），改成目前的名字。從一八八〇年代晚期開始，費茲卡羅逼迫了數千名印第安人從事採集*caucho*的工作。巴西作家與工程師昆尼亞（Euclides da Cunha）曾在亞馬遜西部進行調查，他發現費茲卡羅曾經入侵馬什科印第安人（Mashco Indians）的領地，因為當地盛產巴拿馬橡膠樹。昆尼亞提到，費茲卡羅帶了一隊槍手，並且以馬什科人的領袖自居

> 他展示自己的武器與裝備，率領的士兵長相各異，是由他征服的各種不同的種族組成的。他向馬什科人說明戰爭帶來的種種壞處，勸他們接受戰爭以外的方案。馬什科人只要求看看費茲卡羅使用的箭頭。費茲卡羅笑了，他從溫徹斯特步槍裡退出一顆子彈交給對方。原住民看了許久，搞不清楚這個小東西能做什麼。他試圖用子彈弄傷自己，拿子彈在自己的胸膛劃來劃去。然後他拿出自己的箭，刺向自己的手臂。他笑著，無視傷口的疼痛，他自豪地認為流淌的鮮血已可證明雙方武器的優劣。馬什科人於是轉過身去，無視錯愕的費茲卡羅，自顧自地返回自己的村落，他們誤以為自己能敵得過費茲卡羅的人馬。

結果半個小時之後，大約有一百名馬什科人被殺，其中包括堅不屈服的酋長。他們的屍體散布在河岸上，此後，馬什科這個部族名稱成了憑弔血腥屠殺時才會用到的詞彙。

費茲卡羅統治了這個蠻荒地區。*cancho* 採集者迅速地進行採集工作。他們掠奪半徑數里格（leagues）內的地區，看到的人要不是殺害就是充為奴隸〔……〕*cancho* 採集者會待到最後一棵巴拿馬橡膠樹倒下後才離去。他們來，他們掠奪，他們離去。

更野蠻的是阿拉納（Julio César Arana）。身為祕魯製帽匠之子，阿拉納在普圖馬約河（Putumayo River）上遊支配了面積達兩萬兩千平方英里的土地，祕魯與哥倫比亞對這塊土地存在著主權爭議。哥倫比亞雖然擁有較強的支配力，但苦於內戰而無法將力量延伸至此。祕魯人阿拉納利用這個機會，將對手一一擊敗。他不想用高薪來引誘其他地區的勞工，於是把目標轉向原住民。起初，原住民願意做點採集工作以換取刀子、短斧與其他物品。等到阿拉納要求他們做更多事時，原住民卻步了。阿拉納於是將原住民充為奴隸。到了一九〇二年，他已經

阿拉納

掌握了五個印第安部族，所生產的*caucho*數量也愈來愈多。

阿拉納與家人搬到馬瑙斯，樹立了廉潔的名聲，他也設立了當地最大的圖書館。在此同時，他的屬下繼續在普圖馬約河為他擴展勢力，賄賂官員，殺害競爭者。他從巴貝多引進了一群惡棍，靠著這些人來管理底下的奴隸。這些巴貝多人孤立於森林之中，一切只能仰賴阿拉納，因此凡是阿拉納下的指令，他們一定遵行。除了阿拉納的屬下，沒有任何人能進入普圖馬約地區。有二十三艘依他指示製造的巡弋船協助執行他的命令。

一九〇七年十二月，兩名美國旅人誤闖了這個區域。他們遇到一名*caucho*採集者，他的妻子遭阿拉納的屬下綁走，這兩名年輕人在義憤填膺下為他出面，結果被阿拉納的私人警察痛打一頓並且監禁在公司的某個據點。其中一名旅人日後描述，他們待在藏骸所裡，可以聽到守衛「在大約十三名女孩身上尋歡取樂，她們的年齡大約介於九到十六歲」。在屋外，「病人與將死之人」在完全未受到照料之下任意地堆放在一起，「要不是置於屋旁，就是放在鄰近的柴堆裡……直到死亡讓他們從痛苦解脫為止。然後他們的同伴會將他們冰冷的屍體——許多都已經腐爛——丟到河裡。」這兩名旅人為了脫身，於是宣稱自己是「美國某大財團」的代表。

其中一名旅人發誓一定要揭露此事，他的名字叫哈登堡（Walter Hardenburg）。身為紐約上州農民之子，此人稟賦聰明、精力充沛，靠著自修成為工程師與測量員。他曾懷抱著不切實際的期望跟朋友來到馬德拉鐵路公司尋找工作，當時有新一批的美國人打算修築鐵路。漢明在《諸河之樹》中寫道，哈登堡原本不是見義勇為的人物，但看到的狀況卻激怒了他。為了尋求證據，他決定到亞馬遜河的上源，也就是祕魯的伊基托斯（Iquitos）。這座城市距離亞馬遜河河口約兩千英里，今日經常有人說伊基托斯是世界上道路無法通達之處的最大城市。伊基托斯跟馬瑙斯一樣也是新興都市，不同的是前者規模較小而且完全在阿拉納的掌握之下。哈登堡冒著生命危險在當地待了一年五個月，終於找到人願意出來作證。最後，他花光身上所有的錢財，於一九〇八年六月到英國訴諸輿論的協助，但當報紙出現第一篇相關報導已是十五個月以後的事。

阿拉納在倫敦開設公司，狂灑金錢從事公關工作，就像一個世紀後軟體企業家做的事一樣。他的公司也設立了董事會，由有頭有臉的英國人出任，他們顯然相信阿拉納的謊言，認為他確實擁有橡膠產區的所有權，以及他將公司獲利全用於教育數萬名印第安人。奴隸制度是英國關注的問題。最後，英國國會展開調查，輿論也喧騰了一年。倫敦派出調查團，其中包括愛爾蘭出生的英國外交官凱斯曼（Roger Casement），他是首開風氣的人權運動者——他曾經揭發比利時國王利奧波德二世的官員在剛果犯下的殘暴惡行。凱斯曼前往普圖馬約，找到了謀殺與虐待的詳細證據，證實了哈登堡的指控。然而在民族主義的誤導下，祕魯卻支持自己的公民反對外國干預。儘管如此，阿拉納的帝國終於崩解了。他最後於一九五二年在貧困中去世。[3]

想在這個爭議地區建立橡膠帝國的人不只限於阿拉納一人。歐洲與美國的政治與商業領袖也對於經濟命脈掌握於外人之手感到憤怒。結果造成赫奇特所說的「搶奪亞馬遜」。法國認為法屬圭亞那的南

3 凱斯曼受封為爵士。不久，凱斯曼爵士離開外交部，投身於愛爾蘭獨立運動。他前往德國希望德皇提供武器讓愛爾蘭人能起事。但這項圖謀被英方發現，當德國潛艇載著凱斯曼登陸愛爾蘭時，他馬上遭到逮捕。凱斯曼被控犯下叛國罪，並求處死刑。有影響力的朋友向法庭請求饒他一命。然而不幸地，凱斯曼是個同性戀者，而他又不智地將這件事寫在日記上。此事決定了他的命運。他被摘除了所有榮銜，並且在一九一六年八月三日被絞死。

緣實際上包括了橡膠產區，於是派遣軍隊進入森林。巴西也不甘示弱，派出軍隊前去對峙。比利時國王利奧波德二世表示願做和事佬，實際上自己卻控制了橡膠，他提出的方案都無法令雙方滿意。法國最後無法負擔龐大的軍事開支，於一九〇〇年宣布放棄。英國成功地宣布它的殖民地擴及橡膠產區。英國並未訴諸武力，相反地，它派出皇家地理學會進行以科學為名的測量——負責調解的義大利外相相信了英國的說法。英屬蓋亞那於是取得了部分橡膠產區。

從巴西的角度來看，對橡膠貿易威脅最大的其實是美國。美國對亞馬遜雨林的興趣可以追溯到莫里（Matthew Fontaine Maury〔一八〇六至一八七三〕），他是美國海軍天文臺的創立者，也是現代海洋學的創始人。身為奴隸制度的熱情擁戴者，莫里在一八五〇年代開始對南方可能失去政治影響力感到憂心，因為南方顯然力量不足以抵禦北方。他在廣泛發行的小冊子上發表自乙的看法：美國應該兼併亞馬遜盆地。海流將亞馬遜河的流出物帶進加勒比海，在此，亞馬遜河的流出物與密西西比河的流出物匯合在一起——莫里認為從海洋學上這證明了亞馬遜雨林是北美的一部分而不屬於南美。基於這一點，他主張亞馬遜河谷地是「南方各州天然的安全閥」。他派了兩名製圖員到亞馬遜繪製地圖，準備讓未來美國的奴隸主「帶著自己的財產移居當地，在當地進行改革，成立共和國，並且將盎格魯撒克遜文化移殖過去」。莫里認為，南方種植園主應該重新在當地立足，將亞馬遜河盆地改造成美國最大的奴隸州。當時幾乎沒有任何種植園主認真看待這件事，直到南方在內戰中失敗，才出現變化。抱著在雨林中重建奴隸社會的希望，有一萬名南方邦聯的民眾逃到了亞馬遜。其中只有數百名不久就返回美國，其餘的死硬派在亞馬遜河下游的聖塔倫（Santarém）建立了南方邦聯的小衛星國。

莫里的攪局，使華府當局放棄了直接併吞亞馬遜雨林的想法，取而代之的是利用代理人來控制橡

阿拉納從巴貝多進口衛兵來控制亞馬遜河上遊的私人橡膠產區（左圖）。巴貝多人不熟悉當地住民，只能完全仰賴阿拉納，他們遵行阿拉納的指令，做出各種殘暴之事。未能完成指派工作的工人會被打上「阿拉納印記」——遭受鞭打直到皮膚掉落（右圖）。

膠產區，這個代理人就是玻利維亞。玻利維亞長久以來一直與巴西有領土爭議。在一八七〇年代短暫的戰事之後，玻利維亞割讓了南方部分領土，換得了北方阿克雷河（Acre River）附近的領土做為補償，但日後發現這個區域是巴拉橡膠樹的盛產區。然而不幸的是，這個地區所有的河流——交通主要仰賴水運——都流向巴西。因此，從巴西前往阿克雷地區要比從玻利維亞首都拉巴斯（La Paz，位於一萬一千英尺高的安地斯山區）容易得多。基於這項地理優勢，巴西採集者經常非法越界到阿克雷地區。玻利維亞因為過於窮困而無法以軍事手段解決，於是乾脆將阿克雷的橡膠權利賣給美國財團。現在，巴西非法越界者偷取的對象已不是軟弱無力的玻利維亞，而是富有而具有政治實力的美國商人。美國財團說服美國政府派遣炮艦沿亞馬遜河而上，卻在馬瑙斯附近遭到阻擋。

阿克雷的巴西人被這些舉措所激怒，他們在一九〇二年八月六日對玻利維亞的地區首府科維哈（Cobija）發動攻擊：這一天剛好是玻利維亞的國慶日。科維哈守軍在假日喝得醉醺醺的，每個人都在軍營裡睡得不省人事，巴西人一槍未發就占領了這座城市。玻利維亞軍隊花了三個月的時間才從拉巴斯來到此地，等他們抵達時戰爭早已結束——阿克雷已是巴西人的囊中物，美國財團被擊潰，而原先是阿克雷首府的科維哈則成了玻利維亞的邊界城市。今日，這場戰爭的唯一遺跡位於科維哈機場，入口處立了一個紀念碑頌揚「阿克雷的英雄」。

阿克雷的勝利確立了巴西的勝局。在擊退了所有對橡膠控制的威脅之後，巴西得以生產更多橡膠，同時也控制了絕大多數的橡膠貿易。有數十萬人都依賴這些樹木維生。從很多方面來看，此時的情況不就像是一九九〇年代與二〇〇〇年代環保人士所期望的，當時他們要求巴西人應該永續地在亞馬遜採集橡膠與其他森林產品，而非在當地開闢短期的牛群牧場。然而事與願違，巴西顯示這類計畫如何走上錯誤的方向。

威克漢

當橡膠公司的人來到班南瑪（Ban Namma）村時，男人們紛紛走出家門來見他。他們身穿T恤腳踩涼鞋，蹲在集會中心前的廣場土地上。圍繞在外側宛如小行星帶的是沉默的婦女與近乎沉默的孩子。公司人員穿著運動外套，做出熱切的表情與動作。他分送香菸，像變戲法的人一樣熟練地將一包包香菸從菸條裡取出。村民要不是把菸塞在口袋裡，就是夾在耳後。橡膠公司人員說了個笑話，男人笑了。不久，女人也笑了。

班南瑪位於寮人民民主共和國西北角的山區，有條兩線道路對外聯通——大概也是唯一的一條。它在金三角的邊緣，也就是寮國、緬甸與中國疆界的三不管地帶，這個地區向來以種植鴉片與海洛英聞名。有些大毒梟是國民黨軍隊的子孫，他們的祖先在一九四九年毛澤東取得中國後逃來此地。一九六〇年代，在緬甸作亂的共產黨游擊隊或加入或取代了他們。由於北京以資金暗助這些游擊隊，因此不令人意外地，同時間在北京企圖斷絕金三角毒品貿易的努力也不見成效。最後，中國終於無法忍受犯罪集團在自己的邊境肆虐。一九九〇年代，中國以新武器來對付他們：法人資本主義。賦稅與關稅補貼，加上聯合國反毒基金的補助，促使中國企業到中寮邊境的窮鄉僻壤建立橡膠樹種植園，其中一處就是班南瑪。發香菸的男人說服村民在一千三百二十五英畝的土地上種植巴拉橡膠樹。

這名橡膠公司人員自稱陳先生。他告訴我，這項投資事業不算完全成功。橡膠樹必須種在溫暖、向陽的山坡，不能曝曬在強風或寒冷下，而且必須仔細照顧七年才能採集橡膠。陳先生說，班南瑪的村民沒有種植橡膠樹的經驗，因此經常犯了新手的錯誤。他們在錯誤的高度開墾地面，而且灌溉的水量也不足。原本承諾種植一千三百二十五英畝繁盛的樹林，最後只完成不到五百英畝的窮酸橡膠林。

儘管出現種種困難，寮國的橡膠業還是欣欣向榮。因為班南瑪周圍數英里的森林地都已經在中國橡膠公司的指示下開墾一空。在更遠的西方，鄰近緬甸疆界，一家中國大型控股公司中寮瑞峰橡膠開墾並且種植了一千兩百平方英里的土地；第二家公司雲南天然橡膠計劃再開墾六百五十平方英里。根據德國技術合作公司（GTZ）經濟學家石維義在二〇〇八年的報告中指出，還有更多的開發計畫正在進行。這個地區變成了一座有機工廠，隨時都在汲取乳膠，讓卡車隊轟隆隆沿著狹窄的道路將這些貨物運送出去。

如果要為這場生態混亂尋找元兇，我們或許可以將一切歸咎到威克漢（Henry Alexander Wickham）

身上。威克漢的人生很難評價：有人說他是賊，也有人說他是愛國者，他是工業史的重要人物，也是時運不濟的傻子，重要成就是在世界三大洲做了各項冒險事業，但沒有一項成功。有一句話或許可以最精確地描述他的角色，那就是他有意識地成為哥倫布大交換的推手。威克漢生於一八四六年，父親是有名望的倫敦律師，母親是威爾斯女帽製造商的女兒。他四歲時，霍亂奪走父親的性命，從此家道中落。此後威克漢終其一生，都不斷地努力恢復家族以往的盛況。在這個想法的驅使下，他旅行世界各地盲目地建立熱帶物種的大種植園，不僅毀了自己的婚姻，也疏遠自己的家人。巴西的木薯、澳洲的菸草、宏都拉斯的香蕉、新幾內亞外海康弗里特群島（Conflict Islands）的椰子——這些全失敗了。他巴西冒險事業的代價，是讓陪伴他前去的母親與妹妹喪命。無人島上的椰子種植園，杳無人煙而貧瘠的環境終於讓默默忍受貧困多年的妻子要他做出選擇。結果威克漢選了椰子。他們從此不再交談。儘管如此，威克漢晚年時卻成了一名受敬重的人。在眾人的掌聲中，他走向頒獎臺，穿著銀鈕外套，領帶夾是鸚鵡螺殼做的。他上蠟的八字鬍捲曲直到下巴，像極了卡通人物。七十四歲那年，他受封為爵士。

威克漢因一八七六年成功走私七萬株橡膠樹苗到英國而聞名於世。他是在馬克翰（Clements R. Markham）的指示下進行此事，馬克翰是一名學者探險家，在走私樹苗上有很豐富的經驗。年輕時，他曾指揮英國搜查隊伍到安地斯山脈盜取金雞納樹。金雞納的樹皮是奎寧的唯一原料，而奎寧當時是唯一能有效治療瘧疾的藥物。祕魯、玻利維亞與厄瓜多獨占這項原料，積極控制供應量，不讓外國人取得金雞納樹。馬克翰差不多同時派了三隊人馬祕密從事盜取任務，且由他自己親率一隊參與。為了避免警察的查緝，在幾乎斷糧的情形之下，他徒步下山，用特製的盒子運走了數千個樹苗。結果三個小隊都取得了金雞納樹，樹苗也很快就在印度成長茁壯。馬克翰的盜木挽救了數千條生命，尤其後來厄瓜多、祕魯與玻利維亞耗盡了金雞納樹——他們剝掉了樹皮，結果樹木全都枯死。馬克翰因為這次立功而擢升為印度事務部地理局局長，他決定在橡膠樹上故技重施。他認為，英國的工業仰賴橡膠，這等於是讓國家的繁榮掌控在外人手裡。「想到每艘蒸汽船、每輛火車與每家岸上的工廠使用蒸汽時都必須使用橡膠，確保橡膠的永續供給顯然再怎麼強調也不為過。」誰能確保供貨就能光耀門楣。一八七〇年代初期，馬克翰公告周知，英國願意出錢購買橡膠樹種子。一旦買到種子，會先在位於倫敦西南方的丘（Kew）的皇家植物園種植，等長成樹苗後再運到英國的亞洲殖民地栽種。有兩名探險家分別帶來兩批橡膠樹種子，但未能發芽。威克漢是第三個嘗試者。

威克漢

橡膠是威克漢在巴西種植木薯失敗後的新機會。他狡猾地取得馬克翰的承諾，表示印度事務部會對他運送過去的種子照單全收，於是威克漢找來鄰居，開始收集橡膠樹的種子。他的種植園位於聖塔倫，距離亞馬遜河口約四百英里，這座橡膠鎮的前身是耶穌會的傳道地點，再前身則是一座原住民城市。聖塔倫也是前南方邦聯人民在亞馬遜地區的聚居處。在邦聯家庭的協助下，威克漢收集了七萬個種子，足以讓他和妻子購得回英國的船票。（他顯然是在無預警下，丟下他兄弟一家人，以及另一名兄弟的遺孀，偷偷回到英國。）從他在倫敦受到的冷遇來判斷，印度事務部可能沒有想到他會運來四分之三噸的橡膠樹種子。他們也對於只有兩千七百個種子發芽感到不悅——環境史家丁恩（Warren Dean）認為，這顯示威克漢與他的幫手只是在森林中隨意撿拾種子，完全未考慮這些種子能不能發芽。

今日，威克漢在巴西成了被辱罵的對象。導遊說他是「竊盜王子」，是今日所謂「生物剽竊」的先驅；亞馬遜雨林的主要經濟史認為他的行為「在國際法面前完全站不住腳」。就字面來看，這種主張是不成立的；巴西當時還沒有生物剽竊的法律，也沒有證據顯示有人想阻止威克漢做這件事。英國方面也對此事毫不隱瞞——倫敦報紙還大聲宣揚馬克翰正在蒐集橡膠樹的種子。聖塔倫當局一定知道有個英國瘋子正在蒐集一箱箱的橡膠樹種子。無論如何，巴西人自己也在進口外國物種。今日巴西的主要農產輸出是大豆、牛肉、糖與咖啡，沒有任何一項是美洲本地物產。[4]

更重要的是，將有用的物種運離原生地，對人類是有利的。安地斯山脈生產的奎寧數量太少，不足以滿足世界的需要，即使收集者砍光當地所有的金雞納樹也是一樣。馬克翰的「生物剽竊」挽救了亞非兩洲的無數生命。儘管如此，我也曾沉痛指出，將馬鈴薯移植到歐洲，將番薯移植到中國，造成了災難性的社會與環境問題，但這些作物也讓數百萬歐洲人與中國人免於營養不良與餓死。移植物種的利益顯然大於壞處，只不過不像自由貿易者想像得那麼樂觀。丁恩表示：「種子的移轉，不論是跨越國界，為了追求赤裸裸的利益，甚至為了帝國主義，都可被視為是人類不斷擴展的一種重要方式。」

在威克漢抵達倫敦的兩個月後，樹苗慢慢從丘開始運出，絕大多數運往斯里蘭卡。由於對威克漢感到惱怒，植物園的工作人員完全不理會他的建議，要把樹種在開闊的山坡上，遠離沼澤與河岸——樹木的根部在潮濕的土地裡無法適當成長。相反地，他們把樹苗種在森林溼地裡。即使橡膠樹在當時已是欣欣向榮的產業，一八七六年的斯里蘭卡英國殖民者仍對新物種的種植產業興趣缺缺。二十年前，他們曾在島上的山坡地闢建八百平方英里的土地種植咖啡樹，並且引進了二十五萬名印度人來工作。一八六九年，一個不知名的真菌侵襲了「二到三英畝」的咖啡樹。三年後，斯里蘭卡植物園主任報告說：「每個種植園都染病了。」威克漢的樹苗抵達斯里蘭卡之時，剛好是憂愁的殖民者清除了咖啡樹殘株，改種茶樹的時候。（咖啡樹的疫情有時被認為是英國人多半喝茶而不喝咖啡的主要原因。）幾乎沒有人願意將茶樹換掉改種橡膠樹。同樣的咖啡樹疾病也在一八九〇年代襲擊馬來西亞與印尼。當地的種植者被迫從零開始，這次他們看上未能在斯里蘭卡獲得發展的橡膠樹。馬來西亞——還有印尼，這個荷蘭殖民地也取得部分威克漢的樹苗——很快賺進了大筆財富，這使得斯里蘭卡改變了態度。一八九七年，馬來西亞與斯里蘭卡有一千英畝的橡膠樹種植園，十五年後，這個數字增加到六十五萬英畝以上。這是第一次，亞洲的橡膠產量超過了美洲。因為價格降低，巴西的橡膠業從此一蹶不振。

馬瑙斯幾乎沒有人預見這一天的降臨，人總是以為好運不會有離去的時刻。馬瑙斯逐漸陷入貧困，歌劇院關門，許多宅邸人去樓空。橡膠公司高層驚訝地發現，工人散布在如大陸般大小的森林裡工作，效率反而比在面積狹小但一排排整齊劃一的橡膠樹來得低。在絕望下，亞馬遜地區的企業沒有人試圖發展種植園。亞馬遜東山再起的機會出現在一九二二年，當時英國在亞洲的殖民地種植過多的橡膠樹，因此打算組成卡特爾來控制價格。被這項舉動激怒的人有世界最大的輪胎製造商泛世通（Harvey

4 一七二七年，巴西外交官巴耶塔（Francisco de Melo Palheta）訪問法屬圭亞那的卡宴（Cayenne），以協商領土爭議。他收到了咖啡種子——據說這是與他有染的總督夫人送他的餞別禮物。根據法國殖民地的法律，咖啡種子是不許給外人的。橡膠史家丁恩寫道，巴耶塔將豆子走私到巴西，然後「廣泛種植，一個半世紀後，咖啡成了巴西經濟的支柱」。

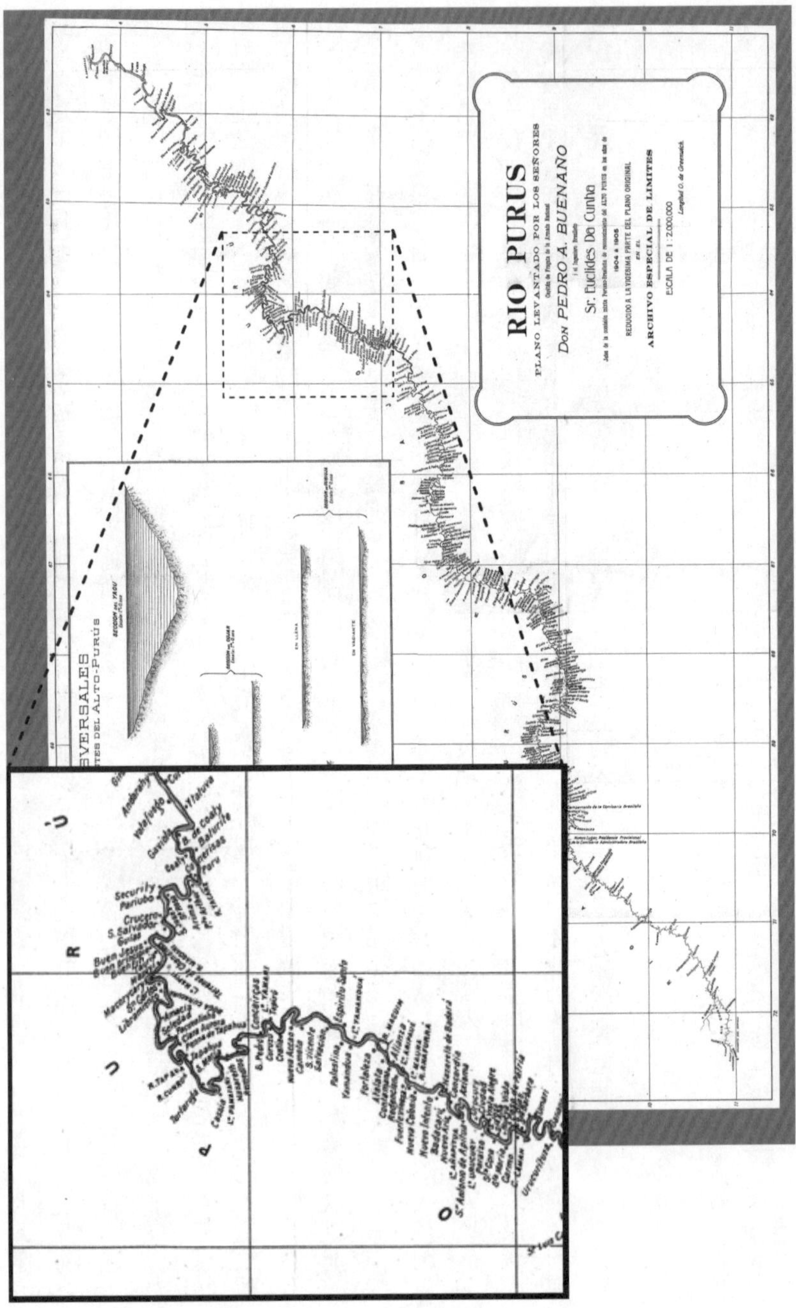
RIO PURUS
PLANO LEVANTADO POR LOS SEÑORES
DON PEDRO A. BUENAÑO
Sr. Euclides Da Cunha
1904 á 1905
REDUCIDO A LA VIGESIMA PARTE DEL PLANO ORIGINAL
EN EL
ARCHIVO ESPECIAL DE LIMITES
ESCALA DE 1:2.000.000
VERSALES
TES DEL ALTO-PURUS

Firestone）與世界最大的汽車製造商福特（Henry Ford）。泛世通打算在賴比瑞亞建立巨大的橡膠樹種植園，而福特則計劃在亞馬遜地區建立一個面積完全相等的種植園。

福特選擇在塔帕若斯河（Tapajós River），也就是在聖塔倫附近設立種植園，此地離威克漢收集種子的地方不遠。這項計畫從一開始就不順遂，福特雇用一名巴西中間人，他在一九二七年把塔帕若斯河上游約四千平方英里的土地賣給福特，然而這筆土地的主人竟然就是他自己。為了讓工人有地方可住，福特在當地完整複製了一座密西根州中產階級居住的城鎮，有醫院、學校、商店、電影院、衛理宗教堂，林蔭道路旁蓋了木頭平房。山丘上有亞馬遜盆地唯一一座十八洞高爾夫球場。這座城鎮就像福特一樣，秩序井然而死板，與新興市鎮馬瑙斯完全相反。有些人開玩笑地將這座城市取名為福特之城（Fordlândia）。堪薩斯大學土壤學家與地理學家伍茲（William I. Woods）解釋說，由於福特之城多山，破壞植被「導致大量侵蝕與排水問題」。他對我說，為了避免侵蝕，公司必須在山坡建立階梯狀的臺地，「耗費了大量金錢」。伍茲又說，無論如何，這裡的土壤沙質太多，而且這裡位於

在橡膠景氣的巔峰，巴西派了工程師與作家達庫尼亞（Euclide da Cunha）測量有爭議的西部疆界。達庫尼亞在亞馬遜河支流普魯斯河上游沿岸發現數百間橡膠加工設施（見上頁）。為了維持爐火以煮沸乳膠，同時也為了補充蒸汽船的燃料使其航向下游，每間工廠都要消耗大量的木柴——熱帶雨林遭到摧毀的早期例子。

塔帕若斯河上遊一百三十五英里處，海船無法在乾季開抵此處。「即使他們取得橡膠，也無法把它運出去。」

對福特而言，往後幾年是一連串令人不悅的吃驚。一直要到第一季結束，橡膠樹全數死亡時，公司才發現巴拉橡膠樹必須在一年中的特定時間栽種才能存活。而一直到支付蒸汽船的帳單之後，公司才瞭解，就算把砍伐下來的硬木賣到美國，也不足以抵償砍伐森林的費用。只有在種植了數千英畝的橡膠樹之後，公司才發現亞馬遜雨林有真菌（南美橡膠葉疫病菌〔*Microcyclus ulei*〕）存在，這種真菌偏愛橡膠樹。最後一句話不太精確。公司確實知道有這種真菌存在，它不知道的是沒有任何方法可以阻止這種病菌蔓延。

南美橡膠葉疫病菌導致南美樹木的葉部枯萎，這種病是從孢子落在巴拉橡膠樹的葉子上面時開始。葉疫病菌與馬鈴薯晚疫病的孢子頗為類似，微小的雙細胞葉疫病菌孢子會長出細而類似根部的管狀物，沿著葉子表面往兩側延伸。通常這些管子上會附著一種結構物，稱為附著器（appressorium）。它會轉九十度角，往下鑽入葉子內部的細胞。隨著葉子防衛機制的不同，感染的詳細情況也會有所差異。無論如何，真菌幾乎總是獲勝，成功鑽進葉子。它會在內部產生孢子——許多許多的孢子——從葉子背面的新管狀物冒出來。雨滴的拍打或葉子的磨擦都可能讓這些孢子四散，留下已經遭到破壞、變黑的葉子從樹上掉落。葉疫病菌會讓巴拉橡膠樹的葉子掉光。我曾看過染病的樹，它們只剩下稀疏變黑的葉子，彷彿有人用噴燈燒過這些樹似的。許多樹木就算抵擋得住葉疫病菌的侵襲，日後的生長也大受阻礙，只要再發生第二次或第三次就會殺死它們。

南美橡膠葉疫病菌一旦離開它們出生的葉子太久，就無法存活。因此，野外的巴拉橡膠樹通常彼此的間隔都很寬；如果有一棵樹染病，其他樹木會因為維持一定距離而不會受到感染。但在種植園剛好相反，樹木非常地接近，近到連上層的枝葉都交纏在一起。孢子像松鼠一樣在樹木間來去自如，真菌也可以透過種植園工人的衣物與指甲傳布。福特之城的狀況就是如此。

出言諷刺者肯定會意識到，南美橡膠葉疫病菌肆虐時，正好也是福特終於雇用真正的橡膠專家魏爾（James R. Weir）前來之時，此人是植物病理學家，曾任美國國家真菌博物館館長。魏爾為福特做的第一件事是到印尼的蘇門答臘島，島上有許多橡膠樹種植園。種植園主找到了生產力特大的樹木，並且嘗試以接枝的方式將這些樹接枝到健康的根莖上。三十年的時間，他們創造出生產力龐大的橡膠樹園。一九三三年十二月，魏爾買下兩千零四十六株嫁接的葉芽。當初巴西人未阻止魏克曼運出樹木種子，現在的蘇門答臘人也一樣，他們事後因此感到惱怒。魏爾離開後過了五個月，亞洲橡膠生產者再度組成更強大的卡特爾——而且明確規定禁止運出「橡膠樹的葉子、花朵、種子、葉芽、細枝、樹枝、根或任何存活部分」。然而此時魏爾已然帶著珍貴的葉芽回到巴西，但這些葉芽不久將被葉疫病菌摧毀一空。

南美橡膠葉疫病菌有許多品種；如果殺真菌劑殺死其中一種，還會有其他種類前仆後繼而來。在此同時，魏爾企圖在八十英里外更好的土地上重建一座沒有真菌的種植園，此地接近塔帕若斯河的河口。他在這裡種滿從蘇門答臘運來的高生產量樹種，但真菌摧毀這座種植園的速度甚至比在舊種植園更快。亞洲農民在揀選樹木時，只專注於生產量高的，因此在無意間培育出對葉疫病菌抵抗力較弱的樹種。這場災難實際上毀滅了福特之城，不過真的被放棄要到一九四五年。這座橡膠城鎮的命運使絕大多數巴西人認定，橡膠樹種植園在亞馬遜地區不可行。福特在巴西購買土地時，世界天然橡膠的產量有百分之九十二來自亞洲。福特之城結束後過了五年，這個數字成了百分之九十五。

第一次世界大戰期間，合成橡膠的出現並未能將亞洲人趕出橡膠業。儘管有工業化學家的精心努力，合成橡膠在抗疲乏與抗振動的能力上仍無法與天然橡膠相比。天然橡膠仍然占了四成以上的市場，而且這個數字還在緩慢上升。只有天然橡膠能在醫療消毒中禁得起蒸汽洗滌，然後放入冷凍庫——附著在玻璃與鋼鐵上時仍能維持彈性。大型飛機與卡車輪胎幾乎清一色使用天然橡膠；輻射層輪胎在輪胎壁上使用天然橡膠，反觀早期的斜交胎則完全使用合成橡膠。高科技製造商與設施使用高性能的天然橡膠軟管、墊片與O形環。保險套製造商也一樣——巴西極少數留存的天然橡膠企業就是位於西亞馬遜的保險套工廠。天然橡膠也符合戰場上的需求，因此軍方便成了天然橡膠的主要消費者——這是為什麼美國在韓戰期間對中國進行橡膠封鎖。

這場封鎖使中國人深信，他們必須擁有自己的橡膠產地。然而，中國只有極少數地區能夠栽種熱帶作物，其中最大的產地是西雙版納，位於雲南省的最南端，與寮國及緬甸接鄰。這裡是中國的少數民族傣族與哈尼族的居住地，而西雙版納傣族自治州則是中國最具熱帶風情的地方。雖然它只占了中國領土總面積的百分之零點二，卻擁有全中國百分之二十五的高等植物物種，百分之三十六的鳥類，百分之二十二的哺乳類，以及大量的兩棲類動物與淡水魚。

最早在一九〇四年，已經有少數人試種橡膠樹，但並未持續下去。一九六〇年代人民解放軍在此開墾，試圖將此地變成橡膠產地。西雙版納種植園實際上成了軍事基地，外人不准進入。所謂的外人包括住在附近的傣族與哈尼族。共產黨與清朝政府一樣，對於少數民族心存猜忌，共產黨於是將十萬名以上的漢族工人引進當地，其中許多是來自遙遠省分的城市大學生，他們組成充滿革命熱忱的勞動大隊。「中國需要橡膠」，他們不斷被叮囑著：「這是你的機會，可以用自己的雙手幫助國家！」工人每天清晨三點被叫起來，然後出發去砍伐森林，一名前西雙版納勞工對人類學家夏竹麗（Judith Shapiro）說道，而夏竹麗是《毛澤東的人定勝天之戰》（*Mao's War Against Nature*）的作者：

> 我們起床後一直砍樹到早上七、八點，然後早餐吃（按：雲南）軍隊伙房送來的粥。我們朗誦研讀毛主席的「老三篇」（編按：分別為《為人民服務》、《紀念白求恩》和《愚公移山》等三篇短文），努力對抗資本主義與修正主義。然後繼續工作到午飯時間，之後又工作到六點。晚間我們洗澡吃飯，之後又繼續研讀與開檢討會。

中國官方把植物學家的勸告視為反革命言論，他們在容易遭受風暴與寒霜的高度種樹，結果樹木全都死光。然後他們又在同一個地方種樹——堅持社會主義可以征服自然。這股狂熱毀了山坡地，加速土壤侵蝕，而且破壞溪流。但這麼做也沒有生產出多少橡膠。一九七〇年代晚期中國開始經濟改革，這群知青紛紛逃回自己家鄉的城市，頓時讓此地失去了大量勞動力。當地的傣族與哈尼族終於獲准可以經營自己的橡膠樹園，他們的做法有用又有效率。從一九七六年到二〇〇三年，該地的橡膠樹面積增加為原來的十倍，山區的熱帶森林從占自治州面積的百分之五十點八減少為十點三。自治州成了橡膠樹海。

與平坦的亞馬遜盆地不同，西雙版納是多山地形。在山坡種植橡膠樹可以讓樹木照射到日光，也不容易生長於積水處，後者在亞馬遜是相當常見的問題，低溼的土地會使根部受到傷害。此外，景洪熱帶作物研究所胡朝陽（音譯）表示，當地相對極端的溫度可以讓種植者選擇抵抗力特強的樹，使其在任何條件下都能生產較多的橡膠。「從生產力來說，西雙版納可說居世界之冠，」胡朝陽對我說。

就在急速成長的中國躍升為世界最大橡膠消費國的同時，中國的橡膠生產者也用盡了西雙版納的空間——每一寸土地都已利用。他們以羨慕的眼神看著國界那頭的寮國；在與英國相仿的面積裡，只住了六百萬人，寮國是亞洲人口最稀疏的國家。最早從一九九四年開始，寮國北部村落已經有人種植橡膠樹。但真正的推力要到二十世紀末，也就是中國推動「走出去」的戰略後才出現，在這項政策下，中國公司開始進行海外投資。中國已經將以往的生產建設兵團改變成私人企業——擁有強大政治影響力的法人團體。做為「走出去」政策的一環，北京宣布它要擴大在寮國與緬甸的橡膠栽種，以取代當地的鴉片田，並且提供補助給前身是生產建設兵團的企業：境外種植橡膠樹的公司，期初成本的八成將由政府吸收，同時也享有貸款利率優惠。此外，境外生產的橡膠進口時可以免除絕大部分的關稅。（哪些公司可以得到補助，我們並不清楚；經濟學家石維義告訴我：「補貼分配的過程缺乏透明度，似乎成了結黨營私的工具。」）

給予適當的誘因，公司與小農開始湧向邊境。他們雇用中國的傣族與哈尼族，讓他們跟他們在寮國的遠親一起工作。絕大多數的寮國人生活在沒有水電的小村子裡，學校與醫院是遙不可及的夢想。看見有改善自己物質條件的機會，村民便樂觀地跳上採集橡膠的車輛，與中國的公司和農場簽下契約。「在中國，過去他們跟我們一樣窮，」一名村民對我說。「現在他們富有了，因為種了橡膠樹，他們有了摩托車與汽車。我們也想跟他們一樣。」

沒有人清楚寮國現在種了多少橡膠樹，政府也沒有資源進行調查。芝加哥大學人類學家藤田彌生表示，二〇〇三年，位於寮國邊境的信區（Sing District）橡膠樹栽種的面積大約三分之一平方英里。三年後增加到十七平方英里。其他各區也有類似的成長。寮國政府估計二〇一〇年橡膠樹覆蓋的面積有七百平方英里，是四年前的八倍多。砍伐森林的速度只會更快，砍伐森林造成的影響也隨之擴大。[5]

「要採集兩千平方英里的橡膠樹，你需要二十萬名工人，」戈德尼克（Klaus Goldnick）對我說道。戈德尼克是寮國北部琅南塔省（Luang Namtha）首府的種植園主，他提到，「整個省只有十二萬人，所以要引進中國工人。許多人靠森林為生。如果森林沒了，這些人就難以存活。外商公司要支付特許費給政府，每棵樹約一點五美元，樹愈多，費用就愈多。」

這個地區最早的種植園絕大多數是由村民自己開墾的，面積大約幾英畝，此外也有人跟中國的開墾者一起合作，不過他們的種植園也不大。之後，中國開始大動作地拓展種植園，以前的生產建設兵團也在其中。由於橡膠樹需要七年才能長成，公司自然希望能在負責種植與照顧的人員上面做長期的規劃。中國的橡膠公司惠鵬（音譯）答應讓我看他們與琅南塔省三個村落訂定的契約。

契約以中文和寮文寫成，標明了二十四個條文。其中三個條文是契約的固定格式，也就是訂約雙方的法律描述。有十八個解釋公司的權利與特權。有一個條文列出村民的權利與特權。這裡數目可能有點對不上，因為我在看約的時候場面一片混亂——村長與橡膠公司人員在都對著我說話，而且兩個人

5 夏威夷東西文化中心的福克斯（Jefferson Fox）與同事一起評估橡膠對東南亞的影響，提到越南計劃讓公司橡膠樹種植區的面積增加一千五百平方英里——相當於寮國南部橡膠種植園的四分之一。二〇〇九年一月，福克斯訪問寮國南方巨大的種植園，他告訴我，「當地的小農被趕走，由越南投資人取得土地的特許權利。」

說的是不同語言。但有一點是不會錯的，我看到惠鵬高層在契約上的簽字署名，而村民則是蓋了指印。契約上解釋，每個村子都要在村子的土地上種一定數量的橡膠樹。惠鵬會負責改善村子裡的道路以及聯外公路，但公司可以自由處分土地權利，而且可以雇用任何人來照顧橡膠樹，包括從中國引進工人。橡膠的收益有七成屬於村子，但要「取決於種植的成效」——我認為這是很大的漏洞。大公司與小村落訂定的這種契約，在中國屢見不鮮（我在第五章提到的種植菸草的福建山村，簽的也是這種合約）。但這種安排對琅南塔省來說似乎特別不利。在我看來，這份契約的一方有律師時時刻刻幫他們留意利益，另一方則連律師是什麼都不知道。

在班宋瑪（Ban Songma），沿著道路走下去的下一個村落，負責商議契約的村長大約三十歲。見面那天，他穿著白色T恤與足球短褲，上面還印著慕尼黑的隊徽。他太太懷裡抱著女嬰，站在他身旁，身上圍著一件褪色的Hello Kitty毛毯。我問他橡膠公司的名稱，村子有多少土地要用來種橡膠樹，以及收益要如何分配。他完全答不出來。村長並不是笨蛋，他顯然是個精明充滿活力的人，但是這些問題已經超出他的理解框架。想從事現代經濟活動者，必須具備成套的習慣、假定與預期，但這些做法即使在十年前的班宋瑪都不是必要的，事實上，反而還不利於生產。一腳踏進全球資本主義強取豪奪的世界裡，村長的境況就像克雷格在馬德拉河一樣，明明到處充滿食物，卻遍尋不著。村長想得到資本主義的果實——中國製的摩托車，日本製的電視機，以及印著歐洲球隊隊徽的尼龍褲——但不一定能讓他真的嚐到甜美的滋味。

事實上，在此之前惠鵬已將中國工人引進到寮國境內以進行育苗。村長不知道公司的人員是否會教導他與村民如何接枝，如何採集乳膠，以及如何對橡膠進行初次加工。但他的確看到為中國人工作的人最後有摩托車可騎，可以省下數小時的步行時間，快速地在陡峭的山嶺間移動。在Hello Kitty毛毯中睡得香甜的女嬰，她將比她的父親更瞭解班宋瑪進入的是怎麼樣一個令人頭暈眼花的世界。惠鵬與村落訂定的契約將存續四十年。孩子長大後會怎麼看待她父親簽下的契約，這的確耐人尋味。

世界的終結

早晨的天氣澄澈明亮，這可不是好兆頭。在通往西雙版納熱帶植物園的陸橋上，我看到遠山只留有一抹微薄的霧氣。研究人員把向陽那一面的窗簾拉上。這座植物園創立於一九五九年，隨著西雙版納橡膠業的興盛，植物園的規模也不斷擴大。園內數十名科學家監控著地區生態系統變化的影響，而他們對於眼前的景象不表樂觀。「我們都討厭橡膠，」一名研究人員對我說：「但我們必須在這裡繼續扮演生態學者的角色。」

雖然金三角地帶每年有一百英寸的雨量，但其中四分之三集中在五月到十月。其他的時節，森林主要仰賴早晨霧氣凝結的露水。「在一九八〇年代與一九九〇年代，即使到了中午，霧氣也還沒散去，」植物園生態學家唐建維告訴我，「現在到了十一點就全散了。」他說這是「非常明顯」的變化，顯然水文系統已經出現深刻的改變。

唐建維認為，橡膠樹與此事脫不了關係。巴拉橡膠樹在一月時掉葉，三月底開始長出新葉。無葉的樹木，表面積大為減少，無法留住露水，因而使得乾季時期水的吸收減少。地表的逕流增加為三倍——如此一來便加劇土壤侵蝕到原來的四十五倍。更糟的是，橡膠樹長出新葉的時間剛好是四月，也就是

西雙版納幾乎所有能種植橡膠樹的土地都已經開墾一空（上圖），這種改變深刻影響了環境——這個地區的晨霧愈來愈早散去，連帶也影響水的供給。中國橡膠公司在開發完中國境內的土地之後，把腦筋動到國境外的寮國北部地區（下圖，剛砍光森林的山坡地）。

乾季最熱最乾的時節。為了促進成長，根部會從地表下方三英尺到六英尺吸取水分。採集的時間開始於新葉長出之時，結束於葉子開始掉落。為了補充喪失的乳膠，根部會從地底吸取更多的水分。多少呢？唐建維用紙筆簡單算給我看。每天採集半公斤乳膠，一個月採集二十天，一英畝有一百八十棵樹……乳膠大約有六、七成是水……一年每英畝要吸走四千四百磅的水。橡膠生產商從山上把水抽走，然後裝上卡車運走。「許多小溪都乾涸了，」他說：「村民必須搬走，因為已無飲用水可用。」現在，這樣的影響也擴及到寮國與泰國。這將是對廣大地區的緩慢改造。「我們很難看出最終的影響會是什麼。」

留意到生態學家的警告，西雙版納當局於二〇〇六年開始禁止增加橡膠樹的種植，同時也禁止土地輪作。這項措施很難起到成效。如石維義所言，這種做法似乎違反了中國新修改的土地法。而且即使西雙版納農民從明天開始停止種植橡膠樹，橡膠樹的面積依然會繼續擴大——橡膠樹自己也會持續生長，侵入其餘的森林地。

山坡地上的橡膠樹種植園圍繞著唐建維的植物園辦公室。由於這些橡膠樹都是從高產出的橡膠樹接枝過來的，因此可以說整個東南亞的橡膠樹幾乎都是複製樹。而用來複製出這些樹的原始樹木，則是當初威克漢攜出樹苗的子孫後裔，中間可能也經過無數次的接枝。而這些樹木也是魏爾帶回福特之城的樹種，對於葉疫病菌特別沒有抵抗力。這些樹木從外表看構成了一片綿延不絕的綠色華蓋，北京當局因此從法律上認定橡膠樹種植園也是「森林」，當地人可以在休耕地種植橡膠樹以配合政府的保育政策。隨著一個地區的橡膠樹愈來愈多，這個地區感染病蟲害的機率也愈來愈高。「這是生物學必學的一課，」唐建維說：「疾病一定會出現，這是遲早的問題，它們無孔不入。」

一個世紀的隔離——東南亞除了與巴西隔離，東南亞各國也彼此孤立——使橡膠種植園免於受到外界的侵擾。但這個世界只會愈來愈緊密。目前亞馬遜雨林與東南亞雖然沒有直航班機，但這一天遲早會來臨。二〇〇八年四月，柬埔寨、中國、寮國、緬甸與泰國同意首次開闢一條連結各國的公路，並且延伸到馬來西亞與新加坡。卡車可以在三天內從新加坡駛抵雲南省省會昆明。如果南美橡膠葉疫病菌從巴西傳到東南亞，這條公路可能會把病菌帶來。「十到二十年，西雙版納的樹就會死光，」唐建維說：「其他的樹也可能受到波及。」

這場災難可能需要很長的時間才能恢復。回想先前提到的，工業革命仰賴三種原料：鋼鐵、化石燃料與橡膠。如果突然缺了其中一項，將帶來不樂見的結果。我們可以想像一下交通運輸網路少了輪胎，發電廠少了墊片與密封墊，醫院少了無菌的橡膠軟管與手套會是什麼景象。由於葉疫病菌對工業文明的威脅是全球性的，因此聯合國與美國國防部已經將這種病菌列為潛在的生物武器。合成橡膠雖然可以權且替代，但並非完美的替代品。美國國防戰略物資中心主任表示：「我可不希望我搭的飛機是用合成橡膠的輪胎著陸。」

育種人員正在研發更具抵抗力的新品種橡膠樹，但進展緩慢。「所有用來對抗這種病菌的措施都成效有限，」《植物學年鑑》（*Annals of Botany*）表示，即使是最現代的技術「也無法避免龐大的損失與樹木枯死」。亞洲科學家一九八一年從巴西引進更多樹種以豐富種植園的基因內容。這些新品種的樹木在經過評估之後，與生產力較高的樹種交配繁殖。二〇〇六年，法國的研究人員宣稱，他們已經複製成功可以抵抗葉疫病菌的數種。但很少有種植園主願意採用這種樹種，因為它們是全新而未知的，很可能具有風險。巴西、中國與寮國的生態學家都跟我提到，亞洲跟五十年前沒什麼不同，對葉疫病菌完全沒有抵抗的準備。

造訪西雙版納時，我穿的鞋子就是幾個月前在巴西穿的鞋子。因為孢子很脆弱，我很確定我不會成為傳布疫情的元凶。此外，我也在鞋子上噴灑了殺真菌劑。在中國與寮國的邊境，兩國的海關官員都未曾特別留意我護照上的兩個巴西簽證，也未注意到上面蓋馬瑙斯的入境章，後者是葉疫病菌的中心地。我想好好進行自己的工作，所以我什麼也沒說。

不過，這種疏忽遲早有一天會出問題。哥倫布大交換的循環將會完整走完一遍，過去曾經給予的，今日將會拿走。樹木將很快枯死。這場瘟疫覆蓋的地區將明顯到從太空都能看得清楚：黑色葉子形成的黑點將散布在從中國南端到印尼的這片廣大區域。國際將會動員一切資源來挽救這場災難。而種植者將赫然發現，自己正生活在同種新世裡，一個亞洲與美洲愈來愈類似的時代。

第四部　世界的非洲

8 大雜燴

英俊的強尼

一五二〇年代，在墨西哥城外往西的公路上，一名男子獨自建了一座小禮拜堂，這座禮拜堂剛好位於通往西城門的堤道上。關於禮拜堂的描述並未留存下來，但它或許只有兩間以泥磚砌成的房間，外表以石灰水粉刷成白色：一間做為神龕，裡面放著祭壇跟十字架；另一間則給建築與維護這棟建築的人居住。附近有一些小田地供他耕種。這棟建築物稱為殉道者禮拜堂，而另一個更令人印象深刻的名稱是一萬一千名殉道者禮拜堂。它可能是美洲大陸第一座基督教教堂。

禮拜堂的這名男子叫胡安・加里多（Juan Garrido）。這名西班牙人的背景，我們唯一知道的是他不是西班牙人，而他的名字也不叫加里多。在歷史紀錄上，關於他的存在的第一個暗示來自於一四七七年，當時若昂二世（João II）——未來的葡萄牙國王，當時的攝政——讓一名非洲奴隸獲得自由，此人自稱是若昂・加里多（João Garrido，João 是葡萄牙文，相當於Juan或John）。加里多幼年時淪為奴隸而且學會了葡萄牙語，他曾在幾家奴隸公司擔任口譯，然後在茅利塔尼亞南部跳上船，「他渴望獲得自由，而且不想再成為奴隸」。但加里多不想在茅利塔尼亞南部獲得自由，他大膽地嘗試回到葡萄牙，或許是因為他想在當地賺錢，也或許是因為他是柏柏人，是膚色較淺的北非種族，經常與南方膚色較黑的非洲種族產生衝突。（這是史家桑德斯〔Alastair Saunders〕告訴我的，加里多的自由文件也是他發現的。）加里多肯定是一名優秀的口譯員；未來的國王給予他「完全自由〔……〕就像其他基督徒葡萄牙人一樣」，但條件是他必須繼續為奴隸貿易工作。

若昂．加里多是否就是日後在墨西哥蓋禮拜堂的胡安．加里多？曾經研究加里多生平的賓州大學史家雷斯托爾（Matthew Restall）表示，這兩人應該不是同一個人——如果是同一個人，那麼若昂．加里多抵達墨西哥時也已經六十歲了。然而加里多這個名字在奴隸中相當稀罕；可能這兩個人有親戚關係。雷斯托爾認為，西班牙人胡安有可能是若昂的兒子或姪兒。或者，桑德斯問道，「墨西哥的胡安．加里多會不會是被這位新獲得自由的柏柏人或黑白混血兒若昂．加里多從非洲帶去的黑奴，當他自由之後他也取了若昂這個名字，並且以主人的姓做為自己的姓？」

與他的父親或叔伯或前主人一樣，這位胡安．加里多很會尋找機會。他未待在葡萄牙，而是越過國境，在哥倫布向歐洲揭露美洲的存在後不久抵達西班牙。他待在塞維爾七年，此地是西班牙與美洲貿易的核心，而且不斷成長中。他的性格有部分可以從他以及他前輩選擇的姓名看出：胡安．加里多字面上的意思其實是英俊的強尼。

傳記作家同時也是波多黎各人類學家阿爾格里亞（Ricardo E. Alegría）提到，英俊的強尼於十六世紀跨越大西洋，抵達西班牙島。他與其他征服者一樣積極進取且充滿野心，這位血氣方剛的年輕人很快

當科爾特斯手持頭盔趨前去見三國同盟的領袖蒙特祖馬（Motecuhzoma）時，一名非洲人牽著征服者的馬，此人可能就是胡安·加里多。這幅畫來自於史家暨道明會修士狄亞哥·杜蘭對墨西哥征服的著名描述，《新西班牙的西印度歷史》（*The History of the Indies of New Spain*, 約一五八一年）。

就投靠當地的副總督彭塞·雷翁·費古洛（Juan Ponce de León y Figueroa），跟隨他一起攻取波多黎各島。當彭塞·雷翁把錢虛擲在追尋青春之泉時，加里多也參與了這場無益之舉。（他們成為大西洋彼岸最早登陸佛羅里達的人。）當西班牙人對六座加勒比島嶼的印第安人發動懲罰性遠征時，加里多帶上了他的槍。當科爾特斯攻取三國同盟時，他也隨侍在側。

三國同盟更常被稱為阿茲特克帝國，但這個詞是十九世紀所創，歷史學家愈來愈少使用該詞。三國同盟是墨西哥中部三個軍事化城市國家組成的集團：特斯科科（Texcoco）、特拉科潘（Tlacopan）與特諾奇提特蘭，其中以特諾奇提特蘭最強。當西班牙人抵達時，三國同盟統治了兩洋間的墨西哥中部地區，而特諾奇提特蘭要比西班牙任何城市都要來得巨大與富有。

科爾特斯不僅是個戰士，他也像政治人物一樣狡獪。他教唆三國同盟的敵人起而反叛，而他則擔任叛軍的領袖。然而，儘管他將三國同盟的皇帝軟禁在宮殿裡做為人質（這項猝不及防的舉動使敵人為之癱瘓），才剛起頭的攻擊依然以慘敗收場。事實上，西班牙人幾乎是逃不出特諾奇提特蘭。當大勢已去之際，科爾特斯卻時來運轉：天花病毒在偶然間進到了美洲。美洲過去從未見過這種東西，在極容易傳染下，病毒橫掃墨西哥中部的人口稠密區，幾個月內就殺死了三分之一以上的人口。[1]

當三國同盟飽受瘟疫荼毒之際，西班牙—印第安聯軍也於一五二一年五月再度攻擊首都，軍力多達二十萬人。特諾奇提特蘭位於人工整治、長約八十英里的湖泊西面，由一連串類似威尼斯的島嶼構成，其中許多是人力堆成的。從這座城市延伸出如蛛網般繁複的堤道、堤防、水壩、隔板與渠道網絡，不僅可以在溼季防洪，也能在乾季將水導入城市周圍。

科爾特斯的策略有部分是避免正面攻擊通往城市戒備森嚴的堤道，而改以排水或填充的方式逐步將城市周圍類似壕溝的渠道弄成乾燥地面，這樣他就可以攻擊防護較弱的周邊地區。在圍城期間，攻擊者白天不斷拆毀堤防與堆起土石，三國同盟則在夜裡不斷修復堤防與重新將水引入渠道。六月三十日，同盟在通往特諾奇提特蘭的西方堤道入口設下陷阱，破壞了一座橋，這座橋剛好跨越一條淺而長滿蘆葦的水道。十六世紀史家杜蘭（Diego Durán）寫道，當攻擊者蜂擁過橋時，「整座橋突然垮掉，西班牙人與上面的印第安人全跌了下來。」此時蘆葦中突然駛出獨木舟，上面的人手持弓箭、長矛與偷來的西班牙刀劍。受困於微鹹的水中，西班牙人與他們的馬匹成了待宰的獵物；科爾特斯自己也受了重

1 這項哥倫布大交換的直接證據據說來自於一具非洲奴隸的屍體，此人名叫埃古伊亞或巴古伊亞（Francisco de Eguía or Baguía）。其他報告認為，傳播者是古巴的印第安人，他們以輔助部隊的身分由西班牙人引進到墨西哥。雷斯托爾懷疑把「最初傳播者的角色」推到非洲人或印第安人身上是西班牙人「尋找替罪羊的典型做法」。他表示，瘟疫如此恐怖，西班牙人不想被當成疫情的來源。

傷，差點遭擒。

當倖存的攻擊者逃往安全的地方時，他們聽到擊打大鼓的隆隆聲——「聲音如此巨大」，征服者貝爾納爾・迪亞斯（Bernal Díaz del Castillob）日後回憶說，「從八到十二哩外都能聽到。」西班牙人轉頭一看，發現對岸三國同盟的士兵拽著因中伏而全身溼透的西班牙戰俘，一路將他們拉上大金字塔神廟的頂端。為了讓敵人感到恐懼與失去作戰意志，同盟士兵與祭司剖開戰俘的胸膛，挖出他們的心臟，然後將屍體踢下神廟臺階。第二天早上，他們又帶了另一名俘虜，「一名英俊的塞維爾人」，杜蘭寫道——他們將他拉到渠道邊緣，在他的朋友面前，「活生生將他砍個粉碎」。當特諾奇提特蘭陷落時，科爾特斯展開報復。他任由士兵與原住民盟友掠奪與破壞整座

特諾奇提特蘭，今日藝術家的復原圖，當西班牙人看見它時，感到目眩神迷——這座城市的壯麗勝過西班牙任何城市。用來保護城市的是一條不規則、長十英里的堤道（圖裡最靠右的位置），它隔開了主要湖泊的微鹹湖水與環繞城市的人造淡水湖，並且提供水源給人造的濕地農田網絡，又稱浮島（*chinampas*）。

城市，屠殺男子與強姦婦女。

胡安．加里多可能就在遇伏者之中，或可能看到被開膛剖腹的西班牙人，或兩者兼有。無論如何，科爾特斯命他建造殉道者禮拜堂，一座憑弔死難征服者的紀念碑與墓園，地點就在中伏的地方。這只是加里多執行的諸多工作之一，因為他很快就成為科爾特斯重要的左右手，協助他在印第安城市特諾奇提特蘭的廢墟上建立西班牙的墨西哥城。加里多的角色就像新成立的市政府裡的總管；他是通往墨西哥城的林蔭大道的樹木保護者（紀錄並未說明設立這個職位的理由，可能是有人會砍掉這些樹木去當柴火）；他也是城市水源供應的守護者（特諾奇提特蘭沒有自己的水源，必須透過輸水道從山泉引水進城）；他還是墨西哥城的宣達政令者——雷斯托爾說，這個職位要做的事很多，包括「治安、拍賣、處決、管線維護、度量衡查核（檢驗金銀成色）與守備城門」。為了回報知遇之恩，加里多於一五三五年跟隨科爾特斯進行探險，這是一次充滿噩運的旅程，他們企圖橫貫墨西哥，然後航向中國——這是西班牙冒險家們的最終目標。

加里多最大的貢獻發生在科爾特斯從西班牙運來的米袋裡發現三顆麥粒之後。這位征服者要求加里多以禮拜堂附近的土地做為實驗農場，種植這三顆麥粒。一五五二年，史家羅培茲．戈馬拉（Francisco López de Gomara）報告說，其中兩顆發芽，

> 有一顆長出了一百八十顆麥粒。他們之後又接著種植這些麥粒，逐漸地，小麥愈來愈多：一顆（按：麥粒）長出了一百顆、三百顆，在經過灌溉與親手耕種之後，數量變得更多〔……〕這麼多的糧食都要感謝這名黑人與奴隸！

喜愛小麥的不僅限於食用捲餅、品嚐蛋糕、大口喝啤酒的西班牙征服者，還包括擁有政治權力的教士。小麥是宗教的必需品，教士需要麵包才能合宜地舉行彌撒。西班牙人原本在西班牙島試種小麥，但在炎熱、潮溼的氣候下一直無法成功。加里多的小麥大受歡迎——在異國土地上，居然還能吃到家鄉的滋味。不久，金色的人字形麥穗波浪便在墨西哥中部起伏著，取代了數千英畝的玉米與林地。不僅如此，墨西哥的小農說，西班牙人把加里多的小麥帶到德克薩斯，然後再從德克薩斯傳到密西西比河流域。如果此言屬實，那麼十九世紀改變了整個中西部景觀，使其成為美國農業核心地帶的小麥田，其根源竟是墨西哥城路邊的一間由非洲人蓋的禮拜堂。

加里多為科爾特斯種植小麥，因此成了哥倫布大交換的媒介。更重要的是，他自己也是交換的一環，科爾特斯與其他外國人亦是如此。

我在前面提到研究者對哥倫布大交換所抱持的發展觀點。我一開始關注的是大西洋（第二章與第三章），微生物移往美洲造成了極大的影響（起初，疾病使印第安社會人口減少，然後瘧疾與黃熱病的盛行反而讓種植園的奴役制度大為盛行）。然後我處理的是太平洋（第四章與第五章），美洲糧食作物被大量引進，不僅維持人口的成長，也間接造成嚴重的環境問題。接下來（第六章與第七章），我提到環境史家已逐漸同意哥倫布大交換促成十八世紀的農業革命與十九世紀的工業革命。這兩場革命最早發生都是在歐洲，因此這場生態現象顯然具有大規模的政治與經濟意涵：它促成西方的興起。我在進行討論時，彷彿人類坐在導演的椅子上，可以任意地分配物種，有時則對結果感到吃驚。但對生物學家來說，智人與其他生物一樣，也是一種物種，也有自己的分布範圍。人類不僅造成哥倫布大交換，自己也受到這股潮流的衝擊——在我們物種內部產生的這場動盪，是本書第四部分要討論的主題。

數千年來，幾乎所有的歐洲人都只生活在歐洲，很少有非洲人在非洲以外的地區出現，亞洲人也幾乎毫無例外地只居住在亞洲內部。就目前所知，一四九二年時，東半球沒有人看過美洲原住民。（有些研究者相信英格蘭漁船比哥倫布早數十年越過大西洋，但這並不能推翻上一句話——因為沒有人在亞洲發現歐洲人或非洲人建立的社群，美洲更不用說。）哥倫布的航行使各地智人史無前例地重新洗牌：人類棲息地的哥倫布大交換。人類就像拋在賭桌上的骰子一樣散布到世界各地。歐洲人成為阿根廷與澳洲的多數族群，從聖保羅到西雅圖都有非洲人的身影，世界各大城市都有中國城。

這場遷徙由非洲奴隸貿易決定，而非洲奴隸貿易又由加里多而非科爾特斯決定。長期以來，人們一直無法充分掌握美洲奴隸制度的規模。第一次有系統的嘗試到了一九六九年才出現，也就是科丁（Philip Curtin）的《大西洋奴隸貿易：一次人口普查》（*The Atlantic Slave Trade: A Census*），此時距離奴隸制度的廢除已逾一個世紀。或許是受到科丁的激勵，亞特蘭大艾默理大學（Emory University）的艾爾提斯（David Eltis）與哈爾伯特（Martin Halbert）領導來自六個國家的學者共同建立了線上資料庫，裡面收集了三萬五千次奴隸船航行的資料。最新的版本於二〇〇九年公布，根據資料庫的估計，從一五〇〇年到一八四〇年，也就是奴隸貿易的顛峰，有一千一百七十萬被俘的非洲人來到美洲——在此之前從未有過如此龐大的人類遷徙。同樣這段期間，或許有三百四十萬歐洲人移往美洲。約略估計，每有一名歐洲人抵達美洲，就有三名非洲人踏上同一片土地。

這些數字背後的意義，與數字本身代表的數量同樣驚人。教科書在描述美洲史時，總是說歐洲人移居的是人煙稀少的半球。事實上，這個半球住滿了印第安人——數千萬人。而且移往美洲最多的是非洲人，他們很快就成為印第安人控制區外最主要的人口。艾爾提斯寫道，從人口學來說，「在十九世紀末之前，美洲是非洲而非歐洲的延伸。」[2]

在哥倫布之後的三個世紀，橫渡大西洋的移民創造了新城市，蓋起了房舍、教堂、客棧、倉庫與畜棚。他們砍伐森林、開墾農田、鋪設道路、畜養馬、牛、羊這些美洲過去從未有過的動物。他們利用林木造船，以河流推動磨坊，並且向其他新來者發動戰爭。透過這種方式，他們集體改造與重塑了美洲地表，創造出一個在生態上與文化上混合新舊以及其他事物的新世界。

這項巨大的轉變是我們物種故事的轉捩點，而其形成主要仰賴非洲人的雙手。蜂擁於新城市街道的群眾主要是非洲人，在新農田種植稻米與小麥的農民主要是非洲農民，在河流划船——河流是當時最重要的公路——也主要仰賴非洲人。在船艦與戰場上，以及在磨坊周圍的男男女女，全是非洲人。奴隸是現代美洲奠基的制度。

十九世紀出現了另一波規模更大的移民潮，這一次主要來自歐洲。它再度改變了人口平衡，使歐洲人的後代子孫成為這個半球的多數。因為四周舉目所及盡是與自己外觀相若之人，第二波移民因此很少察覺到自己是跟隨三百多年前非洲人的腳步來到這裡。

非洲的兩次移民潮是智人往全球散布的轉捩點。第一次是距今約七萬年前人類最初的遷徙，從非洲東部平原的故鄉向外散布。第二次是跨大西洋奴隸貿易，這是本書第四部分討論的重點。第二次遷徙是首次人類哥倫布大交換，奴隸貿易掀起人類有史以來最大的移民潮，一舉沖垮阻隔非洲人、美洲人、亞洲人與歐洲人的長期地理藩籬。在本章中，我將聚焦於兩個彼此相關的主題：首先是種植園奴隸制度的興起，此項制度強迫非洲人進行遷徙；其次，奴隸制度無形中造成大規模的文化融合。下一章的重點則是美洲兩大族群印第安人與非洲人的互動。這場互動一直未受到歐洲人的注意，紅人與黑人的匯流主要表現在他們在生活裡共同抵抗歐洲人——這是一場在此半球各地蜂起的暴亂，其影響至今依然可見。

胡安．加里多與他的家人就生活在這場漩渦的中心：擁擠的多民族城市，墨西哥城。非洲奴隸、亞洲店主、印第安農民與勞工，歐洲教士、傭兵與二級貴族的嘈雜聲與吼叫聲，這是一座充滿流亡者與旅人的城市，第一座絕大多數住民的先祖皆跨洋而來的大都會。這個由人類的哥倫布大交換創造出來的社會世界；加里多，這名先是成為歐洲人而後成為美洲人的非洲人，正是這座城市市民的原型。

加里多娶了西班牙女子為妻（顯示他的身分地位崇高，因為當時墨西哥的西班牙人相當稀少），生下三名子女，他住在禮拜堂附近，這裡是墨西哥城最美麗優雅的社區，我們知道他參與了歷史上的關鍵時刻。儘管如此，加里多卻經常沮喪、不滿，變得難以相處，妻子甚至因此付錢找了一名非洲女子施巫術，讓他從事另一場探險行動。一五三八年，大概是五十幾歲的時候，他向朝廷請願，希望國王「念在我的忠勤，以及陛下歷任總督對我的薄情寡義，能酌予補償安慰，我已盡心盡力」。當他前往西班牙親自呈上請願書時，他因為把一名印第安僕役當奴隸賣了而賺了一筆小錢。（這名僕役提起訴訟，這筆交易遭到廢止。）儘管做了這些努力，加里多的請願顯然未能順利呈到國王面前。在當時混亂的時空下，這名不凡的人物——一名奴隸後裔，成為征服者；一名非洲人，成為科爾特斯的親信；一名來自穆斯

2 新英格蘭是例外，但它只占英格蘭移民的一小部分——在它南方的殖民地要比它廣大得多。十八世紀末之前的英屬美洲，非洲奴隸的人數超過歐洲人，比例大約是二比一。

林國度的男人，在信仰萬物有靈論的土地上娶了來自基督教世界的女人——就此消聲匿跡。在請願之後，就不再有關於他生平的記載。根據加里多傳記作家阿爾格里亞的說法，他或許在十年後去世，被遺忘於他協助創建的喧囂新世界中。

壞的開始

我們可以公允地說，計劃發動戰爭的人往往未對戰爭的結果做好準備。學者對於戰爭的起源莫衷一是，但戰爭的目標卻很清楚，就是擊敗西方領袖眼中的文明威脅，也就是中東獨裁者。在經過幾場慷慨激昂的演說之後，他們組成了多國聯軍，朝他們的中心目標古代城市出發。出乎意料的，經過極短暫的戰鬥，聯軍便控制了局面。可惜的是，他們並未預先想好占領後要做什麼。聯軍的軍事領袖只是宣布任務完成便領兵返國。只留下骨瘦如柴的軍事人員面對不斷在鄉野地區發起暴動的穆斯林民眾。

時值一〇九六年，正當第一次十字軍東征期間。布雍的高弗瑞（Godfrey of Bouillon）被任命為新征服的耶路撒冷的統治者，他必須想辦法供養殘存的軍隊，隨軍而來的大量修士、神父、執事與主教，跟隨宗教領袖而來的朝聖者與用來當炮灰的兵員，以及提供珍貴後勤支援的威尼斯商人。從十字軍的觀點來看，擺在眼前的解決方式就是奪取穆斯林的財產。歐洲各政治體奪取了整個城市鄰近地區乃至於數座城市的所有權；舉例來說，威尼斯取得泰爾港（port of Tyre），而馬爾他騎士團（Knights of Malta）取得近五分之一的耶路撒冷。在鄉野地區，十字軍最後取得超過兩百件大地產，種植橄欖、葡萄、柳橙、棗、無花果、小麥與大麥。不過，長期而言最重要的是一種黏稠的粒狀產物，這批農田的新主人過去從未看過這種東西：當地人稱它 *al-zucar*，也就是糖。

大約一萬年前，甘蔗最早在新幾內亞被馴化。這種植物有將近一半的重量是由蔗糖構成的，這是一種白色的顆粒物質，一般人稱為糖，科學家則稱為$C_{12}H_{22}O_{11}$。在化學家的字典中，「糖」包括數十種相似的碳水化合物，擁有類似的化學結構與性質。蔗糖是這個群體中較簡單的成員：一個葡萄糖分子（這種糖類提供能量給絕大多數的動物身體）加上一個果糖分子（蜂蜜與果汁中的主要糖類）。不過，從文化、歷史、心理，或許甚至還有基因來看，蔗糖絕不簡單。一個嗜吃甜食的人，與嗜吃鹽與香料的人不同，在所有文化與各個地方，這樣的人似乎跟追求愛情或靈性的人一樣，被視為是基本的人性表現。科學家爭論$C_{12}H_{22}O_{11}$是否實際上是一種會使人上癮的物質，抑或人們只是看起來上癮。無論屬於哪一種，糖已經成為左右人類事務的一股巨大力量。

甘蔗容易在熱帶地區種植，但很難遠距離運輸，因為莖很快就會發酵，轉變成帶有臭味的褐色物質。想嚐甜味的人因此必須自己種甘蔗才行。甘蔗逐漸往北與往西傳布，滲透到中國與印度境內。農地裡的甘蔗其實是甘蔗屬草本植物當中的兩種物種混種而成的作物。西元前五〇〇年左右，印度解決了甘蔗容易損壞的問題，一名佚名的創新者發現可以利用簡單以牛馬拉動的磨坊從莖榨汁，然後將汁煮沸成為堅硬的金褐色塊狀物，這是相對純粹的$C_{12}H_{22}O_{11}$。成為塊狀的糖可以儲存在倉庫裡，以箱子或罐子運送，販售到遠方去。甜味產業於焉誕生。

幾乎中東所有地區都因為太乾燥而無法種植甘蔗。儘管如此，人們還是想出應變之道，在伊朗、伊拉克與敘利亞的河谷地區進行灌溉工作。到了西元八〇〇年左右，甘蔗在地中海沿岸，也就是今日的黎巴嫩與以色列，變得特別普遍，十字軍就是在這裡首次看到「富含類似蜂蜜的蘆葦，人稱 *Zucar*」——

這段描述來自於十二世紀編年史家阿亨的阿爾伯特（Albert of Aachen）。

作家波倫（Michael Pollan）描述他兒子第一次嘗到糖的經驗：一歲生日蛋糕上的糖衣。

> 他開心地不得了，跟前一刻和我在一起相比，宛如變了一個人。在每一口之間，伊薩克擡頭驚奇地看著我（他坐在我的腿上，我叉著這個神仙般的食物送入他如裂縫般的口中），彷彿叫著：「你的世界有這種東西？那麼從今天起，我一輩子都要待在這個世界裡。」

黎巴嫩的十字軍的經驗大體如是。教士、騎士與一般士兵「極為高興」地喝著糖水，阿亨的阿爾伯特寫道；有機會品嚐到糖是「他們忍受苦難至今的一點補償」。與波倫的兒子一樣，僅僅一次天堂般的味道，就足以產生終生的渴望：「朝聖者嚐多少次都不膩」。

從新獲得的糖業地產中，十字軍看到了機會：將大量的 $C_{12}H_{22}O_{11}$ 出口到歐洲。泰爾大主教說——泰爾是新統治者最早取得的產糖中心——「這項最珍貴的產品是人類日常所需與有益健康之物」。糖在當時的歐洲是稀有物；它被視為一種異國的亞洲香料，就像胡椒或薑一樣，只能在少數王公貴族的廚房裡找到。十字軍持續撩起歐陸富人對甜味的渴望，並且藉由暫時滿足他們的需求來賺取金錢。

與糖本身同樣重要的是它的生產方式：種植園農業。種植園是一座巨大的農場，將收成賣到遠方。為了讓產出極大化，種植園通常會在廣大地面上種植單一作物。廣大的地面需要眾多的勞動力，特別是在種植期與收成季節。由於農產品會腐壞，因此種植園一般都會以加工的形式來運送它們的作物：醃漬的番茄、榨取後的橄欖油、熱固後的乳膠橡膠、發酵後的茶與乾燥後的咖啡。它們也必須找到運輸產品的方式。因此，種植園習慣上總是在接近港口或公路的土地，鄰接著工業設施，並且擁有大量勞動力。

糖是產量極大的種植園產品。即使是對糖極為狂熱的種植者，也不可能靠著自家消耗掉所有的收成。糖無論如何一定會有剩餘，一定要賣到農場以外的地方。在經過精製之後，糖可以輕易地加以包裝然後進行長距離的運送。而且糖在任何地方都有市場：人類對甜味的胃口是無限的。主要的困難是勞工：少了工人，農場、磨坊與鍋爐全都會停擺。為了避免這種災難，種植園主必須採取行動確保適當的勞動供給。在二〇〇八年出版的一份詳盡研究中，普羅旺斯大學歷史學家烏爾費里（Mohamed Ouerfelli）就提到，伊斯蘭甘蔗種植園以支付相對高薪來留住工人。歐洲人的種植園起初採取相同的策略——在西西里島，歐洲其他地區的人紛紛遷來此地工作。但經過一段時間之後，歐洲的糖生產者開始有不同的想法。

第一次十字軍東征之後，後期從事反穆斯林傳教任務的歐洲天主教徒，從創立種植園的穆斯林與拜占庭人手中，奪取了他們位於賽普勒斯、克里特島、西西里島、馬略卡島（Majorca）的種植園（後來伊斯蘭帝國又收復了一些）。然而無論他們生產了多麼大量的糖，總是無法滿足歐洲人的需求。最後，他們在地中海地區所有溫暖與潮濕的地帶全種滿了甘蔗。葡萄牙的腦筋動到海外，它看上了大西洋的島鏈：馬德拉群島（Madeira）、亞速群島（Azores）、維德角群島（Cape Verde）與聖多美普林西比群島（São Tomé）。西班牙則前往另一個島鏈，加那利群島。

馬德拉群島是最早的，而就某方面來說也是最重要的產地。它是首例並因此確立了種植模式。座落於摩洛哥海岸外六百英里處，馬德拉群島由十二座以上的島嶼構成，其中最大的兩座島嶼是聖港島

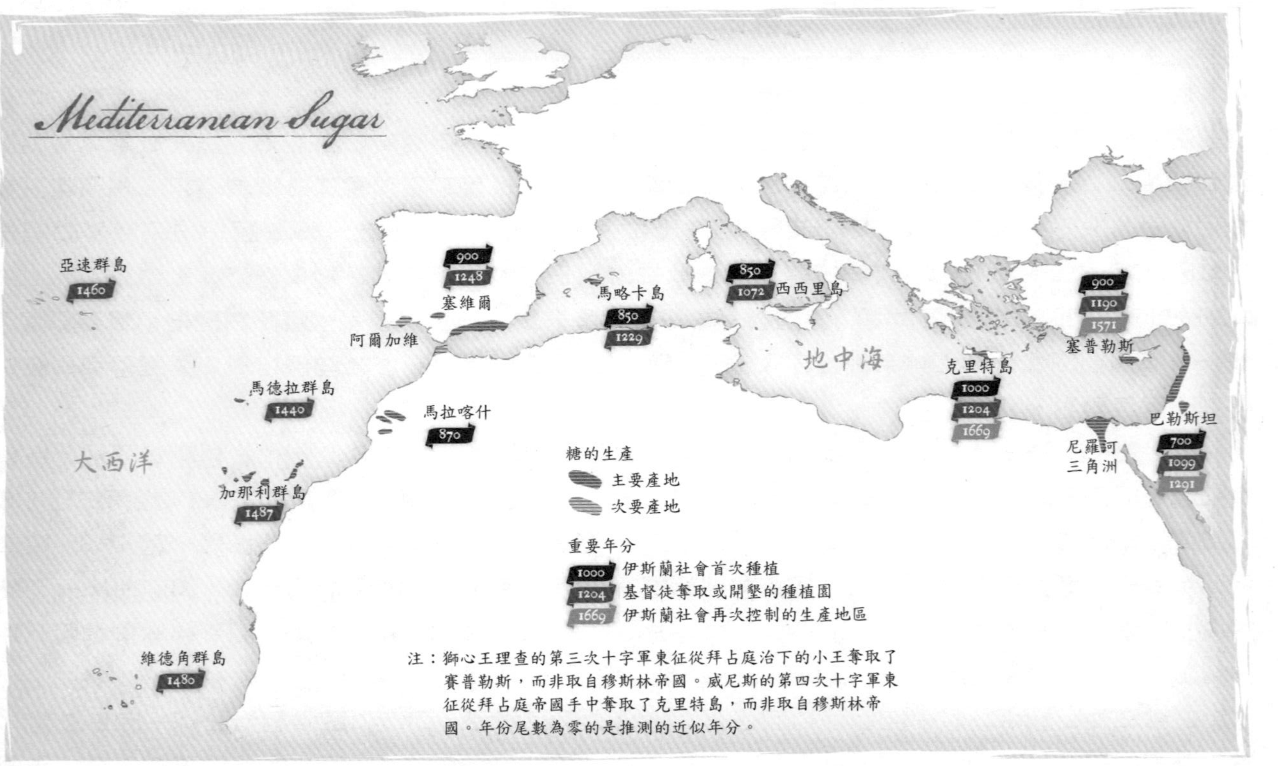

糖在地中海與其他地區的傳布

（Porto Santo）與馬德拉島。這兩個島都是死火山的山峰，但聖港島比較低矮且部分環繞著沙灘，馬德拉島則高聳且滿布懸崖。

在一四二〇年之前，這兩座島都無人居住，之後才有葡萄牙法院兩名鄉紳與住在葡萄牙的熱那亞航海家佩雷斯特雷洛（Bartolomeu Perestrello）率領的探險隊來到此地。佩雷斯特雷洛死後二十年，他成為歷史上的一個腳注：他的女兒嫁給了哥倫布，後者可能也住過馬德拉島，而且繼承了他私人的航海圖。佩雷斯特雷洛生前以引進兔子到馬德拉島著稱——或者更精確地說是聖港島，這也是他們首次登岸的地方。在佩雷斯特雷洛的行李中有一隻懷孕的兔子，牠在船上分娩。一上岸，他就放了母兔與小兔，打算日後再來捕獵。令殖民者驚駭的是，這種動物「繁殖極其快速，不久滿山遍野全是牠們的蹤影」，葡萄牙王室檔案管理人伊阿尼斯．祖拉拉（Gomes Eanes de Zurara）在一四五三年表示。這些兔子把眼前可吃的東西全吃光，包括殖民者的菜園。葡萄牙人「殺死大量的兔子」，祖拉拉說，但「舉目所及，四處仍是兔子（……）無論我們種什麼，一下子就被牠們啃食一空」。聖港島的兔子肆虐，很快使當地陷入缺糧，探險隊只好撤往馬德拉島。

這則生態故事實在太聳動，令人忍不住懷疑它的真實性。但祖拉拉——一般認為他是個非常仔細的作家——確實到過聖港島；在他寫作之時，兔子仍是當地的大患。另一項佐證是西班牙取得加那利群島之後，也發生了相同的事。殖民者把驢子帶到富埃特文圖拉島（Fuerteventura），該島是島鏈的第二大島。當中不可避免有牲畜逃跑的事發生。當時住在該地的一名史家表示，成群的驢子破壞農作，政府不得不「集合島上所有的住民與狗，摧毀這些驢子」。之後便是一場驢子的大屠殺。

即使葡萄牙人未在聖港島上造成兔子災難，他們在馬德拉島上造成的生態破壞也好不到哪裡去。

馬德拉島與相對開闊的聖港島不同，島上覆蓋著濃密的森林（馬德拉這個名字就是葡萄牙文「森林」的意思）。為了種植農作物，部分森林必須予以剷除。居民選擇最簡單的方法：放火。可以想見，火勢失去控制，吞沒了整座島嶼。當火舌衝天之際，居民紛紛逃到海中，在水深及頸的海中足足待了兩天。據估計這場火持續了七年之久——連地底下的根部也陷入悶燒狀態。居民在焚燒過的土地上種植小麥，然後出口到葡萄牙。直到一四四〇年代，他們才發現島上溫暖的氣候更適合另一種獲利更高的作物：甘蔗。

從氣候來看，馬德拉島相當適合種植甘蔗。但從地理來看，卻是一項挑戰。島上幾乎沒有平地可供農業使用，就算有，也集中在兩座火山峰（其中最高的超過六千英尺）旁高聳而難以接近的「山肩」上。在這些地方之外，地形往往非常陡峭，因此在某些地區，牛隻往往圈養在小屋裡，以免牠們跌落山坡喪命。（導遊說馬德拉島是「悲傷牛群之島」。）最初的移民瓜分了大部分的土地。晚來的移民要不是向地主租用土地成為佃農，就是將無人使用的土地開闢成梯田。兩種情況都必須從潮濕的山峰引水灌溉田地，這牽涉到在滿是石頭的山區挖掘蜿蜒而四通八道的水道。儘管有這些阻礙，甘蔗還是成功興盛起來。根據當時島上卓越的史家維耶拉（Alberto Vieira）的說法，從一四七二年到一四九三年，糖生產量增加超過千倍。如人們預期的，糖價下跌。獲得暴利的種植者突然發現獲利受到威脅，唯一能讓金錢滾滾來的做法就是繼續增加產量：開闢新梯田，開鑿新水路，建造新磨坊。他們亟需工人——**馬上**就要——來砍甘蔗、榨甘蔗汁、煮糖與運送結晶後的成品。在未經過深思熟慮下，有些殖民地居民做出要命的決定：他們引進奴隸。

就某種意義來說，這種做法並不新穎，奴隸制度至少從羅馬時代開始就已存在於伊比利半島。起初許多奴隸來自於斯拉夫國家（斯拉夫就是「奴隸」一詞的字源），但往後的數世紀，奴隸的主要來源轉變成俘獲的穆斯林士兵。按照慣例，這些奴隸是作為家中僕役使用，受到的待遇也多與其他家僕相同；這樣做的主要目的，根據格拉那達大學歷史學家歐提茲（Antonio Dominguze Ortiz）的說法，是作為一種身分象徵的「禁奢令」（sumptuary article）。因為奴隸是奴隸主財富與身分的活見證，能使喚俘獲的穆斯林或非洲人倒酒，證明此人身分尊貴，可以擁有一名異國的人類。這項制度立意並非出於良善，但它確實避免了謀殺、叛亂、譁變與其他亞當斯密所舉出的各項奴工可能產生的問題。舉例來說，奴隸通常可以賺取自己的金錢，透過這種方式，他們能夠以月為單位來租到自己的自由。已經有太多例子可見，這最終導致了解放。歐提茲推測，伊比利半島的奴隸制度如果自由發展下去，將會演變成一種制度，奴隸主有權從奴隸身上榨取的是金錢，不是勞力，而且只能在特定的時間。

在馬德拉島，伊比利奴隸制度出現轉變。當地絕大多數的歐洲人只有一小塊土地而且沒有錢擁有奴隸。即使購買了奴隸，也很少超過兩三名，而且通常奴隸不會從事種植甘蔗的工作。一開始，奴隸的來源不是幾內亞灣，這個沿著西非與中非海岸凹陷進去的大海灣，是美洲絕大多數奴隸的故鄉。奴隸的來源起初是俘獲的工人，他們是運氣不佳來自四面八方的囚犯、關契斯人（Guanches，加那利群島的原住民）、柏柏人（Berbers，西北非民族，長期以來與葡萄牙人為敵），或許還包括改宗者（被迫改信基督教的伊比利猶太人與穆斯林，許多葡萄牙人與西班牙人認為他們是潛在的叛徒）。儘管如此，馬德拉島仍是種植園農業與非洲奴隸制度的接點（雖然有點薄弱）。維耶拉表示，遲早這些囚犯、關契斯人、柏柏人、改宗者都會被西非與中非的非洲人取代。非洲人種植與加工甘蔗，他們的數量隨著糖業的命運而增減。種植園奴隸制度的世界逐漸成形。而在維耶拉的描述中，馬德拉島正是奴隸制度「社會、政治與經濟的起點」。

不過，這裡少了兩項關鍵元素：傳染瘧疾與黃熱病的有機體。這兩種疾病在聖多美普林西比群島頗為盛行，而葡萄牙於一四八六年占領了這個位於幾內亞灣的群島。與馬德拉島一樣，這裡無人居住，森林濃密，氣候溫暖，有肥沃的火山土與充足的水源——適合生產 $C_{12}H_{22}O_{11}$。與馬德拉島一樣，這裡的甘蔗種植是由一群具有企業家精神的小貴族管理經營，他們希望透過滿足歐洲甜食者的嘴來賺進大筆現金。然而，與馬德拉島不同的是，聖多美普林西比群島聚集了大量的甘比亞瘧蚊（*Anopheles gambiae*），牠們攜帶了非洲威力最強的瘧疾；以及埃及斑蚊，牠能傳播黃熱病。這有點像是一場自然科學實驗：改變一項變數，看看會發生什麼事。

前兩次小規模遷徙到聖多美島的行動失

製糖磨坊是充滿煙霧、蒸汽的地方，需要許多工人，如這幅描繪一六〇〇年西西里島磨坊的版畫所示（這幅畫以斯崔特〔Jan Van der Straet〕的畫作為藍本，斯崔特是法蘭德斯畫家，活躍於佛羅倫斯）。

敗了——全員被疾病消滅。一四九三年，第三次規模較大的嘗試成功了，部分是因為這次仰賴大量的奴隸：囚犯與不受歡迎之人，其中後者包括了兩千名猶太兒童，他們被迫與自己的父母分離。甘蔗種植者與加工者、犯人與孩子如牲畜般成群死去。六年後，只剩六百名孩子存活。儘管如此，殖民地還是勉強維持下來。一五九九年，一批荷蘭人在第二座島嶼普林西比島登陸，他們也打算將這座島嶼改造成產糖中心；四個月後，入侵者離去，留下超過八成的人在此入土為安。一年後，荷蘭人改變戰術：直接占領聖多美島。兩個星期之後，一千兩百名荷蘭人死亡，他們落荒而逃。歐洲人到了這個群島後似乎是必死無疑，葡萄牙政府於是把在國內讓人頭疼的教士離流放到島上，一方面形同判處死刑，另一方面又能規避梵蒂岡方面禁止處死教士的禁令。一五五四年，在殖民開始的六十年後，聖多美島只有一千兩百名歐洲人。到了一六〇〇年，數字縮減到約兩百人——奴隸的數量遠多於主人，超過了兩百比一的比例。一七八五年，一份官方報告宣稱，島上只有四名——注意，只剩四個——純歐洲人。為了增加殖民地人口，君主宣布歐洲男性只要願意前往當地，就可以獲得非洲女奴以為獎賞，並且鼓勵他們生育。但這項計畫還是無法增加移民數量——民眾覺得風險太大，不值得前往。就連梵蒂岡的主教也抗命前往該島。在這個職位懸缺四十三年之後，新任主教終於鼓起勇氣於一六七五年登上聖多美島。他在兩個月後死亡。「在聖多美島，有門可以進去，」葡萄牙人唱道：「但沒門可以出來。」

儘管缺乏殖民者，聖多美島殖民地還是持續興盛起來——至少有一段時間是如此。在景氣的高峰期，聖多美島出口的糖是馬德拉島的四倍。該島有三分之一的土地種滿甘蔗，森林大部分都被砍伐做為製糖的燃料。由於很少有歐洲人前往當地，因此島上的土地不像馬德拉島那樣被切割成小塊。相反地，聖多美島被區分成數十個大種植園，每個種植園擁有數百名奴隸。從遠處看，種植園看起來像是一座迷你城市，奴隸住的小屋叢集在一起如同郊區，位於中心的是種植園管理者及其家人居住的以高級原木建造的「大宅」，這些管理者很多是自由納妾制度下的混血子嗣（奴隸主人只要可能都留在葡萄牙）。以一小批苦於熱病的歐洲人殘忍地監督數千名上了枷鎖的奴工，使得聖多美普林西比群島成為榨取式國家的先驅。

巴西大型新種植園生產大量的糖，使得馬德拉島與聖多美島不得不在一五六〇年代與一五七〇年代退出糖市場。但往後兩座島嶼的發展卻南轅北轍。馬德拉島沒有瘧疾與黃熱病，這一點早就為人所知，但真正的原因直到上個世紀才被科學家發現：馬德拉島沒有傳染這兩種疾病的蚊子。由於沒有疾病肆虐，富有的歐洲人——大部分不是葡萄人——於是紛紛移來這座溫暖的島嶼。在他們的莊園與豪宅周圍，興建了主教座堂、醫院、女修道院、學校與海關大樓——這些在今日都成了觀光景點，全仰仗當時的珍貴投資。而農地也非種植單一作物，因為當地人必須餵飽地主與地主的鄰居。當糖市場崩跌時，製糖的地主不願放棄家宅、農地與整個社區鄰里，因為他們在這裡投入了大量心血。相反地，他們轉而投入新創的產品：加烈葡萄酒，今日稱為馬德拉酒。

釀酒，這種產業多半是重質不重量，因此與種植園奴隸制度不相搭配。一五五二年，馬德拉島製糖的巔峰期，十個居民有三個是奴隸；四十年後，巴西糖像白色浪潮般橫越大西洋席捲了歐洲，奴隸的比例降到了一比二十。整體來說，馬德拉島居民解放了奴隸；因為他們不再經營甘蔗園，因此解放奴隸比養他們來得便宜。這些前奴隸沒有辦法離開島上，於是成了前主人的佃農，而這些前主人則開始建造壓榨機與酒窖。雖然持續處於饑餓狀態，但這些獲得自由的奴隸還是活下來了，他們就像半個世界之外的中國山區棚民一樣，主要靠番薯維生。馬德拉島也因此一直是個人口擁擠的地方。到了十九世紀末，馬德拉島成為渡假勝地，旅遊書說這裡是「病人療養的勝地，許多大病（如瘧疾）初癒的人都來此休息復健」。

反觀聖多美島，從來沒有人說這裡是適合休憩養病的地方。聖多美島的經濟也在巴西糖的衝擊下崩潰，但該島並未像馬德拉島一樣找到調適與恢復之道，它只是繼續經營，結果就是日漸衰頹。沒有需要保護的社區鄰里，島上許多在國外的地主只是束手旁觀，看著他們的非歐混血管理者住在破敗的大莊園，繼續意興闌珊地種植作物以供應歐洲奴隸船糧食。其他的種植者則是將興趣轉移到巴西，完全不管他們在聖多美島上的地產。有些前監工者取得自己的土地，然後購入奴隸替他們耕作；有些前奴隸也這麼做。到了十八世紀中葉，聖多美島的殖民地主人已經被新菁英「克雷歐爾人」（Creoles）取代，這些人追溯（或者宣稱）自己的祖先是葡萄牙人與最早解放的奴隸生下的混血兒。但新的管理並未改變種植園的形式。即使當地已經沒有東西可以販賣，也沒有任何買主上門，這些形同僵屍的企業依然努力維持，奴隸仍在鞭子的驅策下種地，但森林已經掩蓋原先的甘蔗園，而殖民者的屋子也已經傾頹倒塌。

抗爭一直持續發生。對奴隸來說，無論主人是葡萄牙人、非葡混血兒或非洲人，結果都是一樣的；他們只要一逮到機會就會逃跑。逃亡者在森林裡聚集為武裝團體。為了防範他們的攻擊，地主建築木製堡壘，由持槍的奴隸駐守。從攻擊成功的頻率來看，這些衛兵顯然是漫不經心。在一五九五年的叛亂中，多達五千名奴隸摧毀了三十座製糖磨坊。這場破壞可以理解，但也毫無意義，這些磨坊遲早都要關閉的。這是一場暴力的停滯，種植園與逃亡者的游擊戰就這樣持續了近兩百年。

聖多美島的種植園最後改種其他作物：可可樹（來自巴西）與咖啡樹（來自非洲的另一邊）。這些作物的獲利可觀，因此很快就吸引了數百名葡萄牙人前來，他們一來就奪取了克雷歐爾人的土地與奴隸。二十世紀初，可可與咖啡幾乎覆蓋了島上每一寸土地。奴隸制度雖然早已立法禁止，但葡萄牙藉由在非洲殖民地課徵特別稅而變相維持了奴隸制度。無力繳稅的人會被送到聖多美島工作還債，這些事實上的奴隸夜間被關在種植園的破敗軍營裡。隨著其他國家參與巧克力產業並且改良製造方法，聖多美島上古老落後的可可種植園也變得愈來愈無利可圖。一九五〇年代，獨立運動風起雲湧，其主要目標就是終結種植園制度。當葡萄牙於一九七五年離開時，聖多美是全世界最窮的國家之一。新政府將種植園收歸國有，將其整併為十五座超大型種植園，然後又用跟過去幾乎完全相同的方式經營。

從大西洋傳到美洲的就是這個體系。

新世界誕生

與加里多一樣，科爾特斯最後也鬱鬱而終。在擊敗三國同盟後，他加官晉爵成為瓦哈卡谷侯爵（Marquis of the Valley of Oaxaca），他可以在自己征服的土地上任選擇地產做為自己的封地。他在墨西哥的中部與南部選了六個區域：總共七千七百平方英里，大小相當於薩爾瓦多。其中最大的一塊地有兩千兩百平方英里，是位於墨西哥城南方氣候溫和的平原地，他在這裡深溝高壘，蓋起了城堡般的住宅。富有的科爾特斯擁有不下二十二張地毯，每張地毯至少十五英尺寬；身為征服者的他過著奢華的生活，他喜歡穿著錦織天鵝絨外套與珍珠飾釘的晨袍，任意漫步於地毯上。

獲得大片地產之後，科爾特斯不改本性，繼續從事他的經營冒險：挖掘銀礦；建立牛牧場與養豬

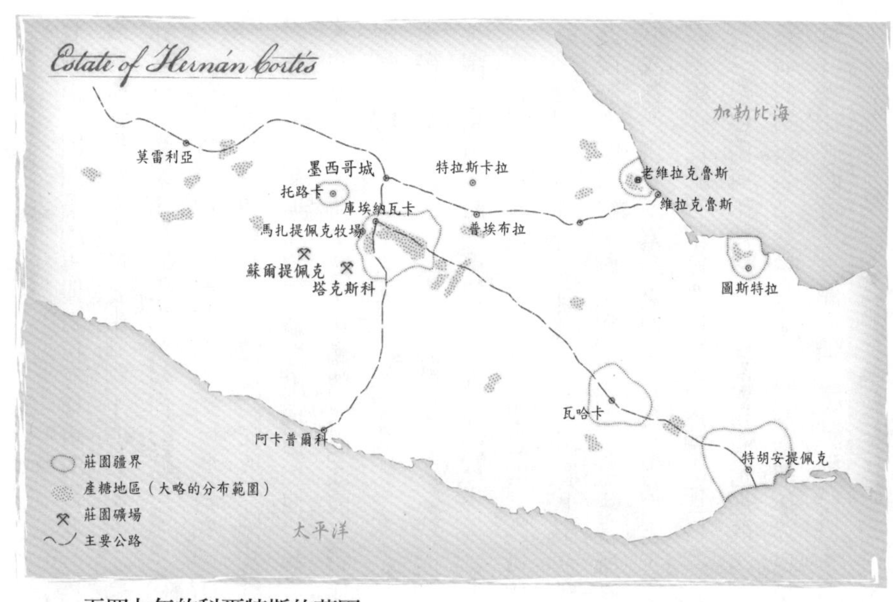

一五四七年的科爾特斯的莊園

場；掏沙金；在太平洋岸建立造船廠；在墨西哥城市中心開設某種賣場；種植玉米、豆類與加里多的小麥；把錢、貨物、牲畜與奴隸借給企業家與探險家以換取利潤；進口桑蠶（與桑樹以餵養桑蠶），並且豎立巨大的石砌建築物作為自己的紀念碑。他於一五二三年開始種植的甘蔗，也在他的清單中名列前茅。

如果科爾特斯專力經營這些事業，他可能早已獲得成功。然而他卻沒有這麼做，反倒另尋新的王國進行征服。他進軍瓜地馬拉。他計劃派遣戰艦前往祕魯。他前往太平洋，為了尋找中國航路差點丟了性命。他公然違反命令。最後，他傾家蕩產，也讓別人對他失去耐性。科爾特斯於一五四〇年返回西班牙，希望獲得王室支持，同時也為自己與朋友謀得一官半職。科爾特斯跟隨國王巡視各地，希望獲得國王召見。查理五世（Carlos V）拒絕見他。絕望的科爾特斯始終未能參透，國王其實是對不可靠且容易做事衝動的人有疑慮，因此不願再冊封位高權重的貴族。伏爾泰曾說了一個故事（不過是偽托的故事），裡面提到科爾特斯強行穿過人群，來到國王的馬車前。查理五世不悅地問他是誰。「是我，」科爾特斯說道：「我為你取得的國家比你的祖先交給你的城市還多。」

科爾特斯挑的時機極不湊巧。當他在國王車駕後亦步亦趨時，國王正與拉斯卡薩斯交談，後者是一名熱心的道明會教士，他才剛完成《西印度滅亡簡史》（*Brief Account of the Destruction of the Indies*），書中對於西班牙在美洲的行為提出指控，他認為這些惡行不僅在人權運動史上留下恥辱的一頁，也永受後人的唾棄。拉斯卡薩斯在滿朝大臣面前宣讀作品，眾人面面相覷，驚愕不已；他形容墨西哥的征服是把最大的不公、殘虐與暴政施加在印第安人身上。他抨擊奴役印第安人的制度「造成的痛苦，遠比死亡來得難受與長久」。拉斯卡薩斯生動描述以西班牙為名的倒行逆施，令查理五世寢食不安，他於是要求代議會重新檢討國家對印第安人的政策。

查理五世知道，早在他出生之前，西班牙王室就一直努力釐清印第安政策。當哥倫布呈報西班牙新獲得眾多且在此之前無人知曉的臣民時，他的祖父母斐迪南國王與伊莎貝拉女王感到震驚不已。身為虔誠的基督徒，國王與女王擔心這場征服在上帝眼中將會是一場不義之戰。哥倫布占領的新世界可能成為西班牙財富的來源，對統治者而言，這自然是個難以抗拒的誘惑。然而，要獲得美洲財富，就必須鎮壓從未冒犯過西班牙的美洲原住民。

斐迪南與伊莎貝拉的顧慮是有道理的，印第安人不同於伊斯蘭帝國，後者數百年來一直與他們以及他們的祖先爭戰不休。對斐迪南與伊莎貝拉來說，穆斯林的軍隊是可以正當地加以奴役的——穆斯林曾經征服西班牙大部分地區，剝削西班牙人民，而且由於信仰伊斯蘭教的緣故，他們反對基督教。（基於類似的理由，伊斯蘭帝國也任意將西班牙戰俘充為奴隸。）相對地，絕大多數的印第安人並未侵犯過西班牙人。由於美洲原住民從未聽過基督教，因此也就沒有悖離基督教的問題。一四九三年，教宗亞歷山大六世解決了良心的兩難問題。他讓君主「擁有對西班牙島塔伊諾人充分、自由與完全的權力、權威與管轄權」，只要他們「能派遣審慎與畏神之人，有學問、具技巧，且足證得以前去教導天主的信仰」。只要目的是為了讓被征服者得到救贖，那麼征服是可接受的。

然而，前往新世界的西班牙人對於傳布福音興趣缺缺。雖然他們是虔誠的信徒，但他們關切的不是印第安人的靈魂，而是他們的勞動力。哥倫布就是個例證。儘管他非常虔誠，他在一四九五年的行為卻令伊莎貝拉女王感到驚駭，他把五百五十名俘獲的塔伊諾人送到西班牙，並且把他們當成賈列船奴隸賣了（賈列船仍是地中海常見的船隻）。哥倫布認為，將戰俘充為奴隸是合理的——他對待攻擊拉伊莎貝拉島上的印第安人，就跟西班牙人長久以來對待軍事敵人的方式一樣。此外，他表示，以這種方式對待印第安人可以嚇阻進一步的暴亂。伊莎貝拉女王不同意他的看法。心中不滿的她，眼睜睜地看著上了枷鎖的塔伊諾人被送往塞維爾的奴隸市場。一四九九年，她在盛怒之下，下令擁有印第安人的西班牙人必須將他們送回美洲，不從者一律處以死刑。

讓女王大為光火的，主要是因為殖民者的放肆胡為——他們不遵從命令，任意以人為奴。但她肯定也知道自己未能解決最根本的問題。一方面，教宗已經認定西班牙的征服是合理行為，傳教士因此可以向印第安人傳教——如果印第安人大量淪為奴隸，那麼這項使命就不可能實現。另一方面，殖民地可以增添西班牙的榮耀，但這項任務的實現必須仰賴勞動力。西班牙不像英格蘭有完善的契約奴隸制度，也不像英格蘭有大量無業民眾可以引誘他們前往海外。斐迪南與伊莎貝拉相信，為了從殖民地獲取利益，西班牙必須仰賴印第安人的勞動力。

一五〇三年，國王與女王針對難題提出解決之道：信託制（*encomienda*）。個別西班牙人成為原住民團體的受託人，承諾確保原住民的安全、自由與宗教指導。反之，印第安人必須提供自己的勞動力來換取西班牙人的「保護」。*encomienda* 可以用來回應亞當斯密對奴隸制度的反對意見。國王與女王希望藉由限制對印第安人的需求，來消除印第安人的叛心——這對雇用印第安人的西班牙人來說是件好事。

這個制度成效不彰。印第安人與征服者都不喜歡 *encomienda*。法律上來說，西班牙島的印第安人是自由民，他們的城鎮與村落仍由原住民領袖管理。但實際上，原住民統治者幾乎毫無權力，而原住民工人也被當成奴隸。*encomenderos*（受託人）不喜歡跟塔伊諾領袖協商，因為這麼做往往要花費更多的精神與時間。當原住民工人不願出現時——如果可以避免的話，他們為什麼要出現呢——他們會消失在鄉野中，由親戚、朋友與同情他們的印第安領袖隱瞞他們的行蹤。站在塔伊諾人的立場，他們認為這種制度形同為奴隸制度提供法律上的理由。根據法律規定，印第安基督徒在受洗之後，其身分應等同於西班牙基督徒，不應遭受奴役。但殖民者卻提出相反的觀點；印第安人實際上比歐洲人低等，即使受洗，也可以強迫他們工作。

科爾特斯，墨西哥的征服者，他可能是世界上擁有最多不自由印第安人的人。除了公然擁有三千多名原住民奴隸，他的莊園每年還以貢賦名義強迫多達兩萬四千名勞工前來工作。（這些人由各村落派來，一次要工作一個星期）。印第安人不情願地在他廣達數千英畝的農地裡種植甘蔗，砍伐樹木以供巨大的鍋爐從甘蔗汁中提煉出蔗糖，並且蓋了用水力推動的製糖磨坊，這座兩層樓的建築物是以石頭與泥磚建造，加上砂與石灰砌成的。科爾特斯總能敏銳察覺到政治風向，在印第安人政策上他不可能不知道國王的焦慮。一五四二年四月，代議會發布備忘錄，懇請查理五世「補救西印度印第安人遭受的殘酷對待」。七個月後，國王做出回應：他頒布所謂的新法，禁止奴役印第安人。

新法存在著巨大漏洞。印第安人仍有可能因反抗西班牙當局而淪為奴隸。由於人們總能宣稱某人或某團體反抗當局，因此這個漏洞形同擁有奴隸的許可證。儘管如此，新法仍激怒了征服者，執行新法的祕魯新總督竟因此被砍下腦袋。新西班牙（位於巴拿馬以北的帝國領地）總督採取審慎的做法，他在法律生效前就將法律予以懸置。儘管如此，趨勢已經形成：像科爾特斯這種人愈來愈難逼迫印第安人為他們工作。

在代議會提出備忘錄的幾個星期後，征服者與兩名熱那亞商人做成交易，買進五百名非洲奴隸——這是美洲大陸首次簽訂的大契約，也是迄今購買奴隸數量最多的契約。兩年後，第一批奴隸（一百名）運抵墨西哥灣的維拉克魯斯（Veracruz），標誌著大西洋奴隸貿易的到來。

非洲人一直在慢慢流入美洲，時間幅度幾乎與歐洲人一樣長久。二〇〇九年，一支由美墨學者組成的團隊宣布，在拉伊莎貝拉墓地裡的三名男性遺骨很可能有非洲血統（從牙齒留下的生化特徵，顯示他們的飲食富含非洲植物）。到了一五〇二年，也就是拉伊莎貝拉建立的七年後，由於來到西班牙島的非洲人數量眾多，引起了西班牙國王與女王的不安，他們命令該島總督不許再引進非洲人。（禁止名單還有：猶太人與改信基督教的猶太人，「異端」與改信正統基督教的「異端」。）不過在基督教世界出生的非洲人後裔是例外。奴隸船商人宣稱他們運送的「貨」是西班牙人與葡萄牙人，因此逕自將他們運送到美洲。過了幾個月，總督懇請國王與女王下令不准任何非洲人登上西班牙島。「他們逃到印第安人那裡，學會他們的壞習慣，而且難以捕捉」。沒有人理會總督的報告。殖民者發現非洲人似乎對疾病免疫，又沒有能協助他們脫逃的地方社會網路，他們還擁有一些技能——許多非洲人善於冶鐵與騎馬。於是，開往聖多明哥（San Domingo）的奴隸船反而愈來愈多。

奴隸不如殖民者所想的那麼好控制。正如亞當斯密所預言的，他們是難以管理的僱員。裝病、怠工、浪費補給品、破壞設備、偷竊貴重物品、傷害搬運甘蔗的牲畜、故意破壞已經製造完成的糖——這些都是種植園奴隸制度的缺點。「弱者的武器」，政治學者史考特（James Scott）在同名的經典研究中這麼表示。當奴隸逃到山區時，他們就不會顯得如此弱小。在森林掩護下，他們不遺餘力地破壞那些束縛他們的產業。長達一個多世紀的時間，非洲奴隸組成的非正規軍在西班牙島大部分地區暢行無阻，他們從山區溪流中淘選沙金，然後向西班牙商人購買衣服、酒與鐵（前奴隸鐵匠能鍛造箭頭與刀劍）。因此不難推知，島上的糖生產者應該都已遷往大陸！墨西哥不僅擁有較廣大的土地與較多的印第安工人，而且也沒有數千名反糖業游擊隊的掣肘。（我會在下一章更深入地討論奴隸叛變。）

科爾特斯也是遷徙糖農的一員，他十幾歲時來到西班牙島，親眼目睹阿蘇阿（Azúa de Compostela）糖業蓬勃的盛況。製糖磨坊是科爾特斯在墨西哥新地產的首要重心，不過他喜愛冒險的個性使這些磨坊耽擱了十年才完成。其他受託人的製糖磨坊也沿著墨西哥灣海岸一個個出現，群聚在溫暖潮濕的維拉克魯斯港四周。

一五五〇年到一六〇〇年，糖產量大幅提升，但價格仍暴增到原來的三倍。經濟學家認為這種現象——儘管供給增加，價格依然上漲——顯示出需求的急遽增加。他們是對的。西班牙征服三國同盟使當地人嚐到糖的滋味。與歐洲人一樣，墨西哥中部的居民對糖有著無可饜足的渴望。「這實在太瘋狂了，西印度消耗的糖與果醬實在太驚人了，」一五八〇年代，史家荷塞．阿科斯塔（José de Acosta）對此感到驚異。

抵達美洲的非洲人，數量不再像以前那麼稀少。墨西哥糖產量的增加，以及同時間巴西糖產量的提升，為非洲人大開方便之門。從一五五〇年到一六五〇年——相當於科爾特斯訂約後的一個世紀——橫渡大西洋的奴隸船運來了六十五萬名非洲人，西屬與葡屬美洲各得其半。（在這個時期，英格蘭、法國與其他歐洲國家在奴隸貿易上還不具重要地位。）在這些地方，非洲移民的數量遠超過歐洲移民，比例超過二比一。不管西班牙人與葡萄牙人到哪裡，非洲人一定跟在旁邊。很快地，非洲人在美洲的能見度已超過歐洲人，這種狀況是後者始料未及的。

當西班牙征服者攻擊瓜地馬拉與巴拿馬時，非洲人也與他們同行，有時擔任士兵，有時是僕役或奴隸。非洲人成千上萬地湧入祕魯與厄瓜多——征服印加的皮薩羅及其家人一共取得了兩百五十張以上的許可證，使他們在征服初期引進了大量奴隸。在瀕臨格蘭德河（Rio Grande）的地區，非洲人逐漸同化成原住民群體，甚至參與攻擊他們的前主人。一份令人驚訝的報告指出，引誘他們融入原住民生活的是仙人掌，「這些仙人掌使人陷入爛醉，因而在衝動下做出各種決定。」（也有些西班牙人加入印第安人。）瓦里安提（Juan Valiente）生於非洲，在墨西哥淪為奴隸，他在一五四〇年代加入了征服者佩德羅．瓦爾迪維亞（Pedro de Valdivia），他們攻擊智利，而瓦里安提也成為瓦爾迪維亞的夥伴。事成後，他獲得一塊地產，而且得以擁有印第安奴隸。一五五三年，當他準備向墨西哥主人贖買自由時，卻因為一場原住民暴動而與瓦爾迪維亞雙雙遇難。歐洲人首次在今日美國境內殖民時，非洲人也參與其中，這是一五二六年西班牙建立的聖米格爾．瓜爾達普（San Miguel de Gualdape），它的位置或許在今日美國喬治亞州濱海地區。聖米格爾．瓜爾達普是格蘭德河以北第一座殖民地，第一批奴隸來到這裡，而且也最早爆發奴隸叛變。這場暴亂延續了好幾個月，殖民地完全遭到破壞。一般相信，這些奴隸逃跑之後，就與當地的瓜爾印第安人（Guale Indians）一起生活。若是如此，那麼他們就是維京人以來第一批跨越大西洋來到美國的長期住民。

到了十七世紀，非洲人已遍布西班牙世界。阿根廷有六家公司把奴隸送到安地斯山脈的產銀城鎮波托西；祕魯利馬的居民有一半以上是非洲人或非洲裔；非洲奴隸在巴拿馬的太平洋岸造船。在此同時，有更多非洲人湧入卡塔赫納（Cartagena），這座城市位於今日的哥倫比亞。耶穌會教士費南德斯（Josef Fernández）在一六三三年表示，每年運抵此地的非洲人多達一萬到一萬兩千人。而當時卡塔赫納的歐洲人甚至不到兩千人。這些城市居民絕大多數仰賴奴隸貿易為生，為了偷渡非洲人而給的賄賂成了主要收入來源。葡屬巴西引進非洲人的速度較為緩慢。由於當地印第安人數量充裕，因此直到十六世紀末以前，未曾引進過任何非洲人。即使在開始引進後的數十年間，數量也相當有限。在殖民地極有勢力的耶穌會教士，其實是引進非洲人的幕後推手之一；他們認為奴役印第安人是一種罪惡，反觀非洲人則是可奴役的。（耶穌會教士說到做到：在他們的製糖磨坊裡，只有非洲人遭到奴役。）

科爾特斯建立的牧牛場應該是墨西哥最早的牧場。為了照顧這些牲畜，科爾特斯並未引進原住民工人，因為原住民沒有飼養牛馬的經驗。非洲數千年來一直是養牛與騎馬的中心。科爾特斯最早找來的牧場幫手就是非洲奴隸，他們很可能是美洲大陸最早的牛仔。往後接續而來的非洲奴隸達數千人。在阿根廷，非洲人逃離城市與種植園，來到了彭巴草原。這些漫遊者騎著偷來的馬匹，放牧著偷來的牛群，他們過著跟西非平原類似的放牧生活——「自給自足，不仰人鼻息」，如一八七〇年代阿根廷著名詩歌《馬丁・費耶羅》（*Martín Fierro*）所述。這些人日後被稱為高卓人（gaucho），他們成為阿根廷的象徵，就像北美牛仔成為美國西部的象徵一樣。

非洲人離散的典型例子是一名在摩洛哥阿澤摩爾（Azemmour）長大、說著阿拉伯語的穆斯林／基督徒，他名叫艾斯特班，但他的名字有著各種不同的叫法：Esteban、Estevan、Estevanico 或 Estebanico de Dorantes。十六世紀，數萬名摩洛哥人在內戰與乾旱的逼迫下，鋌而走險逃往伊比利半島，為了活命，他們不得不接受奴役與改信基督教。其中有許多人來自阿澤摩爾。艾斯特班幼年時，葡萄牙利用這個地區的不穩定而占領了該城。他可能是在里斯本被一名西班牙小貴族買下，這名貴族名叫多蘭特斯・卡蘭查（Andrés Dorantes de Carranza）。多蘭特斯希望自己能和科爾特斯一樣立下征服的功勳，於是他帶著艾斯特班加入潘菲洛・納爾瓦埃斯（Pánfilo de Narváez）的海外探險隊，納爾瓦埃斯是一名富有而充滿企圖心的卡斯提爾人，他具有領袖的各項特質，但獨缺健全的判斷力與好運。

一五二八年四月十四日，四百多人（我們不知道其中有多少人是非洲人）在納爾瓦埃斯的率領下登陸佛羅里達南部。當他們沿著佛羅里達海灣尋找黃金時，不幸遭遇一連串的災難。納爾瓦埃斯在海上失蹤；剩下的人則受到印第安人、疾病與饑荒的侵襲。大約一年之後，倖存者建造了一艘破船，打算搭這艘船逃往西班牙島。他們在德克薩斯外海擱淺，失去了補給品。原本的四百人，此時只剩十四人。不久，倖存者減少到四人，艾斯特班是其中之一，他的主人多蘭特斯也還活著。

這四個人艱苦地往西朝墨西哥前進，一路上遭遇了各種艱難險阻。他們以蜘蛛、螞蟻蛋與刺梨為食，最後終於失去所有的財物，淪落到全身赤裸的慘狀。他們遭到奴役、折磨與羞辱。他們經過無數的印第安部落，在過程中，他們逐漸被當成靈魂的治療者。原住民似乎認為，這幾個赤裸且滿臉鬍子的異邦人能夠穿越重重艱險，證明他們身上一定有某種不可思議的力量。或許印第安人是對的，因為艾斯特班與西班牙人開始藉由詠唱聖歌與做出十字架的手勢來醫治疾病。其中一名西班牙人曾經讓人起死回生，但這或許只是傳聞。他們手臂上戴著貝殼，腿上綁著羽毛，隨身帶著燧石刀子。這群流浪的治療者開始出現追隨者，人數多達一百餘人。心懷感激的病人贈送禮物給他們：豐盛的食物、寶石、六百個乾鹿心。

艾斯特班成了斥候、大使，在接觸一個又一個新文化時他是名義上的領袖。艾斯特班一行人往西南方走了數千英里，沿著加利福尼亞灣前進，而後進入墨西哥中部山區。某種程度上，艾斯特班成了這個團體的首領。每當遇見新的部落，他就咯咯搖起他的薩滿葫蘆，解釋他們是誰。這些西班牙人的性命全操控在他的手裡。

從他們出發開始，過了八年，這四名納爾瓦埃斯探險隊倖存者終於抵達墨西哥城。三名西班牙人受到盛情款待與嘉勉，但艾斯特班卻再度淪為奴隸並且遭到販賣。他的新主人是新西班牙總督安東尼歐．門多薩（Antonio de Mendoza）。門多薩不久就指派艾斯特班擔任北方探勘的隊伍嚮導，於是艾斯特班再度上路。這支隊伍的任務其實是要搜尋黃金七城。據說西元八世紀時，葡萄牙教士為了躲避穆斯林的入侵而建立了這些城市。數十年來，西班牙人與葡萄牙人不斷尋找這些城市——七城成了伊比利版本的大腳或雪人。為什麼人們總是想像這些城市位於美國西南部，關於這點，似乎一直未能找到解釋，或許也無從解釋。無論如何，納爾瓦埃斯探險隊倖存者的故事重新燃起了探險的熱情，而門多薩也因此受到感染。

門多薩派出的探險隊由馬可斯．尼薩（Marcos de Niza）帶領，尼薩是一名充滿熱情的方濟會傳教士。

門多薩要求艾斯特班必須遵守尼薩的命令，然而艾斯特班似乎不打算這麼做。探險隊往北走，途中遇見了印第安人，印第安人仍記得艾斯特班。於是艾斯特班脫掉西班牙服裝，戴上響鈴、羽毛與綠松石，像靈媒一樣搖動著能發出聲響的東西。他再度吸引了數百人跟隨他。尼薩要求他停止進行儀式治療，也要他拒絕接受病人捐贈的酒與女人，但艾斯特班依然我行我素，不理會他的命令。

渡過格蘭德河之後，艾斯特班與追隨者走在隊伍前頭，據說這是傳教士做的決定。不久，兩批人馬間隔了數英里。艾斯特班來到一處歐洲人從未抵達過的區域。尼薩有幾天的時間一直未收到艾斯特班的音訊，但之後發現受傷流血的艾斯特班隨從。他們向尼薩回報，先頭隊伍走到亞利桑那與新墨西哥交界的山區，突然看見霍伊庫（Hawikuh）的蘇尼（Zuni）城鎮，這座城鎮幾乎都是兩層到三層樓的砂岩住宅，從遠處看來宛如山坡上的白色階梯。當地統治者拒絕讓他們進城，把艾斯特班一行人圍困在城外一處大木屋裡，不給他們糧食與水。第二天，艾斯特班想逃離霍伊庫，卻因此遭到殺害，與他同行的人也都丟了性命。

蘇尼人講的故事卻是另外一番景象——或者應該說，他們講了「許多版本的故事」。我聽到的其中一個版本是，艾斯特班並未被拒於門外，反而受歡迎地進到霍伊庫。當地人早已聽說他的事蹟，以及他的非凡旅程。他們希望艾斯特班留在當地，至少在故事中，他們表現出極為渴望的樣子。他們從未見過像艾斯特班這樣的人，他的皮膚、頭髮與外表對他們來說充滿了不可思議，他們相信他的靈魂蘊含了廣大的知識，他們絕不願失去這麼寶貴的人物。

為了不讓艾斯特班離開，他們砍下他的小腿，讓他只能躺著。當地人因此能沐浴在他的超自然力量下。根據故事的說法，艾斯特班就這樣活了好幾年，他受到當地人的尊敬，殘缺的身體一直受到細心的照顧，然而他終其一生只能躺著。

艾斯特班最終的結局如何，說法不一，完全只能看民眾願意相信哪一種版本。他的真實命運恐怕永遠不會有真相大白的一日。我們只能確定一件事，那就是到了最後，曾多次驚險過關的艾斯特班，最終還是墮入許多西班牙人都曾有過的妄想幻念。他以為自己瞭解他一手創造的狂熱世界，以為自己能控制它。然而他忘了，這些只是一場空。

家庭價值

特諾奇提特蘭於一五二一年八月十三日陷落，之後是一連串的屠殺與混亂。在城市瀕臨解體的外圍地帶，西班牙軍隊在縱橫交錯的水路中發現了一小批獨木舟。西班牙的文獻提到這些獨木舟的主人躲在蘆葦裡，除非很仔細地尋找，否則不可能發現他們。原住民的文獻卻表示，這些人其實是想尋找入侵者然後向他們投降。今日史家認為後者的詮釋比較合理。因為在混亂的城內藏匿其實更為容易，但這些人卻駕著獨木舟出城，顯然目的不是為了掩人耳目。

其中一艘船坐著夸特莫克（Cuauhtemoc），他是三國同盟最後一任君主；其他的船則載著他的妻子與家人。特諾奇提特蘭的統治者與歐洲統治者一樣，都藉由與少數菁英家族通婚來鞏固自身的權力，而且擁有多名妻妾以生育大量子女。王室的家譜因此相當複雜，而且往後還會變得更複雜。

夸特莫克當時才二十出頭，他是蒙特祖馬二世的姪子。蒙特祖馬曾於西班牙人第一次攻擊首都時被科爾特斯挾持做為人質，並且在企圖將科爾特斯趕出首都時被殺，但實際死因仍有爭論。蒙特祖馬的繼承者只統治了兩個月就死於天花。繼承者為了加強自身的正當性，於是娶蒙特祖馬的女兒特庫伊奇波欽（Tecuichpotzin）為妻，她在西班牙第一次攻擊時成了寡婦。之後，西班牙與印第安人結盟，對特諾奇提特蘭發動第二次攻擊，繼承者死亡。帝位由十八歲的夸特莫克繼承。與前任統治者一樣，夸特莫克也基於相同理由娶特庫伊奇波欽為妻。她與夸特莫克搭乘同一艘獨木舟。

蒙特祖馬被俘時，曾要求科爾特斯保護他的家人。這是一份重大的任務：皇帝有十九名子女。其中一名倖存者就是特庫伊奇波欽。（西班牙人為她取了歐洲名字伊莎貝拉，好便於稱呼。）特庫伊奇波欽是皇后的女兒，其他兩名倖存的子女則是嬪妃所生。這些子女當時都還是青少年。兩度成為寡婦的特庫伊奇波欽其實才十二歲。

科爾特斯認為他們是三國同盟的合法統治者，其中特庫伊奇波欽尤為重要。他也認為必須將西班牙的權威接枝在原住民的根上，因為歐洲人必須透過印第安人的體制才能進行統治。為了做到這點，他在扣押蒙特祖馬的同時，還一派正經地表示，蒙特祖馬已經同意把統治三國同盟的權力讓渡給查理五世。印第安菁英因此成為西班牙的好臣民，必須受到平等的看待，與西班牙菁英平起平坐。這兩個群體從此必須平等往來。科爾特斯還輕輕地使和解更往前一小步，他讓特庫伊奇波欽懷孕了。

科爾特斯並未馬上這麼做，特庫伊奇波欽還是嫁給了夸特莫克。但科爾特斯不久就以三國同盟領袖陰謀反抗西班牙為藉口，於一五二五年處死夸特莫克。然後，科爾特斯又安排特庫伊奇波欽嫁給第四任丈夫，這回是他屬意的西班牙征服者。但這名男子幾個月後就去世了。科爾特斯於是體貼地讓這名年方十六、七歲的寡婦住進他寬敞的宅邸裡，而她也在這裡懷了身孕。科爾特斯再次安排她嫁給第五任丈夫，對象依然由科爾特斯挑選。一五二八年，蕾歐諾爾．科爾特斯．蒙特祖馬（Leonor Cortés

Moctezuma）出生，此時不過婚後四、五個月。[3]

蕾歐諾爾不是科爾特斯唯一的私生子女，他至少另外還育有四名，與印第安女子生下的混血兒也不僅蕾歐諾爾一人。在攻擊三國同盟時，科爾特斯隨身帶著一名嚮導與口譯員：這名女性的名字有不同的說法，包括Malinche（瑪琳奇）、Marina（瑪琳娜）或Malintzin（瑪琳琴）。瑪琳奇出生的貴族家庭剛好處於三國同盟與馬雅之間的中立地帶，她在成為繼父家庭的絆腳石後，便被賣到了馬雅。瑪琳奇小時候曾學過三國同盟的語言，馬雅人於是將她交給正準備前往三國同盟的科爾特斯。不久，他們發生了性關係。科爾特斯的兒子馬丁於一五二二年五月或六月出生，這表示瑪琳奇是在前一年的八月或九月懷孕，當時三國同盟已經被科爾特斯征服。（科爾特斯在遺囑中曾提到與原住民女子生下的另一個女兒瑪莉亞，但我們對這個女兒一無所知，只知道她的母親也是蒙特祖馬的女兒。有人推測瑪莉亞的母親是在科爾特斯軟禁蒙特祖馬期間懷孕，但之後在戰事中喪生。）

科爾特斯並未隱瞞自己有私生的混血子女。蕾歐諾爾由科爾特斯的親戚撫養長大，這名親戚同時也為科爾特斯管理巨大的莊園。糖業的獲利為蕾歐諾爾提供了豐厚的嫁妝，因而吸引了胡安．托羅薩（Juan de Tolosa），也就是墨西哥最大銀礦的發現者向她求婚。科爾特斯為馬丁採取了更戲劇化的行動：他讓馬丁到西班牙宮廷擔任侍臣，並且委任一名羅馬律師向教宗克勉七世（Pope Clement VII）請願，希望教宗宣布馬丁是他的合法子女。俗名朱利歐．德．梅地奇（Giulio de' Medici）的教宗，有充分的理由同情科爾特斯。因為教宗不僅自己是私生子，而且也生下了混血的私生子——亞歷山德羅．德．梅地奇（Alessandro de' Medici），他的母親是一名獲得自由的非洲奴隸——而且任命他為佛羅倫斯公爵以確保他的未來。教宗確實讓馬丁．科爾特斯的身分合法。馬丁與科爾特斯年紀最長的婚生子（也叫馬丁．

科爾特斯）一起成為遺囑的主要繼承人。他們兩人都是西班牙社會的正式成員——這一點可以從他們為了爭奪父親遺產而在宮廷鬥爭了五年看出。當然，他們也爭奪印第安奴隸。

從哥倫布抵達西班牙島那一刻，歐洲人與印第安人就開始融合在一起。島上絕大多數的殖民者都是年輕的單身男子；西班牙島在一五一四年的人口普查中，只有三分之一的西班牙人已婚。在已婚者當中，有三分之一娶的是塔伊諾女子。斐迪南與伊莎貝拉鼓勵這類異文化的通婚，不過他們認為應該以基督教的婚姻儀式進行。基督教婚姻——這一點或許令人感到意外——也是一些原住民希望採取的儀式：以基督教儀式將女兒嫁給西班牙人，印第安人菁英可以進一步鞏固自己的地位。然而，對許多西班牙人來說，塔伊諾儀式要比基督教婚禮有用的多——唯有迎娶原住民女子為妻，低階層的西班牙人才能獲得高階層印第安人掌控的貨物與工人。結果，許多在教士眼中仍生活在罪裡的西班牙人，他們認為自己已完成婚姻的儀式。

混血的社會開始成形，首先出現於加勒比地區，然後遍及美洲各地。混血從高層開始，科爾特斯就是個例子。與許多第一代征服者一樣，科爾特斯也來自埃斯特雷馬杜拉（Extremadura），這個貧窮山區控制在少數大家族手裡，而這些家族彼此世代通婚。科爾特斯的遠親皮薩羅是印加帝國的征服者——皮薩羅的叔父娶了科爾特斯的姑姑為妻。當彼此交織的征服者家族與同樣彼此交織的原住民貴族家族通婚時，形成了盤根錯節形狀特異的家族樹，令進行研究的系譜學者頭痛萬分——科爾特斯與墨西加

3　目前學界對三國同盟皇帝採取的羅馬化名稱，最常見的是「Montecuhzoma」。科爾特斯當時的西班牙人通常稱蒙特祖馬為「Moctezuma」，他的孫子女也取了這個名字。

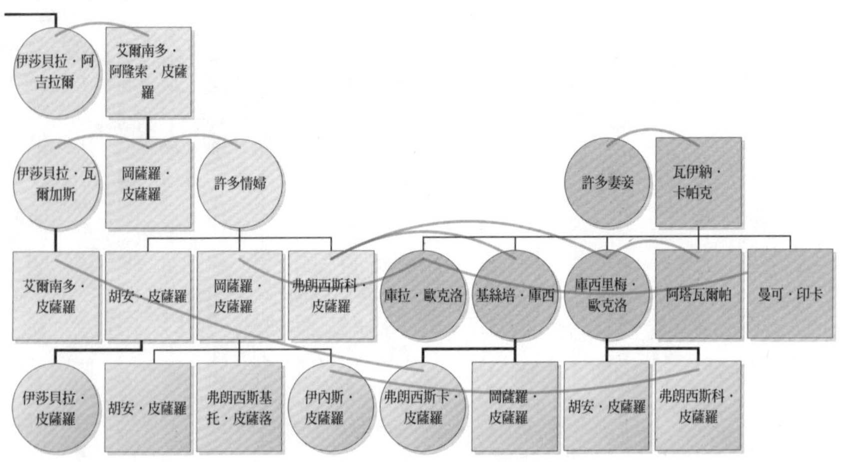

為了維持統治的正當性，征服者通常會嫁入或迎娶被征服民族的菁英，科爾特斯與皮薩羅就是最明顯的例子。他們的混血子女成為新殖民地最有權勢的人。因為許多征服者來自埃斯特雷馬杜拉，這個多山地區是由少數彼此通婚的大家族統治著，這些家族之間的關係極為緊密，就像印地安貴族一樣。征服者與印第安貴族通婚的結果，造就了獨一無二的多文化家族網。

十五與十六世紀的美洲皇室家族

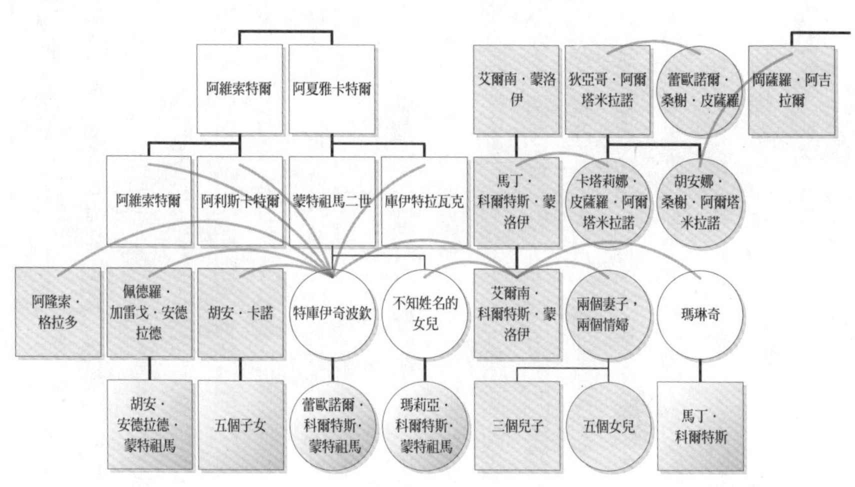

圖例		圖例	
（白色方框）	墨西加（皇帝）	（弧線）	配偶
（淺灰方框）	西班牙人（征服者）	| 或 |	直系親屬
（深灰方框）	印加（皇帝）	（粗線）	相同父母的兄弟姊妹
（漸層方框）	墨西加與西班牙混血	（細線）	同父異母的兄弟姊妹
（灰色方框）	印加與西班牙混血		

（特諾奇提特蘭民族）的關係就是典型的例子。

科爾特斯只是個開端。他的遠親皮薩羅跟他一樣娶了原住民貴族女子為妻：基絲培．庫西（Quispe Cusi），她是皮薩羅征服的印加皇帝阿塔瓦爾帕（Atawallpa）的妹妹或同父異母的妹妹。基絲培．庫西為皮薩羅生下兩名子女，弗蘭西絲卡（Francisca）與岡薩羅（Gonzalo）。皮薩羅請求西班牙國王下旨讓他的兩名子女合法。皮薩羅常說基絲培．庫西是他的妻子，但其實他並未娶她。皮薩羅也未讓這場「婚姻」妨礙他與另外兩名印加皇室姊妹私通，其中之一還為他生下兩個孩子。皮薩羅自己也是私生子，他並未拋棄自己的印加混血子女。他與庫西生下的女兒弗蘭西絲卡成為他的主要繼承人（弗蘭西絲卡的弟弟岡薩羅在九歲時死亡）。

皮薩羅來祕魯時，與他一同前來的還有三個弟弟。其中之一讓印加公主當了他的情婦。另一名則娶了真正的印加皇后——他侵占了傀儡皇帝的妻子，而這名皇帝是皮薩羅殺了阿塔瓦爾帕後擁立的。皮薩羅第三個弟弟艾爾南多（Hernando）是唯一活著返回西班牙的弟弟。查理五世為了謹慎起見，將艾爾南多軟禁起來——因為艾爾南多曾有多次推翻王室的紀錄。此外，他曾為了搶奪祕魯的金銀財寶而在戰爭中殺死許多西班牙人。查理五世去世，繼任者菲利普二世仍持續軟禁他。總計艾爾南多被監禁了二十一年。「他受到的監禁算是溫和的」，漢明在《征服印加帝國》（*The Conquest of the Incas*, 1970）中表示。漢明在這本書裡對皮薩羅兄弟攻擊祕魯的過程做了精采的描述。「他所在的牢房與住處，正是當初收容法王法蘭西斯一世（Francis I）的地方（後者於一五二五年與西班牙作戰時被俘）。」艾爾南多每天睡到中午才起床，在奢華住所裡享用佳餚美酒，然後款待西班牙達官貴人，直到深夜方歇。他在監禁期間甚至還擁有情婦，而且生下一名女兒。

弗蘭西絲卡出生時，艾爾南多曾看過她。之後兩人再次相見時弗蘭西絲卡已十七歲，她繼承了父親大筆的遺產。漢明指出，五十歲的艾爾南多幾乎當下就決定娶她，「完全未考慮兩人的血緣關係，三十三歲的年齡差距，以及他自己正受到監禁」。等到艾爾南多終於結束軟禁，他們在皮薩羅家族的故鄉特魯希略（Trujillo）的廣場旁興建了一座文藝復興式的豪宅。為了滿足殖民地的幻想，他們在金盤子上盛裝祕魯菜餚，並且引進一群印加僕役來服侍他們。

與其他征服者相比，皮薩羅家族除了更為富有，其餘方面並無不同。一五四一年，有一百五十名征服者在智利建立聖地牙哥，史家針對其中九十七名進行追蹤，發現他們擁有的子女與孫子女總數達到三百九十二名，其中有兩百二十六名（百分之五十七）有印第安人血統。智利一名征服者於一五六九年的宗教裁判所上自豪地表示，他與非歐洲女子生下了五十名子女。[4]

4 這種混血的現象不只出現在西屬與葡屬美洲。普林斯頓大學歷史學家柯利（Linda Colley）寫道，經過一段時間之後，英國「建立的帝國具有更濃厚的混血色彩」，英國人透過快速混血通婚的方式讓各種族維持平衡。早期美國的領導人支持這種概念，例如總統傑佛遜就認為歐洲人與印第安人應該「混血，融合為一個民族」。這方面的經典例子是休士頓（Sam Houston），他是首任德克薩斯共和國總統，日後又擔任德州州長。休士頓小時候曾經離家，被切洛基印第安人家庭收養。他回到自己出生的社會，並且開啟了充滿暴力與酒精的政治事業。三十六歲時，他結束了婚姻，回到切洛基族，娶了切洛基混血女子為妻。休士頓成為切洛基人派駐華府的大使，並且穿上了原住民服裝。但切洛基人對於休士頓的飲酒無度極為不滿，於是剝奪他的大使職位，並且將他趕出切洛基社會。休士頓在德克薩斯脫離墨西哥之後成為該共和國的總統。在擔任總統期間，休士頓曾試圖與當地的切洛基人締結同盟，共同入侵墨西哥北部與創建一個雙元文化國家。這個混血社會的形成，傑佛遜也是始作俑者之一。根據一九九八年的ＤＮＡ檢驗顯示，傑佛遜很可能與他的非裔奴隸莎莉・海明斯（Sally Hemings）生下一個以上的子女，海明斯可能是傑佛遜妻子同父異母的妹妹。傑佛遜解放了海明斯的六名子女——這是他唯一解放的奴隸——其中三名長大之後過著像「白人」一樣的生活。

西屬美洲殖民地街頭混雜的文化與種族經常反映在藝術上，例如這幅作者不詳的十八世紀油畫，它描繪的聖母馬利亞嵌在波托西巨大的銀山裡，從視覺上結合了基督教與安地斯傳統，後者認為山是神祇的具體顯現。

這些混血兒鮮少具有非洲血統。但這一點不久就會改變——而且速度很快。隨著種植園奴隸制的擴展，非洲人在西半球的比例開始提升，非裔印第安人、非裔歐洲人與非裔歐裔印第安人的數量不斷增加。到了一五七〇年，墨西哥的非洲人數量是歐洲人的三倍，混血兒是歐洲人的兩倍（當然，無論是非洲人還是非歐混血兒，數量都少於印第安人。）七十年後，非洲人數量仍是歐洲人的三倍，但混血兒卻是「二十八」倍，其中絕大多數是非裔歐洲人。

某方面來說，西班牙人很快就接受了他們塑造的混血世界。當時的歐洲人沒有後世的「種族」概念，他們不認為自己與非洲人或印第安人有任何生物上的差異，他們不擔心今日所謂的基因汙染。另一方面，他們對原住民與新來者的融合卻有著「道德」汙染的巨大疑慮。

有人在回憶時提到，西班牙以承諾讓印第安人改信，做為合理化征服的理由。但西班牙人不斷苛待原住民，顯然違背了這項承諾。掌管新西班牙宗教生活的方濟會修士提議以種族隔離的方式來解決這個問題：將殖民地分成兩個「共和國」，一個是印第安人共和國，一個是歐洲人共和國。少了歐洲人的需索無度，印第安人可以專注於讓鄰近的印第安城鎮改信；西班牙人可以專注於從征服的果實中獲取財富。因此，一五三八年，巴斯科・基羅加（*Vasco de Quiroga*）主教將墨西哥城西部山區的三萬名印第安人聚集起來，成立一個保留鎮，他希望讓這個鎮成為美洲的烏托邦——這裡說的烏托邦確實如字面所言，因為基羅加完全衣照湯瑪斯・摩爾（Thomas More）在二十一年前出版的《烏托邦》（*Utopia*）來建立這座城鎮。

雙元共和國計畫的問題，在方濟會建立的純歐洲人城鎮普埃布拉（Puebla de los Ángeles）最為明顯，這座城鎮位於由墨西哥城前往維拉克魯斯的路上。之所以建立這座城市是為了解決西班牙的下層階級寄生在原住民村落的問題，他們不斷向原住民索討糧食、住所與婦女，嚴重影響了傳教的重要工作。方濟會的解決方式是將這些遊民強制送進歐洲人的城市，交由教會監督。當這些人發現自己少了原住民勞動力可以差遣時，有半數居民不願繼續待在普埃布拉。為了完成普埃布拉的建設，建築師只好引進信託制的勞工（即原住民）。但西班牙人持續離城，教士只好給他們甜頭吸引他們留下。最後，每個普埃布拉家庭每星期都能獲得四十到五十名印第安工人的服務。普埃布拉的創建原是為了保護印第安工人不受西班牙人剝削，但最後卻演變成強制他們為普埃布拉人提供勞動力。印第安人與西班牙人因此再度混居。即使當局能讓印第安人與西班牙人分開居住，自由的非洲人仍可扮演套利者的角色，他們利用原住民社區與西班牙社區物價的不同，從中賺取差價利益。

混血人口的穩定成長，對兩個共和國構成了諷刺——他們屬於哪一邊呢？墨西哥各個教堂分別保留了印第安人與西班牙人的洗禮、婚禮與喪禮登記簿。難道教堂還需要準備第三種登記簿嗎？更糟的是，混血人口的增加也引發殖民地居民血統純粹的疑慮。

當時許多西班牙人相信，父母必須將他們的觀念與道德感傳達給子女，而家庭的氣氛可以提高效果。母親是猶太教徒或穆斯林，或多或少會將猶太教或伊斯蘭教的本質傳承給自己的子女，即使她從未向他們傳布宗教。如果孩子成長的家庭帶有猶太人或穆斯林的風俗，例如不吃豬肉或不常洗沐，那麼長此以往，孩子內在的汙點將愈來愈深刻而漸至無法磨滅。反之，如果孩子擁有基督教父母，食用基督教食物與學習基督教習慣，那麼即使他們內心的汙點無法去除，至少也能日漸淡化。根據這個觀點，非洲人之所以令人疑慮，不是因為他們的非洲基因，而是因為他們的祖先信仰不道德的伊斯蘭教異端，使得子孫的內心永遠帶有汙點。

起初，這個觀點不認為印第安人帶有危險性。因為在哥倫布之前，福音從未傳至美洲，因此印第安人的祖先不存在否認上帝的問題。他們不信上帝，是出於無知，而非基於邪惡。而身為無知之人，他們不可能將異端的印記傳給自己的子孫。然而經過一段時間之後，許多印第安人顯然不願接受福音，西班牙人對印第安人的看法於是起了變化。在此同時，非洲人與混血兒的數量持續成長。十六世紀支持混血的菁英，在十七世紀時發現周遭不可信任的人口愈來愈多，這才發覺情況已失去控制。在這種情況下，菁英無法像過去一樣任由底下的人口無拘無束為所欲為。

種族觀是個複雜的主題，需要學者投入大量精力加以闡明。種族這個議題也是相當敏感的歷史問題，容易引發猜疑與防衛心。而且不難想見一定會引發諸多爭議。以上的簡短討論是我對南卡羅萊納大學史家馬丁尼茲（María Elena Martínez）觀點的摘要說明，我認為她的分析相當具說服力。肯定會有一些學者不認同她的觀點，或至少不同意我簡化的版本，但幾乎沒有人會懷疑殖民社會變得愈來愈多元。殖民地當局也嘗試扭轉這個尾大不掉的局面。

十六世紀下半葉，西班牙政府開始對混血人口設下限制，禁止他們攜帶武器、擔任修士、從事有名的手藝（絲織業，手套製造業，製針業）與擔任公職。一名西班牙肉販偷斤減兩欺騙顧客，要罰二十披索。但擁有印第安人血統的肉販犯了一樣的罪卻要抽打一百鞭。擁有非洲血統的男女，不許在晚間八點以後出現在公共場合，也不許聚集超過四個人。此外，他們每年必須支付特別稅——一種原罪稅。印第安歐洲混血女性不許穿著印第安人服裝。非洲歐洲混血女性不許穿戴西班牙風格黃金首飾或高雅的刺繡披風，又稱 *mantas*。等等諸如此類的禁令——多如牛毛的法規，其中蘊含著過當的惡意與焦慮，西班牙官方以一種吹毛求疵的手法來對付這群桀驁不馴的混血子孫。

隨著禁令增多，受限制者的恐懼也隨之增加，這又導致更多的禁令與更多的恐懼。教士認為印第安人並非純潔無知，他們就像猶太人一樣，受到祖先非基督教信仰的玷汙。或許他們**真的是**猶太人的子孫，是以色列失落的支派！也許他們當中有些人就像過去伊比利半島的猶太人一樣，從未**真心**改信基督教。也許他們會與非洲人共謀攻擊基督徒。一五五二年，奧斯定會修士德·維特（Nicolás de Witte）表示，新西班牙

> 到處都是麥士蒂索人（mestizos），這些人天生有著不良的根性。這裡到處都是黑人男女，他們是奴隸的後裔。這裡到處都是娶了印第安女子的黑人男子，他們生下穆拉托人（mulattoes）。這裡到處都是娶了印第安女子的麥士蒂索人，他們生下種類繁多的「卡斯塔」（casta），而這些混血兒又生下其他無數良莠不齊的混血兒。

「麥士蒂索人」與「穆拉托人」後來成為複雜分類體系（又稱為「卡斯塔」體系）的關鍵部分。「卡斯塔」體系從未明文規定於帝國法律中，卻受到數百個地方、教會與同業公會規定的承認。「卡斯塔」體系試圖以血統的道德與精神價值為標準，為新西班牙的民族進行分類。每個民族有著根本、不可改變的本質，並且以特定、可預測的方式與其他民族結合在一起。穆拉托人（非洲歐洲混血兒）不同於麥士蒂索人（印第安歐洲混血兒），也不同於桑博人（zambo，非洲印第安混血兒，zambo 一詞精確來說應是 *zambaigo*，兩腿內八的意思）。西班牙人與麥士蒂索人生下的子女稱為卡斯提索人（castizo）；與穆拉托人生下的是摩里斯科人（morisco，奇怪的是，這個名字源自於「摩爾人」〔Moor，編按：摩爾人通常指

中世紀時，在伊比利半島上的穆斯林居民」)。經過一段時間之後，分類變得愈來愈古怪、精細與荒謬：卡約提人（coyote，土狼）、洛博人（*lobo*，狼）、阿爾比諾人（albino，白化症患者）、坎布荷人（*cambujo*，皮膚黝黑者）、阿爾巴拉薩多人（*albarazado*，有白斑者）、巴爾奇諾人（*barcino*，有色斑者）、吊在空中者（*tente en el aire*）、我不瞭解者（*no te entiendo*）。[5]

這些分類無法產生政府希望的效果。民眾並不因為自己被劃歸某個族群而自我設限，相反地，他們利用自己被劃歸的類別來改善自己的條件，取得最適合他們的身分。征服者穆紐斯（Diego Muñoz）擁有一半印第安人血統的兒子娶了原住民貴族女子為妻；他的兒子在理論上應歸類為卡約提人，卻被宣布為印第安人，而穆紐斯的孫子則成為墨西哥城東部特拉斯卡拉的「印第安總督」。在此同時，其他印第安人也宣稱自己是非洲人——奴隸支付的稅收較少，印第安人認為自己也應該跟他們一樣少繳稅捐。地方官員理應監督分類的執行，但為了獲取現金，這些官員實際上卻販賣身分給想購買的人。加勒比地區的西班牙人如果死後未留下婚生子女，那麼他們的麥士蒂索與穆拉托子女將成為「西班牙人」與遺產繼承人，這種現象愈來愈普遍，以至於波多黎各主教於一七三八年嗤之以鼻地說，這些島嶼上的「白人家庭很少不雜有惡劣種族的血統」。十八世紀末，一名旅人諷刺地提到，雖然西班牙島官方人口普查「登記的是白人」，但在當地教區登記簿上，同樣的人卻被登記為「白人與印第安人混血兒，而且與桑博人、穆拉托人及黑人混血」。

5 不只西班牙人熱衷於分類。十八世紀的法國博學者莫羅（Louis-Élie Moreau de Saint-Méry）也嘗試將海地混亂的族群劃分成一百二十八個細微的群體（「十二個穆拉托人混血種，混有白人血統的約五十六到七十種」）。

新法禁止將原住民販售為奴，這項措施也增加了種族的混亂。因為西班牙這部法律（稱為「七章律」〔Siete Partidas〕）宣布，凡繼承母親身分的子女，也就是歐洲人與印第安婦女的混血兒，必須獲得自由，至少理論上是如此。結果造成非洲男人尋找不是非洲裔的女性做為配偶（無論如何，殖民地沒有足夠的非洲女性，有四分之三的奴隸是男性）。馬德里方面要求非洲人只能婚配非洲人，但殖民地勢力強大的教士卻鼓勵奴隸以非法的方式取得教會認可的婚姻關係——教會想藉此讓異教非洲人改信。至少半數的非洲人最後都以非非洲人為配偶。殖民地當局宣布七章律不適用，並且試圖把非裔印第安人與非裔歐洲人的子女視為奴隸。在一場集體反抗中，許多人選擇了離開，他們相對白皙的臉孔已告訴了他們的新鄰居，他們是印第安人或西班牙人。

人類對於種族差異的看法與行動鮮少禁得起邏輯檢視，墨西哥亦然。從遺傳學者的觀點來看，人口總是隨著時間而逐漸混合。到了十八世紀末，「純」非洲人已經消失，疾病與種族通婚以極快的速度減少「純」印第安人的數量，就連殘存的「純」西班牙人（這個少數族群只占墨西哥城不到百分之五的人口）也大量婚配非西班牙人，不久西班牙人將無法繼續成為獨立的類別。此外，要區別族群也變得愈來愈困難，但殖民地當局仍努力想進行辨識，他們的執念完全表現在古怪的藝術作品中：「卡斯塔」繪畫。

「卡斯塔」繪畫是一套圖畫，通常是十六張，主要描繪的是新西班牙的種族類別。這些在殖民地繪製或刻印的作品，描繪西屬美洲的麥士蒂索人、穆拉托人、卡約提人、洛博人與吊在空中者，像奧杜邦畫的鳥類一樣呆板精確。事實上，有幾套畫作還展示在馬德里的自然歷史博物館裡。館方把西屬美洲智人，連同化石與海外植物放在一起展覽。幾乎所有展示在觀眾面前的畫作都是以家庭的方式呈現：

某個種族的男人，搭配另一個種族的女人，然後生下混血的子女。畫布上直接寫上金色的標題，做為解釋的文字：

黑人男子與印第安女子，洛博人
西班牙男子與摩爾女子，阿爾比諾人
穆拉托男子與麥士蒂索女子，吊在空中的洛博人
印第安女子與發展遲緩的洛博男子，還是洛博人

目前所知的「卡斯塔」繪畫超過一百套。許多畫得相當美麗。有些是混血兒自己畫的。今日，我們看著這些圖畫，很難想像當時的作畫者在想什麼。他們肯定知道歐洲人對於新西班牙充滿異國風味的居民存有幻想，但也知道歐洲人對後者深感厭惡。這些畫展示了他們的同胞，把他們當成動物園裡的動物。然而在此同時，絕大多數的畫作顯示的卡斯提索人、麥士蒂索人與穆拉托人穿著華麗的服裝，他們開心地從事日常營生，每個人都高大健壯。現在，我們看著畫中人物光滑而微笑的臉龐，怎麼也想不到在城市街頭，這些人會因為自己的種族而遭到輕視。而看著這些畫，我們也無法知道「卡斯塔」繪畫還「不夠」多元——沒有任何一幅畫描繪新西班牙其實住著亞洲人，而且是亞洲以外亞洲人口最多的地區。

3.
1.
2.
13.
De Chamizo e india
sale Cambuja. Chamizo 1.
india 2. Cambuja 3.

De Español
Sale
Tornatras

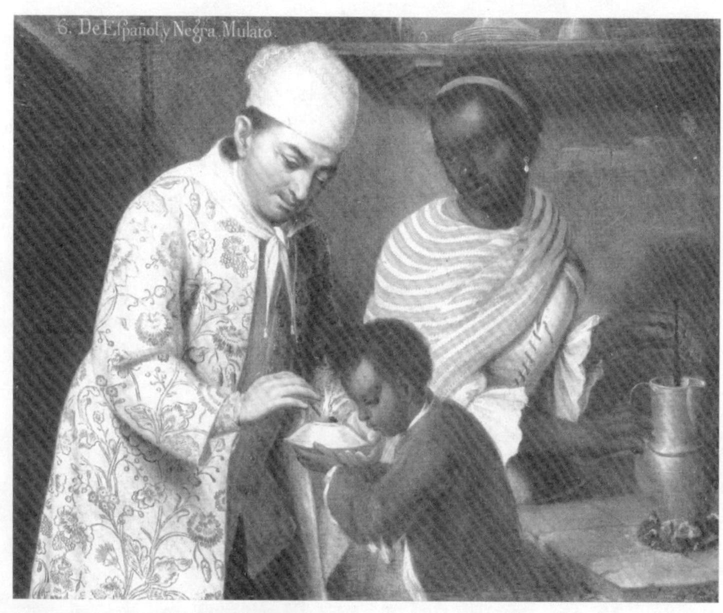

「卡斯塔」畫作，這些古怪的自然史作品在當時的歐洲相當受歡迎，而其繪製的目的是為了讓外人瞭解西屬美洲殖民地的文化融合。這些畫囊括了歐洲、印第安與非洲血統的複雜種族分類，等同於圖解的人類學論文，清楚地貼上了種族類別的標籤。有時這些作品顯示了混血造成的悲慘結果：夫妻相殘，孩子長得完全不像父母。從左下以順時鐘方向介紹：「黑人與印第安人生下的洛博人」(伊巴拉〔José de Ibarra〕，約一七二五年)；「西班牙人與黑人生下穆拉托人」(作者可能是阿爾奇巴爾〔José de Alcibar〕，一七六〇年到一七七〇年)；「查米索人與印第安人生下坎普哈人」(作者不詳，約一七八〇年)；「西班牙人與阿爾比諾人生下發展遲緩者」(托雷斯〔Ramón Torres〕，一七七〇年到一七八〇年)。

激動的城市

一六八八年一月，一群信眾蜂擁進入普埃布拉耶穌會聖靈教會的聖嬰孩禮拜堂。這座禮拜堂安放了卡塔麗娜．聖胡安（Catarina de San Juan）的遺體，她是當地著名的聖女，活到八十幾歲才去世。主教座堂的管理者與地方教團領袖輪流擡著她精心雕飾的棺材進到禮拜堂裡，放在裝飾了藝術與手寫詩文的棺架上。陷入狂熱的信眾開始撕毀覆蓋在遺體上的裹屍布，企圖割下死者的手指、耳朵與肉塊當作聖物。為了保護卡塔麗娜的遺體，教會當局於是在靈柩周圍布置了武裝士兵，以免信眾侵擾。

市議會與普埃布拉宗教團體的領袖們都參加了葬禮，然後再到主教座堂望彌撒。弗朗西斯科．阿吉雷拉（Francisco de Aguilera）在講道時歷數卡塔麗娜的生平，他向底下的地方賢達表示，卡塔麗娜雖然一生絕大部分的時間都在禮拜禱告，但她的精神早已遊歷整個地球。事實上，基督徒能在地中海擊敗穆斯林艦隊，全是她的功勞。日後，支持者還認為卡塔麗娜與聖母馬利亞一起拯救了西班牙運送寶物的艦隊，使其免於惡魔颶風侵襲；她協助西班牙船擊敗英格蘭與法國海盜；飛往日本與中國傳布基督教；並且親眼見證方濟會傳教士在新墨西哥殉道。

卡塔麗娜的事蹟雖然多不勝數，但就內容來說並不符合封聖的條件。卡塔麗娜死後，馬上就有認識她的教會人士為她寫下聖徒傳記，其中重要的有三部，有一部甚至厚達一千多頁。比較特別的是阿吉雷拉提到她的出身：卡塔麗娜．聖胡安看起來是墨西哥山區一名沒沒無名的異象者，但其實她是亞洲某個皇帝的孫女。值得注意的是，這個說法或許是事實，或者應該說是八九不離十。

卡塔麗娜生於一六〇五年，出生時取名為米拉。她是蒙兀兒帝國的貴族子女，誕生的地點可能是拉合爾（位於今巴基斯坦），也可能是阿格拉（著名的泰姬瑪哈陵位於此地）。蒙兀兒帝國是穆斯林王朝，米拉的家族雖然與皇室關係疏遠，但也是穆斯林。米拉／卡塔麗娜的傳記作家表示，她居住的宮殿位於河邊，與她同住的還有皇室家族。米拉的家人對基督教存有善意，這項說法並非空穴來風。當時的蒙兀兒皇帝阿克巴（Akbar）以宗教寬容聞名於世；耶穌會在他的朝廷裡受到歡迎，有些大臣因此改信了基督教。基督教聖人的圖像普遍見於宮廷的花園、雕像與墳墓——這些均被視為阿克巴依循神意統治的象徵。

米拉七歲時，局勢出現巨大的變化。葡萄牙海盜掠奪了一艘要到麥加朝聖的蒙兀兒船隻。阿克巴認為這場攻擊是精心策劃的宗教羞辱，於是下令驅逐耶穌會教士與迫害基督徒。米拉的父母也受到牽連，於是遷徙到濱海地區——可能是阿拉伯海的蘇拉特（Surat），這裡有著相當數量的歐洲社群。遺憾的是，蘇拉特當地的海盜十分猖獗。米拉的一名傳記作家提到（他宣稱這是米拉親口所言），海盜假扮成葡萄牙商人，在沙灘上綁走了她，並且將她運到接近印度南端的柯枝（Kochi）。當地的耶穌會教士為她施洗。基督徒理應不能成為其他基督徒的奴隸，但海盜還是從耶穌會手中將她奪走。在海上，米拉不斷受到凌辱，等到抵達馬尼拉後，她被賣給了來自普埃布拉的船長。

在墨西哥，這名女孩（此時她已改名為卡塔麗娜）對信仰日趨熱衷，而且堅持禁欲苦行。她躲在小房間裡，吃得少也喝得少，她用一條條尖銳的金屬飾釘將自己的四肢纏繞起來，抗拒任何的性接觸——她曾在異象中要求赤裸的基督穿上衣服。卡塔麗娜把自己關在窄小毫無陳設的房間裡，每天夜裡，她不斷以聖水、聖物、十字架與魔鬼交戰。根據卡塔麗娜最堅定的編年史家拉莫斯（Alonso Ramos）的說法，異象充斥著她的腦子。而身為耶穌會教士的拉莫斯也接受她的懺悔與告解。拉莫斯表示，卡塔麗娜看到聖餐禮的主持者化為星辰，放射出不可思議的光芒到她的嘴裡。她看到天后的靈魂在光輝與火燄中冉冉升起，頭上十二道光宛如冠冕。她看到教堂的拱頂崩裂，屋頂開啟一道裂縫，一張飄浮在天空中的神奇桌子，上面擺滿了鮮花、閃亮的黃金與豐盛的筵席，救世主就坐在桌旁。她看到「纖細泛著微光的雲霧」構成的階梯，靈魂拾階而上直抵天堂，她的祈禱幻化為天使，花朵從天而降，如甘霖般覆蓋了所有人所有事物。

拉莫斯以三本大部頭著作敘述了這些事件，分別出版於一六八九年、一六九〇年與一六九二年，這是新西班牙出版過最龐大的作品。四年後，宗教裁判所指責這三部著作是「無用、不真實、充滿矛盾與〔……〕輕率的說法」。拉莫斯喪失了普埃布拉耶穌會學院院長一職，而且遭到監禁。原本就有酗酒習慣的他，似乎在囚禁期間發了瘋。他逃走，企圖殺死繼任的院長，最後在眾人遺忘中死去。

卡塔麗娜也幾乎遭到遺忘。遭到遺忘的還有在她之前與之後來到美洲的亞洲人，根據東華盛頓大學歷史學家斯雷克（Edward R. Slack）的估計，大約有五萬到十萬人。他們是經由加雷翁船貿易前來：水手、僕役與奴隸在阿卡普爾科登岸，然後散布到整個新西班牙。十七世紀初，亞洲人（菲律賓人、福建人與菲裔福建人）已經在馬尼拉灣建造西班牙船。當西班牙人愈來愈不願從事長途跋涉的跨洋航行時，亞洲人便取代他們的位置。有些人早在一五六五年就到達墨西哥，當時烏爾達內塔已首次由西向東完成跨越太平洋的航行。（在這次航行中，雷加斯皮把亞洲奴隸送到他位於阿卡普爾科西北的柯尤卡〔Coyuca〕莊園。）斯雷克估計，在這些大船與附屬船隻上，有六成到八成的船員是亞洲人。許多人從此未回到亞洲。一個例子是一六一八年，加雷翁船「聖靈號」抵達阿卡普爾科，上面有七十五名亞洲水手，只有五名搭上回程的船。往後數十年，數千名水手跳上開往美洲的船，在城市的造船廠工作或蓋堡壘與其他公共工程。6

有時候，亞洲水手會與亞洲奴隸（如卡塔麗娜這樣的人）一起工作，儘管殖民政府明令禁止，但亞洲奴隸仍源源不斷地湧入。他們由葡萄牙奴隸商人運送，從印度、馬來西亞、緬甸與斯里蘭卡來到馬尼拉；中國船也從越南與婆羅洲運來奴隸。在馬尼拉，他們與絲和瓷器一同上了大型加雷翁船。一六七二年，馬尼拉禁止亞洲奴隸，但禁令不見成效。將近一個世紀之後，維拉克魯斯市議會要求來自馬尼拉的耶穌會教士放棄將二十名亞洲僕役帶到馬德里，因為這些人實在太像奴隸了。

這批亞洲移民通稱為「chinos」（中國人），他們沿著運銀公路緩慢從阿卡普爾科擴散到墨西哥城、普埃布拉與維拉克魯斯。事實上，這條路是由亞洲人巡邏與維持治安的——尤其是日本武士。手持武士刀的日本人曾在一六〇三年與一六〇九年協助鎮壓中國人在馬尼拉的暴亂。一六三〇年代日本頒布鎖國令，流浪異國的日本人因此陷入困境，於是有數以百計的日本人移往墨西哥。起初，總督禁止麥士蒂索人、穆拉托人、黑人、桑博人與中國人攜帶武器。西班牙只例外准許日本武士佩戴武士刀與短刀，由他們負責保護運銀路線，以防脫逃奴隸組成的攔路匪搶劫。由於效果十分顯著，當局於是改變策略，轉而徵召混血族群擔任民兵。到了十八世紀，非洲—印第安—亞洲人口組成的民兵開始在墨西哥太平洋沿岸從事保護郵政投遞、對抗盜匪與驅逐英國船的工作。阿卡普爾科做為白銀貿易的終點站，其防衛的任務交由莫瑞諾人（morenos）、帕爾多人（pardos）、西班牙人與中國人共同執行，中國人多

6 不是所有人都前往墨西哥。一六一三年祕魯利馬的人口普查顯示，有一百一十四名亞洲人生活在當地，將近半數是女性。實際數字很可能更多，因為亞洲人會企圖規避人口普查。他們很多是所謂「開襞襟」的人，負責修理當時有錢人會掛在脖子上硬梆梆的襞襟。

半由菲律賓人與福建人組成。當一七四一年英國海軍上將／海盜安森（George Anson）入侵西墨西哥時，這批多民族軍隊成為擊敗他的主要力量。

普埃布拉規模遠比阿卡普爾科大，而且擁有緊密的亞洲社群。事實上，卡塔麗娜的主人在當地為她找了另一名亞洲奴隸當她的丈夫。（這場婚姻並未生效。問題可能出在新婚之夜，卡塔麗娜對她的新配偶說，聖彼得與聖保羅出現在床邊，不讓他履行婚姻的權利。）普埃布拉最重要的產業是製陶——普埃布拉的黏土品質極佳。技術高超的陶工專注於細節上的描繪，他們仿製了明代的青花瓷。同業公會規則規定，「色彩需模仿中國瓷器，純藍，以相同的風格結尾」。東華盛頓大學歷史學家斯雷克指出，製造業者不太可能忽視工人中有一批技術超群的亞洲工匠。極有可能，普埃布拉的偽中國陶器有一部分是出自中國陶工之手。若真如此，那麼這些中國陶工的手藝一定很不錯：今日墨西哥的名產塔拉維拉（talavera）陶器得到高度的評價，當我造訪普埃布拉時，當地商店甚至向我抱怨市面上到處充斥著中國的仿冒品——中國人在墨西哥仿製中國產品，而後中國人又回過頭來仿製墨西哥的仿製品。

菲律賓藝術家桑普宗（Esteban Samzon）隨著加雷翁船貿易，從馬尼拉跨越太平洋來到美洲，十八世紀末，他成為布宜諾斯艾利斯的名雕刻家。他的作品，「謙卑與耐心的基督」（約完成於一七九〇年）至今仍裝飾著該市仁慈聖母的聖殿與修院。

更大的亞洲社群位於墨西哥城。這是美洲最早的中國城，它位於市長廣場，在露天亞洲市場的中心，頂上搭建了一座類似帳篷的屋頂。市長廣場是墨西哥城最大的市中心廣場，它就位在舊日特諾奇提特蘭的市中心上面。這座市場稱為帕里安（Parián），它沿襲了馬尼拉亞洲貧民窟的名字。市場裡充斥著各國語言，中國裁縫、鞋匠、肉販、刺繡工、樂師與書記，與非洲、印第安、西班牙商人競爭生意。令殖民當局擔心的是，中國金匠搶走了歐洲金匠的生意——「中國人成為基督徒，每年不斷地湧入，他們在那個行業上完全打敗了西班牙人」，一名道明會修士在一六二〇年代哀嘆說。

西班牙金匠顯然默默接受了生意上的損失，但西班牙的理髮師可不願輕易屈服。當時的理髮師不僅修剪頭髮與鬍子，同時還扮演低階醫療者的角色，負責幫人治牙。大約有兩百名中國理髮師在市長廣場開店，以東西合璧的方式為人治病：燒灼與針灸，放血與中國草藥。富有的婦女紛紛聚集在他們的攤前。這不只是一種新時代風尚，事實上，當時的中國牙醫學居於世界前沿。唐朝時，北京的專家已知道牙周病可以藉由刮除牙菌斑來加以預防。他們用來止血的膏藥，根據最近的研究發現，具有抗菌與抗發炎的療效。

一六三五年，墨西哥城的西班牙理髮師向市議會請願，要求停止中國人「過當的行為」以及他們造成的「諸多不便」。請願書的內容說得有點巧妙，但有人發現背後真正的原因：中國人願意以較高的租金取得市中心的攤位，即使這麼做可能減少他們的利潤，因為這裡比較容易招攬顧客。此外，中國人願意花更長的時間工作，這使得歐洲的理髮師必須辛苦地跟他們競爭。對西班牙人來說，解決的方法很明顯：將中國人趕出市中心，並且限制工作時間，這樣他們就不用工作得這麼辛苦而且要接受這麼低的利潤。六個月後，總督禁止亞洲理髮師在市長廣場設攤。更糟的是，他限制亞洲理髮師可以擁有的剃刀數量，以此確保他們的店鋪不會成長得太大。

儘管發布禁令，政府還是繼續批准中國人在市長廣場的開店申請。這不禁令人懷疑，是不是因為有些有頭有臉的顧客不願跑大老遠去理髮與洗牙。而歐洲理髮店再度提出抗議。一六五〇年，政府創設理髮店管理單位，授權該單位針對非法的理髮店課以高額罰金。然而成效不彰，因為中國理髮師依然大量成長。一六七〇年，一名西班牙理髮師出任管理部門首長。斯雷克（我的敘述主要參考他的作品）並未提到他獲得成功。

墨西哥城的多民族色彩充分表現在它的節慶上，例如復活節遊行。平信徒組織了慈善兄弟會，表面上是一種公開的懺悔行動，實際上卻是以種族為中心的市民組織。亞洲人在十六世紀中葉建立聖基督兄弟會；他們與方濟會合作，在修院裡修建禮拜堂，進口奢華的象牙進行裝飾。一六九七年四月，義大利旅行者卡雷利（Giovanni Francesco Gemelli Careri）在墨西哥城觀看復活節遊行。當天，三個兄弟會成員裝扮好拿著雕像與火炬，從市政廳走了出來：它們分別是聖三一兄弟會、聖額我略教堂耶穌會，與方濟會。卡雷利提到，方濟會的行列稱為「中國人的遊行」，因為遊行者全來自菲律賓。他寫道，每個行列都伴隨著

一隊騎兵，走在隊伍前面的是悲切的號角手。當遊行隊伍抵達皇宮時，中國人與方濟會搶著排在隊伍的前頭；他們手持棍棒扭打起來，甚至連十字架也成了武器，雙方嚴重掛彩。

龐大的中國人口反映出墨西哥城是交換東方資訊的中心。一五八五年，道明會修士門多薩利用加

雷翁船貿易得到的史料編纂了《大中華帝國史》。這本書再版數十次，翻譯成多國語言，成為歐洲知識分子瞭解中國必讀的作品。中國貿易不僅引起墨西哥城市政府的興趣，也讓該市各主教座堂的教士魂牽夢縈，他們不斷懇求長官能讓他們登上加雷翁船，前往中國拯救當地人的靈魂。他們的熱情因為一項誤算而愈演愈烈——他們低估了墨西哥與中國之間的距離。（事實上，加拿大史家克洛西〔Luke Clossey〕指出，北京距離羅馬要比北京距離墨西哥城近得多。）道明會修士馬丁·瓦倫西亞（Martín de Valencia）在墨西哥西海岸等待數個月，希望科爾特斯的船隻能載他到中國，然而科爾特斯的太平洋探險終告失敗，瓦倫西亞因此等不到他要的船。他在墨西哥城臨終的時候說：「我被自己的欲望騙了。」

在街頭扭打，爭奪對政府的影響力，軍隊內部的矛盾衝突，這些都是墨西哥城複雜人口組成（來自非洲、亞洲、歐洲與美洲）的必然現象。但墨西哥城也因此成為世界最早的全球城市——智人的同種新世。它是哥倫布大交換人類分支的展示品，它是非洲人與印第安人注視下，東方與西方相遇的地方。墨西哥城的居民雖然對於他們的多民族文化感到驕傲，但另一方面也對自身血統的混雜感到羞恥，這一點在詩人巴爾布埃納（Bernardo de Balbuena）身上表現得最明顯。他作品的《墨西哥的偉大》（*Grandeza Mexicana*）是一封篇幅達兩百多頁，寫給他的第二家鄉的情書。他在信裡對墨西哥城說：「在這裡」，

西班牙與中國結合在一起，
義大利與日本結合在一起，
最後全世界的貿易與秩序也結合在一起。
在這裡，我們享受著西方一等一的財寶；

在這裡，我們獲得東方創造的所有光彩的菁華。

巴爾布埃納寫下這篇頌詞時，他所讚揚的城市正泡在水裡。科爾特斯的圍攻，使原本在每年春天能夠疏解洪水的複雜水道網遭到破壞；現在，這座城市遭逢了長達數個月的水患。（損壞幾乎花了四個世紀才修復完成，某方面來說，這座城市一直未能恢復過去的榮景。）但巴爾布埃納卻對此隻字不提。顯然，為了在城市夢想中生活，參與詠唱聖歌的行列，穿著絲織衣物，驅趕著裝載沉重金銀的馬車，以及聆聽教堂的鐘聲，在洪水中涉水而過似乎是值得的，居民可以划著獨木舟行經兩旁開滿花朵的運河，看著遠處山巒泛著微光。然而這座城市的問題不僅如此。它飽受環境問題的威脅，市中心一小圈富有的西班牙人與城市邊緣擁擠的棘手的多國族群，兩者間的鬥爭撕裂了城市，市政機關與宗教組織腐敗無能，無人正視城市過去的歷史——從現在的角度來看，十六、十七世紀的墨西哥城竟讓人感到意外地熟悉。從它的反烏托邦面貌來看，它完全是我們這個時代的城市，與當時任何一座城市均迥然不同。它是第一座二十一世紀的城市，是第一座今日現代全球化的巨大都市。

用**現代**與**全球化**來形容沒有大眾運輸工具，也無法購買海外商品或勞務的時空，似乎有點愚蠢。然而，即使在今日，在我們這個網路星球上，仍有數十億人沒有電話。即使是現在，高科技地區如美國、歐洲與日本的商品與勞務仍非無遠弗屆。現代性是個分布不勻稱的事物，它在地球上的光影持續在變動。而墨西哥城是現代性最早照射到的地方之一。

9 逃亡者的森林

在卡拉巴爾

克里斯提安・德・桑塔納（Christian de Jesus Santana）望著窗外的祕密城市。這城市被稱為卡拉巴爾（Calabar），位於巴西東北部巴伊亞的薩爾瓦多（Salvador da Bahia）邊緣地帶，座落於海岸山脈的內陸一側。這座山脈的另一側（卡拉巴爾因為山脈的阻隔而無法看到大海）剛好正對著遼闊的萬聖灣（Bay of All Saints），它是世界第二大奴隸港，對於超過一百五十萬名被捕獲的非洲人來說，他們首次看到的美洲就是這裡。這些奴隸照理會在巴西的甘蔗種植園與磨坊度過餘生，絕大多數確實如此，但也有成千上萬的奴隸掙脫桎梏，在森林裡建立逃亡者社群——巴西人稱為基隆坡（quilombo）。經常有印第安人加入他們的行列，因為印第安人也是歐洲奴隸商人的目標。在險惡地形、濃密森林、湍急河流與致命陷阱保護下，這些非法的混血聚落持續了數十年乃至於數世紀之久，它們絕大多數都是小聚落，但有些已發展成相當龐大的規模。卡拉巴爾，也就是克里斯提安成長的聚落，膨脹到一萬名居民。（卡拉巴爾這個名字來自非洲的一個奴隸港，位於今日的奈及利亞。）距離卡拉巴爾幾英里處，還有另一座薩爾瓦多的基隆坡，又稱里貝爾達吉（Liberdade，自由區之意），今日人口已達六十萬，據說是西半球最大的非裔美洲人社區。

雖然缺乏翔實的紀錄，但在一六五〇年時，卡拉巴爾與里貝爾達吉一直是實際存在的城鎮。我在里貝爾達吉遇見一名地方史研究者，他表示，這座城市發展的時間其實比一六五〇年還要早個數十年，當時有些奴隸沿著森林中的原住民小徑逃離薩爾瓦多。萬聖灣四周圍繞著長滿森林的高聳峭壁，逃亡者要爬上峭壁越過密林才能到達另一側，之後才能在殖民地港口與原住民內陸間建立環狀聚落。以直線距離來算，有時這些聚落離歐洲人農地只有數百碼而已，但難以通過的森林與山嶺足以隱匿他們的行蹤。葡萄牙人雖然持續地追捕脫逃者，但他們也與脫逃者交易——卡拉巴爾居民離薩爾瓦多市中心約四英里，他們會用乾魚、木薯、稻米與棕櫚油交換刀子、槍炮與衣物。一八八八年，巴西終於廢除奴隸制度，但基隆坡的生活卻少有改進，它們仍被視為非法聚落，而政府也沒有力量剷除它們。

一九五〇與六〇年代，薩爾瓦多出現大幅成長。市區逐漸越過山脈，囊括了卡拉巴爾、里貝爾達吉與其他六個基隆坡。然而這些逃亡者聚落從未真正成為城市的一部分——沒有人擁有合法的土地所有權。幾乎沒有道路通往卡拉巴爾。下水道管線只鋪設到卡拉巴爾的邊緣地帶，民眾必須以自行接線來竊取電力。一九八五年，當克里斯提安出生之時，這座前逃亡者社區已完全被高聳的公寓所包圍。

我與克里斯提安見面時，他熱情地帶著赫奇特（加州大學洛杉磯分校地理學家，她慷慨與我分享她的語言和歷史知識）與我參觀他的童年住處。入口是狹窄而毫不起眼的樓梯，牆壁纏繞著大量的私接電線。房屋順著山勢一路往上蔓延，住宅之間有破碎的水泥小路相連。這裡幾乎沒有汽車。山腳下的街道擠滿步行的民眾，與薩爾瓦多其他地區一樣，走到哪裡都能聽到音樂。身穿白衣的青少年正在練習卡波耶拉（capoeira），這是非裔巴西人的舞蹈，同時也是一種武術。街道上方懸掛著社區活動的宣傳布條。剛設立的街燈慢慢地亮了起來。這是個充滿活力的社區，至少對我來說是如此，它是一座城中之城。

卡拉巴爾與里貝爾達吉並非孤例。事實上，有數千個逃亡者社群散布在巴西、其他南美洲國家、大部分加勒比地區與中美洲地區，乃至於北美洲部分地方——有超過五十個社群分布在美國。有些社群占地廣闊，與殖民政府相持數十年。有些社群則隱藏在亞馬遜河下游、墨西哥中部與美國東南部的雨林中。這些社群任意蔓延，為自己建立自由的領域——巴西史家雷斯（João José Reis）稱之為「發明出來的自由」。這些社群有許多名稱，除了基隆坡外，還有 *mocambos*、*palenques* 與 *cumbes*。在英語中，這些社群通常被稱為馬倫人

在巴西薩爾瓦多最富裕地區的高樓後方，隱藏著四百年前由脫逃奴隸建立的卡拉巴爾，至今它仍微弱依附在都會區的外圍。

（maroon）——這個詞顯然來自於塔伊諾語的 *simaran*，指射出去的箭。

美洲的歷史經常是站在歐洲人的角度來書寫，以歐洲人進入無人的蠻荒地區為前提。然而數百年來，絕大多數來到美洲的新來者並非歐洲人，而是非洲人，這裡的土地亦非無人，而是居住了數百萬的原住民。東西兩個半球的相遇，與其說是歐洲遇見美洲，不如說是非洲人遇見印第安人——這個關係不僅打造出奴隸制度的牢籠，也引發反對奴役的暴動。紅人與黑人之間的複雜互動，是一段隱藏的歷史，長久以來不為歐洲人所知，而研究者直到現在才著手進行挖掘。

即使學校課本承認西半球居住著大量人口，但也只是將他們描述成歐洲擴張下的無助受害者：印第安人遭到殖民者的屠殺，非洲人被拘禁在種植園裡，在鞭子的驅策下工作。在這兩種角色中，印第安人與非洲人幾乎沒有自己的意志——用社會學家的話說，他們毫無「能動性」。當然，奴隸制度迫使數百萬非洲人與印第安人過著悲慘而痛苦的生活。奴隸的生命通常相當短暫：巴西的奴隸有三分之一到二分之一活不過四到五年。更多人死於從非洲內陸運往奴隸港途中，或者是在跨洋航行時死亡。然而人類總是不斷尋找伸張意志的方法，即使在最艱困的環境裡亦是如此。非洲人與印第安人彼此爭戰、宣稱自己的地位，並且為了共同目標結盟，有時三者同時進行。無論他們採取什麼策略，有個目標是不變的，那就是自由。

一般人可能想像不到，確實有相當多的奴隸爭取到了自由。在巴西、祕魯與加勒比地區，成千上萬的奴隸從主人眼前消失。西班牙承認厄瓜多、哥倫比亞、巴拿馬與墨西哥等地的馬倫社群的自治權利，並且利用這些社群充當西班牙與敵人之間的緩衝。在蘇利南，「叢林黑人」（Bush Negros）與傲慢的荷蘭殖民政府持續了百年的戰爭，並且在一七六二年迫使後者訂定屈辱的和約——歐洲的談判代表遵循非洲的習俗，必須喝下自己的血以示信守和約。佛羅里達一個由馬倫人與印第安人結成的聯盟，在經過兩次戰爭後，迫使美國政府給予脫逃的奴隸自由。這是美國唯一一次在解放宣言之前給予奴隸自由（為了保留顏面，政府稱之為「投降」協定）。最重要的是，一八〇四年，海地的奴隸創立了馬倫人的國家——這場革命震驚了歐洲與美洲的奴隸主。

今日，這些鬥爭依然持續著。哥倫比亞、中美洲與墨西哥的非洲人口逐漸走出陰暗，要求終止歧視。在美國，從佛州到加州，馬倫人的後裔正進行著法律戰爭。不過，最大的衝擊也許是巴西，該國最近通過一連串法律，讓馬倫社群在決定亞馬遜地區的未來上擁有關鍵性的地位。

主事的非洲人

回到非洲，我們要講述阿奎爾屯（Aqualtune）的故事，她既是公主也是將領。據說她是安哥拉中部印班加拉（Imbangala）諸邦的領袖之一，利用剛果王國衰弱之際建立自己的勢力。一六〇五年，她在一場對剛果人的戰爭中被俘，然後被賣給了葡萄牙奴隸商人。在運送途中，她遭到強姦而且懷孕。阿奎爾屯在糖出口港累西腓（Recife）上岸，這裡是巴西面向大西洋的「凸出部」尖端。曾是軍事指揮者的她開始計劃脫逃。幾個月後，她率領約四十名屬下逃到內陸地區。在距離海岸二十五英里處，受擠壓隆起的玄武岩壁形成陡峭險峻的地形，宛如成排的瞭望塔。這道懸崖般的石牆高數百英尺，頂端是平坦的臺地，從這裡俯瞰周圍的平原，讓人有目眩之感。在群山中，有一座名叫大肚山（Serra da Barriga）。山頂有一個冷水池，池畔長滿了樹，池子直徑約五十碼，附近有一個原住民村落。阿奎爾屯在這裡建立了帕爾馬里斯（Palmares）。

今日，阿奎爾屯居住的山頂已成了國家公園。池子旁的牌匾自豪地訴說她的故事——令歷史學家苦惱的是，沒有人知道故事的真實性。唯一可以確定的是，一六二〇與三〇年代，約有三萬名非洲人利用荷蘭人攻擊葡萄牙沿海糖出口市鎮的機會，逃到了大肚山。在不受歐洲人干預下，這群逃亡者在大肚山建立了二十個彼此緊密連繫的聚居地，這裡於是成為非洲人、原住民與歐洲逃亡者的避風港。波士頓大學歷史學家松頓（John K. Thornton）表示，帕爾馬里斯的馬倫國度在一六五〇年代達到巔峰，「統治了巴西廣大的海岸山脈地區，也成為歐洲人在海外的勁敵。」它擁有的人口數不下於英屬北美。彷彿一下子從非洲帶走一大群人，將其放置在美洲一樣，這群人控制了面積超過一萬平方英里的地區。

帕爾馬里斯的首都是瑪卡科（Macaco），是阿奎爾屯的溫泉休憩勝地。這座城市沿著一條長半英里的寬闊街道開展，有教堂、議事屋、四間小鑄鐵廠、數百棟民宅，外圍環繞著灌溉農田。國家的領袖是阿奎爾屯的兒子岡加．尊巴（Ganga Zumba），他住在歐洲訪客口中所說的「宮殿」裡，這是由一群奉承他的臣子建造的。其他的皇室成員則各自分掌其他村落。岡加．尊巴有可能是稱號，而不是人名，就像安哥拉社會許多僧侶階級的稱號也叫 *nganga a nzumbi*。無論如何，根據訪客的說法，岡加．尊巴獲得如國王般的尊榮。他的臣民必須跪行到他面前，雙手拍掌，做出非洲式的臣服之禮。

岡加．尊巴知道他的人民很容易遭受攻擊，因此他把居住的城鎮組織成軍事陣營而非農業聚落：要求嚴格的紀律，持續不斷地警戒守備，以及經常性的操練演習。每個主要村落都圍繞著雙重的尖木柵，牆頂鋪有走道，牆角設有瞭望臺。木柵之外又圍了一圈木柱，其間布滿隱藏的陷阱、埋了毒樁的坑洞與四散的鐵蒺藜（將鐵釘熔接在一起的武器，可以帶給攻擊者極大的傷害）。為了擺脫奴隸制度而逃到此地的人，往往必須冒著喪命與殘廢的風險，這是今日難以想像的。而在這種環境下，帕爾馬里斯決心主宰自己的命運。

關於奴隸貿易，流傳著一則根深柢固的迷思，而這則迷思帶來極為負面的影響：那就是非洲人只是單純的受害者。事實上，奴隸貿易除了最後數十年，其他時間都是由非洲人自己主導了整個非洲奴隸的供給，也就是說，非洲人自己決定價格，與歐洲人平起平坐地進行協商，然後將非洲奴隸賣給歐洲人。歐洲人試圖讓奴隸商人彼此競爭，藉此獲得低價奴隸，但非洲人也懂得讓歐洲買家彼此競擡價格（船長與船長競爭，國家與國家競爭），以賣得高價。

非洲人如果未受到歐洲人的逼迫，那麼他們為什麼要販賣非洲人口？某方面來說，這種問題是犯了「現時主義」（presentism）的謬誤，也就是用今人的眼光來看待過去。當時的歐洲人或非洲人認為奴隸制度是一種理所當然的事物，他們不認為這需要解釋，也不可能去責難它。奴隸制度就像日常必需品一樣；無論在歐洲或非洲，剝奪他人的自由不具有道德可非難性，除非你讓不該成為奴隸的人成為奴隸。舉例來說，基督徒不能使基督徒為奴，雖然有時存在著例外。非洲人之所以比歐洲人更販賣自己的同胞為奴，主要不是對自由的看法不同，而是經濟體制的不同。

波士頓大學歷史學家松頓表示，廣義來說，「奴隸是非洲法律承認的唯一一種私有與營利的財產形式」。在西歐與中歐，最重要的財產形式是土地，西歐與中歐的大地主清一色是貴族，他們擁有任意處分土地的法律權利。與此相反，西非與中非的土地完全屬於政府所有——有時是由國王個人所有，有時是王室或宗教團體所有，但絕大多數屬於國家——政府領袖宛如執行長一樣，可以自由決定土地的利用方式。不過，政府卻不能輕易販售土地或徵收土地稅，能販售與徵稅的是勞力。因此，國王與皇帝如果想獲得財富，那麼首要之務絕不是占領土地，而是控制人口。如果說拿破崙派遣軍隊是為了占領埃及，那麼非洲的拿破崙派遣軍隊則是為了俘虜**埃及人**。

跟歐洲一樣，非洲人如果犯罪，將因此喪失社會成員身分淪為奴隸。此外，也有人因為無法還債而成為奴隸，無論是債務人自己、債務人的家人還是債務人的子孫，都有可能成為抵債的對象。遭遇水旱災的時候，貧困者可能將自己的家人當成抵押品交給其他親族成員，有時甚至連自己也抵押。不過，最常見的獲取奴隸方式是派軍隊越過國境，也就是發動戰爭。十七世紀，西非的政治版圖比歐洲還要分崩離析。松頓繪製的地圖顯示當時西非有六十幾個大小不等的國家。當一國領袖想增加自己的財富時，他的腦筋馬上就動到鄰邦身上；他會立刻派出軍隊進行掠奪。俘虜可以由國王擁有，或者是交給中間人販賣，中間人會把他們賣給北非或歐洲的顧客。

跨大西洋奴隸貿易開始之初，歐洲船首次建立了開往非洲海岸的定期航線，當時歐洲與美洲的制度差異主要反映在文化而非經濟上。歐洲人可以買賣勞力——這是訂定勞務契約的目的。至於非洲人則是藉由控制土地使用者的勞力來獲取土地。兩者均能獲得土地與勞力的成果，不過獲利途徑並不相同。以經濟的角度來說，歐洲人獲得的生產要素是土地，非洲人擁有的生產要素則是勞力。兩種體系生產要素所有人取得部分或全部勞動成果的權利，但除此之外，兩者並無相同之處。一項明顯的區別是勞力可以移動，但土地不能。勞力可以運送，這項關鍵要素決定了日後奴隸貿易的發展。

由於勞力是西非的主要財產形式，因此不難理解西非的富人應該擁有大量的奴隸。西非的種植園數量很少——西非濱海地帶的土壤與氣候無法支持種植園的形式——在這裡很少出現像美洲甘蔗或菸草種植園那樣數量龐大在田野裡工作的奴隸。西非的奴隸多半是士兵、僕役或負責建築道路、柵欄與穀倉的建築工人。他們通常無所事事；西非富有而強大的奴隸主擁有遠超過自己所需的奴隸，就像歐洲富有而強大的地主累積了大量未使用的土地。此外，奴隸的勞動中有部分象徵著稅賦或貢金。

外國觀察者注意到，過剩或貢金形式的奴隸不一定要辛苦或長時間工作，因此非洲奴隸制度本質上不像美洲奴隸制度那樣苛酷。從長期存活率來看，這種說法確有其理。在美洲的菸草種植園，無法工作的奴隸沒有任何價值，因此被當成沒有價值的東西來處理。同樣的奴隸在非洲卻有其他用途——他們是奴隸主的裝飾品，就像鑽石項鍊一樣，雖然沒有實際功能，卻還是價值連城。即使是最老弱的奴隸也可以穿上華服參加遊行，唱著讚美主人的詩歌。或者，奴隸也可以單純為主人的喜好而存在。達荷美（Dahomey）國王有數年的時間在宮裡蓄養了一名無法償債的奴隸：一個運氣不佳名叫蘭姆（Bulfinch Lamb）的英國人，國王留他的原因只是為了跟他說話。此外，非洲奴隸在服務一段時間之後要比美洲奴隸更容易獲得自由，不僅因為非洲奴隸通常與奴隸主帶有親族關係，也因為非洲奴隸獲得自由之後仍是君主具有價值的臣民（如果是美洲的種植園，還有工作能力的奴隸獲得自由，對奴隸主有害無益）。這兩項因素緩和了奴隸制度的麻木不仁，也有助於消除亞當斯密在經濟上對奴隸制度的反對。然而，因軍事掠奪而離鄉背井的非洲人，應該不可能頌揚這種制度，儘管它具有人性的一面。

歐洲人抵達非洲之後，他們很快就參與了既有的奴隸貿易。原本已在運送人口的非洲政府與商人，為了滿足外國人的需求，於是增加奴隸的供給量。有時政治領袖還提高刑罰以創造更多奴隸。藐視法律者、逃漏稅者、政治流亡人士、非法移民——這些人全成了奴隸的來源。不過，通常的做法還是派遣軍隊去掠奪其他國家，或者士兵會綁架鄰國的重要人物並且要求以奴隸贖回。如果需求仍繼續增加，有些民間商人可能會惹惱官方，在未經允許之下私自抓人為奴。如果已經沒有其他來源，非洲人甚至會向歐洲人購買奴隸。耶魯大學歷史學家哈姆斯（Robert Harms）估計，在十七世紀，歐洲人賣了四萬到八萬的奴隸給在位於今迦納（Ghana）的非洲人。

在奴隸貿易的成長上面，非洲方面需求的重要性不下於歐洲。十七世紀末，當燧發槍取代不可靠的火繩槍時，非洲人就跟喬治亞與卡羅萊納的印第安人一樣急於獲得這種新槍枝。一七三二年四月，快速興盛的阿桑提帝國（Asante empire）商人出現在迦納的荷蘭艾爾米納堡壘。他們想用俘虜來交換槍枝。哈姆斯寫道，「荷蘭總督震懾於對方威嚇的語氣，於是急忙通知其他堡壘立刻將所有燧發槍運來艾爾米納。」阿桑提以奴隸交換槍枝與火藥的方式成為支配該區的強權。哈姆斯提到，大量販奴使阿桑提得以擴張軍備，同時也「解釋了一七二〇年代荷蘭奴隸出口的暢旺」。

非洲商人向非洲軍隊、掠奪者與海盜購買奴隸，然後雇用非洲人將奴隸運送到非洲人經營的牢房裡。契約訂定之後，非洲人把奴隸送上船，奴隸船上的船員也幾乎全是非洲人。奴隸船出航所需的糧食、繩索、飲水與木材也全由非洲人提供。歐洲人當然也扮演一定角色，在這道基本的經濟等式中，他們擔任的是需求面，也就是顧客的角色。少數歐洲人勇敢地來到非洲沿海地區，他們娶非洲人為妻，他們的子孫通常成為非洲奴隸貿易的協商者與中間人。疾病與處處提防的非洲軍隊使這些歐洲人只能待在非洲大陸邊緣的哨站裡。[1]

這些哨站絕大多數都小得可憐。荷蘭西印度公司長久以來一直獨占荷蘭奴隸貿易，到一八〇〇年時，已經運送了約二十二萬名俘虜。荷蘭位於艾爾米納的非洲總部，常駐的歐洲人不過四百人，甚至更少。三英里外的黃金海岸，是英國皇家非洲公司的總部，該公司獨占英國的奴隸貿易，運走數萬名上了枷鎖的男性、女性與兒童，然而黃金海岸的外國人卻不到一百人。十七與十八世紀的歐洲人自豪地在非洲靠大西洋岸的地圖上畫上密密麻麻的丹麥、荷蘭、英國、法國、葡萄牙、西班牙與瑞典的堡壘、戍守地與貿易站。但地圖上絕大多數的星號，擁有的人往往不超過十人，許多甚至不到五人。重要的港口維達（位於今日的貝南）在十八世紀的第一個二十五年出口了四十萬人——它是當時大西洋奴隸貿易最重要的港口，常駐歐洲人卻不到一百人。其中絕大多數是奴隸商人，他們在沙灘上紮營，隨時準備把人運到船上去。

　　這些哨站雖然不起眼，卻是推動巨大轉變的催化劑。過去，非洲奴隸主對於底下奴隸原本的生活略知一二，有時他們與自己的奴隸還有一點親戚關係，可能是遠親，也可能是姻親；有時他們知道這些人之所以淪為奴隸是因為家族的關係或基於部落的責任。就連戰俘也知道是從何處的那一場戰爭抓來的。與此相對，殖民地種植園把奴隸當成動產，在種植園主眼裡，奴隸是沒有姓名的財物——可以說，奴隸是從店裡買來的東西，你是根據外表的特徵來挑選他們，就像挑選各種品牌的罐頭一樣。（奴隸商人在帳簿裡都會用「件」來計算這些人類貨物，光是這個詞就可以看出他們是怎麼看待奴隸的。）歐洲的奴隸主甚至連看都沒看過奴隸；他們安居於倫敦、巴黎與里斯本，完全不受數千英里外非洲疾病的侵擾。當他們想增加糖或菸草的產量時，他們會向數千里外的金融家借款，然後修書一封，上面寫著以某某價錢購買幾件人類貨物。這項轉變在無人察覺的狀況下默默進行著，但它卻去除了奴隸與奴隸主之間的紐帶關係（無論有多疏遠）。俘虜不再是奴隸主的遠親或被征服的敵人。相反地，他們成了無

1 很多觀眾看過迷你影集《根》（*Roots*）一開場美國奴隸商掠奪甘比亞村落的一幕。事實上，這類突襲是相當罕見的。非洲國家不喜歡侵入者，特別侵入者是企圖切斷他們供應鏈的奴隸公司——因為俘虜都是他們自己的人民。

名無姓的勞力單位，是資產負債表上的生產投入，可以根據他們未來的預估經濟價值而予以處分。

荷蘭、葡萄牙與英國奴隸商人一直待在岸邊的船上，他們不知道這群不幸男女的來歷。匆忙趕到詹姆斯鎮、卡塔赫納與薩爾瓦多碼頭購買人類貨物的殖民者，更不可能知道這些人的底細。松頓說，「只有極少數美洲奴隸主知道〔……〕這成千上萬的奴隸原本是戰俘。」當這些被俘的士兵組織逃亡與暴亂時，奴隸主才知道他們進口的是一批具有軍事背景的人。從一開始，美洲奴隸主便遭遇了這樣的困境：他們的奴隸大軍正是一群被奴役的軍人。

西班牙島最早的奴隸主要來自於喬洛夫帝國（Jolof empire，位於今塞內加爾與甘比亞）內戰的戰俘。似乎大部分運往加勒比地區的奴隸均屬此類——他們都是士兵。無論如何，西班牙的紀錄顯示，美洲首次爆發的大規模奴隸暴亂就是喬洛夫人引發的。這場暴亂發生於一五二一年的耶誕節，地點是哥倫布兒子狄亞哥的製糖廠。大約四十名奴隸掠奪了一座牧牛場，殺死數名正在慶祝節日的西班牙人，焚毀幾棟建築物，釋放了無數囚犯，其中包括了十二名印第安奴隸。狄亞哥出動騎兵鎮壓這些叛徒。這群步兵面對騎兵時做出了經典的回應，他們組成密集隊伍，從防守的圍牆往外伸出長矛——這是希臘步兵贏得馬拉松與普拉泰亞（Plataea）戰役的戰術。儘管武器缺乏，奴隸仍明確地以這種方式禦敵，並且抵擋了三次衝鋒。最後，叛軍還是失敗了。生還者遭到追捕並且在路邊被絞死，用以警惕那些可能謀反的人。

西班牙人的麻煩並未結束。絞死的屍體還在路旁晃盪，塔伊諾領袖恩里基洛（Enriquillo）就已在西南山區建立了不受歐洲人管轄的村落。恩里基洛是一名虔誠的基督徒，曾經接受方濟會修士的教導，他起初是信託制的成員之一。根據信託制設計者原先的想法，恩里基洛讓族人為西班牙人工作，以換取身分與商品。但恩里基洛的受託人卻不願與他協商，甚至在憤怒下攻擊恩里基洛的妻子與偷竊他的馬匹。塔伊諾人在激憤下起而反抗。支持印第安人的拉斯卡薩斯提到，受託人面對恩里基洛的抗議，他的回應是威脅要以棍棒揍他。拉斯卡薩斯嘲弄地說，這種行為只是應了一句俗語：火上加油。

恩里基洛與剩下的家人以及一些追隨者逃往山區。逃亡的非洲人與其他塔伊諾人也加入他的行列，使得人數增加到近五百人。馬倫人在山裡建立了一個隱蔽的村落，十多年來西班牙人一直遍尋不著。殖民者對於逃亡者的侵擾不勝其煩，於是在一五三三年訂定和約。西班牙人承諾，如果叛軍願意返回故里，那麼他們願意遵守信託制的法律並且恢復恩里基洛的身分地位。恩里基洛與其他塔伊諾人接受這個條件，但他們的非洲盟友拒絕了。在塞巴斯提安·蘭巴（Sebastian Lemba）的領導下，他們拒絕返回。

「蘭巴」來自剛果，帶有富商精神團體的氣味，混合了教會與扶輪社的精神。蘭巴的名字暗示他是一名在印班加拉奴隸掠奪中被抓的商人。若真是如此，那麼他的組織能力很可能是他能成為領袖的原因，因為西班牙人也承認他是「極有才幹」的人。蘭巴的復仇意志比恩基里洛更為強烈，他把軍隊編成許多活動力強的小組，讓他們侵擾各地的甘蔗種植園與製糖廠，如是長達十六年的時間。他的行動感召了許多奴隸加入叛亂，一五四二年時聖多明哥副主教曾說，山裡的游擊隊員比西班牙島上的西班牙人還多。西班牙島上的三十四座製糖廠，只有十座開張；其他都因為奴隸叛亂而關門。在副主教感嘆後又過了五年，蘭巴遭另一名奴隸背叛——一個追尋自由的人被另一名以背叛他來換取自由的人出賣。殖民者把蘭巴的頭插在長槍上，放在聖多明哥正門附近示眾。

但叛亂並未因此止息。怎麼可能停止呢？殖民政府完全無法掌控局勢。蘭巴死後不過數個月的時間，殖民官員向西班牙當局抱怨，叛軍在聖多明哥城外不到九英里的地方「殺害搶掠西班牙人」。但這

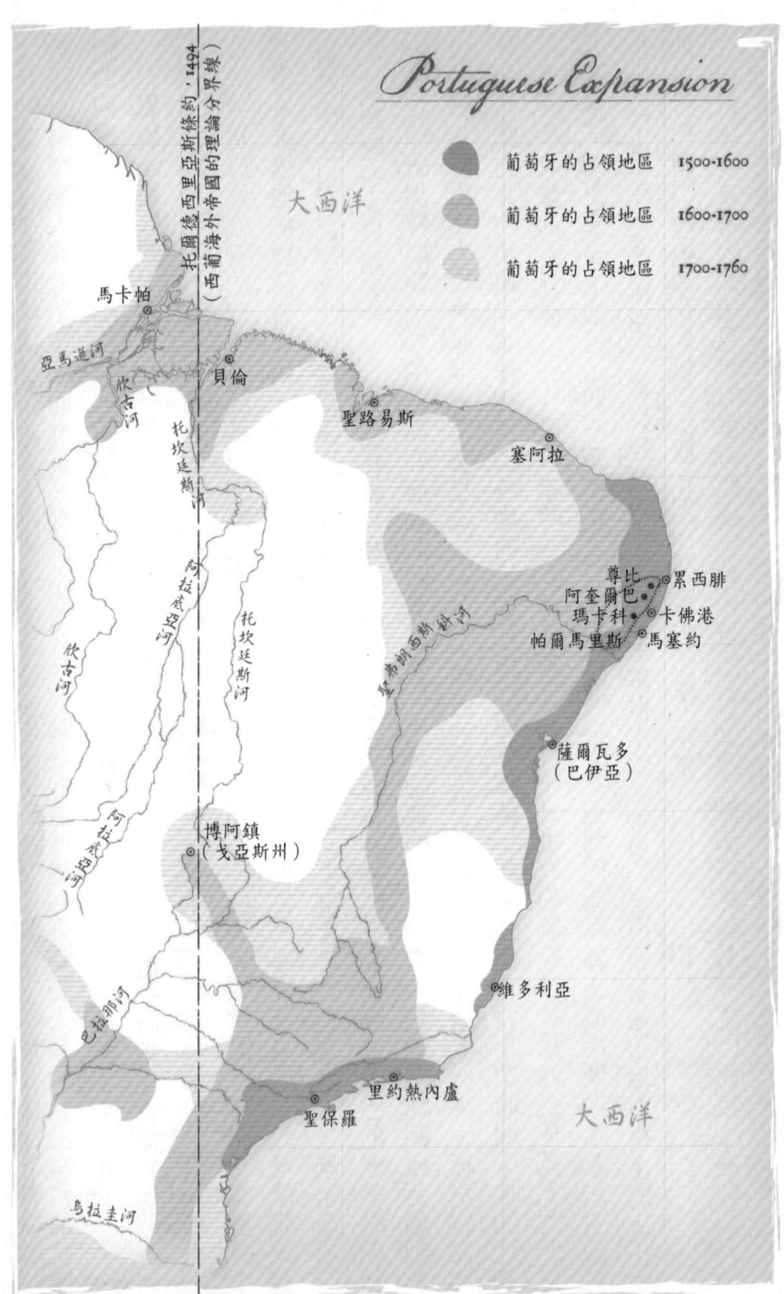
Portuguese Expansion
葡萄牙的占領地區 1500-1600
葡萄牙的占領地區 1600-1700
葡萄牙的占領地區 1700-1760
托爾德西里亞斯條約，1494
（西葡海外帝國的理論分界線）
大西洋
馬卡帕
亞馬遜河
貝倫
欣古河
托坎廷斯河
聖路易斯
塞阿拉
阿拉底亞河
托坎廷斯河
欣古河
聖弗朗西斯科河
尊比
累西腓
阿奎爾巴
瑪卡科
卡佛港
帕爾馬里斯
馬塞約
薩爾瓦多
（巴伊亞）
阿拉底亞河
博阿鎮
（戈亞斯州）
維多利亞
巴拉那河
里約熱內盧
聖保羅
大西洋
烏拉圭河
葡萄牙在巴西的擴張

仍無法讓西班牙人重新反思奴隸制度。道明會歷史學家基塔（Lynne Guitar）表示，就在同一封信裡，官員還要求國王送來五到六千名奴隸以開闢更多的甘蔗種植園。

歐洲的甘蔗種植者渴求更多的勞力，但他們進口的奴隸反而加速了種植園的毀滅——他們運來了像帕爾馬里斯的阿奎爾屯、岡加·尊巴這一類的人。西班牙島上的馬倫人最後將糖業從島上驅逐出去。葡萄牙官員擔心帕爾馬里斯會在巴西造成同樣的後果，叛軍同盟對殖民地事業構成直接的軍事與政治挑戰。叛軍不僅掠奪葡萄牙聚落，它盤踞的山嶺如大肚山，具有極佳的戰略地位，扼住了歐洲人往內陸擴張的路線。如果讓暴亂蔓延到巴西其他港口，里斯本當局擔心，巴西的殖民者將只能局限於濱海地帶，整個內陸地區將成為犬牙交錯的非洲印第安國家。

帕爾馬里斯的領導者是安哥拉人，但帕爾馬里斯不是安哥拉社會，更不是非洲社會。許多居民其實是說圖皮語的印第安人。有部分是無法見容於歐洲社會的歐洲人；猶太人與改信的猶太人；異端與前異端，遭指控為女巫之人與逃犯，以及少數族群。大體來說，帕爾馬里斯的居民看起來像非洲人，但他們住在以茅草織成的屋頂以及以蒸汽燻製的拱形印第安屋子裡，而且種植的是印第安風格的多種作物，如玉米（美洲）、稻米（非洲）與木薯（美洲）。（非洲米〔*Oryza glaberrima*〕在西非馴化成功，與亞洲米〔*Oryza sativa*〕不同。）帕爾馬里斯的鐵匠使用非洲式的熔鐵爐製造犁、鐮刀、矛與劍；殖民地報告提到他們甚至有能力製造槍枝與子彈。他們的宗教儀式，根據目前蒐集到的證據來看，應該混合了基督教、印第安與非洲的元素。但他們的軍事組織是非洲式的，阿奎爾屯的子孫嚴密控制村落，使其成為有利作戰的根據地。

從一六四三年到一六七七年，葡萄牙與荷蘭（曾占領巴西部分地區）曾超過二十次攻擊帕爾馬里斯，但總是鎩羽而歸。每當軍隊逼近馬倫國的外圍聚落時，居民總是逃往山頂，這裡有肥沃的土壤、水源與糧倉，可以長期固守，入侵者只會得到空無一物的村落。然後他們在森林胡亂搜尋，試圖找出叛亂分子。他們很快就彈盡援絕，但早已在密林中遭到監視與埋伏。馬倫人從樹上射殺落單的士兵，讓探路的斥候掉入隱藏的坑洞中。士兵醒來發現自己的袍澤已經失蹤，食物也被偷走。令士兵憤怒的是，這個地區的種植者居然向帕爾馬里斯的奴隸購買糧食。為了換取玉米與木薯，種植者會提供奴隸槍枝與刀劍，而奴隸則用這些武器來對付士兵。

帕爾馬里斯故事的中心人物是尊比（Zumbi），他是帕爾馬里斯的軍事領袖。尊比是岡加．尊巴的姪子，也是國王，他在襁褓時曾在荷蘭一場失敗的攻擊中被荷蘭人帶走。他在卡佛港的小濱海市鎮裡由神父扶養長大，而且取了歐洲姓名。他學習葡萄牙文、拉丁文、神學與科學（如航海術與冶金術）。一六七〇年，十幾歲的尊比回到帕爾馬里斯，恢復了馬倫人的姓名與生活，但他有時還是會基於情感而回去探望神父。尊比充滿魅力、擁有學識而且瞭解敵人，雖然在早期戰爭中因傷而瘸了腿，但他很快就成為軍事領導人。「尊比」很有可能是個頭銜，而不是名字。它的意思類似於「祖靈」——或許指他從殖民地生活的死亡中復活。

一六七七年，葡萄牙的攻擊重傷了岡加．尊巴，而且捕獲他的幾個孩子與孫子。在疲憊與悲傷下，國王於次年與葡萄牙人簽訂和約。他答應，如果葡萄人停止攻擊帕爾馬里斯，那麼他會停止接納新的脫逃者而且移出山區。尊比認為這紙和約出賣了馬倫人代表的一切。他在盛怒下毒殺國王，奪取王位而且撕毀和約。戰事再起。往後六年，殖民地民兵每年都發動攻擊，但收效甚微。

長達四十年與帕爾馬里斯進行戰爭，卻未收到明顯成果，新總督在驚愕之餘，決定採取不同的策略。他已經收到一個名叫喬治・維留（Domingos Jorge Velho）的人提出的要求，他希望當局允許他征服更多的印第安人。總督於是勉為其難地同意接見他。

維留是*bandeirante*，是於偏遠地區成長的鄉下人。*bandeirante*是葡萄牙男子與印第安女人生下的後代，他們利用母親的連結來推動父親的任務——*bandeirante*一詞其實指的是「旗手」，意思是指他們擔負著為葡萄牙開疆拓土的任務。維留就是典型的例子。他是一名吉卜林風格的冒險家，曾自行招募一支私人軍隊，在亞馬遜雨林南方建立私人王國。數百名印第安人擔任他的農耕者與士兵，他承諾給予手下一定的保護，不讓他們受到其他惡劣「旗手」的侵犯。維留有一股幫派老大的習氣，喜歡誇大自己的度量。他捕捉印第安人，侵占他們的土地，日後他在寫給葡萄牙宮廷的信裡說道，他是為了原住民好，而不是為了一己的私利。他捕捉森林中的原住民，

> 教化他們，使他們懂得什麼叫做文明生活與人類社會，使他們瞭解團體合作與理性交易〔……〕如果日後我們讓他們在我們的田裡耕作，這麼做絕非不合公義，因為這麼做等於是資助他們與他們的孩子，同樣也資助我們自己與我們的孩子。

這封信的華麗詞藻，連同這封信本身，想必是別人代寫的，因為維留根本就不認識字。

總督在會面時發現，維留與其說是歐洲人，不如說他更像是馬倫人。他的葡萄牙語說得很差，必須找來口譯才能與殖民地官員溝通。「這個人是我所見過最糟糕的野蠻人，」吃驚的伯南布哥（Pernambuco）主教說道，他強忍怒火提到維留旅行時總是隨身帶著七名印第安侍妾，「以滿足他的肉慾。」（這些侍

妾不只是性伴侶，維留把她們當成與原住民社群連繫的工具。基於同樣的理由，他也娶了一名葡萄牙妻子。）

殖民地官員知道維留可能有辦法擊敗尊比，但他們卻不願意雇用他。在經過七年猶豫之後，當局才終於屈服。在這段時間，維留讓殖民政府左右為難，但他確實是殖民政府最後的機會。總督承諾，如果維留能解決帕爾馬里斯問題，那麼當局將提供他火藥、子彈、糧食、戰利品免稅，且以被俘虜的非洲人做為獎賞，更重要的是，免除他之前的罪行。

一六九二年，維留率領一千名原住民部隊，與將近一百名葡萄牙人、印地安裔葡萄牙人與非裔葡萄牙人，浩浩蕩蕩從他的領地出發。前往帕爾馬里斯的路程大約五百英里遠，維留平實地描述這段旅程「極度辛苦、饑餓、口渴與貧困，過去從未有過，未來應該也不會再出現」。結果兩百名士兵死亡，兩百名逃走。他們耗盡了糧食與彈藥，於是只能在森林中饑餓等待十個月，等候累西腓官方送來補給品。一六九三年十二月，只剩下「六百名原住民士兵與四十五名白人」的維留部隊，終於準備發動攻擊。

尊比位於瑪卡科的根據地幾乎難以靠近。當我造訪大肚山公園時，我隱約感受到攻打此地的艱辛。泥地裡深刻的車轍痕跡，我們租來的車一開過去，機油箱隨即卡住脫落，當地好心的青少年從廢棄的電線桿上取了電線，幫我們綁牢箱子。從山頂俯瞰，數英里外的景色盡收眼底，在陽光照耀下，汽車與牽引機泛著清楚耀眼的光芒。我想像馬倫人看著維留的部隊在山下行進，有如桌布上一排長長的螞蟻隊伍。攻擊者與防禦者主要都由印第安人與非洲人組成，其中也都參雜了些許歐洲人。唯一的差異在於，在帕爾馬里斯，主導者並非歐洲人。要仰攻瑪卡科，維留必須迂迴穿過迷宮般的防禦工事，忍受鐵蒺藜劃傷他們的手腳，同時還要遭受馬倫人從木柵塔樓居高臨下射擊。攻擊者將山頂團團圍住，打算以斷糧的方式讓他們屈服。熱帶雨林於是上演了一齣中世紀的圍城戰。

經過數星期的僵持，圍攻者顯然發現馬倫人的儲備遠比他們充足，維留於是下令士兵建造一道厚實但可移動的柵欄。他讓軍隊躲在柵欄後面，緩慢地將柵欄往山頂推擠，一次前進數英尺，在推進的同時，順便檢視經過的地面是否有鐵蒺藜、陷阱、坑洞與毒樁，而敵方的箭矢與子彈完全被擋在柵欄的另一頭。雖然維留是在乾季發動進攻，但連日的雨還是讓每一寸土地都成為溼黏的泥淖。馬倫人發現這些移動式的柵欄完全抵擋了他們的攻擊，於是馬倫的弓箭手偷偷溜出堡壘之外，並且爬到樹木的高處。當攻擊者的柵欄移動到前面時，他們便從後面射擊這些攻擊者。

尊比在木柵上來回踱步，為全身溼透精疲力盡的士兵加油打氣。一六九四年二月五日，一個沒有月亮的夜晚，尊比發現敵軍已經殺死兩名哨兵。（這段描述出自親眼目睹的馬倫人之口。）在黑暗的雨夜裡，其他衛兵並未發現防守已經出現漏洞——也許攻擊者已經離木柵只有數英尺，因此

從大肚山山頂俯瞰，帕爾馬里斯的馬倫人可以清楚看到山下的人的任何行動。

得以利用柵欄的掩護殺死哨兵。在傾盆大雨中，尊比瞇著眼注意著隱約可見的攻擊者，他知道現在已經不可能抵擋突破進來的敵軍。突然其來的攻擊傳遍了瑪卡科，整個城鎮因此陷入恐怖之中。當尊比企圖重整部隊做最後的反抗時，他的屬下發現攻擊者的防線也出現漏洞。他們於是拆毀木柵，直接衝向敵陣。攻擊者想不到馬倫人會突然衝過來，一時反應不及，竟讓大多數的馬倫人衝入後方，等到他們意會過來想開槍已經太晚。

雙方都沒有想到最後的決戰會在此時此地發生。在一片漆黑、混亂與大雨之中，印第安人、非洲人與歐洲人手持棍棒刀劍奮力混戰。這種敵我難辨的情況，槍枝無法發揮用處，而武器很容易從充滿泥濘的雙手鬆脫。兩方士卒身上幾乎都覆蓋著鮮血與泥巴，有人怒吼著，也有人哀嚎，這是一場必須拚盡全力至死方休的戰鬥。不到幾分鐘的時間，維留的手下已經有三百名陣亡，馬倫人的死亡人數與此相當。大約有兩百多名馬倫人跌入山谷，是被推下去還是寧可死而不願被俘虜，如今已無法確知。當曙光再度降臨大肚山時，瑪卡科已經成了廢墟。

但尊比還是逃脫了。維留殘餘的人馬原本以為他已跳崖自盡。但往後一年，他仍到處伏擊葡萄牙人，直到他的同夥洩漏了他的行蹤。一六九五年十一月二十日，尊比與一小群追隨者遭到埋伏而被殺。他的屍體送往卡佛港，一名童年就認識他的人指認他的身分。所有沿海殖民地全歡慶這場勝利，民眾每晚舉火炬上街，慶祝這個歡樂的時刻。尊比的頭顱被送到累西腓，並且插在長槍上公開示眾，以破除他還活著的流言。在阿奎爾屯抵達美洲的九十年後，她的城市終究還是被摧毀了。但這絕非基隆坡與巴西馬倫人或美洲其他地方的馬倫人的終點。

地峽

努涅斯・巴爾波亞（Vasco Núñez de Balboa）就像科爾特斯與皮薩羅一樣，來自西班牙偏遠地區埃斯特雷馬杜拉。他的性格也跟他們一樣，大膽、無情且充滿野心。熟識的人表示，巴爾波亞話不多，但句句真實，不過個性相當衝動。他的體格「高大健壯，孔武有力，但從姿態動作可以看出他是有著學識教養」。巴爾波亞出身沒落貴族，是家中的幼子。他見自己在國內難有發展，於是在一五〇〇年，也就是二十五歲那年，搭船抵達大西洋對岸，在西班牙島西南部的一個偏遠村落德拉薩巴納（Salvatierra de la Sabana）務農。

回想起來，這真是個可怕的生涯選擇。一名廣受讚譽的西班牙傳記作家解釋說：「農夫的寧靜生活根本無法滿足他的渴望與野心，以及他充沛的活力。」事實上，正是巴爾波亞的野心、冒險性格與活力使他積欠了大筆債務，他為了躲債，於是躲在木桶裡，然後被搬上了開往美洲大陸的船隻。當時西班牙正準備在那裡建立一個據點。（還有一些說法提到，他跟他的狗一起擠進木桶裡。）

新據點位於今日的哥倫比亞與巴拿馬邊界，在此設立的目的是為了挖掘金礦。勞力的來源必須仰賴奴役當地的印第安人，而這些印第安人有些也運到西班牙島販售。印第安人對於挖礦興趣缺缺，他們不願參與這項計畫，並且向殖民地居民射毒箭以表達他們的不滿。一五一〇年七月，在殖民地面臨崩潰的情況下，創立者連忙搭船回西班牙島尋求援助。但船在古巴外海擱淺，他又餓又渴地橫貫整座島。在被搭救之後，他立即決定退出這項探索與征服的事業。在此同時，另一艘船已在九月由聖多明哥啟航，準備援助新殖民地。這就是巴爾波亞藏身的那艘船。

不久巴爾波亞就被發現了。充滿魅力而聰明的他成功地說服生氣的探險隊隊長不要將他留在無人島上。過了幾個星期，巴爾波亞成為隊長最得力的屬下。又過了幾個月，他說服隊長將殖民地重新設在他認為較佳的地點上。再過了一年，他罷黜了隊長，由自己親率探險隊沿巴拿馬海岸北上，尋找黃金。

在巴拿馬，巴爾波亞成為第一個從美洲遠眺太平洋的歐洲人，這項功勳為他留下了不朽的美名。今日，在五個世紀之後，上網搜尋 Núñez de Balboa，你會發現無數的圖片，征服者全副武裝大步站在峭壁之上，或跨步踩著海浪，驚奇地凝視著眼前無盡的海洋。然而這個英雄形象與史家對他的評價格格不入。巴爾波亞無疑是個大膽而勇敢的人物，但他的所做所為完全違背了今日的倫理標準。此外，他很可能不是第一個從美洲遠眺太平洋的歐洲人。

新遷徙的殖民地安提瓜（Santa María la Antigua del Darién），在法律上由另一名征服者管轄。當這名征服者來到安提瓜要求巴爾波亞交出控制權時，巴爾波亞不僅拒絕了他的要求，還讓他搭上一艘漏水的雙桅帆船離開。從此他再也沒看到這個人。巴爾波亞穩固了大權之後，開始將注意力轉向當地的住民庫那族（Kuna）與喬科族（Choco）。這兩個印第安族裔喜歡將黃金首飾穿戴在身上，引起西班牙人的興趣。他開始到處探查黃金的來源。

大約在安提瓜北方五十英里處，有個統治者名叫科馬格雷（Comagre），他擁有眾多妻妾子女。史家唐吉拉描述他的「宅邸用巨大的原木交錯鋪排而成，大廳寬八十步，長一百五十步，看起來就像格子狀的天花板」。他的領土——西班牙人稱之為「領地」——大約有一萬名居民。當巴爾波亞造訪時，科馬格雷讓探險隊員暢飲「用穀物與水果釀製的美酒」，在他們停留期間，派遣七十名奴隸服侍他們，並且給予他們「四千盎司的黃金首飾與精緻的手工藝品」。西班牙人為了分配金銀，竟因此爭吵起來。科馬格雷的兒子看到西班牙人貪婪的嘴臉，不禁覺得好笑，他告訴他們還有另一個更富有的領地，擁有更多的黃金，它位於「你們的小船從未航行過的大海」岸邊。

另一個海！更多黃金！興奮的巴爾波亞回到安提瓜，集合了八百人組成探險隊——兩百名西班牙人與六百名印第安人——於一五一三年九月一日出發。（一起前往的至少有一名混血兒與一名非洲人，兩人或許都是奴隸；非洲人日後在尼加拉瓜登陸，他獲得自由，還獲得一百五十名印第安奴隸。）這次旅程是從巴拿馬南部一處陡峭、潮溼、森林密布的山丘地帶開始，這座山幾乎是從海岸地帶垂直隆起。他們出發時正值雨季的高峰期——每年的降雨量高達十六英尺。背負著沉重甲冑，飽受蚊蟲蛇虺的叮咬，身上覆蓋著泥巴，西班牙人要不是生病，就是受傷。巴爾波亞率領衣衫越來越破爛的部隊經過一個又一個印第安部落，一邊追問黃金的下落，一邊乞求食物，而落單的病弱者也愈來愈多。海岸山脈突然間轉變成炎熱而骯髒的楚楚內克河（Chuchunaque River）谷地，這裡非常接近太平洋，潮汐每日都會將河水推向上游。這條河的對岸隆起一座崎嶇而低矮的山峰，上面長滿了棕櫚樹。精疲力竭的隊伍於九月二十四日抵達此地，三個星期的時間，他們一共走了約四十英里。

在接近山頂的地方，他們遇見了小領主加里嘉（Quarequa）。在數百名配備弓箭與長矛的男子助威下，加里嘉斷然拒絕讓外國人進入他的土地。這群從未見過槍枝與刀劍的印第安人，打算以聚集的群眾來擊退西班牙人。在無預警下，巴爾波亞下令部下近距離射擊。在硝煙瀰漫中，西班牙人拿出刀劍開始砍殺。數百人死亡，包括加里嘉本人也喪生，大批的屍體堆積如山。西班牙人追逐生還者直到他們的村落，結果發現所有的黃金與糧食都已搬運一空。第二天，九月二十五日，巴爾波亞與衣衫襤褸的士兵爬上山頂，發現廣大的太平洋就在他們面前。巴爾波亞做出在今日看來也許有些愚蠢的感人動作，他宣稱所有的海洋與附隨的土地均屬西班牙所有。[2]

加里嘉村落只剩下婦女、兒童與非洲奴隸——「這些黑人的身材高大，有著大肚子、長鬍子與捲髮」，一年後有人在報告裡描述他們的樣子。西班牙人看到黑人感到很吃驚，更吃驚的是他們得知從這個村落走兩天的路程就可以看到逃亡非洲奴隸組成的聚落。印第安人與非洲人數年來不斷爭戰，雙方都把戰俘當成奴隸。

西班牙發現這些奴隸是非洲人，這一點應該不會有錯——因為探險隊中至少有兩名非洲奴隸。這則故事也應該不是偽造，因為西班牙有六件史料記載這件事。儘管如此，這些史料卻未能看出此事背後的意義。首先，山區存在著脫逃奴隸的社群，表示非洲人比歐洲人早從大西洋對岸移居美洲，同時也比歐洲人早從美洲看到太平洋。其次，這表示地峽是馬倫人逃避追捕的適當地點。第二項事實吸引了西班牙國王的注意。

找到通往太平洋的路，這個消息一出，令安提瓜的西班牙人大為振奮。他們很快就放棄了殖民地，安提瓜因此淪為鬼城。[3] 安提瓜絕大多數的居民移出後又建立了兩個新聚落：巴拿馬（Panamá），位於地峽靠太平洋一側，以及迪歐斯（Nombre de Dios），位於地峽靠大西洋一側。他們希望從摩鹿加群島（西班人企圖奪取這個群島）運來的香料可以經由巴拿馬與迪歐斯之間的新道路進行運送，然後裝船運往歐洲。然而西班牙最終未能奪得摩鹿加群島，於是這兩座可能成為大港的市鎮也跟著縮水。

一五三三年，無論是巴拿馬還是迪歐斯，歐洲居民都不超過四十人。就在此時，一個令人意外的消息傳來，巴爾波亞的夥伴皮薩羅在穿過地峽之後，順利征服了安地斯山的龐大印第安帝國。（巴爾波亞並未參與征服印加帝國的行動。他明目張膽地進行陰謀活動，結果在一五一九年遭到處決。）十二年後，也就是一五四五年，在波托西發現白銀。半數以上的白銀——包括國王從礦場與鑄幣廠收得的大部分稅收與規費——運往巴拿馬。

巴拿馬與迪歐斯之間的道路因此成為帝國的重要輸送路線，君主的財務生命線只靠這條路連通。從工程的角度來看，這條路並不理想。容易陷入泥濘，或被岩石碎片堵住，路寬僅容兩頭騾子交會，這條Z字形的山路先是讓人從沼澤地攀登到峭壁，再從峭壁往下到沼澤地。橫越地峽是十分恐怖的事，一名編年史家抱怨森林裡出沒著「獅子、老虎、熊與美洲豹」。樹上的猴子一邊發出尖叫聲，一邊向人丟擲石塊。茅頭蛇與巨蝮是地球上最致命的兩種蛇，牠們在夜裡尤其活躍。旅人為了避免蚊蟲叮咬，會從頭到腳塗上油與泥巴，但儘管如此，還是無法防範蝙蝠——一名義大利旅人不滿地說，「牠小心翼翼地啃咬〔睡眠者的〕腳趾尖端、雙手、鼻尖與耳朵，而被咬的人完全沒有察覺。牠只咬出小洞，然後從小洞吸血。」他說，你無法擺脫這些蝙蝠，因為炎熱使你不得不「赤裸睡覺」。即使在乾季，穿著歐洲的盔甲也讓人滿身大汗，然而為了防範印第安人攻擊，不得不如此。雨季時，道路完全無法通行；

2 從今日的觀點來看，巴爾波亞在加里嘉村落的行為顯然無法令人感動。他在村子裡發現四十名加里嘉家族與宮廷成員，但他們全打扮成女性的樣子。結果巴爾波亞讓狗群將他們咬成碎片（合理推測曾與巴爾波亞一起躲在桶子裡的那隻狗也在其中）。其他村民又指出更多的變裝癖，並且要巴爾波亞殺死他們。這起事件實在令人難以置信。雖然巴拿馬原住民對同性戀較為包容，但不可能有這種大批的同性戀團體存在。有人猜測西班牙人可能把宮廷的服飾誤認為女性的穿著。加里嘉死後的政治真空，他的政敵很可能利用這個機會讓西班牙人幫他們剷除對手。

3 安提瓜經常被稱為歐洲人最早在美洲大陸建立的永久殖民地。但「永久」一詞應該是誤用，因為殖民地居民只在此地待了九年就放棄了。大約一百七十年後，蘇格蘭試圖在距離安提瓜幾英里的地方設立殖民地，此事的發展我已在第三章做了說明。

旅行者必須用篙撐著平底船沿查格雷斯河（Chagres River）前進，這條河只有在雨季水位上升時才能通航，但此時航行也相當危險。十六與十七世紀的歐洲沒有工具與科技在這種條件下維持道路的適當通行。它一直「是一條極糟糕的道路，是我旅行所見最糟的」，一六四〇年，一名惱怒的旅行者寫道，此時離道路初建已有一百二十年。

要將國王的白銀運送通過地峽，需要許多人手。跟過去一樣，勞力一直相當缺乏。幾乎沒有西班牙人會離開自己的家到遙遠的森林中辛苦幹活。對於想要運送白銀的人來說，眼前顯然有個可以求助的對象：印第安奴隸。當巴爾波亞看到太平洋時，巴拿馬地峽已經散布了約一百多個蓄勢待發的小政治體，這些政治體彼此間結合緊密，宛如蜂巢一樣。十六世紀史家歐維多曾表示，原住民人口「超過兩百萬人，或者說是難以計數」。現代的估計數字較少：因為絕大多數領地（我用領地來稱呼這些政治體），根據研究者的說法，不超過三千人，因此總人口可能頂多是二十五萬人。然而，確切的數字並不是那麼重要，因為地峽很快地人口就會減少。當波托西開始出口白銀時，史家估計當地的人口不到兩萬人。即使剩餘的印第安人全充任奴隸，還是沒有足夠的人手可以滿足歐洲人的需求。結果，帝國從安地斯山區、委內瑞拉與尼加拉瓜進口奴隸——進口的數量非常多，以至於在西班牙統治的地區，這些奴隸的數量很快就超過當地人的數量。

西班牙禁止販售印第安人為奴之後，殖民地居民於是把腦筋動到非洲人身上——從巴爾波亞開始，他在死前曾帶了三十名非洲奴隸前往太平洋岸建造船隻。不久，這些非洲人把平底船推入查格雷斯河中，每艘船有十八到二十個縴夫，每一排船隻約有二十多艘。騾隊的數十頭騾子，鼻子綁著尾巴一頭接一頭地穿過地峽，數十名拿著皮鞭的非洲人驅趕著牠們，而非洲人則由拿槍的西班牙人看管。有時這段旅程可以持續一個月。那位討厭蝙蝠的義大利人表示，這條道路兩旁經常散布著騾子與人的屍體。

一五六五年，非洲人的數量已超過歐洲人，比例是七比一。毫不意外地，歐洲人發現他們很難控制自己的人類財產。逃亡者聚集數百人，逃入多民族的村落裡，一些來自安地斯山區與委內瑞拉的逃亡印第安奴隸，以及來自地峽的殘存自由印第安人團體也加入他們。這群人基於對西班牙人的憎恨而團結起來，他們解放奴隸、殺害殖民地居民，而且偷竊騾子與牛隻。有時他們會綁架婦女。損失愈來愈大。西班牙面臨嚴重的馬倫人問題。

這個問題早在一五二一年就被提出來，但真正開始努力消除地峽的馬倫人聚落是三十年後的事。當時一名年輕奴隸名叫菲里皮洛（Felipillo），他原本是巴拿馬外海小島的珍珠採集者，他領導一群逃亡的非洲人與印第安人躲進聖米格爾灣（Gulf of San Miguel）的紅樹林裡。一五五一年，也就是他們獲得自由的兩年之後，他們的村落完全遭到毀滅。其他馬倫人從菲里皮洛的命運學到教訓：不要躲在低地，敵人很容易就能找到你。

同年，迪歐斯市政府向國王提出控訴，指出在通往巴拿馬的路上，有六百名馬倫人攔路搶奪與殺害旅人。兩年後，情況變得更糟，盜匪的數量增加到八百人，又過了兩年，增加到一千兩百人。在巴拿馬地峽，不僅奴隸人數比歐洲人多，就連逃跑的奴隸也比歐洲人多。一五五四年與一五五五年，馬倫人消滅了兩支西班牙探險隊。馬倫人還帶走迪歐斯許多非洲與印第安奴隸，殖民地居民因此不敢讓奴隸外出取水。大多數居民因此逃往巴拿馬，直到白銀船來港時才返回迪歐斯。

領導馬倫人的男子，他的名字有不同的說法，如Bayano、Bayamo、Vallano、Vayamo與Ballano。與阿奎爾屯一樣，巴亞諾（Bayano）似乎也是被俘的軍事領袖。詩人米拉蒙提斯（Juan de Miramontes）描述他「健壯而勇猛，粗魯而堅定，不拘小節但機智聰明，敏捷、大膽、明快而機警」——他擁有「戰士的靈魂」。巴亞諾在能俯瞰加勒比海、四處環繞著斷崖的山頂建造堡壘。守軍可以在唯一的入口處由上方丟擲滾石，將敵人打入沼澤深谷。這個據點位於迪歐斯有一段距離，西班牙人很難發現，人口主要是年輕人，巴亞諾把他們訓練成能夠作戰的士兵。遠處還有一個聚落，裡面住的全是婦女、兒童與老人。這裡有從祕魯到尼加拉瓜的印第安人，以及來自非洲的十餘種族裔。十六世紀一名教士寫道，巴亞諾的小王國如同一個文化熔爐，「大家混居通婚，孩子的膚色與他們的父母完全不同。」從留尼旺大學歷史學家塔迪厄（Jean-Pierre Tardieu）的著作中也可以看到，他們的宗教同樣混雜，有基督教、伊斯蘭教與原住民傳統。沒有人知道他們在一起時說什麼語言。

一五五六年，祕魯新總督到利馬上任時經過迪歐斯。他對於巴亞諾造成的破壞感到憤怒，因此決定撥款招募反馬倫人的軍隊。然而沒有任何人應徵。最後，總督只好到迪歐斯監獄找人，他告訴這些囚犯，他們有兩條路可走，一個是跟逃跑的奴隸打仗，另一個是到賈列船上當船奴。結果他獲得不少自願者。一五五六年十月，七十名全副武裝的前囚犯，在佩德羅．烏爾蘇阿（Pedro de Ursúa）的率領下出發。烏爾蘇阿是一名經驗豐富的軍人，總督說服他前去征討巴亞諾。

在被俘的馬倫人帶領下，烏爾蘇阿的軍隊花了二十五天穿過森林抵達巴亞諾的山頂。烏爾蘇阿知道圍攻此地沒有勝算，於是決定說服馬倫人的領袖進行協商。他提議將地峽一分為二，一個由西班牙國王菲利普二世統治，另一個則由巴拿馬國王巴亞諾一世統治。巴亞諾接受了這個諂媚的提案，於是西班牙人便在周圍地區待了幾個星期，他們與這些脫逃的奴隸一起打獵與釣魚，同時也競賽彼此的力量與技巧。在離開前，烏爾蘇阿舉辦了一個慶祝會。巴亞諾與四十名重要人物都來參加。西班牙人在酒裡下藥，把他們迷昏。馬倫人於是被帶回到迪歐斯，再度淪為奴隸。烏爾蘇阿把五花大綁的巴亞諾送到利馬，當成戰利品呈獻給總督。其他的馬倫人從巴亞諾身上得到教訓：絕對不要相信西班牙人。

馬倫人的問題並未獲得解決。不僅巴亞諾殘存的黨羽再度聚集，其他的群體也蠢蠢欲動。殖民者瞭解到，想剿滅這些人需要長期用兵，而且要動員一千名士兵，這些軍隊絕大多數必須從歐洲派來。想獲得一千名士兵，政府就必須招募兩千名士兵，因為剛到美洲的歐洲人（哥倫布大交換的一部分）罹患瘧疾與黃熱病死亡的比率極高（哥倫布大交換的另一部分）。迪歐斯的狀況尤其糟糕，因此歐洲的造訪者給它取了押韻的綽號：「Nombre de Dios, Sepultura de Vivos」——也就是活埋的意思。國王對於過高的死亡率感到吃驚，一五八四年，他下令迪歐斯的居民應另外找新的地點居住，於是建立了波爾托貝洛（Portobelo）。然而情況並沒有改善多少。一六二五年，造訪波爾托貝洛的英格蘭教士蓋吉（Thomas Gage）提到，運銀的船隻一靠岸「就趕著離開」；儘管如此，在這座「開放墳墓」停留兩個星期，就足以殺死「大約五百名士兵、商人與船員」。這種損失使得從歐洲輸入軍隊來對抗馬倫人的成本變得極為昂貴。

該由誰支付這筆費用，大家莫衷一是。居住在巴拿馬地峽的歐洲人絕大多數是塞維爾商人的代理人。他們與葡萄牙甘蔗種植者不同，葡萄牙人願意與帕爾馬里斯對抗，但迪奧斯與巴拿馬的西班牙人卻沒有在殖民地久住的念頭；相反地，他們想的是賺一筆就走。顯然，這些人不想把自己潛在的利潤消耗在消滅馬倫人上，對於終將離開美洲的人來說，為美洲營造長期利益對他們完全沒有好處。這些商人認為，國王在馬倫人的攻擊中損失最大，反過來說，鎮壓馬倫人，國王獲得的利益最大，因此該由國王支付費用。但天高皇帝遠，國王無法仔細監督美洲的軍事支出。在未能確保巴拿馬地峽的短期住民不會將軍事資金中飽私囊的狀況下，國王不願輕易撥款。這種衝突正是經濟學家所說的

「代理」問題：一方支付金錢，讓另一方代理從事某些行為，但被代理人無法評估代理人行為的成效。光是這個問題就足以使西班牙不願對馬倫人採取大規模鎮壓行動，儘管馬倫人造成的損失日漸擴大。一五七五年，一名殖民地官員寫道，全身塗滿動物油脂的逃亡奴隸與印第安人拿著「威力強大的弓」與鐵製箭矢入侵巴拿馬，他們偷走了牛群，帶走奴隸，而且「看見歐洲人就殺」。更糟的是，這些馬倫人故意將整批金銀扔進河裡。當時，馬倫人與西班牙最痛恨的敵人合作，他就是英格蘭海盜與私掠船船長德雷克。

一五七二年七月，首次獨立遠航的德雷克來到巴拿馬地峽，打算掠奪西班牙人的財寶。他發現，在迪歐斯外海的小島上有非洲奴隸正在裝運木材，於是向他們打聽鎮上的防務。（主人將奴隸留在島上，可能稍後會過來接他們；德雷克於是載他們上岸，任由他們逃亡。）七月二十九日凌晨三點，英格蘭人開始炮轟。雙方交火的結果，德雷克受了重傷，只能眼睜睜地看著（他們已經相當接近岸邊）「岸上堆放的長七十英尺，寬十英尺，高十二英尺的銀條」，遺憾地退兵。德雷克並不死心。就在他動身前往迪歐斯沒多久，留守後方的部隊遇到一名前來投靠的非洲人——這名馬倫人建議德雷克與他的同胞聯手。

經過一番安排之後，九月，德雷克與馬倫人的領袖曼丁加（Pedro Mandinga）見面。令英格蘭人失望的是，曼丁加告訴他們，本年運送白銀的船班已經截止。下一次運送是隔年三月，也就是雨季結束之時。德雷克決定等待。他與曼丁加一起構思了一個計畫，他們不打算在岸邊，而是在克魯塞斯（Venta de Cruces）偷取白銀。克魯塞斯是查格雷斯河上的轉運站，騾隊會在這裡卸貨，然後裝載到平底船上。曼丁加派了間諜到巴拿馬，查看運銀船抵達的時間。在此同時，英格蘭人躲在迪歐斯西部的一處洞穴裡，未讓西班牙人察覺，他們的糧食絕大多數靠馬倫人的弓箭與魚鉤提供。然而等待要比英格蘭人想像的來得危險；十二月，黃熱病殺死了半數船員，其中包括德雷克的弟弟約瑟夫（另一名兄弟也在幾個星期前去世）。

一五七三年二月初，曼丁加與二十九名馬倫人帶領德雷克與十八名海盜穿過森林朝太平洋前進。他們全程保持靜默，如同軍隊行進一般，在德雷克隊伍的前後都有馬倫人，前方的馬倫人負責標示路線，後方的馬倫人掩蓋他們的足跡。二月十四日早晨，德雷克一行人抵達克魯塞斯，然後躲在公路旁的草叢裡等待運銀隊伍經過。由於太平洋沿岸道路經過的地區是低矮開闊的草地，騾隊為了避免日曬，所以選擇夜晚趕路。（過了這一段路之後是一片密林，他們會改成日間趕路。）德雷克抵達的幾個小時後，曼丁加埋伏在巴拿馬的間諜捎來消息。利馬當局負責押送財物的官員已經離開巴拿馬，一共有十四頭騾子，九頭馱著黃金與寶石。之後還有兩支騾隊，分別有五十到七十頭騾子，馱的全是白銀。

海盜與馬倫人分成兩隊，一隊由德雷克帶領，另一隊由曼丁加帶領，兩隊相隔約五十碼左右。德雷克的人馬會讓騾隊通過，直到他們中了曼丁加的埋伏為止。之後德雷克從後頭包夾，將他們一網成擒。晚間，攻擊者聽到騾子轡繩上的鈴聲越來越近。騾隊一出現，德雷克手下的英格蘭水手在爛醉下揮舞著武器衝出草叢。一名馬倫人想把他拉回來，但傷害已經造成——在月光下，一名西班牙斥候看見了水手的白襯衫。斥候調轉馬頭，疾馳回到騾隊，要官員立刻返回巴拿馬。懊惱的英格蘭人搶掠克魯塞斯，破壞倉庫，但一無所獲，於是他們在曼丁加帶領下往海邊逃竄。馬倫人又學到了一課：歐洲人是不可靠的盟友。

當德雷克思考下一步該怎麼做時，他的屬下發現了一艘船，船主是一名法國海盜，名叫吉雍・勒・特斯圖（Guillaume le Testu）。特斯圖得知英格蘭人來到地峽，於是在這裡花了幾個星期尋找他們。特斯圖是一名優秀的製圖者，曾協助法國在里約熱內盧附近建立為期不長的殖民地，之後他因新教信仰而在法國監禁四年。他向國王陳情而獲得釋放，之後他接受私掠船的任務，委託人或許是義大利商人。現在，特斯圖希望加入德雷克的行列，一起搶掠西班牙的財寶。德雷克、特斯圖與曼丁加同意一起合作，利用運銀隊伍走出迪歐斯附近山區之際予以搶劫。

這次還是一樣，由馬倫人帶領歐洲人安靜通過森林，於四月一日抵達埋伏地點。還是一樣分成兩隊，彼此相隔五十碼。上午十點左右，等候的海盜與馬倫人聽到鈴聲——傳記寫著，一百二十頭騾子，「每一頭馱著三百磅白銀，總計約三十噸」。這一次，計畫成功了。衛兵望風逃竄，騾隊落入海盜手中。要將白花花的銀子運過山去，不僅引人注目，也相當辛苦，英格蘭人、法國人與非裔印第安人於是將騾子身上的白銀卸下，他們採取了海盜的做法，把白銀埋在鄰近的河床中。他們隨身帶走幾根銀條做為戰利品。離開埋伏地點後，走了數英里，他們發現有個法國人不見了。事後他們得知，這名法國人因為喝醉酒，埋白銀時錯過出發時間。他被西班牙人捕獲，在嚴刑拷問下，他招供了埋藏白銀的地點。傳記提到，迪歐斯出動了「近兩千名西班牙人與黑人前去挖掘尋找」。他們幾乎把整個地區翻過一遍，最後終於找到白銀，並且將其運到迪歐斯。德雷克的部下回來挖掘時，只找到「十三根銀條與幾個金環」——不到原來的百分之一。

數十年後，德雷克的隨行牧師與朋友尼可斯（Philip Nichols）編纂了德雷克手下的回憶內容，並且將手稿交給德雷克過目並且出版——我引用的傳記就是來自這個授權版本——書名很耐人尋味，叫《法蘭西斯．德雷克爵士回憶錄》（*Sir Francis Drake Revived*）。這本書把德雷克在巴拿馬地峽的事蹟描繪成一場非凡的勝利，但實際上德雷克三次奪取金銀失敗，而且因疾病與作戰而折損一半的手下，其中包括他的兩個兄弟。儘管如此，這個勝利觀點也不完全錯誤。攻打迪歐斯與克魯塞斯的行動確實成功了——至少對馬倫人來說是如此。

「投降協定」

馬倫人與海盜結盟的消息令西班牙國王大為震驚，特別是迪歐斯商人提到運送的白銀遭劫，不過報告中卻沒有告知政府大部分的金銀都已經尋回。（大部分的白銀都是上繳朝廷的稅收，因此白銀遭奪確實令朝廷感到震驚。）殖民地官員利用這個機會要求國王派軍剿滅馬倫人。迪歐斯總督在事發一個月後向國王上書：「我們最不樂見的就是眼見王國遭毀的危機逐步逼近，懇請陛下立即決斷。」然而朝廷仍對此事的真實性有所質疑，因此遲遲不派艦隊前來。殖民地官員舉棋不定，一下子想與非裔印第安社群協商，一下子又想消滅他們，反觀馬倫人則繼續偷牛、解放奴隸與殺害西班牙人。有些死亡的西班牙人是教士；由於馬倫人仇恨信仰天主教的西班牙，因此他們樂於讓德雷克帶領他們改信新教。（但沒有證據顯示他們真的改變了原本的宗教儀式。）即使雙方終於願意坐下來協商，但彼此的猜疑與仇視也讓進展陷入停頓。

這段時間，英格蘭、法國與荷蘭海盜持續來到巴拿馬地峽，他們希望馬倫人跟先前協助德雷克一樣協助他們。但他們絕大多數都未得到資助——馬倫人對於歐洲人的能力評價不高。儘管如此，西班牙對於馬倫人與海盜結盟的恐懼卻節節升高，並且在一五七八年與一五七九年達到高點，因為這段期間惡名昭彰的德雷克船隊沿南美洲太平洋岸北上，所到之處燒殺搶掠，西班牙財物損失難以估計。殖民地官員於是與在巴亞諾領土上重整的馬倫人領袖多明哥．剛果（Domingo Congo）達成協議：如果他率領的馬倫人承諾對國王效忠，那麼他們可以獲得肥沃的農地、牛豬、農具，一年分的玉米種子，以及最重要的，他們可以獲得自由。殖民地居民又給予他們其他的好處，那就是馬倫人可以免稅。條件很優渥，但多明哥．剛果感到猶豫，由於巴亞諾的前車之鑑，馬倫人無法信任西班牙人。而在殖民地居民方面，他們也對於給予他們眼中的盜賊、殺人兇手與小偷種種好處有所質疑。儘管不情願，殖民地居民還是向散布在巴拿馬附近山區的逃亡者社群，以及波爾托貝洛附近更強大與更中央集權的「王國」釋放善意。

一五七九年九月十五日，波爾托貝洛「國王」簽署條約。西班牙國王菲利普二世甚感欣慰。四個月後，當多明哥．剛果率領的馬倫人並未跟進簽署條約時，國王於是責成殖民地政府盡快達成協議：

> 為了殖民地的和平與安寧，當務之急是解決馬倫黑人問題。從你們的信中，我很高興得知你們已與波爾托貝洛的友善國家達成協議，我希望這能做為一個典範，讓巴亞諾聚落瞭解他們可以從和約中獲得多大的好處，除了罪行得以赦免與擁有安全的居住地，還有你們送來印度議會的投降協定，裡面也能給予他們不少利益。

「投降協定」？從今日的觀點來看，國王的措詞的確令人詫異。如果馬倫人願意放棄與海盜結盟，那麼西班牙政府願意答應馬倫人的所有條件，但西班牙國王卻稱這樣的協議為投降——即馬倫人的投降。當然，馬倫人無法回到非洲故土，就算想讓他們回去，也辦不到；即使當初馬倫人未淪為奴隸，未被送上奴隸船，當他們被運到奴隸出口港的那一刻，也已經很難找到回家的路。此外，許多馬倫人早已在美洲娶妻生子，他們的妻子也許來自非洲其他地區，也許是美洲原住民。無論如何，巴拿馬地峽已經是他們的家。「投降協定」使他們獲得最終（也許不是那麼令人安心）的自由，他們可以生活在自己想生活的地方，與自己的社群住在一起，而且免除賦稅。

兩年後，多明哥·剛果與巴拿馬附近的馬倫人一樣，與西班牙簽訂和約。但留尼旺大學歷史學家塔迪厄指出，這些協定未能遏止奴隸逃亡。事實上，奴隸不斷逃入森林的現象，一直持續到奴隸貿易終止的那一天為止。許多逃亡者輾轉來到自由的馬倫村落。到了一八一九年，當巴拿馬地峽從西班牙贏得自由時，這些社群的起源早已遭到遺忘。馬倫人贏得最大的自由——成為普通公民。[4]

這段故事並非孤例。雖然美洲各政府消除了許多馬倫族群，但也有一些馬倫族群獲得自由——同時也成為叫不出名號的群體。有些例子值得一提，因為奴隸自治的願景經常被描繪成必須完全仰賴主人的善意。

墨西哥

即使西班牙已經向威脅巴拿馬白銀運送路線的非洲人讓步，但墨西哥也有同樣的問題。在維拉克魯斯甘蔗種植園偶然發生的小規模暴動，一五七〇年後擴大成大規模的叛亂，最後導致了楊加（Gaspar

4 當然，他們無法完全免於種族歧視。前馬倫人與其他自由的非洲裔公民一樣，同樣受到某種程度的歧視。

Yanga 或 Nyanga）的逃亡，據說他是迦納地區的王子與將領。與帕爾馬里斯的阿奎爾屯一樣，他很可能真的擁有王子與將領的身分。楊加是個能俘獲人心而且狡詐的人物，他糾合了數百名非洲人組成聯盟，躲藏在維拉克魯斯附近的山區。基於對那些將他鎖上鐵鍊跨海帶到美洲來的人的憤恨，楊加不斷侵擾種植園，奪取奴隸與糧食財物。對新西班牙來說最重要的是，馬倫人對維拉克魯斯與墨西哥城之間的運送金銀路線造成極大的威脅。恐懼的殖民地民眾流傳這樣的謠言，提到馬倫人會殺死看見他們臉孔的人，而且會在崇拜撒旦的儀式中喝被害人的血。

殖民地政府受限於地形的崎嶇，對楊加的攻擊無計可施，直到楊加軍隊犯下不可原諒的罪行，摧毀了一批從歐洲運來的貴重時尚物品。一六〇九年一月，由一百名士兵、一百名印第安人與兩百名殖民者及其奴隸組成的軍事探險隊攻入山區。六個星期後，他們占領楊加的基地——但並未獲得任何戰果，因為馬倫人早已撤往第二個更為遙遠的基地。楊加派了西班牙戰俘轉達十一條絕不妥協的要求，其中最重要的是「必須讓去年九月前脫逃的人獲得自由」。沮喪的殖民地居民只好接受所有條件。與巴亞諾及波爾托貝洛的馬倫人一樣，楊加的民眾也獲得自己的領域：黑人的聖羅倫佐（San Lorenzo de los Negros）。日後為了紀念它的創立者，於是改名為楊加，它是美洲第一個日落市鎮，意即法律禁止歐洲人夜晚在這座城鎮逗留。楊加這座城鎮愈來愈繁榮，地方上的西班牙人也推崇這座城鎮，最後無視法律對白人的禁令，搬到這裡居住。結果，楊加這座城鎮現在已幾乎全是「墨西哥人」。

墨西哥另外兩個在法律上擁有自由權利的非洲城鎮，一個位於維拉克魯斯西部山區，另一個位於墨西哥西部海岸。但馬倫人最成功的例子發生在十八世紀，地點在瓜地馬拉的太平洋沿岸。該地是馬倫人活動的溫床，西班牙不斷攻擊此地，但民兵損失慘重——政府為解決這個問題，於是以非裔印第安人取代民兵，因而形成以非裔印第安人對抗非裔印第安人的局面。一旦非裔印第安人逐漸成為軍隊的主力，馬倫人便形成微妙的威脅，迫使官員不得不去除殘餘的奴隸制度。

尼加拉瓜

英格蘭的朝聖者建立了兩個殖民地：著名的普利茅斯，建於一六二〇年，是新英格蘭第一個成功的殖民地；短暫維持的普羅維登斯島（Providence Island），建於一六三一年，位於尼加拉瓜外海一百四十英里處。與身在無瘧疾的新英格蘭教友不同，普羅維登斯的朝聖者輸入了大量的非洲奴隸，而他們對此地的開發也充滿熱情。西班牙於一六四一年將這批朝聖者趕走時，大約有六百名奴隸趁機逃亡。這群奴隸可能是因為船難，也可能是依照計畫，總之他們最後在今日的尼加拉瓜上岸，並且與當地說米斯基圖語（Miskitu）的印第安人及少數歐洲人通婚。更多的非洲與印第安難民持續湧入，擴大了米斯基圖族（這批混血人口沿用了這個名稱）的規模。英格蘭過去曾奴役米斯基圖族，但米斯基圖族認為西班牙才是最大的潛在威脅，因此仍決定與英格蘭結盟。米斯基圖族與英格蘭海盜合作，配備英格蘭的刀劍槍炮，一起侵襲西班牙的種植園，範圍從哥斯大黎加到巴拿馬，俘虜了不少印第安與非洲奴隸，他們將這些奴隸賣給英格蘭的甘蔗種植園；米斯基圖族甚至派兵到牙買加協助英格蘭平定馬倫人的叛亂。倫敦當局在牙買加、貝里斯乃至於英格蘭等地為米斯基圖歷任國王加冕，以鞏固雙方的同盟關係。「國王」是當時使用的詞彙，但可能會造成誤導；米斯基圖「王國」其實是濱海四個同盟政治體的總稱，分別由（從北到南）「將軍」、「國王」、「總督」與「海軍上將」統治。

弗朗西斯科·阿若布（Franciso de Arobe，圖的中間）率領著埃斯梅洛達人（Esmeraldas），這個部族是厄瓜多北部海岸的一個獨立的馬倫社會。一五九九年，在與西班牙訂約的兩年後——阿若布承認西班牙國王是埃斯梅洛達人名義上的領袖，反之西班牙需保證埃斯梅洛達人的自由——殖民地總督加爾克（Andrés Sánchez Gallque），一名在基多（Quito）受過訓練的印第安人，他為阿若布畫了這幅肖像畫，兩旁分別是阿若布二十二歲的兒子以及朋友。

當歐洲疾病侵襲米斯基圖族時，族裡帶有美洲原住民血統的成員大量死亡，使得上述四個政治體的非洲人比重增加，至少從基因的角度來說是如此。但從文化角度來看，他們卻愈來愈強調自己是「純種」印第安人——儘管如此，這項主張卻與國王的穿著格格不入，他們總是穿著帶有金色飾片的軍服，白色緞子襯衫或棉織背心，馬褲與長襪，手持金銀頭手杖，這樣的打扮幾乎已成為統治者的象徵。十九世紀時，數千名英國人移入這個地區，他們向米斯基圖政府納稅，並且承諾遵守當地法律。如果英國人開始仗勢欺人，任性胡為，米斯基圖人會提醒他們雙方結盟對抗西屬中美洲的必要性。米斯基圖王國繁榮興盛，獨立自主超過三個世紀。直到一八九四年，獨立的尼加拉瓜才正式併吞米斯基圖。

美國

馬倫人在美國的數量遠較南方少，因為只要跨到梅森—狄克森線（Mason-Dixon line）以北，奴隸就能獲得解放。此外，馬倫人到了陌生的溫帶環境也比較不容易存活。儘管如此，在薩凡納河（Savannah River）谷地、密西西比河三角洲，以及大迪斯莫沼澤（Great Dismal Swamp，這塊泥煤沼澤位於維吉尼亞與北卡羅萊納，面積廣達兩千平方英里以上），仍普遍可見馬倫人的營地。大迪斯莫沼澤跟過去相比已大為減少，因為絕大部分已在十九世紀填平。一六三〇年後，印第安人為了躲避歐洲人入侵而大量移居該地，他們散居各處，約每十到五十戶人家為一個聚落。不久非洲人也跟著移入。根據史家富蘭克林（John Hope Franklin）與史維寧格（Loren Schweninger）的說法，數千名非洲人最後落腳到隱密的沼澤中心，在隆起的「小島」上建立村落。這群馬倫人遠離蓄奴社會，他們的孩子可能一輩子都遇不到歐洲人。這個幸福的孤立狀態在十七世紀末遭到打破，維吉尼亞當局開始進行大規模的沼澤排水計畫，派出數千名奴隸在艱苦環境中挖掘溝渠。不管是馬倫人還是獵捕馬倫人的人都要利用排水溝渠進到沼澤地區，他們進行的低密度游擊戰一直維持到奴隸制度告終為止。（哈莉特．斯托〔Harriet Beecher Stowe〕是《湯姆叔叔的小屋》〔*Uncle Tom's Cabin*〕的作者，她的第二部小說《德雷得》〔*Dred*〕描述衝突時期大迪斯莫沼澤的狀況。）不過，當時已形成「地下鐵路」路線協助南方奴隸逃到北方，使人們逐漸遺忘了這片沼澤地的存在。

更往南一點，想逃亡的奴隸最好的選擇是西屬佛羅里達殖民地。卡羅萊納建立於一六七〇年（我在第三章做了描述）。幾年後，大批奴隸開始抵達。不久，這些奴隸開始大量逃亡，他們越過邊境進入西屬佛羅里達。有些歐洲人基於某種原因離開殖民政府，他們也選擇到西屬佛羅里達避難。西班牙國王認為這些憎恨英格蘭人的馬倫人具有軍事潛力，於是便在一六九三年承諾給予從卡羅萊納與喬治亞來到佛羅里達的非洲人自由，前提是他們必須（一）同意改信基督教；（二）同意站在西班牙這邊，共同對抗英格蘭的入侵。一七三九年，西班牙殖民政府在首府聖奧古斯丁附近興建新市鎮摩塞（Gracia Real de Santa Teresa de Mosé），供民兵或前奴隸居住——這是格蘭德河以北最早獲得法律承認的非裔美洲人社群。（當然還有其他自由的馬倫社群存在，只是未受官方承認。）不過，佛羅里達絕大多數的馬倫人仍繼續深入半島內部，進入到塞米諾爾印第安人（Seminole Indians）支配的土地上。塞米諾爾族是數十年前從克里克族分裂出來的部族，他們取得因疾病肆虐而人口稀少的土地。在這片數百年來每年定期焚燒的低矮、多沙的無樹平原上，馬倫人與印第安人組成了強大但界線分明的聯盟。

印第安人與非洲人的合作並非順理成章——在佛羅里達以北地區，克里克族熱衷於獵捕馬倫人，並且將他們賣給英國人。

歐洲社會向來把他們與馬倫人的衝突描繪成軍事勝利。一八三七年耶誕節的歐基裘比之役（Battle of Okeechobee），發生於第二次塞米諾爾戰爭期間，最後以美軍撤退收場，美軍的死亡人數是塞米諾爾族的兩倍，傷者更多於此數。這場災難絕大部分應歸咎於泰勒上校（Col. Zachary Taylor），這名指揮者與未來的總統愚蠢地認為塞米諾爾人在面對美軍強攻時必會逃走。這幅一八七八年的版畫，依照慣例把塞米諾爾人描繪成在泰勒英雄式的刺刀衝鋒下潰散的樣子。

塞米諾爾族建立了三十座以上的城鎮，有些城鎮的居民有數千人，城鎮周圍全是農地，採取原住民種植多種作物的模式。其中有四座城鎮的居民主要是非洲人——他們被稱為黑人塞米諾爾族。「紅人」與「黑人」塞米諾爾族的關係很複雜，因為有些非洲人是「紅人」，而有些歐洲難民是「黑人」。根據塞米諾爾法律，城鎮裡絕大多數的非洲人在法律上的地位是奴隸，但原住民對奴隸的定義不同於歐洲的奴隸制度，而比較類似於歐洲的封建制度。塞米諾爾族的奴隸幾乎不用工作；相反地，他們的義務是提供原住民村落貢物，通常是農作物。這些負擔雖然令人不悅乃至於遭人怨恨，但還不到繁重的程度。許多奴隸是非洲士兵，他們有紀律、有組織，如同戰爭時期的戰俘。馬倫人決心壯大自己，他們與西班牙人從事貿易，不久就比印第安主人更為富有。馬倫人通常住在塞米諾爾族聚落附近，但兩者涇渭分明，馬倫人不可能融入塞米諾爾族以血親為基礎而建立的社會網路中。儘管如此，在遭遇戰鬥時，馬倫人會與他們的主人並肩作戰，而這種情況相當常見。

塞米諾爾族面臨許多對手。英國於一七六三年併吞佛羅里達，塞米諾爾族拒絕臣服。二十年後美國獨立，英國不再尋求支配塞米諾爾族，相反地，英國希望與他們結盟，共同抵抗新成立的美國（英國在美國獨立革命之後仍據有佛羅里達）。一八一二年，塞米諾爾族激烈抵抗美國併吞佛羅里達。一八一六年到一八一八年，爆發了另一場激烈衝突；許多塞米諾爾族（黑人與紅人）被驅趕到南方的新聚落，其中最大的是安哥拉，位於坦帕灣（Tampa Bay）的馬納提河（Manatee River）河口。有些逃到巴哈馬群島。在過程中，塞米諾爾族獲得英國游擊隊的暗中接濟。一八二一年，美國取得佛羅里達，政府為了緩和民眾的壓力，打算將東南的原住民（包括塞米諾爾族）「遷移」到印第安保留區，一處位於今奧克拉荷馬州的遼闊保留區。一八三五年，全面戰爭爆發。馬倫人以盟友身分參戰，但擁有自己的指揮體系。

Maroon Landscapes
桑提河上游
大迪斯莫沼澤
薩凡納河
蘇瓦尼
墨西哥灣
安哥拉
大西洋
黑人的聖羅倫佐
安德羅斯島
翁多河
西班牙島
米斯基圖王國
太平洋
加勒比海
巴拿馬
哥倫比亞
埃斯梅洛達人
亞馬遜河
馬札高・維留
馬倫王國
馬倫人生活地區
溼地／沼澤
帕爾馬里斯

馬倫人的分布

在長達數世紀的奴隸貿易中，逃亡是稀鬆平常且經常成功之事。逃亡的非洲人與原住民混居，他們的後裔因此散布於整個西半球。許多人組成了非裔原住民小國，這些小國實際上獨立於西班牙的統治——他們努力爭取自由，早在美國獨立宣言前數十年乃至於數百年就已經擁有廣大的自由地區。

塞米諾爾族的戰略分成兩部分：首先，他們破壞給養美軍的種植園，並且抓走奴隸以增強原住民軍隊的實力。第二，他們等待黃熱病與瘧疾殺死北方士兵。當戰局對塞米諾爾族不利的時候，他們假裝答應協商，然後拖延到「疾病季節」，迫使美軍撤退。塞米諾爾族的戰術極為成功，因此一八三九年時，在佛羅里達的美國陸軍指揮官傑瑟普（Thomas Jesup）向華府表示，或許應該答應對方的要求，以換取種植園的安寧。他的提案遭美國政府嚴詞拒絕，不過傑瑟普後來還是想出了致勝策略：他答應非洲人，如果他們願意投降，並且同意移居西部，那麼政府將給予他們自由。逐漸地，這項策略鬆動了塞米諾爾族與馬倫人的聯盟。如廢奴主義者吉本斯（Joshua Gibbons）所言，這項策略的成功是可理解的，因為它讓馬倫人「獲得他們爭取了一個半世紀的安定與安全」。經過七年苦戰之後，這場衝突終於以停戰告終。仍有數百名頑抗的塞米諾爾族固守自己的土地；其他則接受了土地與自由，他們建立的社群至今仍存於德州、奧克拉荷馬州與新墨西哥州。

海地

十八世紀的海地是法國屬地，約有八千座種植園，盛產糖、咖啡與黃熱病，這裡施行的是不折不扣的剝削體制：四萬名極其富有的歐洲殖民者，統治著五十萬名憤怒的非洲奴隸。當時的海地名叫法屬聖多明哥（St Domingue），一七八九年的法國大革命為當地帶來極大的震撼。「自由，平等，博愛！」——對一個住滿法國奴隸的小島來說，這樣的口號深深打動了他們。弔詭的是，當地最支持革命的聲浪卻來自於法國的甘蔗種植者與奴隸主，他們長久以來一直對法國王室限制奴隸貿易感到不滿。（對他們來說，自由指的是蓄奴的自由。）非洲人擔心情勢會被種植者掌控，於是起而高唱「自由，平等，博愛！」他們抓住這個機會，發起了反革命的革命。

法國成立的新共和國苦於內部紛爭，對外又必須與英國及其盟友作戰。英國為了切斷法國的甘蔗種植園收益，於是在一七九三年攻下海地幾座大城。英國部隊成了哥倫布大交換的惡意參與者熱情寄宿的地方，這裡的參與者指的是黃熱病病毒。喬治城大學歷史學家麥克尼爾多年來鑽研蚊子傳播的疾病，他指出，從一七九四年六月到十一月，英軍每個月要折損一成的士兵。就算未死於黃熱病，也會受到瘧疾的侵擾。英軍繼續駐紮當地，並且續添援兵，到了隔年夏天，月死亡率已達到百分之二十二。麥克尼爾寫道：「剛抵達海地的人一下子就死了，彷彿剛下船就直接送進墳墓似的。」英國再度增兵：一七九六年二月，一萬三千多名士兵抵達海地。幾個星期後，六千人死亡。一七九八年，英國人放棄海地。

在此同時，奴隸暴動仍不斷持續，叛軍領袖杜桑・盧維杜爾（Toussaint Louverture）是名傑出、有魅力且獨裁的人物。杜桑並未沉浸在英國失敗的喜悅中。因為拿破崙已經在法國發動政變奪權，他決心維持法國在海地的巨大利益，企圖掌控此地的甘蔗與咖啡種植園。一八〇二年二月，大約六萬五千名法軍登陸海地。杜桑的人馬只有法軍的一半，而且缺乏裝備與武器，他說，他的軍隊「赤條條就像蚯蚓」一樣。他下令叛軍躲入山區，等待黃熱病的季節到來。杜桑雖然被捕入獄，但他的戰略奏效。到了九月，大約有兩萬八千名法軍死亡；四千四百人住院治療。兩個月後，法軍指揮官死亡。法軍繼續苦撐，但他們換來的只是自己的墳地。一八〇三年十一月，法國的軍事行動宣布失敗，六萬五千名軍人，損失了五萬人。麥克尼爾提到，當初促使非洲奴隸興起的瘧疾與黃熱病，此時反而終結了非洲奴隸。

拿破崙的加勒比帝國夢想終於破滅，於是他把法國位於北美的所有屬地全賣給美國，也因此有了路易斯安那購地案。

美國之所以能成為廣土眾民的國家，與馬倫人有間接關係——然而這個新擴展的大國並不感激馬倫人。獨立的海地是完全由馬倫人建立的國家，它成為全球的象徵，包括美國在內，它令全世界奴隸主感到驚恐。於是歐美各國聯合起來對海地施行了長達數十年的懲罰性貨物禁運。糖與咖啡貿易是海地的經濟命脈，貨物禁運因此使海地的經濟崩潰，原本加勒比地區最富裕的社會於是淪為赤貧。

蘇利南

十七世紀初，有一小撮荷蘭與英格蘭探險家出現在巴西北部的蘇利南沿海地區，打算在此種植咖啡、可可、菸草與甘蔗。由於歐洲人擁有珍貴的貿易貨物，因此原住民統治者起初尚能寬容歐洲人的出現——反正隨時可以將他們趕走。有人猜測，當荷蘭與英格蘭的小殖民地為了爭奪該區支配權而開戰時，印第安人很可能抱著坐收漁利的心態在一旁觀戰。英荷為了搶奪西班牙勢力範圍外的全球貿易而引發全球戰爭，蘇利南的爭奪戰其實是這一連串戰爭的一小部分。一六六七年，雙方訂立了對荷蘭較為有利的條約。荷蘭獲得蘇利南，因此掌握該地豐富的資源。英格蘭則獲得較無價值的土地，一座寒冷而土壤貧瘠的小島，當地原住民稱之為Mannahatta（即今日的曼哈頓）。

不久，荷蘭人開始開發當地。滿載非洲奴隸的船隻在蘇利南河口的帕拉馬里波（Paramaribo）小港口靠岸。以奴隸操槳的平底船往上游行駛了三十英里，抵達一處以甘蔗種植園為中心的村落，名叫尤登薩凡納（Jodensavanna），這是逃避西班牙宗教裁判所的猶太人建立的聚落。[5] 印第安人細心維護的森林逐漸被荷蘭人的甘蔗田所取代。除了甘蔗之外，還有非洲稻田。與加勒比地區一樣，森林砍伐與農耕有利於蚊子繁衍，特別是達氏瘧蚊（*Anopheles darlingi*），我曾在第三章提到這是南美洲最重要的瘧疾病媒蚊。奴隸船引進了埃及斑蚊，這是黃熱病的病媒蚊。奴隸則帶來了惡性瘧疾與黃熱病。它們全來到了上游的尤登薩凡納。達氏瘧蚊喜歡在剛開墾的土地上繁殖，它可以來回穿梭於森林邊緣與人類住處之間。殖民者愈是要求奴隸砍伐樹木，歐洲人的死亡率就愈高。荷蘭地主採取的對策是待在家裡，雇用監督者來幫他們管理地產。「管理地產」主要是指進口非洲人。大約有三十萬名非洲人在蘇利南上岸。換言之，在一個面積大約等同於威斯康辛州的殖民地裡，容納的奴隸人數等於當時全美國擁有的奴隸人數。平均每一個歐洲人擁有二十五名以上的非洲人。

不難想見，人數寡少又苦於瘧疾的荷蘭人根本無力防止奴隸逃跑。非洲人逃跑的數以千計，他們與原住民通婚，在森林邊緣地帶建立法外的混血社會。一六七〇年代爆發了游擊戰，而且持續了將近一世紀，荷蘭人逐漸處於劣勢。一七六二年，殖民政府簽訂了屈辱的和約——荷蘭的締約官員勉為其難地遵循非洲的風俗，歃血訂約。馬倫人主要的讓步是，他們答應會送回最近逃亡的奴隸。結果，逃亡的奴隸不投奔馬倫人，轉而在森林的其他地區自行建立新的社群。荷蘭人對這些人進行追捕，卻引發第二次游擊戰。蘇利南的種植者開始尋求援助。

一七七二年，超過一千名士兵跨洋來到蘇利南，其中包括了斯戴德曼（John Gabriel Stedman），他

5 塞法迪猶太人（Sephardic Jews）是蘇利南主要的地主與奴隸主。但他們在美洲其他地區就不是那麼重要。

出生於荷蘭，父親是蘇格蘭饑荒的逃難者。斯戴德曼的日記，鉅細靡遺地記錄了這場醫療與軍事上的災難。上岸不久，他就「因熱病而病倒——我覺得自己大概好不了」。沒有人幫助他：「這裡什麼都缺乏，大家自顧不暇，即使最熟的朋友也幫不上你的忙。」

斯戴德曼幸運地熬了過來，於是繼續往上游出發。印第安人仔細維護的地貌，現在已成為害蟲孳生的夢魘。斯戴德曼的日記充滿了抱怨，他提到這些「多到難以想像」的蚊子——牠們就像濃密且發出嗡嗡聲的烏雲一樣，足以悶熄燭火，而且讓你看不見也聽不見一百英尺以外的人。斯戴德曼曾雙手用力一拍，結果殺死了三十八隻蚊子。

斯戴德曼的軍隊染病、悲慘、遭蚊蟲叮咬、衣衫襤褸，他們花了三年的時間在森林裡追捕奴隸，卻徒勞無功。他們真正打過的仗只有一場。正如一句諺語說的，他們贏了戰役，卻輸了戰爭。「原本是一千兩百名四肢健全的士兵，現在卻不到一百人可以返鄉，」斯戴德曼悲傷地寫道：「在這些人當中，堪稱身體健康的不到二十名。」其他人則是，「病死；戰死；試過各種治療方式依然無效；失蹤；被殺死；因氣候致死，另外還有十到十二個人溺死或被短吻鱷咬走。」

最後，荷蘭人與馬倫人達成和解。歐洲人持續運送非洲人與種植甘蔗，但接受每年總會有人逃亡的現實。在此同時，絕大多數的荷蘭殖民者也盡可能不留在當地；一八五〇年，在經過兩個世紀的殖民之後，蘇利南大約有八千名歐洲居民，絕大多數是甘蔗種植者的代理人，至於種植者則安穩地住在荷蘭。由於不住在殖民地，種植者因此沒有興趣為生產社會奠定基礎制度。所有剝削來的財富全送回母國；蘇利南的教育、創新與投資付之闕如。當蘇利南於一九七五年獨立時，它是全世界最窮的國家之一。

新獨立的蘇利南當然想尋求發展。蘇利南擁有大量的鋁土、黃金、鑽石與石油礦藏，人均熱帶森林居世界第一。需錢孔急的政府——無論是一九八〇年奪權的軍事獨裁政府，還是之後在一九九二年成立的平民政府——將採礦與伐木的權利賣給外國公司。一九六〇年代，殖民政府讓美國鋁業公司（Alcoa）建設六百平方英里的湖泊與水力發電的水壩，以提供煉鋁的電力。現在，獨立的蘇利南政府讓中國國際海運集裝箱集團（CIMC）——世界最大的貨櫃製造業者——獲得砍伐八百平方英里森林的權利，使其能製造木造運送架。其他公司尾隨其後。到了二〇〇七年，蘇利南有四成的土地出租供人伐木。

這段期間蘇利南政府也藉由設立公園來回應環保人士的批評。一九九八年，在與國際保育（Conservation International）共同舉行的記者會，蘇利南宣布它已撥出六千平方英里的土地（也就是領統的十分之一）設立中部蘇利南自然保留區（Central Suriname Nature Reserve），這是世界最大的熱帶森林保護區。《紐約時報》社論表示，「蘇利南的例子」是「小小的希望曙光」。二〇〇〇年，聯合國教科文組織把這座公園定名為世界遺產，稱讚此地是「亞馬遜地區少有無居民亦無人類使用的原始森林區」。

一七六二年和約簽訂後，荷蘭人承認六個馬倫族群的自主地位，直到今日規模最大的是薩拉馬卡族（Saramaka）與恩朱卡族（Ndyuka），兩族各約有五萬人。他們並未被事先告知他們土地上的伐木與採礦利權已被出賣。他們也不知道水壩集水區將淹沒他們的村落（更大的侮辱是，渦輪機組已被泥沙淤積，現在已毫無功能）。他們也未被徵詢公園的事，公園預定地包括最小的馬倫族群克溫提族（Kwinti）的故土，他們從一七五〇年以來就住在當地。（公園也涵蓋了特里歐族〔Trio〕印第安人的居住地。）政府的措施迫使薩拉馬卡領袖聯合起來，於二〇〇〇年十月向美洲人權委員會（Inter-American Commission on Human Rights）提交請願書。蘇利南總統被馬倫人的舉動所激怒，他指控薩拉馬卡領袖企圖結合哥倫比亞毒品游擊隊發動內戰。蘇利南政府誓言持續擴大伐木與採礦地區。當人權委員會下令開發計畫應該中止時，蘇利南當局重申他們的立場，而後二〇〇七年十一月美洲人權法院要求蘇利南應歸還薩拉馬卡（Saramaka）的資源時，蘇利南當局依然堅持他們的態度。

當我寫作之時，蘇利南政府仍然堅不屈服。馬倫人、蘇利南政府與大公司集團的鬥爭恐怕還要持續數年。這裡關乎的是熱帶森林的命運，而馬倫人奮戰的地區不只局限在蘇利南。

搖擺吧，牛！

一九九一年，唐娜．羅薩里歐（Maria do Rosario Costa Cabral）與她的兄弟姊妹在埃斯皮諾溪（Igarapé Espinel）岸邊買了二十五英畝地，這裡是巴西最東北部的省分阿馬帕（Amapá）的亞馬遜支流地區。唐娜是一名精瘦而警醒的六十二歲婦人，她出生在伊帕內瑪族（Ipanema）的馬倫社群裡——她告訴我，他們非常窮困，每個家庭都會將火柴切成兩半，這樣子一盒火柴就能當兩盒用。她的父親從事採集橡膠的工作，他為當地一家天然橡膠經銷商運送乳膠。如果他與他的朋友運送橡膠的數量龐大，往往會引起更富有的人的覬覦，他們會認為這裡有產量豐富的橡膠樹可以採集。然後他們會查明地點，把橡膠採集者趕走，然後自己獨占這門生意。同樣的事情也發生在農作上。有些種植園已經荒廢了二、三十年，如果稍加開墾，還是能獲得一點收成。然而等他們開墾完成，持槍的人會突然出現。他們說，你們是非法占用者。即使你有契約，他們也會說契約無效。他們會拿起武器威嚇你離開。唐娜成年之後，情況並沒有改變多少。她不斷地建立農場，卻不斷從自己的農場被驅離。儘管如此，唐娜還是抓住機會買下了埃斯皮諾溪畔的土地。

對非亞馬遜地區的居民來說，唐娜這塊土地根本無法引起他們的興趣。它距離亞馬遜河口約兩百英里，亞馬遜河流域廣大到足以產生潮汐現象——一天漲潮兩次。漲潮的力量相當強大，即使是位於森林深處的小溪流也受到影響，這些溪流溢流到岸上，深入內陸地區達數英里。居民搭棚架撐高自己的住家，並且使用獨木舟穿梭於樹林之間。即使退潮，地面上仍滿是濕黏的泥巴。最近，我與加州大學洛杉磯分校地理學家赫奇特前去拜訪唐娜的農場。我們雙腳陷在泥巴裡，深及膝蓋，我們的靴子實際上已經塞滿了泥巴。

唐娜說她以相當便宜的價格購入這塊地，因為這裡曾受到一九八〇年代晚期棕櫚心風潮的破壞，當時從倫敦到洛杉磯，每家餐廳的菜單上都一定會提供棕櫚心沙拉這道菜。棕櫚心是小棕櫚樹生長的尖端與內核，特別是南美的物種如阿薩伊（açai, *Euterpe oleracea*）、朱庫拉（jucura, *Euterpe edulis*）與普噴哈（pupunha，桃椰子，*Bactris gasipae*）。為了從這片森林榨取最大的利益，棕櫚獵人無情地在亞馬遜河下游進行掠奪殺伐。平底船運來了攜帶斧頭與絞盤的船員，他們砍掉整棵棕櫚樹以取得可食用的尖端部分（其實不用砍樹也能取得棕櫚心，只是比較花時間）。在收集棕櫚心時，如果看到什麼有價值的事物，他們也會一併帶走。唐娜對我們說，「這片土地遭到洗劫，只剩下藤蔓跟矮樹叢。」

唐娜利用自己從父親身上習得的技術，試圖將這個地方恢復原狀。在兄弟姊妹的協助下，唐娜種植了生長快速的樹種，以滿足上游鋸木廠的需要。他們種植果樹，以銷往市場：萊姆樹、椰子樹、古布阿蘇（cupuaçu，可可的遠親，差異在於它散發芳香的部位不是種子，而是果肉）與阿薩伊（原本只使用棕櫚心，但這種樹的紫色果實有著類似優格的果肉）。唐娜一家人用編織的陷阱捕蝦——赫奇特告訴

亞馬遜河下游有數百個基隆坡，縱橫交錯的河流每日漲潮兩次，漲潮時往往溢過河岸，深入內陸達數英里。由於河流是運輸孔道，因此村落往往沿著河道擴展（上圖，位於馬卡帕州的阿瑙拉普庫）；住屋以棚架架高（下圖，馬札高．維留），這樣地板才不會被潮水淹沒。

我，這種做法與西非相同——他們抓到蝦子之後，把蝦子放在浮籠裡，然後擺在溪中。在河岸邊，唐娜種植灌木叢做為魚類與魚苗的棲地，並且另外種植一些可以吸引魚類前來氾濫森林區的樹種與果樹。從外人的觀點來看，他們似乎成功營造出野生的熱帶景觀。但事實上這裡每一個物種都經過唐娜一家人的揀選與照料。

唐娜住在基隆坡的邊緣地帶，這座基隆坡建於一七七〇年，當初是將葡萄牙位於北非的最後一個殖民地完整地移植過來，並且以馬札高．維留（舊馬札高〔Mazagão Velho〕）為中心，逐步向外擴展。在前一年，北非殖民地居民因穆斯林軍隊的侵擾而逃回里斯本。葡萄牙當局認為這是個機會，於是將居民全部遷往阿馬帕。這麼做其實是為了防止阿馬帕的北鄰，也就是法屬圭亞那入侵。一名熱那亞工程師將新城鎮設計成優雅啟蒙運動風格的樣子，擁有公共廣場與棋盤式街道。靠著奴隸的協助，他們在當時稱為馬札高新市鎮的地方蓋了超過兩百棟住房；可能有多達一千九百名葡萄牙人移居這座城鎮。政府給予遷徙民眾現金、牲口與數百名奴隸，試圖讓這場遷徙輕鬆舒適一點。然而，新來者剛一抵達就發現令人不悅的事實，亞馬遜河下游與乾燥有微風的摩洛哥海岸完全不同，這裡炎熱而潮濕——事實上，這裡就位在赤道上。搬到新地方十年，殖民地居民深受瘧疾與貧困之苦，他們生活在破爛的房屋裡卻無力修理。居民於是乞求國王重新安置他們。最後，幾乎所有殘存的歐洲人都逃跑了，留下來的人不久全都死亡，奴隸因此不費吹灰之力獲得自由。新馬札高就這樣成為了基隆坡。

這群奴隸假裝自己仍是奴隸來維持自身的自由。葡萄牙殖民政府希望國王以為他的臣民仍守衛著巴西北疆，另一方面，奴隸為了不受政府干涉，於是在報告中表示他們會好好戍守邊疆。如此便皆大歡喜：馬倫人假裝自己仍是葡萄牙殖民地的葡萄牙臣民，而葡萄牙殖民政府則假裝馬倫人還在守衛邊

在外行人眼裡，從唐娜的屋子看過去，河岸上只不過亂七八糟長了一堆熱帶植物。但這裡幾乎每一種植物都是唐娜與她的家人種植與照料的，他們創造的環境不僅具有豐富的生態，也出自人為挑選。

境。數十年後，殖民地非洲人的子孫沿著河岸擴展，他們的生活就跟印第安人鄰居一模一樣。河流提供了魚蝦，小規模的農作提供了樹薯，森林則提供了其他日常所需。持續兩個世紀的照料與收成，形成了這片森林的生態。馬倫人融合原住民與非洲人的技術，他們創造的地貌充滿生機，很容易讓人誤以為這是天然的蠻荒世界。

其他地區也出現類似的狀況。葡萄牙人因為帕爾馬里斯的毀滅而歡聲雷動，但這只是曇花一現。奴隸還是持續逃亡，而且躲藏在森林中。但這一次他們不會再犯相同的錯誤，他們不會再建立像帕爾馬里斯這樣龐大、中央集權式的社群。相反地，他們設立了數萬個小村落，彼此結合成具有彈性且多變的網路，這些村落遍布在巴西的東部與亞馬遜河下游地帶。他們與原住民聚落通婚，接納逃亡的印第安奴隸，並且向葡萄牙人的邊緣分子與罪犯敞開大門。許多非洲人在渡海來美洲之前，原本就生活在熱帶氣候中。他們很能適應溼熱的環境，同時也能像原住民一樣種植棕櫚樹以及在溪中捕魚蝦。他們樂於學習，例如印第安人在支流毒魚的方式，或者將乳膠融化塗抹在腳上形成保護的「靴子」，或者用長條的管狀物把樹薯中帶有苦味的東西擠出來。葡萄牙人似乎覺得這麼做等於「成為原住民」，因此很多人不願意做調適。於是森林對葡萄牙人便成了一個危險的地方，一個唯有軍隊才會進入的地方。隨著田野逐漸被基隆坡占據，殖民地居民只隱約感受到逃亡的奴隸離種植園不遠，例如卡拉巴爾與里貝爾達吉，卻不確定他們到底住在何處。結果，絕大多數的基隆坡都維持著遺世獨立的狀態——除非他們的運氣不好，剛好位在採金礦、採橡膠的工人行經的路線上，或者在偶然間被其他想在森林中尋得快速致富機會的冒險家所撞見。

巴西擁有各種混合性的宗教儀式，例如康東布列（Candomblé）、溫班達（Umbanda）、馬康巴

（Macumba）、聖道教（Santería），這些儀式尤其表現在非裔巴西人擊鼓、舞蹈以及儀式性的卡波耶拉武術上。在與外界孤立的狀態下，巴西的基隆坡把盛裝遊行與慶典建立在這些精神傳統上，透過共有的記憶將各地的基隆坡緊緊結合起來。我們可以從諷刺劇 *bumba-men-boi*（比較粗疏的翻譯是「搖擺吧，牛」）來說明這種現象，這是巴西東北部的基隆坡舉行慶典時演出的戲碼。在馬拉尼翁州（Maranhão）東部的索爾達吉（Soledade）基隆坡，村民以慶典的方式向弗朗西斯科的故事致敬。弗朗西斯科是一名懼內的非洲奴隸，他懷孕的妻子突然很想吃牛舌。不巧的是，手邊唯一找得到的牛是弗朗西斯科殘暴的主人最喜愛的牛。更糟的是，主人剛好把這頭牛交給弗朗西斯科照顧。儘管如此，他還是把牛牽到森林裡宰了。弗朗西斯科不久就遭到逮捕，除非他能讓牛起死回生，否則他將被處死。舞者代表了政府當局，包括從地方市長到一國總統，他們努力想讓牛復活，然而他們的失敗卻使得旁觀群眾對他們飽以噓聲。最後，原住民祭司用菸草的煙霧，帶有香氣的水，並且搖晃著特殊的響鼓，讓牛重新活了過來：這些都是原住民用來醫治的法寶。當牛蹣跚站起，並且開始隨著音樂的節奏擺動身驅時，旁觀的群眾也隨之歡呼——「搖擺吧，牛！」這股歡樂的氣氛結合了美洲（菸草、祭司與森林裡的動物）與非洲（牛，奴隸），「搖擺吧，牛！」充分表現出基隆坡獨有的特色：在巴西原住民協助下，奴隸擺脫了悲慘的命運。

往西南五百英里，此地基隆坡爭取自由的故事表現在 *lambe-sujos* 的儀式上（*lambe-sujos* 指非洲人頭上纏的紅色頭巾，這種稱呼帶有侮辱的意味，或許我們可以直接翻譯成「頭巾」）。阿拉戈阿斯州（Alagoas）的基隆坡住民在一年一度的盛裝遊行中，會全身淋上木炭和油製作的焦油，以重演祖先的悲慘生活。祭典這一天，一開始是由男男女女扮演逃亡的奴隸，他們圍起一道防禦圈，將國王與王后圍在當中——國王與王后象徵非洲的貴族，如阿奎爾屯與楊加。奴隸吸著嬰兒奶嘴，代表不聽話的奴隸嘴裡被殘忍地

逃亡的奴隸與原住民持續受到奴隸商人的追捕，他們不僅融合到巴西的基隆坡中，也開始尋求精神上的安慰—他們最後在混合了非洲人、印第安人與基督教元素的宗教信仰中找到了歸宿。許多肢體掛在薩爾瓦多邦芬主教座堂的奇蹟室裡，這全是為了感謝教堂施加的神奇治療而獻上的禮物，這座教堂不只是天主教聖地，也是非裔印第安宗教康東布列（Candomblé）的聖所。

塞著圓形的木塞。在圓圈旁則潛伏著不祥的事物，他們是 *caboclinhos*（這是個貶抑詞，或許可以翻譯為「紅皮膚」）——也就是為葡萄牙追捕奴隸的印第安人。他們的身體用植物油染成紅色，頭上插著呈發射狀的斑斕羽飾，這群追蹤者發現圍成保護圈的非洲人。在儀式性的打鬥之後，*caboclinhos* 獲勝；而當 *lambe-sujos* 被拖到大街上，他們會向旁觀者乞討錢以贖買自由。

這些非裔印第安社群的祭典可能讓你看得頭昏腦脹：祖先來自非洲的人扮演黑人，祖先是原住民且曾與非洲人結盟的人扮演與黑人作戰的角色。有時候還會有跨時代的現象，例如十八與十九世紀的黑人居然向二十一世紀的巴西人懇求獲得自由。

就法律面來看，當巴西於一八八八年廢除奴隸制度之後，其境內的基隆坡應該從此毋須再懼怕任何東西——因為沒有人會把逃亡的奴隸送回去監禁。不過，奴隸制度的結束不表示歧視、貧困與反馬倫暴力的結束。巴西的馬倫社群一直隱匿著未讓官方察覺，因此到了二十世紀中葉，絕大多數巴西人還以為巴西境內已無基隆坡。一九六〇年代，統治巴西的軍政府看著地圖，不悅地發現約有六成的國土是空白的。（事實上，上面住滿了印第安人、農民與基隆坡，但政府卻忽視這點。）軍政府認為，為了國家安全，必須填補這些空白。他們於是進行了一項極具野心的計畫，他們透過貫穿內陸的公路將全新的超現代主義首都巴西利亞（營建新都也是軍政府的大計畫之一）、西部疆土以及亞馬遜河上的港口串連起來。

一九七〇與一九八〇年代，來自巴西中部與南部成千上萬的移民湧上公路，他們相信軍政府的承諾，以為可以在新農業開墾地開展新的生活。然而，他們遭遇的卻是極差的路況、貧瘠的土地與無法無天的暴力：完全無法使用的土地，加上肆虐的瘧疾。許多小農一開墾完就放棄了農場——在亞馬遜盆地遭受鋁汙染的土地上，根本種不出作物。大農場即使得到軍政府的補助，但長期而言仍是虧損的。短期來說，這些開墾者把地產上所有的人都視為非法入侵者，於是要求他們離開，必要時甚至以武力驅趕。在這種狀況下，無數的基隆坡遭到毀滅，居民四散各地——唐娜的家人或許就是其中的受害者。

大農場的拓展遭受來自世界各地的抗議。孟德斯（Chico Mendes），巴西的馬丁·路德·金恩，他在國際間發起運動，要求承認亞馬遜居民的土地權利。在此同時，隨著巴西陷入經濟危機，獨裁政府的權力也受到動搖。一九八八年十月，巴西制訂了民主新憲。兩個月後，一名農場主雇用槍手殺死孟德斯。但事情發展至此，就算殺害孟德斯也無法扭轉大局。新憲法宣布「基隆坡」社群是「他們占有土地的合法擁有者，國家應發給他們權利證明文件」。

「沒有人看出這件事的影響」，巴西永續發展部副部長佩雷亞（Alberto Lorenço Pereira）表示，這項長期計畫清楚說明了巴西的土地使用政策。他告訴赫奇特與我，制訂新憲時，制訂者想像的是「森林某個地方有一小群殘存的基隆坡」，基隆坡的老人可以獲得自己的土地。現在，許多研究人員相信，所謂的殘存基隆坡其實多達五千處，絕大多數位於亞馬遜盆地，它們占有的土地或許多達三千萬公頃——十一萬五千平方英里，相當於義大利的面積。基隆坡不只占有廣大的土地，而且還沿著河岸擴展，這表示基隆坡實際控制的內陸面積遠大於先前的數字。衝突不可避免，佩雷拉說。「許多人都想要土地。」

我到摩久（Moju）基隆坡參觀，這才瞭解佩雷亞的意思。我從位於亞馬遜出海口的貝倫出發，走了四小時顛簸的泥土路，才到達摩久。這裡的十二個聚落是由逃亡者在十八世紀晚期所建，聚落間有著密切的聯繫。基隆坡協會會長阿爾梅達（Manuel Almeida）告訴我，這些村落已經隱密存在了近兩百年。他說，奴隸制度的結束並未讓人獲得解脫。最早來這裡的是橡膠採集者，他們侵占摩久的橡膠樹。然後是木材公司，他們大量砍伐桃花心木與染料木。牧牛場至今依然圈圍著大片土地。有一家公司開闢道路到上游開採鋁土。另外有兩家公司開採高嶺土，這是一種能用來製作瓷器與造紙的白色黏土，他們繁忙的運輸路線正好從村子的中間經過。現在，開採鋁土的公司——美洲最大的採礦公司淡水河谷公司（Companhia Vale do Rio Doce）的子公司——想開闢一條穿過摩久的道路，好將打碎的鋁土運到貝倫西邊的大煉鋁廠。他們開路時並未經過我們准許，也未問過我們的意見，阿爾梅達說。政府給予這些公司特許，讓他們有權利做這些事，因為基隆坡在法律上毫無地位。

阿梅爾達在他的家裡說著，他的房間空無一物，只有一張吊床，以及牆上的十字架。之後他的妻子與兄弟走進房間，並且端了幾杯水。他說，他聽聞巴西公司認為這個地區可能有天然氣。他說，有傳聞說美國公司想在亞馬遜河口設立度假中心。他說，有個男人到他這兒來，手裡拿了一些文件，希望他能把土地權利讓給他，讓他種植油棕。他說，摩久的十二個社群在這裡已經兩個世紀，他們應該有決定事情的權利。

從唐娜．羅薩里歐農場望過去

馬札高從北非遷移到亞馬遜盆地北部後過了兩年，葡萄牙人為了表彰自己的勇氣，於是開始崇拜聖雅各（St. James），他是伊比利半島上反穆斯林運動的守護聖人。孤立於赤道地區，當時的殖民地居民想必充滿恐懼；拉洛歇爾大學（University of La Rochelle）歷史學家維達爾（Laurent Vidal）研究馬札高時指出，當時的教士也感到悲觀，他們擔心文明會遭到攻擊。或許這正是殖民地居民與教士都選擇馬札高歷史的某個黃金時刻的原因：在兩個世紀前的這一天，聖雅各的庇佑使他們得以擊敗加里布蘇丹（Sultan Abdallah al-Ghalib Billah）。加里布蘇丹是北非強大的統治者，統治地區約當今日的摩洛哥。參與儀式的人在過程中產生了一些想像，不僅殖民地居民如此，連奴隸也一樣。當葡萄牙人離開馬札高新城時，他們的奴隸繼續留在當地，接替主人成為儀式的執行者。最後一批歐洲人離開的數十年後，當地的非洲與印第安居民仍重演著遙遠的伊斯蘭教與基督教的戰爭。至今也依然如此。

經過一段時間之後，慶典變得愈來愈繁複，愈來愈具有儀式性，也愈來愈與實際發生的事件無關。今日馬倫人子孫慶祝的戰爭已經不是馬札高新城的創立者紀念的戰爭。加里布蘇丹已然消失，取而代之的是一名穆斯林領袖，他有個奇異的名字，卡爾德拉（Caldeira，鍋爐的意思）。卡爾德拉圍攻馬札高，卻遲遲未能破城而入，於是他想出了特洛伊木馬屠城的計策。卡爾德拉假意承認自己失敗，並且表示為了表彰基督徒的勇氣，他決定舉辦化裝舞會，在會中提供美味佳餚供饑餓的士兵飽餐。舞會其實是幌子，蘇丹真正的用意是要說服葡萄牙人反叛。不想反叛的人，卡爾德拉吩咐為他們送上甜點，其實裡面加了毒藥。有些機警的葡萄牙人覺得事情不單純。他們偷偷把食物塞到卡爾德拉的馬嘴裡，結果馬一下子就斷氣。在舞會中，他們把這些東西拿給卡爾德拉的屬下吃，結果他的屬下全死了。最後，他們讓卡爾德拉吃下這些有毒的甜點，卡爾德拉毒發身亡。到了早上，舞會大廳已經躺滿了屍體。

卡爾德拉的兒子卡爾德林哈（Caldeirinha，小鍋爐的意思）為了報仇，出兵攻打堡壘。疲憊的基督徒完全被復仇心切的穆斯林壓制住。為了進一步挫折對方的士氣，卡爾德林哈下令將城市的孩子綁走。然而此舉反而讓城內守軍同仇敵愾，基督徒於是開始組織反攻。當天色逐漸昏暗，戰局也慢慢反轉過來。葡萄牙人知道穆斯林可能會利用夜晚撤退與重整旗鼓，於是他們祈禱能再多點時間。天上的聖雅各聽見他們的要求。他伸出神聖的手指，按住太陽使其停止移動。有了多餘的時間，基督突終於擊敗卡爾德林哈的軍隊，甚至俘虜了卡爾德林哈。

一九一五年的瘟疫迫使馬札高新城許多居民再次另建城鎮，他們選擇的地點是往河川下游步行約一小時的地方。他們稱這座城鎮是第三座馬札高新城；第二座馬札高新城則改名為馬札高・維留，也就是馬札高舊城的意思。然而，儘管新城的交通便捷，馬倫人似乎不喜歡新城。最後，馬倫人還是回到舊城。還是一樣，慶典是用來團結流域內部所有社群的最好方式，它成為全面性的戲劇演出，重現過去的歷史，例如送上「有毒的」甜點，唯有男性參與的化裝舞會，以番茄與柳橙象徵「石頭」，用來丟擲那些穆斯林間諜，「綁架」孩子，以及雙方穿上橙色與綠色服裝，騎馬進行象徵性的戰鬥。

有一天早上，我搭船去參觀馬札拉舊城。河面上到處都是載著孩子上學的船隻——其中一艘載著足球隊，大家穿著隊服，一副精神飽滿的樣子。舊城已經開始為慶典做準備。有人在教堂測試擴音器，他播放的是carimbó，這是亞馬遜河下游的流行舞曲。孩子們下船直奔教室，在他們的頭上飄揚著各色旗幟與彩布。

笑聲掩蓋了城裡的不合。我們得知新來者打算讓慶典變得更能吸引觀光客。他們捨棄了舊服裝與面具，改穿國際上較為流行的款式，舊服飾全收了起來。一個名叫賈卡蘭達（Joseane Jacarandá）的婦女向我顯示後屋裡的舊服飾，以及印著基督教十字架與穆斯林彎刀的旗幟。她的孫子戴上巨大的主教帽子，在客廳裡趾高氣揚地來回走動。賈卡蘭達的眼睛泛著憤怒的淚光。兩百多年來，馬倫人一直過著自己的生活，現在我們跟世界接軌了，但我們最珍視的東西卻遭到破壞。

但唐娜對於馬倫人能走出陰暗的角落，有著全然不同的感受。在我造訪當地前三年，開始有人沿著埃斯皮諾溪鋪設電線。我在搭船到她家時

貝倫是位於亞馬遜河口的港口，在它的市場上，小販賣樹木種子給當地農民。農民會改種一些有用的樹種，例如阿薩伊（açai，果汁很有名）、巴庫里（bacuri，果實有點像酸酸甜甜的木瓜）與巴卡巴（bacaba，用於民俗醫療上）。

看到這些電線，它們看起來細長而弱不禁風，沿著河邊的樹木垂掛著。電力使唐娜可以購買手機的充電器，也就是說，她現在有電話了。如果家裡有人受傷或生病，她可以馬上打電話求援。對於已經習慣救護車或警車隨傳隨到的我們來說，這種差異意義之大，恐怕難以體會。唐娜的第二件大採購也帶來同樣重大的變化，她買了一臺冷凍櫃。在還沒有購買冷凍櫃之前，她總是必須把剛收成的阿薩伊立即賣出，以避免腐壞——因此她總是等不到好的價格。沒有電話，唐娜也無法問到最好的價錢。知道她狀況的買家，也總是利用這個機會壓低價格——唐娜無法拒絕這些交易。有了冰櫃之後，唐娜可以先挖出果肉予以冷藏，等到好價格再予以賣出。阿薩伊據說有抗氧化的效果，因此在美國與歐洲極為風行。現在，唐娜也能利用這股風潮搭上順風車。

二〇〇九年一月，一群測量員來到唐娜的田裡。他們釘上木樁，然後沿著樹幹圍起帶子，他們想縮減她的土地。唐娜告訴我：「這些人說，『這裡的阿薩伊長得真不錯，我們把它劃分一下然後賣了』。」買家會利用法院驅逐這些無助的農民——這是亞馬遜盆地常見的狀況，唐娜自己也很清楚。

「我非常生氣，」她說。「我說，『我擁有這塊土地，我耕種這塊土地』。」測量員卻完全不理她。她買下土地之後，卻被告知她的權利是無效的——先前的地主並未繳稅。於是她花了十年的時間補稅，然後才獲得本來就屬於她的土地。唐娜在成長過程中看到自己的父母一點一滴地喪失土地，現在同樣的事情也發生在她身上。

但唐娜與她的父母有一點不同，那就是她有電話。另一項不同是她擁有一些資本——一批冷藏的阿薩伊與銀行帳戶裡的一點點錢。唐娜打電話向政府檢舉，然後把自己的文件拿給官員看，同時也威脅要雇用律師。「他們看了一下文件，然後說：『等等，你們不能偷這塊地』。」那些測量員只好知難而退。

在亞馬遜河流域，類似的故事屢見不鮮。唐娜看見測量員之後過了半年，巴西總統達席爾瓦（Ignacio Lula da Silva）簽署了第四五八號臨時法，他充滿野心地想加強亞馬遜盆地的土地權利——土地權利不清，是過去四十年來暴力無法終止，生態持續受到破壞的根源。該法讓占有土地不到兩百英畝的馬倫人獲得土地所有權，過去百年來的土地爭奪應可告一段落。佩雷拉表示，讓數千個聚落能正式走出陰暗，可以讓國家開始建設學校與醫院，如果馬倫社群在法律上妾身未明，那麼國家就無法進行這些投資。

第四五八號臨時法隨即在法院裡遭受產業與環境團體的挑戰，兩方都認為該法會讓侵入者非法取得土地。他們的警告不難理解。該法將使亞馬遜盆地絕大多數地區交由其居民管理控制，而沒有人知道這些居民接下來會怎麼做。

在總統簽署法律後不久，我碰巧遇見了唐娜。在她身處的孤立區域裡，她對新法的通過幾乎一無所知。當赫奇特將事情告訴她時，她用力地點頭，表示她認同此事。她的祖先來自非洲，與美洲原住民通婚後產生新的族裔。他們混合了非洲與美洲的方式來照顧這片森林；她認為，亞馬遜最有價值與最美麗的地區，往往就是基隆坡所在的地方。

「森林」或許不是個正確的詞彙。外人把這個地區看成森林——難以穿透、陰暗、充滿威脅之地。但像唐娜這樣的人卻以完全不同的角度看待亞馬遜，這是她的祖先照料與形塑的地方，混合了舊傳統與自己新創的方式。他們被迫隱匿生活，過著不為人知的日子，總是擔心外人會奪走他們的一切。現在，他們終於能自由地與自己創造的環境一同過活，這是世界上最富足的花園。

終曲　生命之流

10 在布拉拉考

思考分裂

在菲律賓，孩子會唱一首民謠，曲名叫做〈Bahay Kubo〉，指用棕櫚葉搭建的單房小屋，而這種房子在菲律賓群島已存在很長一段時間。*bahay kubo* 以棚架架高，避免洪水侵襲，門窗朝著有清涼微風吹來的地方開敞，屋子周圍則種植水果與蔬菜。坐在架高的臺階上，屋主可以飽覽眼前美景，也能嗅聞家庭菜園的芬芳。就像〈山腰上的家〉（Home on the Ranges）這首歌一樣，〈Bahay Kubo〉懷念過去較為單純但卻較為美好的生活，當時沒有手機與電腦，沒有股市的跑馬燈與擁擠的通勤電車。不過，兩者不同的是，〈山腰上的家〉讚美毫無人為特徵的蠻荒之美，〈Bahay Kubo〉卻稱頌以人力營造出來的環境。

Bahay kubo, kanit mandi, Ang halaman doon, ay sari-sari，孩子們唱著（他們用他加祿語〔Tagalog〕吟唱，這是菲律賓群島的主要語言）。即使我的棕櫚屋很小，它還是種滿各種植物。接下來歌詞開始列舉理想的菲律賓菜園裡種的東西：

豆薯與茄子，四棱豆與花生，
四季豆，利馬豆，扁豆，
冬甜瓜，絲瓜，冬瓜與冬南瓜，
小紅蘿蔔，芥末，
洋蔥，番茄，大蒜與薑！
到處都是芝麻的種子。

馬尼拉的植物學家告訴我這首歌的內容，當他們將歌詞寫下來時，忍不住笑了出來。他們說，這些歷史悠久的傳統菜園植物，其實每一種都是外來種，它們來自於非洲、美洲或東亞。與我的小番茄園一樣，〈Bahay Kubo〉讚頌的菜園其實是來自異國的近代物品。它非但不是傳統典範，相反地，它融合了各色各樣的植物，充滿了多國色彩，完全是當代人精心培育的結果。

植物學家是在國際保育（Conservation International）的地方辦公室告訴我這件事，國際保育是環保活動組織，總部設於華府外圍附近。辦公室的牆上與門上都貼著招募海報，廣告傳單也說明境外入侵物種的危險。自從雷加斯皮於一五六〇年代抵達菲律賓以來，已有數百種外來種生物傳入菲律賓。從國外引進的魚類如非洲鯽魚與泰國鯰魚幾乎將菲律賓湖泊的在地魚種消滅一空。南美洲的灌木驅逐了菲律賓公園裡的在地棕櫚與灌木。非洲的布袋蓮窒息了馬尼拉的河川，巴西的野草淹沒了稻田。其中有七種外來種名列國際自然保護聯盟百大最糟入侵物種之林。

能在環境或經濟上造成損害的新來者數量並不多，能對整個生態體系造成破壞的更是少之又少，例如讓生態體系不易過濾水分、生長植物以及讓養分進入土壤。儘管如此，對實驗室的科學家來說，只要是外來種就會構成問題，因為它們多少會促使菲律賓從西班牙人抵達之前的狀態改變成另一種狀態——就像機場購物中心一樣，變得同一化與國際化，成為具體而微的同種新世。植物學家憂心地表示，菲律賓島嶼的地貌與過去愈來愈不同。與世界上許多地方一樣，菲律賓成了狡獪投機者的溫床——無論是荒廢的牧場，還是取代牧場的大型停車場邊緣，外來種都能盡情無憂地生長。菲律賓已經失去昔日的樣貌。

我離開國際保育辦公室之後才想到，為什麼〈Bahay Kubo〉列出的物種不算外來入侵者？在雷加斯皮之前，菲律賓人的菜園肯定種了一些作物。國際保育為什麼不把番茄、花生與四季豆列為懸賞緝拿的外來種要犯？這一大堆明明是近代才從國外傳入的東西，為什麼會被視為菲律賓的本地與傳統作物，而且還要學童在父母面前高唱懷舊歌曲？

然後我想到我也把自己的菜園當成家一樣。我把時間耗費在菜園裡，為的是逃避電子郵件、截稿期限與案牘的糾纏。與生物學家相同，我希望在地苗圃能多賣一點在地作物——我曾向苗圃主人抱怨，這裡賣的蔬菜完全沒有方圓數百英里內的本地作物。如今想來真令人不好意思，我在苗圃主人收銀機前大發牢騷的同時，我買的卻是鐘形辣椒（發源地：中美洲）、茄子（發源地：南亞）與胡蘿蔔（發源地：歐洲）的幼苗。我在推廣哥倫布大交換的同時，卻抨擊哥倫布大交換，就連伴隨哥倫布大交換而來的全球化也無法倖免。我也犯了思考分裂的毛病。

山丘上的樓梯

我喜歡這麼說，關於蟲子的問題，我的家人要負部分的責任。這些蟲子——兩種屬於環毛蚓屬（*Pheretima*），三種屬於多環蚓屬（*Polypheretima*）——首次出現是在四十年前，地點是在馬尼拉北方三百英里的一處山區梯田。我說的家人指的是我祖父，他在一九五九年時擔任紐約市附近一間小型私立學校的校長。擔任校長的一項額外好處，是在學校裡擁有一棟宏偉的住宅。我第一次去看祖父時，他告訴我，他立下一個規矩，每天要與六名學生共進早餐。如果好好安排，他每年至少可以跟每個學生吃一次飯。而為了要跟學生一起吃飯，他要求校方給他一張更大的早餐桌。運來的這張早餐桌是用菲律賓桃花心木製成的。

菲律賓桃花心木不是真的桃花心木——它來自於兩個不同屬的樹種。但由於它看起來像桃花心木（尤其在沾上一點髒汙之後），進口商於是稱之為「菲律賓桃花心木」，不過這種做法觸怒了桃花心木協會。這個總部設在芝加哥的家具製造商協會使用的是真正的桃花心木（原產地是加勒比地區），協會希望能保護這個名稱。經過數十年纏訟之後，聯邦貿易委員會終於在一九五七年做出判決，菲律賓桃花心木販售時必須取得認證才能標上「桃花心木」的名稱。這種樹原來的名稱叫「柳安木」，是菲律賓極為普遍的樹種。一九五〇年代，這種木材的出口量大增，絕大多數銷往日本與美國，用來製作家具、甲板與飾條。木材公司的優先選擇來源是呂宋島（菲律賓的最大島）的內陸地區，因為它鄰近馬尼拉，原木可以在此裝運上船。

對觀光客來說，呂宋島內陸山區最著名的景觀是梯田。細長的梯田像階梯一樣從四面八方往山上延伸。觀光手冊說，這些梯田是兩千多年前由苗族所建，苗族原本定居於中國西南部，為了躲避種族屠殺而遷來此地。苗族開闢梯田的方式就跟他們定居故鄉的族人一樣，只不過菲律賓的梯田更為壯麗。山丘上一級級新種的稻田，如綠帶般挨著石壁蜿蜒，雲層透出的陽光，將階梯般的新綠照耀得閃閃發亮——這幅不可思議的美景令遊客忍不住頻按快門。這麼多遊客在此捕捉美景，就連聯合國教科文組織也認定伊富高（Ifugao）——最熱門的拍攝景點——為世界遺產。有些伊富高梯田甚至足足將山嶺繞了一圈，看起來就像五十層高的巨型結婚蛋糕。當我抵達時，看到婦女正在水深及踝的田裡除草。在她們腳下，每一道梯田都在閃閃發亮。兩個男孩正朝著田裡釣魚。梯田繁複地上下起伏，宛如埃舍爾（Escher）畫作裡的瘋狂秩序。

我在開往伊富高的巴士上遇到一名男子，他陪我走了一會兒。他說，這些梯田正瀕臨死亡，整片四百平方英里的區域都面臨相同的問題。一種不知從海外何處傳來的巨大蚯蚓入侵這片稻田。他的雙手比出兩英尺寬的距離，用來指出蚯蚓的長度，而當他做這個動作時，他上臂的繁複刺青也往復伸縮著。水分會從蚯蚓挖出的巨大地道流洩一空，造成稻作死亡。這些從外國入侵的蚯蚓讓梯田像海綿一樣變得千瘡百孔。「千瘡百孔」與「像海綿一樣」這兩個詞不應該用來修飾「梯田」。維持了兩千年的梯田，有可能在十年內消失不見。

從國外傳入的疫病不是只有這一件。一九七九年，福壽螺（*Pomacea canaliculata*）從巴西傳入臺灣，打算以此開展食用蝸牛產業。然而這項產業並未如期開始，因為想從這事這項產業的大亨發現這種蝸牛很容易出現廣東住血線蟲，而這種寄生蟲也會侵襲人體。此外，臺灣人也不喜歡福壽螺的味道。福壽螺抵達臺灣後不久，就逃離了繁殖場進入鄉間。農民驚訝地發現福壽螺什麼作物都吃，而且繁殖快、移動迅速、胃口極大。牠們在溪流裡繁殖，吃魚類與兩棲類動物的卵，也吃其他種類的蝸牛、昆蟲，而且什麼植物都吃。福壽螺尤其喜愛稻莖，這對臺灣這個東亞國家構成重大的問題。儘管已有臺灣做為前車之鑑，菲律賓政府仍於一九八〇年代初要求美國和平隊志工引進福壽螺到菲律賓的稻田裡。同樣地，他們原意也是要發展食用蝸牛產業；而同樣地，他們的夢想也破滅了。不久福壽螺將把眼前的一切吃光。

巴士上的男子告訴我，他的名字叫馬努埃爾。我們來到他家，坐在一塊條紋布上，這種布似乎是每個菲律賓人家裡必備的用品。瓶罐全放在竹筐裡。飯鍋正炊著米。馬努埃爾發現我一直看著鍋子，於是問我是否要來點飯——這是他自己種的稻子。即使是不看重吃的人，只要吃上一口，也能嚐出伊富高白米的不同。我貼近盤子，深深吸了一口氣，鼻子裡滿是米飯的香味，我過去吃的米飯，沒有一種有這樣的香氣。

伊富高的梯田種植了五百多種傳統品種的稻作。農民持續從事育種的工作，以培養出更好吃與更容易生長的稻種。某個地區的人可能喜歡某種稻種炊煮後的口感；另一個地區的人可能喜歡第二種稻種，因為容易準備；還有人比較喜歡產量高的稻種，或不容易吸引鳥類與老鼠的稻種。在生長週期的每個階段，村裡的僧徒與地主都會舉行儀式，除了獻上米酒，也獻上雞、豬或牛做為供品，以獲得當地數百名神祇的精神指引。許多農民是基督徒，但他們還是會進行這類儀式。在這些儀式指引下，農民不厭其煩地維護梯田與灌溉溝渠。這是一種存在方式，它讓當地的稻米能保持基因的多樣性，同時讓梯田在歷經數世紀精耕細作之後，土壤仍能維持肥力。如果梯田消失，那麼這個地區整體的社會文化與生態世界將隨之崩潰。

今日，農民已學會如何控制蝸牛的數量，但蚯蚓依然是令人頭痛的問題。二〇〇八年，兩名生物學家在梯田發現九種過去從未發現過的蚯蚓。牠們不是外來種，而是菲律賓土生土長的蚯蚓。牠們一直生活在森林裡，數量可能相當少。之後，當伊富高的桃花心木被砍伐一空時，這些蚯蚓面臨環境的劇變，只好遷徙到稻田裡。因此，問題的根源與外來種無關，而是全球各地對菲律賓桃花心木的需求導致的。

簡單地說，問題出在我祖父身上。環保人士指出，像我祖父這樣的人在不知不覺中催化了全球化的進程。祖父只是單純想買一張桌子，然而如果有一萬個人跟他有相同的想法，就會讓菲律賓重演亞馬遜流域的慘劇，為了取得棕櫚心而砍光一整片棕櫚樹林：大批拿著鏈鋸的工人湧入呂宋島山區，毫無顧忌地砍伐柳安木。如果不加以限制，貪婪將會毀了這片美麗而古老的山林。公司資本主義跨越海洋與疆界的限制，肆無忌憚地破壞傳統的維生方式。馬努埃爾已經六十五歲——他不確定精確的數字——他覺得自己有可能眼見梯田消失。而這將成為全球化壞處的殷鑑。

然而事情是否真是如此？最早研究伊富高梯田的兩名人類學家在第一次世界大戰之前抵達此地。兩人都對此地的古老感到驚訝。兩人中較有名的貝雅（Henry Otley Beyer）說道：「要建造這些梯田確實要花很長的時間。」貝雅原本是化學家，他來到菲律賓之後，娶了伊富高領袖十幾歲的女兒為妻，而且成為菲律賓人類學之父。貝雅堅定認為，伊富高居民「花了兩千到三千年的時間才將呂宋北部山區改造成梯田，並且維持至今（……）而一千到一七五百年前，是該區梯田的巔峰期」。

貝雅的估計一直被視為準則，反覆地被導遊書引用，包括我包包裡那一本也是。可惜的是，他沒有堅實的證據來證明自己的結論。他只是根據經驗推測，在沒有現代工具的時代，要開闢四百平方英里的梯田需要多少時間。一九六二年，史丹福大學人類學家基辛（Felix Keesing）嘗試不同的方法：他從西班牙文獻中尋找有關梯田的紀錄。雖然殖民地「軍事指揮官、傳教士與其他訪客」穿梭來回於伊富高，然而在一八〇一年之前，卻沒有人提到當地的梯田。基辛不相信當時的人會對這麼巨大的工程無動於衷，因此認為梯田是「相對晚近的新事物」——它們的歷史絕不到千年之久。

貝雅與基辛都沒有考古證據，他們沒有真的拿著鏟子去挖掘梯田。當然，梯田是很難確定年代的。農民持續翻土，考古紀錄不太可能留下。而一九六〇年代之後，才出現像放射性碳定年法這種廣泛使用的現代考古工具。

一九六〇年代，卡拉馬祖西密西根大學的馬赫爾（Robert F. Maher）是最早挖掘梯田的考古學家。令人驚訝的是，在他之後並沒有人接續他的研究，直到二十一世紀初才出現轉變。利用放射性碳定年法研究的結果顯示，梯田地區的核心地帶正如貝雅所推測的，有兩千年的歷史。但核心地區以外的部分，也就是我們今日所見的梯田景觀，則頂多只有幾百年的歷史，就這點來說，基辛說的也沒錯。當雷加斯皮攻占馬尼拉時，許多居民遷徙到山區以逃避西班牙人的勞力徵用——修建城牆與造船（運送絲與瓷器）。放射性碳定年法顯示伊富高與難民發生於同時。他們湧入邊陲地帶，由於是山區，因此他們必須開闢梯田才能維生。不久之後全面展開的全球遷徙，與當地儀式與習俗的繁盛剛好發生於同時。因此，梯田的產生與未來可能毀滅它的事物是一樣的，都是源自於哥倫布大交換——梯田是加雷翁船貿易的紀念碑，是全球化創造出來的結果，而全球化帶來的蚯蚓也即將毀滅它。

環顧伊富高，我驚訝地發現有許多荒廢傾頹的梯田。農民放棄了他們的田地。這不難理解，伊富高在菲律賓是屬於比較貧窮的地區。伊富高居民的所得九成以上來自於政府計畫。梯田雖美但面積狹小，且偏涼的氣候限制了稻米收獲量。聯合國報告估計，當地典型家庭擁有的農地只能讓一家人過五個月。

在這座稻米之都裡，大多數人的主食其實是番薯。其他人則是從政府糧食當局購買補貼價格的稻米——二〇〇八年，一張伊富高民眾在梯田前排隊領取賑濟米糧的照片引發了抗爭。（馬尼拉政府是亞洲最大的稻米進口國。）在此同時，山下的大馬尼拉地區五光十色，有前景的工作、教育以及令人興奮的生活，吸引著在水田工作的饑餓年輕人。許多人離開梯田地區，而馬努埃爾想保留的聚落現在只能充當攝影的背景。

更多的補助，梯田農民希望政府在這方面能繼續維持！支持農民的運動人士，國家的環境與自然資源部也如此主張。在等待金錢流入的這段時間，巴瑙（Banaue）市長——巴瑙是梯田地區最重要的城鎮——雇用了失業者來種植稻米。為了得到最大收益，他們種植新的、混種的稻米，其生長的速度比傳統稻米來得快。但在此同時，蚯蚓問題也持續惡化。砍伐森林不僅讓蚯蚓遷徙到梯田地區，也削弱了山坡地涵養水分的能力。為了觀光客而設立的飯店與餐廳愈來愈多，它們搶走了農業用水，水田的土壤因此愈來愈乾。在比較乾燥的土壤中，蚯蚓的繁殖更為迅速。

就在此時，出現了一線希望，那就是瑪麗．杭斯莉（Mary Hensley）在美國蒙大拿州烏爾姆（Ulm）成立的稻米進口公司「第八奇蹟」（Eighth Wonder）。杭斯莉是一名社工與旅行社職員，她曾在伊富高擔任和平隊志工。在馬尼拉的夥伴協助下——非營利組織活化原住民山區實業家（Revitalize Indigenous Cordilleran Entrepreneurs, RICE）的薇琪．賈西亞（Vicky Garcia）——杭斯莉於二〇〇五年推出一項計畫，將「祖傳」稻米出口到美國與歐洲。這是一場鬥爭。為了獲得足夠的稻米銷往國外，這兩個人必須說服農民組織合作社（這不是當地傳統），教導他們均一地讓白米乾燥以確保品質，建造特殊的磨坊設備以處理該區古老品種白米的厚殼，並且要求地區的公用事業提供運轉設備所需的電力。因為山崩阻礙了道路，颱風搗毀了船隻，設備損壞，零件也都消失無蹤。雖然占比極小，但根據馬尼拉報紙的說法，第八奇蹟是全菲律賓唯一的稻米出口商。從二〇〇九年開始在美國進行銷售。有七種稻米，價格是每磅五點七五到六美元。我買了一磅，運費成本是十一點七五美元。伊富高的稻米幾乎比我家這裡的超市賣的米貴十六倍以上。

當我跟馬尼拉的科學家提到這家公司時，我發現他們的反應五味雜陳。隨著愈來愈多的伊富高農民加入計畫，該區收成（珍貴的文化成品）的比例愈來愈多不是留在國內，而是送進國外富有、自負的美食家嘴裡。更糟的是，合作社、標準化與機械化製程，這些都劇烈改變了伊富高的文化——所有做法都是為了滿足外國人的利益（一名科學家這麼說），當這些外國人在網路上看到各種顏色的稻米並且在網路上下單時，一定為自己的開明而沾沾自喜。運動人士表示，全球市場無法解決問題，只會製造問題！這些所謂的善心人士只是讓伊富高與世界的交換網路連結在一起，使他們遠比過去更仰賴遙遠雅痞的喜好！反貧困運動人士指責反貿易運動人士迫使窮人辛苦工作，好讓自己能安坐在馬尼拉有空調的辦公室裡。梯田從一開始就與全球網路連結在一起，但梯田為什麼只經歷壞事（接受較低的商業價格與環境損害），而沒遭遇過好事（與願意用十六倍的價錢買米的人交流）？

這裡遺漏了什麼？要如何挽救這種狀況？

在船上

在另一次前往馬尼拉的旅途中，我決定去看看雷加斯皮首次看到中國船的地方：這是今日全球商業網路連通的起點。我知道這個地方位在民都洛島的南部，但確切的位置並不清楚——西班牙人對於這個地點的描述令人困惑，至少對我來說是如此。我想實際走訪一趟應可釐清我的疑問，此外，我也感到好奇。

朋友的朋友聯絡她的一個朋友，他在民都洛島的東部海岸開了一家旅社。轉達給我的訊息是：不要到民都洛島南部。當地游擊隊非常活躍。我感到驚訝——民都洛島是最接近馬尼拉的大島，北側有許多高級的度假勝地。在網路上搜尋可以發現，民都洛島的山區確實有老派共產黨叛軍（新人民軍）潛伏著。照片中的他們通常身穿綠衫，別著臂章：紅色三角形與AK-47。有時他們戴著貝雷帽。有時他們揮舞鎚子與鐮刀紅旗。我知道，雷加斯皮看到中國船的地方應該是在布拉拉考（Bulalacao）附近的小鎮。在我前往菲律賓之前一年，新人民軍到了布拉拉考，炸毀了一輛推土機，一輛傾卸卡車，以及一些建築設備。

從這些訊息，我覺得游擊隊應該不會衝著個別的美國觀光客而來。此外，搭船似乎比較安全，而且我也喜歡船。

飯店幫我找到一艘收費不貴的船。我搭乘巴士，通過馬尼拉繁忙可怕的交通，來到開往民都洛島的渡輪前。下船後，我搭乘一輛擁擠但氣氛歡樂的小巴士，然後在邦加邦村（Bongabong）的旅社前下車。隔天早晨五點半，我涉水上船：一艘現代版吃水甚淺的傳統雙體船普羅阿（proa），兩旁有延伸出去的舷外浮桿。「旅行者七號」有一個小船艙，裡面僅能容下引擎電池，幾公升的水，與燒得火紅的銅火盆，以及架在火盆上正在沸騰起泡的飯鍋。在甲板上，防水帆布飄動著。菲律賓人堅持不願滿足遊客的異國幻想，三名船員都戴著棒球帽，身穿上面印有NBA商標的鬆垮短褲。

沿著海岸懸崖航行四個小時之後，我們在巴拉拉考的海濱廣場旁靠岸。這座小鎮有電力，手機訊號則是斷斷續續，不過實際上這座小鎮可以說是與外隔絕——通往民都洛島其他地方的道路不只有游擊隊橫行，道路本身也崎嶇不平，必須用四輪傳動的車輛才能通行。我只看到一輛車。微風輕拂水面，吹起了市場攤位上的塑膠布。在市場邊緣，民眾正在鬥雞。這裡顯然看不到大型經濟活動的跡象。

我並未安排，也未跟任何人約好要看哪些地方。我想，我會吸引人們的注意，而這可能讓我遇到對的人。我散步了十五分鐘，有個人騎機車出現在我面前。他載我爬上長長的山坡，來到布拉拉考唯一一家餐廳「South Drive Bar and Grill」。地板是石子地，角落有塊塵封的小舞臺，上面擺了三個吉他，一套電子鼓，幾個破破爛爛的擴音器，不可思議的是，有臺筆電居然在播放路易阿姆斯壯的原版歌曲「What a Wonderful World」。當樂曲終了，電腦隨機開始播送日本流行音樂時，卡巴該雅諾（Chiquita "Ching" Cabagay-Jano）過來跟我打聲招呼，他是這家燒烤店的老闆，也是布拉拉考城市計畫與開發的協調者兼觀光部門

旅行者七號

主管。

卡巴該雅諾與每個地方的城市規畫者一樣，對於自身城市的發展極其熱心。她說，投資者的興趣開始從北部度假村轉移到這裡來。有來自中國的投資人，也有來自美國的投資人。布拉拉考有充裕的土地供人購買——有人一口氣買下兩百五十公畝的土地闢建高爾夫球場。政府鋪設了圍繞民都洛島的道路，可以行駛定期的巴士班次。去年，布拉拉考舉辦了第一屆布拉拉考風帆衝浪邀請賽——餐廳牆上裝飾著比賽隊伍的旗幟。而就在隔天，將有人來鎮上沙灘裝設固定式的網路攝影機。布拉拉考現在很窮，但不久它將游進全球貿易的溪流。它正等待著世界。

當我問起雷加斯皮時，卡巴該雅諾找來她的兒子魯德瑪（Rudmar），要他指引我的船前往西班牙與中國相遇的地方。這個地點位於淺水灣，是正對著南方海岸的切口，瑪烏浩（Maujao）的一個小村落就位於此處。只要走過高潮線就是一座用混凝土築成的碉堡遮蓋起來的泉水。一條金屬管子將水導入水泥渠道裡，水一路流到沙灘。兩個孩子正用塑膠桶子接水。

數世紀以來，芒揚人一直穿著他們繡著花樣的樹皮布襯衫與染上靛青色的棉腰布，在此等候福建與廣州的中國船。中國絲製成的白傘遮蔽著他們，免受陽光的曝曬。沙灘上的營火煙霧對遙遠的船隻來說肯定像是歡迎的信號。芒揚人與中國人都有文字。我們不禁想像，書記忙著記錄交換的內容，大量的蠟與棉換取大量的瓷盤、閃亮的銅鑼、鐵罐與針。小港灣的南端有一處尖銳的海岬，如同伸進海中的手指。在四個半世紀前的黎明，西班牙人突然駕著奇形怪狀的船隻繞過海岬駛進港灣。後退，中國人叫嚷著。許多人未能活著見到當天的日落。

海岬上有一座未完成的小型度假村：特爾瑪的天堂（Telma's Paradise）。工人在岸邊建造客房。特爾瑪的天堂將是一處「農場度假村」。來自馬尼拉的遊客將待在這裡「參與布拉拉考的農村生活」——這句話是從魯德瑪手上的傳單看來的。我問其中一名工人這句話是什麼意思。魯德瑪把對方的話翻譯給我聽，也許不是很完美。繁忙的城市主管可以來瑪烏浩，除除特爾瑪花園的野草——暫時擺脫電子郵件、最後期限與案牘勞形的日子。

來自馬尼拉的人？我問。

不只是馬尼拉，他們告訴我。從雷加斯皮以來，貧困、殖民主義與奴隸制度讓菲律賓人離散到世界各地。菲律賓人在香港、雪梨、東京、舊金山與巴黎擔任保姆、護士與建築工人。他們賺了錢而且想探望家鄉。家鄉是這片海洋、沙灘與棕櫚樹下的野炊。家鄉是 *bahay kubo*。

魯德瑪背對著海，眉頭深鎖地看著山。木材公司砍光呂宋島山上的樹之後，就把腦筋動到其他七千多座島嶼上面。工業船開進民都洛島人煙稀少的港灣，然後卸下推土機、卡車以及攜帶鋸子與絞盤的工人。他們把山坡上的樹砍個精光。接著便發生洪水，沖毀我們的農地

瑪烏浩海岬上的小型度假村，這裡是亞洲人、歐洲人與美洲人首次相會之處。

與村落。洪水夾帶的泥土覆蓋了島上白色的沙灘，使它們變成黃色，永遠無法去除。政府終於禁止伐木，但損害已經造成。「他們帶走了白色，」魯德瑪說。他希望家鄉恢復以前的樣子。

這種憤怒在經過放大與扭曲之後，就成為新人民軍生生不息的來源。他們的基地位於遭受破壞的山區，或許距離近到足以看到我在特爾瑪的天堂附近踉蹌地行走著。生活在遭遇嚴重生態破壞的區域，游擊隊看到了市場只帶來成本，而未帶來任何好處。因此，游擊隊在前一年攻擊興建度假村的建築設備也就不令人意外了。我參觀當地之後，過了幾個月，游擊隊再次離開山區攻擊鄰近的軍事哨站——他們把政府軍視為全球資本主義腐敗的走狗。

不過，森林砍伐還是有實際的好處。我的祖父得到他要的桌子。工匠領到製作桌子的薪水。貨運公司因運送而獲得金錢，人們因此有工作做。學生可以跟我健談的祖父一起吃早餐。就連拿鏈鋸的人也該考慮在內。這些摧毀的促成者原意只不過是想找張放食物的桌子而已。

經濟學家已經發展出理論工具來評估這些不相稱的損益。但這裡重要的不是成本與效益的數量，而是分配。好處被全世界分享，但壞處卻只留在當地。經濟學家表示，這種交易具有「外部性」：外溢到不相干的人身上。副作用可能是正面的；有些民都洛島村民使用在半合法狀況下開墾的土地，菜園面積因此擴大。但我們這裡憂慮的是負面的外部性：侵蝕、山崩與黃沙。理論上的解決方法很簡單：增加伐木的成本。我的祖父將不只是支付一百美元，而是要支付一百二十五美元才能買到桌子，多出來的錢要不是補償村民因沙灘由白轉黃而蒙受的損失，就是用來彌補木材公司採取保護措施的成本。

最複雜的還是動機的混合。一方面，人們想得到世界市場提供的商品與勞務。沒有人逼迫特爾瑪興建度假村給外國人使用。在阿瑪帕，沒有人扭著唐娜的手臂要她去買電視與冷凍櫃。沒有人拿槍指

大馬尼拉地區就像小小的布拉拉考一樣，不斷與全球市場力量拉扯著。馬尼拉的外港點綴著時髦、高聳的國際性建築，但人口繁密的內港在各方面並無變化——水面上擠滿房屋，民眾仍跟雷加斯皮時代一樣生活在船上。

著中國陝西十幾歲的村民，要他非得購買任天堂遊戲、美國品牌的香菸與威爾史密斯的電影ＤＶＤ。或者，從類似的角度來看，北京與上海的中國消費者對法國酒的需求促使波爾多的酒價水漲船高。智慧型手機、氣墊鞋、米色的人造皮革客廳家具組——這些都是人們想要的。在未蒙受災難之下，他們得到這些東西，或者是他們的子女得到這些東西。

另一方面，想滿足欲望的人拒絕承受滿足帶來的後果。其他人有什麼，他們也想有什麼，但其他人因此付出的代價，他們不願意承受——一個充滿矛盾的想法。漂流在資本主義的溪流裡，他們最後畢竟得尋找堅實的土地，用自己的雙腳踏上陸地。要找到踏實的地方，這個地方必須要是自己的地方，而不是別人的地方。當人類欲望促使同種新世的到來，數十億人走在漸趨相同的地貌上，特殊的地方變得愈來愈難尋。這一切令人覺得有異而且驚悚。有些人回歸自己的方言或傳統服裝，或重拾想像的自身歷史或宗教。有些人則固守自己的家園。有些人拿起武器。即使世界結合為一體，它的構成部分還是會一分為二，然後二分為四。統一或分裂——特爾瑪的天堂還是新人民軍——哪一項會勝出？或者衝突不可避免？

經過一兩個小時，領航員催促我們回布拉拉考。他擔心一旦入夜，他必須在沒有光線、海圖或航海配備的狀況下繞經岩礁繁多的海岸。我與魯德瑪走在城鎮廣場上，尋找可以買水的地方。午後陽光拉長了我們的身影。我偶然看到幾名婦女與孩童，在我這個外行人的眼中，她們站立的地方大概就像棕櫚葉屋頂的屋子——*babay kubo*——外面圍繞的家庭菜園。

婦女與孩童移動得極有效率——她們手上的事情就快做完了。高大的玉米莖高過他們的頭，玉米已是菲律賓第二重要的作物。排在玉米之後的是南瓜與胡椒。我可以瞭解植物學家為什麼對這首歌感到驚奇——菲律賓人種植的作物與墨西哥沒有多大差異。然而在此同時，兩地的菜園還是有所不同。

種植者多少還是要順從自然條件的限制，他持續進行實驗，不斷嘗試各種可能。人們將種子種在土裡，然後觀察結果——伊富高的村民便是用這種方式在數個世紀裡培育出數百種稻作。重點是，種植者是透過自行實際的行動來體驗培育的結果。他們做出決定並且耗費勞力；幾個月後，他們可以看到自己決定的結果。這裡很少有外部性的問題。菜園不斷在變化，但這個變化完全屬於種植者一人所有——這是為什麼種植者把菜園當成自己的家。

儘管看得出來領航者很不耐煩，但我還是花了幾分鐘的時間看著這家人在菜園裡做事。在這個地方，哥倫布大交換已經經過調適與重塑。家庭接受了外在世界的生物攻擊——無論如何，有些攻擊確實來自於異國——並且將其變成自己的一部分。當其他的問題陸續出現時，他們會逐一解決它們。即使有人想藉由種植傳統品種的作物來保存過去，這種作法也必然面對著未來。婦女正除去玉米四周的野草。每根玉米莖均含有從過去的美洲帶來的ＤＮＡ，但玉米軸上膨大的玉米粒卻關係著下一季的生長。

附錄一 字詞的衝突

像這樣的一本書，必須在術語的流沙中穿針引線，設法尋出一條清楚的路徑。這裡的問題分成三方面：首先，讀者慣用的許多名稱其實並不精確；有時有些用語甚至帶有侮辱意味。其次，每個人看事情的角度不盡相同，因此有些詞彙從某個角度看完全正確，從另一個角度看卻完全偏離。第三，字詞的使用方式在過去與現在可能出現差異，因此，就算你正確使用某個詞（也就是說，當你討論某個時空人物時，必須依照那個時空人物使用詞語的方式來使用詞語），卻可能傳達出錯誤的意涵。

以「亞洲的」（Asian）為例。在一些國家如美國，「亞洲的」這個詞可以用來取代「東方的」（Oriental），因為東方這個詞帶有歐洲中心論色彩。然而在世界其他地區，「東方的」可以轉譯成其他對等的詞彙，完全沒有任何疑慮。「亞洲的」這個詞不管在任何地方都算是普通名詞，用來取代其他詞彙通常不會出問題，至少乍看之下是如此——這麼做的代價呢？代價是雖然字典把「亞洲的」定義為「亞洲大陸的，與亞洲大陸有關的，具有亞洲大陸特徵的」——亞洲大陸是個陸塊，從以色列延伸到西伯利亞——但在實際使用上，「亞洲的」通常是指特定群體。在美國，亞洲通常是指東亞與東南亞，例如中國、日本與越南。反觀在英國，亞洲主要是用來指稱南亞，例如印度與巴基斯坦。

以上所述還是比較簡單的區別。以帕里安為例，帕里安是馬尼拉一處巨大的中國人貧民窟，在白銀貿易中扮演著重要角色。西班牙的史料總是用*chino*與*sangleys*這兩個詞來稱呼帕里安居民。其中*sangleys*一詞帶有輕蔑之意，就好像用酸菜稱呼德國人或用青蛙稱呼法國人一樣。*chino*指「中國人」。它不見得帶有貶義，但也未必精確：因為帕里安居民不完全來自中國。在馬尼拉，*chino*其實是指「菲律賓人以外的亞洲人」。（由於西班牙人經常將日本人與其他亞洲民族區別開來，因此更精確地說，*chino*指的是「菲律賓人或日本人以外的亞洲人」。）不過帕里安居民不是這樣看待自己，而這點並不令人意外。帕里安居民絕大多來自福建，福建人通常稱自己是客家人或閩人——在他們眼中，「中國人」主要是指漢人，也就是中國人數最多的族裔。

如果考慮到不同地區的西班牙人對*chino*的不同用法，那麼問題就更加複雜。在墨西哥，只要帶有「亞洲」特徵，那麼儘管是菲律賓人，西班牙統治者也稱之為*chino*。因此，用來區別菲律賓人與其他亞洲人的西班牙字詞，到了不同地方，這種區別反而消失了。更麻煩的是，在西屬美洲，*chino*這個字不久就與中國乃至於亞洲失去關聯。特別是印第安人與其他族裔的混血子孫逐漸被稱為*chino*。墨西哥城市普埃布拉流行的民謠裡提到一個人物，她是中國普埃布拉女子（china poblana）。此人淫蕩，愛招蜂引蝶，穿著白色上衣，鮮豔的裙子，披著一塊披巾。造訪普埃布拉的人都會聽人提起，這種穿衣風格源自於卡塔麗娜．聖胡安，我曾在第八章描述這名虔誠且經常看到異象的蒙兀兒女奴；有人以神聖之名向我保證，這種圖案繽紛的裙子是從卡塔麗娜的莎麗（sari）得到的啟發。然而，像卡塔麗娜這樣的穆斯林婦女是不穿莎麗的；伊斯蘭世界盛行深閨制度，因此婦女穿著的衣服通常會將全身隱匿起來。此外，有充分的證據顯示，在普埃布拉，卡塔麗娜穿著的是黑色衣物，而且從不賣弄風情。研究人員表示，她的服飾風格只是根據印度服飾而略做調整。

類似的情況也發生在「歐洲人」(European)這個詞上面。歐洲是個地理名詞，這個觀念持續了很長一段時間。以人群的共同性來定義這個詞，這種做法其實是晚近才出現的。根據《牛津英語辭典》的說法，英語最早使用「歐洲人」一詞是在一六三九年，意思是指「歐洲的居民」。本書討論的時代，凡是來自大西洋東岸的人通常以國籍來稱呼：英格蘭人、法國人、荷蘭人等等。在本書中扮演重要角色的伊比利半島居民，通常是以地區來稱呼：埃斯特雷馬杜拉人、巴斯克人、卡斯提爾人等等。如果要用一個集合名詞來統稱這些人，那麼我會用「基督徒」這個詞，因為歐洲是基督教世界的一部分。(在寫作本書之初，我試圖用「基督徒」來進行描述。我寫了幾頁之後，拿給朋友看，他問我，討論貿易時為什麼要帶入宗教詞彙——我寫的難道是一本支持基督教或反基督教的作品?)

非洲、美洲與亞洲人很快就發現西班牙人、葡萄牙人、荷蘭人與英格蘭的不同。儘管如此，他們還是把這些人視為一個群體——來自另一個大陸的人，想要支配我們這個大陸的一切。在中國，歐洲人通常被歸類為一個群體，而且用帶有貶意的「鬼佬」或「老外」來稱呼他們；被這麼稱呼的人，心裡往往不太舒服。

由於這些字詞的糾葛十分複雜，我無法從歷史中找到一個可以一體適用的精確詞語。因此，我改從「地理」的角度，以人物的出生地為準，用現代的詞語來稱呼他們。我把征服菲律賓的雷加斯皮稱為西班牙人，即使他應該是巴斯克人，他率領的遠征軍也多半由巴斯克人組成，甚至於他們在國內可能說的是巴斯克語。當地區的出身變得比較重要時，我會改用地方的地理名稱，例如我討論過的波托西的巴斯克駱馬戰爭。這種做法有可能導致時代倒錯，不過我盡量避免這種情況發生。舉例來說，由於大不列顛聯合王國在一七〇七年蘇格蘭與英格蘭合併前還不存在，因此我不會以「英國人」（British）來指稱一七〇七年以前的蘇格蘭人與英格蘭人。同時，我不會稱愛爾蘭人為英國人，儘管愛爾蘭在一八〇〇年到一九二一年間確實屬於聯合王國的一部分，因為這麼做很容易混淆。我確定自己一定有出錯的地方；想指正錯誤的讀者請到charlesmann.org上跟我聯繫。

儘管這種做法存在著一些問題，但它可以讓我避免另一個更為棘手的難題：種族。今日，要討論歐洲、非洲、亞洲與印第安後裔之間的互動關係，種族是不可或缺的一環。在掙脫非洲伊斯蘭帝國加諸的枷鎖時，伊比利半島的居民殺死與奴役的不是「黑人」，而是「摩爾人」或「異教徒」或「偶像崇拜者」。起初，奴隸制度不帶有種族色彩；西班牙人思考的不是「黑人」或「紅人」是否可以奴役，而是基督徒是否可以奴役；異教徒、異端與罪犯，無論他們是什麼膚色，都是可奴役的對象。

在一四五〇年代之前——葡萄牙船在這個時候來到今日的塞內加爾地區，並且將該地稱為「黑人之地」（terra dos negros）——*negro*一詞（即葡萄牙文「黑人」的意思）並未廣泛受到使用。雖然negro指的是皮膚的顏色，但主要是用來描述種族，就像「愛爾蘭人」或「馬來人」之類的用法一樣。另一個類似的說法是*ang mo*，福建話「紅毛」的意思。紅毛指的是荷蘭人，然而荷蘭人絕大多數並非紅髮。日後，*negro*被用來指稱「奴隸」，並且被非洲人自己所沿用。如史家黑伍德（Linda M. Heywood）與松頓所言，中非人堅持主張歐洲人使用某個葡萄牙語來稱呼受奴役的黑人（*negro*），然後用另一個葡萄牙語來稱呼自由的黑人（*preto*）。

從一開始，歐洲人就對「黑人」有不好的說詞，但這種輕視並非單一而均質，而且也不難與人性中根深柢固的種族中心論區別開來。更重要的是，這些負面的看法就現代的角度來看與種族無關——他們的理由不是基於遺傳基因。歐洲人批評非洲人的「行為」，而不是非洲人的種族；非洲人之所以壞，是因為他們「男女雜交」、「喜愛偷竊」或「崇拜魔鬼」，而不是因為他們在生理或心理上較為低等。（我稍微過度簡化了點：歐洲人也相信父母崇拜魔鬼會讓道德汙點流傳到下一代，使下一代在生理或心理上變得比較低等。但這種說法仍與現代的種族概念不同。）

當然，一定有人主張把以遺傳基因為基準的種族，與以地理根源為基準的種族聯繫起來，只不過實際要區分哪些基因使人長得像「非洲人」或「高加索人」，並不容易做到。如果有人擁有黝黑的臉孔與寬大的鼻翼，但頭髮並未鬈曲成螺旋狀，那麼這樣的人是否算是「黑人」？如果有人擁有鷹勾鼻與平坦的頭髮，但臉孔黝黑，這樣的人是否算是「白人」？這裡存在著數不清的複雜問題，目前還沒有人能加以解決。而且這些難題並不是重點：十八、十九世紀的理論家在思考「白人」、「黃人」、「紅人」與「黑人」的種族問題時，腦子裡想的其實是另外一套科學理論類型。這兩種種族定義——基因的與社會的——關係極為鬆散，因此關於種族的討論往往是雞同鴨講。因此為了避免混淆，除非有更詳細說明的必要，否則我總是以地理的起源來稱呼人——非洲人、歐洲人、亞洲人等等。

事實上，我自己就提出了一個大例外。在本書中，原住民通常是以他們的種族名來稱呼，而非地理區域。在現代脈絡下，把月港人稱為「中國人」似乎是可接受的，儘管當時月港人並不稱自己是中國人。然而，把印加人說成是「祕魯人」可能有點愚蠢，因為印加帝國與現代祕魯的隔閡實在太大了。此外，我在第九章提過好幾次帕爾馬里斯的「安哥拉人」，因為我不確定這裡提到的族裔是來自現代安哥拉的哪個地區。另一個更大的例外，我想讀者應該也會感到狐疑，那就是我使用Indian（印第安人）這個詞。顯而易見，Indian這個詞是錯的——因為印第安人並非來自於印度。（有時在英國會聽到「紅印第安人」這個詞，但這個詞其實也無法區別出美洲的Indians跟印度的Indians有何不同。）禍不單行的是，還有一個詞也不是很好，例如「Native American」（美洲原住民）就字義來看是指出生在西半球的人。我的家人與我都是native Americans（土生土長的美國人），但我們不是Indians（印第安人）。加拿大引進了First Nations（第一民族）這個正面語彙，但缺乏可用的形容詞與所有格。身為作家，我不願意使用太繞口的詞讓讀者費心。

從更深層的角度來看，「印第安人」、「美洲原住民」與「原住民」這些詞都無法表現美洲最早住民看待自己的方式。正如十六、十七世紀的歐洲人不會自稱是「歐洲人」，同一時代的西半球居民也不會用這類集合名稱來稱呼自己。今日，這類群體性的詞彙變得相當重要。以我的經驗來說，美洲原住民在稱呼自己的同胞時傾向於使用「印第安人」這個詞。無論如何，我會以他們的用法為準。

附錄二 全球化，前仆後繼

為什麼是福建，而非中國其他地方成為白銀貿易的中心？其中一個答案是福建是中國遠洋貿易經驗最豐富的地區。傳說中的刺桐城（即泉州），其港灣位於月港以北，曾經是海上絲路的東方終點站。

刺桐是一座華麗而人口眾多的大都會，它的地理位置優越，可說是全球化第一道關口。這個橫跨歐亞大陸的交換體系，在十四世紀達到極盛。其中一條商路走的是陸路，穿過中國西部抵達中東與黑海，然後透過許多中間人而與地中海地區相連。另一條商路走的是海路，往南繞經中南半島與印度，然後抵達紅海，最後的終點也是地中海。原本陸路居於主導地位，但蒙古帝國崩解之後，海路的安全性相對提高。從刺桐的碼頭開始，中國船運載絲綢與瓷器出航。而後馬可孛羅印象深刻地提到，中國船換回了「大量的珍珠瑪瑙，之後轉賣這些珍寶，獲得了大量利潤」。馬可孛羅對福建貿易的描述，一意著重歐洲人目眩神迷的亞洲奢侈品上——寶石、絲綢、瓷器、香料。事實上，福建商人獲利的主要來源卻是馬可孛羅覺得稀鬆平常的東西，那就是銅與鐵，這些是東南亞寺廟製作法器的原料。因此，刺桐是服務完整的商業中心，而非精品店。

刺桐城周圍環繞著二十英尺高的城牆，牆上鋪著上釉的瓷磚。在城牆之外，興盛的貿易支持大規模的清淤計畫、灌溉溝渠網路與水路，以防止晉江的淤泥阻塞港口。在城牆之內，街道兩旁遍植遮蔭的刺桐樹，路上的行人各個族裔都有：馬來人、波斯人、印度人、越南人，甚至有少數的歐洲人，每個族裔都有自己居住的社區。在煤煙瀰漫的天空裡，聳立了七座巨大的清真寺、三座教堂（東正教與景教）與一間主教座堂（羅馬天主教），還有無數的佛寺——有遊客說光是一間寺院就有三千名僧侶。一三四〇年代造訪此地的摩洛哥旅人伊本．巴圖塔對於港口中停泊著數十艘大型船隻感到吃驚；大船周圍圍繞著無數小船，在此進行交易。伊本．巴圖塔（Ibn Battuta）稱這座港口是「世界最大的港口之一——不，我錯了，應該是最大的港口」。這名旅人可不是信口開河；刺桐的數十萬人口聚集在山腳下的沿海地帶，是人口最富庶也最稠密的城市。難怪馬可孛羅的描述會讓哥倫布激起前來東方的渴望！

一二七〇年代，宋朝被蒙古人所滅，最後的反抗力量轉而以福建為根據地。當地的反抗運動擁立益王為帝。蒙古人迅速南下，宋帝只好與大臣和軍隊在刺桐避難。一名頗有人脈的穆斯林阿拉伯商人名叫蒲壽庚，他一直在當地擔任商船監督，因此由他負責率領地方的民兵與海軍。宋帝要求蒲壽庚交出刺桐數百艘船艦的指揮權——這是現成的海軍。宋帝如果突然獲得這支海軍，將對沒有海軍的蒙古人構成威脅。

蒙軍將領遣使拜會蒲壽庚，希望他不要支持宋朝皇帝。在與當地學者、地主與其他外國商人家族商量之後，蒲壽庚於一二七六年決定將刺桐城池與所有船艦移交給蒙古人。為了達成協議，他下令殺死剛好在城中的宋朝皇族。宋軍此時正紮營城外。在盛怒之下，宋軍圍攻刺桐達三個月，而後才在蒙古人來臨前棄守而逃。

蒙古人此時已建立元朝，他們給予獻城者豐厚的賞賜，而且將港口的控制權交給蒲家及其盟友，他們全是穆斯林商人家族。[1] 刺桐的穆斯林少數民族變得非常有權力，因此有些福建人改信伊斯蘭教，好讓自己可以登記為外國人，進而享受外國人的特權。最後，福建絕大多數的政府職位都由改信伊斯蘭教的中國人所把持。

不難想見，這些新改信者實施的伊斯蘭教儀式顯然與阿拉伯半島的純粹信仰不同。這些福建穆斯林並未到遙遠的麥加朝聖，相反地，他們走到城外山上兩名早期蘇菲派傳教士的墓塚旁，繞行七圈。其他人則繼續採行中國傳統祭祖掃墓的風俗。幾乎沒有人瞭解《古蘭經》的戒律——《古蘭經》完整的中文翻譯本要到一九二七年才出現。福建伊瑪目絕大多數都不會說阿拉伯語，他們用強記的方式背誦原文，然後在清真寺裡模仿原文音節進行朗讀。而當記憶力逐漸減退時，朗讀儀式就成了毫無意義的胡亂背誦，而底下的信眾也無法理解他念的內容。然而，就某方面來說，這座伊斯蘭教的偏遠哨站似乎更虔信地保存了傳統。刺桐的穆斯林家族，無論老家族還是新家族，也分裂成彼此爭論不休的派系：遜尼派、什葉派與蘇菲派。

每個派系各自支配了部分的政府職位，控制了部分的港口，而且擁有自己的私軍。蒲氏家族及其盟友顯然屬於遜尼派，他們獲得蒙古人的信任，因此擁有最大的政治權力。不過，刺桐的外國人口絕大多數是波斯人，他們信仰的是什葉派。什葉派擁有數量最多的民兵，足以與遜尼派抗衡。（關於福建的蘇菲派，幾乎找不到相關的資料。）

到了一三五〇年代，這種勢力均衡才被打破，當時許多農民起而反抗蒙古人的統治。叛軍最後推翻元朝，建立了明朝。為了保衛福建不受叛軍侵襲，元朝皇帝授權刺桐商人擴大建立自己的私人民兵，允許他們招募與訓練數千名外國穆斯林士兵（事實上，這些士兵許多不是來自於中東，而是改信伊斯蘭教的中國人）。一三五七年，皇帝命令兩名遜尼派領袖平定在刺桐附近起兵的中國人叛軍。次年，他們平定了興化與福州的亂事，這是位於刺桐北方的兩座港市。儘管如此，元朝並不是很滿意。一支遜尼派民兵部隊被勝利沖昏了頭，居然掠奪興化數天；另一支民兵部隊則是占領福州，將其轉變成自己的轄地。第一支民兵部隊領袖被敵對的遜尼派所殺——蒲氏家族的盟友，他是刺桐航海事務的監督者。第二支民兵部隊首領則被元軍所殺，元朝不喜歡自己養的狗過於兇暴。

蒲氏家族的盟友向蒙古人宣誓效忠，他接管死去指揮官的民兵，並且運用這支部隊鎮壓了農民叛亂。但他也利用這場混亂將刺桐轉變成獨立的采邑，並且將城內殘餘的什葉派予以「消滅」（這個動詞來自於方志的陳述）。經過三年的零星戰鬥，元朝地方將領與原本為敵的什葉派領袖聯手，他們說服刺桐城內殘存的什葉派人士，要他們祕密開城，而後一舉剿滅遜尼派。之後，這些指揮官全轉而效忠新建立的明朝。

此時要挽救刺桐已經太晚。經年累月的戰事使刺桐的七座大清真寺化為瓦礫。（富有的阿拉伯人打算修復殘存的建築物——現在做為公園使用——使其恢復以往的光彩。）城中的外國人已死亡殆盡。僥倖生還的紛紛逃往山區，以務農維生。他們不再以穆斯林的身分示人。明朝對於刺桐懷有恨意，因為它過去曾是支持元朝的重鎮。明朝於是任由此地的灌溉系統荒廢，讓港口淤積。往後兩個世紀，這裡不再有任何對外貿易。之後貿易的恢復，地點也不在刺桐，而是南方的月港。但這無法阻止躲藏在山

1　蒙古人亟欲吸收漢人文化，但不願給予漢人權力。（漢人是中國最主要的種族，西方人直接把漢人稱為「中國人」。）因此，元朝經常讓漢族以外的族裔擔任地方領袖。讓阿拉伯人與波斯人管理刺桐也是這種政策的延伸。

區的老刺桐商人家族離開深山，前去參與催生全球化。

在月港，將貨物裝滿商船的中國商人，有許多是過去在刺桐經商者的子孫，他們的祖先曾在全球化過程中獲得豐厚的財富。數世紀以來，這些商人家族持續致力於全球化。他們無止盡地擴張貿易的領域，無論再怎麼偏遠的居民，他們都要將其纏繞到單一的全球化進程裡。而這段旅程的終點在哪，恐怕這群旅行者也無從知曉。

附錄三 鄭成功／國姓爺

明朝與清朝政府均不願與荷蘭人貿易，荷蘭人只好訴諸海盜行為，他們攻取中國沿海小島做為基地，然後襲擊中國、西班牙與葡萄牙船隻。（荷蘭人綁架了一千五百名中國人，逼迫他們在臺灣與中國之間的澎湖群島建造堡壘，然後又將他們賣到荷蘭的印尼殖民地充當奴隸。）荷蘭人於一六二四年占領臺灣，象徵著荷蘭海盜政策的巔峰。臺灣這座海盜巢穴（荷蘭人也將此地視為殖民地）吸引了數百名倭寇前來，但其實這些人絕大多數來自福建。西班牙人在臺灣設立基地，與荷蘭人互別苗頭。往後四十年，雙方血腥衝突不斷，但臺灣最後卻落入第三者之手：即鄭成功（或西方人習稱的國姓爺）的海盜集團。

鄭成功於一六二四年生於日本，是不折不扣的倭寇。父親鄭芝龍是中國基督徒大商人兼海盜頭子，母親是日本人。在明代，沿海的不法貿易是有利可圖的事業，因為此時正值白銀湧入中國的時期。鄭芝龍與荷蘭人、日本人合作，成為加雷翁船貿易的核心人物，他不僅是商人，也向其他商人強索保護費。鄭芝龍寇掠沿海數年，之後突然在一六二八年接受朝廷招撫，成為明朝水軍都督，反過來征剿昔日盟友。我問福建史家林仁川，這豈不像讓黑幫老大艾爾．加彭（Al Capone）主掌聯邦調查局一樣。「不，」他說：「明朝水軍反而變得更強大了。」事實顯然是如此，一六三三年，鄭芝龍輕易掃蕩其他中國—荷蘭——日本的海盜聯盟。而就在這段期間，他與兒子也致力於經營家族事業。多虧鄭芝龍掃平競爭者，鄭成功才得以年紀輕輕就成為在中國進行走私、海盜與大規模敲詐勒索的主導人物，並且建立起規模達數千艘的龐大艦隊。

鄭成功蒸蒸日上的事業，因明朝遭滿清擊敗而開始分崩離析。一六四六年，鄭芝龍見明朝大勢已去，於是轉投清朝，受封為閩粵總督。現在，艾爾．加彭已經晉升為州長。但鄭成功卻拒絕與父親一同降清，他認為清朝最終將有害於家族事業——從清朝施政的效率與廉潔已可見端倪。鄭成功隨即宣誓效忠明朝，並且率領他的海盜艦隊參與反清水軍的陣容。他以月港外圍的島嶼為根據地，對清朝發動長達十年的戰爭，最大規模的一場入侵行動是南京之役，卻慘遭敗績。鄭成功眼見反攻無望，於一六六一年撤退臺灣。他驅逐荷蘭人而且（從明朝的觀點來看）持續以寇掠沿海的方式進行內戰，或者（從清朝的觀點來看）從事海盜行為。鄭成功死於瘧疾，享年三十七歲。他的兒子鄭經接管臺灣，建立獨立王國，並且持續抗清到一六八三年投降為止。

在鄭成功過去的根據地鼓浪嶼，今日已豎立起一座高五十英尺的鄭成功花崗岩石像，還蓋了一間紀念館，裡面展示了鄭成功將荷蘭海盜逐出臺灣的壁畫。畫裡的中國軍隊看起來高尚而強壯；荷蘭人則描繪成紅鬍子侏儒。對外人來說，官方居然對一名殺人如麻甚至終其一生都與官軍相抗的海盜如此推崇，實在令人不解——然而只要發現鄭成功驅逐荷蘭人正可做為中國政府聲稱領有臺灣主權的根據，這層困惑便迎刃而解。我們有充分理由對於歷史的濫用感到憤怒——臺灣政府也推崇國姓爺，但臺灣官方卻把鄭成功視為拯救者，他逃離了中國的壓迫，在臺灣建立自由的新家園。因此，衝突的兩岸都想從鄭成功身上汲取正當性。

對史家來說，這類歷史濫用屢見不鮮。人們把過去視為可用資訊的礦藏，蘊含各種合理化說詞，隨時供人取用以為行動的憑藉。從鼓浪嶼搭船到廈門（繼承了過去月港的地位）只需幾分鐘的時間，到臺灣轄下的金門也不到一小時。不難想像這個地區的官員對於與臺灣之間的衝突有多麼在意，他們會想盡辦法找出相關歷史事實來恫嚇臺灣。令人驚訝的是，這麼一座偌大的紀念館卻完全未提及日後史家說的鄭成功扮演的最重要角色：他決定了歐洲與美洲傳入中國的事物。鄭成功石像矗立在巨大的岩石上，胸膛如男子漢般隆起，映照著落日餘暉。他的左手握著短劍。這是個無懈可擊的形象。我可以瞭解為什麼負責製作雕像的人不希望他手裡拿著番薯。

致謝

我在閱讀了克羅斯比的《哥倫布大交換》與《生態帝國主義》之後，經過數年的時間，我終於有幸與作者見面，而且對他這個人稍微有點瞭解。幾乎每次見面，我都會勸他更新這些書的內容，把近幾年累積的新研究成果添加進去。克羅斯比對此毫無興趣，因為他現在正從事其他更為新穎的研究。有一天，當我又老調重彈時，克羅斯比終於發火了：「如果你真的覺得該修訂，你為什麼不『自己』寫一本？」於是，我把他說的話當成是一項允許，由我接續他來寫這麼一本書。計畫很快就出爐，《一四九三》，我在《哥倫布大交換》的頁緣潦草寫下這個數字。

我要感謝的人不光是克羅斯比。在寫作過程中，我受惠於William Denevan、William I. Woods與William Doolittle（三個比爾）的協助與建議。有一支名符其實的糾錯小組看過我的初稿：Robert C. Anderson、James Boyce、Richard Casagrande、David Christian、Robert P. Crease、Josh D'Aluisio-Guerrieri、Clark Erickson、Dan Farmer、Dennis Flynn、Susanna Hecht、John Hemming、Mike Lynch、Stephen Mann、Charles McAleese、J. R.McNeill、Edward Melillo、Nicholas Menzies、Brian Ogilvie、Mark Plummer、Kenneth Pomeranz、Matthew Restall、William Thorndale與Bart Voorzanger。他們更正我許多錯

誤。儘管如此，這是我的作品，當中若有問題與錯誤仍是我的責任。

即便是牛頓（他不是個謙虛的人）也願意坦承自己是站在巨人肩膀上才得以遠望。從這點來看，而且大概也只有這點，我們可以說我們與牛頓有著相似之處。這本書的完成，仰賴許多無形的巨人，他們隱藏在文本後面，無所不在，我發現我很難具體指明在什麼地方受誰的指點與影響。當我寫作之時，只要遇到不懂的地方，我問道：「大衛．克里斯欽（David Christian）會怎麼說呢？」於是我會翻閱他的《時間地圖》（*Maps of Time*），找出他的簡要說明。我手上這本羅伯特．馬克斯（Robert Marks）的《近代世界的起源》（*Origins of the Modern World*）已經翻得破破爛爛，滿是汙漬，書中充滿他獨到的見解。遇到有關西班牙世界的問題時，我會翻閱亨利．卡門（Henry Kamen）的《帝國》（*Empire*）。當我對中國與西方的關係有疑問時，我會馬上閱讀彭慕蘭（Kenneth Pomeranz）的《大分流》（*Great Divergence*）。關於加雷翁船貿易，丹尼斯．弗林與阿圖洛．吉拉爾德斯有許多的論文，我不確定我最常引用的是哪一篇。羅賓．布萊克本（Robin Blackburn）、大衛．戴維斯（David Brion Davis）、大衛．艾爾提斯（David Eltis）與約翰．松頓在奴隸制度上給我同樣的幫助。每個章節都獲益於一些個別作品。第三章要感謝麥克尼爾的《蚊子帝國》。第四章與第五章的細節部分參考李金明的《漳州港》。我在第六章對馬鈴薯進行的思索，其實是厚著臉皮從麥可．波倫的《欲望植物園》借來的想法。Tom Standage的*Edible History of Humanity*協助我討論糧食、農業與其他相關事物。約翰．漢明的《諸河之樹》（*Tree of Rivers*）與蘇珊娜．赫奇特的《爭奪亞馬遜》（*Scramble for the Amazon*）是第七章的堅實支柱。約翰．松頓許多的作品融入了第八章的背景說明之中。理察．普萊斯（Richard Price）的《初訪》（*First-Time*）與《雨林戰士》（*Rainforest Warrior*）是第九章討論蘇利南的基礎。同章的巴西部分是以赫奇特與我在《國家地理雜誌》發表的文章為基礎寫成。如果《一四九三》能吸引讀者閱讀上述作品，那麼我會感到相當欣慰。

以下致謝並非形式上的說詞，我要感謝Lannan Foundation在我寫作本書時大力襄助。感謝布朗大學的John Carter Brown Library提供協助，並且讓我擔任客座研究人員。

凡是涵蓋廣泛領域的計畫都必須克服語言的問題。我很幸運，在中國考察期間能得到Josh D'Aluisio-Guerrieri的陪伴。他在臺北家中幫我搜尋出大批的中文史料，甚至幫我閱讀古老方志，面對我無止盡的電郵提問，他也耐煩地回答。《一四九三》所有的中文史料翻譯都是出自Josh的手筆，不過其中有一小部分來自Devin Fitzgerald，當我不好意思再麻煩Josh時，就會找Devin幫忙。Scott Sessions平時忙於進行African-American Religion Documentary History Project，但他仍抽空幫我解決十六、十七世紀的西班牙文問題，這實在超出我能力範圍之外。蘇珊娜．赫奇特陪我在巴西進行考察，她是一名優秀的口譯，對於巴西這個大國有著深厚的認識，而且願意與我分享她的理解。而在基隆坡的鄉間遇到汽車拋錨，幸好有赫奇特才得以解圍。Reiko Sono協助我解決日文問題，在此致上感謝之意。

為了完成這部內容龐大的作品，我到了許多地方，因而結識了許多朋友。Maria Isabel Garcia，馬尼拉最優秀的科學作家，她善盡地主之誼，包括為我在民都洛島找了一艘船與領航員。在玻利維亞，Clark Erickson提供我帳篷與睡袋，而且告訴我如何在千里達雇用飛機。Alceu Ramzi帶我進行一趟美好的空中鳥瞰阿卡之旅，而且在我的演說意外被一個小丑行徑打斷時忍住沒笑。丹尼斯．弗林與阿圖洛．吉拉爾德斯忍受我不斷要求他們協助；當我搭乘越洋班機深夜抵達時，丹尼斯還讓我借宿一晚。

在美國，維吉尼亞聯邦大學的Greg Garman帶我進行了一次不可思議的搭船巡遊詹姆斯河之旅。Caleb True獲得允許重製本書需要的照片影像，而且費力地調整本書的腳注。我驚恐地看著Nick

Springer與Tracy Pollock寄來的電郵時間郵戳，他們在吩咐的極短時間內弄好了地圖。Alvy Ray Smith為第八章製作了精美的家譜；彩色版更為精采，請見alvyray.com。Peter Dana協助我瞭解面積計算與製圖軟體，將科爾特斯地產以及其他地圖予以數位化。Ellis Amdur告訴我關於日本刀以及用刀者的有趣之事。James Fallows與Richard Stone協助我在北京取得資料。Neal Stephenson耐心地陪我在廈門四處拜訪，並且為我動用了他的人脈。我還要感謝一些部落格的格主與其他線上的評論者，他們討論我的作品，其中不乏敏銳的洞見。我特別感謝Sam Gitlitz、Sandra Knapp、John Major、Alastair Saunders、Fritz Schwaller、William Starmer、Reed Taylor與Martin Wall的更正與建議。

我要向出版本書的編輯群致敬，他們花費數年的時間，一點一滴地完成本書的編輯與出版工作：《國家地理雜誌》的Barbara Paulsen；Orion的Jennifer Sahn；《科學》雜誌的Richard Stone與Colin Norman；《浮華世界》的Cullen Murphy；《大西洋》月刊的Corby Kummer、Cullen Murphy與William Whitworth。Knopf出版社的Jon Segal很有耐心地等候緩慢而捉摸不定的作者；我要感謝他的支持與建議，這是我們合作的第四本書（我認為也是最困難的一本書）。Knopf出版社的Kevin Bourke、Joey McGarvey、Amy Stackhouse與Virginia Tan進行了所有組織、安排與整理的工作，讓讀者能及早看到這本書問世，同時也將作品與作者最好的一面呈現出來。我還要感謝阿姆斯特丹的Henk ter Borg、巴黎的Francis Geffard與倫敦的Sara Halloway。我的經紀人Rick Balkin從我開始寫作就一直是我的好朋友。許多人提供完善的辦公室給我；我無法一一向他們致謝，只能說我希望他們覺得這本書值回票價。

Archis hypogaea）；*sitaw*（四季豆，*Vigna spp.*）；*patani*（利馬豆，*Phaseolus lunatus*）；*bataw*（扁豆，*Lablab purpurea*）；*kundol*（冬田瓜，*Benincasa hispida*）；*patola*（絲瓜，*Luffa cylindrica* and *acutangula*）；*upo*（冬瓜，*Lagenaria siceraria*）；*kalabasa*（冬南瓜，*Cucurbita maxima*）；*labanus*（小紅蘿蔔，*Raphanus sativus*）；*mustaza*（芥末，*Brassica juncea*）；*sibuyas*（洋蔥，*Allium cepa*；*kamatis*（番茄，*Lycopersicum lycopersicum*）；*bawang*（大蒜，*Allium sativum*）；*luya*（薑，*Zingiber officinale*）；lain *linga*（芝麻，*Sesamum orientale*）。感謝Leonard Co的植物辨識與植物名翻譯。

469 菲律賓外來種的衝擊：Department of Environment and Natural Resources（Philippnes）and World Fish Center 2006；Lowe et al. 2004（七種最糟的入侵物種）。

471 菲律賓桃花心木：16 CFR §250.3 (Federal Trade Commission rule, available at: edocket.access.gpo.gov/cfr_2001/janqtr/pdf*16cfr250.2.pdf).

472 伊富高是地標：一九九六年，聯合國教科文組織認為這個地區是「菲律賓人的祖先為全人類留下的無價貢獻」，並且認為此地屬於世界遺產（whc.unesco.org/en/list/722）。伊富高也是美國土木工程師學會評選的國際工程地標。

472 福壽螺：Joshi 2005；Caguano and Joshi 2002。

473 五百種：Nozawa et al. 2008；Concepcion et al. 2005。

474 九種新蚯蚓：Hong and James 2008；Hendrix et al. 2008:601-02。

474「他們的最大值」：引自Maher 1973:41。

474 基辛：Keesing 1962:319（「創新」），322-23（「提及」）。

475 最早的考古研究：Acabado 2009；Maher 1972。

475 五個月：Save the Ifugao Terraces Movement 2008:3。

476 伊富高的番薯：Brosius 1988:97-98；Scott 1958:92-93。

476 第八奇蹟：作者訪談，馬尼拉，伊富高；Harrington 2010；Dumlao 2009。也可見計畫網站heirloomrice.com，尤其是活化原住民山區實業家的年度報告，計畫中的菲律賓方面。

480 芒揚語言，文化：Postma ed. 2005。

480 與中國的貿易：Scott 1984:65-73；Horsley 1950:74-75。

附錄

489 Negro與Preto：Heywood and Thornton 2007:chap 6。

492 刺桐的極盛時期：Abu-Lughod 1991:212, 335-36, 350（人口）；Clark 1990:46-58；Pearson et al. 2001:187-90, 204-05（淤泥，190）；Polo 2001:211-13（「利潤」，211）；Ibn Battuta 1853-58：v. 4, 269-71（「不可勝數」，269）；Odoric of Pordenone（Hakluyt Goldsmid ed. 18898:vol. 9, 133-34）（僧侶）。

493 蒲壽庚：So 2000:107-22, 301-05；Chen 1983；Kuwabara 1935（反叛與圍城，38-40）。

494 刺桐的伊斯蘭教：訪談，Ding Yuling, Lin Renchuan；Jin 1982（翻譯，可理解性）；Kuwabara 1935:esp. 102-03；Chen 1983（改信者，融合，派系）。感謝館長丁毓玲博士安排參觀泉州海外交通史博物館。

495 刺桐的崩潰：訪談，Ding Yuling；Chen 1983；Lin 1990:169（淤積）；So 2000:122-29。

439 米斯基圖王國：Offen 2007（手杖，274-76），2002（衣物與手杖，355）；Olien 1987（種族背景與主張，281-85），1983（國王）；Dennis and Olien 1984（719-20，侵襲；奴隸制度，722）。感謝Offen教授寄他的著作給我。

441 美國馬倫人：Sayers et al. 2007（大迪斯莫沼澤）；Franklin and Schweninger 2001:86（沼澤中住了數千人）；Aptheker 1996。

442 黑人與紅人塞米諾爾人：Landers（2002, 1999〔摩塞的創立，29-60〕）提到非洲佛羅里達的興起。Riordan（1996；與克里克族的關係，27-29）and Mulroy（1993；四個城鎮，294）是簡明的介紹。

443 塞米諾爾戰爭：戰爭過程極為複雜，在此無法詳述，而且也充滿爭議。舉例來說，逃亡奴隸的主人反對「投降協定」，而傑瑟普同意不把新近逃亡的奴隸列入條款之中，有人認為此舉等同於真正的投降。另一些人則認為（我自己則採取這種觀點）這樣的承諾毫無意義，因為你根本無法分辨哪些奴隸是新近逃脫的。「無論塞米諾爾族實行的奴隸制度有多溫和，完全的自由總是令人嚮往」（Mulroy 1993:303）；「與一半」：Giddings 1858:140-41。

446 海地：關於革命的研究作品數量很多。英文的經典是C. L. R. James；Dubois (2005)是近來的優秀作品，有法文譯本。Moreau de Saint-Méry (1797–98)對革命前夕的聖多明哥有第一手的精采描述。為了凸顯疾病的角色，我接受McNeill 2010:236–65（「墳墓」，245；「蚯蚓」，253）。也可見Davis 2006:chap. 8。

449 達氏瘧蚊與森林砍伐：Yasuoka and Levins 2007:453-55；Tadei et al. 1998:333。

449 蘇利南非洲人：Price 2011:chap. 1（25:1, 10），2002；www.slavevoyages.org（三十萬人）。美國估計約三十九萬人。

449 蘇利南馬倫戰爭與締約：Ngwenyama 2007:59-69；Price 2002:51-52, 167-81，Bilby 1997:667-69（歃血）。

450 斯戴德曼：Stedman 2010（適應，1:102-03；「無數」，蠟燭，46；看不到人，393；「熟識」，100；被殺 38, 127；「健康」，607）。斯戴得曼提到獲得免疫的好處：「過去曾經生活在西印度群島的軍官與士兵，沒有人死亡，在一千兩百名士兵中，我只看到一個人未死於疾病」（607）。

451 伐木、採礦與公園：tacoba.cimc.com/en/enterprise/tacoba/tacoba.cimc.com/en/enterprise/tacoba/（CIMC website）；whc.unesco.org/en/list/1017（World Heritage site description）；Price 2011（公園，136-40）；Alons and Mole ds. 2007:64（百分之四十）；Anon. 1998。

451 馬倫人口規模：Price 2002b。

451 未受到徵詢與美洲人權委員會的案例：Price 2011（請願書，119；克溫提族與公園，136-40）。寫作時，我參閱了www.forestpeoples.org的法律文件。

455 馬札高・維留：Mann and Hecht 2012；Vidal 2005（非洲城鎮史）；Motinha 2005（無法修復，12；放棄，25-26）；Silva and Tavim 2005:2（城鎮設計）；Anderson 1999:28。

455 爭奪亞馬遜土地：基隆坡的興起，經典描述見Reis and Gomes 1996 and Gomes 2005b。混合式的精神信仰：作者訪談；Mann and Hecht 2012；Cavalcanti 2006（bumba-meu-boi）；Dantas 2006（lambe-sujo）。本節改寫自Hecht and Mann 2008。

461 摩久：作者造訪；作者訪談，Manuel Almeida（Quilombolas Jambuaçu），匿名的資訊提供者；Anon. 2006。

427 殺死變裝癖：Las Casas 1951:vol. 2, 593–94；Anghiera 1912:vol. 1, 285。

10. 在布拉拉考

468「Bahay Kubo」：裡面提到植物有*singkamas*（豆薯；*Pachyrrhizus erosus*）；*talong*（茄子；*Solanum melongena*）；*sigarilyas*（蘆筍／四棱豆，*Psophocarpus tetragonolobus*）；*mani*（花生，

426 放棄安提瓜，其他城市的基礎：Araúz Monfante and Pizzurno Gelós 1997:45–46；López de Gómara 1922:vol. 1, 159。

426 巴爾波亞的命運：López de Gómara 1922:vol. 1, 158; Altolaguirre y Duvale 1914: clxxv– cxc。

427 迪歐斯到巴拿馬的公路：Tardieu 2009:25–41;；Araúz Monfante and Pizzurno Gelós 1997:74–78；López de Gómara 1922:vol. 1, 158–59；Carletti 1701:41–51（「被子」，43–44；屍體，49）；Requejo Salcedo 1650:78（「我的旅行」）。嚴格來說，Carletti描述的是濱海波爾多貝洛的蝙蝠，但這些蝙蝠在森林中數量也很多。Benzoni (1857:142) 對蝙蝠有類似的報告。

428 巴拿馬的原住民人口：Araúz Monfante and Pizzurno Gelós 1997:97;；Romoli 1987:22–28；Jaén Suárez 1980（三千人，77；兩萬人，78）；Oviedo y Valdés 1851–53:vol. 3, 38（「不計其數」）。

428 進口印第安奴隸：Saco 1882:266。也可見，Tardieu 2009:46-48。

429 七比一：Tardieu 209:48-49；Jaén Suárez 1980:78。

429 攻擊歐洲殖民地：Fortune（1970）收集了許多說法，例如Benzoni 1857:121。

429 菲里皮洛：Tardieu 2009:61-63；Pike 2007:245-46；Araúz Monfante and Pizzurno Gelós 1997:134-35；Fortune 1970:pt. 1, 36-38。

429 巴亞諾的避難所：Pike 2007:246-47；Araúz Monfante and Pizzurno Gelós 1997:135-36；Fortune 1970:pt. 2, 33-39；Aguado 1919:vol. 2, 200-13（「母親」，201）。

430 烏爾蘇阿與巴亞諾：最重要的史料是Aguado 1919:vol. 2, 200-31（bk. 9, chaps. 11-13）。現代陳述包括 Tardieu 2009:chap. 2（「明快而機警」，79）；Pike 2007:247-51；Fortune 1970:pt. 2, 40-50。烏爾蘇阿獲得征服祕魯亞馬遜地區的機會，但他卻因為屬下造反而被殺。

431 迪歐斯不衛生的環境：Benzoni 1857:120；Ulloa 1807:93-98；Carletti 1701:42；Gage 1648:369（「與船員」）。

431 商人與代理問題：作者訪談與電郵，James Boyce, Tyler Cowan, Mark Plummer（經濟學家）；Tardieu 2009:108-21；Pike 2007:247。

432「他們相遇」：引自 Tardieu 2009:123-24。也可見 Ortega Valencia, P.d. 1573。Letter to the king, 22 Feb. In Wright ed. 1932:46-47。把白銀扔進河裡：Nichols 1628:281。

433 德雷克攻擊迪歐斯：Fortune 1970:pt. 3, 18-20；Nichols 1628:258-67（「高」，264）；Nuñez de Prado, J. 1573。Depositions (*probanzas*), Apr. In Wright ed. 1932:54-59；Audiencia of New Granada. 1572. Report to king, 12 Sep. In ibid.:40-41。

433 在克魯塞斯埋伏失敗：Tardieu 2009:126–31；Pike 2007:256–58；Nichols 1628:280–309；Municipal Council of Panamá. 1573. Report to the king, 24 Feb. In Wright ed. 1932:48–51。

434 與法國人一起攻擊：Nichols 1628:317-25（「三十噸」，318；「黃金」，323）。特斯圖也受傷落單。追捕的西班牙人當場殺了他。

435 引發反馬倫人的恐懼與戰役：Tardieu 2009:132–44（新教，142)）；Fortune 1970: pt. 3, 22–34；Royal Officials of Nombre de Dios. 1573. Letter to Crown, 9 May. In Wright ed. 1932:68–70（「當前局勢」，未回報金銀已經尋獲）；Audiencia of Panama. 1573. Report to king, 4 May. In ibid.: 62–67（未回報金銀已經尋獲）。

436 自由的協議：Tardieu 2009:184–246（條件細節，185；波爾托貝洛「投降協定」，244–46）；Fortune 1970:pt. 3, 34–40（「西印度」，39）。波爾托貝洛馬倫人領袖是Luis de Mozambique。協助德雷克的曼丁加是他的部下。

437 楊加與墨西哥馬倫人：Rowell 2008（十一項要求，6–7）；Lokken 2004:12–14（瓜地馬拉民兵）；Aguirre Beltrán 1990:128（楊加布蘭種族的根源）；Carroll 1977（其他例子）；Love 1967:97–98；Davidson 1966:245–50（時尚之物，246)）；Alegre 1842:vol. 2, 10–16（血，11；布蘭根源，12）。

chap. 4)。

414 恩里基洛：Altman 2007；Guitar 1999:n. p.；1998:346-57，376-86；Thornton 1999:141-42；Deive 1989:36-42；Las Casas 1951:vol. 3, 259-70（火上加油，260）；Oviedo y Valdés 1851-1853:vol. 1, 140-55（非洲人的加入，141）。隨著疾病降低了塔伊諾人的人口，西班牙人於是從其他加勒比島嶼進口奴隸。外人的輸入對恩里基洛的權力構成威脅——他們不想被外人統治——這構成他反叛的深刻理由。拉斯卡薩斯實際說的諺語是「不但被戴了綠帽，還被打了一頓」，指受到徹底的傷害。感謝Scott Sessions幫我找到近似的英語翻譯。

415 蘭巴：Guitar 2006:41, 1998:300（官員自己的製糖廠），396-400（蘭巴與其他非洲人的角色）；Landers 2002:234-36（「能幹」，234）；Deive 1989:49-52。

417 葡萄牙擔心帕爾馬里斯：Lara 2010:8；Gomes 2005; Anderson 1996: Kent 1965:174-75; Blaer 1902; Anon. 1678。荷蘭人也擔心帕爾馬里斯（Funari 2003:84）。

417 帕爾馬里斯的文化混雜，包括了歐洲人：Funari 1996:31, 49, note 42，通論說法也可見Freitas ed. 2004蒐羅的文件。

417 帕爾馬里斯的宗教：Vainfas 1996:62-74。

418 一六七八年和約：Lara 2010; Anderson 1996:562–63; Anon. 1678。

418 尊比的生平：Gomes 2005a:114-20；Karash 2002；Freitas 1996；Diggs 1953。

419 維留：Hemming 2004a: 362；Freehafer 1970；Board of Missions. 1697。Memorandum, Oct. In Morse ed. trans. 1965:124–26（譯者，「他的肉慾」）；Jorge Velho, D. 1694, Letter to governor, 15 July. In idem 117–18（「我們與我們的」）。

419 與維留達成協議：Ennes 1948:205; Anon. 1693. "Condições adjustadas com o governador dos paulistas Domingos Jorge Velho em 14 de agosto de 1693 para Conquistar e Destruir os Negros de Palmares." In Anon. 1988:65–69。

420 維留朝帕爾馬里斯進軍：Oliviera 2005；Gomes 2005a:148-161；Hemming 2004a:363；Ennes 1948:208; Anon. (Jorge Velho, D.?) 1693. In Morse ed. 1965:118–26（引文，119）。

421 瑪卡科戰爭：作者造訪帕爾馬里斯；Oliviera 2005；Freitas ed. 2004:124-130, 135-137；Anderson 1996:563–64；Freitas 1982:169–88。

422 尊比的命運：Freitas ed. 2004:131-34；Anderson 1996: 564；Ennes 1948:211。

423 巴爾波亞早期的生平，藏匿：Las Casas 1951:vol. 2, 408–15（「有教養的人」，408）；Altolaguirre y Duvale 1914: xiii– xv（「活力」，xiv）；López de Gómara 1922:125；Oviedo y Valdés 1851–53:vol.2, 425–28。Oviedo說他把自己捲在船帆裡，而不是藏在桶子裡。

423 巴爾波亞取得權力：Araúz Monfante and Pizzurno Gelós 1997:23–27, 100–101（印第安奴隸與黃金）；Las Casas 1951:vol. 2, 418–31；López de Gómara 1922:vol. 1, 131–37；Altolaguirre y Duvale 1914: xv–lxxxvi; Anghiera 1912:vol. 1, 209–225；Oviedo y Valdés 1851–53:vol.2, 465–78。我大量簡化了複雜的政治操作與各種背叛的內容。

424 造訪科馬格雷：Las Casas 1951:vol. 2, 572–74；López de Gómara 1922:vol. 1, 137–39；Anghiera 1912:vol. 1, 217–23（「小船」，221）；Oviedo y Valdés 1851–53:vol.3, 9；Núñez de Balboa, V. 1513。Letter to the King, 20 Jan. In Altolaguirre y Duvale 1914:13–25。

425 太平洋探險隊：Tardieu 2009:43 and note (Nuflo de Olano' s reward)；Las Casas 1951:vol. 3, 590–97（「領地」，591）；López de Gómara 1922:vol. 1, 143–46（村裡的奴隸，144）；Altolaguirre y Duvale 1914: lxxxviii– xc；Anghiera 1912:vol. 1, 282–87（一個顯然混淆的描述）；Oviedo y Valdés 1851–53:vol.3, 9–12（部分參與者名單）。

426 巴拿馬最早的非洲人：Fortune 1967；López de Gómara 1922:vol. 1, 144；Anghiera 1912:vol. 1, 286 (dec. 3, bk. 1, chap. 2)；Oviedo y Valdés 1851–53:vol.3, 45 (bk. 29, chap. 10)；Colmenares, R.d. 1516? Memorial against Nuñez de Balboa. In: Altolaguirre y Duvale 1914:150–55, at 155; Ávila, P., et al. 1515. Report to King, 2 May. In: idem:70–72 ("crooked hair," 70)。

406 蘇利南戰爭：R. Price 2002；Bilby 1997:664-69（血誓）。第一次大規模的奴隸暴亂發生在一六九〇年（R. Price 2002:51-52）；和約簽訂於一七六二年（ibid.:167-81）。由於暴亂可以回溯到一六七四年，因此也可以稱之為百年衝突。

407「投降協定」：Reavis 1878:112-13。

407 海地是恐怖的焦點：Reis and Gomes 2009"293；Gomes 2003。

407 非裔墨西哥人的承認：Hoffman 2006。

407 美國馬倫人訴訟：Koerner 2005。

407 阿奎爾屯的傳說：作者造訪，帕爾馬里斯；例見 Schwartz-Bart and Schwartz-Bart 2002:vol. 2, 3-16。

408 帕爾馬里斯：Classic accounts are Carneiro 1988 and Freitas 1984.

408 建立於1605年到1606年：帕爾馬里斯：經典描述見 Cameiro 1988 and Freitas 1984；Anderson 1996:551；Kent 1965:165。

408 帕爾馬里斯的位置與面積：位置：Gomes 2005a:87（地圖）；Orser 1994:9（地圖）。面積：有好幾種估計數字，因為作者對於控制土地的定義不同；我引用的是平均數字，讀者必須瞭解這只帶有指示性質。例見 Thornton 2008:775（6,000平方公里=2,300平方英里）；Orser and Funari 2001:67（27,000平方公里=~10,400平方英里〔引自人類學家 Claudi R. Crós〕）；Orser 1994:9（65x150公里=9,70平方公里=3,800平方英里）；Diggs 1953:63（1695年，估計90x50里格=4,500平方里格=121,680平方公里=47,000平方英里）；Ennes 1948:212（1694年，估計1,060平方里格=29,000平方公里=11,000平方英里）；Anon. 1678:28（60x60里格=97,000平方公里=38,000平方英里）。我推估1里格=5.2公里（Chardon 1980〔西班牙與葡萄牙的里程單位差不多〕）。Thornton 2008:797（「歐洲以外」）。英屬北美人口：U.S. Census Bureau 1975:1168。

408 瑪卡科，岡加．尊巴：Thornton 2008:776-78；Gombes 2005a:84-87；Anderson 1996:553, 559（頭銜）；Anon. 1678:29-30, 36-38。

409 奴隸制度與非洲體制：Thornton 2010（統治者的態度，46, 52-53）；Klein 2010:57-58；Davis 2006:88-90；Thornton 1998:x（六十個國家的地圖），74-97（「非洲法律」，74），99-00（奴隸戰爭形同征服戰爭）。Wolf 1997:204-31（抵押，207-8）；Smith 1745:171-90（蘭姆）。Thornton（2010:44）指出非洲社會用銅、象牙、布與貝錢來購買歐洲商品——他們不是只有用人來交換商品。

409 非洲奴隸的目的：Thornton 2008:87-94；Gemery and Hogendorn 1979:439-47（條件不利於種植園農業）。

409 歐洲人參與既有的非洲奴隸市場：Thornton 2010:42-46（在未經允許下取得俘虜，44-45）。

409 奴隸進口到非洲，非洲的需求：Harms 2002:135-37（進口，所有引用文字）；Lovejoy 2000:57-58。

410 非洲人供應奴隸船，為奴隸船提供勞務：Klein 2010:86-87（船員）；Rediker 2008:229-30（船員），349；Davis 2006:90（中間人）；Thornton 1998:66-71。

411 歐洲人沒有能力掠奪非洲：Thornton 1998:chap. 4。「事實上，非洲國家的力量——亦即，維持領土完整的能力——有助於在歐洲人於美洲（而不是在非洲）建立種植園時發展奴隸貿易，非洲國家可以更有彈性地提供強制性的非洲勞力」（Eltis 2001:39）。

412 歐洲的小哨站：Eltis et al. 2009（估計值）；Harms 2002:139-41（黃金海岸，少於十人）；156-60（維達），203；Postma 1990:62-63（艾爾米納）。

413 奴隸制度的轉變：這項論點的經典陳述見 Lovejoy 2000。

414 奴隸是士兵：Thornton 1999:138-46（「戰俘」，140）。

414 一五二一年叛亂：Guitar 1999:n.p.（14），1998:361-66；Thornton 1999:141（軍事戰術）；Dive 1989:33-36；Rout 1976:104-05；Oviedo y Valdés 1851-1853:vol. 1, 108-11 (pt. 1, bk. 4,

引用的標題，figs. 91, 88, 89, 96）。

394 米拉／卡塔麗娜的童年、綁架與強押至墨西哥：Brading 2009（葬禮，1-2）；Bailey 1997:42-48；Castillo Grajeda 1946:29-45（性攻擊，42）；Ramos 1692: vol. 1, 4a-29b（大約一六〇五年出生，與貴族的基督教童年，4b-16a；綁架與旅程，17b-26b）。評論者Manuel Toussaint在Castillo Grajeda作品的導論中提到，卡塔麗娜生於一六一三年或一六一四年（10），但並未提出資料來源。Castillo Grajeda並未詳細說明她所受到的虐待，但表示海盜頭子「將所有的憤怒宣洩在她身上」，並且在「血腥的戰鬥中命令部下虐待她」。

396 異象與婚姻：Bailey 1997:60（花朵）；Castillo Grajeda 1946:81-83（筵席），135-36（「發出微光的雲霧」構成的階梯，天使）；Ramos 1689-92:vol. 2, 36b（裸體）。

396 拉莫斯的指責，命運：Brading 2009:10（「教義」）。

396 亞洲人跳上船：Slack 2009:39（六成到八成，「聖靈號」）；Luengo 1996:99-105（1565）；Beltrán 1989:50（雷加斯皮）。

396 亞洲奴隸流入：Clossey 2006:47（估計每年六百名）；Beltrán 1989:49-52；Beltrán 1944:419-21。

397 禁止亞洲僕役：Slack 2009:42, 55（耶穌會）。

397 多文化的民兵：Slack 2009:49-52（武士）；Lokken 2004；Vinson 2000:esp. 91-92。也可見Chace 1971:chap. 8。

398 卡塔麗娜新婚之夜：Bailey 1997:48；Castillo Grajeda 1946:65-69。

398 普埃布拉陶器：作者造訪；Slack 2009:44（「風格」）；Clossey 2006:45；Mudge 1985。

399 帕里安與理髮師：Slack 2009:14-16, 43（「那個行業」）；Johnson 1998（中國醫學）；Anon. 1908:vol. 30, 24（請願）。

400 兄弟會行列：Slack 2009:54；Gemelli Careri 1699-1700:vol. 6, 98-99（「受傷」）。

400 渴望前往中國：Clossey 2006:42-43（與墨西哥的距離——我幾乎完全引用他的話），49-51（「欲望」，49）。

401「東方」：Balbuena 2003:89。感謝Scott Session協助我進行翻譯。

402 墨西哥城水災：Candiani 2004；Hoberman 1980。

383 北美的混血：Colley 2002:233-36（「帝國」）；Foster et al. 1998（傑佛遜DNA檢驗）；Nash 1999（「一個民族」，Houston, 11-13）。

389 莫羅的種族分類：Moreau de Saint-Méry 1797-98:vol. 1, 71-99（「白人」，83）。

397 利馬人口普查：Cook and Escobar Gamboa eds. 1968:xiii, 524-47。

9. 逃亡者的森林

403 卡拉巴爾與里貝爾達吉：作者訪談，薩爾瓦多（特別感謝Ilê Aiyê）。一個名叫Curuzu的基隆坡是里貝爾達吉的前身；同樣的，卡拉巴爾現在從法律上來說已屬於廣大的Federação區的一部分。至於其他的薩爾瓦多基隆坡，見Queiros Mattoso 1986:139-40；Neto 1984。感謝赫奇特跟我一起前往巴西，幫我進行翻譯。

405 美國有超過五十個逃亡者社群：Aptheker 1996:151-52。

405「發明出來的自由」：Reis 1988。「Escravidão e Invenção da Liberadade」也是他在聯邦巴伊亞大學進行的研究生計畫。

406 Símaran: Arrom 1983。

406 四到五年間，死亡率從百分之三十三到五十不等：Miller 1988:437-41, esp. footnote 221（見頁440下半部）；Mattoso 1986:43（一年百分之六點三＝五年百分之三十一點五）；Sweet 2003:59-66（三年四成以上，60）。

406 自治地區列表：Price ed. 1996:3-4。

受巴西糖業的影響。

371 進口奴隸：Eltis et al. 2009-；Horn and Morgan 2005:21-22（歐洲總數）。大約有三十五萬人前往巴西；西屬美洲約有三十萬人，此外還有之前已經運抵的四萬五千人。

372 非洲人遍布整個美洲：祕魯與智利：Restall 2000（皮薩羅的許可證，185；瓦里安提，187）。智利：Mellafe 1959（49-50，瓦里安提）；巴西：Hemming 2004a：140-46；Blackburn 1997:166-74；Schwartz 1988:43-45。波托西：Assadourian 1966。利馬：Bowser 1974:339。卡塔赫納：Newson and Minchin 2007:65（一萬到一萬兩千人），136-47（兩千人，137）。聖米格爾．瓜爾達普：Hoffman 2004:60-83；Anghiera 1912:vol. 2, 258-60；Oviedo y Valdés 1852:vol. 2, 624-32；Herrera y Tordesillas 1615:vol. 2, 307-09（Dec. 3, bk. 8, chap. 8）。格蘭德河：Stern 1991:272（「爛醉」）。

373 艾斯特班：Goodwin 2008（死亡，335-51）；Schneider 2006（成長，27-28）；Ilahiane 2000（摩洛哥的不穩定，7-8）；Adorno and Pautz 1999: esp. vol. 2, 18-19, 414-22；Logan 1940；Robert 1929；Niza 1865-68。

377 科爾特斯的妻子、情婦與子女：Hassig 2006:173-74（俘虜夸特莫克）；Chipman 2005:passim；Lanyon 2004；López de Gómara 1870: vol. 2, 376。

378 瑪琳奇：Lanyon 1999；Karttunen 1994:1-23；Díaz del Castillo 1844:vol. 1, 84-85。

378 科爾特斯的遺囑：Cortés 1548（其他的女兒，§33；為私生子馬丁預做準備，§23）。

378 亞歷山德羅．德．梅地奇：Brackett 2005。Brackett認為亞歷山德羅是教宗的姪子而非兒子。但義大利史家Scipione Ammirato直接從亞歷山德羅的繼承者Cosimo de' Medici口中得知這個故事（1873:12）m

378 科爾特斯對科爾特斯：Lanyon 2004:138-47。

379 西班牙島上的融合：Guitar 1999:n.p.（4-5）；Schwartz 1997:8-9；1995：188-89。

382 皮薩羅家族：Hemming 1993:175-77, 259, 274-77（「監禁」，275-76）；Muñoz de San Pedro 1951（科爾特斯與皮薩羅的連結）。

383 聖地牙哥征服者：Mellafe 1959: 50-51（後代）；Schwartz 1995:189（五十名麥士蒂索兒童）。

385 墨西哥一五七〇年與一六四〇年的紀錄：Bennett 2005:L22-23；Beltrán 1989:201-19, esp. tables 6, 10。

386 莫雷利亞（Morelia）與普埃布拉：作者造訪；Martínez 2008:147（套利）；Verástique 2000:87-130；Hirschberg 1979；Zavala 1947。對巴斯科．基羅加的不同觀點，見Krippner-Martinez 2000。

388 教會登記簿：Martínez 2008:142。

388 種族信念：Martínez 2008:esp. chaps. 2, 4。

389 對混血人口的限制：Martínez 2008:147-51；Cope 1994:14-19。

390「卡斯塔」體系與禁令：Martínez 2008:142-70（「好混血兒」，162）；Katzew 2004:39-61（分類，43-44）；Cope 1994:24-26, 161-62；Beltrán 1989:153-75。阿根廷的「卡斯塔」體系，見Chace 1971:202-08。

390 交易身分：Diego Muñoz: Gibson 1950。稅：Schwartz 1995:186。官員：Love 1967:92-93。加勒比地區：Schwartz 1997（「壞種族」，12；「穆拉托人與黑人」，15）。

390 種族通婚與自由：混血的子女獲得自由：Bennett 2005:44-49；Lokken 2001:178-79；Cope 1994:80-82；Carroll 2001:166 (table A.6)。禁止種族通婚：Love 1971:83-84；Love 1967:99-103。半數婚姻是種族通婚：Lokken 2004:14-16；Valdés 1978:34-44；Love 1971（「聖塔維拉克魯斯教區非洲裔的婚姻特徵是，在與非洲人結婚的一千六百六十二個例子中，有八百四十七例是無黑色人種祖先者與有色人種通婚」，84）；1967:102-03。維拉克魯斯：Carroll 2001:174 (table A. 15)。

390 獨立群體的消失：Valdés 1978:esp. 57-58, 175-77, 207-09。

390「卡斯塔」繪畫：Martínez 2008:226-38（博物館，227）；Katzew 2004（超過一百套，3；

27）；Voltaire 1773:vol. 6, 46（「城市」）。

366《簡史》：Las Casas 1992（引用，57,65）。

367「天主信仰」：*Inter Caetera* (2)。一四九三年五月四日教宗詔書。In Symcox ed. 2001:34-37, at 36-37。詔書的日期是事後填上的。教宗一共發布了三份內容類似的詔書以回應哥倫布的航行，其中兩份稱為*Inter Caetera*。

367 興趣不在於傳布福音：Simpson 1982:14-21；Konetzke 1958。西班牙與摩爾人的長期鬥爭，是一場政府的鬥爭，而非宗教鬥爭——「被打敗的摩爾人被保證能自由信仰他們的穆罕默德宗教」。直到西班牙人於一四九二年完全擊敗摩爾人後「傳教的理想才擺到了優先位置」（Konetzke 1958:517-18），因為斐迪南二世與伊莎貝拉相信強制的宗教統一有助於在政治上統一分崩離析的王國。就連哥倫布也不是傳福音者；在他後期的航行中，由於君主的堅持，他才載運了教士，但他對傳教完全不熱心。

367 哥倫布的奴隸與伊莎貝拉的行動：Simpson 1982:2-5；Las Casas 1951:vol. 1, 419-22；Herrera y Tordesillas 1601-15:vol. 1, 251 (Dec. 1, bk. 7, chap. 14)；Cuneo 1495:188 (550)；Colón, C. 1494。君主紀念碑，一月三十日。In Varela and Gil eds. 1992:254-73, esp. 260-61（理由）。

368 建立encomienda系統：Guitar 1999, 1998:96-103；Simpson 1982:esp. chap. 1（「事實上，encomienda至少在施行的前五十年，一直被受益者視為奴隸制度的託辭」，xiii）。這個系統無意中複製了三國同盟與印加的元素，後者也要求被征服的民族服勞役。

369 科爾特斯的印第安勞工：Von Wobeser 1988:42-44, 55-57, 60（磨坊）；Riley 1972:273-77；Barrett 1970:86-89, table 11（兩百英畝）；Scholes 1958:18（三千名印第安奴隸）。Scholes的估計針對的是征服剛結束的時代。一五四九年的存貨清單只是科爾特斯後期的印第安奴隸資料（只剩下一百八十六名，因為絕大多數都已經死在礦場）。

369「西印度」：Colmeiro ed. 1884:202-03。

369 新法與反應：Elliott 100:132（墨西哥）；Hemming 1993:256-59（祕魯）；García Icazbalceta ed. 1858-66: vol. 2, 204-19（法律文本）。新法也廢除了新encomiendas，並且讓舊encomiendas無法繼承。墨西哥總督宣布：「我遵從法律但不執行它。」

369 科爾特斯的交易：Beltrán 1989:22; Riley 1972:278-79; Barrett 1970:78.科爾特斯的交易之前，曾有三件更大的契約，其中之一購買了四千名奴隸。這些契約買進的奴隸主要運送的目的地其實不是美洲（有些是歐洲）。科爾特斯的交易是首次有數百名奴隸被運往美洲種植園（Beltrán 1989:20-24; Rout 1976:37-39）。

369 拉伊莎貝拉的牙齒：作者訪談與電郵，T. Douglas Price；Lyderson 2009。在出版之時，這個發現尚未發表於同仁評論的期刊上。

369 命令：西班牙國王與女王，一五〇一年。給Nicolas de Ovando的命令，九月十六日。In Parry and Keith 1984:vol. 2, 255-58。

370「追捕不到」：Herrera y Tordesillas 1601-15: vol. 1, 180。

370 印第安人的進口，非洲人的可取之處：Guitar 2006:46, 1998:270-74（印第安人），278-79（非洲人）；Morel 2004:103-04；Las Casas 1992:30（巴哈馬）；Anghiera 1912: vol. 2, 254-55, 270-71（巴哈馬）。

370 西班牙島上叛亂擴大：Altman 2007:610-12；Guitar 2006:61-63, 1998:393-403；Boyrie 2005:79-89；Deive 1989:19-75；Scott 1985（「弱者的武器」）；Ratekin 1954:12（三十四座磨坊）；Benzoni 1857:93-95。

371 科爾特斯與糖：Von Wobeser 1988:59-64；Barrett 1970:9-17（莊園）。他的後代子孫仍繼續種糖，直到十九世紀，新獨立的墨西哥政府強迫他們賣地為止。

371 墨西哥糖產量的增加：Von Wobeser 1988:64-69；Acosta 1894:vol. 1, 416（「西印度」）。約略在此同時，葡萄牙在巴西種植甘蔗（Schwartz 1985:15-27）——馬德拉島與聖多美島的糖業持續衰微。與這些小島不同，墨西哥擁有巨大的內需市場，因此它的生產者不

80，284-96。

353 中東的糖：Ouerfelli 2008:31-37；Galloway 2005:23-27。

354「待在這個世界」：Pollan 2001:18。

354 十字軍喜愛糖，決定賣糖：Ouerfelli 2008:3, 75-76（歐洲的糖）；William of Tyre (*A History of Deeds Done Beyond the Sea* [1182])，引自Phillips 1985:93（「人類」）；Albert of Aachen 1120:305-06（「甜」）。

354 種植園定義：Craton 1984:190-91。

355 賺取薪資的工人：Ouerfelli 2008:287-306（西西里島，302-04）；Blackburn 1997:76-78。俘虜工人只用於十五世紀的賽普勒斯，海盜抓來的穆斯林被送到農場（Ouerfelli 2008:290）。

357 哥倫布的婚姻：Colón 2004:32-33。

357 聖港島的兔子：Zurara 1896-99:245-47（「由於兔子太多，幾乎無窮無盡，因此當地已不可能從事耕作」，247）。

357 驢子的大屠殺：Abreu de Galindo 1764:223。

358 馬德拉島的大火：Ca' da Mosto 1895:26（兩天）；Frutuoso 1873:61（七年），353, 460-71。

358 改造馬德拉島以種植甘蔗：Vieira 2004:42-48（超過一千倍，48；價格，62-63）；Vieira 1998:5-9；Crosby 1986:76-78；Craton 1984:208-09；Greenfield 1988:540-43。

359 伊比利奴隸制度：Blackburn 1997:49–54; Cortés López 1989:esp. 84–88, 140–49, 237–39; Domínguez Ortiz 1952:esp. 17–23 (禁奢令, 19).

359 馬德拉島是種植園奴隸制度的跳板：Vieira 2004:58-74（「起點」，74）；Curtin 1995:24；Crosby 1986:79；Phillips 1985:149；Craton 1984:209-11（雖然他認為聖多美普林西比群島「最有潛力成為純粹的種植園殖民地」）；Greenfield 1977:544-48（馬德拉島提供了地中海與美洲甘蔗種植園的連結，537）；Frutuoso 1873:655。Fernández-Armesto (1994:198-200) 同意馬德拉島的成長是「驚人的」，但也認為擁有較多奴隸的維德角群島「引進了新模式：以奴隸為基礎的種植園經濟。」

360 聖多美島的蚊子：Ribiero et al. 1998。

361 聖多美島的殖民：Disney 2009:vol. 2, 110-12（女奴隸，4；European, 111）；Magalhães 2008:169–72; Seibert 2006:21–58（荷蘭人，29；主教，32；「離開」，52）；Thornton 1998:142（流放教士）；Craton 1984:210–11; Gourou 1963（兩千名孩子，361）。1637年，荷蘭人第三次取得這座島嶼，並且持續管理了十年。

361 聖多美的糖：Disney 2009:112–13; Seibert 2006:25–27; Varela 1997:295–98; Vieira 1992:n. p. (31; 1615年只有六十五座種植園)；Frutuoso 1873:655–56（我引用編注，Alvaro Rodrigues de Azevedo）。

362 沒有黃熱病、瘧疾、蚊子：例見Capela 1981:64（缺乏病媒蚊）；Davidson 1892:vol. 2, 702（「馬德拉島沒有瘧疾……也從未出現過黃熱病」）；La Roche 1855:141; James 1854:100。

363 馬德拉放棄種植園奴隸制度：Disney 2009:90–92; Vieira 1992:n.p.(29–32, 41–42); Rau and de Macedo 1962（不是單一作物，外國所有人，23–25）；Brown 1903:e21, e32（「黃熱病等等」）。

363 聖多美島的抗爭：Seibert 2006:35（三十座磨坊）；Varela 1997:298–300。也可見Harms 2002:283–92。

363 聖多美島的命運：Disney 2009:113–15；Seibert 2006:30–58 passim；Frynas et al. 2003:52–60；Eyzaguirre 1989。

364 科爾特斯的地產：Barrett 1970:fig. 1。感謝Peter Dana將Barrett的地產地圖數位化，本書因而能加以引用。也可見Von Wobeser 1988:esp. 38-55。

364 科爾特斯的活動，返回西班牙：Chipman 2005:46（國王的征服者的疑慮）；Riley 1972；Barrett 1970:9-13（礦產、牧場、造船廠）；Scholes 1958（地毯、服飾，12；建築，26-

用Saco的美洲奴役史（1879:44）做為證據，但Saco只是發現有一名葡萄牙探險家於一四八〇年代兩次前往非洲，帶了一些自由的非洲人回里斯本。此外，葡萄牙不許自由的非基督徒入境，因此加里多必須改信，他或許原本信仰伊斯蘭教。也可見Blackburn 1997:78-79。

343 加里多的抵達：加里多一五三八年的probanza（證言）表示，「大約二十八年前，我越洋來到西班牙島」，顯示他抵達是在一五一〇年，顯然來不及在一五〇八年跟隨雷翁到波多黎各島。阿爾格里亞相信他最有可能抵達的時間是一五〇三年（大規模奴隸進口的開始）到一五〇八年間（波多黎各的征服）。感謝Scott Sessions提供probanza的複本給我並且提供翻譯。謄本見Alegría 1990:127-38。

343 加里多在加勒比地區：Alegría 1990（波多黎各，29-30；Florida, 37-41；懲罰性遠征，46-47；Corté, 59-65）。阿爾格里亞認為，加里多是跟納爾瓦埃斯（Pánfilo de Narváez）一起搭船前來，後者比科爾特斯晚一年抵達墨西哥；加里多可能是那位名叫「桂德拉」（Guidela）的非洲人，卡斯蒂略記得他曾協助科爾特斯接管納爾瓦埃斯的部隊。

344 攻擊特諾奇提特蘭：我讀過最佳的近代史是Hassig 2006（第一次攻擊的失敗，111-19；二十萬名原住民盟軍，175）。當時的四部作品中，最重要的是Díaz del Castillo (1844)。

345 天花：Hassig 2006: 124-30, 186-89；Mann 2005:92-93, 127-29；Crosby 2003: 45-51（經典敘述）；Restall 2000:178（「替罪羊」）；Durán 1994:563。

346 埋伏：Hassig 2006:165-66；Durán 1994:552-54（「活生生」，553-554）；Díaz del Castillo 1844: vol. 2, 82-90（「遠處」，84）。

347 加里多的禮拜堂是墓地：Díaz del Castillo 1844:vol. 2, 102。

347 加里多的工作：Restall 2000:191（「衛兵」）；Alegría 1990:92-97, 105-07（探險）；Porras Muñoz 1982:109-10。

347 加里多的小麥：Alegría 1990: 79-85; Gerhard 1978:455-56; López de Gómara 1870: vol. 2, 365（「歸功」）；Tapia 1539: vol. 2, 592-93（三顆麥粒）；González de León, J. 1538。Statement, 11 Oct. (?). In Alegría 1990:132-33（實驗農場）；Salvatierra, R. 1538. Statement, 4 Oct. (?). In ibid.: 134-36（加里多的小麥是墨西哥作物的基礎）。Tapia的數字與López de Gomara不同，但觀念一樣。感謝Scott Sessions的翻譯；我增添了驚嘆號，我認為這能表現記述者的語氣。

348 俗民知識：墨西哥中部與南部的農民告訴我好幾次。但我找不到證據證明這一點。

349 人類混合：我的觀點來自於Crosby (1986:2-3)。

349 移民數字：Eltis et al. 2009-；Horn and Morgan 2005:21-22（歐洲總數）；Eltis 2001；Eltis 1983（「十九世紀」，255；歐洲總數，256）。如果包括契約僕役，那麼自由人與不自由人的比例將更為失衡（Tomlins 2001:8-9）。關於印第安人數量的檢視，見Denevan 1992a, b; 比較普遍的說法是Mann 2005。

349 基礎制度：我整理了幾名學者的說法，包括Ira Berlin, C. R. Boxer, David Brion Davis, Eugene Genovese, Melville Herskovits, Philip Morgan, Stuart Schwartz, Robert Voeks, Eric Wolf, and Peter Wood（我只列出英語世界的研究者）。如Davis (2006:102)所言：「黑奴制度是我們稱為『美洲』的這個世界的基礎與必要部分。」

351 加里多的晚年：作者電郵，Rob Schwaller（巫術，僕人），Alegría 1990:113（一六四〇年代），127-38（加里多的probanza）；Icaza 1923:vol. 1, 98（貧困，三名子女）。感謝Schwaller教授慷慨分享他的加里多研究。

352 戰爭結束後，軍事領袖離開耶路撒冷：Albert of Aachen 1120:374-75。

352 十字軍取得穆斯林的甘蔗種植園：Ouerfelli 2008:38-41；Ellenbaum 2003；Boas 1999:81-83；Mintz 1986:28-30；Phillips 1985:93-95。

353 甘蔗遺傳學：Irvine 1999。

353 早期的糖加工：Galloway 2005:19-21；Daniels 1996:191-92（西元前五〇〇年），278-

而非馬來亞。

327 福特之城的創立：Grandin 2009:77-119；Hemming 2008:265-67; Jackson 2008L291-98; Costa 1993:13-17, 21-24, 59-65; Dean 1987;70-76; Davis 1996:338-39。嚴格來說，福特並未買下這塊土地，而是買下這塊土地的專屬特許權利外加五十年免稅權。包括輪胎，每輛車需要約八十磅的橡膠（Costa 1993:133）。

328 南美橡膠葉疫病菌：Money 2006:83-100; Lieberei 2007。感謝Charles Clement實地帶我去看受感染的樹木。真菌的生命週期遠比我的簡介來得複雜。當時對葉疫病菌的典型觀點，見Schurz et al. 1925:101。

329 魏爾，葉疫病菌，福特計畫的結束：Grandin 2009: 304-31; Costa 1993:102-06, 127（亞洲百分比）；Dean 1987:75-86, 104-07; 一九三四年五月七日，橡膠生產與出口法規協定。In International Labour Office 1943: 104-12（「植物」，110）。

329 天然橡膠對上合成橡膠：作者訪談，Rubber Manufacturers Association, Bryan Coughlin；作者訪談（保險套工廠）；Davis 1998:134-36。

330 西雙版納：作者訪談，唐建維（西雙版納熱帶植物園），胡朝陽（景洪熱帶作物研究所）；Nicholas Menzies (UCLA); Mann 2009; Sturgeon and Menzies 2008; Stone 2008; Visnawathan 2007; Xu 2006; Shapiro 2001:171-85（「檢討會」，176）；Zhang and Cao 1995（生物多樣性）。唐建維估計二〇〇八年的種植面積約兩千五百平方英里。Spurgeon與Menzies指出（二〇〇八年），中國政府認為傣族與哈尼族不理性、落後而且可能不忠誠。「受過教育的年輕人」是漢人，他們被認為具有必需的先進文化來生產乳膠這種現代的工業產品。透過引進漢族工人，政府希望既能生產需要的橡膠，又能讓忠誠的人民「定居」重要的邊境地帶。

330 往寮國擴張：作者的訪談與電郵，Jefferson Fox (East-West Center, Hawaii), 藤田彌生 (University of Chicago), Horst Weyerhaeuser (National Agricultural and Forestry Reserarch Institute, Vientiane), Klaus Goldnick and 石維義 (GTZ, Luang Namtha), Yunxia Li (Macquarie University). 石維義 2008（補貼）；藤田 2008（信區）；Vongkhamor et al. 2007（二〇一〇年總數，6）；藤田 et al. 2006；Rutherford et al. 2008:15-16。信區的面積超過六百平方英里，但絕大多數是無法使用的陡坡，而且缺乏道路。

337 逕流、侵蝕增加，水源耗盡：Ziegler et al. 2009; Guardiola-Claramonte et al. 2008; Stone 2008; Cao et al. 2006（霧）；Wu et al. 2001。也可見Mann 2009。

337 飛機，公路：Fuller 2008; 作者造訪，訪談曼谷的航空公司與Vientiane。道路只有兩線道，但已比該區已往的道路好得多。

338 潛在的南美橡膠葉疫病菌災難，在防治上缺乏進展：U.S. Department of Defense 2008（生物武器）；Lieberei 2007（「樹木死亡」，1）；Onokpise 2004（從巴西收集）；Garcia et al. 2004（潛在具抵抗力的複製樹）；Vinod 2002（基因基礎的狹小，改進的困難）；Weller 1999: table 2（生物武器）；Davis 1998:123-41（「合成橡膠」，136）。

297 橡膠延伸時溫度會升高：Gough 1805（「唇」，290）。

8. 大雜燴

342 禮拜堂：Alegría 1990:71-77（第一座教堂）；Porras Muñoz 1982:130, 399（一萬一千名殉道者）；Gerhard 1978:453-55；Herrera y Tordesillas 1601-15:vol. 1, 344-45（Dec. 2, bk. 10, chap. 12; Herrera誤稱他為「胡安．提拉多」）。

342 加里多的成長，在伊比利半島的時期：作者電郵，Saunders, Restall; Saunders 2010:137-38 (Garrido Sr.); Alegría 1990:15-22; Icaza 1923:vol. 1, 98. 感謝Matthew Restall, Fritz Schwaller，尤其感謝Alastair Saunders的慷慨建議。

343 雷斯托爾感到懷疑：給作者的電郵，Restall；Restall 2000:174,177。阿爾格里亞引

Pearson 1911:20-42(「味道」,22)。感謝Susanna Hecht帶我遊歷這座城市。

310 馬瑙斯:作者造訪;Hemming 2008:179-83(「泡澡者」,182);Jackson 2008:113-15, 252-55;Collier 1968:18-27;Burns 1965;Pearson 1911:93-111。

311 低地的勞動狀況:Hemming 2008:198-204;Barham and Coomes 1996:29-71;Dean 1987:36-41;Woodroffe 1916:49-54;Craig 2007:248-63(「工人」,251)。近來一些學者認為,過去一面倒地認為橡膠區對工人極為苛酷是過於誇大且不公允的。但從現代標準來看,當時的做法相當嚇人,這點無庸置疑。

313 Caucho採集:Santos-Granero and Barclay 2000:23-29;Barham and Coomes 1996:37-42;Schurz et al. 1925:21;Hardenburg 1913:181-84;Pearson 1911:156-58;Feldman 2004(「sajaduras」,quik之下的條目,指橡膠樹)。感謝Lawrence Feldman提醒我查閱他的字典,感謝Scott Sessions協助翻譯。Santos-Granero與Barclay認為一九〇〇年左右情況開始惡化,因為亞馬遜上游的公司開始將目標從巴拿馬橡膠樹轉移到巴拉橡膠樹。由於巴拉橡膠樹可以長期採集,因此這些橡膠大亨逼迫原住民工人待在固定地點,然後每日往返於工作地點——這違反了原住民的文化習慣。為了控制他們,公司綁架了工人的家庭,把女性人質充為娼妓。

314「他們離去」:Da Cunha, E. 1909。"Os Caucheiros," trans. S. B. Hecht。In Hecht forthcoming。費茲卡羅是*Fitzcarraldo*的主角,這是Werner Herzog於一九八二年拍的電影,在藝術上令人驚奇,但就歷史來看完全不可信。比較可信的傳記見Reyna 1941。

315 阿拉納的興起:Hecht forthcoming;Goodman 2009:36-41;Hemming 2008:204-07;Jackson 2008:257-61;Lagos 2002(這是我見過最完整的傳記);Santos-Granero and Barcaly 2000:34-35, 46-55;Stanfield 2001:103-14, 120-23;Collier 1968:27-64;Schurz et al. 1925:364(兩萬兩千平方英里)。

316 在普圖馬約地區綁架美國人:Goodman 2009:17-25;Hardenberg 1913:146-49, 164-81, 195-99(「財團」,178;「河」,180-81)。

316 哈登堡的義舉,凱斯曼,阿拉納的命運:給作者的電郵,Marie Arana, John Hemming;Hecht forthcoimg;Goodman 2009(凱斯曼);Hemming 2008:207-30;Lagos 2002:68-103ff。(哈登堡),301-51(凱斯曼),364-65,377-79(阿拉納之死);Stanfield 2001:125-34;Hardenberg 1913:215-64。

317 搶奪亞馬遜:作者造訪阿克雷,科維哈;訪談Hecht;Hecht forthcoimng;Dozer 1948(「谷地」,217)。

320 金三角,以橡膠樹取代鴉片:Kramer et al. 2009;Shi 2008:23-28;作者訪談,Klaus Goldnick(GTZ, Luang Namtha),唐建維(西雙版納熱帶植物園), Nicholas Menzies (Asia Institute), Horst Weyerhaeuser (ICRAF, Vientiane)。

321 一千三百二十五英畝:班南瑪村與橡膠公司的契約上載明,作者親眼所見。

321 威克漢的生平:Jackson 2008;Lane 1953-54(日後出現,pt. 9:7)。Jackson發現威克漢妻子的日記,提到家庭的痛苦遭遇。

322 馬克翰與金雞納樹:Honigsbaum 2001。

322 馬克翰、威克漢與橡膠樹種子:Jackson 2008:chaps. 8-9(遺棄親族,187;冷遇,19-202)。Hemming 2008:191-95;Dean 1987:7-24(威克漢的粗心,24);Baldwin 1968;Markham 1876(「永續供給」,476)。

324 威克翰是賊:Jackson 2008:188-93;Dean 1987:22-24(「一個半世紀」,23;「人類」,22);Santos 1980:230 note(「國際法」),232。

324 斯里蘭卡、馬來西亞與印尼的橡膠:Jackson 2008:204-05, 265-73;Dean 1987:26-31;Lane 1953-54: pt. 7, 6-7;Large 1940: 196-207; Nietner 1880:3(斯里蘭卡的咖啡產業),23(「逃避」,引自G. H. K. Thwaites);Berkely 1869(「三英畝」,1157)。基於便於理解的原則,我使用現代名稱斯里蘭卡,而不使用當時的名稱錫蘭,同樣的,我使用馬來西亞

提。固特異的專利（No. 3633）與漢考克的專利（No. 10027）可以分別在美國專利與商標局以及大英博物館的網站找到。

299 萬國博覽會與固特異之死：Slack 2003:161-63, 203-10, 230-37；Coates 1987:39-42（「紀念郵漂」，41-42）；Bonaparte ed. 1856:542-43。

302 施陶丁格：作者訪談，Coughlin；Ringsdorf 2004；Mülhaupt 2004；Morawetz 2002: 86-98（「宣傳」，97）。

302 硫化化學：好的導論作品見 Sperling 2006: chaps. 8-9。感謝 Bryan Coughlin 介紹這本書給我。

304 巴拉橡膠樹的品質與地點：Ule 1905。栽種了其他四種亞馬遜物種：*H. benthamianan, H. guianensis, Castilla* (or *Castilloa*) *elastica*, and *Castilla ulei*。除了 *C. elastica*，其他的重要性都不如 *H. brasiliensis*。有些人因此認為講到橡膠景氣時應該用複數來表示，其中 *Hevea* and *Castilla* 對生態與經濟產生不同的影響（Santos-Granero and Barclay 2000: chap. 2.）。

304 陸路對上河路，急流：Markham 1871。瀑布與急流可只能使用獨木舟通過，而就連這麼做也可能傾覆，造成龐大的人命損失（Anon. 1901）。

305 內維爾．克雷格：Fleming 1922:118-119。我要感謝皇家地理學會的 Jamie Owen 與 Julie Carrington 幫我查出他死亡的時間，以及 Robert Charles Anderson 幫我查出他的耶魯校友記錄。

306 克雷格論馬德拉河：Craig 2007（「理論」，177；「城市」，226；「帕倫廷亭人」，237）；Hemming 2008:201（帕倫廷亭人）。公允而論，反義大利的言論是來自報紙文章，克雷格只是引用而已。

306 克勒的大餐：Keller 1874:74-77（烏龜），80-81（象魚與海牛，引自 81）。

307 農業核心地，Mann 2008。

307 用番木鼈鹼釣魚：感謝 Susanna Hecht 描述這段過程，這種做法至今仍在使用。

307 橡膠樹的過度採集：Schurz et al. 1925:17-21（生產）；Whitby 1920:5-6（生產）；Labroy 1913:39-47（平均每日產出，47）；Pearson 1911:43-44（過度採集）；Smith 1879:108（殺死貝倫樹）。平均生產數字掩蓋了樹木的高度變化。上面的資料提到的是未經揀選的樹木：產出要比今日來得高。Belém do Pará 意思是「帕拉河上的伯利恆」，帕拉河是亞馬遜河兩個主要河口的南支。在二十世紀之前，這座城市一直被稱為帕拉；貝倫是現在的名稱。

307 一八七七年到一八七九年的旱災：Davis 2002:79-90, 377-93；Greenfield 2001（死亡數字，45-46）。旱災是聖嬰事件引起的。

308 橡膠熱潮：Santos 1980:66, 83-84（兩萬五千處橡膠樹園，估計值）；Spruce 1908: vol. I, 507（上游），515（「獲得」）。

308 瘧疾導致移民：Hemming 2004b:268-72（背景）；Keller 1874:8（盛行於一八六〇年代中期），40-42（馬達拉河減少）；Chandless 1866:92（盛行於一八五〇年代中期）。

308 瘧疾與克雷格的鐵路：Craig 2007:271（半數無法工作，也可見頁304注釋）；381-83（拒絕支付）；382-88（三分之二，四分之三生病）；407（一百二十名，超過一半生病）；408（「完全崩潰」）；387-403，散見各處（努力返鄉）。

308 橡膠熱潮：概論見 Hemming 2008:175-231, 2004b:261-301；Souza 2001:163-88；Barham and Coomes 1996；Dean 1987；Weinsten 1983；Batista 1976:129-41；Collier 1968。

309 橡膠生產，出口，價格：Barham and Coomes 1996:30-32（紐約價格，出口）；Santos 1980:52-55, 208-20（出口，巴西價格，投機）；Batista 1976:129-40（巴西價格）；Pearson 1911:214-15（出口）；Anon. 1910（投機，「白銀」）；Fernandes 2008:fig. 2（倫敦價格）；Instituto de Pesquisa Econômica Aplicada (Brazil) n. d.（出口，見 www.ipeadata.gov.br）；U. S. Energy Information Administration n.d.（美國油價，www.eia.doe.gov/pub/international/iealf/BPCrudeOilPrice.xls）。油價以一九九九年美元計價，美國能源部。

310 殖民地貝倫：作者造訪；Hemming 2008:48-49, 66, 97-99；Souza 2001:46-47, 61, 91-93；

288 甲蟲的抵抗力：E-mail to author, Casagrande；Slyokhin et al. 2008（「管理」，400，「生產」，407）；J. F. M. Clark 2007：124（最早的DDT測試）；Hare 1990:89；Casagrande 1987:146-47；Jacobson and Hsiao 1983（異型接合性）。

289「乾淨農地」：Pollan 2001:218。

289 晚疫病捲土重來：Mizubuti and Fry 2006 448-49；Garelik 2002。

289 四比一：Atwater 1910:11（小麥的乾燥部分）；Langworthy 1910:10（馬鈴薯的乾燥部分）。當代的育種約略增加了這兩種作物的乾燥部分。

281 海鳥糞與晚疫病：Porter 2007（孢子存活）；Mizubuti and Fry 2006: 451（孢子囊存活）；Aylor 2003:1996（「經由空氣」）；Inagaki and Kegasawa 1973（線蟲）。十一個國家，Kerry（Anon. 1842. "Spring Show of the Kerry Farming Society." *British Famer's Magazine* 6:178-93）；Kilkenny（Anon. 1843. Review of *The Irish Sketch Book*. *The Dublin University Magazine* 21:647-56）；Meath, Cork (Johnson 1843)；Down, Armagh, Louth, Monaghan, Cavan, Kilkenny, Roscommon, Antrim（全來自 Anon. 1843. 關於著名的祕魯糞肥，稱為「海鳥糞」。*British Farmer's Magazine* 7:111-24）。晚疫病傳布如此之快的另一項解釋是，它可能早在一、兩年前就已出現（Bourke 1993: 147-48）。

7. 黑金

294 關於印第安人地位的爭論：不錯的簡要描述見Hanke 1994: chap. 1。我在第8章有更詳細的討論。

294 納瓦傑羅的生平：Cicogna 1855（出版品清單，209-10）。他的花園可能是仿造早期有關中墨西哥的植物園描述而創立的。

294 歐洲的團隊競技：唯一可能的例外是類似足球的運動，例如義大利的calcio fiorentino，最早可溯至一五三〇年。歐洲第二古老的團隊競技是馬球，但這種運動直到十九世紀才出現。因此，中美洲的球類比賽很可能是世界最古老且持續至今的團隊競技。墨西哥南端帕索德拉阿瑪達（Paso de la Amada）的球場建立於西元前一四〇〇年左右（Hill et al. 1998），反觀馬球最早也只能溯至基督時代（Chehabi and Guttmann 2003:385）。長曲棍球源自於北美洲，年代也可能相當久遠。

294「速度快得驚人」：Navagero 1563:15v-16r；也可見Navagero, A. Letter to G. B. Ramusio, 12 May 1526。In Fabié 1879:378-90, at 389-90。

295「如此具有彈性」：Anghiera 1912: vol. 2, 204-05；Navagero, A. Letter to G. B. Ramusio, 12 Sep. 1525。In Fabié 1879:368-76, at 368-69（與馬爾提爾・唐吉拉的朋友關係）。

296「沉甸甸」：Oviedo y Valdés 1851: 165-66（pt. 1, bk. 6, chap. 2）；Covarrubias y Orozco 2006（無法形容「反彈」，見entries for. e. g., *botar* and *bote*）。歐維多作品的第一卷出版於一五三五年；之後的部分直到十九世紀才出版。

296 最早的科學研究：Condamine 1751a, b。

296 原住民橡膠的用途與方法：作者訪談與電郵，John Hemming, Susanna Hecht；Woodroffe 1916:41-46（輕敲，加工）；Pearson 1911: 59-71（輕敲、加工的描述）；Johnson 1909:chap. 9（輕敲的描述）；Spruce 1908: vol. 1, 182-85, 511-15（輕敲）；Warren 1851:16（衣服）。

297 橡膠熱：Anon. 1890；Johnson 1893；Coates 1987: 29-31；Coslovsky 2005（進口數字，14, 27）。

297 韋布斯特，「最佳武器」：Parton 1865:66。

298 固特異與硫化：Slack 2003（「立刻」，107）；Coates 1987:31-33, 36-37。固特異自己的陳述（1855）不可靠。

299 漢考克與硫化：Woodruff引用同時兩名人士的說法，他們認為漢考克確實研究了固特異的樣本。漢考克這個人確實器量狹小——他的自傳（一八五七年）對固特異隻字未

1995: chap. 8.

275 英國的援助，責難：Reader 2009:176（「重建」）；Donnelly 2001:233（米契爾）；Ó Gráda 2000:122-25（出口數字，論點）。感謝Charles McAleese在這個議題上的充分討論。

277 人口衝擊：Donnelly 2001:178（移民總數）；Ó Gráda 2000:5（歷史上最糟），229-30。

278 孢子的限制與愛爾蘭的天氣：Aylor 2003:1996（三十英里）；Sunseri et al. 2002（百分之五，444；七十英里，449）。從八月二十八日到九月十三日，北愛爾蘭一滴雨也沒下（Butler et al. 1998）。由於孢子不可能在陽光照射下飛越愛爾蘭海，因此它們一定是利用夜間傳布的。

278 Lumpers與clachans：Donnelly 2002:8-10；Zuckerman 1999:141-42；Myers 1998:293, 300-01；Ó Gráda 1994（大約一半）；Bourke 1993:21（分配），36-42；Salaman 1985:292。歷史上對於Lumper味道不佳的描述；現代對於Lumper「美味」的讚美（Myers 1998:293）。要不是味道變了，就是如一名農人對我說的，現代育種出無味的馬鈴薯，結果反而被過去味道糟糕的馬鈴薯取代。運用十九世紀的技術，Lumpers的產量超過了現代的混合種（ibid.:363）。

278 堆出田壟的「懶床」田地：Omohundro 2006；Doolittle 2000: chap. 12；Myers 1998（向度，65；流失，88-90）。Salaman 1985:232-36，524（「懶根」），586；Denevan and Turner 1974:27（溫度差異）。感謝Bill Doolittle的許多有用建議。

279 對田壟的攻擊：Myers 1998:44, 55-60, 85-86。

279 懶床的消失：Myers 1998:61-66；Murphy 1834:556（「更清楚」）。

281 麥爾斯的實驗：Myers 1998（犁溝的水，153-56；建立，235-36；晚疫病單位，360；溫度／濕度效果，365-66，379-84）。草長在田壟兩側，不會影響馬鈴薯；這些草扮演的角色就像休耕地，就算土地仍在使用，它也能從旁恢復地力（ibid.: 369-72）。雖然犁溝看起來像是「閒置浪費」的空間，但這些地可以讓光線直達植物底部，而且能促進空氣流通；在此同時，這個損失也能從田壟的高生產力來獲得彌補。

281 麥爾斯的斷定：Myers 1998（十四次減產, 63; 歉收與放棄懶床法, 473–75).

282 科學無法解釋：Matta 2009；Zadoks 2008:16-20；Bourke 1993:130-39；Wheeler 19841:321-27（「我們的感官」，324）；Large 1940:14-19, 27-33, 40-43；Jones et al. 1914:23-33, 58-60。有些史家認為一八四五年到一八四七年的馬鈴薯歉收，引發了既有的不滿，因此造成一八四八年革命（Zadoks 2008）。

282 莫菲的甲蟲：Murphy, T. 1862。Letter to *Valley Farmer*, 22 May.引自Tower 1906: 26。

283 甲蟲傳布到美國：Hsiao 1985: 44-45, 71；Tower 1906:25-36；Foster 1876（「火車車廂」，234）；Riley 1869: 102-03；Walsh 1866。Foster引用的火車故事來自於《紐約時報》（19 Jul. 1876），但是不正確的；資料來源應該來自別處。

283 甲蟲散布到歐洲：J. F. M. Clark 2007:13-16（貿易戰爭，114）；Hsiao 1985:55；Tower 1906: 39。

284 甲蟲到馬鈴薯的路徑：Lu and Lazell 1996；Jacobson and Hsiao 1983；TGower 1906: 21-25.

284「甲蟲」：Anon. 1875。「馬鈴薯蟲」，*NYT*, 2 Jun. 一千六百萬：多產的會超過四千，一般來說一年會有兩個世代（Hare 1990:82-85）。

285 與甲蟲對抗，失敗：Casagrande 1987:143-44；Riley 1869（「摧毀牠們」，108）；Walsh 1866（以馬拖拉的去除器，15）。

286 昆蟲瘟疫：Essig 1931。

287 巴黎綠：J. F. M. Clark 2007: 120-24；e-mail to author, Casagrande；Casagrande 1987:144-45；Lodeman 1896:59-69（倫敦紫，65-67）；Riley 1869:116。

287 硫酸銅（發現，與巴黎綠混合）：Casagrande 1987: 145-46；Large 1940:225-39, 277-79；Lodeman 1896:25-33, 47, 55, 100, 122-23。

Kelso and Straube 2004:1819 (Jamestown, Blackwall); Fischer 1991:31-36; Bailyn 1988:11。Anderson告訴我，前往新英格蘭的英格蘭移民「大約有百分之十五」來自肯特郡；Thorndale（個人通信）對於維吉尼亞州古蹟保存協會的個人傳記精確性抱持審慎的態度，這些傳記尚未正式印行。

114 間日瘧的隱藏：Mueller et al. 2009。更糟的是，受害者也可以成為傳染者。在擊退疾病之後，人們獲得免疫力——但卻是令人沮喪的一種免疫力。如果人們被瘧疾病媒蚊叮咬，「免疫力」大幅緩和了瘧疾症狀，但卻無法停止傳染。

114 四斑瘧蚊：Reinert et al. 1997。四斑瘧蚊與斑翅瘧蚊非常類似（Proft et al. 1999）。事實上，牠們的分布範圍幾乎完全重疊——斑翅瘧蚊可以在美國北端找到（Freeborn 1923）。

114 瘧疾的可傳布性：作者訪談，Spielman。二〇〇二年八月，維吉尼亞州北部兩名青少年因瘧疾而送醫。這兩名患者是近鄰，住的地方離杜勒斯國際機場（Dulles International Airport）不到十英里。郡與州的官員相信，無症狀的旅客在杜勒斯等待國際航班時被蚊子叮咬，而後蚊子又傳染給青少年。這是十年來的第十例（作者訪談，David Gaines [Va. Dept. of Health]; Pastor et al. 2002）。

114 一六四〇年的瘧疾：作者訪談，Anderson。也可見Fischer 1991:14-17。位於德拉瓦灣的荷蘭殖民地副長官於一六五九年遭到典型的瘧疾攻擊（「躺在床上兩三個月，受到間日熱的猛烈攻擊，每兩天就感受一次死亡般的威脅⋯⋯新尼德蘭的所有居民都曾被這種疫病造訪過」[Letter, Alrichs, J., to Commissioners of the Colonie on the Delaware River, 12 Dec. 1659. In Brodhead ed. 1856-58:vol. 2, 112-14]。）也可見Letter, idem, to Burgomaster de Graaf, 16 Aug. 1659. In ibid.: 68-71. 一六四〇年後，船隻來到新英格蘭，但它們的短期停靠不太可能傳布瘧疾。

115 四斑瘧蚊與乾季：作者訪談，Gaines; Chase and Knight 2003。

115 一六二〇年代的瘧疾：歷史學家一般認為瘧疾是在一六八〇年代在切薩皮克灣出現，最早頂多在一六五〇年代（Cowdrey 1996:26-27; Rutman and Rutman 1976:42-43; Duffy 1953:204-07）。Kukla (1986:141) 提到，「1610年，瘧疾已然在那兒等著招呼德拉瓦總督（Governor De La Warr），他『抵達詹姆斯鎮之後⋯⋯就開始嚴重發燒』」。但這跟我一樣只是一種臆測。

117 適應：Morgan 2003:180-84（日後進步）；Kukla 1986:136-137；Kupperman 1984:215, 232-36；Gemery 180:189-96（進步）；Blanton 1973:37-41；Rutman and Rutman 1976:44-46；Curtin 1968:211-12；Duffy 1953:207-10；Jones 1724:50（「氣候」）；Letter, George Yeardley to Edwin Sandys, 7 Jun. 1620。In KB 3:298（「適應」）。也可見KB 3:124; 4:103, 191, 4:452；Morgan 2003:158-62, 180-84。

117 瑟奇・卡特：Carter 1965:vol. 1, 190-94（所有引文；我省略無關的材料），221（死亡）。

119 僕役與奴隸的成本：Morgan 2003:66, 107（僕役薪水）；Menard 1977:359-60, table 7; U.S. Census Bureau 1975:vol. 2, 1174. 使用類似的數據，Coelho and McGuire (1997:100-01) 估計一名僕役一年必須產生二點七四英鎊的利潤才能打平買價，但一名奴隸必須產生三點二五英鎊的利潤。當然，僕役最終可以離開僱主（Menard只注意契約裡還剩下四年以上工作時間的僕役）。但奴隸永久工作的利益撐不過幾年——切薩皮克灣的高死亡率不是人們可以尋求長期利益的地方。這類估算忽略了販賣與使用童奴的利益。不過，幾乎沒有證據顯示，奴隸主一開始就了解這種可能（Menard 1977:359-60）。

120 亞當斯密與奴隸制度：Smith 1979:vol. 1, 99 (「奴隸」[bk. 1, chap. 8,¶41])；vol. 1, 388 (「作威作福」[bk. 3, chap. 2, ¶130]。也可見vol. 1, 387 (bk. 3, chap. 2, ¶9); vol.2, 684(bk. 4, chap. 9, ¶47)。

120 英格蘭奴隸：Guasco 2000: 90-127（奴隸普查，102, 122）。一五八〇年到一六八〇年，西北非的歐洲奴隸人口大約有三萬五千人（Davis 2001:117）。以年死亡率百分之二十四到二十五為計算基礎，Davis認為這段時期被捕為奴的歐洲人有八十五萬人。有人推

263 埃里亞斯的生平：Blanchard 1996。

265 進口中國人到祕魯：Meagher 2009:94-100（倉庫），176-77（譁變），221-24（超過十萬人，222）；Wu 2009（「被殺」，47）；Skaggs 1994:162-63；Schwendinger 1988: 23-26；Mathew 1977:36-43（八年，43）；Stewart 1970:82-98，Melillo（2011）提到整個脈絡。

266 虐待中國人：Meagher 2009:224-29（墓地，226）；Wu 2009；Mathew 1977:44-51（五噸）；Stewart 1970（例見21-23, 90-97）；Anon. 1856（折磨）；Peck 1854a:170, 207-08, 214-16；1854b（「挖掘」）。

267 海鳥糞壟斷與抗議：Skaggs 1994:10-15, 21-30；Mathew 1968:569-74；Markham 1862:308-09（輕視祕魯）；Anon. 1854（「低價」，117）。典型的美國社論包括〈海鳥糞戰爭〉（*NYT*, 14 Aug. 1853），〈海鳥糞問題〉（*NYT*, 12 Aug. 1852），與〈英格蘭的海鳥糞問題〉（*NYT*, 29 Sep. 1852）。

267「經濟成功」：Miller 2007:149。我借用米勒對石油輸出國組織的比較。

267 海鳥糞群島法：Skaggs 1994:172-97（那瓦薩島），213, 230-36；Letter, R. S. Bowler to S. Wike, 16 Sep. 1893. In Magoon 1900:15-16（官方列出的島嶼）。

268 工業單一農作：Pollan（2006:41-48）描述了這項轉變。

268 第一次綠色革命：Melillo 2011.

268 歐洲與非洲國家的比較：Clark 2007:40-50。我把這項複雜的比較做了簡化，但說法仍是有效的。Komlos（1998:68）提到的歐洲消費數字比Clark高，但差異不影響比較的結果。

269 肥料的衝擊：Smil 2001（五人中有兩人，xv）。人口變遷：Livi-Bacci 1997:31，世界銀行發展指標（http://data.worldbank.org/）。

269 海鳥糞避免了災難：Pomeranz 2000:223-25（「世紀」，224），240，appendix B。

269 兩百萬人死亡：Zadoks 2008:20-27；Ó Gráda 2000:84-95。Zadoks估計歐陸有七十五萬人死亡，Ó Gráda認為大多數估計愛爾蘭的死亡人數是「一百萬人或略高於此數」（85）。Vanhaute et al.（2007:26）認為歐洲死亡「數十萬人」，但他的研究不像Zadoks那麼詳盡。

269 馬鈴薯晚疫病的生命週期：Mizubuti and Fry 2006:450-58（散布，454-55）；Judelson and Blanco 2005；Sunseri et al. 2002（芽孢的旅行）；Jones et al. 1914: 11-13, 30-37。

270 祕魯起初被認定是晚疫病的發源地：Abad and Abad 2004:682；Andrivon 1996；Bourke 1993:148-49。

270 墨西哥是多樣化的中心，發源地：Abad and Abad 2004:682；Grünwald and Flier 2003（卵菌，174-75）；Goodwin et al. 1994（墨西哥到美國，11594）；Fry et al. 1993:653-55；Hohl and Eselin 1984（歐洲其他種類的晚疫病）。

271 墨西哥缺乏馬鈴薯：Ugent 1968；Humboldt 1822: vol. 2, 76, 399, 439-40, 443-50。

271 里絲泰諾的研究：Gómez-Alpizar et al. 2007（「饑荒」，3310-11）；May and Ristaino 2004。

272 海鳥糞船：Mathew 1977:49；Peck 1854a:159。

272 晚疫病在歐洲出現：Zadoks 2008:9-17（訂購更多馬鈴薯，16）；Vanhaute et al. 2007:22；Bourke 1993:129-30, 141-49；Decaisne 1846:65-68（一八四四年的觀察）；Dieudonné et al. 1845:638（1845年的情況）。

273 愛爾蘭晚疫病的傳布：Donnelly 2001:41-47（損失四分之一到三分之一）：Ó Gráda 2000:21-24（兩百一十萬英畝）；Kinealy 1995:31-35（十月中），42-43；Salaman 1985：291-93。

274 宛若人間地獄的愛爾蘭：O' Donnell 2008（謀殺率，81）；Donnelly 2001（疾病，171-76）；Ó Gráda 2007（強姦，46），2000（「監獄」，40-41；疾病，91-95；竊盜，187-91）；Zuckerman 1999:187-219（路旁，193；陷阱，194-95；飲食，195）；Kinealy 1995（狗，173；「生物」，198）。

275 移民：Donnelly 2001:178-86（「精神」，180）；Ó Gráda 1999:104-14, 228-29；Kinealy

到二分之一的土地，79）；Komlos 1998；Zuckerman 1999；Masefield 1980:299-301；Langer 1975；Vandenbroeke 1971:38-39（「糧食問題」）；Connell 1962:60-61。馬鈴薯國家：根據聯合國糧食與農業組織（faostat.fao.org），前十二大馬鈴薯消費國全位於東半球，從愛爾蘭延伸到俄羅斯聯邦與烏克蘭。感謝Ted Melillo讓我留意到Radkau的說法。

256 增加的可靠性：Reader 2009:99（夏天），118-19（軍隊）；Vandenbroeke 1971:21（軍隊），38（夏日作物）；McNeill 1999:78（軍隊）；Young 1771:vol. 4, 121-23。

257 馬鈴薯是健康的飲食：Zuckerman 1999:6, 31。我提到維生素的句子是改寫自Nunn and Qian（2010:169）。

257 亞當斯密引文：Smith 1979:vol. 1, 176-7（bk. 1, chap. 11, § n. ¶39）。亞當斯密認為，馬鈴薯與玉米是「歐洲農業從商業與航海的大擴張中得到的兩項最重要的改進」（vol. 1, 259 [bk. 1, chap. 11, § n, ¶10]）。

258 馬鈴薯是人口成長的原因：Standage 2009:124-28；Reader 2009:127-29；Clarkson and Crawford 2001:29, 228-33；Zuckerman 1999:220-28；Livi-Bacci 1997:30-34（加倍）；Salaman 1985:541-42；Langer 1975；McKeown et al. 1972；Vandenbroeke 1971:38；Wrigley 1969:162-69；Drake 1969:54-66, 73-75, 157（挪威）。這個觀念並不新穎：Alexander von Humboldt說（1822:vol. 2, 440, 449）馬鈴薯「對歐洲人口成長影響最大……自從發現穀物以來，也就是說，自從不可考的年代以來，沒有任何植物像馬鈴薯一樣對人類的繁榮有如此深刻的影響力。」Livi-Bacci（1997:77-78）指出有不少想法與這個觀點相左，例如穀物消耗量降低與實質薪資減少。然而這些現象是因為農民種植更多的馬鈴薯，提供了更多的營養，以及因為有更多農民投入農業，導致薪資下跌。Fogel（2004:3-11）簡要介紹了這場辯論。

258 馬鈴薯的例子：Cinnirella 2008:esp. 253-54（薩克森）；Vizaao 2006:182-92, 212-15, 289-92（阿爾卑斯山）；Pfister 1983:esp. 292（阿爾卑斯山）；Brandes 1975:180（西班牙）。也可見Reader 2009: 94-95。

258 農業革命：簡要的歷史見Overton 1996。

259 苜蓿：Kjærgaard 2003. 蕪菁也是重要的休耕地作物，因為它們的闊葉可以殺死雜草。

259 增加八分之一：Nunn and Qian 2010（「保守的」，37）。

259 欽查群島與鳥類：Cushman 2003:56-59；Hutchinson 1950:9-26；Peck 1854a:150-225（一百五十英尺，198）。

260 需要氮：Smil 2001:chap. 1. 簡要說明見Standage 2009:199-214。

260 欽查群島的海鳥糞：Hutchinson 1950:14-43（一百四十七座島嶼，鳥類，三十五磅），79-83（化學成分）。

261 比歐洲人早使用海鳥糞：Julien 1985；Garcilaso de la Vega 1966:vol. 1, 246-47（pt. 1, bk. 5 chap. 3）。Julien and Gade（1975:44）提到海鳥糞被運到高地；Denevan（2001:35）認為海鳥糞的運用「局限於當地」，因為運送極為困難。

261 洪堡與海鳥糞：Fourcroy and Vauquelin 1806（「船隻接近」，370）m

261 骨頭市場：Walton 1845:167-168（對海鳥糞興趣缺缺）；Aon. 1822（「每日麵包」），1829, 1832。

262 海鳥糞狂熱與李比希：Cushman 2003:60-62，appendix 1（出口數字）；Mathew 1970: 112-14；下議院 1846:377-78（「從事海鳥糞貿易的船隻數量與噸數的描述」）；Anon. 1842a（李比希的角色）；1842b: esp. 118, 138-140, 142-44, 146-47（科學觀點）；Johnson 1843; Liebig 1840（「玉米」，81-82）。也可見Smil 2001:42。其他史料的英國海鳥糞進口數字略微不同，但基本上都呈現急速上升的趨勢。我看過四種版本的李比希作品。

262 集約投入農業的開始：Melillo 2011；Cushman 2003: 37。我對Cushman的句子做了改寫。

263 工作條件；Skaggs 1994: chap. 2；Mathew 1977：44-51；Peck 1854a: 205-13；Anon. 1853（「覆蓋著鳥糞」，555）。

244 安地斯社會：好的通論作品包括Silverman ed. 2004, D' Altroy, 2002, and esp. Moseley 2001。受歡迎的簡要作品是Mann 2005:chaps. 6-7。也可見Gade 1992（「巔峰」，461），1975。噴發：Siebert and Simkin 2002-。

246 馬鈴薯的演化：Zimmerer 1998: 446-49ff.；Brush et al. 1995:1190；Grun 1990（四種）；Ugent et al. 1987（一萬三千年前）；Ugent et al. 1982（西元前兩千年）。

246 黏土與茄鹼：Guinea 2006；Browman 2004（舔）；John 1986（吸收）；Weiss 1953。感謝Clark Erickson告訴我這些史料。

247 安地斯馬鈴薯烹調方法：作者造訪；電郵，Clark Erickson；Yamamoto 1988；Gade 1975:210-14。感謝Susanna Hecht指出chuño與gnocchi的相似之處。

247 二十度：Mayer 1994:487。

248 梯田：Sarmiento de Gamboa 2009:132（"andenes"）；Denevan 2001:17-18, 170-211（梯田的範圍，175）；Donkin 1979。感謝Clark Erickson與Bill Denevan的討論。

248 堆高的農田：Denevan 2001:24-25, 219, 264-65；Erickson 1994。

248 Wachos：作者訪談與電郵，Erickson and Denevan；Wilson et al. 2002；Sánchez Farfan 1983:167-69；Bruhns 1981。Wacho與wachu是Quechua與Aymara的詞彙；西班牙文稱為surcos。

248 農耕方式：作者造訪；Gade 1975:35-51, 207-10；Rowe 1946:210-16。

249 馬鈴薯種類：Brush et al. 1995；Zimmerer 1998（「美國」，451）。馬鈴薯中心的地方品種資料庫見singer.cgiar.org/index.jsp。

250 馬鈴薯遺傳學：Jacobs et al. 2008（「接受」）；Spooner and Salas 2006:9-23（概觀）；Huamán and Spooner 2002（四種物種）；Spooner and Hijmans 2001（八種群體）；Hawkes 1990。Spooner and Hijmans基本上重新整理了霍克斯的分類法，後者把所有種類（除了一個被培育出來的品種）都說成是獨立的物種。

251 馬鈴薯傳往歐洲的路徑：Reader 2009:81-93；Hawkes and Francisco-Ortega 1993（加那利群島）；Salaman 1985: 69-100（征服者的疑慮，69）；Laufer 1938:40-62 passim；Roze 1898（Bauhin, 85-88）。

252 德雷克：Salaman（1985:144-58），Roze（1898:63-64, 70-74），另外，McNeill（1999）也相信這個故事，只是不像其他學者那麼確定。德雷克確實在一五七七年於太平洋取得一些馬鈴薯（Salaman 1985:147）。

252 馬鈴薯的恐懼與支持：Reader 2009:111-31（腓特列，119）；Salaman 1985（「增強性欲」，106；疾病，108-14；正教會，116；「天主教會！」，120）；Roze 1898（建立，98；恐懼，99, 122-23；「農民與做粗活的人？」，143）。Beeton 1863:585（馬鈴薯水）。感謝Ted Melillo的提醒。

253 帕蒙提耶與法國：Standage 2009:121-22；Reader 2009:120-22（傑佛遜，121）；Bouton 1993（麵粉戰爭梗概，xix-xxi）；Laufer 1938:63-65；Anon. 1914（被俘五次）；Roze 1898:148-82ff.（「滋養身體」，149；「其他國家」，152）；Cuvier 1861。

254 歐洲饑荒，馬爾薩斯陷阱：Clark 2007:1-8, 19-39；Komols 1998（「至少到一八〇〇年為止，歐洲（其中某些地區可能更晚一點）人口系統已經處於馬爾薩斯說的跡近自我平衡的狀態」，67）；Bouton 1993:xix-xxi（糧食暴動）；Braudel 1981-84:vol. 1, 74-75（四十次饑荒，佛羅倫斯），143-45（其他引用）；Appleby 1978:102-25ff.（英格蘭）；Walford 1879:10-12, 266-68（英格蘭）。

255 楊格的觀察；Young 1771:vol. 4, 119-20（「推廣」），235-36（穀物），310（耕作）。Vandenbroeke（1971:37）引用類似的數據來說明荷蘭。

256 馬鈴薯與糧食供給；Radkau 2008:6（「體外射精」）；Vanhaute et al. 2007:22-23（一成到三成）；Malanima 206:111（熱量供給增加了一倍）；Crosby 2003:177（補充現有的作物），1995；Clarkson and Crawford 2001:59-79（百分之四十，59）；McNeill 1999（三分之一

水歸咎於棚民。而這二十七個縣有二十三個認為種植農作是造成森林砍伐的主因。這二十三個縣有二十個主張禍首是玉米；其他三個縣則認為是番薯（ibid.: 318-24）。有些省分能更有效地防止土壤侵蝕，但整體來說終究還是無法防止洪患（Will 1980: 278-82）。

231 大寨：Zhao and Woudstra 2007（口號，193）；Shapiro 2001:95-114, 137（老繭，99；口號，96, 107）。與Shapiro相比，Zhao and Woudsra比較相信大寨確有其事。有幾名中國學者——以及一些中國省級官員——告訴我，大寨從一開始就是個騙局。不過他們並未提出證據。

231 百分之二十：作者的訪談，Zhang Liubao（陝西省嘴頭村村長）。

232 黃土高原：Mei and Drengne 2001. 它的面積有七十二萬平方公里；荷比法三國總和約六十二萬平方公里。

233 土壤層：作者訪談，David Montgomery；Montgomery 2007:21-22。

233 淤泥與黃河的擡升：Mei and Dregne 2001（一到三英寸，四十英尺，12）；Will 1980。

234 黃河的管理：Pomeranz, 給作者的電郵；Davids 2006；Elvin 2004: 128-40；Dodgen 2001：特別是chaps. 1-3（與長城的比較，3）。

234 一七八〇年到一八五〇年的洪水：Central Bureau of Meteorological Sciences 1981。

234 黃土高原的侵蝕熱潮：Wei et al. 2006: 13（三分之一，fig. 4——我估計的近似值）。此外，很多地區的土壤有機物質含量在百分之一以下；美國農地一般來說在百分之五到八（作者訪談，Zhang Zhenzhong, Shaanxi Provincial Institute for Loess Plateau Control）。

235 侵蝕導致嘴頭村民遷徙：作者訪談，嘴頭村。

235 反濫墾濫伐計畫：作者訪談，Lu Qi, Institute of Desertification Studies, Chines Academy of Forestry；Yu et al. 2006: 236；Levin 2005。

236「三三三」系統：作者訪談，Lu；Gaoxigou official；Liu Guobing, Research Institute of Water and Soil Conservation in Northwest China, Chinese Academy of Sciences；Xu et al. 2004。

236 植樹問題：作者訪談；Normile 2007；Yu, Yu, and Li, 2006。

238 砍伐原木造成森林減少：Yang Chang 2003:44-45；Marks 1998: 319-20。

225 林懷蘭：《電白縣志》（卷二十〈雜錄〉），引自Song 2007:34。

6. 農工業聯合體

240 引進馬鈴薯的事實：Spooner and Hijmans 2001:2101（物種與類型〔見後面的討論〕）；Clarkson and Crawford 2001:70-73（十二點五磅）；Zuckerman 1998:83（瑪麗・安東妮特〔見下〕）；Bourke 1993:90-100（馬鈴薯攝取量，table 4）；Slaman 1985:572-73（馬鈴薯戰爭）；Kon and Klein 1928（一百六十七天的飲食）；Gerard 1633:752（「相關知識」），925（"Virginia Potato," "common potatoes'）。生產排名來自糧食與農業組織（faostat.fao.org）。Laufer (1938:15)認為瑪麗・安東妮特／路易十六的故事是一段「不錯的野史」。McNeill (1999:78)、Salaman (1985:599)與Langer (1975:55)認為這則故事是真的。Cuvier (1861:vol. 2, 15)認識Antoine-Augustin Parmentier，也就是傳說中呈上馬鈴薯花的人物，他提到路易十六在鈕孔裡插上花朵，因而帶動了風潮。

242 巨大的馬鈴薯：Anon. 2008。"Lebanese Finds 'Heaviest' Potato," British Broadcasting System, 8 Dec. (http://news.bbc.co.uk/2/hi/middle_east/7771042.stm).

242 馬鈴薯是歐洲的救星：Standage 2009:120-29；Reader 2009:95-117；McNeill 1999:69（「到一九五〇年」）；Zuckerman 1999:220-28（書的副書名是「不起眼的馬鈴薯如何拯救西方世界」）。

243 德雷克雕像：Reddick 1929。

214 番薯、玉米對惡劣環境的忍受力：作者訪談，江蘇蘇州番薯研究中心；Song 207；Mazumdar 2000:67-68；Marks 1998:310-11；Osborne 1989:48-49，159-60；Ho 1955；Xu 1968: vol. 27, 21（「這個地方就可以種番薯」——原本應該是尺，我在這裡換成英尺，一尺等於十三點六英寸，等於三十四點五公分）。

216 番薯與玉米的支配：Mazumdar 2000:67；Osborne 1989:188-89；Rawski 1975:67-71；David 1875:vol. 1, 181-95（「馬鈴薯一起吃」，188）。棚民也種菸草（Benedict 2011: chap. 2）。

216 棚民數量：Wang 1997:320-21。

216 往西的移民潮：Rowe 2009:91-95；Richards 2005:112-47ff.；Osborne 1989:240-445；Rawski 1975: 64-65。

217 移民，美洲作物有助人口增加：Tuan 2008:138-44；Song 2007；Shao et al. 2007；Lan 2001（四川）；Mazumdar 2000:70；Vermeer 1991（陝西）；Rawski 1975；Ho 1955。

217 中國人口快速增加：Lee and Wang 2001:27-40；Wang 1997；Ho 1959:94-95, 101。也可見Frank 1998:167-71。

218 番薯散布到大洋洲：Montenegro et al. 2008；Ballard et al. eds. 2005；Zhang et al. 2000。

219 人口增加的要素：Rowe 2009（糧倉，55-57；稅捐，65-69；貿易，55-57, 127-32）；Shiue 2005（災難救助）；Lee and Wang 2001:52-56（殺嬰）；Needham et al. 1954-:vol. 6, pt. 6, 128-53（接種）。Rowe的簡明作品總結了學界目前對清帝國的看法。

219 洪亮吉生平：Jones 1971（引文，4）。

220 清占領貴州，趕走苗人：Richards 2005:131-37；Elvin 2004:216-44。

221「水旱疫疾」："China' s Population Problem" (1793), quoted in DuBary et al. eds. 2000:vol. 2, 174-76。

221 馬爾薩斯與反應：這些段落改編自Mann 1993:48-49；Malthus 1798:13（「人類」）。也可見Standage 2009:126-29。

222 洪的信，流放：Jones 1971:156-202。這場暴亂是白蓮教的亂事，由中國地位較低的民眾（其中包括客家棚民）組成的宗教運動引發的（Hung 2005:164-66）。

223 世界人口與糧食收成：我做了簡化。世界人口增加為二點一六倍，而小麥、稻米與玉米的產量則分別增加為二點七五倍、三點零五倍與三點八四倍（Food and Agricultrual Organization data from 2007）。

223 米價上漲：Quan 1972e（蘇州米價，485）；Marks 1998: 232-34（糧倉）。

224 種植菸草，官方關切：Benedict 2011: chap. 2; Tao 2002a（「將近一半」，69），2002b；Myers and Wang 2002:607-08；Marks 1998: 311（華南禁種菸草）。

224 一七〇〇年到一八五〇年增加的農耕區域：Williams 2006:264；Richards 2005:118。估計數字各異，但整體趨勢並無異議。

225 棚民砍伐森林造成土壤侵蝕：Richards 2005:128-31；Leong 1997: chap. 8；Osborne 1989。

227 長江下游山區的整體生態危機：Richards 2005: 128-31；Osborne 1989: 37-56, 184-86（「龜殼」，49；「未來的排水」，87）。感謝中國農民告訴我稻米農業的挑戰。

227 玉米的額外負擔：Song 2007: 156-58；Osborne 1989: 168。

227「注壑澗中」：Mei 1823: vol. 10, 5a-6a. 也可見Osborne 1989: 241-15。

228 洪水頻繁的增加：Li 19958；Osborne 1989:318-24；Chen 1986；Will 1980: 282-85。Marks (1998: 328-30)提到南方也有類似的模式。

229 洪水地圖：Central Bureau of Meteorological Sciences 1981.

229 浙江未能停止森林砍伐與土壤侵蝕：Osborne 1989: 246-57（「原居地」，249）；Wang 1850（「而不能禁者何？」）。

230 全面性地未能停止森林砍伐與土壤侵蝕：Song 2007:158-60；Osborne 1989:23-24, 175, 198, 209-10, 225-26, 257-62。Osborne調查的四十九個遭遇洪水的縣，有二十七個把洪

202 帝國對於月港商人感到焦慮：作者訪談，Li；Von Glahn 1996:（商人是獨立力量）；Qian 1986:75（商人欺騙）；Angeles, J. d. l. 1643. Formosa Lost to Spain. In B&R 35:128-63, at 150（欺騙）。

202 以白銀的重量而不是價值課稅的錯誤：Flynn and Giráldez 1997:xxxv–vi. Von Glahn (1996:238) 指出反過來看也是如此，因為白銀價值愈高，等於愈高的稅賦。

202 中國銀價降至世界水準：Flynn and Giráldez 197:xxxv-vi. Von Glahn (1996:238) 提出另一種看法——較高的銀價導致較高的稅負。

202 對於白銀是否導致明朝滅亡也不同看法：Atwell 2005, 1982；Moloughney and Xia 1989。中國也使用西班牙白銀向滿人購買人蔘與毛皮，因此資助了敵人（Pomeranz, e-mail to author）。

202 中國白銀成本：Flynn and Giráldez 2001。

189 桑里：Sande, F. d. 1576。Relation of the Filipinas Islands. In B&R 4:21-97, at 50; Cevicos, J. 1627. Inadvisability of a Spanish Post on the Island of Formosa. In B&R 22:175（「異教的sangleys」）。

5. 相思草、番薯與玉米

204 菸草在中國的傳布：Benedict 2011:chap. 1; Brook 2008, 2004（Wang Pu, 86）；Zhang 2006:48. 44a-44b（「朝夕不能間矣」）；Jiang and Wang 2006；Lu 1991（名稱）；Yuan 1995:48-50（1549煙斗）；Goodrich 1938（「載入其國售之」，649）；Laufer 1924b。感謝Josh D' Aluisio-Guerrieri and Devin Fitzgerald翻譯本節的中文資料。Ho (1955:191) 提到花生是最早引進中國的美洲作物，但菸草更受歡迎。

205 中國吸菸禮儀：Benedict 2011:chaps. 3, 5；Brook 2004:87-89（「想像」，89）；Cong ed. 1995:7.1a（詩，吳梅村所做）；Lu 1991:1.4a-1.4b（「處處有之」，list）。感謝Benedict教授寄她的作品的早期版本給我。

207 鼻菸與布蘭梅爾：Laufer 1924b:39-42（「世紀」，40）；Kelly 2006:110（布蘭梅爾的鼻菸盒），158-61（單手技巧），256（茶）。

208「水利社會」：清楚但粗略的批評總結，Blaut 1993:78-90。

209「福建主食」：Crosy 2003:199.

209 中國是番薯與玉米產地：數字引自聯合國糧食與農業組織（faostat.fao.org）。

209 源自中美洲：D. Zhang et al. 2000。

209 番薯的引進：Zhang et al. 2007:159（一五九〇年代饑荒）；Song 2007；Shao et al. 2007；Cao 2005:177（切片）；Wang 2004:19-20（八成，20）；Atwell 2001:60-61（饑荒）；Chen 1980:190-92；Ho 1955:1933-94；Goodrich 1938；Xu 1968:vol. 27, 20-21Chen 1835?（「土地」，「威脅」）；Anon. 1768?（「長度」）；Wang 1644:14。Song (2007) and Zhang (2001) 討論幾乎同時引進的玉米。

210 稻米二獲：Ho 1956。

210 明清戰爭，沿海居民內遷：Mote 2003:809-40；Zheng 2001:213-17（所有引文）；Cheng 1990:239-43。

211 馬尼拉貿易的衰微：Qian 1986:74；Quan 1972d:445。

211 鄭成功與馬尼拉：Busquets 2006（「八千匹戰馬」，410）；Clements 2004:234-38；Anon. 1663。馬尼拉事件，一六六二年到一六六三年，In B&R 36:218-60。

213「望其流之溢也」：慕天顏，1681年，〈請開海禁疏〉。引自Quan 1972e:499。

214 客家移民成為棚民：Richards 2005:124-31；Yang 2002:47（「食盡一山則他徙」）；Leong 1997:43-54，97-101，109-25（「客家文化團體是棚民的主導力量，特別是清以後」，125）；Osborne 1989:esp. 142-52。

30:50-52.

193 桑樹：MS 78.54.1894（「絹一匹」）；Quan 1972c:453。類似的轉變發生在廣東（Marks 1998:119-21, 181-84）。

194 中國絲織產業：Quan 1972c。

194 中國人做出西班牙的流式款式：Álvarez de Abreu, A. 1736。Commerce of the Philippines with Nueva España, 1640-1736。In B&R 44:227-313, at 255.

194 西班牙商人對中國商品的抱怨，希望透過管制來進行改變：Álvarez de Abreu, A. 1736. Commerce of the Philippines with Nueva España, 1640-1736. In B&R 44:227-313, at 253-58, 293-95, 303-04。

195 摩鹿加譁變：Borao 1998:237-39；MS 323.211,8370-72；Argensola, B. L. d. 1609. *Conqvista de las Islas Malvcas*. In B&R 16:211-318, at 248-61（「歐洲」，258）；Morga 1609:vol. 15, 68-72；Dasmariñas, L. P., et al. 1594。給日本天皇的信，四月二十二日，In B&R 9:122-37, at 126-27, 133。

196 驅逐中國人：Morga, A. d. 1596. 給國王的信，七月六日，In B&R 9:263-73, at 266；Tello, F. 1597. 給 Felipe II的信，四月二十九日，In B&R 10:41-45, at 42；idem:1597。給 Felipe II的信，八月十二日，In B&R 10:48-50。

196 貝納維德斯：Benavides, M. d. 1603。給 Felipe III的信，七月五日，In B&R 12:101-12（「留下」，110）。貝納維德斯只是一名主教，但他在薩拉札的繼任者病死之後就占了大主教的缺。

196 金山探戡隊：Borao 1998:239-42；Morga 1609:vol. 15, 272-76；Salazar y Salcedo, G. d. 1603. Three Chinese Mandarins at Manila. In B&R 12:83-97（中國字，87-94）；Benavides, M. 1603. 貝納維德斯給 Felipe III的信，七月五至六日，In B&R 12:101-26, at 103-06。北京官員對於這起事件的懷疑與憤怒，詳見《明實錄》：萬曆三十年七月二十七日（一六〇二年九月十二日）、萬曆三十一年十一月十二日（一六〇三年十二月十四日）；萬曆三十二年十一月十一日（一六〇四年十二月三十一日）；萬曆三十二年十二月十三日（一六〇五年一月三十一日）。

196 一六〇三年大屠殺：Chia 2006；Guo 2002；Borao 1998:239-42；Zhang 1968:59-60（所有引文）；Horsley 1950:159；Schurz 1939；86-90；Laufer 1908：267-72；Philips 1891:254；Deng et al. eds. 1968:vol. 18,〈災祥志〉（「萬曆三十一年，漳人販呂宋者為番所殺」）；Wade ed. trans. 2005：萬曆三十二年十二月十三日（一六〇五年一月三十一日）；萬曆三十五年十一月二十九日（一六〇八年一月十六日）；Morga 1609:vol. 16, 30-44；B&R 12:138-40, 142-46, 150-52, 153-60, 167-68。

197 大屠殺之後：Ollé Rodríguez 2006:44-46（「帕里安」，46）；Chang 2000:221-30（寡婦自殺）；Schurz 1939:91-93；Philips 1891:254；Anon. (Xu Xueju?). 1605. 中國官員寫給阿庫尼亞的信，In B&R 13:287-91, at 290-91；Laufer 1908:272（「再次成長」）。到了一六四〇年，皇室官員再次抱怨，馬尼拉的西班牙人「總是擔心中國人，或商旅，他們在馬尼拉的數量已超過三萬人」（B&R 30:34）。

199 帕里安反覆的屠殺：Ruiz-Stovel 2009；Ollé Rodríguez 2006:28-29, 44-45；Chia 2006（特別是一六八六年屠殺）。一七〇九年與一七五五年，所有中國人都遭到驅逐，但流血的情況較少；死亡人數可能是幾百人。一八二〇年屠殺發生在菲律賓人排外暴動期間。第一手的描述包括 B&R 29:201-07, 208-58; 32:218-60; 44:146。

200「游牧民族」：Findlay and O' Rourke 2007:xviii。

200 貿易是中國菁英權力的來源：Atwell 1982:84-86；Flynn and Giráldez 2002:405；Schell 2001:92。

201 貿易促進經濟景氣：Flynn and Giráldez 2002；Frank 1998:108-11, 160-61；Atwell 1982, 1977；Quan 1972e。

B&R 22:168-77（賈列船，168-69）；Sotelo, L. 1628. A Synopsis of Juan Cevicos' s Discourse Regarding the Dutch Presence in the Seas of Japan and China. In Borao ed. 2001:54-56, at 54-55. 也可見給國王的信 in idem:57-58.

190 帕里安的建立與描述：Ollé Rodríquez 2006; Schurz 1939:79-82；Bañuelo y Carillo 1638:69-70; Morga 1609:vol. 16, 194-99；Salazar, D. d. 1583。Affairs in the Philipinas [sic] Islands. In B&R 5:210-55, at 237; idem. 1590。The Chinese, and the Parián at Manila. In B&R 7:212-38, at 220-30。帕里安的建築物是用蘆葦、竹子、木片與瓦片簡易建造起來的。不可避免地，帕里安經常因火災而燒得一屋不剩，並且反覆地在不同的地點重建。但每次新的帕里安出現，規模都大過舊的。

190 西班牙人計劃征服中國，默許帕里安：Ruiz-Stovel 2009（小總督，57）；Ollé Rodríquez 2006:0-46（默許），2002:39-88（計畫）；Guo 2002.

190 國王試圖關閉中國人的店鋪：Felip II. 1593。給 Gómez Pérez Dasmariñas的信，一月十七日。In B&R 8:301-11, at 307-08；idem. 1593。對中國店鋪頒布命令，二月十一日。In B&R 8:316-18。

190 中國人讓西班牙人做不成生意：Bobadilla, D. d. 1640。Relation of the Filipinas Islands. In B&R 8:301-11, at 307-08（「木鼻子」）。Salazar, D. d. 1590。The Chinese and the Parián at Manila. In B&R 7:212-38（「西班牙商人」，226-27）。

191 帕里安的人口：估計數字從一萬人（一五八七）到「四、五千人」（一五八九）到四千人（一五八九）到兩千人（一五九一）再到大約一千人（一五八八）(in order: Vera, S. d., et al. 1587。給國王的信，六月二十五日。In B&R 6:311-21, at 316；Anon. 1589. 給 Gómez Pérez Desmariñas的指示。In B&R 7:141-72, at 164；Vera, S. d. 1589。給國王的信，七月十三日。In B&R 7:83-94, at 89；Desmariñas, G. P. 1591. Account of the Encomiendas in the Philippine Islands. In B&R 8:96-141, at 96-98；Salazar, D. d. 1588。Relation of the Philipinas [sic] Islands. In B&R 7:29-51, at 34）。人口的差異可能與是否區別城內城外的中國人有關。一名教士提到，帕里安有三、四千名中國人，呂宋有四到五千名中國人，在貿易時期還會再多個兩千人（Salazar, D. d. 1590.The Chinese and the Parián at Manila. In B&R 7:212-38, at 230）。也可見 Guo 2002:97。

191 馬尼拉的瘧疾：DeBevoise 1995:143-45。

191 中國銀價：Ollé Rodríguez 2006（「不用錢」，26）；Boxer 2001:168-69；Flynn and Giráldez 2004:432-33；Von Glahn 1996:127；Atwell 1982:tabe 4；Quan 1972d。

192 「『非常』富有」：Bañuelo y Carrillo 1638:77。（強調部分是我加上的。）

192 稅捐、貨物費等等：Ronquillo de Peñalosa, G. 1582. 給 Philip II的信，六月十六日，In B&R 5:23-33, at 30-31；Salazar, D. d. 1583. Affairs in the Philipinas Islands. In B&R 5:210-55, at 236-40；也可見，給 M. Enriquez的信，In B&R 3:291-94。

192 卡特爾：Schurz 1939:74-78；Philip II. 1589. Royal Decree Regarding Commerce. In B&R 7:138-40。

192 三分之一到二分之一的白銀運往中國：Flynn and Giráldez 2001:434-37；Quan 1972d。不同的觀點，見 garner 2006:15-17。

193 加雷翁船體積擴大：Chaunu 2001:198（「政府本身」）；Quan 1972c:470-73；Schurz 1939:194-95。

193 超過五十噸白銀：Quan 1972d:438-40。

193 走私：Flynn and Giráldez 1997:xxii-xxv（聖方濟沙勿略號）；Cross 1983:412-13；Schurz 1939:77, 184-87；Álvarez de Abreu, A., ed. 1736. Commerce Between the Philippines and Neuva España. In B&R 30:53-56（也可見54, note 7）；Bañuelo y Carrillo 1638:71（「登記」）；Garcetas, M., et al. 1632.Ecclesiastical Cabildo 寫給 Felipe IV的信，In B&R 24:245-62, at 254-55。

193 進口限額：Chaunu 2001:198-200。逐漸緊縮見 B&R 6:282, 284; 7:263, 8:313, 12:46, and

礦工的壽命「與奧什維茨合成橡膠製造廠的奴工差不多」。實際的死亡率雖然還是很驚人，但比這個數字低得多（Cole 1985:26）。

177 萬卡韋利卡的狀況：Brown 2001; Whitaker 1971; Lohmann Villena 1949。不錯的概論見Reader 2009:10-14。

178 波托西的工作日程與狀況：Cole 1985:24-25；Acosta 1894:321-23；Acarete du Biscay 1698:50（「在連續工作六天之後，管理人在星期六把他們帶上來。」由於工人臥病在床，波托西總督「要求檢查這些工人，然後要礦場主把他們該領的薪資發給他們，然後看「有多少人已經死了，缺多少人就要求〔原住民首領〕派多少人補上」；Loaisa 1586:600-03（「星期六」，602）。

180 波托西的暴力：Padden 1975:xxviii（牆裡的屍體）；Arzáns 1965:vol. 1, 192-93（第一個出生的孩子）；Wuesada 1890:vol. 1, 387（市議會）；Lodena, P. d. 寫給拉普拉塔上訴法院的信，一六〇四年四月二十九日。In Arzáns 1965:vol. 1, 258（裁縫師）。也可見Valenzuela, J. P. d. 1595. 寫給國王的信，四月八日。In Dressing 2007:38。

181 蒙特侯與古迪內：Arzáns 1965:vol. 1, 75-92（所有引文，75-76）。

182 巴斯克對波托西的支配：Dressing 2007:65-78, 104-06, 144-45（巴斯克幫派成為執法者）；Crespo 1956:32-39；Arzáns 1965:vol. 1, 186, 249。根據Dressing（2007:128）的說法，市議會的二十四名議員中，有十一名是巴斯克人。

183 帕斯特拉納的審計：Dressing 2007:112-31（市議會的債務人，128；腐敗主張，130-31）；Crespo 1956:39-64（「不是巴斯克人」，39；薪水，48；皇室命令禁止逃漏稅，49-54；市議會債務人，50；開始叛亂，63-64）。

183 波托西的暴亂：Dressing 2007:143-252（巴斯克西班牙人的挑戰，146；解救貝拉薩提吉，151-53；蒙里克對巴斯克人的同情，未婚妻，164-65, 198-209, 248-9, 285-88；焚燒房舍，211；「盛氣凌人」，230；搶掠房舍，232）；Crespo 1956:65（「被戴綠帽的男人」，66；解救貝拉薩提吉，71-73；焚燬蒙里克的住家，97-99；暴亂，109-12）；Arzáns 1965: vol. 1, 328-407（雙手與舌頭，330；企圖殺害蒙里克，359-64；總督的嚴酷立場，387-88）。

184 帕斯特拉納，蒙里克離開：Dressing 2007:207, 248-49, 277；Crespo 1956:96, 132-33（「巴斯克人」，133），156。

184 礦場沒有瓦解：Dressing 2007:161。

184 1549年運送：Cobb 1949:30。

185 白銀生產：Barrett 1990:236-37（十五萬噸）；Morineau 1985:553-71；Soetbeer 1879:60, 70, 78-79, 82-83（十四萬五千噸）；Cross 1983:397（百分之八十）。Garner說「超過十萬噸」（1988:898）。

186 通貨膨脹與不穩定：十六世紀晚期的價格革命與十七世紀的普遍危機，相關討論可見第1章。

186 白銀貶值的影響：Flynn and Giráldez 2008; 2002; 1997. See also below.

187 今日的月港與過去港口的危險：作者造訪；訪談：Li 2008（「魚鱗」，65）；Lin 1990:170-73；Deng et al. eds. 1968（早期的區域地圖）。

188 月港—馬尼拉貿易：作者訪談，李金明；Li 2001: chap. 7（船隻數量，86-87）；Qian 1986: 74（船隻數量）；Chaunu 2001:453（六月離開）；Schurz 1939:77（走私）；Dampier 1906:vol. 1, 406-07（中國船的描述）；Morga 1609:vol. 16, 177-83（「陛下」，181）；Salazar, D. d. 1588。與菲律賓群島的關係。In B&R 7:29-51, at 34。貿易爆增：「從一五八〇年到一六四三年這六十四年間，有一千六百七十七艘中國船到馬尼拉；平均每年有二十六點二艘船進港。扣掉沒有記錄的三年（一五九〇、一五九三、一五九五），以已知的六十三年來算，則平均每年來到馬尼拉港的船隻有二十七點五艘，將近開放海禁前的十三點五倍。（Guo 2002:95）。

189 中國海上的海盜：Cevicos, j. 1627. Inadvisability of a Spanish Post on the Island of Formosa. In

「金」錢鎔成金塊出售。為了預防此事，政府可以在錢幣裡混入價值較低的金屬，以降低錢幣本身的價值。但實際上這會產生兩種並行的通貨：一種是價值較高的舊通貨，一種是價值較低的新通貨。

171 紙幣與白銀的循環：Von Glahn 1996:43-47, 56-82（「經濟現實」，72）；Chen et al. 1995；Tullock 1957。白銀的使用因地點而有很大的差異（Pomeranz, pers. Comm.）。

172「嗷嗷為甚」：高拱，引自 Quan 1991b。

172「無有已時」：《汝南志》（1608），引自 Quan 1991b:598；也可見 Von Glahn 1996:168。

172 漳浦縣與嘉靖錢：Von Glahn 1996:86-88, 96-102, 143-57（萬曆錢未被接受）；220-22（顧的經濟觀念）；Quan 1991b:597（顧引文）。

173 看銀師：訪談李金明、林仁川、Dai Yefeng。

173 白銀占十分之九：Quan 1991b:573-74。這名作家是靳學顏。

173 稅制改革：萬志英詳細說明了從紙幣到銅錢再到無銅錢的白銀稅制的緩慢演變過程（1996:75-161 passim）。也可見 Flynn and Giráldez 2001:262-65；Huang 1981:61-63；Atwell 1982:84-85；Quan 1972b。

174 銀礦產量不豐：Von Glahn 1996L114-15；Quan 1991c, 1972b。也可見 Atwell 1982:76-79。

174 中國尋求海外白銀以資助政府：Guo 2002；Qian 1986:69-70；也可見 Von Glahn 1996:113-25。

174 貿易驅動下的海外散布：Guo（2002）表示十萬名以上的中國人前往海外。

174 菲律賓的中國人：Anon. Relation of the Conquest of the Island of Luzon, 20 Apr. 1572. In B&R 3:141-72, at 167-68（馬尼拉 150 人）。Anon.（Martín de Goiti?）提出較少的數字，八十對夫婦，加上子女。Relation of the Voyage to Luzon, 1570。In B&R 3:73-104, at 101。《明史》認為在雷加斯皮之前，福建「商販者至數萬人」，居住在菲律賓。他們「久居不返，至長子孫」（MS 323.211.8370）。「數萬人」應該理解成比喻，指「人數很多，或許達到一萬人」。感謝 Devin Fitzgerald 為我做的翻譯。

175 發現波托西：Arzán 1965:vol. 1, 33-39；Gaibrois 1950:11-22；Capoche 1959:77-78；Acosta 1894:308-10；Baquíjano y Carrillo 1793:31-32。

175 印第安人的冶金術與鎔礦爐：Mann 2005:82-83（與當中的出處）；Acosta 1894:324-26；Cieza de Léon 1864:388-89 (chap. CIX)。

175 波托西的人口：Dressing 2007: 39-41（遷移限制）；Chandler 1987:529（美洲城市人口排名表）；Arzáns 1965:vol. 1. 43（一五四六年超過一萬四千人），vol. 3, 286（一六一一年十六萬人）；López de Velasco 1894:502（一五六〇年代）；Acarete du Biscay 1698:2-5（限制）；Anon. 1603:377-78；Baquíjano y Carrillo 1793:37-38（十六萬人）。唯一能跟波托西匹敵的是墨西哥城，後者在一六一二年時擁有約十四萬五千名居民（Beltrán 189:216）。在這個時期，「塞維爾只有四萬五千人；巴黎六萬人；倫敦與安特衛普（Antwerp）十萬人；以及馬德里六萬人」（Pacheco 1995:274）。這些數字都有爭議，但它們說明了相對規模。

175 波托西的財富：作者造訪（盾形紋章）；Arzáns 1965:vol. 1, 250（「一串串的珍珠」）；Acarete du Biscay 1698:61（白銀路面）；Quesada 1890:vol. 1, 1778-80（妓女），vol. 2, 420（競標戰爭）。一顆桃子可能要價一百披索（Bawuíjano y Carrillo 1793:38）。

176 仰賴進口：Cobb 1949:30-31；López de Velasco 1894:503；Acosta 1894:306；Anon. 1603:373.

177 汞合金：Whitaker 1971（「波托西山」105, note 21）。我要感謝 Bryan Coughlan 提供我化學知識。

177 一個星期四千人：Brown 2001:469-70（萬卡韋利卡）；Cole 1985:12（波托西）。人數隨時間不同而有所波動；我給予的是計畫開始時的標準人數。

177 三百萬到八百萬人死亡：例如 Galeano 1997:39。史家 David Stannard（1993:89）寫道，

圖，另一方面又批評他們在航行中靡費無數。

160 貿易禁令與朝貢貿易：Tsai 2002:123-24（三十八國），193-94；So 2000:119-20, 125-27；Deng 1999:118-28；Chang 1983:166-97（朝貢貿易），200-17（海軍衰微）；Needham et al. 1954-:vol. 4, pt. 3, 527-28（下令摧毀船隻）；Kuwabara 1935:97-100（抑制外國家族）。儒家對於商業利益採取否定的看法，認為商人是「四民」中最低下的階層。但這種輕視實際上並未產生多大影響，正如基督教教義也輕視放貸者與高利貸，但強大的銀行最終還是出現。中國皇帝仍照常與琉球群島維持「朝貢」關係，琉球位於日本與臺灣之間，以盛產山馬著稱。皇帝派遣官員，以六萬九千件瓷器、一百匹綢緞與近一千件鐵盆的「賞賜」，與琉球交換馬匹。透過琉球的貢物也可以間接取得在政治上不便承認的日本與東南亞貨物（Chang 1983:174-78）。關於與日本的朝貢貿易，見Li 2006c:45-47。

161 倭寇的構成：訪談李金明、林仁川、Dai Yefeng；Li 2001:10-13; So 1975:17-36。

161「轉而為商」：林的說法出自嘉靖朝官員唐樞的著名說法：「寇與商同是人也，市通則寇轉而為商，市禁則商轉而為寇」（Hu 2006:11.4a-4b；也可見Chang 1983:234）。海盜兩千年來一直周期性地侵擾這個地區（Kuwabara 1935:41-42）。

162 福建的地理是海上貿易的因素：作者訪談；訪談，Lin，Li；Yang 2002；Clark1990:51-56（「耕作」，52）；So 1975:126-27；鄧廷祚等著《海澄縣志》卷十五〈風俗考〉（「歲雖再熟，少滿篝……於是饒心計者視波濤為阡陌，倚帆檣為耒耜。蓋富家以財，貧人以軀，輸中華之產，馳異域之邦，易其方物，利可十倍。故民樂輕生，鼓櫂相續，亦既習慣，謂生涯無踰此耳」）。今日，許多福建人說閩語（古漢語的分支）要比說普通話更自在一點。

163 月港：作者訪談；Li 2001: chap. 1；Lin 1990:170-73；Li, Y. 1563。要求建縣。鄧廷祚等著《海澄縣志》卷二十一〈藝文志〉（「已非一日矣」）；卷二十四〈叢談志〉（十家連坐）。感謝Huang Zhongyi與林仁川帶我參觀月港的遺址；感謝李金明接受兩次冗長的訪談；感謝Kenneth Pomeranz具有啟發性的討論。

164 倭寇危機開始：鄧廷祚等著《海澄縣志》卷十八〈寇亂〉；卷二十四〈叢談志〉（十家連坐政策）。

165 朱紈：Li 2001:12-13, 24-25；Chang 1983:254-55；So 1975:50-121（罰金, 63）；鄧廷祚等著《海澄縣志》卷十八〈寇亂〉。

166「不得不離開為止」：Chang 1983:242.

166 超過兩萬人死亡：Chang 1983:246.

166「丘墟」：Luo 1983: vol. 2, n.p.（〈東夷志〉）。

167「城裡」：Zhuge 1976:n.p.（〈海寇〉）。

167 二十四將與月港海盜的結束：Li 2006c（浯嶼，50）；Chang 1983:200-17（雇用走私者），230-34（走私家族裡的官員），251-58（與月港海盜作戰）；So 1975:151-53；鄧廷祚等著《海澄縣志》卷十八〈寇亂〉；卷二十一〈藝文志〉（「呻吟」）。Li（2001:16）提到邵楩砍下洪迪珍的頭。

168 廢除海禁的動機：一名福建官員表示，國際貿易合法之後，「流竄於外」的月港「良民」，「皆還定故土，與亂孽參錯而居。苟有叛萌，眾必先知之，入告於官，群集而撲之，其亡可立待也」（Li, Y. 1563. 要求建縣。鄧廷祚等著《海澄縣志》卷二十一〈藝文志〉）。

168 中國銅錢與紙幣：Von Glahn 2010（出口銅錢，467-68）；2005（「省陌」，66；會子價值，75）；1996:51-55；Ederer 1964:91-92；Tullock 1957。

168 最早的歐洲紙幣：Mackenzi 1953:2。紙幣發行於瑞典，在此之前瑞典也使用笨重的錢幣。據說瑞典十元硬幣非常重——約四十三英鎊——是有史以來最重的錢幣。英格蘭首次嘗試發行紙幣是在一六九四年。

169 子安貝：Johnson 1970。實物貨幣，例如黃金，也有它的問題，如果出現通貨膨脹，政府必須擔心「金」錢的面額逐漸低於錢幣本身含有的黃金價值，這會使民眾將手上的的是世界核心的發展，而非在加勒比地區邊緣出現的一個可怕的鄉野疾病，黃熱病」（1999:230-34, at 233）。但他只是顯示英格蘭人口在十七世紀晚期緩慢增加，而非僕役的價格上漲是否真的產生任何影響。依我來看，與他相反的論點反而比較可信。

147 害怕獨立制度：Acemoglu and Robinson forthcoimg。一八三四年奴隸制度結束，許多蔗糖種植者以過高的價格將廢棄的沼澤地賣給獲得自由的奴隸。往後十年，自由的非洲人創造出一連串繁榮而自治的土地。遺憾的是，他們始終沒有學會排水的技術（圭亞那的印第安人在這方面居於領先）以進行長期耕作。由於「村落運動」使英國種植園勞力短缺，因此殖民政府拒絕提供科技與工程技術，水壩與溝渠的建築與維持於是僅限於菁英才能享有。無法讓甘蔗園保持乾燥，村落運動便失去了經濟基礎；獲得自由的奴隸不得不返回種植園（Moore 1999:131-35）。同樣地，富有的菁英擔心許多自由奴隸經營的小店鋪。為了將他們趕回農場，他們引進葡萄牙商人而且以低利貸款資助他們的生意，在此同時又拒絕貸款給自由奴隸。自由奴隸很快就屈服（Wagner 1977:410-11）。

147 榨取之地的停滯：Acemoglu et al. 2002:1266-78（令人沮喪的定居地，1271；「企業家」，1273）。

147 英屬圭亞那與布克兄弟：Rose 2002:157-90（出口，186-86）；Hollett 1999:chap. 5（布克兄弟）；Moore 1999:136-37（「他們的身分地位」）；Bacchus 1980:4-30, 217-19（大學）；Daly 1975（害怕教育，162-63, 233-34）。在一八二三年的審判中，傳教士約翰．史密斯因教導奴隸聖經而被指控煽動造反的罪名，史密斯指責種植園主認為「傳授知識給黑人將減損他們做為財產的價值」（Anon. 1824:78）。事實上，史密斯被指控的是告訴奴隸「以色列人獲得拯救的歷史」（ibid.:157）以及教導他們閱讀。

148 美國南北戰爭的疾病：Barnes et al. 1990（百分之三十五，table 6；百分之兩百三十三，table 30；361, 968, table 71；死亡率，xxxviii）。

149「既有制度」；一八六一年七月，眾議院以一百一十九票對兩票，並且在略做修正後在參議院以三十票對五票通過克里騰登—強森決議（Crittenden-Johnson resolution）。

150 美國革命中的瘧疾：作者訪談，McNeill；McNeill 2010:209-32（「幾乎毀了」，215；「不健康的沼澤」，220；軍隊水準，226）。

131 麻薩諸塞人與紐奧良：Gallay 2002: 308-14（法國）；Laubrich 1913:63-102（法國），122-28（麻薩諸塞人）。

4. 跨洋而來的金錢

157 鄭和：Mote 2003:613-17；Levathes 1994（鎮壓，174-81）；Finlay 1991（史家觀點的調查，297-99）；Needham et al, 1954-:vol. 4, pt. 3, 486-528ff.（毀壞的記錄，525）。在2002年與2008年出版的兩部作品中，一名退役的潛艦司令官Gavin Menzies宣稱，鄭和的艦隊已經航行到非洲之外，抵達美洲與歐洲，對世界史造成重大的變遷。幾乎沒有史家支持這種看法。

158 中國的「孤立」：作者訪談，Goldstone, Kenneth Pomeranz；Jones 2003:203-05（「自我中心」，205;「撤出海洋」，203）；Goldstone 2000:176-77（「這類航行」，177）；Landes 1999（「好奇心」;96;「成功」,97）；Finlay 1991。也可見Braudel 1981-84:vol. 2, 134, vol.3, 32（「競逐世界霸權的過程中，〔轉而向內〕是中國在這場競賽中失敗的關鍵，它在十五世紀初從南京派出第一支海上探險隊之後，就在無意間參與了這場競賽」），485-86, 528-29。戴蒙認為這項決定顯示中國有著致命的一致性；他說，在四分五裂的歐洲，這種全面性的禁令不可能存在（Diamond 1999:412-16）。以下將會提到，中國幾乎做不到一致；全面性的禁令難以維持。藍迪斯認為鄭和的遠航「充滿鋪張浪費」（1999:97），與歐洲人探險時理性計算成本不同。因此，他一方面批評中國統治者終止遠航是因為無利可

138 麻薩諸塞的疾病，奴隸制度：Romer 2009（百分之八，118）；Dobson 1989:283-84（健康）；Massachusetts Body of Liberties (1641):art. 91（網上可以取得）。

139 阿根廷與巴西奴隸制度的比較：Eltis et al. 2009-（220萬）；Chace 1971（二十二萬到三十三萬名奴隸，107-08；非洲文化未在阿根廷建立，121-22；一半的阿根廷人是非洲裔，126-27）；Alden 1963（里約熱內盧與聖保羅有一半是非洲裔）。Elite et. 認為進入拉普拉塔河港口的奴隸有七萬五千名；Chace 認為這只是有登記的「少部分人士」，非法入境的奴隸數量更多。十九世紀末，巴西的偉大作家 Euclides da Cunha 讚頌巴西的混血遺產（Hecht: forthcoming）；在此同時，阿根廷執政的「1880年的世代」則宣稱阿根廷是「南美洲唯一的偉大白人國家」（Chace 1971:2）。

140 黃傑克：本節大部分內容取材自 McNeill 2010。

140 甘蔗來到巴貝多：McNeill 2010:23-26；Emmer 2006:9-27；Davis 2006:110-16；Blackburn 1997:187-213, 239-31（奴隸價格，230）；Sheridan 1994: chap. 7, esp. 128-30；Beckles 1989；Galenson 1982（奴隸價格，table 4）。我要感謝巴西種植園主，他們讓我參觀實際的製糖過程。

141 第一場黃熱病疫情：McNeill 2010:35, 64（「人口」）；Beckles 1989:118-25；Findlay 1941（六千人死亡與隔離，146）；Ligon 1673:21, 25（「死亡」，21）。

142 蔗糖的傳布，加勒比地區的生態破壞：McNeill 2010:23-33（「不適合耕作」，29）；Watts 1999:219-31, 392-402；Sheridan 1994（生產與人口數字，100-02, 122-23）；Goodyear 1978:15（古巴）。Ligon（1673）提到，當第一批歐洲人登上巴貝多時，這座島「長滿了樹林，人們找不到可居住的平地或草原」（23）。

143 白足瘧蚊：Grieco et al. 2005（感染惡性瘧）；Rejmankova et al. 1996（海藻棲地）；Frederickson 1993（棲地）。Frederickson 認為白足瘧蚊比較喜歡叮咬牛，比「叮咬人類多了一點六到二點一倍」（14）。加勒比牛逐漸被甘蔗取代，增加了人類被叮咬的風險。

143 第四次航行：在哥倫布第四次航往美洲期間（一五〇二至〇四年），哥倫布的航海事業實際上已走到了終點，他被迫把已遭蟲蛀正逐漸沉沒的船隻停靠在牙買加。為了向聖多明哥求援，哥倫布派了自己信得過的上尉 Diego Mendez，讓他划著獨木舟前往一百二十英里外的西班牙島。在加勒比烈日的無情曝曬下，Mendez 一行人終於上岸。大多數人都已病得無法繼續前往聖多明哥，哥倫布的兒子艾爾南日後寫道。儘管如此，Mendez「下了獨木舟，上到西班牙島的岸邊，雖然他深受四日熱之苦」（Colón 2004:322）。

144 環境變化有利於瘧疾與黃熱病：McNeill 2010:48-50, 55-57；Webb 2009: 69-85ff.；Goodyear 1978:12-13（壺）。

144 加勒比地區是致命的環境：McNeill 2010:65-68；Web 2009:83（「非免疫」）；Curtin 1989:25-30, fig. 1.2,, table 1.5。里根在第一批英格蘭殖民者之後二十年來到此地，發現（1673:23）「第一批到此地的人，幾乎沒有人還活著」。這也許有點誇張。里根說，能維持數年的殖民者並不多。但那不表示他們死了，也許他們是逃到比較衛生的地方——例如維吉尼亞（Sheridan 1994:132-33）。

144 瘧疾進入亞馬遜河流域：Cruz et al. 2008（馬德拉調查）；Hemming 2004a:268-70；Requena, F. 1782。給 Flóres, M. A. d.的信，八月二十五日，In Quijano Otero 1881:188-97, at 191-95 passim；Orbigny 1835:vol. 3a, 13-36；Edwards 1847:195（「一件病例」）。

145 法屬圭亞那：Hecht forthcoimg；Ladebat 2008（政變被驅逐出境者）；Whitehead 1999。我要感謝蘇珊娜．赫奇特講述這段吸引人的故事。

146 蔗糖專制主義：Acemoglu et al. 2001, 2003。「死亡率的差異『不是』唯一，甚至不是造成制度不同的主要因素。就我們的經驗取徑來看，我們認為我們還需要一個外生變數的『來源』」（Acemoglu et al. 2001:1371）。反論的代表是 Sheldon Watts，他認為轉向奴隸制度是因為「歐洲人口成長出現普遍性的停滯」。根據他的觀點，「『真正』重要

130 卡羅萊納與瘧疾：McNeill 2010:203-03；Packard 2007:56-61；Coclanis 1991:42-45（每四人就有三人以上）；Wood 1996:63-79（人口，152）；Silver 1990:155-62；Dubisch 1985（不同的死亡率，642）；Merrens and Terry 1984（「寒顫」，540；「醫院」，549）；U.S. Census Bureau 1975:vol. 2, 1168；Childs 1940（瘧疾的到來，chaps. 5-6）；Ashe 1917:6（「臉色」）；Archdale 1822:13。略為類似的過程發生在喬治亞，該地從一七三三年開始就是自由殖民地（奴隸制度遭到禁止）。壞血病、腳氣病與痢疾，這些都與不適當或汙染的食物有關，在當時頗為常見。傳染病不普遍。殖民地於一七五二年成為國王的財產。奴隸制度受到允許。瘧疾與黃熱病不久隨之而來。很快地這裡的農業便無法脫離奴隸。隨著歐洲人的存活與獲得免疫，死亡率的差異跟著縮減。但瘧疾並未消失。一八二〇年代，南卡羅萊納州仍有白人死於間歇的、時好時壞的、膽汁症的與鄉村的熱病——當時這個詞指的是瘧疾——而且死亡率比黑人高了四倍以上（Cates 1980）。

131 印第安人的疾病死亡率：Snyder 2010:65（奇卡索族），101-02（恰克裘馬族），116（「不幸的部族」）；Gallay 2002:111-12（夸波族）；Laubrich 913:285-87；Archdale 1822:7（「負責」）。

132 達菲陰性：電郵給作者Louis Miller；Webb 2009:21-27；Seixas et al. 2002；Carter and Mendis 2002:572-74；Miller et al. 1976。

133 鐮刀型紅血球：訪談與電郵，Spielman；Carter and Mendis 2002:570-71; Livingston 1971:44-48。

134 免疫力是通往奴隸制度的轉捩點：Webb 2009:87-88；Coelho and McGuire 1997; Wood 1996:chap. 3; Dobson 1989; Menard 1977。有些經濟學家認為，適合新英格蘭種植的作物幾乎不具經濟規模。但維吉尼亞皮德蒙（Piedmont）種植的小麥卻是在大種植園裡，有許多奴隸在裡面工作。還有一些人認為非洲人無法逃走，因為他們的外表太明顯。對此，明顯的反駁是的確一直有奴隸逃走——而且就連契約僕役也被烙印或刺青，這種對罪犯做的事也用上了。無論如何，疾病才是主因。原住民勞動供給在疾病下大量折損，歐洲人在新的疾病環境裡完全無能為力，但黑人對於熱帶氣候疾病卻有明顯的抵抗力，這導致了非洲奴隸的大量進口與剝削」（Dobson 1989: 291）。

135 惡性瘧的到來：Rutman and Rutman 198:64-65; idem 1976:42-45.

135 死亡率的比較：Curtin 1989; 1968:203-08（百分之四十八到六十七，203；「歐洲人」，207）；Hirsch 1883-86: vol. 1, 220（安地列斯群島的瘧疾）。許多原始數據見Tulloch 1847, 1838。

135 瘧疾地理學：我的討論接續McNeill 2010；Webb 2009:chap. 3；Packard 2007:54-78。

135 惡性瘧線：作者訪談，National Weather Service（溫度）；Strickman et al. 2000:221。

136 種植園與南方：辯論梗概見Breeden 1988:5-6。塔拉莊園應該位於喬治亞州。

136 嚴重的瘧疾地區：Duffy 1988:35-36；Faust and Hemphill 1948:table 1。德州有更多瘧疾病例，但人口也較多。

136 四斑瘧蚊棲地與住居：作者訪談，Gaines；Goodwin and Love 1957。山丘不需要很高；醫療研究者Walter Reed表示，住在華府高地（大約比波托馬克河高兩百到兩百五十英尺）的居民，很少染上瘧疾。但是「住在波多馬克河（Potomac）與安納科斯提亞河（Anacostia River）旁邊低地的居民，則每年都受到瘧疾的影響」（Gilmore 1955:348）。也可見Kupperman 1984:233-34。

136 瘧疾與文化：Rutman and Rutman 1980:56-58（所有引文）；Dubisch 1985:645-46。

138 一開始不知道有免疫這種東西：Wood(1996:83-91,引自91)與Puckrein(1979:186-93)認為抵抗瘧疾的能力「勢必大大增強人們從非洲進口奴隸的想法」，他們企圖證明卡羅萊納殖民者是用這種眼光看待非洲人。相對地，Rutman and Rutman「找不到證據證明Wood的論點」（1976:56）。絕大多數史家贊同洛特曼夫婦的觀點，他們相信殖民者是在採取奴隸制度之後才知道非洲人對瘧疾免疫的事。

測平均每年有兩千人淪為奴隸，這個數字似乎略嫌保守。以Davis的死亡率來計算，一五八〇年到一六八〇年有四萬八千五百七十一名英格蘭人成為奴隸，因此我在文中說「成千上萬」。Hebb (1994:139-40) 估計在一六一六至四二年有八千八百名英格蘭人成為奴隸，以此估算一五八〇年到一六八〇年應有兩萬五千名英格蘭人成為奴隸。義大利人與西班牙人淪為奴隸的人數更多。普利茅斯：Laird Clowes et al. 1897-1903:vol. 2, 22-23（「從一六〇九年到一六一六年，至少有四百六十六艘英國船被海盜俘獲，而它們的船員也成為奴隸」）。

122 稀少但合法的英格蘭奴隸制度：Guasco 2000:50-63; Friedman 1980。奴隸，主要是犯人，被送到英格蘭極少數的賈列船上。

122 契約僕役：Galenson 1984（三分之一到二分之一，1）；Gemery 1980:esp. table A-7。絕大多數前往維吉尼亞，所以當地的人數增加，或許「超過百分之七十五」（Fischer 1991:227）。也可見Tomlins 2001；Menard 1988L105-06。

122 一六五〇年的奴隸：McCusker and Menard 1991:table 6.4; U.S. Census Bureau 1975:vol. 2, 1168.

122 一六八〇年代轉向奴隸制度，英格蘭成為最大的奴隸主：作者訪談，Anderson, Thornton。數字：Berlin 2003:table 1; U.S. Census Bureau 1975: vol. 2, 1168。經濟學：Menard 1988:108-11, 1977; Galenson 1984:9-13。也可見Eltis and Richardson 2010; Eltis et al. 2009-。

123 奴隸貿易的規模的獲利：Eltis and Engerman 2000（「噸位」，129；國內生產毛額的百分比，132-34；原物料，138）。Eltis and Engerman認為，這些獲利不是用來進行產業投資，因此這些產業對工業革命並未特殊貢獻（136）。這與Blackburn的結論相左，Blackburn認為「奴隸種植園的交換使英國資本主義突破到工業化與全球霸權」（1997:572）。

123 自由土地與奴隸制度：Smith 1979:vol. 2, 565（「第一個僱主」[bk. 4, chap. 7, §b, ¶2]），Domar 1970。「開闊空間展現了兩種統計方式的分配：大量的自由或強制勞動」（J. R. McNeill, 個人通信）。Morgan (2003:218-22) 認為農民藉由購買大量土地來「解決」這個問題。

124 契約僕役價格上漲是奴隸制度的原因：Morgan 2003:chap. 5; Galenson 1984。Morgan認為實際價格上漲與維吉尼亞契約僕役出現越來越多的麻煩有關，Galenson認為實際價格上漲源自於英格蘭勞力缺乏。

124 小冰期對蘇格蘭的影響：Lamb 1995:199-203; Gibson and Smout 1995:164-71; Flinn ed. 1977:164-86。

124 巴拿馬的蘇格蘭人：我仰賴麥克尼爾的清楚描述2010:106-23（「巴拿馬」，123——我獲得麥克尼爾的允許，稍微更動了文字）。早期研究是有用的，但——用麥克尼爾的話說——「在流行病學上未有所獲」（106）。

124「世界」：Bannister ed. 1859:vol. 1, 158-159.

126 建立卡羅萊納：Wood 1996:13-20。

127 密西西比人成為聯盟：Snyder 2010:chap 1; Gallay 2002:23-24.

127 波哈坦族、東南聯盟與殖民者的奴隸制度：Smith 2007b:287-88, 298（例子）；Rountree 1990:84, 121（波哈坦）；Snyder 2010:35-40（東南）；Woodward 1674:133（販奴給維吉尼亞的印第安人）。也可見Laubrich 1913:25-47。

128 燧發槍對火繩槍：Snyder 2010:52-55；Chaplin 2001:111-12；Malone 2000:32-35, 64-65.

128 西班牙攻擊卡羅萊納：Bushnell 1994:136-38。

129 卡羅萊納奴隸貿易：我摘要Gallay 2002的論點；也可見Snyder 2010; Bossy 2009; Laubrich 1913:119-22.

129 貿易經濟學；Snyder 2010:54-55（160張鹿皮，「趨之若鶩」〔引用Thomas Nairne〕）；Gallay 2002:200-01（普查），299-308（出口估計），311-14（價格）。

130 禁止進口奴隸：Gallay 2002:302-03（所有引文）。

(「發現」，164)。

103 間日熱：一種比較不常見的瘧疾類型，週期是七十二小時：三日熱。

103 庫克與瘧疾：Cook 2002:375。

103 美洲缺少瘧疾：Rich and Ayala 2006:131-35(猴子瘧疾)；De Castro and Singer 2005；Carter and Mendis 2002:580-81；Wood 1975；Dunn 1965。

104「惹上麻煩」；Colón, C. 1494. 與第二次航行的關係，In Varela and Gil eds. 1992:235-54, at 250。感謝史考特・塞先斯協助我進行翻譯。

104 Çiçiones的定義：作者訪談，塞先斯(庫克也討論這個問題)；Covarrubias y Orozco 2006: fol. 278v；Vallejo 1944；Real Academia Española 1726-39:vol. 2, 342. 也 可 見 M . Alonso, *Diccionario Medieval Español* (Salamanca: Universidad Pontificia de Salamanca, 1986), 2 vols.; J. Corominas and J. a. Pascual, *Diccionario Critico Etimológico Castellano e Hispánico* (Madrid: Editorial Gredos, 1980-91), 6 vols.

105「沼澤散發出來的氣體」：Real Academia Edpañola 1914:753.

105 瘧疾死亡人數：世界衛生組織二〇一〇年(死亡、發病率估計，60)；Gallup and Sachs 2001(經濟負擔)。

106 榨取之地：Acemoglu and Robinson: forthcoming; Acemoglu et al. 2001; Conrad 1998:84(「疾病與饑餓」)。

107 瘧疾的演化：Rich and Ayala 2006; Carter and Mendis 2002:570-76。其他六種瘧原蟲偶爾會攻擊人類，但絕大多數的人類瘧疾來自於間日瘧原蟲與惡性瘧原蟲，還有一些來自於三日瘧原蟲(*P. malariae*)與卵型瘧原蟲(*P. ovale*)。

107 瘧疾的生命週期：訪談與電郵，Andrew Spielman; Baer et al. 2007; Morrow and Moss 2007(百億，1091)；Sturm et al. 2006；Rich and Ayala 2006；Carter and Mendis 2002: 570-76。我在這裡略去許多許多的併發症不提。

108 吉克的攻擊：Hunter and Gregory ed. 1988:210-25(所有引文，215)。

109 間日瘧與惡性瘧的不同：Mueller et al. 2009；Packard 2007:23-24。這兩個物種有不同的繁殖策略。間日瘧只傳染非常年輕的紅血球細胞，大約只占全部紅血球細胞的百分之二左右，但時間相當長。蚊子不可能在每次叮咬時都能取得間日瘧原蟲，但牠有許多時間嘗試。惡性瘧攻擊所有的紅血球細胞，但時間較短。蚊子叮咬時很容易取得惡性瘧原蟲，但牠能取得的時間較短。

110 溫度的敏感度：Roberts et al. 2002:81。我大幅簡化了這個主題；比較仔細的計算，見Guerra et al. 2008:protocol S2。

110 斑翅瘧蚊：Ramsdale and Snow 2000；Snow 1998；White 1978；Hackett and Missiroli 1935。英格蘭濱海地區的斑翅瘧蚊，如小五斑瘧蚊(*A. atroparvus*)，似乎會抗拒惡性瘧原蟲，這是當地少有惡性瘧的一個額外的理由。

111 在溼地進行排水工程與蚊子：Thirsk 2006:15-22, 49-78, 108-41；Dobson 1997:320-22, 343-44。雖然較為罕見，但在進行排水之前還是有可能出現瘧疾；舉例來說，哈斯提德提到大主教約翰・莫頓(John Morton)於一五〇〇年死於「四日熱」(1797-1801:vol. 12, 434)。

111 排水工程獲得改善：Dobson 1997:320-22, 343-44(「豬圈」，321)；Kukla 1986: 138-39(牛)。

112 英格蘭的瘧疾悲劇：Packard 2007:44-53；Hutchinson and Lindsay 2006(死因(；Dobson 1997:287-367(Aubrey, 300；葬禮率，345)；1980(死亡率，357-64)；Dickens 1978:1(「弟弟」)；Defoe 1928:13(「句句屬實」)；Wither 1880:139(「那裡的富人得到的」)；Hasted 1797-180:vol. 6, 144(「二十一歲」)。一六二五年的死亡數字來自於*Collection of Yearly Bills of Mortality*。我的敘述主要取材自道布森的作品。

113 來自瘧疾地區的移民：作者訪談與電郵，Robert C. Anderson (Great Migration Project), Preservation Virginia (Jamestown colonists), William Thorndale; Dobson 1997:287 (Sheerness);

樹也沒有，上面種了豆子、小麥〔玉米〕、豌豆、菸草、葫蘆、南瓜與其他我們不認識的作物」)。

94 菸草與地力耗盡：Morgan 2003:141-42（與引用的資料來源）；Craven 1993:15（「南方的菸草地區，……同一塊地的肥力很少能維持超過三到四年」），29-35。殖民者發現「土地只能撐個三年」(KB 3:92；也可見220)。克拉芬論點（菸草會竭盡地力，最後導致農業崩潰）的某些面向是有爭議的（Nelson 1994），但人們有意見的不是菸草農業耗盡地力這部分。

95 英格蘭人取得最好的土地而且據為己有：Rountree 2005:152, 188, 228（也可見154, 187, 200, and 260, note 23）；Morgan 2003:136-40；Wennersten 2000:46-47（「數世紀」）。到了1620年代，有些英格蘭把這個想法——占有先前已開墾的擁有最好土壤的土地——視為行動的藍圖（Martin 1622:708；Waterhouse 1622:556-57）。

95 森林砍伐，土壤侵蝕：Craven 2006:27-29, 34-36；Williams 2006:204-16, 284-308（「空地」，294）Wennersten 2000:51-54。

96 進口動物，吃印第安人的收成：Anderson 2004:101-03, 120-23, 188-99；Morgan 2003:136-40。

96 豬對箭葉芋的衝擊：Crosby 1986:173-76；Anderson 2004:101-03, 120-23, 188-99；Morgan 2003:136-40。

96 進口生物，蜜蜂入侵：Crane 1999:358-59；Crosby 1986:188-90（「每個人內心」，190）；Grant 1949:217（授粉的發現）；Kalm 1773:vol. 1, 225-26（「英格蘭蒼蠅」）；KB 3:532（進口清單）。

97 需要授粉的水果：開花植物要不是靠風授粉，就是靠生物授粉，但絕大多數混合兩者。蘋果與西瓜比較接近生物授粉這一端；有些（數量不多）桃子可以不仰賴昆蟲授粉。不過實際上，所有的授粉都需要蜜蜂。蘋果源自於中亞，桃子源自於中國，西瓜源自於北非。我要感謝麻州Whately的農民為我提供解說。

98 尼古拉斯・費拉爾：Skipton 1907:22-25, 61-63；KB 3:83, 324, 340（投資）。

99 費拉爾閱讀布洛克，希望航向中國：Thompson 2004。總結費拉爾對菸草的反應，牛津歷史學家Peter Thompson說菸草是「一種不可食用的作物，它為國家帶來的現金價值，如果就它為國家的道德與名聲帶來負面的影響來看，反而是有弊無利」(121)。所有引文來自網路資料。也可見KB 3:30；4:109-10。西班牙認為英格蘭人正在維吉尼亞建築一連串的要塞來保護中國商路：Maguel, F. 1610。向西班牙國王做的報告，九月三十日，In Haile ed. 1998: 447-53, at 451-52。

100 菸草傳布全世界：Brook 2008:117-51（「購買菸草」，137）；Céspedes del Castillo 1992:22-48ff.；Goodrich 1938（大名禁令，654）；Laufer et al. 1930（獅子山，7-8）；Laufer 1924a（日本，2-3；莫臥爾，11-14）；Laufer 1924b（教宗，56；鄂圖曼賄賂，61）。也可見第5章。在大汗頒布禁令五年後，中國皇帝也禁止外國植物進口，下令「凡有販煙者，不論數量，一律梟首示眾」(Goodrich 1938:650)。

77 羅阿諾克將菸草引進英格蘭：Laufer 1924b:9-11（「煙霧」，10）m

93 下毒：Rountree 2005:219-20; KB 4:102, 221-22（「人頭」）；其他人認為死者數目有一百五十人（KB 2:478）。這類背叛行為很常見（Morgan 203:100）。

3. 有毒的空氣

102 複本的發現：Varela and Gil eds. 1992:69-76.

103 第二次航行描述的翻譯：Colón, C. 寫給君主的信，一九四四年二月，In Taviani et al. eds. 1997:vol. 1, 201-39（「間日熱」，233）；Gil, J., and Varela, C. Memorandum to Centro Nacional de Conservación y Microfilmación Documental y Bibliográfica, 29 Dec. 1985. In idem:164-65

哈坦不妥協戰術的成功。

87 波卡虹塔絲被擄走：Rountree 2005:chap. 12；Townsend 2004:chap.6；Hamor 1615:803（「不悅」）；Rolfe 1614。

88 波卡虹塔絲的第一段婚姻：Rountree 2005:142-43, 166; Townsend 2004:85-88。

88 停火與歐皮強卡諾的計畫：Rountree 2005:chap. 15; Fausz 1977:320-50; Fausz 1981; Fausz 1990:47-49（「形式的贏家」，48）。許多英格蘭人認為歐皮強卡諾在波哈坦去世之前就已掌權（Hamor 1615:808; Dale 1615:843）。波哈坦沒有擬定井然有序的繼承計畫。他跟李爾王一樣，隱居到遙遠的村落，把王國分給他的幾個弟弟。起初，另一個弟弟擁有最正式的權力（Smith 2007c:447）。內戰勢不可免（KB 3:74, 3:83）。最後，歐皮強卡諾脫穎而出（KB 2:52, 3:550-51, 4:117-18; Smith 2007c:437-47 passim, 478; Rolfe 1616:868-69）。刻痕計數的棍子：Smith 2007c:442。

89 詹姆斯與菸草：Laufer 1924b:17-19；James I 1604:112（「腦子」）。

89 英格蘭的維吉尼亞菸草：Morgan 2003:107-10（僕役薪資，生產力），192-98（稅）；Hecht 1982:175-93, esp. table VII:4（百分之一千，188）；Laufer 1924b（債務）；也可見Horn 2005:246-47, 280-83；Price 2005:186-87；Wennersten 2000:40-41；Gray 1927。

90 第一個代議制機構：Horn 2005:239-41；Price 2005:189-94；KB 3:482-84（特許）。

90 詹姆斯鎮的奴隸：Kupperman 2007a:288；Price 2005:192-97；Sluiter 1997；Rolfe, J. 1619。寫給Sandys, E.的信，In KB 3:243（「二十幾名」）。一項有趣的調查，見Hashaw 2007；基本資料來源見Rolfe (KB 3:241-48)。

90 維吉尼亞菸草熱潮，近乎饑荒：Smith 2007c:443-44（「菸草」：引文出自Smith to Rolfe and Deputy Governor Samuel Argall）；Morgan 2003:111-113（酒館）；Rolfe 1616:871（達爾的命令）；KB 1:351, 1:566, 3:221, 4:179。（殖民者，維吉尼亞公司財務主管在一六一六年十二月表示，「治理失誤使他們極有可能陷入饑荒」〔KB 1:266〕。）

91 教士談維吉尼亞：Glover and Smith 2008:62-67, 221-23；Horn 2005:137-41；Donegan 2002:3-4, Fausz 1977:256-65; Crashaw 1613（「取得？」，24-25）；Symonds 1609。也可見克雷蕭的傳道in Brown 1890 vol. 1)360-75。

91 往後幾次的增資：Hecht 1969:279（已知最早的投資人：六名，二〇九英鎊〔沒有留下完整的名單〕），280-310（1609-10年投資人）；Brown 1890:vol. 1, 209-28, 466-69（1609-10年）；KB 3:79, 98, 317-39（1610-19年的幾次投資）。名單上的投資人不是每個人都真的出錢（Glover and Smith 2008:115）。

92 一六二二年的攻擊與公司財務：Rountree 2005:chap. 16; Horn 2005:255-62; Fausz 1977:chap. 5; Waterhouse, E. 1622。維吉尼亞殖民與事務狀況宣言，In KB 3:541-71; 2:19（債務）；3:668; 4:524-25。

92 缺乏農作，攻擊饑餓的新殖民者：Morgan 2003:100-02（船長的誘因）；Hecht 1982:appendix 2; KB 4:13, 41, 74, 186（擔心玉米種植），451, 525（放棄種植）。In Fausz' s summary:「在殖民地初期，英格蘭人仰賴〔印第安人〕，現在是他們難以和解的仇敵，取得最基本、最重要的人類需求」（Fausz 1977:473）。

93 第二次「饑餓時期」：KB 4:25, 41-42, 62（「地上」）, 65（「埋葬死者」）, 71-75, 228-39, 263, 524-25（超過一千人死亡，亦即，每三人就有兩人死亡）。數字並不精確，因為一整年裡移民不斷抵達與死亡。

93 英格蘭人無力成功攻擊：KB 2:71, 4:10（「他們躲入」）。雖然他們不想離開他們的菸草田（KB 4:451），但他們確實摧毀了印第安人的一些糧倉（KB 3:704-07, 709）。

93 「他們的土地」：Smith 2007b:494。

94 公司解散：Horn 2005:272-77；Morgan 2003:101-07（「他們的死亡」，102）；Rabb 1966:table 5 (200,000英鎊)；Craven 1932:1-23；KB 2:381-87；4:130-51, 490-97。

94 傳統菸草種植：Percy 1625?:95；Archer 1607:114（描述某人的農場「一百英畝內連一棵

（Bernhard 1992:603）。

80 史密斯炸傷自己：Smith 2007b:402；Percy 1625?:502。Horn(2005:169-70) 懷疑這是殺人未遂，但可能性不高；史密斯的敵人必須靠他才能存活。史密斯沒有子嗣可能是因為鼠蹊部燒傷所致。

80 船隊抵達，史密斯的繼任者：Glover and Smith 2008:chap. 4; Smith 2007c:chap. 12；Horn 2005:chap. 6；Archer, G. 1609。書信，八月三十一日，In Haile ed. 1998:350-53；Ratcliffe, J. 1609。寫給R. Cecil的信，十月四日，In idem:354-55。

81 第一次印第安戰爭：Smith 2007c:chap. 12；Morgan 2003:79（史密斯的觀點）；Fausz 1990（「第一次印第安戰爭」）；Percy 1625?:503-04（所有引文）。

81 「饑餓時期」：Glover and Smith 2008:chap.7；Smith 2007b:411-12（波哈坦停止供應糧食）；Horn 2005:174-77；Price 2005:126-29（襞襟，127-28）；Donegan 2002:144-75; Shirley 1942（佩西的穿著，237-38）；Percy 1625?:502-08（所有引文，505）；「古代種植者」1624:894-95。「饑餓時期」一詞來自於Smith(2007b:411)。一六〇九年冬天死亡人數：Kelso 2006:90；Bernhard 1992:60913；Kupperman 1979:24。殖民地居民總人口從兩百四十五人減少到八十到九十人。也可見Governor and Council in Virginia. 1610. 寫給維吉尼亞公司的信，七月七日，In Haile ed. 1998:456-57。

82 切薩皮克灣的魚類：作者訪談，Kelso（鱘魚骨頭）；Wennersten 2000:5-7, 12-13（水中），23-27；Pearson 1944。

82 士紳：Smith 2007b:404（隨從）；Morgan 2003:63, 83-87（「英格蘭」，84）。

83 羅爾夫的航行，打算放棄詹姆斯鎮：Glover and Smith 2008:chaps. 3-8；Horn 23005:157-64, 177-80；Price 2005:130-39；Strachey 1625:383-427（引文出自 384, 387）；「古代種植者」1624:895-97（「不少於」，897）；Somers 1610；West, T. (Baron de la Ware). 1610。寫給索爾茲伯里的信，七月，In Haile ed. 1998:465-67；West et al. 1610.

84 一六〇七至二四年的總移民與死亡人數：見圖表資料來源，特別是Kolb 1980, Hecht 1969, Neill 1867, Thorndale 個人通信。總結見Kupperman 1979:24，不過逐船計算的結果，顯示她估計的一六〇七至二四年有六千人進入美洲的數字似乎太低。我要感謝William Thorndale願意與我這樣的外行人討論資料問題。

84 詹姆斯鎮的死亡描述：KB 4:148（「痛苦」）；KB 4:160（「活下來」）；KB 4:175（「三千人」）；KB 4:22（「開始做事」）；Percy 1625?:507（「拖出來」）；KB3:121（都死了）；KB 4:238（「僕人都死了」，Rowsley於 1622 年春抵達〔KB 4:162, Thorndale 個人通信〕，而且筆記也顯示死亡的記錄是在六月）；KB 4:234（「返國」）；KB 4:235（「生離此地」）。

85 柏克利杭卓德：Dowdey 1962:chap. 2；KB 3:230（日期與抵達人數），3:207（「上帝」），3:197-99（死者名單）。通論見KB 3:194-214, 3:271-74。「杭卓德」指的是打算讓每個參與開發的人士擁有的土地英畝數。我要感謝Jamie Jamieson帶我遊歷柏克利。

85 「從投資中」：Craven 1932:24。

85 詹姆斯鎮的失敗嘗試：Hecht 1982:103-26。

86 波卡虹塔絲生平、綁架與婚姻：Smith 2007c:423-27；Rountree 2005（不穿衣服，Matoaka, 37）, 2001；Horn 2005:217-18；Townsend 2004:100-06；Price 2005:153-58；Dale 1615:845-46；Hamor 1615:802-09；Rolfe 1614；Argall, S. 1613。寫給「Master Hawes」的信，6月，In Haile ed. 1998:754-55；Strachey 1612:630（「身體翻轉過來」）。

87 英格蘭的反擊：Kupperman 2007a:255-59；Horn 2005:180-90；Morgan 2003:79-81（燕麥粉）；Fausz 1990:30-34Percy 1625?:509-18；Strachey 1625:434-38。

87 起初拒絕對波卡虹塔絲一事進行協商，而後締結約定：Smith 2007c:424-26（「偷走」，424）；Horn 2005:212-16；Rountree 2005:chap. 12；Fausz 1990:44-48；Hamor 1615:802-09；Dale 1615:843-44。Argall (1613:754-55) 認為波哈坦確實進行了協商，但Horn認為（2005:213）他不想示弱，並且希望在合理的狀況下進行協商——Argall可能誇大了波

司使投資人在尋求王室許可以進行海外貿易時，可以用團體的方式與國王協商。單一投資人擁有的槓桿極小；投資人集合起來，往往承受得起國王一時興起的念頭。我要感謝Mark Plummer與我進行了有用的對話。

76 藍迪斯與諾斯：Landes 1999（「耐心、不屈不撓」，523）；North and Thomas 1973（安排，「現象」，1）。這個偶爾引發爭議的傳統的其他作品包括Gress 1998, Lal 1998, and Jones 2003。

77 詹姆斯鎮之前的合股公司：討論的公司數目見Scott 1912:vol. 2。我沒有計入開礦的合夥公司，但確實包括了Ralegh的殖民公司（見下文）。當時絕大多數大規模歐洲貿易都掌握在商人家族與王室壟斷之下；其中一個例子是商人同業公會，這是附屬於國家的塞維爾商人家族協會，它長期支配了西班牙的美洲貿易。荷蘭東印度公司算是部分的例外，它是由六家商人公司集合起來的財團，由尼德蘭五省政府選任的監督委員會負責指導。關於商人同業公會與敵對的英格蘭與荷蘭東印度公司的簡要描述，分別見Smith 1940: chap. 6 and Bernstein 2008: chap. 9。

77 四個前殖民地：Humphrey Gilbert的冒險事業（因Gilbert的船在1583年的探勘任務中沉沒而取消）；緬因的Popham殖民地（1607-08年）；與在羅安諾克島做的兩次努力（1586-1587年；1587-?）。對於羅阿諾克島，Ralegh並未創設合股公司，而是透過非正式但類似的方法籌資（Trevelyan 2004:54, 81, 114, 138）。Popham殖民地在詹姆斯鎮之後不久創立，但我認為這座殖民地的主要推動者也是維吉尼亞公司的組織者。

77 羅阿諾克殖民地：Horn 2010; Kupperman 2007b; Oberg 2008; Donegan 2002:chap. 1; Fausz 1985:231-35; Quinn and Quinn eds. 1982。Quinn 1985是其他作品引為根據的著作。流行的說法包括廣受讀者歡迎的Horwitz 2008:chap. 11。

77 維吉尼亞公司對西班牙的看法，森納科莫可：Billings ed. 1975:19-22（引文，19-20）。

78 *Tassantassas*：Rountree 2005:6。見慣用語，如Hamor 1615:811。

78 詹姆斯鎮半島，地點的問題：作者造訪；作者訪談，William Kelso, Greg Garman; Smith 2007b: 389（井）；Barlow 2003:22-25（坑）；Rountree 1996:18-29（印第安人占據了最好的土地）；Earle 1979:98-103（「鹽中毒」，99）；Strachey 1625:430-31；Percy, G. 1607(?)。英格蘭人對維吉尼亞南部殖民地種植園的看法，1606年。In Haile ed. 1998:85-100（「汙物」，100）。挑選最佳土地的評價一直是一樣的。「只要是印第安人的老田地或居住地」，教士Hugh Jones於1724年提到維吉尼亞時表示：「我們可以確定那一定是最好的土地」（引自Maxwell 1910:81）。

78 乾旱：Stahle et al. 1998。考古學家與樹輪年代學家團隊檢視了維吉尼亞年代久遠的柏樹。由於雨量豐沛的年分比乾燥的年分更能產生寬闊的樹輪，因此科學家可以證明1606年到1612年是數百年間最嚴重的乾旱時期。

79 三十八人存活：Smith 2007b:323, 406；Bernhard 1992:603；Earle 1979:96-97；Kupperman 1979:24。

79 波哈坦的態度：Rountree 2005:143-47；Fausz 1985:235-54；Fausz 1990:12（「無知」）；Percy 1625?:505（「狐狸」）；Strachey 1625:419（遊蕩者）。波哈坦透過中間人表明他可能中斷糧食供應（Smith 2007b:388）。維吉尼亞董事會顯然了解這當中的危險（1609:363）。也可見West et al. 1610:457。

79 史密斯主其事：Smith 2007b:314-96（「很有希望」，341）；Horn 2005:59-100。如Smith(2007b:392)指出的，在他治理期間只有七個人死亡。

80 殖民地增加到兩百人：一六〇八年來了兩批，「第一批」於一月（一百或一百二十人，Horn 2005:75；「將近一百人」，Smith 2007b:324）抵達；「第二批」於（因資料而異）九月或十月（七十人，Horn 2005:104；略多於七十人，Smith 2007b:358）抵達。第一批殖民者的到來使殖民地人口總數達到一百三十八到一百五十八人，但同年夏天一些人的死亡使人口降到一百三十人左右；第二批殖民者的到來讓人口增加到兩百人左右

696；「例如」，703；一場打鬥，704-06；奴隸，717-18；「他的脖子」，720；「腦袋」，逃離與逃亡，730-33；非洲海盜，741-43）。也可見Kupperman ed. 1988: 導論。

70 懷疑的看法，對史密斯的支持：Adams 1871；Fuller 1860:vol. 1, 276（「大肆宣揚」）。亞當斯的動機：Rule 1962（「貴族」，179）。對懷疑者的反駁：Striker 1958；Fishwick 1958；Striker and Smith 1962（「Al Limbach」，478）；Barbour 1963；Kupperman ed. 1988:2-4。流行的諷刺詩，*The Legend of Captaine Jones*，出現在一六三〇年，對史密斯的自誇大加嘲弄。

71 史密斯激怒了社會地位較高的人士：就像現代的民粹主義者，史密斯嘲弄整個環境：「議會、劇作、請願書、海軍上將、記錄者、翻譯、編年史家、抗辯庭與治安法官」（2007c:329）由具有政治關係的紳士（如殖民地領袖）所盤據。反過來，這些人也抨擊史密斯（Wingfield 1608?:199-200; Percy 1625?:502; Ratcliffe [in Haile ed. 1998:354]; and Archer [ibid.:352-53]）。試圖通過新的禁奢法律，見Kuchta 2002:37-39。Percy的皮箱，見Nicholls ed. 2005:213-14。

72 史密斯的被捕版本：Smith 2007b:316-23（「救出鬼門關」，321；「餓死」，323）。

72 對波卡虹塔絲故事的懷疑：兩種不同的描述分別來自一六〇八年（Smith 2007a）與一六二四年（Smith 2007b）。Rountree（2005:76-82）的看法比較令我信服，她認為波卡虹塔絲就算扮演了一定角色，也是在波哈坦把史密斯收為臣下的儀式中（Horn 2005:66-71;Kupperman 2007a:228; Allen 2003:46-51; Richter 2001:69-78）。那些害了相思病並且解救了史密斯的女性，被Townsend（2004:52-54）與Smith自己（2007b:203-04）一一列出。相關的電影包括*The New World*(2005)、*Pocahontas*(1995)與*Captain John Smith and Pocahontas*(1953)。一般民眾對於這個故事也有正反兩種意見（Price 2005:59-69, 241-45；Horwitz 2008:334-37）。

73 史密斯的故事模糊了真實的故事：Kupperman 2007a。

74 英格蘭國王的債務，強制借款：Homer and Sylla 2005:122；Croft 2003:71-82；Scott 1912:vol. 1, 16-27, 52-54, 133-40。

74 「邪惡的奴隸」：Barlow 1681:2-6（所有引文）。這是最通行的十七世紀對教皇通諭*Regnans in Excelsis*(1570)的翻譯。

75 西班牙殖民地：前詹姆斯鎮時期的西班牙入侵，包括San Miguel de Gualdape（建立於一五二五年，或許位於南卡羅萊納州〔見第8章〕）、Santa Rosa Island（一五五九年，位於佛羅里達州西北部外海）、San Agustín（一五六五年，今佛州聖奧古斯丁市）、Guatari（一五六六年，位於南卡羅萊納州）、San Antonio（一五六七年，位於佛州西南部）、Tequesta（一五六七年，位於佛州東南部）、Ajacán（一五七〇年，接近詹姆斯鎮）、San Pedro de Mocama（一五八七年，位於今喬治亞州與佛羅里達州邊界附近的小島上）、Tolomato（一五九五年，為於喬治亞州沿岸）、Santa Clara de Tipiqui（一五九五年，位於相同的海岸）、San Pedro y San Pablo de Puturiba（一五九五年，位於與San Pedro de Mocama相同的島上）、San Buenaventura de Guadalquini（一六〇五年，位於喬治亞州的另一個島上）與San Joseph de Sapala（一六〇五年，在另一座島上）。這張清單並不完全；有些例子的資料來源，文字拼法與建立的確切地點有出入。關於Ajacán的詳細內容，見Lewis and Loomie 1953。更多殖民地建立在詹姆斯鎮之後，其中包括Santa Fe。

75 新法蘭西的殖民地：Charlesbourg-Royal（建立於一五四二年，位於聖羅倫斯河）、Charlesfort（一五六二年）、Fort Caroline（一五六四年）、Sable Island（一五九八年）與Port-Royal（一六〇五年）。魁北克建立於一六〇八年，比詹姆斯鎮晚了一年。

75 哈克魯特：Hakluyt 1584:chap. 4（「以海盜為常業」），chap.1（所有其他引文）。

76 美洲與中國相近：見下文。

76 合股公司：權威的歷史介紹見Scott 1912。公司一開始是做為分散風險的工具，關於這方面的簡明解釋，包括即將出版的Kohn: chap. 14；Brouwer 2005。重要的是，合股公

Rountree 2005:29-35。

62 缺乏馴養的動物：Strachey 1612:637；Crosby 1986:172-94；Diamon 199:160-75。波哈坦人就像北美東部其他印第安人一樣，只有狗與鷹，後者與其說是馴養，不如說是馴服（Anderson 2004:34-37）。

62 馴養的判準，馴養動物的種類：E. O. Price 2002；Mason ed. 1984。鳥類的數量有爭議，其中一項爭論是關在籠中的鳥如長尾鸚鵡與金絲雀是否也能算是馴養。

63 英格蘭的地貌：Anderson 2004:84-90。

63 原住民的農耕方法：Smith 2007b:279；Strachey 1612:676-77；Spelman 1609:492。

63 印第安人玉米田的大小：Maxwell 1910:73；Smith 2007b:284（「他們的田野與菜圃大小不等，有二十英畝、四十英畝、一百英畝與兩百英畝」）。Strachey（1612:626）提到「〔在一個鎮裡〕有這麼多土地已經清除了樹木而且如此開敞」，只需要「少許勞動」，殖民者就能「種植兩千到三千英畝」的玉米或「葡萄園」。Edward Williams認為（1650:13）殖民者毋須擔心要花費勞力開闢森林，因為「我們可以利用現成而廣大的印第安人田野」。學界的結論包括Rountree et al. 2007:34-35, 41-42, 153。Rountree(1990:280, note22)引用Strachey(1612:636)的另一項數據，指出絕大多數的農田邊長都在一百到兩百英尺。Strachey也指出，植物彼此相隔「四到五英尺」，而且「通常」生長兩小穗，這說明了一個家戶擁有的每邊一百五十英尺的農地可以生產約三千穗——供「六到二十口」之家一到兩個月的糧食（1612:636, 676）。（美洲原產的玉米穗大小不到典型的現代玉米穗的一半。）在人類學紀錄中，人們很少看到有人為了穀物而辛苦種地，卻不足以做為主食的情況，如Strachey第二個數量較少的估計顯示的。

66 柵欄，缺乏柵欄：Rountree 2005:42；Rountree and Turner 1998:279；Rountree et al. 2007:38。

66 柵欄的意義，英格蘭的家畜：Anderson 2004:78-90。

66 「休耕」田野的用途及上面生長的植物：Rountree, Clarke, and Mountford 2007:42；Rountree 2005:9, 56；Rountree 1993a:173-74。

67 河狸的影響：Hemenway 2002；Naiman et al. 1988。歐洲也有河狸，但英國河狸已經被獵捕一空。

67 箭葉芋：作者造訪，詹姆斯鎮；Smith 2007b:276, 391；Rountree et al. 2007:43-44, 124；Rountree 2005:12, 1990:52-53；Strachey 1625:679。

68 從海上可以看見煙霧與大火：De Vries 1993:22（「看到陸地」）；Bigges 1589:38（「以整個海岸來說，發生大火……是很常見的事」，132）。

68 印第安人用火獵捕：Smith 2007a:14（「森林的大火」）；Mann 2005:248-52；Williams 189:32-49；Krech 1999:104-06；Byrd 1841:80-81。

69 原住民燒墾的影響：Miller 2001:122；Wennersten 2000:chaps. 13-15；Pyne 1999（「重塑成金屬」，7），1997a:301-08, 1997b, 1991（「旅行走廊」，504）；Pyne et al. 1996:235-40；Rountree 1993b:33-38（路徑）；Hammett 1992；William 1989:32-49；Byrd 1841:61（「燒燬一切的大火」）；White 1634:40（「通行無阻」）。與懷特一樣，約翰・史密斯也堅稱「單騎馳騁於林中完全沒有問題」（2007b:284），十七世紀馬里蘭一名編年史家也有相同的說法（「森林絕大多數沒有林下灌木，因此人們可以騎馬而過，毫無阻礙」〔Anon. 1635:79〕）。維吉尼亞森林極其開闊的說法似乎相當普遍，William Bullock還沒抵達當地，就表示（1649:3）維吉尼亞人可以「在森林中看到一英里半以外的東西，就連遠處的樹木也能看得一清二楚，因此人們可以駕駛貨車或馬車穿過樹木最密集的地方，粗大的樹枝往往位於高處，對行車不會構成妨礙。」（Bullock 1649:3）。詹姆斯鎮殖民者最早看到的景象是以大火開闢的遼闊空地（Percy 1625?:90-91）。

69 雜亂的生態區域：Rountree 1996:4-14。

69 《真實的旅行》裡的史密斯故事：Smith 2007c（早年，689-94；「前往羅馬」，693；「策略」，驚訝這方面的研究幾乎付之闕如。一本十九世紀航海教科書上寫著，壓艙物通常是「鐵塊、石塊或砂礫或一些類似的物質」，不過「在一些殖民地港口與其他港口，只會以沙土做為壓艙物」(Stevens 1894:75-76)。

58 蚯蚓是工程師：Darwin 1881(「低等組織的生物」，313)；Edwards 2004:4(蠕蟲質量，翻土比例)。

58 冰期與蠕蟲：James 1995。冰期並未殺死「所有」的北美蠕蟲。但今日北美所有的蚯蚓全來自於進口，絕大多數來自歐洲與日本。

59 引進的蚯蚓造成的生態衝擊：作者訪談，Hale；Frelich et al. 2006:1239(見圖1), 1236, 1238(土壤密度), 1237(對養分的影響), 1241(枯枝落葉), 1241(林下層植物)；Bohlen et al. 2004a:8(養分)；Bohlen et al. 2004b:432(清除林下層)；Migger-Kleian et al. 2006(無脊椎動物、哺乳類動物、鳥類、蜥蜴的減少)。陸正蚓的特定影響：Proulx 2003:18；Tiunov et al. 2006。紅正蚓的特定影響：Bohlen et al. 2004b:432；Tiunov et al. 2006:1226。蚯蚓可能助長外來種的入侵(Heneghan et al. 2007)。

59 殖民地的目的：Horn 2005:41-42, 55-56, 80-81；Price 2005:21-22, 75-76。殖民者得到的指示指引他們獵取「任何礦藏」，在源頭位於西北方的河岸邊建立營地，「因為這麼你可以最快找到另一片海洋」(Haile ed. 1998:19-22)。公司的特許(McDonald ed. 1899:1-11)包含的除了生存與防衛外，只有三件事：讓原住民改信(¶II)；獲得「金、銀與銅」(¶IX)；以及與「其他外國」貿易(¶XVI)。英格蘭人相信當地有金銀，部分是因為之前抵達北美的英格蘭人如此宣稱(Ingram 1883; DeCosta 1883)。

59 第一個代議制機構，第一批奴隸：見以下。

59 詹姆斯鎮上岸：Bernhard 1992:600-01；Billings 1991:5；Kelso 2006:14。殖民者的數目有爭議。Bernhard與Kelso同意George Percy的說法(Haile ed. 1998:98)，主張有一百零四名(一百零五名跨洋，一名死於途中)。但Kelso與Straube(2004:18)與Kupperman(2007:217)認為有一百零八名；Price(2005:15)認為「一百零五名左右」。

60 詹姆斯鎮定居者：到詹姆斯鎮考古遺址參觀的人會看到「詹姆斯鎮定居者」的名單。同樣的語言出現在維基百科與新聞雜誌的頭條上(Lord 2007)。

60 森納科莫可：其他的拼法包括Tsenacomacah、Tsenacomacah與Tsenacommacoh。我遵循Fausz 1977:68-70，使用「帝國」一詞。

60 一開始有六個村落：Strachey 1612:615。關於波哈坦的帝國建築的描述，見Rountree 2005:chap. 4與Fausz 1977:56-68。

60 波哈坦支配的疆域：Hatfield 2003:247；Rountree 2005:40；Turner 1993:77。

60 一六〇七年，森納科莫可的疆域與人口：自從Thomas Jefferson(1993:220)首次做出人口估計(8,000平方英里，8,000人)以來，學界的爭論不斷。最近的估計包括Feest 1973(14,300-22,300人)；Turner 1973(18,550平方工里〔7,160平方英里〕，10,400人)；Fausz 1977:60(「鄰近地區有一萬兩千人」)；Turner 1982(16,400平方公里〔6,332平方英里〕，12,940人)；Rountree 1990:15(16,500平方公里〔6,370平方英里〕，13,000-14,300人)；Rountree and Turner 1994:359(「略少於6,500平方英里」；「約13,000人」)；McCord 2001(「稀疏」的人口)；Hatfield 2003:fig. 1(約6,200平方英里)；Turner 2004(13,000-15,000人)；Horn 2005:16(「大約15,000人」)；與Rountree 2005:13(「約15,000人」)，40。我採用Rountree與Horn。

60 「西歐」：Williams 1989:33。

60 波哈坦其人與支配：Rountree 1990:7；Rountree 2005:33。Allen(2003:64-67)解釋名字的衍生。他的臣民直呼他的名諱Wahunsenacawh(Strachey 1612:614)。

61 波哈坦的首都、住處、外觀：作者造訪，考古遺址；Gallivan et al. 2006(地理，圖3.1)；Gallivan 2007(城鎮地圖，圖2)；Smith 2007a:17, 22(「我平生未見」)，53-54；Smith 2007b:270(「墓穴」)，296-97(珍珠，床椅)；Strachey 1612:614-19(「王屋」615)；

19（150-200,000）；Agurto Calvo 1980:122-28（125,000）。加奧：資料很少，但根據十六世紀晚期對市中心住宅群的調查，得到的人口數在四萬到八萬之間；在中心區周圍的人可能更多。「這樣的規模與人口聽起來也許誇張……但我們必須記住，加奧是帝國的中心，這個帝國面積廣達一百四十萬平方公里（五十萬平方英里）」（Hunwick 1999:xlix）。十九世紀的旅行家Henry Barth，他看到的廢墟保存仍相當完整，他估計加奧「這座城市的周長約有六英里」（Barth 1857-59:vol. 3, 482）。巴黎：Bairoch, Bateau, and Chévre估計一五〇〇年時約有二十二萬五千人（引自DeLong and Shliefer 1993:678）。Chandler（1987:159）估計一五〇〇年的巴黎約有十八萬五千人，他把一四六七年估計的持有武器人數（28-30,000）乘以六，而算出十七萬四千人，然後再基於未解釋的原因（移民？）而估計一五〇〇年時將達到十八萬五千人。六這個係數似乎太高了——事實上，Chandler對於在此之前一個世紀的巴黎人口的估算是乘以五。

53 城市的變化：Acemoglu et al. 2002。

19 雷德氏症候群：拉伊莎貝拉的疾病：Allison 1980; Aceves-Avila et al. 1998; Chanca 1494:66-67; Las Casas 1951:vol. 1, 376. 哥倫布的疾病：Colón 2004:329; Las Casas 1951:vol. 1, 396-97; and Colón, C. 1494. 寫給國王的信，二月二十六日，In Varela and Gil eds. 1992:313. 風溼病學家Gerald Weissmann把哥倫布當成一項病例而加以研究（1998:154-55）。根據拉斯卡薩斯（1951:vol. 1, 363-64）的說法，他的父親與兄弟親眼目睹哥倫布在1月染病；夏日疾病的侵襲可能是舊病復發，而且更為嚴重。哥倫布描述時表示：「這場病奪走了我所有的感官知覺與理解能力，彷彿我罹患的是瘟疫或昏睡病」（313）。雷德氏症候群與昏睡病無關（昏厥、疲倦，這些在當時被當成是雷德氏症候群的症狀），而與高燒和錯亂有關聯，但這些症狀跟昏睡病其實很相近。哥倫布後期的症狀，例如炎症，則更容易讓人想到昏睡症。

29 愛爾蘭的因紐特人：Varela and Gil eds. 1992:89（旁注）。Morison (1983:25) 認為這則故事不值得重視，Phillips and Phillips (1992:105) 提到但未做評論，Quinn (1992:282-85) 則對此嗤之以鼻。與此相反，Jack Forbes(2007:9) 則稱旁注是「堅實而無爭議的證據，顯示哥倫布與其他人曾在戈爾維（Galway）看到美洲原住民」。我要感謝Scott Sessions協助我翻譯哥倫布的注釋。

35 蜂蠟：Cervancia 2003; Ruttner 1988:284（蜜蜂種類）；Cowan 1908:73, 89, 105（介殼蟲）。

2. 菸草海岸

56 引進到美洲的蚯蚓：作者訪談，Hale, Reynolds, Bohlen；Frelich et al. 2006；Hendrix and Bohlen 2002:esp. 805-06, table 4；Reynolds 1994；Lee 1985:156-59。

56 羅爾夫：Price 2005:154-58；Townsend 2004:88-96；Haile ed. 1998:54-56；Robert 1949:6-9。有時會提到紐芬蘭島（Newfoundland）的聖約翰斯（St. John' s）是第一個長久維持的英格蘭殖民地，但大部分史家認為，在一六一〇年之前，該地並無長住人口。

56 「喝」菸草：Ernst 1889:141-42；Apperson 2006:6。

56 菸草種類：Horn 2005:233；Robert 1949:7-8；Arents 1939:125；Strachey 1625:680（「辛辣的味道」）。圓葉菸草非常的強烈，甚至會引發幻覺，因此有些殖民者非常喜愛這種菸草。Thomas Hariot表示，抽菸導致「許多珍貴而美好的體驗」（Hariot 1588:n.p.[17]）。

57 羅爾夫與菸草：Arents 1939:125。也可見Hamor 1615:820, 828（「香甜與濃郁」）；Velasco, A. d. 1611. 寫給西班牙國王的信，五月二十六日。In Brown 1890:vol. 1, 473。

57 英格蘭的菸草狂熱：Laufer 1924b:3-48；"C. T." 1615:5（白銀）；Rich 1614:25-26（七千家菸草館）。

57 菸草出口：關於出口數字，見以下。桶子大小：作者造訪詹姆斯鎮考古地點。

57 壓艙物：現在，船舶壓艙物被視為生物引進的主要來源（如Bright 1988:167），我們很

第4章。

42 西班牙與歐洲的財政災難：標準的陳述包括Kamen 2005，Elliott 2002，Lynch 1991（價格革命，174-84），Parker 1979（特別是"War and Economic Change: The Economic Costs of the Dutch Revolt," 178-203），與Hamilton 1934。西班牙的災難簡要地總結在Flynn 1982: 特別是142-43。西班牙因白銀而破產的詳細研究，見Carande 1990，特別是vol. 3。白銀生產衰減：Garner 2007：圖6，8（使用John TePaske已更新而未出版的數字）；Garner 1988：圖2；Brading and Cross 1972：圖2。「普遍危機」的觀念顯然出自Roland Mousnier 1954。

43 「西班牙戰爭」：Flynn（個人通信）的摘要，根據的是Parker 1979b, c。

45 歐洲的小冰期：Parker 2008:1065, 1073（愛爾蘭）；Fagan 2002（冰凍的海洋，137）；Reiter 2000（格陵蘭，2）；Lamb 1995: chap. 12；Ladurie 1971（葡萄酒，52-56；主教，180-81）。

46 太陽黑子、火山與小冰期：Eddy 1976（蒙德極小期）；Briffa et al. 1998（火山的衝擊）；Jansen et al. 2007:476-78（對太陽黑子、火山抱持懷疑看法）；Hegerl et al. 2007:681-83（太陽黑子與火山）。一六四一年的噴發，菲律賓全境均可聽聞——「空氣中傳來火槍、大炮與戰鼓的吵雜聲」（Anon. 1642. News from Filipinas, 1640-42. In B&R 35:114-24, at 115）。

46 魯迪曼假說：Ruddiman 2003, 2005, 2007。他另一項論點認為，森林的砍伐與焚燒影響氣候，其實早在八千年前就已開始，這項論點遭到不少抨擊（例如Olofsson and Hickler 2008）與支持（例如Müller and Pross 2007）。大多數人均能接受的是美洲流行病與二氧化碳減少的關係（Dull et al. 2010；Nevle and Bird 2008；Faust et al. 2006）。

46 火保存了大草原：Anderson 1990；Stewart 2002:113-217；Clouser 1978。關於火在世界各地草原扮演的角色，見Bond et al. 2005。

46 印第安人的火與東部森林：Johnson 2005:85（「英格蘭的公園」）；Stewart 2002:70-113；Williams 1989:chap. 2, esp. 43-48；Cronon 1983:48-52；Day 1953。

47 三十一處地點：Nevle and Bird 2008。

47 流行病之後地貌的變化：Dull et al. 2010（「碳預算」，765）；Denevan 2007, 1992:377-79；Wood 1977:38-39（「旅行」）。

50 北美洲小冰期：Parker 2008:1067；Pederson et al. 2005（森林構成）；Anderson 2004:100（牲口）；Kupperman 1982。

50 氣候、蚊子、疾病、奴隸制度：見第4章。四斑瘧蚊：Reinert et al. 1997；Freeborn 1923。弔詭的是，旱災也有利於蚊子，因為它殺死了蚊子幼蟲的水中掠食者（Chase and Knight 2003）；物種因氣候的擾亂而繁盛。

51 馬的介紹：Hämäläinen 2008 passim；Calloway 2003: chap. 6；Holder 1974。

51 墨西哥城與阿卡普爾科：第8章，Schurz 1939:371-84；Gemelli Careri 1699-1700:vol. 6, 5-16。

52 一六三七年到一六四一年的火山，白銀的衰退：Garner 2007:esp. fig. 1-3（白銀）；Atwell 2005（白銀）；Atwell 2001:32, 36, 62-70（火山）。

52 中國的饑荒與民變：Parker 2008:1058-60, 1063-65。見第5章。

53 一五〇〇年最大的城市：Chandler 1987:478-79；也可見Eggiman 1999, De Vries 1984。緯度三十度規則的唯一例外是北京，中國的人口集中於南方，但首都卻位於北方。注意：我調整了Chandler的清單，增列了撒哈拉沙漠以南城市與美洲原住民城市，他一向低估了這些城市。我的解釋如下。特諾奇提特蘭：數座城市構成的整體，一般估計大約有一百萬到一百五十萬人，其中特諾奇提特蘭占了——稍微獨斷地進行估算——總人數的五分之一到四分之一（例見Smith 2002:57-59；Sanders 1992）。寇斯科：人口更不確定，但根據西班牙殖民描述（通常會高估）與考古調查（通常會低估），最近的估計約在十萬到二十萬人之間。例見D' Altroy 2002:114（100-150,000）；Cook 1981:217-

Sanz y Díaz 1967:3-17。

32 國王希望他們達成的任務：Royal Audiencia of New Spain.給雷加斯皮的指示，一五六四年九月一日，In B&R 2:89-100。

33 「與雷加斯皮」：García-Abásolo 2004:231. García-Abásolo表示，雷加斯皮「一直認為他最後的終點會是中國……如果他能再多活幾年，或許他能派出外交使節到中國」(235)。也可見Cortés 2001:266-7 passim, 444-47（希望探索太平洋）與許多胎死腹中的中國任務，Ollé Rodríguez 2002整理出它們的年代順序。

34 雷加斯皮在菲律賓的第一年：Legarda 1999:16-31; Guerrero 1966:15-18; Rubio Mañé 1970, 1964.也可見Sanz y Díaz 1967:35-52。

34 瑪烏浩貿易地：作者親自造訪，訪談了Chiquita Cabacay-Jano與Rudmar T. Cabacay (Bulalacao development office)；Horsley 1950:74-75（陽傘與鼓）；雷加斯皮寫給菲利普二世的信，一五六七年七月二十三日。In B&R 2:233-43, at 238。也可見Laufer 1908:251-52; Li 2001:76-79。

35 瑪烏浩的衝突：Legarda 1999:23-24; Zuñiga 1814:vol. 1, 110-11; Laveçarism G. d. 1575? "Part of a Letter to the Vicyroy." In B&R 3:291-94, at 291-92; Anon. (Martín de Goiti?). 1570。與航行呂宋的關係。In B&R 3:73-14, at 73-77（所有引文）。西班牙人繼續前往馬尼拉，他們不僅在一些貿易爭端上保護中國船，同時也劫掠城鎮（ibid.:94-96, 101-04;Anon. 1571，與征服呂宋島的關係。In B&R 3:141-72, at 148-57）。這裡使用的距離是「里格」(leagues)，我用長三點四六英里的legua común（Chardon 1980）來計算。也可見Sanz y Díaz 1967:53-59。

36 中國人來到馬尼拉：Pacheco Maldonado, J. 1572. Carta en Relación de Juan de Maldonado Tocante al Viaje y Poblacion de la Isla de Luzón en Filipinas, 五月六日。引自Ollé Rodríguez 2006:32, 1998:227-30; Riquel et al. 1573:235; Zuñiga 1814:vol. 1, 125-26。

36 馬尼拉起初的交易：Lavezaris, G. d. 1573。雷加斯皮死後的菲律賓事務，六月二十九日。In B&R 3:179-89, at 181-84；Riquel H. et al. 1573。來自西方群島的消息，ibid.: 230-49, at 243-49（「頗為高興」，245）；也可見新西班牙總督的信件，引自ibid.: 226，註75。

36 新全球化時代，銀貿易與奴隸制度的衝擊：見第3與第4章。

37 中國的優勢：Pomeranz 2000:31-107；Frank 1998: Chap.4。

37 西班牙無法出口歐洲商品到中國：Enriquez, M. 1573。寫給菲利普二世的信，十二月五日。In B&R 3:209-19, at 212（「無法找到中國人沒有的東西」），214。中國人同樣直言不諱：「我販呂宋，直以有佛郎機銀錢之故」，福建巡撫徐學聚表示。外國人沒有中國人需要的東西（Xu, X. 紅毛夷的最初報告。In Chen et al. eds. 1962:4726-27）。也可見Marks 2007:60-62。

38 「革命性的事件」：Song 2007:2。見第5章。

38 「亞洲的列車」：Frank 1998:277。

38 雷加斯皮—烏爾達內塔紀念碑的歷史：De Borja 2005:17, 128。

40 世界貨幣供給增加為原來的三倍：Garner 2006使用TePaske與Klein的更新資料；Morineau 1985:571-99。到了一六五〇年，美洲已經生產了約三萬噸白銀。

40 波托西的地質：Bartos 2000；Waltham 2005。

41 波托西是美洲最大的城市：見第3章。

41 白銀的加工、運輸與艦隊：Craig and Richards 2003:1-12（六十五磅，表1-1）；Goodman 2002:3-5；Cobb 1949:33-36；Acarete du Biscay 1698:54-57。

41 荒廢的安地斯山地農田：高地農業的荒廢，這方面的研究極少，但Denevan總結了證據後認為，這種情況「主要與十六世紀人口減少有關」(2001:201-10，引自210)。

41 一六〇〇年的火山：De Silva and Zielinski 1997。

42 白銀運送到中國的比例：雙方的論戰見Garner 2006與Flynn and Giráldez 2001。見

24 對哥倫布的指控：例見Sale 2006。「哥倫布」以下的索引條目顯示他的一般評價：「埋怨」、「欺騙」、「誇大與自吹自擂」、「沉迷於榮耀與家系」、「自憐」、「自私」。關於對哥倫布看法的演變，見Stavans 2001。

25 首先提出興建燈塔的構想：Del Monte y Tejada 1852-90: vol. 1, 316-19（「天意」，316）。

25 哥倫布作品：Varela and Gil eds. 1992.

25 簽名：Colón, C. 限定繼承的財產，一四九八年二月二十二日。In Varela and Gils eds. 1992:356。也可見Morison 1986:356-57；Milhou 1983:55-90。

26 「聖費爾南多」：Colón 2004:238。也可見Las Casas 1951:Vol. 1, Chap. 2。我

26 兩個不變的事物：這裡我接受Fernández-Armesto 2001的說法。由於哥倫布想建立自己的家系，例見Colón 1498中他對家系繼承做的指示。也可見他對保存貴族特權紀錄所做的努力，這些紀錄稱為*Book of Privileges*（Nader 1996:10-13）。我所見的有關他的宗教信仰的最佳分析是Milhou 1983；也可見Delaney 2006；Watts 1985。

26 「征服聖地」：Colón 1493:181。哥倫布在一四九三年的信裡向國王詳述他的希望：「承蒙神的恩寵……自今日起往後七年的時間，我將有能力為殿下籌措一筆軍費，組成五千名騎兵與五萬名步兵以征服耶路撒冷，而這正是我從事這項事業的理由」（Varela and Gil eds. 1992:227-35, at 232）。也可見，Delaney 2006；Rusconi ed. 1997:71-77（哥倫布未寄出的書信，信中鼓勵君主攻占耶路撒冷）；Colón 1498:360（指示他的繼承人要協助征服事宜）。我要感謝Scott Sessions協助我處理這些資料。

27 「像洋梨一樣的地球」：Colón, C. 與第三次航海的關係，一四九八年八月（？）。In Varela and Gil eds. 1992:377（「類似女人乳頭的東西」）；380（「憑藉著神意」）。在向國王報告第三次航行時，哥倫布宣稱他找到了天堂的乳頭。在委內瑞拉的奧里諾科河（Orinoco River）河口，他順著斜坡爬到上去，到了一處「向外延伸的地點」（ibid.:377）。天堂可能接近河流的上游。這種觀念被廣泛流傳；但丁把天堂置於一個巨大凸出物（他稱為煉獄山）的頂端（Lester 2009:292-95）。我要感謝Dennis Flynn的整理。

27 伊斯蘭、威尼斯、熱那亞是中間人：我要感謝Dennis Flynn的整理。例見Bernstein 2008:70-76；Hourani 1995:51-87ff。

28 埃拉托斯特尼斯：Crease 2003:chap. 1（「全球各地」，3）。埃拉托斯特尼斯的實際數字或許更接近兩萬九千英里，絕大多數科學史家認為這是相當精確的數字。

28 哥倫布的地理學：Wey Gómez 2008:65-99, 143-58；Varela and Gil eds. 1992:90-91（四分儀）；Nunn 1924:chap. 1。哥倫布也仰賴宇宙學家Pierre d' Ailly的說法，他認為東亞必定接近西非（Nunn 1935）。D' Ailly的觀念來自於培根（1962:311），而培根則源自於他對亞里斯多德作品的誤讀。（亞里斯多德事實上是這麼寫的〔1924:II.14〕：「數學家試圖計算地球圓周的長度，他們的結果是四十萬斯塔迪翁」——大約四萬五千五百英里，是實際大小的兩倍。）哥倫布對於這些學者研究的細節一無所知，而且也沒有證據顯示他在乎這一點。舊西班牙海里與目前的英里長度接近，因此我對當中的差異略而不計。

29 「《啟示錄》」：Colón, C. 1500。寫給Dona Juana de la Torre的信。In Varela and Gil eds. 1992:430-37, at 430.

29 讓中國皇帝改信：Colón, C. 1503。與第四次航行的關係，七月七日。In Varela and Gil eds. 1992:485-503, at 498.

29 燈塔計畫的歷史：González 2007; Roorda 1998:114-18, 283-85; Farah 1992; French 1992a, b（抗爭）;Wilentz 1990; Gleave 1952。

31 同種新世：Samways 1999。人類世是另一個比較常用的說法。

33 探險前的雷加斯皮與烏爾達內塔：Rubio Mañé 1970, 1964; Mitchell 1964（烏爾達內塔選擇雷加斯皮，105）；De Borja 2005:chap. 3. Enriquez, M. 1561. 寫給菲利普二世的信，二月九日，In B&R 3:83-84（烏爾達內塔與雷加斯皮是親戚）；idem 1573。寫了給菲利普二世的信，十二月五日，In B&R 3:209-22, at 216-17（雷加斯皮變賣家產）。流行的說法見

Colón 1493:177-86. 耶誕節可能位於海地北部Caracol鎮附近；聖瑪利亞號的船錨於十八世紀在當地被發現（Moreau de Saint-Méry 1797-98:vol. 1, 163, 189, 208）.

17 塔伊諾: Rouse 1992.

17 耶誕節的毀滅：Abulafia 2008:168-71; Las Casas 1951:vol. 1, 256-59; Chanca 1494:51-54（「上面已長滿植物」54——我把yerba翻譯成「雜草」與「植物」）。Las Casas（1951:vol. 1, 357）表示屍體數量有「七到八具」；哥倫布的兒子（2004:312）說有十一具。Michele de Cuneo（1495）說西班牙人擔心那幫人是被人吃掉了。

18 拉伊莎貝拉的建立：Abulafia 2008:192-98；Las Casas 1951:vol. 1, 363-64, 376-78; Anghiera 1912:88（「菜園」）; Cuneo 1495:178（「覆蓋著野草」）。

18 馬加里特的背叛：Abulafia 2008:202-03; Phillips and Phillips 1992:207-08; Poole 1974; Las Casas 1951:vol. 1, 399-400; Oviedo y Valdés 1851:vol. 1, 54. Poole認為馬加里特啟程返國，於其說是叛變，不如說是一名盡責的臣僕為回報殖民的混亂而採取的行動，但這當仍有微妙的差異——他在報告中強烈地反對哥倫布。

19 與塔伊諾人的戰鬥：Abulafia 2008:201-07; Colón, C. 寫給國王的信，一四九五年十月十四日，In Varela and Gil eds. 1992:316-30（「土地」，318）; Castellanos 1930-32:vol. 1, 45（Elegía II〔化學武器〕）。

20 哥倫布大交換裡的多明尼加共和國：寫電郵給作者，Bart Voorzanger（通論）；Hays and Conant 2007（貓鼬）；Eastwood et al. 2006（鳳蝶）；Guerrero et al. 2004（鳳蝶）；Martin et al. 2004（林下層）；Rocheleau et al. 2001（森林變化）；Parsons 1972（非洲野草〔bedding, 14〕）；Hitchcock 1936（非洲野草，161，259）。

21 火蟻的攻擊：Wilson 2006, 2005; Williams and Matile-Ferraro 199:146（非洲介殼蟲）；Las Casas 1951:vol. 3, 271-73（其他的引用）；Oviedo y Valdés 1851（「人口銳減」，vol. 1, 453 [bedding, 14]）；香蕉，vol. 1, 291-93 [bk. 8, chap. 1]）；Herrera y Tordesillas 1601-15:vol. 2, 105-06 (Dec. 2, bk. 3, chap. 14)。香蕉由西非外海的加那利群島進口。與香蕉有關的介殼蟲，絕大多數是水蠟蟲。Oviedo報告說，「這些部分的螞蟻是香蕉非常好的朋友」（vol. 1, 291）。

22 「有好幾百萬人吧」: Colón, C. 寫給天主教君主的信，一四九四年四月到五月。In Varela and Gil eds. 1992:284. *Cuento de cuentos* 意思是「一百萬個一百萬」，或一兆。但「兆」這個詞在西班牙文裡出現，要等十七世紀之時。哥倫布顯然只是想說明「數量很多」，所以我用「好幾百萬人吧」來傳達那個時代的詞語在意義上的不明確。我要感謝Scott Session協助翻譯。

22 估計西班牙島上的人口減少：Livi-Bacci 2003（估計表，7；「數十萬人」48；一五一四年的計算，25-34）；Las Casas 1992:29（「三百萬人」）。地理學家William Denevan，研究哥倫布抵達美洲前的人口現象，他相信（私人通信）當時人口數字在五十萬到七十五萬人之間。

22 塔伊諾人已不到五百人：Oviedo y Valdés 1851（「沒有人相信一五四八年時會只剩五百人」，vol. 1, 71 [bk. 3, chap. 6]）。Las Casas認為，一五一八年到一五一九年，「不到一千人能在這場不幸中倖存」（1951:vol. 1, 270）。Oviedo從一五一四年到一五五六年一直住到島上，Las Casas則是從一五〇二年到一五四〇年左右。

22 聖多明哥陷於貧困：Bigges 1589:32。當Sir Francis Drake劫掠該城時，「由於城市缺乏挖礦人力」，因此窮得付不出贖金。

22 美洲缺乏疾病，新疾病的入侵：簡要說明見Mann 2005:86-133。

23 塔伊諾人的基因：電郵給作者，Juan Carlos Martinez-Cruzado (University of Puerto Rico)。Martinez-Cruzado於二〇〇九年七月報告指出，「多明尼加共和國有百分之十五的人口有美洲原住民的mtDNA」，但在我寫作之時，關於這些人當中有哪些屬於塔伊諾人的基因則仍在調查中。

注釋

1. 兩座紀念碑

12 拉伊莎貝拉的描述：作者親自造訪；Deagan and Cruxent 2002a:chap. 3; 2002b:chap. 4 (esp. fig. 4.2)。

12 拉伊莎貝拉的位置：Colón 2004:314; Léon Guerrero 2000:247-51；Las Casas 1951:vol. 1, 362-63; Anghiera 1912:87; Chanca 1494:62-64; Colón, C. 1494(?). 第二次航海的關係，In Varela and Gil eds. 1992:235-54（「高地一處非常適合的地區……不是一處封閉的港口，而毋寧說是座非常廣大的港灣，世界上所有的船隻都可在此靠岸」，247〔我要感謝Scott Sessions協助翻譯〕)。不過，Morison指出，這座港開口朝北，在冬季吹起暴風時，「船隻即使下錨也不穩固」，而飲用水也位於一英里外（1983: 430-31）。

13 哥倫布的生平：最近的傳記研究包括Abulafia 2008; Wey Gómez 2008; Fernández-Armesto 2001, 1991; Taviani 1996; Phillips and Phillips 1992. 有用但陳舊的是Morison 1983。當代人的傳記，Colón 2004; Las Casas 1951: vol. 1; vol. 2:1-200（這兩本內容差不多）。

13 第一次與第二次航行：Abulafia 2008:10-30, 105-212; Colón 2004; chaps 13-63; Fernández-Armesto 2001:51-114; Léon Guerrero 2000; Las Casas 1951:vol. 1（「從宮裡派人」，170；哥倫布自籌預算，175-76）; Phillips and Phillips 1992:120-211（船隻長度，144-45）; Varela and Gil eds. 1992:95-365（哥倫布的書信與其他書信）; Gould 1984（哥倫布的船員）; Oviedo y Valdés 1851:bks. 1-4; Cuneo 1495:50-63. 拉斯卡薩斯說，第二次航行有「一千五百人，幾乎全由兩位殿下支付」（1951:vol. 1, 346）; 宮廷史家Andrés Bernáldez說（1870:vol.2, 5），船上有「一千兩百名戰士，或略低於此數」，這個數字似乎未包括船員、教士與工匠等等。

14 「城牆宏偉」：Scillaccio, N. 1494. The Islands Recently Discovered in the Southern and Indian Sea. In Symcox ed. 2002:162-74, at 172.

15 菸草傳遍世界：見第2與第5章；Satow 1877:70-71（東京幫派）。

15 早期的泛歐亞貿易：通論作品包括Bernstein 2008:1-109; Abu-Lughod 1991.

15 哥倫布是全球化的起點：我的觀點取材自Phillips and Phillips (1992:241)，他們認為哥倫布「讓世界走向通往全球整合的道路」。

16 例外：Decker-Walters 2001（葫蘆）; Zizumbo-Villarreal and Quero 1998（椰子）;Montenegro et al. 2007（番薯）。

16 盤古大陸的裂縫：Crosby 2003.

16 哥倫布大交換：Crosby 2003.

16 與恐龍的死亡做比較：Crosby 1986:271. 克羅斯比的觀點（2003:xxvi）逐漸獲得接受：「就連經濟史家偶爾也會忽略生態學家或地理學家粗略看過十六世紀的基本原始史料所發現的明顯資訊：哥倫布航行帶來最重要的改變，主要是生物層面。」

16 聖瑪利亞號，耶誕節：Abulafia 2008:168-71; Colón 2004:108-13; Morison 1983:300-07;

Arts and Science (Social Sciences) (寶雞文理學院學報[社會科學版]) 23:44–49.

Yasuoka, J., and R. Levins. 2007. "Impact of Deforestation and Agricultural Development on Anopheline Ecology and Malaria Epidemiology." *AMJTMH* 76:450–60.

Ye, T., ed. (葉廷芳). 1967 (1825). *Dianbai Gazetteer* (電白縣志). Taipei: Cheng Wen Publishing.

Young, A. 1771. *The Farmer's Tour Through the East of En gland.* 4 vols. London: W. Strahan.*

Yu, K., D. Li, and D. Li. 2006. "The Evolution of Greenways in China." *Landscape and Urban Planning* 76:223–39.

Yuan, T. (袁廷棟). 1995. *History of Smoking in China* (中國吸烟史話). Beijing: The Commercial Press International.

Zadoks, J. C. 2008. "The Potato Murrain on the European Continent and the Revolutions of 1848." *Potato Research* 51:5–45.

Zamora, M. 1993. *Reading Columbus.* Berkeley: University of California Press.

Zavala, S. 1947. "The American Utopia of the Sixteenth Century." *Huntington Library Quarterly* 10:337–47.

Zhang, D., et al. 2000. "Assessing Genetic Diversity of Sweet Potato (*Ipomoea batatas* [L.] Lam.) Cultivars from Tropical America Using AFLP." *Genetic Resources and Crop Evolution* 47:659–65.

Zhang, D. D., et al. 2007. "Climate Change and War Frequency in Eastern China over the Last Millennium." *Human Ecology* 35:403–14.

Zhang, J. (張景岳). 2006 (1624). *The Complete Works of Jingyue* (景岳全書). In Y. Ji (紀昀) and X. Lu (陸錫熊), et al., eds., *Wenyuan Publishing House Internet Edition of the Complete Library of The Four Treasuries* (文淵閣四庫全書內聯網版) Hong Kong: Heritage Publishing Ltd.*

Zhang, J. (張箭). 2001. "On the Spread of American Cereal Crops" (論美洲糧食作物的傳播). *AHC* 20:89–95.

Zhang, J. H., and M. Cao. 1995. "Tropical Forest Vegetation of Xishuangbanna, SW China, and Its Secondary Changes, with Special Reference to Some Problems in Local Nature Conservation." *Biological Conservation* 73:229–38.

Zhang, T. (張廷玉), et al., eds. 2000 (1739). *The Ming History (Ming Shi)* (明史). Academia Sinica Hanji Wenxian Ziliaoku Databases (中央研究院漢籍電子文獻). Taipei: Academia Sinica.*

Zhang, X. (張燮). 1968 (1617). *Studies on the East and West Oceans* (東西洋考). Taipei: The Commercial Press.

Zhao, J., and J. Woudstra. 2007. " 'In Agriculture, Learn from Dazhai' : Mao Zedong' s Revolutionary Model Village and the Battle Against Nature." *Landscape Research* 32:171–205.

Zheng, Z. 2001 (1992). *Family Lineage Organization and Social Change in Ming and Qing Fujian.* Trans. M. Szonyi. Honolulu: University of Hawai 'i Press.

Zhuge, Y. (諸葛元聲). 1976 (1556). *Records of Pingrang Throughout the Three Reigns* (三朝平攘錄). Taipei: Wei- Wen Book & Publishing Co.

Ziegler, A. D., et al. 2009. "The Rubber Juggernaut." *Science* 324:1024–25.

Zimmerer, K. S. 1998. "The Ecogeography of Andean Potatoes." *BioScience* 48:445–54.

Zizumbo- Villarreal, D., and H. J. Quero. 1998. "Re- evaluation of Early Observations on Coconut in the New World." *EB* 52:68–77.

Zuckerman, L. 1999 (1998). *The Potato: How the Humble Spud Rescued the Western World.* New York: North Point.

Zuñiga, M. d. 1814 (1803). *An Historical View of the Philippine Islands. Trans. J. Maver.* 2 vols. London: Black, Parry and Co., 2nd ed.

Zurara (Azurara), G. E. d. 1897–99 (1453). *The Chronicle of the Discovery and Conquest of Guinea.* Trans. C. R. Beazley and E. Prestage. 2 vols. London: Hakluyt Society.

Williams, E. 1650. *Virginia: More Especially the South Part Thereof, Richly and Truly Valued.* London: John Stephenson, 2nd ed.*

Williams, M. 2006. *Deforesting the Earth: From Prehistory to Global Crisis.* Chicago: University of Chicago Press.

——. 1989. *Americans and Their Forests: A Historical Geography.* New York: Cambridge University Press.

Wilson, C., et al. 2002. "Soil Management in Pre- Hispanic Raised Field Systems: Micromorphological Evidence from Hacienda Zuleta, Ecuador." *Geoarchaeology* 17:261–83.

Wilson, E. O. 2006. "Ant Plagues: A Centuries- Old Mystery Solved." In E. O. Wilson, *Nature Revealed: Selected Writings,* 1949–2006. Baltimore: Johns Hopkins University Press, 343–50.

——. 2005. "Early Ant Plagues in the New World." *Nature* 433:32.

Wingfi eld, E. M. 1608? "A Discourse of Virginia." In Haile ed. 1998, 183–201.

Wither, G. 1880 (1628). *Britain's Remembrancer.* 2 vols. London: Spencer Society.*

Wolf, E. R. 1997 (1982). *Europe and the People Without History.* Berkeley: University of California Press, 2nd ed.

Wood, C. S. 1975. "New Evidence for a Late Introduction of Malaria into the New World." *Current Anthropology* 16:93–104.

Wood, P. H. 1996 (1974). *Black Majority: Negroes in Colonial South Carolina from* 1670 *Through the Stono Rebellion.* New York: W. W. Norton.

Wood, W. 1977 (1634). *New En gland's Prospect.* Amherst: University of Massachusetts Press.

Woodroffe, J. F. 1916. *The Rubber Industry of the Amazon, and How Its Supremacy Can Be Maintained.* London: T. Fisher Unwin and Bale, Sons and Danielson.

Woodruff, W. 1958. *The Rise of the British Rubber Industry During the Nineteenth Century.* Liverpool: Liverpool University Press.

Woodward, H. 1674. "A Faithfull Relation of My Westoe Voiage." In A. S. Salley Jr., ed., *Narratives of Early Carolina,* 1650–1708. New York: Charles Scribner' s Sons.

World Health Organization. 2010. *World Malaria Report* 2010. Geneva: WHO Press.*

Worster, D. 1994. *Nature's Economy: A History of Ecological Ideas.* New York: Cambridge University Press, 2nd. ed.

Wright, I. A., ed. 1932. *Documents Concerning English Voyages to the Spanish Main,* 1569–1580. London: Hakluyt Society.

Wrigley, E. A. 1969. *Population and History.* New York: McGraw-Hill.

Wu, R. (吳若增). 2009. "Early Stage Chinese Workers in Peru" (早期華工在祕魯). *Memories and Archives* (檔案春秋) 7:47–50.

Wu, S., et al. 2001. "Rubber Cultivation and Sustainable Development in Xishuangbanna, China." *International Journal of Sustainable Development and World Ecology* 8:337–45.

Xu, G. (徐光啟) 1968 (1628). *Complete Treatise on Agricultural Administration* (農政全書). Taipei: The Commercial Press.

Xu, J. 2006. "The Political, Social and Ecological Transformation of a Landscape: The Case of Rubber in Xishuangbanna, China." *Mountain Research and Development* 26:254–62.

Xu, Z., et al. 2004. "China' s Sloping Land Conversion Programme Four Years On: Current Situation, Pending Issues." *International Forestry Review* 6: 317–26.

Yamamoto, N. 1988. "Potato Processing: Learning from a Traditional Andean System." In *The Social Sciences at CIP: Report of the Third Social Science Planning Conference.* Lima: International Potato Center, 160–72.

Yang, C. (楊昶). 2002. "The Effect of Ming Dynasty Economic Activities on the Ecological Environment in the South" (明代經濟活動對南方生態環境的影響). *Journal of Baoji College of*

In K. Sheng (盛康), ed., 1972, *Collected Writings on Qing Statecraft* (皇朝經世文編續編). Taipei: Wenhai, vol. 39, p. 32.

Warren, J. E. 1851. *Para; Or, Scenes and Adventures on the Banks of the Amazon.* New York: G. P. Putnam.*

Waterhouse, E. 1622. "A Declaration of the State of the Colony and Affaires in Virginia." *KB* 3:541–71.

Watts, P. M. 1985. "Prophecy and Discovery: On the Spiritual Origins of Christopher Columbus' s 'Enterprise of the Indies.' " *AHR* 90:73–102.

Watts, S. J. 1999 (1997). *Epidemics and History: Disease, Power and Imperialism.* New Haven: Yale University Press.

Webb, J. L. A. 2009. *Humanity's Burden: A Global History of Malaria.* New York: Cambridge University Press.

Weber, M. 2003 (1904–05). *The Protestant Ethic and the Spirit of Capitalism.* Trans. T. Parsons. New York: Dover.

Wei, J., et al. 2006. "Decoupling Soil Erosion and Human Activities on the Chinese Loess Plateau in the 20th Century." *Catena* 68:10–15.

Weinstein, B. 1983. *The Amazon Rubber Boom:* 1850–1920. Stanford, CA: Stanford University Press.

Weiss, P. 1953. "Los Comedores Peruanos de Tierras: Datos Históricos y Geográfi cos— Nombres de Tierras Comestibles—Interpretación Fisiológica de la Geofagia y la Pica." *Peru Indigena* 5:12–21.

Weissmann, G. 1998. "They All Laughed at Christopher Columbus." In G. Weissmann, *Darwin's Audubon: Science and the Liberal Imagination.* New York: Basic Books, 149–58.

Weller, R. E., et al. 1999. "Universities and the Biological and Toxin Weapons Convention." *ASM News* 65:403–09.

Wennersten, J. R. 2000. *The Chesapeake: An Environmental Biography.* Baltimore: Maryland Historical Society.

West, T. (Baron de la Warre), et al. 1610. Letter to Virginia Company, 7 Jul. In Haile ed. 1998, 454–64.

Wey Gómez, N. 2008. *The Tropics of Empire: Why Columbus Sailed South to the Indies.* Cambridge, MA: MIT Press.

Wheeler, A. G. 1981. "The Tarnished Plant Bug: Cause of Potato Rot?: An Episode in Mid-Nineteenth-Century Entomology and Plant Pathology." *Journal of the History of Biology* 14:317–38.

Whitaker, A. P. 1971 (1941). *The Huancavelica Mercury Mine: A Contribution to the History of the Bourbon Renaissance in the Spanish Empire.* Westport, CT: Greenwood Press.

Whitby, G. S. 1920. *Plantation Rubber and the Testing of Rubber.* New York: Longmans, Green.*

White, A. 1634. "A Briefe Relation of the Voyage unto Maryland." In Hall 1910,
29–45.

White, G. B. 1978. "Systematic Reappraisal of the *Anopheles maculipennis* Complex." *Mosquito Systematics* 10:13–44.*

Whitehead, N. L. 1999. "Native Peoples Confront Colonial Regimes in Northeastern South America." In F. Soloman and S. B. Schwartz, eds., *The Cambridge History of Native Peoples of the Americas.* Cambridge: Cambridge University Press, 382–442.

Wilentz, A. 1990. "Balaguer Builds a Lighthouse." *Nation* 250:702–05.

Will, P.-E. 1980. "Un Cycle Hydraulique en Chine: La Province du Hubei du XVIe au XIXe siècles." *Bulletin de l'École Française d'Extrême- Orient* 68:261–87.

Williams, D. 1962. "Clements Robert Markham and the Introduction of the Cinchona Tree into British India, 1861." *Geographical Journal* 128:431–42.

Williams, D. J., and D. Matile- Ferraro. 1999. "A New Species of the Mealybug Genus *Cataenococcus* Ferris from Ethiopia on *Ensete Ventricosum,* a Plant Infected by a Virus." *Revue Française d'Entomologie* 21:145–49.

Vieira, A. 2004. "Sugar Islands: The Sugar Economy of Madeira and the Canaries, 1450–1650." In S. B. Schwartz, ed., *Tropical Babylons: Sugar and the Making of the Atlantic World*, 1450–1680. Durham: University of North Carolina Press, 42–84.

——. 1998. "As Ilhas do Açúcar: A Economia Açucareira da Madeira e Canárias nos Séculos XV a XVII." Funchal, Madeira: CEHA- Biblioteca Digital.*

——. 1996. "Escravos com e sem Açúcar na Madeira." In Centro de Estudos de História do Atlântico, ed., *Escravos com e sem Açúcar: Actas do Seminário Internacional.* Funchal, Madeira: CEHA, 93–102.

——. 1992. *Portugal y las Islas del Atlántico.* Madrid: Colleciones Mapfre.

Vinod, K. K. 2002. "Genetic Improvement in Para Rubber (*Hevea brasiliensis* (Willd.) Muell.-Arg.)." In Centre for Advanced Studies in Genetics and Plant Breeding, ed., *Plant Breeding Approaches for Quality Improvement in Crops.* Coimbatore, Tamil Nadu: Tamil Nadu Agricultural University, 378–85.*

Vinson, B. 2000. "Los Milicianos Pardos y la Construcción de la Raza en el México Colonial." *Signos Históricos* 2:87–106.

Visnawathan, P. K. 2007. "Critical Issues Facing China' s Rubber Industry in the Era of Market Integration: An Analysis in Retrospect and Prospect." Gota, Ahmedabad: Gujarat Institute of Development Research Working

Paper No. 177.*

Voltaire (Arouet, F. M.). 1773 (1756) *Essai sur les Moeurs et l'Esprit des Nations.* 8 vols. Neuchâtel:s.n.*

Von Glahn, R. 2010. "Monies of Account and Monetary Transition in China, Twelfth to Fourteenth Centuries." *Journal of the Economic and Social History of the Orient* 53:463–505.

——. 2005. "Origins of Paper Money in China." In K. G. Rouwenhorst and W. N. Goetzmann, eds., *Origins of Value: The Financial Innovations That Created Modern Capital Markets.* NY: Oxford University Press, 65–89.

——. 1996. *Fountain of Fortune: Money and Monetary Policy in China,* 1000–1700. Berkeley: University of California Press.

Vongkhamor, S., et al. 2007. "Key Issues in Smallholder Rubber Planting in Oudomxay and Luang Prabang Provinces, Lao PDR." Vientiane: National Agriculture and Forestry Research Institute.

Von Wobeser, G. 1988. *La Hacienda Azucarera en la Época Colonial.* Mexico City: Secretaría de Educación Pública.

Wagner, M. J. 1977. "Rum, Policy and the Portuguese: The Maintenance of Elite Superiority in Post-Emancipation British Guiana." *Canadian Review of Sociology and Anthropology* 14:406–16.

Walford, C. 1879. *The Famines of the World: Past and Present.* London: Edward Stanford.*

Walsh, B. D. 1866. "The New Potato Bug." *Practical Entomologist* 2:13–16.

Waltham, T. 2005. "The Rich Hill of Potosi." *Geology Today* 21:187–90.

Walton, W. 1845. "Guano— The New Fertilizer." *Polytechnic Review and Magazine* 2:161–70.

Wang, S. (王思明). 2004. "Introduction of the American- Originated Crops and Its Influence on the Chinese Agricultural Production Structure" (美洲原產作物的引種栽培及其對中國農業生產結構的影響). *AHC* 23:

16–27.

Wang, X. (王象晉). 1644 (1621). *Records of Fragrant Flowers from the Er Ru Pavilion* (二如亭群芳譜).2 vol. S. l.:s.n.

Wang, Y. 1997. "A Study on the Size of the Chinese Population in the Middle and Late Eighteenth Century." *Chinese Journal of Population Science* 9:317–36.

Wang, Y. (汪元方). 1850. "Memorial Requesting a Ban on Shack People Reclaiming Mountains and Blocking Waterways in Order to Prevent Future Calamities" (請禁棚民開山阻水以杜後患疏).

the Years 1844 and 1845." *Journal of the Statistical Society of London* 10:252–59.

——. 1838. "On the Sickness and Mortality Among the Troops in the West Indies," *Journal of the Statistical Society of London* 1:129–42 (pt. 1); 1:216–30 (pt. 2); 1:428–44 (pt. 3).

Tullock, G. 1957. "Paper Money— A Cycle in Cathay." *EHR* 9:393–407.

Turner, E. R. 2004. "Virginia Native Americans During the Contact Period: A Summary of Archaeological Research over the Past Decade." *QBASV* 59:14–24.

——. 1993. "Native American Protohistoric Interactions in the Powhatan Core Area." In Rountree ed. 1993, 76–93.

——. 1982. "A Re- examination of Powhatan Territorial Boundaries and Population, A.D. 1607." *QBASV* 37:45–64.

——. 1973. "A New Population Estimate for the Powhatan Chiefdom of the Coastal Plain of Virginia." *QBASV* 28:57–65.

Ugent, D. 1968. "The Potato in Mexico: Geography and Primitive Culture." *EB* 22:108–23.

Ugent, D., et al. 1987. "Potato Remains from a Late Pleistocene Settlement in Southcentral Chile." EB 41:17–27.

——. 1982. "Archaeological Potato Remains from the Casma Valley of Peru." *EB* 36:182–92.

Ule, E. 1905. "Rubber in the Amazon Basin." *Bulletin of the American Geographical Society* 37:143–45.

Ulloa, A. d. 1807 (1743). *A Voyage to South America,* trans. London: J. Stockdale, 2 vols., 5th ed.

U.S. Census Bureau. 1975. *Historical Statistics of the United States, Colonial Time to* 1970. 2 vols. Washington, DC: Government Printing Office.

U.S. Department of Defense. 2008. "Military Critical Technologies List." Washington, DC: Defense Technical Information Center.*

Vainfas, R. 1996. "Deus Contra Palmares. Representações Senhoriais e Ideias Jesuíticas." In Reis and Gomes eds. 1996:60–80.

Valdés, D. N. 1978. "The Decline of the *Sociedad de Castas* in Mexico City." PhD thesis, University of Michigan.

Vallejo, J. 1944. "Una Ficha Para el Diccionario Histórico Español: Ción, Ciciones." *Revista de Filología Española* 28:63–66.

Vandenbroeke, C. 1971. "Cultivation and Consumption of the Potato in the 17th and 18th Century." *Acta Historiae Neerlandica* 5:15–39.

Vanhaute, E., et al. 2007. "The European Subsistence Crisis of 1845–1850: A Comparative Perspective." In C. Ó Gráda, et al., eds., *When the Potato Failed: Causes and Effects of the "Last" European Subsistence Crisis,* 1845–1850. Turnhout, Belgium: Brepols, 15–40.

Varela, C., and J. Gil, eds. 1992 (1982). *Cristóbal Colón: Textos y documentos completos.* Madrid: Alianza Editorial, 2nd rev. ed. (Many texts*)

Varela, H. 1997. "Entre Sueños Efímeros y Despertares: La Historia Colonial de São Tomé y Príncipe (1485–1975)." *Estudios de Asia y África* 32:289–321.

Verástique, B. 2000. *Michoacán and Eden: Vasco de Quiroga and the Evangelization of Western Mexico.* Austin: University of Texas Press.

Vermeer, E. B. 1991. "The Mountain Frontier in Late Imperial China: Economic and Social Developments in the Bashan." *T'oung Pao* 77:300–329.

Vermeer, E. B., ed. 1990. *Development and Decline of Fukien Province in the 17th and 18th Centuries.* New York: E. J. Brill.

Viazzo, P. P. 2006 (1989). *Upland Communities: Environment, Population and Social Structure in the Alps Since the Sixteenth Century.* New York: Cambridge University Press.

Vidal, L. 2005. *Mazagão: La Ville Qui Traverse l'Atlantique du Maro a l'Amazonie.* Paris: Aubier.

AMJTMH 1998:325–35.

Tao, W. (陶衛寧) 2003. "Evolution of the Government' s Ban on Smoking in the Ming and Qing Dynasties" (明清政府的禁烟及其政策的演變). *Tangdu Journal* (唐都學刊) 19:133–37.

——. 2002a. "Case Studies in Sustainable Development in Agricultural Production Regions—Analysis of the Negative Impacts of Large- Scale Planting of Tobacco in Ruijin and Xincheng During the Qing" (農業生產區域可持續發展個案研究—試析瑞金、新城廣植烟草的不良影響). *Journal of Yuncheng College* (運城高等專科學校學報) 20:69–70.

——. 2002b. "The Negative Infl uence and Inspiration of Tobacco Production in Qing Dynasty" (清代烟草生產的消極影響與啟示). *Journal of the Shaanxi Education Institute* (陝西教育學院學報) 18:50–54.

Tapia, A. d. 1539. "Relacion Hecha por el Señor Andrés de Tapia, sobre la Conquista de México." In García Icazbalceta ed. 1858–66, vol. 2, 554–94.

Tardieu, J.-P. 2009. *Cimarrones de Panamá: La Forja de una Identidad Afroamerican en el Siglo XVI.* Madrid: Iberoamericana.

Tate, T. W., and D. L. Ammerman, eds. 1979. *The Chesapeake in the Seventeenth Century: Essays on Anglo-American Society.* Chapel Hill: University of North Carolina Press.

Taviani, P. E. 1996. *Cristoforo Colombo.* 3 vols. Rome: Societá Geografi ca Italiana.

Taviani, P. E., et al. 1997. *Christopher Columbus: Accounts and Letters of the Second, Third, and Fourth Voyages.* Trans. L. F. Farina and M. A. Beckwith. Nuova Raccolta Colombiana 6. Rome: Istituto Poligrafi co e Zecca dello Stato.

Thirsk, J. 2006 (1957). *En glish Peasant Farming: The Agrarian History of Lincolnshire from Tudor to Recent Times.* Abingdon, UK: Routledge.

Thompson, P. 2004. "William Bullock' s 'Strange Adventure' : A Plan to Transform Seventeenth-Century Virginia." *WMQ* 61:107–28.

Thornton, J. K. 2010. "African Political Ethics and the Slave Trade." In D. R. Peterson, ed., *Abolitionism and Imperialism in Britain, Africa and the Atlantic.* Athens: Ohio University Press, 38–62.

——. 2008. "Les États de l' Angola et la Formation de Palmares (Brésil)." *Annales. Histoire, Sciences Sociales* 63:769–97.

——. 1999. *Warfare in Atlantic Africa,* 1500–1800. London: UCL Press.

——. 1998 (1992). A*frica and Africans in the Making of the Atlantic World,* 1400–1800. New York: Cambridge University Press, 2nd ed.

Tiunov, A. V., et al. 2006. "Invasion Patterns of Lumbricidae into the Previously Earthworm- Free Areas of Northeastern Europe and the Western Great Lakes Region of North America." *Biological Invasions* 8:1223–34.

Tomlins, C. 2001. "Reconsidering Indentured Servitude: European Migration and the Early American Labor Force, 1600–1775." *Labor History* 42:5–43.

Tower, W. T. 1906. *An Investigation of Evolution in Chrysomelid Beetles of the Genus Leptinotarsa.* Washington, DC: Carnegie Institution.*

Townsend, C. 2004. *Pocahontas and the Powhatan Dilemma.* New York: Hill and Wang.

Trevelyan, R. 2004 (2002). *Sir Walter Raleigh: Being a True and Vivid Account of the Life and Times of the Explorer, Soldier, Scholar, Poet, and Courtier— The Controversial Hero of the Elizabethan Age.* New York: Holt.

Tsai, S.-S. H. 2002. *Perpetual Happiness: The Ming Emperor Yongle.* Seattle: University of Washington Press, 2nd ed.

Tuan, Y.-F. 2008 (1965). *A Historical Geography of China.* Piscataway, NJ: Aldine Transaction.

Tulloch, A. M. 1847. "On the Mortality Among Her Majesty' s Troops Serving in the Colonies During

Spruce, R. 1908. *Notes of a Botanist on the Amazon and Andes.* Ed. A. R. Wallace. 2 vols. London: Macmillan.*

Stahle, D. W., et al. 1998. "The Lost Colony and Jamestown Droughts." *Science* 280:564–67.

Standage, T. 2009. *An Edible History of Humanity.* New York: Walker and Co.

Stanfi eld, M. E. 2001. *Red Rubber, Bleeding Trees: Violence, Slavery and Empire in Northwest Amazonia,* 1850–1933. Albuquerque: University of New Mexico Press.

Stannard, D. E. 1993 (1992). *American Holocaust: The Conquest of the New World.* New York: Oxford University Press.

Stavans, I. 2001 (1993). *Imagining Columbus: The Literary Voyage.* New York: Palgrave.

Stedman, J. G. 2010 (1796). *Narrative of a Five Years' Expedition Against the Revolted Negroes of Surinam,* ed. R. Price and S. Price. NY: iUniverse. (bowdlerized 1796 ed.)*

Stern, P. 1991. "The White Indians of the Borderlands." *Journal of the Southwest* 33:262–81.

Stevens, R. W. 1894. *On the Stowage of Ships and Their Cargoes, with Information Regarding Freights, Charter-Parties, &c., &c.* New York: Longmans, Green, 7th ed.

Stewart, O. 2002 (1954). *Forgotten Fires: Native Americans and the Transient Wilderness.* Ed. H. T. Lewis and M. K. Anderson. Norman: University of Oklahoma Press.

Stewart, W. 1970 (1951). *Chinese Bondage in Peru: A History of the Chinese Coolie in Peru,* 1849–1874. Westport, CT: Greenwood Press.

Stone, R. 2008. "Showdown Looms Over a Biological Treasure Trove." *Science* 319:1604.

Strachey, W. 1625 (1610). "A True Repertory of the Wrack and Redemption of Sir Thomas Gates, Knight, upon and from the Islands of the Bermudas." In Haile ed. 1998, 381–443.

——. 1612. "The History of Travel into Virginia Britannia: The First Book of the First Decade." In Haile ed. 1998, 567–689.

Strickman, D., et al. 2000. "Mosquito Collections Following Local Transmission of *Plasmo dium falciparum* Malaria in Westmoreland County, Virginia." *Journal of the American Mosquito Control Association* 16:219–22.

Striker, L. P. 1958. "The Hungarian Historian, Lewis L. Kropf, on Captain John Smith' s *True Travels.*" *VMHB* 66:22–43.

Striker, L. P., and B. Smith. 1962. "The Rehabilitation of Captain John Smith." *JSH* 28:474–81.

Sturgeon, J. C., and N. K. Menzies. 2008. "Ideological Landscapes: Rubber in Xishuangbanna, 1950–2007." *Asian Geographer* 25:21–37.

Sturm, A., et al. 2006. "Manipulation of Host Hepatocytes by the Malaria Parasite for Delivery into Liver Sinusoids." *Science* 313:1287–90.

Sunseri, M. A., et al. 2002. "Survival of Detached Sporangia of Phytophthora infestans Exposed to Ambient, Relatively Dry Atmospheric Conditions." *American Journal of Potato Research* 79:443–50.

Sweet, D. G., and G. B. Nash, eds. 1981. *Struggle and Survival in Colonial America.* Berkeley: University of California Press.

Sweet, J. H. 2003. *Recreating Africa: Culture, Kinship, and Religion in the African-Portuguese World,* 1441–1770. Chapel Hill: University of North Carolina Press.

Symcox, G., ed. 2002. *Italian Reports on America,* 1493–1522: *Accounts by Contemporary Observers.* Repertorium Columbianum, No. 12. Turnhout, Belgium: Brepols.

——. 2001. *Italian Reports on America,* 1493–1522: *Letters, Dispatches, and Papal Bulls.* Repertorium Columbianum, No. 10. Turnhout, Belgium: Brepols.

Symonds, W. 1609. *Virginia. A Sermon Preached at White- Chapel, in the Presence of Many, Honourable and Worshipfull, the Adventurers and Planters for Virginia.* London: Eleazar Edgar and William Welby.*

Tadei, W. P., et al. "Ecological Observations on Anopheline Vectors of Malaria in the Brazilian Amazon."

67.

Sluiter, E. 1997. "New Light on the '20. and Odd Negroes' Arriving in Virginia, August 1619." *WMQ* 54:395–98.

Smil, V. 2001. *Enriching the Earth: Fritz Haber, Carl Bosch, and the Transformation of World Food Production.* Cambridge, MA: MIT Press.

Smith, A. 1979 (1776). *An Inquiry into the Nature and Causes of the Wealth of Nations.* Oxford: Clarendon Press.

Smith, H. H. 1879. *Brazil: The Amazons and the Coast.* New York: Charles Scribner' s Sons.

Smith, J. 2007a (1608). *A True Relation of Such Occurrences and Accidents of Noate as Hath Hapned in Virginia Since the First Planting of that Collony, Which Is Now Resident in the South Part Thereof, Till the Last Returne from Thence.* In Horn ed. 2007, 1–36.*

——. 2007b (1624). *The Generall Historie of Virginia, New-England, and the Summer Isles with the Names of the Adventurers, Planters, and Governours from Their First Beginning An.* 1584 *to This Present* 1624. In Horn ed. 2007, 199–670.*

——. 2007c (1630). *The True Travels, Adventures, and Observations of Captaine John Smith, In Europe, Asia, Affrica, and America, from Anno Domini* 1593 *to* 1629. In Horn ed. 2007, 671–770.*

——. 1998 (1612). *A Map of Virginia.* Charlottesville: Virtual Jamestown, Virginia Center for Digital History, University of Virginia.*

Smith, M. E. 2002. *The Aztecs.* Oxford: Blackwell, 2nd ed.

Smith, W. 1745 (1744). *A New Voyage to Guinea.* London: John Nourse, 2nd ed.*

Snow, K. 1998. "Distribution of Anopheles Mosquitoes in the British Isles." *European Mosquito Bulletin* 1:9–13.*

Snyder, C. 2010. *Slavery in Indian Country: The Changing Face of Captivity in Early America.* Cambridge, MA: Harvard University Press.

So, B. K. L. 2000. *Prosperity, Region, and Institutions in Maritime China: The South Fukien Pattern,* 946–1368. Cambridge, MA: Harvard University Asia Center.

So, K.-W. 1975. *Japanese Piracy in Ming China During the* 16*th Century.* Lansing: Michigan State University Press.

Soetbeer, A. G. 1879. *Edelmetall- Produktion und Werthverhältniss zwischen Gold und Silber seit der Entdeckung Amerikas bis zur Gegenwart.* Gotha, Germany: Justus Perthes.*

Solomon, S., et al., eds. *Climate Change* 2007: *The Physical Science Basis.* Working Group I, 4th Assessment Report of the Intergovernmental Panel on Climate Change. New York: Cambridge University Press.*

Somers, G. 1610. Letter to Earl of Salisbury. 15 June. In Haile ed. 1998; 445–46.

Song, J. (宋軍令). 2007. "Studies on the Spreading and Growing and Infl uences of Crops Originated in America During Ming and Qing Dynasties—Focusing on Maize, Sweet Potato and Tobacco" (明清時期美洲農作物在中國的傳播及其影響研究—以玉米、番薯、烟草為視角). PhD thesis, Henan University.

Souza, M. 2001. *Breve História da Amazônia.* Rio de Janeiro: AGIR, 2nd. ed.

Spelman, H. 1609. "Relation of Virginia." In Haile ed. 1998, 481–95.

Sperling, L. H. 2006. *Introduction to Physical Polymer Science.* Hoboken, NJ: John Wiley and Sons, 4th ed.

Spooner, D. M., and R. J. Hijmans. 2001. "Potato Systematics and Germplasm Collecting, 1989–2000." *American Journal of Potato Research* 78:237–68; 395.

Spooner, D. M., and A. Salas. 2006. "Structure, Biosystematics, and Genetic Resources." In: J. Gopal and S. M. P. Khurana, *Handbook of Potato Production, Improvement and Post- Harvest Management.* Binghamton, NY: Haworth Press, 1–39.

——. 1988. *Sugar Plantations in the Formation of Brazilian Society: Bahia,* 1550–1835. New York: Cambridge University Press.

Schwarz- Bart, S., and A. Schwarz- Bart. 2002 (1988). *In Praise of Black Women.* Trans. R.-M. Réjois and V. Vinokurov. 2 vols. Madison: University of Wisconsin Press.

Schwendinger, R. J. 1988. *Ocean of Bitter Dreams: Maritime Relations Between China and the United States,* 1850–1915. Tucson, AZ: Westernlore Publishing.

Scott, J. C. 1985. *Weapons of the Weak: Everyday Forms of Peasant Resistance.* New Haven: Yale University Press.

Scott, W. H. 1984 (1968). *Prehispanic Source Materials for the Study of Philippine History.* Quezon City: New Day Publishers.

Scott, W. R. 1912. *The Constitution and Finance of En glish, Scottish and Irish Joint- Stock Companies* to 1720. 3 vols. Oxford: Oxford University Press.*

Seibert, G. 2006. *Clients and Cousins: Colonialism, Socialism and Democratization in São Tomé and Príncipe.* Boston: Brill.

Seixas, S., et al. 2002. "Microsatellite Variation and Evolution of the Human Duffy Blood Group Polymorphism." *Molecular Biology and Evolution* 19: 1802–06.

Serier, J.-B. 2000. *Les Barons de Caoutchouc.* Paris: Karthala.

Shao, K., et al. (邵侃，卜鳳賢). 2007. "Crop Introduction and Spreading in the Ming and Qing Dynasties— A Study on Sweet Potato" (明清時期糧食作物的引入和傳播—基於甘藷的考察). *Journal of Anhui Agricultural Sciences* (安徽農業科學) 35:7002–03, 7014.

Shapiro, J. 2001. *Mao's War Against Nature: Politics and the Environment in Revolutionary China.* New York: Cambridge University Press.

Sheridan, R. B. 1994 (1974). *Sugar and Slavery: An Economic History of the British West Indies,* 1623–1775. Kingston: University of the West Indies.

Shi, W. 2008. "Rubber Boom in Luang Namtha: A Transnational Perspective." Vientiane: Deutsche Gesellschaft für Technische Zusammenarbeit. Shirley, J. W. 1942. "George Percy at Jamestown, 1607–1612." *VMHB* 57:227–43.

Shiue, C. H. 2005. "The Political Economy of Famine Relief in China, 1740–1820." *JIH* 36:33–55.

Siebert, L., and T. Simkin. 2002—. "Volcanoes of the World: An Illustrated Catalog of Holocene Volcanoes and Their Eruptions." Washington, DC: Smithsonian Institution (www.volcano.si.edu/world/).

Silva, M. C. d., and Tavim, J. A. R. S. 2005. "Marrocos no Brasil: Mazagão (Velho) do Amapá em Festa—A Festa de São Tiago." Proceedings of International Conference on "Espaço Atlântico de Antigo Regime: Poderes e

Sociedades," Lisbon, 2–5 Nov. 2005.*

Silver, T. 1990. *A New Face on the Countryside: Indians, Colonists and Slaves in South Atlantic Forests,* 1500–1800. New York: Cambridge University Press.

Silverman, H., ed. 2004. *Andean Archaeology.* Malden, MA: Blackwell Publishing.

Simpson, L. B. 1982 (1929). *The Encomienda in New Spain: The Beginning of Spanish Mexico.* Berkeley: University of California Press, 3rd ed.

Skaggs, J. M. 1994. *The Great Guano Rush: Entrepreneurs and American Overseas Expansion.* New York: St. Martin' s Press.

Skipton, H. P. K. 1907. *The Life and Times of Nicholas Ferrar.* London: A. R. Mowbray and Co.*

Slack, C. 2003. *Noble Obsession: Charles Goodyear, Thomas Hancock, and the Race to Unlock the Greatest Industrial Secret of the Nineteenth Century.* New York: Hyperion.

Slack, E. R. 2009. "The Chinos in New Spain: A Corrective Lens for a Distorted Image." *JWH* 20:35–

Jepús.

Sainsbury, W. N., ed. 1860. *Calendar of State Papers, Colonial Series,* 1574–1660 [America and West Indies]. London: Longman, Green, Longman and Roberts.

Saíz, M. C. G. 1989. *Las Castas Mexicanas: Un Género Pictórico Americano.* Milan: Olivetti.

Salaman, R. 1985 (1949). *The History and Social Infl uence of the Potato.* ed. J. G. Hawkes. New York: Cambridge University Press, rev. ed.

Sale, K. 2006 (1990). *Christopher Columbus and the Conquest of Paradise.* New York: Tauris Parke, 2nd ed.

Samways, M. J. 1999. "Translocating Fauna to Foreign Lands: Here Comes the Homo-genocene." *Journal of Insect Conservation* 3:65–66.

Sánchez Farfan, J. 1983. "Pampallaqta, Centro Productor de Semilla de Papa." In A. M. Fries, ed., *Evolución y Tecnología de la Agricultura Andina.* Cusco: Instituto Indigenísta Interamericano.

Sanders, W. T. 1992. "The Population of the Central Mexican Symbiotic Region, the Basin of Mexico, and the Teotihuacán Valley in the Sixteenth Century." In W. M. Denevan, ed., *The Native Population of the Americas in*

1492. Madison: University of Wisconsin Press, 2nd ed.

Santos, R. 1980. *História Econômica da Amazônia,* 1800–1920. São Paulo: T. A. Queiroz.

Santos- Granero, F., and F. Barclay. 2000. *Tamed Frontiers: Economy, Society, and Civil Rights in Upper Amazonia.* Boulder, CO: Westview Press.

Sanz y Díaz, J. 1967. *López de Legazpi, Alcalde Mayor de México, Conquistador de Filipinas.* Mexico City: Editorial Jus.

Sarmiento de Gamboa, P. 2009 (1572). *History of the Incas.* Trans. B. Bauer and V. Smith. Charleston, SC: Bibliobazaar.* (another translation)

Satow, E. M. 1877. "The Introduction of Tobacco into Japan." *Transactions of the Asiatic Society of Japan* 5:68–84.

Saunders, A. C. de C. M. 2010 (1982). *A Social History of Black Slaves and Freedmen in Portugal, 1441-1555.* New York: Cambridge University Press.

Save the Ifugao Terraces Movement. 2008. *The Effects of Tourism on Culture and the Environment in Asia and the Pacifi c: Sustainable Tourism and the Preservation of the World Heritage Site of the Ifugao Rice Terraces, Philippines.* Bangkok: UNESCO.*

Savitt, T. L., and J. H. Young, eds. 1988. *Disease and Distinctiveness in the American South.* Knoxville: University of Tennessee Press.

Sayers, D. O., et al. 2007. "The Political Economy of Exile in the Great Dismal Swamp." *International Journal of Historical Archaeology* 11:60–97.

Schneider, P. 2006. *Brutal Journey: The Epic Story of the First Crossing of North America.* New York: Holt.

Scholes, F. V. 1958. "The Spanish Conqueror as a Business Man: A Chapter in the History of Fernando Cortés." *New Mexico Quarterly* 28:5–29.

Schoolcraft, H. R. 1821. *Narrative Journal of Travels Through the Northwestern Regions of the United States Extending from Detroit Through the Great Chain of American Lakes, to the Sources of the Mississippi River.* New York: E. & E. Hosford.*

Schurz, W. L. 1939. *The Manila Galleon.* New York: E. P. Dutton.

Schurz, W. L., et al. 1925. *Rubber Production in the Amazon Valley.* Washington, DC: Government Printing

Office.

Schwartz, S. B. 1997. "Spaniards, 'Pardos,' and the Missing Mestizos: Identities and Racial Categories in the Early Hispanic Caribbean." *New West Indian Guide* (Leiden) 71:5–19.

——. 1995. "Colonial Identities and the *Sociedad de Castas.*" *Colonial Latin American Review* 4:185–201.

——. 1990. *The Powhatan Indians of Virginia: Their Traditional Culture.* Norman: University of Oklahoma Press.

Rountree, H. C., ed. 1993. *Powhatan Foreign Relations,* 1500–1722. Charlottesville: University of Virginia Press.

Rountree, H. C., and E. R. Turner. 1998. "The Evolution of the Powhatan

Paramount Chiefdom in Virginia." In E. M. Redmond, *Chiefdoms and Chieftaincy in the Americas.* Gainesville: University Press of Florida.

——. 1994. "On the Fringe of the Southeast: The Powhatan Paramount Chieftaincy in Virginia." In Hudson and Tesser eds. 1994, 355–72.

Rountree, H. C., et al. 2007. *John Smith's Chesapeake Voyages,* 1607–1609. Charlottesville: University of Virginia Press.

Rouse, I. 1992. *The Tainos: Rise and Decline of the People Who Greeted Columbus.* New Haven: Yale University Press.

Rout, L. B. 1976. *The African Experience in Spanish America,* 1502 *to the Present Day.* New York: Cambridge University Press.

Rowe, J. H. 1946. "Inca Culture at the Time of the Spanish Conquest." In J. H. Steward, ed., *Handbook of South American Indians.* BAE Bulletin 143. 7 vols. Washington, DC: Smithsonian Institution, vol. 2, 183–410.

Rowe, W. T. 2009. *China's Last Empire: The Great Qing.* Cambridge, MA: Belknap Press.

Rowell, C. H. 2008. "The First Liberator of the Americas." *Callaloo* 31:1–11.

Roze, E. 1898. *Histoire de la Pomme de Terre.* Paris: J. Rothschild.*

Rubio Mañé, J. I. 1970. "Más Documentos Relativos a la Expedición de Miguel López de Legazpi a Filipinas." *Boletín del Archivo General de la Nación* 11:82–156, 453–556.

——. 1964. "La Expedición de Miguel López de Legazpi a Filipinas." *Boletín del Archivo General de la Nación* 5:427–98.

Ruddiman, W. F. 2007. "The Early Anthropogenic Hypothesis: Challenges and Responses." *Reviews of Geophysics* 45:RG4001.

——. 2005. *Plows, Plagues and Petroleum: How Humans Took Control of the Climate.* Princeton: Princeton University Press.

——. 2003. "The Anthropogenic Greenhouse Era Began Thousands of Years Ago." *Climatic Change* 61:261–93.

Ruiz- Stovel. L. 2009. "Chinese Merchants, Silver Galleons, and Ethnic Violence in Spanish Manila, 1603–1686." *México y la Cuenca del Pacífi co* 12:47–63.

Rule, H. 1962. "Henry Adams' Attack on Two Heroes of the Old South." *American Quarterly* 14:174–84.

Rusconi, R., ed. 1997. *The Book of Prophecies Edited by Christopher Columbus.* Trans. B. Sullivan. Los Angeles: University of California Press.

Rutherford, J., et al. 2008. "Rethinking Investments in Natural Resources: China' s Emerging Role in the Mekong Region." Phnom Penh: Heinrich Böll Stiftung, WWF, and International Institute for Sustainable Development.

Rutman, D. B., and A. H. Rutman. 1980. "More True and Perfect Lists: The Reconstruction of Censuses for Middlesex County, Virginia, 1668–1704." *VMHB* 88:37, 74.

——. 1976. "Of Agues and Fevers: Malaria in the Early Chesapeake." *WMQ* 33:31–60.

Ruttner, F. 1988. *Biogeography and Taxonomy of Honeybees.* Berlin: Springer-Verlag.

Rych, B. 1614. *The Honestie of This Age: Proouing by Good Circumstance That the World Was Neuer Honest Till Now.* London: T. A.*

Saco, J. A. 1879. *Historia de la Esclavitud de la Raza Africana en el Nuevo Mundo.* Vol. 1. Barcelona: Jaime

Now. London: T. A.

Rich, S. M., and F. J. Ayala. 2006. "Evolutionary Origins of Human Malaria Parasites." In K. R. Dronamraju and P. Arese, eds., *Malaria: Genetic and Evolutionary Aspects.* New York: Springer, 125–46.

Richards, J. F. 2005. *The Unending Frontier: An Environmental History of the Early Modern World.* Berkeley: University of California Press.

Richards, M., and V. Macaulay. 2001. "The Mitochondrial Gene Tree Comes of Age." *American Journal of Human Genetics* 68:1315–20.

Richter, D. K. 2001. *Facing East from Indian Country: A Native History of Early America.* Cambridge, MA: Harvard University Press.

Riley, C. V. 1869. *First Annual Report on the Noxious, Benefi cial and Other Insects of the State of Missouri.* Jefferson City, MO: Ellwood Kirby.

Riley, G. M. 1972. "Labor in Cortesian Enterprise: The Cuernavaca Area, 1522–1549." *Americas* 28:271–87.

Ringsdorf, H. 2004. "Hermann Staudinger and the Future of Polymer Research Jubilees— Beloved Occasions for Cultural Piety." *Angewandte Chemie International Edition* 43:1064–76.

Riordan, P. 1996. "Finding Freedom in Florida: Native Peoples, African Americans, and Colonists, 1670–1816." *Florida Historical Quarterly* 75:24–43.

Robert, J. C. 1949. *The Story of Tobacco in America.* Chapel Hill: University of North Carolina Press.

Robert, R. 1929. "Estebanico de Azamor et la Légende des Sept Cités." *Journal de la Société des Américanistes* 21:414.

Roberts, D. R., et al. 2002. "Determinants of Malaria in the Americas." In E. A. Casman and H. Dowlatabadi, eds., *The Contextual Determinants of Malaria.* Washington, DC: Resources for the Future, 35–58.

Rocco, F. 2003. *Quinine: Malaria and the Quest for a Cure That Changed the World.* New York: HarperCollins Perennial.

Rocheleau, D., et al. 2001. "Complex Communities and Emergent Ecologies in the Regional Agroforest of Zambrana- Chacuey, Dominican Republic." *Cultural Geographies* 8:465–92.

Rolfe, J. 1616. "A True Relation of the State of Virginia." In Haile ed. 1998, 865–77.

——. 1614. Letter to Sir Thomas Dale, June (?). In Haile ed. 1998, 850–56.

Romer, R. 2009. *Slavery in the Connecticut Valley of Massachusetts.* Amherst, MA: Levellers Press.

Romoli, K. 1987. *Los de la Lengua Cueva: Los Grupos Indígenas del Istmo Oriental en la Época de la Conquista Española.* Bogotá: Instituto Colombiano de Cultura/ Instituto Colombiano de Antropología.

Roorda, E. P. 1998. *The Dictator Next Door: The Good Neighbor Policy and the Trujillo Regime in the Dominican Republic,* 1930–45. Durham, NC: Duke University Press.

Rose, E. A. 2002. *Dependency and Socialism in the Modern Caribbean: Superpower Intervention in Guyana, Jamaica and Grenada,* 1970–1985. Lanham, MD: Lexington Books.

Rountree, H. C. 2005. *Pocahontas, Powhatan, Opechancanough: Three Indian Lives Changed by Jamestown.* Charlottesville: University of Virginia Press.

——. 2001. "Pocahontas: The Hostage Who Became Famous." In Perdue 2001, 14–28.

——. 1996. "A Guide to the Late Woodland Indians' Use of Ecological Zones in the Chesapeake Region." *Chesopiean* 34:1–37.

——. 1993a. "The Powhatans and the En glish: A Case of Multiple Confl icting Agendas." In Rountree ed. 1993, 173–205.

——. 1993b. "The Powhatans and Other Woodlands Indians as Travelers." In Rountree ed. 1993, 21–52.

——. and A. M. Quinn, eds. 1982. *The First Colonists: Documents on the Planting of the First English Settlements in North America*, 1584–90. Raleigh: North Carolina Department of Cultural Resources.

Rabb, T. K. 1966. "Investment in En glish Overseas Enterprise, 1575–1630." *HER* 19:70–81.

Radkau, J. 2008 (2002). *Nature and Power: A Global History of the Environment*, trans. T. Dunlap. NY: Cambridge University Press.

Ramos, A. 1689–92. *Los Prodigios de la Omnipotencia, y Milagros de la Gracia en la Vida de la Venerable Sierva de Dios Catharina de S. Joan.* 3 vols. Puebla (Mexico): Diego Fernández de León.

Ramsdale, C., and K. Snow. 2000. "Distribution of the Genus Anopheles in Europe." *European Mosquito Bulletin* 7:1–26.*

Ratekin, M. 1954. "The Early Sugar Industry in Hispaniola." *HAHR* 34:1–19.

Rau, V., and J. de Macedo. 1962. *O Açucar da Madeira nos Fins do Século XV.* Funchal, Madeira: Junta-Geral do Distrito Autónomo dọ Funchal.

Rawski, E. S. 1975. "Agricultural Development in the Han River Highlands." *Ch'ing- shih wen- t'i* 3:63–81.

Reader, J. 2009. *Potato: A History of the Propitious Esculent.* New Haven: Yale University Press.

Real Academia Española. 1914. *Diccionario de la Lengua Castellana.* Madrid: Sucesores de Hernando.*

——. 1726–39. 6 vols. *Diccionario de la Lengua Castellana.* Madrid: F. del Hierro.*

Reavis, L. U. 1878. *The Life and Military Services of Gen. William Selby Harney.* St. Louis: Bryan, Brand and Co.*

Reddick, D. 1929. "The Drake Potato Introduction Monument." *Journal of Heredity* 20:173–76.

Rediker, M. 2008 (2007). *The Slave Ship: A Human History.* New York: Penguin.

Reinert, J. F., et al. 1997. "Analysis of the *Anopheles* (*Anopheles*) *quadrimaculatus* Complex of Sibling Species (Diptera: Culicidae) Using Morphological, Cytological, Molecular, Genetic, Biochemical, and Ecological Techniques in an Integrated Approach." *Journal of the American Mosquito Control Association*

13 (Supp.):1- 102.

Reis, J. J. 1988. *Escravidão e Invenção da Liberdade: Estudos Sobre o Negro no Brasil.* São Paulo: Editora Brasiliense.

Reis, J. J., and F. d. S. Gomes, 2009. "Repercussions of the Haitian Revolution in Brazil." In D. P. Geggus and N. Fiering, eds., *The World of the Haitian Revolution.* Indianapolis: Indiana University Press, 284–313.

——. 1996. *Liberdade por um Fio: História dos Quilombos no Brasil.* São Paulo: Companhia das Letras.

Reiter, P. 2000. "From Shakespeare to Defoe: Malaria in En gland in the Little Ice Age." *Emerging Infectious Diseases* 6:1–11.

Rejmankova, E., et al. 1996. "*Anopheles albimanus* (Diptera: Culicidae) and Cyanobacteria: An Example of Larval Habitat Selection." *Environmental Entomology* 25:1058–67.

Requejo Salcedo, J. 1640. *Relación Histórica y Geográfi ca de la Provincia de Panamá.* In Serrano y Sanz, M., ed. 1908. *Relaciones Históricas y Geográfi cas de América Central* (Colección Libros y Documentos Referentes a la Historia de América 8). Madrid: Victoriano Suárez, 1–84.*

Restall, M. 2000. "Black Conquistadors: Armed Africans in Early Spanish America." *Americas* 57:171–205.

Reyna, E. 1941. *Fitzcarrald: El Rey de Caucho.* Lima: Taller Grafi co de P. Barrantes C.

Reynolds, J. W. 1994. "Earthworms of Virginia (Oligochaeta: Acanthodrilidae, Komarekionidae, Lumbricidae, Megascolecidae, and Sparganophilidae)." *Megadrilogica* 5:77–94.

Ribiero, H., et al. 1998. "Os mosquitos (Diptera: Culicidae) da Ilha de São Tomé." *García de Orta* 22:1–20.*

Rich, B. 1614. *The Honestie of This Age · Prooving by Good Circumstance That the World Was Never Honest Till*

76:81–88.
Price, R., ed. 1996 (1979). *Maroon Societies: Rebel Slave Communities in the Americas.* Baltimore: Johns Hopkins University Press, 3rd ed.
Proft, J., et al. 1999. "Identifi cation of Six Sibling Species of the *Anopheles maculipennis* complex (Diptera: Culicidae) by a Polymerase Chain Reaction Assay." *Parasitology Research* 85:837–43.
Proulx, N. 2003. *Ecological Risk Assessment of Non- indigenous Earthworm Species.* St. Paul, MN: U.S. Fish and Wildlife Service.
Puckrein, G. 1979. "Climate, Health and Black Labor in the En glish Americas." *Journal of American Studies* 13:179–93.
Pyne, S. J. 1999. "The Dominion of Fire." *Forum for Applied Research and Public Policy* 15:6–15.
——. 1997a (1995). *World Fire: The Culture of Fire on Earth.* Seattle: University of Washington Press.
——. 1997b (1982). *Fire in America: A Cultural History of Wildland and Rural Fire.* Seattle: University of Washington Press.
——. 1991. "Sky of Ash, Earth of Ash: A Brief History of Fire in the United States." In J. S. Levine, ed., *Global Biomass Burning: Atmospheric, Climatic, and Biospheric Implications.* Cambridge, MA: MIT Press, 504–11.
Pyne, S. J., et al. 1996. *Introduction to Wildland Fire.* New York: John Wiley and Sons, 2nd ed.
Qian, J. (錢江). 1986. "The Development of China- Luzon Trade and Estimated Trade Volume, 1570–1760" (1570–1760年中國和呂宋貿易的發展及貿易額的估算). *Journal of Chinese Social and Economic History* (中國社會經濟史研究) 3:69–78, 117.
Quan, H. (全漢昇). 1991a. *Research on the Economic History of China* (中國經濟史研究). Taipei: New Asia Institute of Advanced Chinese Studies.
——. 1991b (1967). "Changes in the Purchasing Power of Silver During the Song and Ming Dynasties and the Causes Behind Them" (宋明間白銀購買力的變動及其原因). In Quan 1991a, 571–600.
——. 1991c (1966). "Silver Mining and Taxes in the Ming Dynasty" (明代的銀課與銀產額). In Quan 1991a, 601–23.
——. 1972a. *Collected Essays on the Economic History of China* (中國經濟史論叢). 2 vols. Hong Kong: New Asia Institute of Advanced Chinese Studies.
——. 1972b (1971). "Changes in the Coin- Silver Ratio in Annual Government Revenues and Expenditures from the Song to Ming Dynasty" (自宋至明政府歲入中錢銀比例的變動). In Quan 1972a:vol. 1, 355–68.
——. 1972c (1971). "Chinese Silk Trade with Spanish America from the Late Ming to Mid- Qing" (自明季至清中葉西屬美洲的中國絲貨貿易). In Quan 1972a:vol. 1, 451–73.
——. 1972d. "The Infl ow of American Silver to China During the Ming and Qing" (明清間美洲白銀的輸入中國). In Quan 1972a:vol. 1, 435–50.
——. 1972e (1957). "The Relationship Between American Silver and the Price Revolution in 18th-Century China" (美洲白銀與十八世紀中國物價革命的關係). In Quan 1972a:vol. 2, 475–508.
Queiros Mattoso, K. M. d. 1986 (1979). *To Be a Slave in Brazil,* 1550–1888 (trans. A. Goldhammer). New Brunswick, NJ: Rutgers University Press.
Quesada, V. G. 1890. *Crónicas Potosinos: Custumbres de la Edad Medieval Hispano- Americana.* 2 vols. Paris: Biblioteca de la Europa y America.
Quijano Otero, J. M. 1881. *Límites de la República de los Estados- unidos de Colombia.* Seville: Francisco Alvarez.
Quinn, D. B. 1985. *Set Fair for Roanoke,* 1584–1606. Chapel Hill: University of North Carolina Press.

——. 1854b. "From the Chincha Islands." *NYT,* 7 Jan.

Pederson, D. C., et al. 2005. "Medieval Warming, Little Ice Age, and European Impact on the Environment During the Last Millennium in the Lower Hudson Valley, New York, USA." *Quaternary Research* 63:238–49.

Percy, G. 1625? "A True Relation of the Proceedings and Occurents of Moment Which Have Hap' ned in Virginia from the Time Sir Thomas Gates Was Shipwrack' d upon the Bermudes, Anno 1609, Until my Departure Out of

the Country, Which Was in Anno Domini 1612." In Haile ed. 1998, 497–519.

Perdue, T. 2001. *Sifters: Native American Women's Lives.* New York: Oxford University Press.

Perez, B. E. 2000. "The Journey to Freedom: Maroon Forebears in Southern Venezuela." *Ethnohistory* 47:611–34.

Pfi ster, C. 1983. "Changes in Stability and Carrying Capacity of Lowland and Highland Agro- Systems in Switzerland in the Historical Past." *Mountain Research and Development* 3:291–97.

Philips, G. 1891. "Early Spanish Trade with Chin Cheo (Chang Chow)." *China Review* 19:243–55.

Phillips, W. D. 1985. *Slavery from Roman Times to the Early Transatlantic Trade.* Minneapolis: University of Minnesota Press.

Phillips, W. D., and C. R. Phillips. 1992. *The Worlds of Christopher Columbus.* New York: Cambridge University Press.

Pike, R. 2007. "Black Rebels: The Cimarrons of Sixteenth- Century Panama." *The Americas* 64:243–66.

Pollan, M. 2006. *The Omnivore's Dilemma: A Natural History of Four Meals.* New York: Penguin.

——. 2001. *The Botany of Desire: A Plant's- Eye View of the World.* New York: Random House.

Polo, M. 2001 (1299). *The Travels of Marco Polo.* Trans., ed., W. Marsden and M. Komroff. New York: Modern Library.

Pomeranz, K. 2000. *The Great Divergence: China, Europe, and the Making of the Modern World Economy.* Princeton: Princeton University Press.

Poole, B. T. F. 1974. "Case Reopened: An Enquiry into the 'Defection' of Fray Bernal Boyl and Mosen Pedro Margarit." *Journal of Latin American Studies* 6:193–210.

Porras Muñoz, G. 1982. *El Gobierno de la Ciudad de México en el Siglo XVI.* Mexico City: Universidad Autónoma de México.

Porter, L. D. 2007. "Survival of Sporangia of New Clonal Lineages of *Phytophthora infestans* in Soil Under Semiarid Conditions." *Plant Disease* 91:835–41.

Postma, A., ed. 2005 (1972). *Mangyan Treasures: The Ambahan: A Poetic Expression of the Mangyans of Southern Mindoro, Philippines.* Calapan, Mindoro: Mangyan Heritage Center, 3rd ed.

Postma, J. M. 1990. *The Dutch in the Atlantic Slave Trade,* 1600–1815. NY: Cambridge University Press.

Powars, D. S., and T. S. Bruce. 1999. "The Effects of the Chesapeake Bay Impact Crater on the Geological Framework and Correlation of Hydrogeologic Units of the Lower York- James Peninsula, Virginia." U.S. Geological Survey Professional Paper 1612. Washington, DC: Government Printing Office.*

Powell, L.N. 2012. *The Accidental City: Improvising New Orleans.* Cambridge: Harvard University Press.

Price, D. A. 2005 (2003). *Love and Hate in Jamestown: John Smith, Pocahontas, and the Start of a New Nation.* New York: Vintage.

Price, E. O. 2002. *Animal Domestication and Behavior.* Oxford: CABI Publishing.

Price, R. 2011. *Rainforest Warriors: Human Rights on Trial.* Philadelphia: University of Pennsylvania Press.

——. 2002a (1983). *First- Time: The Historical Vision of an African American People.* Chicago: University of Chicago Press, 2nd ed.

——. 2002b. "Maroons in Suriname and Guyane: How Many and Where." *New West Indian Guide*

Olofsson, J., and T. Hickler. 2008. "Effects of Human Land- use on the Global Carbon Cycle During the Last 6,000 Years." *Vegetation History and Archaeobotany* 17:605–15.

Omohundro, J. 2006. "An Appreciation of Lazy- Beds." *Newfoundland Quarterly* 99:n.p.*

Onokpise, O. U. 2004. "Natural Rubber, *Hevea brasiliensis* (Willd. Ex A. Juss.) Müll. Arg., Germplasm Collection in the Amazon Basin, Brazil: A Retrospective." *EB* 58:544–55.

Orbigny, A. d. 1835. *Voyage dans l'Amérique Méridionale.* 5 vols. Paris: Pitois-Levrault.*

Orser, C. E. 1994. "Toward a Global Historical Archaeology: An Example from Brazil." *Historical Archaeology* 28:5–22.

——. and Funari, P. P. A. 2001. "Archaeology and Slave Resistance and Rebellion." *World Archaeology* 33:61–72.

Osborne, A. R. 1989. "Barren Mountains, Raging Rivers: The Ecological and Social Effects of Changing Landuse on the Lower Yangzi Periphery in Late Imperial China." PhD thesis, Columbia University.

Ouerfelli, M. 2008. *Le Sucre: Production, Commercialisation et Usages dans la Méditerranée Médiévale.* Boston: Brill.

Overton, M. 1996. *Agricultural Revolution in En gland: The Transformation of the Agrarian Economy,* 1500–1850. New York: Cambridge University Press.

Oviedo y Valdés, G. F. d. 1851-53 (1535). *Historia General y Natural de las Indias, Islas y Tierra- Firme del Mar Océano.* 3 vols. Madrid: Academia Real de la Historia.*

Pacheco, W. M. 1995. "El Cerro Rico, una Montaña que Encarna a una Ciudad." In W. M. Pacheco, ed., *El Cerro Rico de Potosí* (1545–1995)*: 450 Años de Explotación.* Potosí: Sociedad Geográfi ca y de Historia "Potosí," 263–88.

Packard, R. M. 2007. *The Making of a Tropical Disease: A Short History of Malaria.* Baltimore: Johns Hopkins University Press.

Padden, R. C. 1975. "Editor' s Introduction." In R. C. Padden, ed., *Tales of Potosí.* Providence, RI: Brown University Press, xi–xxxv.

Parker, G. 2008. "Crisis and Catastrophe: The Global Crisis of the Seventeenth Century Reconsidered." *AHR* 113:1053–79.

——. 1979a. *Spain and the Netherlands,* 1559–1659: *Ten Studies.* Short Hills, NJ: Enslow Publishers.

——. 1979b (1973). "Mutiny and Discontent in the Spanish Army of Flanders, 1572–1607." In idem. 1979a:106–21.

——. 1979c (1970). "Spain, Her Enemies and the Revolt of the Netherlands 1559–1648." In idem. 1979a:18–44.

Parry, J. H., and R. G. Keith. 1984. *New Iberian World: A Documentary History of the Discovery and Settlement of Latin America to the Early 17th Century.* 5 vols. New York: Times Books.

Parsons, J. T. 1972. "Spread of African Pasture Grasses to the American Tropics." *Journal of Range Management* 25:12–17.

Parton, J. 1865. "Charles Goodyear." *North American Review* 101:65–102.*

Pastor, A., et al. 2002. "Local Transmission of *Plasmodium vivax* Malaria—Virginia, 2002." *MMWR* 51:921–23.

Pearson, H. C. 1911. *The Rubber Country of the Amazon.* New York: The India Rubber World.

Pearson, J. C. 1944. "The Fish and Fisheries of Colonial Virginia." *WMQ* 1:179–83.

Pearson, R., et al. 2001. "Port, City, and Hinterlands: Archaeological Perspectives on Quanzhou and Its Overseas Trade." In A. Schottenhammer, ed., *The Emporium of the World: Maritime Quanzhou,* 1000–1400. Boston: Brill.

Peck, G. W. 1854a. *Melbourne, and the Chincha Islands.* New York: Charles Scribner.*

the Coffee Tree in Ceylon. Colombo: Ceylon Observer Press.*

Niza, M. d. 1865–68 (1539). "Relacion." In J. F. Pacheco, et al., eds. 1865–69, *Colección de Documentos Inéditos Relativos al Descubrimiento, Conquista y Colonizacion de las Posesiones Españolas en América y Occeanía.* 42 vols. Madrid: Manuel B. Quirós, vol. 3, 329–50.

Normile, D. 2007. "Getting at the Roots of Killer Dust Storms." *Science* 317:315.

North, D. C., and R. P. Thomas. 1973. *The Rise of the Western World: A New Economic History.* Cambridge: Cambridge University Press.

Nozawa, C., et al. 2008. "Evolving Culture, Evolving Landscapes: The Philippine Rice Terraces." In Amend, T., et al., eds. *Protected Landscapes and Agrobiodiversity Values* (Protected Landscapes and Seascapes, vol. 1: IUCN

and GTZ). Heidelberg: Kasparek Verlag, pp. 71–94.*

Nunn, G. E. 1935. "The Imago Mundi and Columbus." *AHR* 40:646–61.

——. 1932. *The Columbus and Magellan Concepts of South American Geography.* Privately printed.

——. 1924. *The Geographical Conceptions of Columbus: A Critical Consideration of Four Problems.* New York: American Geographical Society.

Nunn, N., and N. Qian. Forthcoming. "The Potato' s Contribution to Population and Urbanization: Evidence from an Historical Experiment." *Quarterly Journal of Economics.*

Nye, J. 1991. "The Myth of Free- Trade Britain and Fortress France: Tariffs and Trade in the Nineteenth Century." *JEH* 51:23–46.

Oberg, M. L. 2008. *The Head in Edward Nugent's Hand: Roanoke's Forgotten Indians.* Philadelphia: University of Pennsylvania Press.

O' Donnell, I. 2008. "The Rise and Fall of Homicide in Ireland." In S. Body- Gendrot and P. Spierenburg, eds., *Violence in Europe: Historical and Contemporary Perspectives.* New York: Springer.

Odoric of Pordenone. 1846 (1330). "The Eastern Parts of the World Described," trans. H. Yule. In Yule, H., ed., *Cathay and the Way Thither.* London: Hakluyt Society.*

Offen, K. H. 2007. "Creating Mosquitia: Mapping Amerindian Spatial Practices in Eastern Central America, 1629–1779." *Journal of Historical Geography* 33:254–82.

——. 2002. "The Sambo and Tawira Miskitu: The Colonial Origins and Geography of Intra- Miskitu Differentiation in Eastern Nicaragua and Honduras." *Ethnohistory* 49:321–72.

Ó Gráda, C. 2007. "Ireland' s Great Famine: An Overview." In C. Ó Gráda, et al., eds., *When the Potato Failed: Causes and Effects of the "Last" European Subsistence Crisis,* 1845–1850. Turnhout, Belgium: Brepols, 43–57.

——. 2000 (1999). *Black '47 and Beyond: The Great Irish Famine in History, Economy and Memory.* Princeton: Princeton University Press.

——. 1994. "The 'Lumper' Potato and the Famine." *History Ireland* 1:22–23.

Olien, M. D. 1987. "Micro /Macro- Level Linkages: Regional Political Structures on the Mosquito Coast, 1845–1864." *Ethnohistory* 34:256–87.

——. 1983. "The Miskito Kings and the Line of Succession." *Journal of Anthropological Research* 39:198–241.

Oliveira, M. L. 2005. "A Primeira Rellação do Último Assalto a Palmares." *Afro- Ásia* 33:251–324.

Ollé Rodríguez, M. 2006. "La Formación del Parián de Manila: La Construcción de un Equilibrio Inestable." In P. S. G. Aguilar, ed., *La Investigación sobre Asia Pacífi co en España* (Colección Española de Investigación sobre Asia Pacífi co). Granada: Editorial Universidad de Granada, 27–49.

——. 2002. *La Empresa de China: De la Armada Invencible al Galeón de Manila.* Barcelona: Acantilado.

——. 1998. "Estrategias Filipinas Respecto a China: Alonso Sánchez y Domingo Salazar en la Empresa de China (1581–1593)." PhD thesis, Universitat Pompeu Fabra.*

Mueller, I., et al. 2009. "Key Gaps in the Knowledge of *Plasmodium vivax*, a Neglected Human Malaria Parasite." *Lancet* 9:555–66.

Mülhaupt, R. 2004. "Hermann Staudinger and the Origin of Macromolecular Chemistry." *Angewandte Chemie International Edition* 43:1054–63.

Müller, U. C., and J. Pross. 2007. "Lesson from the Past: Present Insolation

Minimum Holds Potential for Glacial Inception." *Quaternary Science Reviews* 26:3025–29.

Mulroy, K. 1993. *Freedom on the Border: The Seminole Maroons in Florida, the Indian Territory, Coahuila, and Texas.* Lubbock, TX: Texas Tech University Press.

Munga, S., et al. 2006. "Association Between Land Cover and Habitat Productivity of Malaria Vectors in Western Kenyan Highlands." *AMJTMH* 74:69–75.

Muñoz de San Pedro, M. 1951. "Doña Isabel de Vargas, Esposa del Padre del Conquistador del Perú." *Revista de Indias* 11:9–28.

Muñoz- Sanza, A. 2006. "La Gripe de Cristóbal Colón. Hipótesis Sobre una Catástrofe Ecológica." *Enfermedades Infecciosas y Microbiología Clínica* 24: 326–34.*

Murphy, E. 1834. "Agricultural Report." *Irish Farmer's and Gardener's Magazine* 1:556–58.*

Myers, M. D. 1998. "Cultivation Ridges in Theory and Practice: Cultural Ecological Insights from Ireland." PhD thesis, University of Texas at Austin.

Myers, R. H., and Y.-C. Wang, 2002. "Economic Developments, 1644–1800." In W. J. Peterson, ed., *The Cambridge History of China, Vol.* 9: *The Ch'ing Dynasty, Part* 1*: To* 1800. New York: Cambridge University Press, 563–646.

Nader, H. 1996. "Introduction." In H. Nader, ed., trans., *The Book of Privileges Issued to Christopher Columbus by King Fernando and Queen Isabel.* Repertorium Columbianum No. 2. Los Angeles: University of California Press, 1–58.

Naiman, R. J., et al. 1988. "Alteration of North American Streams by Beaver." *Bioscience* 38:753–62.

Nash, G. B. 1999. "The Hidden History of Mestizo America." In M. Hode, ed., *Sex, Love, Race: Crossing Boundaries in North American History.* New York: New York University Press.

Navagero, A. 1563. *Il Viaggio Fatto in Spagna, et in Francia, dal Magnifi co M. Andrea Navagiero, fu Oratore dell'Illustrissimo Senata Veneto, alla Cesarea Maesta di Carlo V.* Venice: Domenico Farri.

Needham, J., et al. 1954–. *Science and Civilisation in China.* 7 vols. New York: Cambridge University Press.

Neill, E. D. 1867. "Ships Arriving at Jamestown, From the Settlement of Virginia Until the Revocation of Charter of London Company." In E. D. Neill, *The History of Education in Virginia During the Seventeenth Century.* Washington, DC: Government Printing Offi ce, 7–11.*

Nelson, L. A. 1994. " 'Then the Poor Planter Hath Greatly the Disadvantage' : Tobacco Inspection, Soil Exhaustion, and the Formation of a Planter Elite in York County, Virginia, 1700–1750." *Locus* 6:119–34.

Neto, M. A. d. S. 1984. "Os Quilombos de Salvador." *Princípios* (São Paulo) 8:51–56.

Nevle, R. J., and D. K. Bird. 2008. "Effects of Syn- pandemic Fire Reduction and Reforestation in the Tropical Americas on Atmospheric CO2 During European Conquest." *Palaeogeography, Palaeoclimatology, Palaeoecology* 264:25–38.

Newson, L. A., and S. Minchin. 2007. *From Capture to Sale: The Portuguese Slave Trade to Spanish South America in the Early Seventeenth Century.* Leiden: Brill.

Ngwenyama, C. N. 2007. Material Beginnings of the Saramaka Maroons: An Archaeological Investigation. Ph.D. thesis, University of Florida.

Nicholls, M., ed. 2005. "George Percy' s 'Trewe Relacyon.' " *VMHB* 113:213–75.

Nichols, P. 1628. *Sir Francis Drake Revived.* In Wright ed. 1932:245–326.

Nietner, J. 1880. *The Coffee Tree and Its Enemies, Being Observations on the Natural History of the Enemies of*

Group Genotype, *FyFy*." *New En gland Journal of Medicine* 295:302–04.

Miller, S. W. 2007. *An Environmental History of Latin America.* New York: Cambridge University Press.

Mintz, S. 1986 (1985). *Sweetness and Power: The Place of Sugar in Modern History.* New York: Penguin Books.

Mitchell, M. 1964. *Friar Andrés de Urdaneta, O.S.A.* London: Macdonald and Evans.

Mizubuti, E. S. G., and W. E. Fry. 2006. "Potato Late Blight." In B. M. Cooke et al., eds., *The Epidemiology of Plant Diseases.* Dordrecht, The Netherlands, 445–72.

Mokyr, J. 1981. "Irish History with the Potato." *Irish Economic and Social History* 8:8–29.

Moloughney, B., and W. Xia. 1989. "Silver and the Fall of the Ming Dynasty: A Reassessment." *Papers on Far Eastern History* 40:51–78.

Money, N. P. 2007. *The Triumph of the Fungi: A Rotten History.* New York: Oxford University Press.

Montenegro, A., et al. "Modeling the Prehistoric Arrival of the Sweet Potato in Polynesia." *Journal of Archaeological Science* 35:355–67.

Montgomery, D. R. 2007. *Dirt: The Erosion of Civilizations.* Berkeley: University of California Press.

Moore, R. J. 1999. "Colonial Images of Blacks and Indians in Nineteenth Century Guyana." In B. Brereton and K. A. Yelvington, eds., *The Colonial Caribbean in Transition: Essays on Postemancipation Social and Cultural History.* Gainesville: University Press of Florida, 126–58.

Morawetz, H. 2002 (1985). *Polymers: The Origin and Growth of a Science.* Mineola, NY: Dover Publications.

Moreau de Saint- Méry, M. L. E. 1797–98. *Description Topographique, Physique, Civile, Politique et Historique de le Partie Française de l'Isle Saint'Domingue.* 2 vols. Philadelphia: S.I.

Morel, G. R. 2004. "The Sugar Economy of Española in the Sixteenth Century." In S. B. Schwartz, ed., *Tropical Babylons: Sugar and the Making of the Atlantic World,* 1450–1680. Durham: University of North Carolina Press,

85–114.

Morga, A. d. 1609. *Sucesos de las Islas Filipinas.* In B&R 15:25–288, 16:25–210.

Morgan, E. S. 2003 (1975). *American Slavery, American Freedom: The Ordeal of Colonial Virginia.* New York: W. W. Norton, 2nd ed.

Morineau, M. 1985. *Incroyables Gazettes et Fabuleux Métaux: Les Retours de Trésors Américains d'après les Gazettes Hollandaises (XVIe–XVIIIe Siècles).* New York: Cambridge University Press.

Morison, S. E. 1983 (1970). *Admiral of the Ocean Sea: A Life of Christopher Columbus.* Boston: Northeastern University Press.

Morrow, R. H., and W. J. Moss. 2007. "The Epidemiology and Control of

Malaria." In K. E. Nelson and C. M. Williams, *Infectious Disease Epidemiology: Theory and Practice.* Sudbury, MA: Jones and Bartlett, 1087–1138.

Morse, R. M., ed., trans. 1965. *The Bandeirantes: The Historical Role of the Brazilian Pathfi nders.* New York: Knopf.

Moseley, M. E. 2001. *The Inca and Their Ancestors: The Archaeology of Peru.* New York: Thames and Hudson, 2nd ed.

Mote, F. W. 2003 (1999). *Imperial China,* 900–1800. Cambridge, MA: Harvard University Press.

Motinha, K. E. F. 2005. "Vila Nova de Mazagão: Espelho de Cultura e de Sociabilidade Portuguesas no Vale Amazônico." Unpub. ms., Congresso Internacional o Espaço Atlântico de Antigo Regime: Poderes e Sociedades,

Lisbon 2–5 Nov.*

Mudge, J. M. 1985. "Hispanic Blue- and- White Faience in the Chinese Style." In J. Carswell, ed., *Blue and White: Chinese Porcelain and Its Impact on the Western World.* Chicago: University of Chicago Press.

Brunswick, NJ: Rutgers University Press.

Maxwell, H. 1910. "The Use and Abuse of Forests by the Virginia Indians." *WMQ* 19:73–103.

May, K. J., and J. B. Ristaino. 2004. "Identity of the mtDNA Haplotype(s) of *Phytophthora infestans* in Historical Specimens from the Irish Potato Famine." *Mycological Research* 108:1–9.

Mayer, E. 1994. "Recursos Naturales, Medio Ambiente, Tecnología y Desarrollo." In C. Menge, ed., *Perú: El Problema Agrario en Debate, SEPIA V*. Peru: SEPIA- CAPRODA, 479–533.

Mazumdar, S. 2000. "The Impact of New World Food Crops on the Diet and Economy of China and India, 1600–1900." In R. Grew, ed., *Food in Global History*. Boulder, CO: Westview Press.

McCaa, R. 1995. "Spanish and Nahuatl Views on Smallpox and Demographic Catastrophe in Mexico." *JIH* 25:397–431.

McCord, H. A. 2001. "How Crowded Was Virginia in A.D. 1607?" *QBASV* 56:51–59.

McCusker, J. J., and R. R. Menard. 1991 (1985). *The Economy of British America*, 1607–1789. Chapel Hill: University of North Carolina Press.

McDonald, W., ed. 1899. *Select Charters and Other Documents Illustrative of American History*, 1606–1775. New York: Macmillan.*

McKeown, T., et al. 1972. "An Interpretation of the Modern Rise of Population in Europe." *Population Studies* 26:345–82.

McNeill, J. R. 2010. *Mosquito Empires: Ecology and War in the Greater Caribbean*, 1620–1914. New York: Cambridge University Press.

McNeill, W. H. 1999. "How the Potato Changed the World' s History." *Social Research* 66:69–83.

Meagher, A. J. 2009. *The Coolie Trade: The Traffi c in Chinese Laborers to Latin America*, 1847–1874. Bloomington, IN: Xlibris.

Mei, C., and H. E. Dregne. 2001. "Review Article: Silt and the Future Development of China' s Yellow River." *Geographical Journal* 167:7–22.

Mei, Z. (梅曾亮). 1823. "Record of the Shack People" (記棚民事). In Z. Mei, ed., 1855, *Collected Works of the Bojian Studio* (柏梘山房文集). SI:s.n., pp. 10:5a- 6a.*

Melillo, E. D. 2011. "The First Green Revolution: Debt Peonage and the Making of the Nitrogen Fertilizer Trade, 1840–1930." Paper at Five- College History Seminar, Amherst College, 11 Feb.

Mellafe, R. 1959. *La Introducción de la Esclavitud Negra en Chile: Trafi co y Rutas*. Santiago: Universidad de Chile, Estudios de Historia Economica Americana 2.

Menard, R. R. 1988. "British Migration to the Chesapeake Colonies in the Seventeenth Century." In L. G. Carr et al., eds., *Colonial Chesapeake Society*. Chapel Hill: University of North Carolina Press, 99–132.

———. 1977. "From Servants to Slaves: The Transformation of the Chesapeake Labor System." *Southern Studies* 16:355–90.

Merrens, H. R., and G. D. Terry. 1984. "Dying in Paradise: Malaria, Mortality and the Perceptual Environment in Colonial South Carolina." *JSH* 50:533–50.

Migge- Kleian, S., et al. 2006. "The Infl uence of Invasive Earthworms on Indigenous Fauna in Ecosystems Previously Uninhabited by Earthworms." *Biological Invasions* 8:1275–85.

Milhou, A. 1983. Colón y su Mentalidad Mesianica en el Ambiente Franciscanista Español. Cuadernos Colombinos 11. Valladolid: Seminario Americanista de la Universidad de Valladolid.

Miller, H. M. 2001. "Living Along the 'Great Shellfi sh Bay' : The Relationship Between Prehistoric Peoples and the Chesapeake." In Curtin, Brush, and Fisher, eds. 2001, 109–26.

Miller, J. C. 1988. *Way of Death: Merchant Capitalism and the Angolan Slave Trade*, 1730–1830. Madison: University of Wisconsin Press.

Miller, L. H., et al. 1976. "The Resistance Factor to *Plasmodium vivax* in Blacks— The Duffy- Blood-

MacKenzie, A. D. 1953. *The Bank of En gland Note: A History of Its Printing.* London: Cambridge University Press.
Magalhães, J. R. 2008. "O Açúcar nas Ilhas Portuguesas do Atlântico: Séculos XV e XVI." *Varia Historia* (Belo Horizonte) 25:151–75.*
Magoon, C. E. 1900. *Report on the Legal Status of the Territory and Inhabitants of the Islands Acquired by the United States During the War with Spain.* Washington, DC: Government Printing Office.*
Maher, R. F. 1973. "Archaeological Investigations in Central Ifugao." *Asian Perspectives* 16:39–71.
Malanima, P. 2006. "Energy Crisis and Growth, 1650–1850: The European Deviation in a Comparative Perspective." *Journal of Global History* 1:101–21.
Malecki, J. M., et al. 2003. "Local Transmission of *Plasmodium vivax* Malaria—Palm Beach County, Florida, 2003." *MMWR* 52:908–11.
Malone, P. M. 2000 (1991). *The Skulking Way of War: Technology and Tactics Among the New England Indians.* Toronto: Madison Books.
Malthus, T. R. 1798. *An Essay on the Principle of Population.* London: J. Johnson.
Mann, C. C. 2009. "Addicted to Rubber." *Science* 325:564–66.
———. 2008. "Tracing the Ancient Amazonians." *Science* 321:1148–52.
———. 2007. "America: Found and Lost." *National Geographic* 212:32–55.
———. 2005. 1491: *New Revelations of the Americas Before Columbus.* New York: Alfred A. Knopf.
———. 1993. "How Many Is Too Many?" *Atlantic Monthly* 271:47–67.
Markham, C. R. 1876. "The Cultivation of Caoutchouc- Yielding Trees in British India." *Journal of the Royal Society of the Arts* 24:475–81.
———. 1871. "On the Eastern Cordillera, and the Navigation of the River Madeira." In British Association for the Advancement of Science, ed., *Report of the Forty- fi rst Meeting.* London: John Murray, 184–85.*
———. 1862. *Travels in Peru and India.* London: John Murray.
Marks, R. B. 2007. *The Origins of the Modern World: A Global and Ecological Narrative from the Fifteenth to the Twenty-fi rst Century.* Lanham, MD: Rowman and Littlefi eld, 2nd ed.
———. 1998. *Tigers, Rice, Silk, and Silt: Environment and Economy in Late Imperial South China.* New York: Cambridge University Press.
Martin, J. 1622. "How Virginia May Be Made a Royal Plantation." KB 3:707–10.
Martin, P. H., et al. 2004. "Forty Years of Tropical Forest Recovery from Agriculture: Structure and Floristics of Secondary and Old- Growth Riparian Forests in the Dominican Republic." *Biotropica* 36:297–317.
Martínez, M. E. 2008. *Genealogical Fictions: Limpieza de Sangre, Religion, and Gender in Colonial Mexico.* Stanford, CA: Stanford University Press.
Masefi eld, G. B. 1980 (1967). "Crops and Livestock." In E. E. Rich and C. H. Wilson, eds., *The Economy of Expanding Europe in the 16th and 17th Centuries.* Cambridge Economic History of Europe, vol. 4. New York: Cambridge University Press.
Mason, I. L., ed. 1984. *Evolution of Domesticated Animals.* London: Longmans.
Mathew, W. M. 1977. "A Primitive Export Sector: Guano Production in Mid- nineteenth Century Peru." *Journal of Latin American* Studies 9:35–57.
———. 1970. "Peru and the British Guano Market, 1840–1870." *EHR* 23: 112–28.
———. 1968. "The Imperialism of Free Trade: Peru, 1820–70." *EHR* 21:562–79.
Matta, C. 2009. "Spontaneous Generation and Disease Causation: Anton de Bary' s Experiments with *Phytophthora infestans* and Late Blight of Potato." *Journal of the History of Biology* 43:459–91.
Mattoso, K. M. d. Q. 1986 (1979). *To Be a Slave in Brazil,* 1550–1888. Trans. A. Goldhammer. New

Liebig, J. v. 1840. *Organic Chemistry in Its Applications to Agriculture and Physiology*. trans. L. Playfair. London: Taylor and Walton.*

Ligon, R. 1673. *A True and Exact History of the Island of Barbadoes*. London: Peter Parker.

Lin, R. 1990. "Fukien' s Private Sea Trade in the 16th and 17th Centuries." Trans. B. t. Haar. In Vermeer ed. 1990:163–216.

Livi- Bacci, M. 2003. "Return to Hispaniola: Reassessing a Demographic Catastrophe." *HAHR* 83:3–51.

——. 1997. *A Concise History of World Population*. Malden, MA: Blackwell, 2nd ed.

Livingstone, F. B. 1971. "Malaria and Human Polymorphisms." *Annual Review of Genetics* 5:33–64.

——. 1958. "Anthropological Implications of Sickle Cell Gene Distribution in West Africa." *AA* 60:533–62.

Loaisa, R. d. 1586. "Memorial de las Cosas del Pirú Tocantes á los Indios," 5 May. In J. S. Rayon and F. d. Zabálburu, eds., 1889, *Colección de Documentos Inéditos para la Historia de España*, vol. 94.

Lodeman, E. G. 1896. *The Spraying of Plants*. New York: Macmillan and Company.

Logan, R. W. 1940. "Estevanico, Negro Discoverer of the Southwest: A Critical Reexamination." *Phylon* 1:305–14.

Lohmann Villena, G. 1949. *Las Minas de Huancavelica en los Siglos XVI y XVII*. Seville: Escuela de Estudios Hispano- Americanos.

Lokken, P. 2004. "Transforming Mulatto Identity in Colonial Guatemala and El Salvador, 1670–1720." *Transforming Anthropology* 12:9–20.

——. 2004. "Useful Enemies: Seventeenth- Century Piracy and the Rise of Pardo Militias in Spanish Central America." *Journal of Colonialism and Colonial History* 5:2.

——. 2001. "Marriage as Slave Emancipation in Seventeenth- Century Rural Guatemala." *Americas* 58:175–200.

López de Gómara, F. 1870 (1552). *Conquista de México. Cronica General de Las Indias*, pt. 2. 2 vols. Mexico City: I. Escalante.*

López de Velasco, J. 1894 (~1575). *Geografía y Descripción Universal de las Indias*. Madrid: Real Academia de la Historia.*

Lord, L. 2007. "The Birth of America: Struggling from One Peril to the Next, the Jamestown Settlers Planted the Seeds of the Nation' s Spirit." *U.S. News & World Report* 142:48–56.

Love, E. F. 1971. "Marriage Patterns of Persons of African Descent in a Colonial Mexico City Parish." *HAHR* 51:79–91.

——. 1967. "Negro Resistance to Spanish Rule in Colonial Mexico." *Journal of Negro History* 52:89–103.

Lovejoy, P. E. 2000 (1983). *Transformations in Slavery: A History of Slavery in Africa*. NY: Cambridge University Press, 2nd ed.

Lowe, S., et al. 2004 (2000). 100 *of the World's Worst Invasive Species: A Selection from the Global Invasive Species Database*. Gland, Switzerland: International Union for Conservation of Nature.

Lu, W., and J. Lazell. 1996. "The Voyage of the Beetle." *Natural History* 105:36–39.

Lu, Y. (陸燿). 1991 (~1774). *A Guide to Smoking* (烟譜). In *Complete Collection of Collectanea* (叢書集成續編). Taipei: New Wen Feng Publishing Company, 2nd ed., vol. 86, pp. 675–78.

Luengo, J. M. 1996. *A History of the Manila- Acapulco Slave Trade*, 1565–1815. Tubigon, Bohol, Philippines: Mater Dei Publications.

Luo, Y. (羅曰褧). 1983 (1585). *Record of Tribute Guests* (咸賓錄). Beijing: Zhonghua Shuju.

Lyderson, K. 2009. "Who Went with Columbus? Dental Studies Give Clues." *Washington Post*, 18 May.

Lynch, J. 1991. *Spain*, 1516–1598: *From Nation State to World Empire*. Oxford: Basil Blackwell.

———. 1924b. *Introduction of Tobacco Into Europe*. Anthropology Leafl et 19. Chicago: Field Museum.*
———. 1908. "The Relations of the Chinese to the Philippine Islands." *Smithsonian Miscellaneous Collections* 50:248–84.
Laufer, B., et al. 1930. *Tobacco and Its Use in Africa*. Anthropology Leafl et 29. Chicago: Field Museum.
Lee, G. R. 1999. "Comparative Perspectives." In M. B. Sussman et al., eds., *Handbook of Marriage and the Family*. New York: Plenum Press, 2nd ed.
Lee, J. Z., and F. Wang. 2001 (1999). *One Quarter of Humanity: Malthusian Mythology and Chinese Realities*, 1700–2000. Cambridge, MA: Harvard University Press.
Lee, K. E. 1985. *Earthworms: Their Ecology and Relationships with Soils and Land Use*. New York: Academic Press.
Legarda, B. J. 1999. *After the Galleons: Foreign Trade, Economic Change and Entrepreneurship in the Nineteenth-Century Philippines*. Manila: Ateneo de Manila University Press.
Léon Guerrero, M. 2000. *El Segundo Viaje Columbino*. PhD thesis, Universidad de Valladolid.*
Leong, S.-T. (Liang, S.-T.). 1997. *Migration and Ethnicity in Chinese History: Hakkas, Pengmin, and Their Neighbors*. Stanford: Stanford University Press.
Leroy, E. M., et al. 2004. "Multiple Ebola Virus Transmission Events and Rapid Decline of Central African Wildlife." *Science* 303:298–99.
Lester, T. 2009. *The Fourth Part of the World: The Race to the Ends of the Earth, and the Epic Story of the Map That Gave America Its Name*. New York: Simon and Schuster.
Levathes, L. 1994. *When China Ruled the Seas: The Treasure Fleet of the Dragon Throne*, 1405–1433. New York: Simon and Schuster.
Levin, S. 2005. "Growing China' s Great Green Wall." *Ecos* 127:13.
Lev- Yadun, S., et al. 2000. "The Cradle of Agriculture." *Science* 288:1602–03.
Lewis, C. M., and A. J. Loomie. 1953. *The Spanish Jesuit Mission in Virginia*, 1570–72. Chapel Hill: University of North Carolina Press.
Li, H., et al. 2007. "Demand for Rubber Is Causing the Loss of High Diversity Rain Forest in SW China." *Biodiversity Conservation* 16:1731–45.
Li, J. (李金明). 2008. "The Rise of Yuegang, Zhangzhou and Overseas Chinese from Fujian During the Mid- Ming Dynasty" (明朝中葉漳州月港的興起與福建的海外移民). In S.-Y. Tang (湯熙勇) et al., eds. *Essays on the History of China's Maritime Development* (中國海洋發展史論文集). Taipei: Academia Sinica Research Center for Humanities and Social Sciences (中央研究院人文社會科學研究中心), vol. 10, pp. 65–100.
———. 2006a. *Overseas Transportation and Culture Exchange* (三朝平攘錄交流). Kunming: Yunnan Fine Arts Publishing House.
———. 2006b. "A Theory on the Causes and Nature of the Jiajing Pirate Crisis" (試論嘉靖倭患的起因及性質). In Li 2006a:53–59.
———. 2006c "Smuggling Between Japan and the Ports of Zhangzhou and Quanzhou During the 16th Century" (16世紀漳泉貿易港與日本的走私貿易). In Li 2006a:45–52.
———. 2001. *Zhangzhou Port* (漳州港). Fuzhou: Fujian People' s Publishing Co. (福建人民出版社).
Li, X. (李向軍). 1995. *Qing Dynasty Disaster Relief Policy* (清代荒政研究). Beijing: China Agricultural Press.
Li, Y., et al. 2007. "On the Origin of Smallpox: Correlating Variola Phylogenics with Historical Smallpox Records." *PNAS* 104:15787–92.
Lieberei, R. 2007. "South American Leaf Blight of the Rubber Tree (Hevea spp.): New Steps in Plant Domestication Using Physiological Features and Molecular Markers." *Annals of Botany* 100:1125–42.

Trans. B. Bray. Garden City, NY: Doubleday and Company.

Laird Clowes, W., et al. 1897–1903. *The Royal Navy: A History from the Earliest Times to the Death of Queen Victoria.* 7 vols. London: Sampson Low, Marston and Co.*

Lal, D. 1998. *Unintended Consequences: The Impact of Factor Endowments, Culture, and Politics on Long- Run Economic Performance.* Cambridge, MA: MIT.

Lamb, H. H. 1995 (1982). *Climate, History and the Modern World.* New York: Routledge.

Lampton, D. M., et al. 1986. *A Relationship Restored: Trends in U.S.-China Educational Exchanges,* 1978–84. Washington, DC: National Academy Press.

Lan, Y. (藍勇). 2001. "The Infl uences of American Crops Introduced During the Ming and Qing on the Formation of Structural Poverty in Subtropical Mountain Regions" (明清美洲農作物引進對亞熱帶山地結構性貧困形成的影響). *AHC* 20:3–14.

Landers, J. 2002. "The Central African Presence in Spanish Maroon Communities." In L. M. Heywood, ed., *Central Africans and Cultural Transformations in the American Diaspora.* New York: Cambridge University Press, 227–42.

——. 1999. *Black Society in Spanish Florida.* Urbana: University of Illinois Press.

Landes, D. S. 1999 (1998). *The Wealth and Poverty of Nations: Why Some Are So Rich and Some So Poor.* New York: W. W. Norton.

Lane, E. V. 1953–54. "The Life and World of Henry Wickham." *India Rubber World,* Dec. 5 (pt. 1, 14–17), Dec. 12 (pt. 2, 16–18), Dec 19 (pt. 3, 18–23), Dec. 26 (pt. 4, 5–8), Jan. 2 (pt. 5, 17–19), Jan. 9 (pt. 6, 17–23), Jan. 16 (pt. 7, 7–10), Jan. 23 (pt. 8, 7–10), Jan. 30 (pt. 9, 5–8).

Lane, K. 2002. *Quito* 1599*: City and Colony in Transition.* Albuquerque: University of New Mexico Press.

Lane, R. 1585–86. "Ralph Lane' s Narrative of the Settlement of Roanoke Island." In Quinn and Quinn eds. 1982, 24–45.*

Langer, W. L. 1975. "American Foods and Europe' s Population Growth, 1750–1850." *Journal of Social History* 8:51–66.

Langworthy, C. F. 1910. *Potatoes and Other Root Crops as Food.* U.S.D.A. Farmers' Bulletin 295. Washington, DC: Government Printing Offi ce.

Lanyon, A. 2004 (2003). *The New World of Martín Cortés.* Cambridge, MA: Da Capo Press.

——. 1999. *Malinche's Conquest.* St. Leonards, NSW: Allan and Unwin.

Lara, S. H. 2010. "Palmares and Cucaú: Political Dimensions of a Maroon Community in Late Seventeenth- Century Brazil." Paper at 12th Annual Gilder Lehrman Center International Conference at Yale University,

29–30 Oct.*

——. 1996. "Do Singular ao Plural: Palmares, Capitães- do- mato e o Governo dos Escravos." In Reis and Gomes eds. 1996, 81–109.

Large, E. C. 1940. *The Advance of the Fungi.* London: Jonathan Cape.

La Roche, R. 1855. *Yellow Fever, Considered in Its Historical, Pathological, Etiological, and Therapeutical Relations.* 2 vols. Philadelphia: Blanchard and Lea.

Las Casas, B. d. 1992 (1552). *The Devastation of the Indies.* Trans. H. Briffault. Baltimore: Johns Hopkins Press.

——. 1951 (1561). *Historia de las Indias.* 3 vols. Mexico City: Fondo de Cultura Económica.

Laubrich, A. W. 1913. *Indian Slavery in Colonial Times Within the Present Limits of the United States.* Studies in History, Economics and Public Law 134. New York: Columbia University Press.*

Laufer, B. 1938. *The American Plant Migration. Part I: The Potato.* Chicago: Field Museum. Anthropological Series 28.*

——. 1924a. *Tobacco and Its Use in Asia.* Anthropology Leafl et 18. Chicago: Field Museum.*

Kent, R. 1965. "Palmares: An African State in Brasil." *Journal of African History* 6:161–75.

Kinealy, C. 1995. *This Great Calamity: The Irish Famine,* 1845–52. Boulder, CO: Roberts Rinehart.

Kingsbury, S. M., ed. 1999 (1906–33). *The Records of the Virginia Company of London.* 4 vols. Westminster, MD: Heritage Books (CD- ROM).

Kirby, J., and R. White. 1996. "The Identifi cation of Red Lake Pigment Dyestuffs and a Discussion of Their Use." *National Gallery Technical Bulletin* 17:56–80.

Kiszewski, A., et al. 2004. "A Global Index Representing the Stability of Malaria Transmission." *AMJTMH* 70:486–98.

Kjærgaard, T. 2003. "A Plant That Changed the World: The Rise and Fall of Clover, 1000–2000." *Landscape Research* 28:41–49.

Klein, H. S. 2010 (1999). *The Atlantic Slave Trade.* New York: Cambridge University Press, 2nd ed.

Koerner, B. 2004. "Blood Feud." *Wired* 13:118–25.*

Kohn, M. Forthcoming. *The Origins of Western Economic Success: Commerce, Finance, and Government in Pre-Industrial Europe.**

Kolb, A. E. 1980. "Early Passengers to Virginia: When Did They Really Arrive?" *VMHB* 88:401–14.

Komlos, J. 1998. "The New World' s Contribution to Food Consumption During the Industrial Revolution." *Journal of European Economic History* 27:6–84.

Kon, S. K., and A. Klein. 1928. "The Value of Whole Potato in Human Nutrition." *Biochemical Journal* 22:258–60.

Konetzke, R. 1958. "Points of Departure for the History of Missions in Hispanic America." *Americas* 15:517–23.

Kramer, T., et al. 2009. *Withdrawal Symptoms in the Golden Triangle: A Drugs Market in Disarray.* Amsterdam: Transnational Institute.*

Krech, S. 1999. *The Ecological Indian: Myth and History.* New York: Norton.

Krippner- Martinez, J. 2000. "Invoking 'Tato Vasco' : Vasco de Quiroga, Eighteenth–Twentieth Centuries." *Americas* 56:1–28.

Kuchta, D. 2002. *The Three- Piece Suit and Modern Masculinity: En gland,* 1550–1850. Los Angeles: University of California Press.

Kukla, J. 1986. "Kentish Agues and American Distempers: The Transmission of Malaria from En gland to Virginia in the Seventeenth Century." *Southern Studies* 25:135–47.

Kupperman, K. O. 2007a. *The Jamestown Project.* Cambridge, MA: Harvard Belknap.

———. 2007b. *Roanoke: The Abandoned Colony.* Savage, MD: Rowman and Littlefi eld Publishers, 2nd ed.

———. 1984. "Fear of Hot Climates in the Anglo- American Colonial Experience." *WMQ* 41:213–40.

———. 1982. "The Puzzle of the American Climate in the Early Colonial Period." *AHR* 87:1262–89.

———. 1979. "Apathy and Death in Early Jamestown." *Journal of American History* 66:24–40.

Kupperman, K. O., ed. 1988. *Captain John Smith: A Select Edition of His Writings.* Chapel Hill: University of North Carolina Press.

Kuwabara, J. 1935. "P' u Shou- kêng: A Man of the Western Regions, Who Was Superintendent of the Trading Ships' Offi ce in Ch' üan- chou Towards the End of the Sung Dynasty, Together with a General Sketch of the Arabs in China During the T' ang and Sung Eras." *Memoirs of the Research Department of the Toyo Bunko* 7:1–104.

Labroy, O. 1913. *Culture et Exploitation du Caoutchouc au Brésil.* Paris: Société Générale d' Impression.*

Ladebat, P. d. 2008. *Seuls les Morts ne Reviennent Jamais: Les Pionniers de la Guillotine Sèche en Guyane Française sous le Directoire.* Paris: Éditions Amalthée.

Ladurie, E. L. R. 1971 (1967). *Times of Feast, Times of Famine: A History of Climate Since the Year* 1000.

Johnson, C. W. 1843. "On Guano." *Farmer's Magazine* 7:170–74.

Johnson, E. 2005 (1654). *Johnson's Wonder- Working Providence of Sions Saviour in New En gland.* Boston: Adamant Media.*

Johnson, H. C. S. 1998. "Adjunctive Use of a Chinese Herbal Medicine in the Non- Surgical Mechanical Treatment of Advanced Periodontal Disease on Smokers: A Randomized Clinical Trial." MDS thesis, University of Hong Kong.*

Johnson, H. G. 1893. "The Early American Trade in Pará Rubber." *India Rubber World* 9:41–42.

Johnson, M. 1970. "The Cowrie Currencies of West Africa." *Journal of African History* 9:17–49 (pt. 1), 331–53 (pt. 2).

Johnson, R.(?) 1897 (1609). "*Nova Britannia:* Offering Most Excellent Fruits by Planting in Virginia, Exciting All Such as Be Well Affected to Further the Same." *American Colonial Tracts Monthly* 6.

Johnson, W. H. 1909. *The Cultivation and Preparation of Para Rubber.* London: Crosby Lockwood and Son.

Jones, C. L. 1906. "The Spanish Administration of Philippine Commerce." *Proceedings of the American Political Science Association* 3:180–93.

Jones, E. L. 2003. *The European Miracle: Environments, Economies, and Geopolitics in the History of Europe and Asia.* New York: Cambridge University Press, 3rd ed.

Jones, H. 1724. *The Present State of Virginia.* London: J. Clarke.*

Jones, L. R., et al. 1914. *Investigations of the Potato Fungus Phytophthora Infestans* (Vermont Agricultural Station Bulletin 168). Burlington, VT: Free Press.

Jones, S. M. 1971. "Hung Liang- Chi (1746–1809): The Perception and Articulation of Political Problems in Late Eighteenth Century China." PhD thesis, Stanford University.

Joshi, R. C. 2005. "Managing Invasive Alien Mollusc Species in Rice." *International Rice Research Notes* 30:5–13.

Judelson, H. S., and F. A. Blanco. 2005. "The Spores of Phytophthora: Weapons of the Plant Destroyer." *Nature Reviews Microbiology* 3:47–58.

Julien, C. J. 1985. "Guano and Resource Control in Sixteenth- Century Arequipa." In Masuda, S., et al. eds. *Andean Ecology and Civilization: An Interdisciplinary Perspective on Andean Ecological Complementarity.* Tokyo: University of Tokyo Press, pp. 185–231.

Kalm, P. 1773 (1748). *Travels into North America; Containing Its Natural History, and a Circumstantial Account of Its Plantations and Agriculture in General.* Trans. J. R. Forster. 2 vols. London: T. Lowndes, 2nd ed.*

Kamen, H. 2005. *Spain,* 1469–1714*: A Society of Confl ict.* London: Longman, 3rd ed.

Karasch, M. 2002. Zumbi of Palmares: Chanllenging the Portuguese Colonial Order. In Andrien, K. J., ed. *The Human Tradition in Colonial Latin America.* Lanham, MD, SR Books, 104-20.

Karttunen, F. 1994. *Between Worlds: Interpreters, Guides and Survivors.* New Brunswick, NJ: Rutgers University Press.

Katzew, I. 2004. *Casta Painting: Images of Race in Eighteenth- Century Mexico.* New Haven: Yale University Press.

Keesing, F. M. 1962. *The Ethnohistory of Northern Luzon.* Stanford: Stanford University Press.

Keller, F. 1874. *The Amazon and Madeira Rivers: Sketches and Descriptions from the Note- Book of an Explorer.* New York: D. Appleton.*

Kelly, I. 2006. *Beau Brummell: The Ultimate Man of Style.* New York: Free Press.

Kelso, W. M. 2006. *Jamestown: The Buried Truth.* Charlottesville, VA: University of Virginia Press.

Kelso, W. M., and B. Straube. 2004. *Jamestown Rediscovery* 1994–2004. Richmond, VA: Association for the Preservation of Virginia Antiquities.

Systems. New York: Palgrave Macmillan, 155–73.

Hunter, M., and A. Gregory, eds. 1988. *An Astrological Diary of the Seventeenth Century: Samuel Jeake of Rye,* 1652–1699. Oxford: Oxford University Press.

Huntington, E. 1915. *Civilization and Climate.* New Haven: Yale University Press.*

Hunwick, J. O. 1999. *Timbuktu and the Songhay Empire: Al- Sa'd̄ ı's* Ta' r ̄ıkh als ̄ud ̄an *down to* 1613 *and Other Contemporary Documents.* Leiden: E. J. Brill.

Hutchinson, G. E. 1950. *The Biogeochemistry of Vertebrate Excretion.* Bulletin of the American Museum of Natural History 96. New York: American Museum of Natural History.

Hutchinson, R. A., and S. W. Lindsay. 2006. "Malaria and Deaths in the English Marshes." *Lancet* 367:1947–51.

Ibn Battuta. 1853–58 (1355). *Voyages d'Ibn Batoutah.* Trans. C. Defrémery et B.R. Sanguinetti. 4 vols. Paris: Imprimerie Impériale.*

Icaza, F. d. A. d. 1923. *Diccionario Autobiografi co de Conquistadores y Pobladores de Nueva España.* 2 vols. Madrid: El Adelantado de Segovio.

Ilahiane, H. 2000. "Estevan de Dorantes, the Moor or the Slave? The Other Moroccan Explorer of New Spain." *Journal of North African Studies* 5:1–14.

Inagaki, H., and K. Kegasawa. 1973. "Discovery of the Potato Cyst Nematode, *Heterodera rostochiensis* Wollenweber, 1923, (Tylenchida: Heteroderidae) from Peru Guano." *Applied Entomology and Zoology* 8:97–102.

Ingram, D. 1883 (1582). "Relation of David Ingram." *Magazine of American History* 9:200–08.

International Labour Offi ce. 1943. *Intergovernmental Commodity Control Agreements.* Montreal: International Labour Organization (League of Nations).*

Irvine, J. E. 1999. "*Saccharum* Species as Horticultural Classes." *Journal of Theoretical and Applied Genetics* 98:186–94.

Jackson, J. 2008. *The Thief at the End of the World: Rubber, Power, and the Seeds of Empire.* New York: Viking.

Jacobs, M. M. J., et al. 2008. "AFLP Analysis Reveals a Lack of Phylogenetic Structure Within Solanum Section *Petota.*" *BMC Evolutionary Biology* 8:145.*

Jacobson, J. W., and T. H. Hsiao. 1983. "Isozyme Variation Between Geographic Populations of the Colorado Potato Beetle, Leptinotarsa declineata (Coleoptera: Chrysomelidae)." *Annals of the Entomological Society of America* 76:162–66.

Jaén Suárez, O. 1980. "Cinco Siglos de Poblamiento en el Istmo de Panamá." *Lotería* (Panamá) 291:75–94.

James I. 1604. "A Counterblaste to Tobacco." In E. Arber, ed., 1869, *English Reprints,* vol. 8. London:S. I.*

James, J. 1854. *The Treasury of Medicine; or Every One's Medical Guide.* London: Geo. Routledge.*

James, S. W. 1995. "Systematics, Biogeography, and Ecology of Nearctic Earth-worms from Eastern, Central, Southern, and Southwestern United States." In P. F. Hendrix, ed., *Earthworm Ecology and Biogeography in North America.* Boca Raton, FL: Lewis, 29–52.

Jansen, E., et al. 2007. "Palaeoclimate." In Solomon 2007, 433–97.

Jefferson, T. 1993 (1781–82). *Notes on the State of Virginia.* Charlottesville, VA: University of Virginia Library Electronic Text Center.*

Jiang, M. and S. Wang. (蔣慕東，王思明). 2006. "The Spread of Tobacco and Its Influence in China" (烟草在中國的傳播及其影響). *AHC* 25:30–41.

Jin, Y. 1982. "The Qur' ̄an in China." *Contributions to Asian Studies* 17:95–101.

Johns, T. 1986. "Detoxifi cation Function of Geophagy and Domestication of the Potato." *Journal of Chemical Ecology* 12:635–46.

American Indians. Lincoln, NE: Bison Press.

Hollett, D. 1999. *Passage from India to El Dorado: Guyana and the Great Migration.* Cranbury, NJ: Associated University Presses.

Homer, S., and R. E. Sylla. 2005. *A History of Interest Rates.* Hoboken, NJ: John Wiley & Sons, 4th ed.

Honigsbaum, M. 2001. *The Fever Trail: In Search of the Cure for Malaria.* New York: Farrar Straus Giroux.

Hong, Y., and S. W. James. 2008. "Nine New Species of Earthworms (Oligochaeta: Megascolecidae) of the Banaue Rice Terraces, Philippines." *Revue Suisse de Zoologie* 115:341–54.

Horn, J. 2010. *A Kingdom Strange: The Brief and Tragic History of the Lost Colony of Roanoke.* New York: Basic Books.

——. 2005. *A Land as God Made It: Jamestown and the Birth of America.* New York: Basic Books.

Horn, J., ed. 2007. *Captain John Smith: Writings with Other Narratives of Roanoke, Jamestown, and the First English Settlement of America.* New York: Library of America.

Horn, J., and P. D. Morgan. 2005. "Settlers and Slaves: European and African Migrations to Early Modern British America." In E. Mancke and C. Shammas, eds., *The Creation of the British Atlantic World.* Baltimore: Johns Hopkins Press, 19–44.

Horsley, M. W. 1950. "Sangley: The Formation of Anti- Chinese Feeling in the Philippines— A Cultural Study in the Stereotypes of Prejudice." PhD thesis, Columbia University.

Horwitz, T. 2008. *A Voyage Long and Strange: Rediscovering the New World.* New York: Henry Holt.

Hosler, D., et al. 1999. "Prehistoric Polymers: Rubber Processing in Ancient Mesoamerica." *Science* 284:1988–91.

Hourani, G. F. 1995 (1951). *Arab Seafaring in the Indian Ocean in Ancient and Early Medieval Times.* Princeton, NJ: Princeton University Press, 2nd ed.

House of Commons (Great Britain). 1846. "Post- Offi ce./Shipping." In *Accounts and Papers: Twenty- eight Volumes,* vol. 21. In *Parliamentary Papers,* vol. 45. Session 22 Jan.–28 Aug. 1846. London: House of Commons.

Howard, L. O. 1897. "Danger of Importing Insect Pests." In G. M. Hill, ed., *Yearbook of the United States Department of Agriculture.* Washington, DC: Government Printing Offi ce, 529–52.

Hsiao, T. H. 1985. "Ecophysiological and Genetic Aspects of Geographic Variation of the Colorado Potato Beetle." In D. N. Ferro and R. H. Voss, eds., *Proceedings of the Symposium on the Colorado Potato Beetle, 17th International Congress of Entomology.* Amherst, MA: University of Massachusetts, 63–77.

Hu, Z. (胡宗憲). 2006 (1562). *A Maritime Survey: Collected Plans* (籌海圖編). In Y. Ji (紀昀) and X. Lu (陸錫熊) et al., eds., *Wenyuan Publishing House Internet Edition of the Complete Library of The Four Treasuries* (文淵閣四庫全書內網聯版). Hong Kong: Heritage Publishing Ltd.*

Huamán, Z., and D. M. Spooner. 2002. "Reclassifi cation of Landrace Populations of Cultivated Potatoes (Solanum sect. Petota)." *American Journal of Botany* 89:947–65.

Huang, R. 1981. 1587*: A Year of No Signifi cance.* New Haven, CT: Yale University Press.

Hudson, C., and C. C. Tesser, eds. 1994. *The Forgotten Centuries: Indians and Europeans in the American South,* 1521–1704. Athens, GA: University of Georgia Press.

Huldén, L., et al. 2008. "Natural Relapses in *vivax* Malaria Induced by Anopheles Mosquitoes." *Malaria Journal* 7:64–75.*

Humboldt, A. v. 1822 (1811). *Political Essay on the Kingdom of New Spain.* Trans. J. Black. 4 vols. London: Longman, Hurst, Rees, Orme, and Brown, 3rd ed.*

Hung, H.-F. 2007. "Changes and Continuities in the Political Ecology of Popular Protest: Mid- Qing China and Contemporary Resistance." *China Information* 21:299–329.

——. 2005. "Contentious Peasants, Paternalist State, and Arrested Capitalism in China' s Long Eighteenth Century." In C. Chase- Dunn and E. N. Anderson, eds., *The Historical Evolution of World-*

Hemenway, T. 2002. "Learning from the Ecological Engineers: Watershed Wisdom of the Beaver." *Permaculture Activist* 47.*

Hemming, J. 2008. *Tree of Rivers: The Story of the Amazon.* New York: Thames and Hudson.

——. 2004a (1995). *Red Gold: The Conquest of the Brazilian Indians.* London: Pan Books, 2nd ed.

——. 2004b (1995). *Amazon Frontier: The Defeat of the Brazilian Indians.* London: Pan Books, 2nd ed.

——. 1993 (1970). *The Conquest of the Incas.* London: Pan Books, 3rd ed.

Hendrix, P. F., and P. J. Bohlen. 2002. "Exotic Earthworm Invasions in North America: Ecological and Policy Implications." *Bioscience* 52:801–11.

Hendrix, P. F., et al. 2008. "Pandora' s Box Contained Bait: The Global Problem of Introduced Earthworms." *Annual Review of Ecology, Evolution and Systematics* 39:593–613.

Heneghan, L., et al. 2007. "Interactions of an Introduced Shrub and Introduced Earthworms in an Illinois Urban Woodland: Impact on Leaf Litter Decomposition." *Pedobiologia* 50:543–51.

Henige, D. 1998. *Numbers from Nowhere: The American Indian Contact Population Debate.* Norman, OK: University of Oklahoma Press.

——. 1986. "When Did Smallpox Reach the New World (and Why Does It Matter)?," in P. E. Lovejoy, ed., *Africans in Bondage: Studies in Slavery and the Slave Trade.* Madison, WI: University of Wisconsin African Studies Program, 11–26.

——. 1978. "On the Contact Population of Hispaniola: History as Higher Mathematics." *HAHR* 58:217–37.

Hernández, J. 2004 (1872–79). *El Guacho Martín Fierro y la Vuelta de Martín Fierro.* Buenos Aires: Stockcero.

Herrera y Tordesillas, A. d. 1601–15. *Historia General de los Hechos de los Castellanos en las Islas i Tierra Firme del Mar Océano.* 4 vols. Madrid: Imprenta Real.*

Heywood, L. M., and Thornton, J. K. 2007. *Central Africans, Atlantic Creoles, and the Foundation of the Americas,* 1585–1660. New York: Cambridge University Press. Hirsch, A. 1883–86. *Handbook of Geographical and Historical Pathology* (trans. C. Creighton). London: New Sydenham Society, 3 vols.*

Hirschberg, J. 1979. "Social Experiment in New Spain: A Prosopographical Study of the Early Settlement at Pubela de los Angeles, 1531–1534." *HAHR* 59:1–33.

Hitchcock, A. R. 1936. *Manual of the Grasses of the West Indies.* U.S. Dept. of Agriculture Misc. Pub. 243. Washington, DC: Government Printing Office.Ho, P.-T. (He, B.). 1959. *Studies on the Population of China,* 1368–1953. Cambridge MA: Harvard University Press.

——. 1956. "Early- Ripening Rice in Chinese History." *EHR* 9:200–18.

——. 1955. "The Introduction of American Food Plants into China." *AA* 57:191–201.

Hoberman, L. S. 1980. "Technological Change in a Traditional Society: The Case of the Desagüe in Colonial Mexico." *Technology and Culture* 21:386–407.

Hodge, W. H. 1947. "The Plant Resources of Peru." *EB* 1:119–36.

Hoffman, B. G., and J. Clayton. 1964. "John Clayton' s 1687 Account of the Medicinal Practices of the Virginia Indians." *Ethnohistory* 11:1–40.

Hoffman, O. 2006. "Negros y Afromestizos En México: Viejas y Nuevas Lecturas de un Mundo Olvidado." *Revista Mexicana de Sociología* 68:103–35.

Hoffman, P. E. 2004 (1990). *A New Andalucia and a Way to the Orient: The American Southeast During the Sixteenth Century.* Baton Rouge, LA: LSU Press.

Hohl, H. R., and K. Iselin. 1984. "Strains of *Phytophthora infestans* with A2 Mating Type Behavior." *Transactions of the British Mycological Society* 83: 529–30.

Holder, P. 1974 (1970). *The Hoe and the Horse on the Plains: A Study of Cultural Development Among North*

Hall, J. A. 1990 (1985). *Powers and Liberties: The Causes and Consequences of the Rise of the West.* Los Angeles: University of California Press.

Hämäläinen, P. 2008. *The Comanche Empire.* New Haven: Yale University Press.

Hamilton, E. J. 1934. *American Treasure and the Price Revolution in Spain,* 1501–1650. Cambridge, MA: Harvard University Press.

Hammett, J. E. 1992. "The Shapes of Adaptation: Historical Ecology of Anthropogenic Landscapes in the Southeastern United States." *Landscape Ecology* 7:121–35.

Hamor, R. 1615. "A True Discourse of the Present Estate of Virginia." In Haile ed. 1998, 795–841.

Hancock, T. 1857. *Personal Narrative of the Origin and Progress of the Caoutchouc or India- Rubber Manufacture of En gland.* London: Longman, Brown, Green, Longmans, and Roberts.

Hanke, L. 1994 (1974). *All Mankind Is One: A Study of the Disputation Between Bartolomé de Las Casas and Juan Giné de Sepúlveda on the Religious and Intellectual Capacity of the American Indian.* De Kalb, IL: Northern Illinois University Press.

Hardenburg, W. E. 1913. *The Putumayo: The Devil's Paradise.* London: T. Fisher Unwin.*

Hare, J. D. 1990. "Ecology and Management of the Colorado Potato Beetle." *Annual Review of Entomology* 35:81–100.

Hariot, T. 1588. *A Briefe and True Report of the New Found Land of Virginia.* London: R. Robinson.*

Harms, R. 2002. *The Diligent: A Voyage Through the Worlds of the Slave Trade.* NY: Basic Books.

Harrington, K. 2010. "Rice Riches." *The Spokesman- Review* (Spokane, WA), 17 Mar.

Hashaw, T. 2007. *The Birth of Black America: The First African Americans and the Pursuit of Freedom at Jamestown.* New York: Carroll and Graf.

Hassig, R. 2006 (1994). *Mexico and the Spanish Conquest.* Norman: University of Oklahoma Press, 2nd ed.

Hasteú, E. 1797–1801. *The History and Topographical Survey of the County of Kent.* 12 vols. Canterbury, UK: W. Bristow.*

Hatfi eld, A. L. 2003. "Spanish Colonization Literature, Powhatan Geographies, and En glish Perceptions of Tsenacommacah/Virginia." *JSH* 49:245–82.

Hawkes, J. G. 1994. "Origins of Cultivated Potatoes and Species Relationships." In J. E. Bradshaw and G. R. Mackay, eds., *Potato Genetics.* Wallingford, UK: CAB, 3–42.

———. 1990. *The Potato: Evolution, Biodiversity and Genetic Resources.* London: Belhaven Press.

Hawkes, J. G., and J. Francisco- Ortega. 1993. "The Early History of the Potato in Europe." *Euphytica* 70:1–7.

Hays, W. S. T., and S. Conant. 2007. "Biology and Impacts of Pacifi c Island Invasive Species. 1. A Worldwide Review of Effects of the Small Indian Mongoose, *Herpestes javanicus* (Carnivora: Herpestidae)." *Pacifi c Science*

61:3–16.

Hazlewood, N. 2005 (2004). *The Queen's Slave Trader: John Hawkyns, Elizabeth I, and the Traffi cking in Human Souls.* New York: Harper.

Hebb, D. D. 1994. *Piracy and the En glish Government,* 1616–1642. Aldershot: Scholar Press.

Hecht, I. W. D. 1969. "The Virginia Colony, 1607–40: A Study in Frontier Growth." PhD thesis, University of Washington.

Hecht, S. B. Forthcoming. *The Scramble for the Amazon: Imperial Contests and the Lost Paradise of Euclides da Cunha.* Chicago: University of Chicago Press.

Hecht, S. B., and C. C. Mann. 2008. "How Brazil Outfarmed the American Farmer." *Fortune,* Jan. 10.

Hegerl, G. C., et al. 2007. "Understanding and Attributing Climate Change." In Solomon 2007, 663–745.

Metropolitan Books.
Grant, V. 1949. "Arthur Dobbs (1750) and the Discovery of the Pollination of Flowers by Insects." *Bulletin of the Torrey Botanical Club* 76:217–19.
Gray, L. C. 1927. "The Market Surplus Problems of Colonial Tobacco." *WMQ* 7:231–45.
Greenfi eld, G. M. 2001. *The Realities of Images: Imperial Brazil and the Great Drought.* Philadelphia: American Philosophical Society.
Greenfi eld, S. M. 1977. "Madeira and the Beginnings of New World Sugar Cane Cultivation and Plantation Slavery: A Study in Institution Building." *Annals of the New York Academy of Sciences* 292:536–52.
Gress, D. 1998. *From Plato to NATO: The Idea of the West and Its Opponents.* New York: Free Press.
Grieco, J. P., et al. 2005. "Comparative Susceptibility of Three Species of Anopheles from Belize, Central America to *Plasmodium falciparum* (NF- 54)." *Journal American Mosquito Control Association* 21:279–90.
Grun, P. 1990. "The Evolution of Cultivated Potatoes." *EB* 44:39–55.
Grünwald, N. J., and W. G. Flier. 2003. "The Biology of *Phytophthora infestans* at Its Center of Origin." *Annual Review of Phytopathology* 43:171–90.
Guardiola- Claramonte, M., et al. 2008. "Local Hydrologic Effects of Introducing Non- native Vegetation in a Tropical Catchment." *Ecohydrology* 1:13–22.
Guasco, M. J. 2000. "Encounters, Identities and Human Bondage: The Foundations of Racial Slavery in the Anglo- Atlantic World." PhD diss., William and Mary.
Guerra, C. A., et al. 2008. "The Limits and Intensity of *Plasmodium falciparum* Transmission: Implications for Malaria Control and Elimination Worldwide." *PLoS Medicine* 5:e38.*
Guerrero, K. A., et al. 2004. "First New World Documentation of an Old World Citrus Pest, the Lime Swallowtail *Papilio demoleus* (Lepidoptera: Papilionidae), in the Dominican Republic (Hispaniola)." *American Entomologist*
50:227–29.
Guerrero, M. C. 1966. "The Chinese in the Philippines, 1570–1770." In Felix ed. 1966, vol. 1, 15–39.
Guinea, M. 2006. "El Uso de Tierras Comestibles por los Pueblos Costeros del Periodo de Integración en los Andes Septentrionales." *Bulletin de l'Institut Français d'Études Andines* 35:321–34.
Guitar, L. 2006. "Boiling It Down: Slavery on the First Commercial Sugarcane Ingenios in the Americas (Hispaniola, 1530–45)." In Landers and Robinson ed. 2006, 39–82.
——. 1999. "No More Negotiation: Slavery and the Destabilization of Colonial Hispaniola' s Encomienda System." *Revista Interamericana* 29:n.p.*
——. 1998. "Cultural Genesis: Relationships Among Indians, Africans andSpaniards in Rural Hispaniola, First Half of the Sixteenth Century." PhD thesis, Vanderbilt University.
Guo, L. (郭立珍). 2002. "The Influences of the Rapid Development of Trade Between China and the Philippines in the Mid- late Ming Dynasty on the Society of Overseas and Ethnic Chinese in Manila" (明朝中後期中菲貿易的迅速發展對馬尼拉華僑華人社會的影響). *Journal of Luoyang Normal University* (洛陽師範學院學報) 6:95–97.
Hackett, L. W., and A. Missiroli. 1935. "The Varieties of *Anopheles maculipennis* and Their Relation to the Distribution of Malaria in Europe." *Rivista di Malariologia* 14:3–67.
Haile, E. W., ed. 1998. *Jamestown Narratives: Eyewitness Accounts of the Virginia Colony: The First Decade:* 107–1617. Champlain, VA: RoundHouse.
Hakluyt, R. 1993 (1584). *A Discourse of Western Planting,* ed. D. B. Quinn and A. M. Quinn. London: Hakluyt Society.
Hall, C. C. 1910. *Narratives of Early Maryland,* 1633–1684. New York: Charles Scribner' s Sons.*

Columbus, OH: Follett, Foster and Company.*

Gilmore, H. R. 1955. "Malaria at Washington Barracks and Fort Myer: Survey by Walter Reed." *Bulletin of the History of Medicine* 29:346–51.

Gleave, J. L. 1952. "The Design of the Memorial Lighthouse." In Comite Ejecutivo Permanente del Faro a Colón, *El Faro a Colón*. Ciudad Trujillo (Santo Domingo): Impresora Dominicana, 11–22.

Glover, L. and D. B. Smith. 2008. *The Shipwreck That Saved Jamestown: The Sea Venture Castaways and the Fate of America*. New York: Henry Holt and Company.

Goldstone, J. A. 2000. "The Rise of the West— or Not? A Revision to Socio-Economic History." *Sociological Theory* 18:175–94.

Gomes, F. d. S. 2005a. *Palmares*. São Paulo: Editora Contexta.

——.2005b. A hidra e os pãntanos: Mocambos, quilombos e comunidades de fugitivos no Brasil (séculos XVII-XIX). São Paulo: Editora UNESP.

——. 2003. "Other Black Atlantic Borders: Escape Routes, 'Mocambos,' and Fears of Sedition in Brazil and French Guiana (Eighteenth to Nineteenth Centuries)." *New West Indian Guide* (Leiden) 77:253–87.

Gómez- Alpizar, L., et al. 2007. "An Andean Origin of *Phytophthora infestans* Inferred from Mitochondrial and Nuclear Gene Genealogies." *PNAS* 104:3306–11.

González, R. 2007. "The Columbus Lighthouse Competition: Revisiting Pan-American Architecture' s Forgotten Memorial." *ARQ* (Santiago, Chile) 67:80–87.*

González- Cerón, L., et al. 2003. "Bacteria in Midguts of Field- Collected *Anopheles albimanus* Block *Plasmodium vivax* Sporogonic Development." *Journal of Medical Entomology* 40:371–74.

Goodman, D. 2002 (1997). *Spanish Naval Power,* 1589–1665*: Reconstruction and Defeat*. New York: Cambridge University Press.

Goodman, J. 2009. *The Devil and Mr. Casement: One Man's Battle for Human Rights in South America's Heart of Darkness*. New York: Farrar, Straus and Giroux.

Goodrich, L. C. 1938. "Early Prohibitions of Tobacco in China and Manchuria." *Journal of the American Oriental Society* 58:648–57.

——. 1937. "The Introduction of the Sweet Potato into China." *China Journal* 27:206–08.

Goodwin, M. H., and G. T. Love. 1957. "Factors Infl uencing Variations in Populations of *Anopheles quadrimaculatus* in Southwestern Georgia." *Ecology* 38:561–70.

Goodwin, R. 2008. *Crossing the Continent,* 1527–1540*: The Story of the First African- American Explorer of the American South*. New York: HarperCollins.

Goodwin, S. B., et al. 1994. "Panglobal Distribution of a Single Clonal Lineage of the Irish Potato Famine Fungus." *PNAS* 91:11591–95.

Goodyear, C. 1855. *Gum- elastic and Its Varieties: With a Detailed Account of Its Applications and Uses, and of the Discovery of Vulcanization*. 2 vols. New Haven: C. Goodyear.

Goodyear, J. D. 1978. "The Sugar Connection: A New Perspective on the History of Yellow Fever." *Bulletin of the History of Medicine* 52:5–21.

Gough, J. 1805. "A Description of a Property of Caoutchouc, or Indian Rubber." *Memoirs of the Literary and Philosophical Society of Manchester* 1:288–95.*

Gould, A. B. 1984. *Nueva Lista Documentada de los Tripulantes de Colón en* 1492. Madrid: Academia de la Historia.

Gourou, P. 1963. "Une Île Équatoriale: Sâo Tomé de F. Tenreiro." *Annales de Géographie* 72:360–64.

Gradie, C. M. 1993. "The Powhatans in the Context of the Spanish Empire." In Rountree ed. 1993, 154–72.

Grandin, G. 2009. *Fordlandia: The Rise and Fall of Henry Ford's Forgotten Jungle City*. New York:

Gaibrois, M. B. 1950. *Descubrimiento y Fundación del Potosí.* Zaragoza, Spain: Delegación de Distrito de Educación Nacional.

Galeano, E. 1997 (1972). *Open Veins of Latin America: Five Centuries of the Pillage of a Continent.* Boston: Monthly Review Press.

Galenson, D. 1984. "The Rise and Fall of Indentured Servitude in the Americas: An Economic Analysis." *JEH* 44:126.

——. 1982. "The Atlantic Slave Trade and the Barbados Market, 1673–1723." *JEH* 42:491–511.

Gallay, A. 2002. *The Indian Slave Trade: The Rise of the En glish Empire in the American South,* 1670–1717. New Haven: Yale University Press.

Gallivan, M. D. 2007. "Powhatan' s Werowocomoco: Constructing Place, Polity, and Personhood in the Chesapeake, C.E. 1200–C.E. 1609." *AA* 109:85–100.

Gallivan, M. D., et al. 2006. "The Werowocomoco (44GL32) Research Project: Background and 2003 Archaeological Field Season Results." Research Report Series No. 17. Richmond, VA: Department of Historic Resources.*

Galloway, J. H. 2005 (1989). *The Sugar Cane Industry: An Historical Geography from Its Origins to* 1914. New York: Cambridge University Press.

Gallup, J. L., and J. D. Sachs. 2001. "The Economic Burden of Malaria." *AMJTMH* 64 (Supp.):85–96.

Gang, D. 1999. *Maritime Sector, Institutions, and Sea Power of Premodern China.* Contributions in Economics and Economics History 212. Westport, CT: Greenwood Press.

Garcia, D., et al. 2004. "Selection of Rubber Clones for Resistance to South American Leaf Blight and Latex Yield in the Germplasm of the Michelin Plantation of Bahia (Brazil)." *Journal of Rubber Research* 7:188–98.

García- Abásolo, A. 2004. "Relaciones Entre Españoles y Chinos en Filipinas. Siglos XVI y XVII." In Cabrero ed. 2004, vol. 2, 231–48.

García Icazbalceta, J., ed. 1858–66. *Colección de Documentos para la Historia de México.* 2 vols. Mexico City: Antiqua Librería.

Garcilaso de la Vega. 1966 (1609). *Commentaries of the Incas and General History of Peru.* Trans. H. V. Livermore. 2 vols. Austin: University of Texas Press.

Garelik, G. 2002. "Taking the Bite out of Potato Blight." *Science* 298:1702–05.

Garner, R. L. 2007. "Mining Trends in the New World, 1500–1810." Unpub. ms.*

——. 2006. "Where Did All the Silver Go? Bullion Outfl ows 1570–1650: A Review of the Numbers and the Absence of Numbers." Unpub. ms.*

——. 1988. "Long- Term Silver Mining Trends in Spanish America: A Comparative Analysis of Peru and Mexico." *AHR* 93:898–935.*

Gemelli Careri, G.-F. 1699–1700. *Giro del Mondo.* 6 vols. Milan: Giuseppe Roselli.

Gemery, H. A. 1980. "Emigration from the British Isles to the New World, 1630–1700: Inferences from Colonial Populations." *Research in Economic History* 5:179–231.

——. and Hogendorn, J. S. 1979. "Comparative Disadvantage: The Case of Sugar Cultivation in West Africa." *Journal of Interdisciplinary History* 9:429–49.

Gerard, J. 1633 (1597). *The Herball or Generall Historie of Plantes.* Rev. T. Johnson. London: Adam Islip, Joice Norton and Richard Whitakers.

Gerhard, P. 1978. "A Black Conquistador in Mexico." *HAHR* 48:451–59.

Gibson, A. J. S., and T. C. Smout. 1995. *Prices, Food, and Wages in Scotland,* 1550–1780. New York: Cambridge University Press.

Gibson, C. 1950. "The Identity of Diego Muñoz Camargo." *HAHR* 30:195–208.

Giddings, J. R. 1858. *The Exiles of Florida; or, The Crimes Committed by Our Government Against the Maroons.*

of Agriculture (New Hampshire). Concord, NH: Edward A. Jenks, 233–40.*

Fourcroy, A. F., and L. N. Vauquelin. 1806. "Mémoire Sur le Guano, ou Sur l' Engrais Naturel des Îlots de la Mer du Sud, près des Côtes du Pérou." *Mémoires de l'Institut des Sciences, Lettres et Arts: Sciences Mathématiques et Physiques* 6:369–81.*

Frank, A. G. 1998. *ReOrient: Global Economy in the Asian Age.* Berkeley: University of California Press.

Franklin, J. H., and L. Schweninger. 2001. *Runaway Slaves: Rebels on the Plantation.* NY: Oxford University Press.

Frederickson, E. C. 1993. *Bionomics and Control of* Anopheles Albimanus. Washington, DC: Pan American Health Organization.

Freeborn, S. B. 1923. "The Range Overlapping of *Anopheles maculipennis* Meig. and *Anopheles quadrimaculatus* Say." *Bulletin of the Brooklyn Entomological Society* 18:157–58.

Freehafer, V. 1970. "Domingos Jorge Velho, Conqueror of Brazilian Backlands." *The Americas* 27:161–84.

Freitas, D., ed. 2004. *República de Palmares: Pesquisa e Comentários em Documentos Jistóricos do Século XVII.* Maceió: UFAL.

Freitas, D. 1996. *Zumbi dos Palmares.* Luanda: Ministério da Culture.

——.1984 (1971) .*Palmares: A Guerra dos Escravos.* Porto Alegre: Mercado Alberto, 5th ed.

Frelich, L. E., et al. 2006. "Earthworm Invasion into Previously Earthworm- Free Temperate and Boreal Forests." *Biological Invasions* 8:1235–45.

French, H. W. 1992a. "Santo Domingo Journal; For Columbus Lighthouse, a Fete That Fizzled." *NYT,* 25 Sep.

——. 1992b. "Dissent Shadows Pope on His Visit." *NYT,* 14 Oct.

Friedemann, N. S. d. 1993. *La Saga del Negro: Presencia Africana en Colombia.* Bogotá: Pontifi cia Universidad Javeriana.

Friedman, E. G. 1980. "Christian Captives at 'Hard Labor' in Algiers, 16th–18th Centuries." *International Journal of African Historical Studies* 13:616–32.

Frutuoso, G. 1873 (1591). *As Saudades da Terra Vol. 2: Historia das Ilhas do Porto-Sancto, Madeira, Desertas e Selvaens.* Funchal, Madeira: Typ. Funchalese.*

Fry, W. E., et al. 1993. "Historical and Recent Migrations of Phytophthora Infestans: Chronology, Pathways, and Implications." *Plant Disease* 77:653–61.

Frynas, J. G., et al. 2003. "Business and Politics in São Tomé e Príncipe: From Cocoa Monoculture to Petro- State." *African Affairs* 102:51–80.

Fuente Sanct Angel, R. d. l., and G. Hernández. 1572. "Relación del Cerro de Potosí y su Descubrimiento." In Espada ed. 1965 (BAE) 183:357–61.

Fujita, Y. 2008. "From Swidden to Rubber: Transforming Landscape and Livelihoods in Mountainous Northern Laos." Paper at Social Life of Forests conference, University of Chicago, May 30–31.

Fujita, Y., et al. 2006. "Dynamic Land Use Change in Sing District, Luang Namtha Province, Lao PDR." Vientiane: PRIPODE, Faculty of Forestry, National University of Laos.

Fuller, T. 2008. "A Highway That Binds China and Its Neighbors." *International Herald Tribune,* 30 Mar.*

Fuller, T. 1860 (1662). *The History of the Worthies of En gland.* 3 vols. London: Thomas Tegg.

Funari, P. P. A. 2003. "Confl ict and the Interpretation of Palmares, a Brazilian Runaway Polity." *Historical Archaeology* 37:81–92.

——. 1996. "A Arqueologia de Palmares: Sua Contribuição para o Conhecimento da História da Cultura Afro- Americana." In Reis and Gomes eds. 1996:26–51.

Gade, D. W. 1992. "Landscape, System and Identity in the Post- Conquest Andes." *AAAG* 82:461–77.

——. 1975. *Plants, Man and the Land in the Vilcanota Valley of Peru.* The Hague: Dr. W. Junk.

Solidaridad Publishing.

Fernandes, F. T. 2008. "Taxation and Welfare: The Case of Rubber in the Brazilian Amazon." Unpub. ms.*

Fernández- Armesto, F. 2001 (1974). *Columbus: And the Conquest of the Impossible.* London: Phoenix, 2nd ed.

——. 1994 (1987). *Before Columbus: Exploration and Colonisation from the Mediterranean to the Atlantic,* 1229–1492. Philadelphia: University of Pennsylvania Press.

——. 1991. *Columbus.* New York: Oxford University Press.

Findlay, G. M. 1941. "The First Recognized Epidemic of Yellow Fever." *Transactions of the Royal Society of Tropical Medicine and Hygiene* 35:143–54.

Findlay, R., and K. H. O' Rourke. 2007. *Power and Plenty: Trade, War and the World Economy in the Second Millennium.* Princeton: Princeton University Press.

Finlay, R. 1991. "The Treasure Ships of Zheng He: Chinese Maritime Imperialism in the Age of Discovery." *Terrae Incognitae* 23:1–12.

Fischer, D. H. (1991) 1989. *Albion's Seed: Four British Folkways in America.* Oxford: Oxford University Press.

Fisher, J. R. 2003. "Mining and Imperial Trade in Eighteenth- Century Spanish America." In D. O. Flynn et al., eds., *Global Connections and Monetary History,* 1470–1800. Burlington, VT: Ashgate Publishing, 123–32.

Fishwick, M. 1958. "Was John Smith a Liar?" *American Heritage* 9:28–33, 110–11.

Fleming, G. T. 1922. *History of Pittsburgh and Environs, from Prehistoric Days to the Beginning of the American Revolution.* New York: American Historical Society.

Flinn, M. W. 1977. *Scottish Population History: From the 17th Century to the 1930s.* New York: Cambridge University Press.

Flynn, D. O. 1982. "Fiscal Crisis and the Decline of Spain." *JEH* 42:139–47.

Flynn, D. O., and A. Giráldez. 2008. "Born Again: Globalization' s Sixteenth-Century Origins." *Pacifi c Economic Review* 3:359–87.

——. 2002. "Cycles of Silver: Global Economic Unity Through the Mid- Eighteenth Century." *JWH* 13:391–427.

——. 2001 (1995). "Arbitrage, China and World Trade in the Early Modern Period." In Flynn and Giráldez eds. 2001:261–80.

——. 1997. "Introduction." In Flynn and Giráldez, eds. 1997: xv- xl.

——. 1995. "Born with a 'Silver Spoon' : The Origin of World Trade in 1571." *JWH* 6:201–21.

Flynn, D. O., and A. Giráldez, eds. 2001. *European Entry into the Pacifi c: Spain and the Acapulco- Manila Galleons.* Surrey, UK: Ashgate Variorum.

——. 1997. *Metals and Monies in an Emerging Global Economy.* Surrey, UK: Ashgate Variorum.

Fogel, R. W. 2004. *The Escape from Hunger and Premature Death,* 1700–2100. New York: Cambridge University Press.

Food and Agricultural Organization (United Nations). 2003. "Projections of Tobacco Production, Consumption and Trade to the Year 2010." Rome: FAO.*

Forbes, J. D. 2007. *The American Discovery of Europe.* Chicago: University of Illinois Press.

Fortune, A. 1970. "Los Negros Cimarrones en Tierra Firme y su Lucha por la Libertad." *Lotería* (Panamá) 171:17–43 (pt. 1); 172:32–53 (pt. 2); 173:16–40 (pt. 3); 174:46–65 (pt. 4).

——. 1967. "Los Primeros Negros en el Istmo de Panamá." *Lotería* (Panamá) 143:41–64.

Foster, E. A., et al. 1998. "Jefferson Fathered Slave' s Last Child." *Nature* 396:27–28.

Foster, G. E. 1876. "The Colorado Potato Beetle." In J. O. Adams et al., *Sixth Annual Report of the Board*

58:17–46.

——. 1983. "Free and Coerced Transatlantic Migrations: Some Comparisons." *AHR* 88:251–80.

Eltis, D., and S. L. Engerman. 2000. "The Importance of Slavery and the Slave Trade to Industrializing Britain." *JEH* 60:123–44.

Eltis, D., and D. Richardson. 2010. *Atlas of the Transatlantic Slave Trade.* New Haven: Yale University Press.

Eltis, D., et al. 2009–. *Voyages: The Trans- Atlantic Slave Trade Database,* www.slavevoyages.org.

Elvin, M. 2004. *The Retreat of the Elephants: An Environmental History of China.* New Haven: Yale University Press.

Emmer, P. C. 2006. *The Dutch Slave Trade,* 1500–1850. Trans. C. Emery. New York: Berghahn Books.

Ennes, E. 1948. "The 'Palmares' Republic of Pernambuco, Its Final Destruction, 1697." *The Americas* 5:200–16.

Erickson, C. E. 1994. "Methodological Considerations in the Study of Ancient Andean Field Systems." In N. F. Miller and K. L. Gleason, eds., *The Archaeology of Garden and Field.* Philadelphia: University of Pennsylvania Press, 111–52.

Ernst, A. 1889. "On the Etymology of the Word Tobacco." *AA* 2:133–42.

Espada, M. J. d. l., ed. 1965 (1881–97). *Relaciones Geográfi cas de Indias:Peru.* BAE, vols. 183–85. Madrid: Atlas.

Esposito, J. J., et al. 2006. "Genome Sequence Diversity and Clues to the Evolution of Variola (Smallpox) Virus." *Science* 313:807–12.

Essig, E. O. 1931. *A History of Entomology.* NY: Macmillan.

Eyzaguirre, P. B. 1989. "The Independence of São Tomé e Principe and Agrarian Reform." *Journal of Modern African Studies* 27:671–78.

Fabié, A. M., ed., trans. 1879. *Viajes for España de Jorge de Einghen, del Baron Leon de Rosmithal de Blatna, de Francesco Guicciardini y de Andrés Navajero.* Libros de Antaño Novamente Dados á Luz por Varios Afi cionados, vol. 8. Madrid: Librería de los Biblióf los.*

Fagan, B. 2002 (2000). *The Little Ice Age: How Climate Made History,* 1300–1850. New York: Basic Books.

Farah, D. 1992. "Light for Columbus Dims: Dominican Project Hits Wall of Resentment." *Washington Post,* 1 Sep., A1.

Faust, E. C., and F. M. Hemphill. 1948. "Malaria Mortality and Morbidity in the United States for the Year 1946." *Journal of the National Malaria Society* 7:285–92.

Faust, F. X., et al. 2006. "Evidence for the Postconquest Demographic Collapse of the Americas in Historical CO2 Levels." *Earth Interactions* 10:1–11.

Fausz, J. F. 1990. "An 'Abundance of Blood Shed on Both Sides' : En gland' s First Indian War, 1609–1614." *VMHB* 98:3–56.

——. 1985. "Patterns of Anglo- Indian Aggression and Accommodation Along the Mid- Atlantic Coast, 1584–1634." In W. W. Fitzhugh, ed., *Cultures in Contact: The European Impact on Native Cultural Institutions in Eastern North America,* 1000–1800. Washington, DC: Smithsonian, 225–68.

——. 1981. "Opechancanough: Indian Resistance Leader." In D. G. Sweet and G. B. Nash, eds. 1981, 21–37.

——. 1977. "The Powhatan Uprising of 1622: A Historical Study of Ethnocentrism and Cultural Confl ict." PhD thesis, College of William and Mary.

Feest, C. F. 1973. "Seventeenth Century Virginia Population Estimates." *QBASV* 28:66–79.

Feldman, L. H. 2004. *A Dictionary of Poqom Maya in the Colonial Era.* Thundersley, Essex: Labyrinthos.

Felix, A. F., Jr., ed. 1966. *The Chinese in the Philippines.* Vol. 1: 1570–1770; vol. 2: 1770–1898. Manila:

Doolittle, W. E. 2000. *Cultivated Landscapes of Native North America.* New York: Oxford University Press.

Dowdey, C. 1962. *The Great Plantation: A Profi le of Berkeley Hundred and Plantation Virginia from Jamestown to Appomattox.* Charles City, VA: Berkeley Plantation.

Dozer, D. M. 1948. "Matthew Fontaine Maury' s Letter of Instruction to William Lewis Herndon." *HAHR* 28:212–28.

Drake, M. 1969. *Population and Society in Norway,* 1735–1865. New York: Cambridge University Press.

Dressing, J. D. 2007. "Social Tensions in Early Seventeenth- Century Potosí." PhD thesis, Tulane University.

Dubisch, J. 1985. "Low Country Fevers: Cultural Adaptations to Malaria in Antebellum South Carolina." *Social Science and Medicine* 21:641–49.

Dubois, L. 2005 (2004). *Avengers of the New World: The Story of the Haitian Revolution.* Cambridge: Harvard University Press.

Duffy, J. 1988. "The Impact of Malaria on the South." In Savitt and Young eds. 1988, 29–54.

——. 1953. *Epidemics in Colonial America.* Baton Rouge: Louisiana State University Press.

Dugard, M. 2006 (2005). *The Last Voyage of Columbus: Being the Epic Tale of Great Captain's Fourth Expedition, Including Accounts of Mutiny, Shipwreck, and Discovery.* New York: Back Bay Books.

Dujardin, J. P., et al. 1987. "Isozyme Evidence of Lack of Speciation Between Wild and Domestic *Triatoma infestans* (Heteroptera: Reduviidae) in Bolivia." *Journal of Medical Entomology* 24:40–45.

Dull, R. A., et al. 2010. "The Columbian Encounter and the Little Ice Age: Abrupt Land Use Change, Fire, and Greenhouse Forcing." *AAAG* 100: 755–71.

Dumlao, A. A. 2009. "Cordillera Heirloom Rice Reaches U.S. Market." *The Philippine Star,* 9 Aug.

Dunn, F. L. 1965. "On the Antiquity of Malaria in the Western Hemisphere." *Human Biology* 37:385–93.

Dúran, D. 1994 (1588?). *The History of the Indies of New Spain.* Trans. D. Heyden. Norman: University of Oklahoma Press.

"E. H." (E. Howes), ed. 1618. *The Abridgement of the En glish Chronicle, First Collected by M. Iohn Stow.* London: Edward Allde and Nicholas Okes.*

Earle, C. V. 1979. "Environment, Disease, and Mortality in Early Virginia." In Tate and Ammerman 1979, 96–125.

Eastwood, R., et al. 2006. "The Provenance of Old World Swallowtail Butterfl ies, *Papilio demoleus* (Lepidoptera: Papilionidae), Recently Discovered in the New World." *Annals of the Entomological Society of America* 99:164–68.

Eddy, J. A. 1976. "The Maunder Minimum." *Science* 192:1189–1203.

Ederer, R. J. 1964. *The Evolution of Money.* Washington, DC: Public Affairs Press.

Edwards, C. A. 2004. "The Importance of Earthworms as Key Representatives of Soil Fauna." In C. A. Edwards, ed., *Earthworm Ecology.* Boca Raton, FL: CRC Press, 2nd ed., 3–12.

Edwards, W. H. 1847. *A Voyage Up the River Amazon: Including a Residence at Pará.* New York: D. Appleton.*

Eggimann, G. 1999. *La Population des Villes des Tiers- Mondes,* 1500–1950. Geneva: Libraire Droz.

Ellenbaum, R. 2003 (1995). "Settlement and Society Formation in Crusader Palestine." In T. E. Levy, ed., *The Archaeology of Society in the Holy Land.* New York: Continuum, 502–11.

Elliott, J. H. 2006. *Empires of the Atlantic World: Britain and Spain in America,* 1492–1830. New Haven, CT: Yale University Press.

——. 2002 (1963). *Imperial Spain:* 1469–1716. New York: Penguin Putnam.

Eltis, D. 2002. "Free and Coerced Migrations from the Old World to the New." In: Eltis, D., ed. *Coerced and Free Migration: Global Perspectives.* Stanford: Stanford University Press.

——. 2001. "The Volume and Structure of the Transatlantic Slave Trade: A Reassessment." *WMQ*

———. 2001. *Cultivated Landscapes of Native Amazonia and the Andes.* Oxford: Oxford University Press.

———. 1992a (1976). *The Native Population of the Americas in* 1492. Madison: University of Wisconsin Press, 2nd ed.

———. 1992b. "The Pristine Myth: The Landscape of the Americas in 1492." *AAAG* 82:369–85.

Denevan, W., and B. L. Turner. 1974. "Forms, Functions, and Associations of Raised Fields in the Old World Tropics." *Journal of Tropical Geography* 39:24–33.

Deng, G. 1999. *Maritime Sector, Institutions, and Sea Power of Premodern China.* Westport, CT: Greenwood Press.

Deng, T. (鄧廷祚), et al., eds. 1968 (1762). *Haicheng Gazetteer* (China Gazetteer Collection 92) (海澄縣志，陳鍈等休鄧廷祚等纂，中國方志叢書). Taipei: Cheng- Wen Publishing Co.

Dennis, P. A., and M. D. Olien. "Kingship Among the Miskito." *American Ethnologist* 11:718–37.

Department of Environment and Natural Resources (Philippines) and World Fish Center. 2006. *Proceedings of the Conference- Workshop on Invasive Alien Species in the Philippines and Their Impacts on Biodiversity.* Quezon City, Philippines, 26–28 July.

De Silva, S. L., and G. A. Zielinski. 1998. "Global Infl uence of the AD 1600 Eruption of Huaynaputina, Peru." *Nature* 393:455–58.

De Vries, D. P. 1993 (1655). *Voyages from Holland to America, A.D.* 1632 *to* 1644. Ithaca, NY: Cornell University Library Digital Collections.

De Vries, J. 1984. *European Urbanization,* 1500–1800. Cambridge: Cambridge University Press.

Diamond, J. 1999 (1997). *Guns, Germs, and Steel: The Fates of Human Societies.* New York: W. W. Norton.

Díaz del Castillo, B. 1844 (1568). *The Memoirs of the Conquistador Bernal Diaz del Castillo.* Trans. J. I. Lockhart. 2 vols. London: J. Hatchard and Son.

Dickens, C. 1978 (1861). *Great Expectations.* Oxford: Oxford University Press.

Dieudonné, et al. 1845. "Rapport fait au Conseil Central de Salubrité Publique de Bruxelles sur la Maladie des Pommes de Terre." *Journal de Médicine, de Chirurgie et de Pharmacologie* 3:637–61.*

Diggs, I. 1953. "Zumbi and the Republic of Os Palmares." *Phylon* 14:62–70.

Dillehay, T. D., et al. 2007. "Preceramic Adoption of Peanut, Squash, and Cotton in Northern Peru." *Science* 316:1890–93.

Disney, A. R. 2009. *A History of Portugal and the Portuguese Empire: From Beginnings to* 1807. 2 vols. New York: Cambridge University Press.

Dobson, M. J. 1997. *Contours of Death and Disease in Early Modern En gland.* Cambridge: Cambridge University Press.

———. 1989. "Mortality Gradients and Disease Exchanges: Comparisons from Old En gland and Colonial America." *Social History of Medicine* 2:259–97.

———. 1980. " 'Marsh Fever' —The Geography of Malaria in En gland." *Journal of Historical Geography* 6:357–89.

Dodgen, R. A. 2001. *Controlling the Dragon: Confucian Engineers and the Yellow River in Late Imperial China.* Honolulu: University of Hawai 'i Press.

Domar, E. D. 1970. "The Causes of Slavery or Serfdom: A Hypothesis." *JEH* 30:18–32.

Domínguez Ortiz, A. 1952. "La Esclavitud en Castilla durante la Edad Moderna." In A. Domínguez Ortiz, 2003, *La Esclavitud en Castilla durante la Edad*

Moderna y Otros Estudios de Marginados. Granada: Editorial Comares, 1–64. Donegan, K. M. 2002. "Seasons of Misery: Catastrophe and the Writing of Settlement in Colonial America." PhD thesis, Yale University.

Donkin, R. 1979. *Agricultural Terracing in the Aboriginal New World.* Tucson: University of Arizona.

Donnelly, J. S., Jr. 2001. *The Great Irish Potato Famine.* Phoenix Mill, UK: Sutton Publishing.

China and Europe, c. 1400–1850." *Journal of Global History* 1:59–79.

Davidson, A. 1892. *Geographical Pathology: An Inquiry into the Geographical Distribution of Infective and Climatic Diseases.* 2 vols. London: Young J. Pentland.

Davidson, D. M. 1966. "Negro Slave Control and Resistance in Colonial Mexico, 1519–1650." *HAHR* 46:235–53.

Davis, D. B. 2006. *Inhuman Bondage: The Rise and Fall of Slavery in the New World.* Oxford: Oxford University Press.

Davis, M. 2002 (2001). *Late Victorian Holocausts: El Niño Famines and the Making of the Third World.* New York: Verso.

Davis, R. C. 2001. "Counting European Slaves on the Barbary Coast." *P&P* 172:87–124.

Davis, W. 1998. *Shadows in the Sun: Travels to Landscapes of Spirit and Desire.* Washington, DC: Island Press.

——. 1996. *One River: Explorations and Discoveries in the Amazon Rain Forest.* New York: Simon and Schuster.

Deagan, K. A., and J. M. Cruxent. 2002a. *Archaeology at La Isabela: America's First European Town.* New Haven: Yale University Press.

——. 2002b. *Columbus's Outpost Among the Tainos: Spain and America at La Isabela,* 1493–1498. New Haven: Yale University Press.

Dean, W. 1987. *Brazil and the Struggle for Rubber: A Study in Environmental History.* New York: Yale University Press.

DeBary, W. T., et al., eds., trans. 2000. *Sources of Chinese Tradition.* 2 vols. New York: Columbia University Press.

DeBevoise, K. 1995. *Agents of Apocalypse: Epidemic Disease in the Colonial Philippines.* Princeton: Princeton University Press.

De Borja, M. R. 2005. *Basques in the Philippines.* Las Vegas: University of Nevada Press.

Decaisne, M. J. 1846. *Histoire de la Maladie des Pommes de Terre en* 1845. Paris: Librairie Agricole de Dusacq.

De Castro, M. C., and B. H. Singer. 2005. "Was Malaria Present in the Amazon Before the European Conquest? Available Evidence and Future Research Agenda." *Journal of Archaeological Science* 32:337–40.

Decker- Walters, D. 2001. "Diversity in Landraces and Cultivars of Bottle Gourd (*Lagenaria siceraria;* Cucurbitaceae) as Assessed by Random Amplifi ed Polymorphic DNA." *Genetic Resources and Crop Evolution* 48:369–80.

DeCosta, B. F. 1883. "Ingram' s Journey Through North America in 1567–69." *Magazine of American History* 9:168–76.

Defoe, D. 1928 (1724–26). *A Tour through the Whole Island of Great Britain.* 2 vols.

New York: Dutton.

Deive, C. E. 1989. *Los Guerrilleros Negros: Esclavos Fugitivos y Cimarrones en Santo Domingo.* Santo Domingo: Fundación Cultural Dominicana.

Del Monte y Tejada, A. 1890. *Historia de Santo Domingo.* 4 vols. Santo Domingo: Garcia Hermanos.

Delaney, C. 2006. "Columbus' s Ultimate Goal: Jerusalem." *Comparative Studies in Society and History* 48:260–92.

DeLong, J. B., and Shleifer, A. 1993. "Princes and Merchants: European City Growth before the Industrial Revolution." *Journal of Law and Economics* 36:671–702.

Denevan, W. Forthcoming. "After 1492: The Ecological Rebound." Unpub. ms.

——. 2011. "The 'Pristine Myth' Revisited." *Geographical Review* 101 (10).

University Press.
Crease, R. P. 2003. *The Prism and the Pendulum: The Ten Most Beautiful Experiments in Science.* New York: Random House.
Crespo Rodas, A. 1956. *La Guerra Entre Vicuñas y Vascongados (Potosí,* 1622–1625*).* Lima: Tipografía Peruana.
Croft, P. 2003. *King James.* New York: Palgrave Macmillan.
Cronon, W. 1983. *Changes in the Land: Indians, Colonists and Ecology of New England.* New York: Hill and Wang.
Crosby, A. W. 2003 (1973). *The Columbian Exchange: Biological and Cultural Consequences of* 1492. Westport, CT: Praeger.
——. 1995. "The Potato Connection." *Civilization* 2:52–58.
——. 1994. "The Columbian Voyages, the Columbian Exchange, and Their Historians." In A. W. Crosby, *Germs, Seeds & Animals: Studies in Ecological History.* Armonk, NY: M. E. Sharpe.
——. 1986. *Ecological Imperialism: The Biological Expansion of Europe,* 900–1900. New York: Cambridge University Press.
Cross, H. E. 1983. "South American Bullion Production and Export, 1550–1750." In Richards, J. F., ed. *Precious Metals in the Later Medieval and Early Modern Worlds.* Durham NC: Carolina Academic Press, pp. 397–424.
Cruz, R. M. B., et al. 2009. "Mosquito Abundance and Behavior in the Infl uence Area of the Hydroelectric Complex on the Madeira River, Western Amazon, Brazil." *Transactions of the Royal Society of Tropical Medicine and Hygiene* 103:1174–76.
Cuneo, M. d. 1495. Letter to Gerolamo Annari, 15 Oct. In Symcox ed. 2002, 175–89.
Curtin, P. D. 1995 (1990). *The Rise and Fall of the Plantation Complex: Essays in Atlantic History.* New York: Cambridge University Press.
——. 1989. *Death by Migration: Europe's Encounter with the Tropical World in the Nineteenth Century.* New York: Cambridge University Press.
——. 1968. "Epidemiology and the Slave Trade." *Political Science Quarterly* 83:190–216.
Curtin, P. D., G. S. Brush, and G. W. Fisher, eds. 2001. *Discovering the Chesapeake: The History of an Ecosystem.* Baltimore, MD: Johns Hopkins.
Cushman, G. T. 2003. "The Lords of Guano: Science and the Management of Peru' s Marine Environment, 1800–1973." PhD thesis, University of Texas at Austin.
Cuvier. 1861. "Parmentier." In Cuvier, *Recueil des Éloges Historiques Lus dans les Séances Pub-liques de l'Institut de France.* 3 vols. Paris: Firmin Didot Frères, Fils et Cie, 2nd ed., vol. 2, pp. 7–25.
Dale, T. 1615. Letter to "D. M," 18 Jun. In Haile ed. 1998, 841–48.
D' Altroy, T. N. 2002. *The Incas.* Oxford: Blackwell Publishing.
Daly, V. T. 1975. *A Short History of the Guyanese People.* London: Macmillan.
Dampier, W. 1906 (1697–1709). *Dampier's Voyages.* 2 vols. London: E. Grant Richards.*
Daniels, C. 1996. "Agro- Industries: Sugarcane Technology." In Needham et al. 1954–, vol. 6, pt. 3, pp. 1–540.
Dantas, B. G. 2006. Representações sobre índios em Danças e Folguedos Folclóricos. *Revista do Instituto Histórico e Geográfico de Sergipe* 35 : 89-104.
Darwin, C. R. 1881. *The Formation of Vegetable Mould, Through the Action of Worms, with Observations on Their Habits.* London: John Murray.*
David, J.-P. A. 1875. *Journal de Mon Troisième Voyage d'Exploration dans l'Empire Chinois.* 3 vols. Paris: Librairie Hachette.*
Davids, K. 2006. "River Control and the Evolution of Knowledge: A Comparison between Regions in

Condamine, C. M. d. l. 1751a. "Sur la Résine Élastique Nommeé Caoutchouc." *Histoire de l'Académie Royale des Sciences,* 17–22.

——. 1751b. "Mémoire sur une Résine Élastique, Nouvellement Découverte en Cayenne par M. Fresneau." *Mémoires de l'Académie Royale des Sciences,* 319–334.

——. 1745. "Relation Abrégée d' un Voyage Fait dans l' Intérieur de l' Amérique Méridionale." *Mémoires de l'Académie Royale des Sciences,* 391–493.

Cong, C. (陳琮), ed. 1995 (1805). *Tobacco Handbook* (烟草譜). In Y. Wang (王雲五) and Y. Ji (紀昀) et al., eds., *Continuation of "The Complete Library of the Four Treasuries"* (續修四庫全書). Shanghai: Shanghai Classics Publishing House, vol. 1117, pp. 409–81.

Connell, K. H. 1962. "The Potato in Ireland." *P&P* 23:57–71.

Conrad, J. 1999 (1902). *Heart of Darkness.* Calgary, AB: Broadview Press.

Cook, N. D. 2002. "Sickness, Starvation and Death in Early Hispaniola." *JIH* 32:349–86.

——. 1981. *Demographic Collapse, Indian Perú,* 1520–1620. New York: Cambridge University Press.

Cook, N. D., and M. Escobar Gamboa, eds. 1968. *Padrón de los Indios de Lima en* 1613. Lima: Seminario de Historia Rural Andina.

Cope, R. D. 1994. *The Limits of Racial Domination: Plebeian Society in Colonial Mexico City,* 1660–1720. Madison: University of Wisconsin Press.

Cortés, H. 2001 (1971). *Letters from Mexico.* Ed., trans. A. Pagden. New Haven: Yale University Press.

——. 1548. "Testamento de Hernán Cortés." In M. F. Navarrete et al., eds. 1844. *Colección de Documentos Inéditos para la Historia de España.* Madrid: Viuda de Calero, vol. 4, pp. 239–77.

Cortés López, J. L. 1989. *La Esclavitud Negra en la España Peninsular del Siglo XVI.* Salamanca: Ediciones Universidad de Salamanca.

Coslovsky, S. V. 2005. "The Rise and Decline of the Amazonian Rubber Shoe Industry." Unpub. ms. (MIT Working Paper).*

Costa, F. d. A. 1993. *Grande Capital e Agricultura na Amazônia: A Experiência da Ford no Tapajós.* Belém: Universidade Federale do Pará.

Council of the Virginia Company. 1609. "A True and Sincere Declaration of the Purposes and Ends of the Plantation Begun in Virginia." In Haile ed. 1998, 356–71.

Covarrubias y Orozco (Horozco), S. d. 2006 (1611). *Tesoro de la Lengua Castellana o Española.* Ed. I. Arellano and R. Zafra. Madrid: Vervuert.

Cowan, T. W. 1908. *Wax Craft: All About Beeswax: Its History, Production, Adulteration, and Commercial Value.* London: Sampson Low, Marston and Co.*

Cowdrey, A. E. 1996. *This Land, This South: An Environmental History.* Lexington: University Press of Kentucky, 2nd ed.

Craig, A. K., and E. J. Richards. 2003. *Spanish Treasure Bars from New World Shipwrecks.* West Palm Beach, FL: En Rada Publications.

Craig, N. B. 2007 (1907). *Recollections of an Ill- Fated Expedition to the Headwaters of the Madeira River in Brazil.* Whitefi sh, MT: Kessinger Publishing.*

Crane, E. 1999. *The World History of Beekeeping and Honey Hunting.* New York: Routledge.

Crashaw, W. 1613. "The Epistle Dedicatorie." In A. Whitaker, *Good News from Virginia.* London: William Welpy, 1–23.*

Craton, M. 1984. "The Historical Roots of the Plantation Model." *Slavery and Abolition* 5:190–221.

Craven, A. O. 2006 (1925). *Soil Exhaustion as a Factor in the Agricultural History of Virginia and Maryland,* 1606–1860. Columbia, SC: University of South Carolina Press.

Craven, W. F. 1993 (1957). *The Virginia Company of London.* Baltimore, MD: Genealogical Publishing.

——. 1932. *Dissolution of the Virginia Company: The Failure of a Colonial Experiment.* New York: Oxford *of the Orient* 49:509–34.

Childs, S. J. R. 1940. *Malaria and Colonization in the Carolina Low Country,* 1526–1696. Baltimore: Johns Hopkins Press.

Chipman, D. 2005. *Moctezuma's Daughters: Aztec Royalty Under Spanish Rule,* 1520–1700. Austin: University of Texas Press.

Christian, D. 2004. *Maps of Time: An Introduction to Big History.* Berkeley, CA: University of California Press.

Cicogna, E. A. 1855. *Della Vita e Opere di Andrea Navagero: Oratore, Istorico, Poeta Veneziano del Secolo Dicimosesto.* Venice: Andreola.

Cieza de Léon, P. 1864 (1554). *The Travels of Pedro de Cieza de Léon, A.D.* 1532–50. Trans. C. Markham. London: Hakluyt Society.

Cinnirella, F. 2008. "On the Road to Industrialization: Nutritional Status in Saxony, 1690–1850." *Cliometrica* 2:229–57.

Clark, G. 2007. *A Farewell to Alms: A Brief Economic History of the World.* Princeton: Princeton University Press.

Clark, H. R. 1990. "Settlement, Trade and Economy in Fu- chien to the Thirteenth Century." In Vermeer ed. 1990, 35–61.

Clark, J. F. M. 2007. " 'The Eyes of Our Potatoes Are Weeping' : The Rise of the Colorado Potato Beetle as an Insect Pest." *Archives of Natural History* 34:109–28.

Clarkson, L. A., and E. M. Crawford. 2001. *Feast and Famine: Food and Nutrition in Ireland,* 1500–1920. Oxford: Oxford University Press.

Clement, C. R. 1999a, b. "1492 and the Loss of Amazonian Crop Genetic Resources." *EB* 53:188–202 (pt. 1), 203–16 (pt. 2).

Clements, J. 2004. *Pirate King: Coxinga and the Fall of the Ming Dynasty.* Thrupp, Stroud (UK): Sutton Publishing Ltd.

Clossey, L. 2006. "Merchants, Migrants, Missionaries and Globalization in the Early- Modern Pacifi c." *Journal of Global History* 1:41–58.

Clouser, R. A. 1978. *Man's Intervention in the Post- Wisconsin Vegetational Succession of the Great Plains.* Occasional Paper No. 4, Dept. of Geography-Meteorology. Lawrence, KS: University of Kansas.

Coates, A. 1987. *The Commerce in Rubber: The First* 250 *Years.* Oxford: Oxford University Press.

Cobb, G. B. 1949. "Supply and Transportation for the Potosí Mines, 1545–1640." *HAHR* 29:25–45.

Coclanis, P. A. 1991 (1989). *The Shadow of a Dream: Economic Life and Death in the South Carolina Low Country.* New York: Oxford University Press.

Coelho, P. R. P., and R. A. McGuire. 1997. "African and European Bound Labor in the British New World: The Biological Consequences of Economic Choices." *JEH* 57:83–115.

Cole, J. A. 1985. *The Potosí Mita,* 1573–1700*: Compulsory Indian Labor in the Andes.* Stanford, CA: Stanford University Press.

Colley, L. 2002. *Captives.* New York: Pantheon.

Colmeiro, M., ed. 1884. *Cortes de los Antiguos Reinos de León y de Castilla.* Madrid: Sucesores de Rivadeneyra.

Colón, C. 1498. Entail of estate, 22 Feb. In Varela and Gil eds. 1992, 353–64.

——. 1493. "Diario del Primer Viaje." In Varela and Gil eds. 1992, 95–217.

Colón, F. 2004 (1571). *The History of the Life and Deeds of Admiral Don Christopher Columbus, Attributed to His Son Ferdinando Colón.* Repertorium Columbianum No. 13. Turnhout, Belgium: Brepols.

Concepcion, R. N., et al. 2005. "Multifunctionality of the Ifugao Rice Terraces in the Philippines." In Indonesian Soil Research Institute. *Multifungsi dan Revitalisasi Pertanian.* Jakarta: ISRI, 51–78.

Original Spanish, with English Translations. New York: Dover, 2nd ed., 20–73.

Chandler, T. 1987. *Four Thousand Years of Urban Growth: An Historical Census.* Lewiston, NY: Edwin Mellen Press, 2nd ed.

Chandless, W. 1866. "Ascent of the River Purûs." *Journal of the Royal Geographical Society of London* 36:86–118.

Chang, P.-T. (張彬村). 2001. "American Silver and Widow Chastity:

Cause and Consequence of the Manila Massacre of 1603." In C. Wu, ed. (吳聰敏), *Proceedings of a Symposium in Honor of Prof. Zhang Hanyu* (張漢裕教授紀念研討會論文集). Taipei: National Taiwan University Economics

Research Foundation, 205–34.

——. 1990. "Maritime Trade and Local Economy in Late Ming Fukien." In Vermeer ed. 1990, 63–81.

——. 1983. "Chinese Maritime Trade: The Case of Sixteenth- Century Fu- chien (Fukien)." PhD thesis, Princeton University.

Chaplin, J. E. 2001. *Subject Matter: Technology, the Body and Science on the Anglo-American Frontier,* 1500–1676. Cambridge, MA: Harvard University Press.

Chardon, R. 1980. "The Elusive Spanish League: A Problem of Measurement in Sixteenth- Century New Spain." *HAHR* 60:394–402.

Chase, J. M., and T. M. Knight. 2003. "Drought- Induced Mosquito Outbreaks in Wetlands." *Ecology Letters* 6:1017–24.

Chaunu, P. 2001 (1951). "Le Galion de Manille. Grandeur et Décadence d' une Route de la Soie." In Flynn and Giráldez eds. 2001, 187–202.

Chehabi, H. E., and A. Guttmann. 2003. "From Iran to All of Asia: The Origin and Diffusion of Polo." In J. A. Mangan and F. Hong, eds., *Sport in Asian Society: Past and Present.* London: Frank Cass, 384–400.

Chen, C.-N., et al. 1995. "The Sung and Ming Paper Monies: Currency Competition and Currency Bubbles." *Journal of Macroeconomics* 17:273–88.

Chen, D. (陳達生). 1983 (1982). "An Inquiry into the Nature of the Islamic Sects in Quanzhou and the Isbah Disturbance During the Late Yuan Dynasty" (泉州伊斯蘭教派與元末亦思巴奚戰亂性質初探). In Quanzhou Foreign Maritime Museum and Institute of Quanzhou History, ed., *Symposium on Quanzhou Islam* (泉州伊斯蘭教研究論文選). Fuzhou: Fujian People' s Publishing House, 53–64.

Chen, G. (陳高傭). 1986 (1939). *Chronological Tables of Natural Disasters in China* (中國歷代天災人禍表). Shanghai: Jinan University Press.

Chen, S. (陳樹平). 1980. "Research on the Transmission of Maize and Sweet Potatoes in China" (玉米與番薯在中國傳播情況研究). *Social Sciences in China* (中國社會科學) 3:187–204.

Chen, S. (陳世元), ed. 1835? (1768). Record of the Passing- down of the Jin Potato (金薯傳習錄). In Y. Wang (王雲五), and Y. Ji (紀昀) et al., eds., *Continuation of "The Complete Library of the Four Treasuries"* (續修四庫全書). Shanghai: Shanghai Classics Publishing House, vol. 977, pp. 37–79.

——. 1768. "A Factual Account of the Story of Planting Sweet Potatoes in Qinghai, Henan, and Other Provinces" (青豫等省栽種番薯始末寔錄). In Chen ed. 1835, pp. 9b.

Chen, Z. (陳子龍), et al. 1962 (1638) *Collected Writings on Statecraft from the Ming Dynasty* (皇明經世文編). Beijing: Zhonghua Book Company.

Cheng, K.-O. 1990. "Cheng Ch' eng- kung' s Maritime Expansion and Early Ch' ing Coastal Prohibition." In Vermeer ed. 1990, 217–44.

Chia, L. 2006. "The Butcher, the Baker, and the Carpenter: Chinese Sojourners in the Spanish Philippines and Their Impact on Southern Fujian (Sixteenth- Eighteenth Centuries)." *Journal of the Economic and Social History*

PhD diss., University of California, Berkely.

Cao, L. (曹玲). 2005. "The Infl uence of the Introduction of American Cereal Crops on the Chinese Diet" (美洲糧食作物的傳入對我國人民飲食生活的影響). *Agricultural Archaeology* (農業考古) 3:176–81.

Cao, M., et al. 2006. "Tropical Forests of Xishuangbanna, China." *Biotropica* 38:206–09.

Capela, R. A. 1981. "Contribution to the Study of Mosquitoes (Diptera, Culicidae) from the Archipelagos of Madeira and the Salvages." *Arquivos do Museu Bocage* 1:45–66.*

Capoche, L. 1959 (1585). "Relación General de la Villa Imperial de Potosí." In BAE, vol. 122, pp. 69–221.

Carande, R. 1990 (1949). *Carlos V y sus Banqueros.* 3 vols. Barcelona: Crítica, 3rd ed.

Carletti, F. 1701. Ragionamenti de Francesco Carletti sopra le Cose da Lui Vedute ne' suoi Viaggi. Florence: Guiseppe Manni.*

Carneiro, E. 1988 (1947). *O Quilombo dos Palmares.* São Paulo: Editora Nacional.

Carroll, P. J. 2001 (1991). *Blacks in Colonial Veracruz: Race, Ethnicity and Regional Development.* Austin: University of Texas Press, 2nd ed.

——. 1977. "Mandinga: The Evolution of a Mexican Runaway Slave Community: 1735–1827." *Comparative Studies in Society and History* 19:488–505.

Carter, L. 1965. *The Diary of Colonel Landon Carter of Sabine Hall,* 1752–1778. Ed. J. P. Greene. 2 vols. Charlottesville: University Press of Virginia.

Carter, R., and K. N. Mendis. 2002. "Evolutionary and Historical Aspects of the Burden of Malaria." *Clinical Microbiology Reviews* 15:564–94.

Casagrande, R. A. 1987. "The Colorado Potato Beetle: 125 Years of Mismanagement." *Bulletin of Entomological Society of America* 33:142–50.

Castellanos, J. d. 1930–32 (1589?). *Obras de Juan de Castellanos.* 2 vols. Caracas: Editorial Sur América.*

Castillo Grajeda, J. d. 1946 (1692). *Compendio de la Vida y Virtudes de la Venerable Catarina de San Juan.* Mexico City: Ediciones Xochitl.

Cates, G. L. 1980. " 'The Seasoning' : Disease and Death Among the First Colonists of Georgia." *Georgia Historical Quarterly* 64:146–58.

Cavalcanti, M. L. V. d. C. 2006. *Tema e Variantes do Mito: Sobre a Morte e a Ressurreicão do Boi.* Mana (Rio de Janeiro) 12: 69-104. *

Centers for Diseases Control and Prevention. 2006. "Locally Acquired Mosquito- Transmitted Malaria: A Guide for Investigations in the United States." *MMWR* 55:1–12.

Central Bureau of Meteorological Sciences (China) (中央氣象局氣象科學研究院). 1981. *Annual Maps of Precipitation in the Last* 500 *Years* (中國近五百年旱澇分布圖集). Beijing: Cartographic Publishing.

Cervancia, C. R. 2003. "Philippines: Haven for Bees." *Honeybee Science* 24:129–34.

Céspedes del Castillo, G. 1992. *El tabaco en Nueva España: Discurso Leído el Día* 10 *de Mayo de* 1992 *en el Acto de su Recepción Pública.* Madrid: Real Academia de la Historia.

Chace, R. E. 1971. "The African Impact on Colonial Argentina." PhD diss., University of California at Santa Barbara.

Champlain, S. d. 1922 (1613). *The Voyages and Explorations of Samuel de Champlain,* 1604–1616, *Narrated by Himself.* Ed., trans. A. T. Bourne, E. G. Bourne. 2 vols. New York: Allerton Book Co.

Chan, K. S. 2008. "Foreign Trade, Commercial Policies and the Political Economy of the Song and Ming Dynasties of China." *Australian Economic History Review* 48:68–90.

Chanca, D. A. 1494. "Carta a la Ciudad de Sevilla." In C. Jane, ed., trans., 1988 (1930, 1932), *The Four Voyages of Columbus: A History in Eight Documents, Including Five by Christopher Columbus, in the*

28.
Briffa, K. R., et al. 1998. "Infl uence of Volcanic Eruptions on Northern Hemisphere Summer Temperature over the Past 600 Years." *Nature* 393:450–55.
Bright, C. 1988. *Life out of Bounds: Bioinvasion in a Borderless World.* New York: W. W. Norton.
Brodhead, J. R., ed. 1856–58. *Documents Relative to the Colonial History of the State of New- York.* 2 vols. Albany: Weed, Parsons and Company.*
Brook, T. 2008. *Vermeer's Hat: The Seventeenth Century and the Dawn of the Global World.* New York: Bloomsbury Press.
——. 2004. "Smoking in Imperial China." In S. Gilman and X. Zhou, eds., *Smoke: A Global History of Smoking.* London: Reaktion Books, 84–91.
Brosius, J. P. 1988. "Signifi cance and Social Being in Ifugao Agricultural Production." Ethnology 27:97–110.
Browman, D. 2004. "Tierras comestibles de la cuenca del Titicaca: Geofagia en la prehistoria boliviana." *Estudios Atacameños* 28:133–41.
Brouwer, M. 2005. "Managing Uncertainty Through Profi t Sharing Contracts from Medieval Italy to Silicon Valley." *Journal of Management and Governance* 9:237–55.
Brown, A. 1890. *The Genesis of the United States.* 2 vols. Boston: Houghton, Miffl in and Co.
Brown, A. S. 1903 (1889). *Brown's Madeira, Canary Islands and Azores: A Practical and Complete Guide for the Use of Tourists and Invalids.* London: Sampson Low, Marston & Co., 7th ed.*
Brown, K. W. 2001. "Workers' Health and Colonial Mining at Huancavelica, Peru." *Americas* 57:467–96.
Bruhns, K. O. 1981. "Prehispanic Ridged Fields of Central Colombia." *Journal of Field Archaeology* 8:1–8.
Brush, S., et al. 1995. "Potato Diversity in the Andean Center of Crop Domestication." *Conservation Biology* 9:1189–98.
Bullock, W. 1649. *Virginia Impartially Examined, and Left to Publick View, to Be Considered by All Judicious and Honest Men.* London: John Hammond.*
Burns, E. B. 1965. "Manaus, 1910: Portrait of a Boom Town." *Journal of Inter- American Studies* 7:400–21.
Bushnell, A. T. 1994. Situado and Sabana: *Spain's Support System for the Presidio and Mission Provinces of Florida.* Anthropological Papers of the American Museum of Natural History 74. New York: American Museum of Natural History.
Busquets, A. 2006. "Los Frailes de Koxinga." In P. S. G. Aguilar, ed., *La Investigación sobre Asia Pacífi co en España.* Colección Española de Investigación sobre Asia Pacífi co. Granada: Editorial Universidad de Granada, 393–422.
Butler, C. J., et al. 1998. *Proceedings of the Royal Irish Academy* (Biology and Environment) 96B:123–40 (data at climate.arm.ac.uk/calibrated/rain/).
Byrd, W. 1841 (1728–36). *The Westover Manuscripts: Containing the History of the Dividing Line Betwixt Virginia and North Carolina.* Petersburg, VA: Edmund and Julian C. Ruffi n.
"C. T." 1615. *An Aduice How to Plant Tobacco in En gland and How to Bring It to Colour and Perfection, to Whom It May Be Profi table, and to Whom Harmfull.* London: Nicholas Okes.*
Ca' da Mosto (Cadamosto), A. d. 1895 (~1463). *Relation des Voyages au Côte Occidentale d'Afrique.* Trans. C. Schefer. Paris: Ernest Leroux.*
Cagauan, A. G., and R. C. Joshi. 2002. "Golden Apple Snail *Pomacea spp.* In the Philippines." Paper at 7th ICMAM Special Working Group on Golden Apple Snail, 22 Oct.*
Calloway, C. 2003. *One Vast Winter Count: The Native American West Before Lewis and Clark.* Lincoln: University of Nebraska Press.
Candiani, V. S. 2004. "Draining the Basin of Mexico: Science, Technology and Society, 1608–1808."

Cleveland: The Arthur H. Clark Co.
Blanchard, P. 1996. "The 'Transitional Man' in Nineteenth- Century Latin America: The Case of Domingo Elias of Peru." *Bulletin of Latin American Research* 15:157–76.
Blanton, W. B. 1973 (1930). *Medicine in Virginia in the Seventeenth Century*. Spartanburg, SC: The Reprint Co.
Blaut, J. M. 1993. *The Colonizer's Model of the World: Geographical Diffusionism and Eurocentric History*. New York: Guilford Press.
Boas, A. J. 1999. *Crusader Archaeology: The Material Culture of the Latin East*. New York: Routledge.
Bohlen, P. J., et al. 2004a. "Ecosystem Consequences of Exotic Earthworm Invasion of North American Temperate Forests." *Ecosystems* 7:1–12.
——. 2004b. "Non- Native Invasive Earthworms as Agents of Change in Northern Temperate Forests." *Frontiers in Ecology and the Environment* 2:427–35.
Bonaparte, N.-J.-C.-P., ed. 1856. *Exposition Universelle de* 1855. *Rapports du Jury Mixte International*. Paris: Imprimerie Impériale.*
Bond, W. J., et al. 2005. "The Global Distribution of Ecosystems in a World Without Fire." *New Phytologist* 165:525–38.
Borao, J. E. 1998. "Percepciones Chinas sobre los Españoles de Filipinas: La Masacre de 1603." *Revista Española del Pacífi co* 8:233–54.*
Borao, J. E., ed. 2001. *Spaniards in Taiwan:* 1582–1641. Taipei: SMC Publishing.*
Bossy, D. I. 2009. "Indian Slavery in Southeastern Indian and British Societies, 1670–1730." In A. Gallay, ed., *Indian Slavery in Colonial America*. Lincoln, NE: University of Nebraska Press.
Bourke, P. M. A. 1993. *"The Visitation of God"? The Potato and the Great Irish Famine*. Dublin: Lilliput Press, 1993.
——. 1964. "Emergence of Potato Blight, 1843–46." *Nature* 203:805–08.
Bouton, C. A. 1993. *The Flour War: Gender, Class and Community in the Late Ancien Régime*. University Park, PA: Pennsylvania State University Press.
Bowser, F. P. 1974. *The African Slave in Colonial Peru,* 1570–1650. Stanford: Stanford University Press.
Boxer, C. R. 2001 (1970). "Plata es Sangre: Sidelights on the Drain of Spanish- American Silver in the Far East, 1550–1700." In Flynn and Giráldez eds. 2001, 165–83.
Boyrie, W. V. 2005. "El Cimarronaje y la Manumisión en el Santo Domingo Colonial. Dos Extremos de una Misma Búsqueda de Libertad." *Clío* (Santo Domingo) 74:65–102.
Brackett, J. K. 2005. "Race and Rulership: Alessandro de' Medici, First Medici Duke of Florence, 1529–1537." In T. F. Earle and K. J. P. Lowe, eds., *Black Africans in Renaissance Europe*. New York: Cambridge University Press, 303–25.
Bradford, W. 1912 (~1650). *History of Plymouth Plantation,* 1620–1647. Boston: Houghton Miffl in.
Brading, D. A. 2009. "Psychomachia Indiana: Catarina de San Juan." *Anuario de la Academia Mexicana de la Historia* 50:1–11.
Brading, D. A., and H. E. Cross. 1972. "Colonial Silver Mining: Mexico and Peru." *HAHR* 52:545–79.
Brain, C. K., and A. Sillen. 1988 "Evidence from the Swartkrans Cave for the Earliest Use of Fire." *Nature* 336:464–66.
Brandes, S. H. 1975. *Migration, Kinship and Community: Tradition and Transition in a Spanish Village*. New York: Academic Press.
Braudel, F. 1981–84 (1979). *Civilization and Capitalism,* 15*th*–18*th Century*. Vol. 1: *The Structures of Everyday Life*. Vol. 2: *The Wheels of Commerce*. Vol. 3: *The Perspective of the World*. Trans S. Reynolds. New York: Harper and Row.
Breeden, J. O. 1988. "Disease as a Factor in Southern Distinctiveness." In Savitt and Young eds. 1988:1–

Economic Development. Boulder, CO: Westview Press.

Barlow, T. 1681. Brutum Fulmen: *or The Bull of Pope Pius V Concerning the Damnation, Excommunication, and Deposition of Q. Elizabeth.* London: Robert Clavell.*

Barnes, J. K., et al. 1990 (1870). *The Medical and Surgical History of the Civil War.* 15 vols. Wil-mington, NC: Broadfoot Publishing.*

Barrett, W. 1990. "World Bullion Flows, 1450–1800." In J. Tracy, ed., *The Rise of Merchant Empires: Long Distance Trade in the Early Modern World,* 1350–1750. New York: Cambridge University Press, 224–54.

——. 1970. *The Sugar Hacienda of the Marqueses del Valle.* Minneapolis: University of Minnesota Press.

Barth, H. 1857–59. *Travels and Discoveries in North and Central Africa. Being a Journal of an Expedition Undertaken Under the Suspices of H.B.M.'s Government in the Years* 1849–1855. 3 vols. New York: Harper Bros.*

Bartos, P. J. 2000. "The Palacos of Cerro Rico de Potosi, Bolivia: A New Deposit Type." *Economic Geology* 95:645–54.

Batista, D. 1976. *O Complexo da Amazônia.* Rio de Janeiro: Conquista.

Beckles, H. M. 1989. *White Servitude and Black Slavery in Barbados,* 1627–1715. Knoxville: University of Tennessee Press.

Beeton, I. M. 1863 (1861). *The Book of Household Management.* London: Cox and Wyman.

Benedict, C. 2011. *Golden- Silk Smoke: A History of Tobacco in China,* 1550–2010. Berkeley: University of California Press.

Bennett, H. L. 2005 (2003). *Africans in Colonial Mexico: Absolutism, Christianity, and Afro- Creole Consciousness,* 1570–1640. Bloomington: Indiana University Press.

Benzoni, G. 1857 (1572). *History of the New World by Girolamo Benzoni, of Milan.* Trans. W. H. Smyth. London: Hakluyt Society.

Bergh, A. E., ed. 1907. *The Writings of Thomas Jefferson.* 20 vols. Washington, DC: Thomas Jefferson Memorial Association of the United States.

Berkeley, M. J. 1869. "Untitled." *Gardener's Chronicle and Agricultural Gazette,* 6 Nov.

Berlin, I. 2003. *Generations of Captivity: A History of African- American Slaves.* Cambridge, MA: Belknap Press.

Bernáldez, A. 1870 (1513?). *Historia de los Reyes Católicos D. Fernando y Dona Isabel.* 2 vols. Seville: José María Geofrin.

Bernhard, V. 1992. " 'Men, Women and Children' at Jamestown: Population and Gender in Early Virginia, 1607–1610." *JSH* 58:599–618.

Bernstein, W. J. 2008. *A Splendid Exchange: How Trade Shaped the World.* New York: Grove Press.

Bigges, W. 1589. *A Summarie and True Discourse of Sir Frances Drakes West Indian Voyage.* London: Richard Field.*

Bilby, K. 1997. "Swearing by the Past, Swearing to the Future: Sacred Oaths, Alliances, and Treaties among the Guianese and Jamaican Maroons." *Ethnohistory* 44:655–689.

Billings, W. M. 1991. *Jamestown and the Founding of the Nation.* Gettysburg, PA: Thomas Publications.

Billings, W. M., ed. 1975. *The Old Dominion in the Seventeenth Century: A Documentary History of Virginia,* 1606–1689. Chapel Hill: University of North Carolina Press.

Blackburn, R. 1997. *The Making of New World Slavery: From the Baroque to the Modern,* 1492–1800. London: Verso.

Blaer, 1902. "Diario da Viagem do Capitão João Blaer aos Palmares em 1645." *Revista do Instituto Archeologico e Geographico Pernambucano* 10:87–96.

Blair, E. H., and J. A. Robertson, eds., trans. 1903–09. 55 vols. *The Philippine Islands,* 1493–1898.

Araúz Monfante, C. A., and P. Pizzurno Gelós. 1997 (1991). *El Panamá Hispano,* 1501–1821. Panamá: Diario la Prensa, 3rd ed.*

Archdale, J. 1822 (1707). *A New Description of That Fertile and Pleasant Province of Carolina.* Charleston: A. E. Miller.

Archer, G. 1607. "A Relation of the Discovery of Our River from James Fort into the Main." In Haile ed. 1998:101–17.

Arents, G. 1939. "The Seed from Which Virginia Grew." *WMQ* 19:123–29.

Aristotle. 1924. *The Works of Aristotle Translated into En glish: De Coelo.* Trans. J. L. Stocks. New York: Oxford University Press.*

Arrom, J. 1983. "Cimarrón: Apuntes sobre sus primeras documentaciones y su probable origen." *Revista Española de Antropología Americana* 13:47–57.

Arzáns de Orsúa y Vela, B. 1965 (1736). *Historia de la Villa Imperial de Potosí.* Ed. L. Hanke and G. Mendoza. 3 vols. Providence: Brown University Press.

Ashe, T. 1917 (1682). *Carolina, or a Description of the Present State of That Country.* Tarrytown, New York: William Abbatt.*

Assadourian, C. S. 1966. *El Tráfi co de Esclavos en Córdoba de Angola a Potosí, Siglos XVI–XVII.* Córdoba, Argentina: Universidad Nacional de Córdoba. Cuardernos de Historia 36.

Atwater, H. W. 1910. *Bread and Bread Making.* U.S.D.A. Farmers' Bulletin 389. Washington, DC: Government Printing Offi ce.

Atwell, W. S. 2005. "Another Look at Silver Imports into China, ca. 1635–1644." *JWH* 16:467–90.

——. 2001. "Volcanism and Short- Term Climatic Change in East Asian and World History, c. 1200–1699." *JWH* 12:29–98.

——. 1982. "International Bullion Flows and the Chinese Economy circa 1530–1650." *P&P* 95:68–90.

Aylor, D. E. 2003. "Spread of Plant Disease on a Continental Scale: Role of

Aerial Dispersal of Pathogens." *Ecology* 84:1989–97. Bacchus, M. K. 1980. *Education for Development or Underdevelopment? Guyana's Educational System and Its Implications for the Third World.* Waterloo, Ontario: Wilfrid Laurier University Press.

Bacon, R. 1962 (1267). *The Opus Majus of Roger Bacon.* Trans. R. B. Burke. 2 vols. New York: Russell & Russell.

Baer, K., et al. 2007. "Release of Hepatic *Plasmodium yoelii* Merozoites into the Pulmonary Microvasculature." *PLoS Pathogens* 3:1651–68.*

Bailey, G. A. 1997. "A Mughal Princess in Baroque New Spain." *Anales del Instituto de Investigaciones Estéticas* 71:37–73.

Bailyn, B. 1988 (1986). *The Peopling of British North America: An Introduction.* New York: Vintage.

Balbuena, B. d. 2003 (1604). *La Grandeza Mexicana.* Buenos Aires: Biblioteca Virtual Universal.*

Baldwin, J. T., Jr. 1968. "David B. Riker and *Hevea brasiliensis.*" *EB* 22:383–84.

Ballard, C., et al., eds. 2005. *The Sweet Potato in Oceania: A Reappraisal* (Oceania Monograph 56). Sydney: University of Sydney.

Bannister, S., ed. 1859. *The Writings of William Patterson.* London: Judd and Glass.*

Bañuelo y Carrillo, H. 1638. "Bañuelo y Carrillo' s Relation." In B&R 29:66–85.*

Baquíjano y Carrillo, J. 1793. "Historia del Descubrimiento del Cerro de Potosí." *Mercurio Peruano* 7:25–32 (10 Jan.), 33–40 (13 Jan.), 41–48 (17 Jan.)*

Barbour, P. L. 1963. "Fact and Fiction in Captain John Smith' s True Travels." *Bulletin of the New York Public Library* 67:517–28.

Barham, B. L., and O. T. Coomes. 1996. *Prosperity's Promise: The Amazon Rubber Boom and Distorted*

Years," in Haile ed. 1998:893–911.

Anderson, R. C. 2006. "Evolution and Origin of the Central Grassland of North America: Climate, Fire and Mammalian Grazers." *Bulletin of the Torrey Botanical Society* 133:626–47, 8–18.

Anderson, R. L. 1999. *Colonization as Exploitation in the Amazon Rain Forest,* 1758–1911. Gainesville: University Press of Florida.

Anderson, R. N. 1996. "The Quilombo of Palmares: A New Overview of a Maroon State in Seventeenth- Century Brazil." *Journal of Latin American Studies* 28:545–66.

Anderson, V. L. 2004. *Creatures of Empire: How Domestic Animals Transformed Early America.* New York: Oxford University Press.

Andrews, G. R. 1980. *The Afro- Argentines in Buenos Aires, Argentina,* 1800–1900. Madison, WI: University of Wisconsin.

Andrivon, D. 1996. "The Origin of *Phytophthora Infestans* Populations Present in Europe in the 1840s: A Critical Review of Historical and Scientifi c Evidence." *Plant Pathology* 45:1027–35.

Anghiera, P. M. d. (Peter Martyr). 1912 (1530). *De Orbe Novo: The Eight Decades of Peter Martyr D'Anghera.* trans. F. A. MacNutt. 2 vols. New York: G. P. Putnam' s Sons.

Anon. 2006. "Quilombo Communities Question the Vale do Rio Doce Actions." *Quilombol@* 16:2. vols.*

——. 1914. "The Potatoes of Parmentier." *The Independent* (New York), 18 May.

——. 1910. "The Secret of London' s Rubber Madness." *NYT,* 30 Mar.*

——. 1908 (1635–43). *Actas Antiguas de del Ayuntamiento de la Ciudad de Mexico.* Mexico City: A. Varranza y Comp.

——. 1901. "A Rubber Shipping Port in Brazil." *India Rubber World,* 1 Aug., 327.

——.1890. "How the First Rubber Shoes Found a Market." *India Rubber World and Electrical Trades Review,* 15 Oct., 18.

——.1856. "The Chincha Islands." *Nautical Magazine and Naval Chronicle* 25:181–83.

——.1855. "From the Chincha Islands." *Friends' Intelligencer* 11:110–11.*

——.1854. "The Guano Question." *Farmer's Magazine* 5:117–19.

——.1853. "A Guano Island." *National Magazine* (New York) 3:553–56.*

——.1842a. "Review (Liebig' s *Agricultural Chemistry*)." *Farmer's Magazine* 6:1–9.

——.1842b. "Royal Agricultural Society of En gland. Bristol Meeting." *Farmer's Magazine* 6:115–49.

——.1832. "Importation of Human Bones." *New Monthly Magazine and Literary Journal,* 1 Apr.

——.1829. "Traffi c in Human Bones." *Observer* (London), 9 Nov.

——.1824. *An Authentic Copy of the Minutes of Evidence on the Trial of John Smith, a Missionary, in Demerara.* London: Samuel Burton.*

——.1822. "War and Commerce." *Observer* (London), 18 Nov.

——.1678. "Relação das guerras feitas aos Palmares de Pernambuco no tempo do Governador D. Pedro de Almeida de 1675 a 1678." In L. D. Silvas, ed., 1988, *Alguns Documentos para Histôria da Escravidão.* Rio de Janeiro: Ministero da Cultura, 27–44.

——.1635. "A Relation of Maryland." In Hall ed. 1910, 70–112.

——.1603. "Descripción de la Villa y Minas de Potosí." In Espada ed. 1965 (BAE) 183:372–85.

——.1573. "Relacion muy Particular del Cerro y Minas de Potosí y de su Calidad y Labores." In Espada ed. 1965 (BAE) 183:362–71.

Apperson, G. L. 2006 (1914). *The Social History of Smoking.* London: Ballantyne Press.*

Appleby, A. B. 1978. *Famine in Tudor and Stuart En gland.* Stanford: Stanford University Press.

Aptheker, H. 1939. "Maroons Within the Present Limits of the United States." In Price ed. 2003:151–67.

Antiquity 83:801–14.

Acarete du Biscay. 1698 (1696). *An Account of a Voyage up the River de la Plata and Thence over Land to Peru.* Trans. Anon. London: Samuel Buckley.*

Acemoglu, D., and J. Robinson, Forthcoming. *Why Nations Fail: The Origins of Power, Prosperity and Poverty.* NY: Crown Business.

Acemoglu, D., et al. 2003. "Disease and Development in Historical Perspective." *Journal of the European Economic Association* 1:397–405.

——. 2002. "Reversals of Fortune: Geography and Institutions in the Making of the Modern World Income Distribution." *Quarterly Journal of Economics* 91:1369–1401.

——. 2001. "The Colonial Origins of Comparative Development: An Empirical Investigation." *American Economic Review* 91:1369–1401.

Aceves- Avila, F. J., et al. 1998. "Descriptions of Reiter' s Disease in Mexican Medical Texts since 1578." *Journal of Rheumatology* 25:2033–34.

Acosta, J. d. 1894 (1590). *Historia Natural y Moral de las Indias.* 2 vols. Seville: Juan de Leon.*

Adams, H. 1871 (1867). "Captaine John Smith, Sometime Governour in Virginia and Admirall of New En gland," in C. F. Adams and H. Adams, *Chapters of Erie, and Other Essays.* Boston: James R. Osgood, 192–224.*

Adorno, R., and P. C. Pautz. 1999. *Álvar Núnez Cabeza de Vaca: His Account, His Life and the Expedition of Pánfi lo de Narváez.* 3 vols. Lincoln, NE: University of Nebraska Press.

Aguado, P. d. 1919. *Historia de Venezuela.* Madrid: Jaime Ratés, 3 vols.

Aguire Beltrán, G. 1989 (1946). *La Población Negra de México.* Mexico City: Fondo de Cultural Económica.

——. 1944. "The Slave Trade in Mexico." *HAHR* 24:412–31.

Agurto Calvo, S. 1980. *Cuzco. Traza Urbana de la Ciudad Inca.* Proyecto- Per 39, UNESCO. Cuzco: Instituto Nacional de Cultura del Perú.

Albert of Aachen (D' Aix, A.). 1120. "Histoire des Faits et Gestes dans les Régions d' Outre- Mer," in F. M. Guizot, ed., trans., 1824, 21 vols., *Collection des Mémoires Relatifs à l'Histoire de France.* Paris: J.-L.-J. Brière, vol. 20.

Alden, D. 1963. "The Population of Brazil in the Late Eighteenth Century: A Preliminary Study." *HAHR* 43:173–205.

Alegre, F. J. 1842. *Historia de la Compañía de Jesus en Nueva- España.* Mexico City: J. M. Lara, 2 vols.*

Alegría, R. E. 1990. *Juan Garrido, el Conquistador Negro en las Antillas, Florida, México y California, c.* 1503–1540. San Juan: Centro de Estudios Avanzados de Puerto Rico y el Caribe.

Allen, P. G. 2003. *Pocahontas: Medicine Woman, Spy, Entrepreneur, Diplomat.* New York: HarperCollins.

Allison, D. J. 1980. "Christopher Columbus: First Case of Reiter' s Disease in the Old World?" *Lancet* 316:1309.

Alonso, L. E., and J. H. Mol., eds. 2007. *A Rapid Biological Assessment of the Lely and Nassau Plateaus, Suriname* (RAP Bulletin of Biological Assessment 43).

Arlington, VA: Conservation International.

Altman, I. 2007. "The Revolt of Enriquillo and the Historiography of Early Spanish America." *Americas* 63:587–614.

Altolaguirre y Duvale, A. d. 1914. *Vasco Nuñez de Balboa.* Madrid: Intendencia é Intervención Militares.*

Alyokhin, A., et al. 2008. "Colorado Potato Beetle Resistance to Insecticides." *American Journal of Potato Research* 85:395–413.

Ammirato, S. 1873 (1600–41). *Istorie Fiorentine.* Ed. L. Scarabelli. 3 vols. Turin: Cugini Pomba.*

"Ancient Planters." 1624. "A Brief Declaration of the Plantation of Virginia During the First Twelve

書目

縮寫

AA American Anthropologist
AAAG Annals of the Association of American Geographers
AHC Agricultural History of China ( )
AHR American Historical Review
AMJTMH American Journal of Tropical Medicine and Hygiene
BAE Biblioteca de Autores Españoles desde la Formación del Lenguaje hasta Nuestros Días
B&R Blair and Richardson eds., trans. 1903–09
EB Economic Botany
EHR Economic History Review
HAHR Hispanic American Historical Review
JEH Journal of Economic History
JIH Journal of Interdisciplinary History
JSH Journal of Southern History
JWH Journal of World History
KB Kingsbury ed. 1999
MMWR Morbidity and Mortality Weekly Report
MS Zhang et al. eds. 2000
NYT New York Times
P&P Past and Present
PNAS Proceedings of the National Academy of Sciences
QBASVB Quarterly Bulletin of the Archaeological Society of Virginia
VMHB Virginia Magazine of History and Biography
WMQ William and Mary Quarterly
* *Available gratis on Internet as of* 2011

Abad, Z. G., and J. A. Abad. 2004. "Another Look at the Origin of Late Blight of Potatoes, Tomatoes, and Pear Melon in the Andes of South America." *Plant Disease* 81:682–88.

Abreu de Galindo, J. 1764 (~1600). *The History of the Discovery and Conquest of the Canary Islands.* Trans. G. Glas. London: R. and J. Dodsley and T. Durham.*

Abulafi a, D. 2008. *The Discovery of Mankind: Atlantic Encounters in the Age of Columbus.* New Haven, CT: Yale University Press.

Abu- Lughod, J. L. 1991. *Before European Hegemony: The World System A.D.* 1250–1350. New York: Oxford.

Acabado, S. 2009. "A Bayesian Approach to Dating Agricultural Terraces: a Case from the Philippines."

360 Courtesy Huntington Library (Jan van der Straet, *Nova Reperta*, 1584)
384 Courtesy Casa Nacional de Moneda, Potosí
393(上) Denver Art Museum, Collection of Jan and Frederick Mayer
392(下), 393 (下) Private collection, Spain
392(上) Collection of Malú and Alejandra Escandón, Mexico City
398 Basílica de Nuestra Señora de la Merced (Buenos Aires)
440 Courtesy Museo de América, Madrid
442 Courtesy New York Public Library (Chapin, "Col. Taylor at the battle of Okey Chobey," 1861)
483(2) Peter Menzel (www.menzelphoto.com)

圖表來源

84 Chart by author. Data from Thorndale (pers. comm.), Bernhard 1992, Kolb 1980, Hecht 1969, Neill 1876. My thanks to William Thorndale for sharing his unpublished research.
380 © 2010 Alvy Ray Smith (www.alvyray.com). Freely usable under a Creative Commons Attribution- NoDerivs 3.0 Unported License. Data from Thomas 1995:626–27, Hemming 1993:488–95, Muñoz de San Pedro 1951. My thanks to Matthew Restall for advice and to Alvy Ray Smith for his generosity and enthusiasm.
456 Chart and photograph by author.

30 (4), Marconi, P. 1929. *Architettura e Arti Decorative,* 9:100–35.
61 Courtesy Virtual Jamestown (detail, John Smith, *Map of Virginia*)
66 Courtesy of Crawford Lake Conservation Area, Conservation Halton (Ontario)
71 National Portrait Gallery, London (Smith, *True Travels,* 1624)
73, 88(右), 92, 95, 143, 150 Library of Congress (LC- USZC4- 3368, LC- USZC4- 3368, G3880 1667 .F3, LC- USZ62- 95078, LC- USZC4- 9408)
82, 88(左), 99 Virginia Historical Society (1854.2, Smith, H.L., portrait of George Percy; 1993.192, Anon., Pocahontas, 1616; 1994.65, Merian, *Decima tertia pars Historiae Americanae,* 1634; 1834.1, badge, ca. 1660)
108 Lennart Nilsson/SCANPIX
113 Wellcome Images (V0010519)
136 MGM publicity still
147 Author' s collection (E. Riou, *La Guyane Française,* 1867)
158 China Photos/Getty Images
163 Author' s collection (1764 gazetteer)
173 Courtesy Bob Reis (anythinganywhere.com)
176 Fundación Cultural Banco Central de Bolivia, Potosí
181 f US 2257.50* Houghton Library, Harvard University (Theodor de Bry, *Collectiones peregrinationum,* 1590)
185 Courtesy Ken and Sue Goodreau, New World Treasures
198 Aizar Raldes/AFP/GettyImages
236 Courtesy Town of Gaoxigou, Shaanxi
245 Author' s collection (1916 postcard)
250 Dept. of Rare Books and Manuscripts, Royal Library, Copenhagen (Felipe Guaman Poma de Ayala, El Primer Nueva Corónica y Buen Gobierno [GKS 2234- 4[0])
252 International Potato Center (Peru)
264(2) Courtesy New York Public Library (Alexander Gardner, *Rays of Sunlight from South America,* 1865)
276(2) Courtesy "Views of the Famine," http://adminstaff.vassar.edu/sttaylor/FAMINE/ (*Illustrated London News*)
280(上) © National Museums Northern Ireland 2010, Collection Ulster Museum, Belfast (Courtesy of the Trustees of National Museums Northern Ireland)
280(下) Courtesy Clark Erickson
286 Courtesy Homer Babbidge Library, University of Connecticut
300(左) Germanisches Nationalmuseum (Christoph Weiditz, *Trachtenbuch,* 1529) Author' s collection (Iles, *Leading American Investors,* 1912)
300(右) Author' s collection (Hancock, *Personal Narrative of the Origin and Progress of the Caoutchouc,* 1857)
305 Courtesy Yale University Library
315 Courtesy Biblioteca Luis Ángel Arango del Banco de la República (Colombia)
319(左), 327 Courtesy Susanna Hecht
319(右) National Archives (U.K.), FO371/1455
323 Courtesy John Loadman (www. bouncing- balls.com)
326 Author' s collection (Falcão, *Album do Acre,* 1906–07)
344 Courtesy Biblioteca Nacional de España (Durán, *Historia de las Indias de Nueva España,* 1587)
346 © Tomás Filsinger 2009

地圖來源

地圖製作 Nick Springer and Tracy Pollock, Springer Cartographics LLC.

來源出處如下：

17 Redrawn from Guitar 1998:13.

48 Data collected by *National Geographic* from David G. Anderson, Jeffrey C. Bendremer, Faith Davison, Penelope Drooker, George Hamell, John Hart, Stephen J. Hornsby, Bonnie G. McEwan, Bruce D. Smith, Douglas H. Ubelaker, Marvin T. Smith, Dean R. Snow, Alan Taylor, and John E. Worth. Original map published in *National Geographic,* May 2007. Redrawn with additional data and advice from William Denevan, William Doolittle, Allan Gallay, and William I. Woods. Also consulted: Helen Hornbeck Tanner, *Atlas of Great Lakes Indian History* (1987).

64 Base map by Nick Springer published in *National Geographic,* May 2007; data from sources above, Helen Rountree, Martin D. Gallivan; additional data from Barlow 2003:22. My thanks to William McNulty and the rest of the *NG* cartography staff for allowing Nick and me to adapt these maps.

116 Data from Preservation Virginia, Wetlands Vision (U.K.), Smith 1956. My thanks to Robert C. Anderson and William Thorndale for critiques and suggestions.

137 Data from Kiszewski et al. 2004:488; Webb 2009:87; Gilmore 1955:348; author' s interview, Donald Gaines.

230 Redrawn from Central Bureau of Meteorological Sciences (China) 1981.

274 Redrawn from Bourke 1964:806.

313 Data from Hecht forthcoming, pers. comm.; Schurz et al. 1925.

356 Base map redrawn from Galloway 1977:178; additional data from Disney 2009, Ouerfelli 2008, Vieira 1992.

365 Redrawn from Barrett 1970:8.

416 Base map redrawn from Hemming 2004:xx; additional data from Orser 2001:65 (Palmares).

444 Data from Price 2011:6–7 (Suriname, Guyane); Tardieu 2009 (Panama); La Rosa Corso 2003 (Cuba); Lane 2002:chap. 1 (Esmeraldas); Perez 2000:618 (Venezuela); Landers 1999:236 (Florida); Reis and Gomes eds. 1996 (Brazil); Aptheker 1996 (U.S.); Friedemann 1993:70–71 (Colombia); Deive 1989:73 (Hispaniola); Carroll 1977 (Mexico); author' s interviews, Fundação Cultural Palmares and Instituto de Terras do Pará.

內頁圖片來源

14, 24, 37, 163, 164, 191, 208, 215(2), 218, 226, 237(2), 292, 336(2), 405, 421, 454(2,) 459, 464, 479, 481 作者提供照片

一四九三：殖民、貿易、物種，哥倫布大交換推動的新世界

1493:Uncovering the New World Columbus Created

作者	查爾斯・曼恩（Charles C. Mann）
譯者	黃煜文
執行長	陳蕙慧
總編輯	張惠菁
責任編輯	謝嘉豪
行銷總監	陳雅雯
行銷企劃	尹子麟、余一霞
封面設計	廖韡設計工作室
內頁排版	宸遠彩藝有限公司
社長	郭重興
發行人兼出版總監	曾大福
出版	衛城出版／遠足文化事業股份有限公司
發行	遠足文化事業股份有限公司
地址	23141 新北市新店區民權路 108-2 號 9 樓
電話	02-22181417
傳真	02-22180727
法律顧問	華洋法律事務所 蘇文生律師
印刷	通南彩色印刷有限公司
初版一刷	2013 年 7 月
二版一刷	2021 年 11 月
定價	620 元
ISBN	9786267052006（平裝） 9786267052013（PDF） 9786267052020（EPUB）

國家圖書館出版品預行編目(CIP)資料

一四九三：殖民、貿易、物種，哥倫布大交換推動的新世界 / 查爾斯．曼恩 (Charles C. Mann) 著；黃煜文譯．-- 二版．-- 新北市：衛城出版：遠足文化事業股份有限公司發行，2021.11
面；公分．--
譯自：1493 : uncovering the new world Columbus created

ISBN 978-626-7052-00-6（平裝）

1. 哥倫布 (Columbus, Christopher) 2. 世界史 3. 近代史 4. 現代史

712.4 110015447

ACRO POLIS 衛城出版

Email acropolismde@gmail.com
Facebook www.facebook.com/acrolispublish

● 親愛的讀者你好，非常感謝你購買衛城出版品。
我們非常需要你的意見，請於回函中告訴我們你對此書的意見，
我們會針對你的意見加強改進。

若不方便郵寄回函，歡迎傳真回函給我們。傳真電話 —— 02-2218-0727

或上網搜尋「衛城出版FACEBOOK」
http://www.facebook.com/acropolispublish

● 讀者資料

你的性別是 □ 男性 □ 女性 □ 其他

你的職業是 ______________________ 你的最高學歷是 ______________________

年齡 □ 20 歲以下 □ 21-30 歲 □ 31-40 歲 □ 41-50 歲 □ 51-60 歲 □ 61 歲以上

若你願意留下 e-mail，我們將優先寄送 ______________________ 衛城出版相關活動訊息與優惠活動

● 購書資料

● 請問你是從哪裡得知本書出版訊息？（可複選）
□ 實體書店 □ 網路書店 □ 報紙 □ 電視 □ 網路 □ 廣播 □ 雜誌 □ 朋友介紹
□ 參加講座活動 □ 其他 __________

● 是在哪裡購買的呢？（單選）
□ 實體連鎖書店 □ 網路書店 □ 獨立書店 □ 傳統書店 □ 團購 □ 其他 __________

● 讓你燃起購買慾的主要原因是？（可複選）
□ 對此類主題感興趣
□ 覺得書籍設計好美，看起來好有質感！
□ 議題好熱，好像很多人都在看，我也想知道裡面在寫什麼
□ 其他 __________
□ 參加講座後，覺得好像不賴
□ 價格優惠吸引我
□ 其實我沒有買書啦！這是送（借）的

● 如果你覺得這本書還不錯，那它的優點是？（可複選）
□ 內容主題具參考價值 □ 文筆流暢 □ 書籍整體設計優美 □ 價格實在 □ 其他 __________

● 如果你覺得這本書讓你好失望，請務必告訴我們它的缺點（可複選）
□ 內容與想像中不符 □ 文筆不流暢 □ 印刷品質差 □ 版面設計影響閱讀 □ 價格偏高 □ 其他 __________

● 大都經由哪些管道得到書籍出版訊息？（可複選）
□ 實體書店 □ 網路書店 □ 報紙 □ 電視 □ 網路 □ 廣播 □ 親友介紹 □ 圖書館 □ 其他 ______

● 習慣購書的地方是？（可複選）
□ 實體連鎖書店 □ 網路書店 □ 獨立書店 □ 傳統書店 □ 學校團購 □ 其他 __________

● 如果你發現書中錯字或是內文有任何需要改進之處，請不吝給我們指教，我們將於再版時更正錯誤

請
沿
虛
線
剪
下

廣　告　回　信
臺灣北區郵政管理局登記證
第　1　4　4　3　7　號

請直接投郵•郵資由本公司支付

23141
新北市新店區民權路108-2號9樓

衛城出版 收

● 請沿虛線對折裝訂後寄回，謝謝！

Beyond

ACRO
POLIS
衛城
出版

ACRO
POLIS
衛城
出版

ACRO
POLIS
衛城
出版

ACRO
POLIS
衛城
出版